Princípios de Economia

Dados Internacionais de Catalogação na Publicação (CIP)

```
N774p  Nogami, Otto.
          Princípios de economia / Otto Nogami, Carlos Roberto
       Martins Passos. - 7. ed., rev. - São Paulo, SP : Cengage
       Learning, 2018.
          670 p. : il. ; 30 cm.

          4. reimpr. da 7. ed. rev. de 2016.
          Inclui bibliografia, anexos e glossário.
          ISBN 978-85-221-2492-3

          1. Economia.  2. Mercado.  3. Microeconomia.
       4. Macroeconomia. 5. Contabilidade. 6. Renda. 7. Moeda.
       8. Inflação. 9. Desemprego. 10. Relações internacionais.
       11. Desenvolvimento econômico. I. Passos, Carlos Roberto
       Martins. II. Título.

       CDU 33                                           CDD 330
```

Índice para catálogo sistemático:

1. Economia 33

(Bibliotecária responsável: Sabrina Leal Araujo - CRB 10/1507)

Princípios de Economia

7ª Edição

Otto Nogami
Carlos Roberto Martins Passos

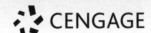

Austrália • Brasil • México • Cingapura • Reino Unido • Estados Unidos

Princípios de Economia – 7ª edição
Otto Nogami e Carlos Roberto Martins Passos

Gerente Editorial: Noelma Brocanelli

Supervisora de Produção Gráfica: Fabiana Alencar Albuquerque

Editora de Desenvolvimento: Regina H. Madureira Plascak

Editora de Aquisições: Guacira Simonelli

Especialista em Direitos Autorais: Jenis Oh

Assistente Editorial: Joelma Andrade

Cotejo e Copiquesque: Mônica Aguiar

Revisão: FZ Consultoria

Diagramação: Cia. Editorial

Capa: BuonoDisegno

Pesquisa Iconográfica: ABMM Iconografia

© 2016 Cengage Learning. Todos os direitos reservados.

Todos os direitos reservados. Nenhuma parte deste livro poderá ser reproduzida, sejam quais forem os meios empregados, sem a permissão, por escrito, da Editora. Aos infratores aplicam-se as sanções previstas nos artigos 102, 104, 106 e 107 da Lei nº 9.610, de 19 de fevereiro de 1998.

Esta editora empenhou-se em contatar os responsáveis pelos direitos autorais de todas as imagens e de outros materiais utilizados neste livro. Se porventura for constatada a omissão involuntária na identificação de algum deles, dispomo-nos a efetuar, futuramente, os possíveis acertos.

A Editora não se responsabiliza pelo funcionamento dos *links* contidos neste livro que possam estar suspensos.

Para informações sobre nossos produtos, entre em contato pelo telefone **0800 11 19 39**

Para permissão de uso de material desta obra, envie seu pedido
para **direitosautorais@cengage.com**

© 2016 Cengage Learning. Todos os direitos reservados.

ISBN-13: 978-85-221-2942-3
ISBN-10: 85-221-2492-2

Cengage Learning
Condomínio E-Business Park
Rua Werner Siemens, 111 – Prédio 11 – Torre A – Conjunto 12
Lapa de Baixo – CEP 05069-900
São Paulo – SP
Tel.: (11) 3665-9900 – Fax: (11) 3665-9901
SAC: 0800 11 19 39

Para suas soluções de curso e aprendizado, visite
www.cengage.com.br

Impresso no Brasil
Printed in Brazil
4. reimpr. – 2018

Ao Carlos Passos (in memoriam)

Amigos nós fazemos ao longo da vida. Sócios nós somos quando pensamos em ganhar dinheiro juntos. Compadres nós somos à medida que nossas famílias se integram e interagem. Irmãos nós nos tornamos quando, além de tudo isso, nós nos tornamos cúmplices do cotidiano, nas pequenas e grandes coisas, no filosofar com o tilintar do gelo ou sem ele.
Este livro representa a nossa vida. Ele nos aproximou e fez o que fez conosco. Sinto falta das nossas conversas, dos nossos almoços, da nossa parceria. Descanse em paz.

À minha mãe (in memoriam) *e ao meu pai, por sempre me terem estimulado a estudar, e que são o exemplo que procuro seguir.*
À Márcia, à Luisa, ao Otto e ao Andrew que, cada um à sua maneira, me incentivaram a continuar nesta jornada e fazem dos meus momentos com eles a razão do meu viver.

Otto

Aos meus pais, Jayme e Lali (in memoriam), *e que tanta falta fazem.*

À Rosangela, minha esposa, exemplo de amor, coragem e dedicação. Sem ela não teríamos conseguido resistir aos momentos difíceis pelos quais passamos.

Ao meu querido filho Carlinhos, e à minha amada filha Marcela, pelo amor e carinho com que sempre nos presentearam, e que, nos momentos mais sofridos, nos deram coragem para prosseguir ao longo desta caminhada.

Carlos

AGRADECIMENTOS

A ideia de elaborar um livro didático, que atendesse às reais necessidades dos alunos – saindo daquelas abordagens cansativas e prolixas, especialmente para um aluno de primeiro ano de faculdade –, aconteceu quando uma vez nos encontramos em um intervalo de aula. Para não fugirmos à regra, nesses momentos costumávamos recordar dos tempos de faculdade e das dificuldades que tínhamos em acompanhar o curso. E foi com o apoio sempre presente de nosso amigo, colega e então chefe Nivaldo Elias Pilão (EAESP/FGV), que os primeiros rascunhos começaram a ser esboçados. A partir daí foram 12 meses de trabalho incessante.

Terra Editora, primeira editora, primeiros contatos com o novo mundo que se abria à nossa frente. E aí surgem os primeiros apoios até que, para nossa surpresa, o livro começa a ter uma receptividade não esperada. Daí a ideia de se partir para um projeto maior, com uma editora que nos permitisse dar um passo além. E aqui queremos deixar registrado o agradecimento ao nosso primeiro editor, Sérgio Berbel, que prontamente se dispôs a abrir o contrato de direito autoral. Então, depois do primeiro contato estabelecido com Laércio Bento, as portas da Editora Pioneira se abrem, com o nosso hoje amigo Roberto Guazzelli sempre solícito e à espera de qualquer sugestão que o ajudasse a dar uma nova feição a esse nosso projeto editorial.

Após a incorporação da Pioneira pela Thomson Learning, este relacionamento se manteve no mesmo tom de cordialidade e amizade com que sempre fomos brindados ao longo de décadas. Agora vinculados à Cengage Learning, que assumiu a operação da Thomson Learning, continuamos a ter a mesma atenção e dedicação à nossa obra, que chega agora à 7ª edição – o que me deixa muito satisfeito, e com certeza deixa também o meu sempre e eterno parceiro Carlos, a quem procuro não decepcionar, mantendo a vertente original da obra, tão discutida, noites adentro, e que, sem dúvida, suscitou acaloradas discussões.

Ao longo destes anos de história do livro, sempre pudemos contar com inestimáveis apoios, vindos de todos os lados deste mundo acadêmico, incluindo-se aí os próprios alunos, que sempre contribuíram com críticas e sugestões para adequar, cada vez mais, o nosso projeto editorial às suas reais necessidades. Como resultado dessa participação de amigos e colegas, por exemplo, surgiu o Princípios de Economia: livro de Exercícios, no ano de 1999, um passo a mais no sentido de procurar dar ao estudante condições de se familiarizar com os conceitos expostos no livro-texto.

Queremos deixar registrados os nossos agradecimentos aos professores de todo o país e do exterior que, pacientemente, fizeram suas avaliações, enviando-nos seus comentários sobre a obra, e especialmente àqueles que o adotaram como bibliografia básica, complementar ou de referência. Não podemos deixar de estender estes agradecimentos a todos os amigos, colegas e alunos que no convívio do dia a dia emitiram comentários elogiosos ao nosso livro. Este tipo de manifestação é que nos mantém estimulados e atentos às inovações editoriais.

Finalmente, como é de hábito, assumimos os erros que o texto eventualmente possa conter.

Os Autores

APRESENTAÇÃO

O presente texto divide-se em três partes distintas. A Parte I, denominada *Introdução aos Problemas Econômicos*, tem por objetivo apresentar aos estudantes conceitos básicos de economia, necessários à compreensão do restante da obra. Examinam-se, no Capítulo I *(Noções Gerais de Economia)*, os problemas inerentes à definição e ao objeto de estudo da Ciência Econômica; em seguida apresentam-se os conceitos de "necessidades humanas", "bens e serviços" e "recursos produtivos", fundamentais para o entendimento da escassez. A definição e as etapas na construção de um modelo são também nele apresentadas. O capítulo termina com um apêndice matemático que explica ao leitor como trabalhar com gráficos. No Capítulo II *(Questões Econômicas Fundamentais Decorrentes do Problema da Escassez e da Necessidade de Escolha)*, abordam-se as questões econômicas fundamentais – o que e quanto, como e para quem produzir –, procurando mostrar que, em razão da escassez, a economia é uma ciência ligada a problemas de escolha, e que são três as maneiras pelas quais as sociedades se organizam a fim de resolver suas questões econômicas fundamentais: economia de mercado (ou de livre empresa), economia planificada centralmente e economia mista. O capítulo se encerra com as definições formais de Micro e de Macroeconomia.

A Parte 2 denomina-se *Noções Gerais de Microeconomia*, e se estende do terceiro ao oitavo capítulo. No Capítulo III *(Demanda, Oferta e Equilíbrio de Mercado)*, são introduzidos os conceitos de demanda, oferta e equilíbrio em um mercado competitivo, abordando, também, aplicações dos conceitos vistos, como, por exemplo, o controle de preços por parte do governo. O capítulo traz ainda um apêndice com a determinação matemática do equilíbrio. O Capítulo IV *(Reações do Mercado: Mudanças nas Curvas de Demanda e de Oferta e Alterações no Equilíbrio)* estuda, com especial atenção, as mudanças no equilíbrio em decorrência das alterações das curvas de demanda e de oferta. O Capítulo V *(Elasticidades)* dedica-se ao estudo do conceito de elasticidade (elasticidade-preço da demanda, elasticidade-renda da demanda, elasticidade-preço cruzada da demanda e elasticidade da oferta), bem como a análise da relação dos impostos com a elasticidade. No Capítulo VI *(Teoria da Produção)*, aborda-se o comportamento da firma no tocante à sua atividade produtiva, por meio da Teoria da Produção. Especial atenção é dedicada aos conceitos de "eficiência técnica" e "eficiência econômica". Deve-se salientar o fato de que a análise se concentra especificamente no curto prazo, uma vez que é nesse período que toda ação econômica tem lugar. No Capítulo VII *(Teoria dos Custos)*, continua-se o estudo da firma, só que no aspecto referente aos custos de produção. Nesse momento, o leitor tem contato com a "Teoria dos Custos". À semelhança do que ocorreu no capítulo anterior, a atenção dos autores também está voltada aos custos no curto prazo, embora façam algumas considerações a respeito do comportamento dos custos no longo prazo. O capítulo apresenta ainda dois apêndices: o primeiro destina-se a ensinar como trabalhar com curvas de custo e o segundo mostra uma análise do *Break-Even Point* (ou Ponto de Equilíbrio) da empresa. No Capítulo VIII *(Estruturas de Mercado)* é estudada a maneira pela qual se determinam os preços dos produtos e as quantidades que serão produzidas nos diversos mercados de uma economia, analisando-se, então, os Mercados de Concorrência Perfeita, o Monopólio, a Concorrência Monopolista e o Oligopólio.

A Parte 3 denomina-se *Noções Gerais de Macroeconomia* e nela o leitor é introduzido ao campo da Teoria Macroeconômica. Assim é que, no Capítulo IX *(A Macroeconomia: Definições e Campo de Estudo)*, são introduzidas definições de vários autores a respeito desse segmento da Teoria Econômica. No Capítulo X *(Noções de Contabilidade Nacional)*, a intenção é mostrar, por meio do modelo simples de Fluxo Circular da Atividade Econômica, a maneira pela qual indivíduos e firmas interagem na economia. O entendimento do funcionamento dos fluxos de produto e de renda é básico, uma vez que eles fazem parte do primeiro modelo, ainda que simples, do funcionamento de uma economia. A preocupação macroeconômica consiste em se determinar a magnitude desses fluxos e por que eles variam ao longo do tempo. Ainda aproveitando o modelo do fluxo, apresentam-se ao leitor os conceitos básicos de produto e de renda, e a relação existente entre eles. Procuram-se, neste capítulo, mostrar a importância da Contabilidade Nacional, particularmente para se medir o desempenho da economia. O Capítulo XI *(Teoria da Determinação da Renda)* estuda a maneira pela qual o nível de equilíbrio da renda é determinado em uma economia fechada (sem relações com o "Resto do Mundo"). Por meio do modelo Keynesiano de curto prazo, analisam-se os elementos que compõem a demanda agregada, como o consumo, as despesas de investimento e os gastos governamentais. A Política Fiscal também é objeto de estudo neste capítulo. No Capítulo XII *(O Papel e a Importância da Moeda)*, busca-se evidenciar a importância da moeda para o funcionamento do sistema econômico. Além de historiar a origem e a evolução da moeda, os autores mostram quais são os determinantes da oferta e da demanda de moeda, como se dá o equilíbrio no mercado monetário e a ligação entre a moeda, a taxa de juros, o nível de investimento e o nível de renda na economia. A Política Monetária também é objeto de atenção por parte dos autores, em função da sua importância no que diz respeito ao controle do nível de atividade econômica e estabilidade de preços. No Capítulo XIII *(Inflação e Desemprego)*, procura-se descrever o fenômeno da inflação, suas causas e as consequências que um descontrole de preços pode acarretar à economia. Neste capítulo, o problema do desemprego é abordado do ponto de vista teórico, quando então são conceituados os tipos de desemprego existentes. O Capítulo XIV *(Relações Internacionais)* apresenta não só as teorias do comércio internacional (vantagem absoluta e vantagem comparativa), os conceitos de Balanço de Pagamentos e de Taxa de Câmbio, como também a importância do Setor Externo no que diz respeito à determinação do nível de renda de uma economia. Finalmente, no Capítulo XV *(Crescimento e Desenvolvimento Econômico)*, faz-se uma abordagem objetiva sobre o tema, evidenciando suas nuanças e características, bem como o seu aspecto social.

Todos os capítulos contêm exercícios, cujas respostas podem ser encontradas ao final do livro.

O texto inclui ainda um anexo com estatísticas relevantes sobre a economia brasileira, que permitirá ao leitor estabelecer relação entre as teorias e conceitos discutidos e a realidade que o cerca.

SUMÁRIO

PARTE 1
Introdução aos Problemas Econômicos

CAPÍTULO I – NOÇÕES GERAIS DE ECONOMIA

1 PRÓLOGO	3
2 O PROBLEMA DA ESCASSEZ	4
3 DEFINIÇÃO DE ECONOMIA	5
4 POR QUE A ECONOMIA É CONSIDERADA UMA "CIÊNCIA SOCIAL"?	6
5 SISTEMA ECONÔMICO	6
5.1 Definição	6
6 RACIOCINANDO COM TEORIAS E MODELOS	7
6.1 Teorias e Modelos	7
6.2 Etapas na Construção de uma Teoria	7
6.3 Economia Positiva e Economia Normativa	9
7 ALGUNS CONCEITOS BÁSICOS	10
7.1 Necessidades Humanas	10
7.2 Bens e Serviços	11
7.3 Recursos Produtivos	12
7.3.1 Classificação dos Recursos Produtivos	12
• Terra (ou Recursos Naturais)	13
• Trabalho	13
• Capital (ou Bens de Capital)	13
• Capacidade Empresarial	13
7.3.2 Os Recursos Produtivos São Limitados	14
7.3.3 Remuneração dos Proprietários dos Recursos Produtivos	14
7.4 Agentes Econômicos	16
7.5 Mercado	16
7.5.1 Conceito	16
7.5.2 Estruturas de Mercado de Bens Finais e Serviços	17
7.5.3 Estruturas de Mercado de Fatores de Produção	18

7.6	Preços	19
	7.6.1 Preços Absolutos (Monetários)	19
	7.6.2 Preços Relativos	19
	7.6.3 Preço de Mercado	21
7.7	Fluxos e Estoques	21
7.8	Renda e Riqueza	22

Apêndice – Trabalhando com Gráficos e Outras Ferramentas   23
Exercícios   44

CAPÍTULO II – QUESTÕES ECONÔMICAS FUNDAMENTAIS DECORRENTES DO PROBLEMA DA ESCASSEZ E DA NECESSIDADE DE ESCOLHA

1 QUESTÕES ECONÔMICAS FUNDAMENTAIS   47
2 A CURVA DE POSSIBILIDADES DE PRODUÇÃO: UMA ILUSTRAÇÃO DO PROBLEMA DA ESCASSEZ E DA ESCOLHA   48
   2.1 Introdução   48
   2.2 Uma Fazenda e sua Fronteira de Possibilidades de Produção   48
       2.2.1 Eficiência Produtiva   51
       2.2.2 Custo de Oportunidade   51
       2.2.3 Desemprego   52
   2.3 A Curva de Possibilidades de Produção de uma Sociedade   52
       2.3.1 Novamente o Custo de Oportunidade   54
       2.3.2 Custos de Oportunidade Crescentes   55
   2.4 Curva de Possibilidades de Produção: Algumas Aplicações   56
       2.4.1 Mudanças na Curva de Possibilidades de Produção: O Crescimento   56
       2.4.2 Mudanças na Curva de Possibilidades de Produção: O Crescimento e o Dilema da Escolha entre Bens de Consumo e Bens de Capital   57
3 ORGANIZAÇÃO ECONÔMICA   59
   3.1 Introdução   59
   3.2 Economia de Mercado   59
       3.2.1 O Sistema de Preços   60
       3.2.2 Como uma Economia de Mercado Resolve os Problemas "O Que, Quanto, Como e Para Quem Produzir"   61
       3.2.3 O Fluxo Circular da Atividade Econômica   63
       3.2.4 Falhas no Funcionamento das Economias de Mercado   65
   3.3 Economia Planificada Centralmente   65
   3.4 Economia Mista   66
       3.4.1 O Fluxo Circular da Atividade Econômica: Um Modelo com Governo   68
4 A MICRO E A MACROECONOMIA   70
Exercícios   71

PARTE 2
Noções Gerais de Microeconomia

CAPÍTULO III – DEMANDA, OFERTA E EQUILÍBRIO DE MERCADO

1 INTRODUÇÃO	75
2 A DEMANDA	76
2.1 Conceito de Demanda Individual	76
2.2 Elementos que Influenciam a Demanda do Consumidor	76
2.3 *Coeteris Paribus*	78
2.4 A Relação entre a Quantidade Demandada e o Preço do Próprio Bem	79
2.4.1 Escala de Demanda Individual	79
2.4.2 A Curva de Demanda Individual	80
2.4.3 Exceções à Lei da Demanda	82
2.5 A Demanda de Mercado	83
2.6 Demanda Não Linear	86
3 A OFERTA	87
3.1 Conceito de Oferta Individual	87
3.2 Elementos que Determinam a Oferta	88
3.3 *Coeteris Paribus*	89
3.4 A Relação entre a Quantidade Ofertada e o Preço do Próprio Bem	90
3.4.1 Escala de Oferta Individual	90
3.4.2 A Curva de Oferta Individual	91
3.5 A Oferta de Mercado	93
3.6 Oferta Não Linear	96
4 O EQUILÍBRIO	97
4.1 O Equilíbrio em um Mercado Competitivo	97
4.2 Análise do Equilíbrio pelas Escalas de Oferta e de Demanda	98
4.3 O Excesso de Oferta (Análise pelas *Escalas* de Oferta e de Demanda)	99
4.4 O Excesso de Demanda (Análise pelas *Escalas* de Oferta e de Demanda)	100
4.5 Análise do Equilíbrio pelos *Gráficos* de Demanda e de Oferta	100
4.5.1 Análise Gráfica do Excesso de Oferta	101
4.5.2 Análise Gráfica do Excesso de Demanda	103
4.6 O Equilíbrio com Oferta e Demanda Não Lineares	104
5 UMA APLICAÇÃO: CONTROLE DE PREÇOS	105
5.1 Fixação de Preços Máximos	106
5.2 Fixação de Preços Mínimos	108
Apêndice – Determinação Matemática do Equilíbrio	112
Exercícios	130

CAPÍTULO IV – REAÇÕES DO MERCADO: MUDANÇAS NAS CURVAS DE DEMANDA E DE OFERTA E ALTERAÇÕES NO EQUILÍBRIO

1 INTRODUÇÃO	133
2 MUDANÇAS NA DEMANDA	134
2.1 Relações entre a Demanda de um Bem e a Renda do Consumidor	134
2.1.1 O Caso dos Bens Normais	134
2.1.2 O Caso dos Bens Inferiores	139
2.1.3 O Caso dos Bens de Consumo Saciado	140

2.2 Relação entre a Demanda de um Bem e o Preço de Outros Bens 140
    2.2.1 Relação entre a Demanda de um Bem e o Preço do Bem Substituto 140
    2.2.2 Relação entre a Demanda de um Bem e o Preço do Bem Complementar 142
2.3 Relação entre a Demanda de um Bem e o Gosto do Consumidor 144
2.4 A Demanda e as Expectativas sobre o Comportamento Futuro dos Preços, Rendas ou Disponibilidade 147
    2.4.1 Expectativas sobre a Renda Futura 147
    2.4.2 Expectativas sobre o Comportamento Futuro dos Preços 148
    2.4.3 Expectativas sobre a Disponibilidade Futura de Bens 150
3 A DISTINÇÃO ENTRE MUDANÇAS NA QUANTIDADE DEMANDADA *VERSUS* MUDANÇAS NA DEMANDA 150
  3.1 Mudanças na Quantidade Demandada 150
  3.2 Mudanças na Demanda 151
4 MUDANÇAS NA OFERTA 152
  4.1 Relação entre a Oferta e o Preço dos Fatores de Produção 153
  4.2 Relação entre a Oferta de um Bem e a Tecnologia 155
  4.3 Relação entre a Oferta e o Preço dos Outros Bens 156
    4.3.1 Relação entre a Oferta e o Preço dos Bens Substitutos na Produção 156
    4.3.2 Relação entre a Oferta e o Preço dos Bens Complementares na Produção 157
  4.4 Relação da Oferta com a Expectativa do Produtor 158
  4.5 A Oferta e as Condições Climáticas 159
  4.6 A Distinção entre Mudanças na Quantidade Ofertada *versus* Mudanças na Oferta 159
    4.6.1 Mudanças na Quantidade Ofertada 159
    4.6.2 Mudança na Oferta 160
5 MUDANÇAS NO EQUILÍBRIO 161
  5.1 Mudança no Equilíbrio Devido a um Aumento na Demanda 161
  5.2 Mudança no Equilíbrio Devido a uma Diminuição na Demanda 163
  5.3 Mudança no Equilíbrio Devido a um Aumento na Oferta 164
  5.4 Mudança no Equilíbrio Devido a uma Diminuição na Oferta 166
  5.5 Os Deslocamentos da Demanda e da Oferta e as Alterações do Equilíbrio – Uma Síntese 168
Exercícios 170

CAPÍTULO V – ELASTICIDADES
1 INTRODUÇÃO 173
2 ELASTICIDADE-PREÇO DA DEMANDA 174
  2.1 Elasticidade no Ponto 177
  2.2 Classificação da Elasticidade-Preço da Demanda 179
  2.3 A Elasticidade-Preço no Ponto Médio (ou no Arco) 181

	2.4	Elasticidade-Preço da Demanda e a Receita Total	185
		2.4.1 Demanda Elástica e Receita Total	185
		2.4.2 Demanda Inelástica e Receita Total	187
		2.4.3 Advertência	189
	2.5	Casos Especiais de Elasticidade	190
		2.5.1 Curva de Demanda Infinitamente Elástica	190
		2.5.2 Curva de Demanda Perfeitamente Inelástica	190
		2.5.3 Curva de Demanda com Elasticidade Unitária	191
	2.6	A Elasticidade-Preço Varia ao Longo de uma Curva de Demanda	192
	2.7	Fatores que Influenciam a Elasticidade-Preço da Demanda	196
3	ELASTICIDADE-RENDA DA DEMANDA		198
4	ELASTICIDADE-PREÇO CRUZADA DA DEMANDA		201
5	ELASTICIDADE DA OFERTA		204
	5.1	Classificação do Coeficiente	206
		5.1.1 Casos Gerais	206
		5.1.2 Casos Especiais	208
	5.2	A Elasticidade da Oferta e o Tempo	209
6	IMPOSTOS E ELASTICIDADE		210
Exercícios			216

CAPÍTULO VI – TEORIA DA PRODUÇÃO

1 INTRODUÇÃO 219
2 ALGUNS CONCEITOS BÁSICOS 220
3 EFICIÊNCIA TÉCNICA E EFICIÊNCIA ECONÔMICA 220
4 FUNÇÃO DE PRODUÇÃO 223
5 OS FATORES DE PRODUÇÃO FIXOS E VARIÁVEIS 224
6 PERÍODOS DE TEMPO RELEVANTES PARA A FIRMA 224
7 PRODUÇÃO NO CURTO PRAZO 225
    7.1 O Produto Médio do Fator de Produção Variável (Pme) 227
    7.2 Produto Marginal do Fator de Produção Variável (Pmg) 229
    7.3 As Curvas de Produto Médio e Marginal 230
    7.4 Comparações entre os Produtos Total e Marginal 232
    7.5 A Lei dos Rendimentos Decrescentes 234
Exercícios 236

CAPÍTULO VII – TEORIA DOS CUSTOS

1 INTRODUÇÃO 239
2 CUSTOS EXPLÍCITOS E CUSTOS IMPLÍCITOS 240
3 LUCRO ECONÔMICO E LUCRO CONTÁBIL 241
4 EM CURTO E EM LONGO PRAZOS 244
5 CUSTOS DE PRODUÇÃO EM CURTO PRAZO 244
    5.1 Custos Fixos, Custos Variáveis e Custo Total 244
        5.1.1 Representação Gráfica do CF, CV e CT 245
    5.2 Custo Fixo Médio, Custo Variável Médio, Custo Médio e Custo Marginal 248
    5.3 A Relação entre as Curvas de Custo Médio e Marginal 258

6	OS CUSTOS EM LONGO PRAZO	259
6.1	O Curto e o Longo Prazos	259
6.2	A Curva de Custo Médio de Longo Prazo	260
6.3	A Curva de Custo Marginal de Longo Prazo	261
6.4	Economias e Deseconomias e Retornos Constantes de Escala	262
	6.4.1 Economias de Escala	263
	6.4.2 Deseconomias de Escala	264
	6.4.3 Retornos Constantes de Escala	264
7	ANÁLISE DO *BREAK-EVEN POINT* (OU PONTO DE EQUILÍBRIO)	265
7.1	Definição	265
7.2	Determinação Algébrica	265
7.3	Determinação Gráfica	267
7.4	Alterações no *Break-Even Point*	271
	7.4.1 Alterações no Custo Fixo	271
	7.4.2 Alterações no Custo Variável Médio	273
	7.4.3 Alterações no Preço de Venda	275

Apêndice – Identificação do Custo Total, do Custo Variável e do Custo Fixo a Partir das Curvas de Custo Médio e de Custo Variável Médio — 277
Exercícios — 282

CAPÍTULO VIII – ESTRUTURAS DE MERCADO

1	INTRODUÇÃO	285
2	CONCORRÊNCIA PERFEITA	286
2.1	Hipóteses Básicas do Modelo de Concorrência Perfeita	286
2.2	A Curva de Demanda para uma Empresa em Concorrência Perfeita	287
2.3	As Curvas de Receita de uma Empresa em Concorrência Perfeita	288
	2.3.1 Receita Total (RT)	289
	2.3.2 Receita Média (Rme)	290
	2.3.3 Receita Marginal (Rmg)	293
2.4	A Maximização do Lucro em Curto Prazo de uma Empresa em um Mercado de Concorrência Perfeita	295
	2.4.1 A Maximização do Lucro em Curto Prazo: Abordagem Receita Total – Custo Total	295
	2.4.2 A Maximização do Lucro em Curto Prazo: Abordagem Marginal	297
	2.4.3 Lucro ou Prejuízo em Curto Prazo e o Ponto de Fechamento da Empresa	299
2.5	A Curva de Oferta de Curto Prazo da Empresa	317
2.6	A Curva de Oferta da Indústria em Curto Prazo	318
2.7	Equilíbrio de Mercado	320
2.8	Mercados Competitivos em Longo Prazo	322
3	MONOPÓLIO	324
3.1	Introdução	324
3.2	Hipóteses Básicas	325
3.3	A Curva de Demanda de um Monopolista	326

3.4 As Curvas de Receita de um Monopolista ... 328
   3.4.1 Receita Total ... 328
   3.4.2 Receita Marginal ... 331
   3.4.3 Receita Média ... 332
3.5 Os Custos de Produção de um Monopolista ... 333
3.6 O Equilíbrio em Curto Prazo sob Monopólio ... 333
   3.6.1 Abordagem Receita Total – Custo Total ... 333
   3.6.2 A Maximização do Lucro: Abordagem Marginal ... 334
   3.6.3 Prejuízo de Curto Prazo no Monopólio ... 338
3.7 O Monopolista Não Tem Curva de Oferta ... 340
   3.7.1 Mesma Quantidade Vendida a Preços Diferentes ... 341
   3.7.2 Quantidades Diferentes Vendidas ao Mesmo Preço ... 342
3.8 Concorrência Perfeita *versus* Monopólio ... 342
3.9 O Equilíbrio de Longo Prazo da Firma Monopolista ... 344
4 CONCORRÊNCIA MONOPOLISTA ... 344
  4.1 Hipóteses Básicas ... 344
  4.2 A Curva de Demanda Negativamente Inclinada ... 345
  4.3 Decisões sobre Preço e Produção para uma Empresa em um Mercado de Concorrência Monopolista ... 345
   4.3.1 Concorrência Monopolista em Curto Prazo ... 345
   4.3.2 Concorrência Monopolista em Longo Prazo ... 347
5 OLIGOPÓLIO ... 349
  5.1 Definição ... 349
  5.2 Decisões sobre Preço e Produção no Oligopólio ... 350
   5.2.1 Liderança de Preços ... 350
   5.2.2 Competição Extrapreço ... 351
   5.2.3 Cartel ... 351
   5.2.4 A Prática de *Mark-up* ... 352
6 RESUMO DAS ESTRUTURAS DE MERCADO ... 353
Exercícios ... 354

PARTE 3
Noções Gerais de Macroeconomia

CAPÍTULO IX – A MACROECONOMIA: DEFINIÇÕES E CAMPO DE ESTUDO
1 INTRODUÇÃO ... 359
2 ALGUNS ASPECTOS SOBRE A EVOLUÇÃO DA TEORIA MACROECONÔMICA ... 360
3 A MACROECONOMIA E SEU CAMPO DE ESTUDO ... 364
Exercícios ... 367

CAPÍTULO X – NOÇÕES DE CONTABILIDADE NACIONAL
1 INTRODUÇÃO ... 369
2 FLUXO CIRCULAR DA ATIVIDADE ECONÔMICA: PRODUTO E RENDA ... 369
  2.1 Introdução ... 369
  2.2 Fluxo Básico da Economia ... 370

2.3	Fluxo da Atividade Econômica	370
	2.3.1 Fluxo Real e Fluxo Monetário	371
3	CONTABILIDADE NACIONAL	372
3.1	A Importância da Contabilidade Nacional	372
3.2	Algumas Considerações a Respeito da Elaboração da Contabilidade Nacional	373
3.3	Produto Nacional Bruto (PNB)	374
	3.3.1 Medindo o Produto Total	374
	3.3.2 O Problema da Dupla Contagem	375
3.4	O PNB Nominal e o PNB Real	378
3.5	PNB *Per Capita*	381
4	O PNB PELA ÓTICA DA DESPESA	381
4.1	Consumo (C)	381
4.2	Investimento (I)	381
	4.2.1 A Questão da Depreciação	382
4.3	Gastos Governamentais (G)	382
4.4	Exportações Líquidas $(X - M)$	382
5	SÍNTESE DO PRODUTO NACIONAL	383
5.1	O Produto Nacional Bruto (PNB) e o Produto Nacional Líquido (PNL)	383
5.2	Do Conceito de Produto ao Conceito de Renda	384
	5.2.1 PNL a Custo dos Fatores e o Conceito de Renda Nacional	384
5.3	O Produto Interno Bruto (PIB)	385
5.4	A Renda Líquida dos Fatores Externos (RLFE)	385
5.5	O PNB e o Bem-estar Nacional	386
6	ALGUMAS IDENTIDADES IMPORTANTES	386
6.1	Uma Economia Fechada (Sem Relações com o Exterior) e Sem Governo	386
6.2	Uma Economia Fechada com Governo	387
6.3	Uma Economia Aberta	388
Exercícios		390

CAPÍTULO XI – TEORIA DA DETERMINAÇÃO DA RENDA

1	INTRODUÇÃO	393
2	OFERTA AGREGADA, DESEMPREGO E NÍVEL GERAL DE PREÇOS	394
3	A DEMANDA AGREGADA	395
4	O CONSUMO	396
4.1	O Consumo e a Poupança de uma Família	396
	4.1.1 Propensão Marginal a Consumir e Propensão Marginal a Poupar de uma Família	400
	4.1.2 Propensão Média a Consumir e Propensão Média a Poupar de uma Família	401
4.2	A Função Consumo da Economia	401
4.3	A Função Poupança da Economia	405
4.4	A Determinação do Equilíbrio da Renda	408
5	INTRODUZINDO O INVESTIMENTO	411
5.1	O Investimento e a Determinação do Equilíbrio da Renda	413

5.2	A Determinação Matemática do Nível de Equilíbrio da Renda	416
5.3	Variação no Investimento: Mudança na Demanda Agregada da Economia	420
	5.3.1 O Multiplicador do Investimento	422
	5.3.2 O Investimento como Mecanismo para se Atingir o Pleno Emprego em uma Economia	427
6	O GOVERNO E O NÍVEL DE RENDA	429
6.1	Introduzindo os Impostos	432
6.2	Os Hiatos Inflacionários e Deflacionários	434
	6.2.1 Hiato Inflacionário	434
	6.2.2 Hiato Deflacionário	435
7	POLÍTICA FISCAL E NÍVEL DE RENDA	436

Apêndice – O Setor Público 438
Exercícios 444

CAPÍTULO XII – O PAPEL E A IMPORTÂNCIA DA MOEDA

1	INTRODUÇÃO	447
2	A ORIGEM E A EVOLUÇÃO DA MOEDA	447
2.1	Era da Troca de Mercadorias	448
2.2	Era da Mercadoria-Moeda	449
2.3	Era da Moeda Metálica	452
2.4	Era da Moeda-Papel	453
2.5	A Moeda Fiduciária (ou Papel-Moeda)	453
2.6	A Moeda Bancária (ou Escritural)	454
3	AS FUNÇÕES DA MOEDA	454
3.1	Função de Meio ou Instrumento de Troca	455
3.2	Função de Medida de Valor	455
3.3	Função de Reserva de Valor	455
3.4	Função-Padrão de Pagamento Diferido	456
3.5	Interação das Funções da Moeda	456
4	AS CARACTERÍSTICAS DA MOEDA	457
5	FORMAS DE MOEDA	457
6	QUASE MOEDAS	458
7	A OFERTA MONETÁRIA	458
7.1	Introdução	458
7.2	Meios de Pagamento	458
7.3	O Conceito de Base Monetária	460
7.4	A Criação de Moeda	461
8	DEMANDA DE MOEDA (VERSÃO KEYNESIANA)	463
8.1	O Equilíbrio no Mercado Monetário	466
	8.1.1 A Relação entre o Preço dos Títulos e a Taxa de Juros	468
	8.1.2 Como a Política Monetária Afeta a Taxa de Juros	469
8.2	O Investimento e a Taxa de Juros	471
	8.2.1 A Decisão de Investir e o Papel da Taxa de Juros	471

8.2.2	A Curva de Demanda de Investimento de uma Firma	472
8.2.3	A Curva de Demanda de Investimento da Economia	473
8.2.4	Taxa de Juros Nominal e Taxa de Juros Real	474
8.3	Oferta Monetária e Atividade Econômica: Visão Keynesiana	474
8.4	O Efeito das Mudanças da Oferta de Moeda: Visão Monetarista	477
8.4.1	A Equação de Trocas	477
8.4.2	A Teoria Quantitativa da Moeda	479
9	POLÍTICA MONETÁRIA	480
9.1	Instrumentos da Política Monetária	480
9.2	Efeitos da Política Monetária	482
10	SISTEMAS MONETÁRIOS E FINANCEIROS – A INTERMEDIAÇÃO FINANCEIRA	483
10.1	Sistema Monetário	483
10.2	Sistema Financeiro	484
10.3	Instituições Financeiras	485
10.4	Instrumentos Financeiros	486
10.5	Segmentação dos Mercados Financeiros	486
11	SISTEMA FINANCEIRO BRASILEIRO	488
11.1	Breve Histórico	488
11.2	A Composição Atual	489
11.2.1	Órgãos Normativos	489
11.2.2	Entidades Supervisoras	490
11.2.3	Operadores	492
12	SISTEMA FINANCEIRO DA HABITAÇÃO (SFH) E SISTEMA BRASILEIRO DE POUPANÇA E EMPRÉSTIMO (SBPE)	500
	Exercícios	503

CAPÍTULO XIII – INFLAÇÃO E DESEMPREGO

1	INTRODUÇÃO	505
2	CONCEITO	505
3	EFEITOS DA INFLAÇÃO	505
3.1	Efeito sobre a Distribuição de Renda	505
3.2	Efeito sobre a Alocação de Recursos	506
3.3	Efeito sobre o Balanço de Pagamentos	506
4	TIPOS DE INFLAÇÃO	506
4.1	Inflação de Demanda	506
4.2	Inflação de Custos	508
4.3	Inflação Inercial	509
5	A INTERAÇÃO ENTRE INFLAÇÃO DE DEMANDA E INFLAÇÃO DE CUSTOS	510
6	A VISÃO MONETARISTA	510
7	FORMAS DE COMBATE À INFLAÇÃO	510
8	SISTEMA DE METAS INFLACIONÁRIAS	511
8.1	O Que Significa	511

	8.2	Como Funciona		511
	8.3	Principais Índices de Preços		511
9	A QUESTÃO DO DESEMPREGO			513
	9.1	Introdução		513
	9.2	O Conceito de Desemprego		513
	9.3	Taxa de Desemprego		514
	9.4	Tipos de Desemprego		516
		9.4.1	Desemprego Friccional (ou Desemprego Natural)	516
		9.4.2	Desemprego Estrutural	517
		9.4.3	Desemprego Sazonal	517
		9.4.4	Desemprego Cíclico (ou Involuntário)	517
	9.5	O Significado do "Pleno Emprego"		518
	9.6	Os Custos do Desemprego: Uma Nota Triste		518
10	A CURVA DE PHILLIPS			519

Exercícios   521

CAPÍTULO XIV – RELAÇÕES INTERNACIONAIS

1	INTRODUÇÃO			523
2	TEORIAS DO COMÉRCIO INTERNACIONAL			524
	2.1	A Teoria da Vantagem Absoluta		525
	2.2	A Teoria da Vantagem Comparativa		527
3	POLÍTICA COMERCIAL INTERNACIONAL			528
	3.1	Intervenção Governamental no Comércio Internacional		529
		3.1.1	O Porquê de Medidas Protecionistas	529
		3.1.2	Restrições ao Livre Comércio	529
		3.1.3	Incentivos	530
		3.1.4	Conclusão	530
4	BALANÇO DE PAGAMENTOS			530
	4.1	Plano de Contas		531
	4.2	Detalhamento do Grupo de Contas		531
5	VARIÁVEIS DETERMINANTES DAS IMPORTAÇÕES E DAS EXPORTAÇÕES			536
	5.1	Importações		536
	5.2	Exportações		536
6	TAXAS DE CÂMBIO			537
	6.1	Introdução		537
	6.2	Regimes Cambiais		538
		6.2.1	Regime de Câmbio Fixo	538
		6.2.2	Regime de Taxas Flutuantes (ou Flexíveis) de Câmbio	538
		6.2.3	Flutuação Suja (*Dirty Floating*)	539
		6.2.4	Regime de Bandas	539
	6.3	A Determinação da Taxa de Câmbio em Sistema de Taxa de Câmbio Flexível		539
	6.4	Desvalorização Cambial		542
		6.4.1	Desvalorização Real da Taxa de Câmbio	543

6.5 O Setor Externo e o Nível de Equilíbrio da Renda	543
Exercícios	550

CAPÍTULO XV – CRESCIMENTO E DESENVOLVIMENTO ECONÔMICO

1 INTRODUÇÃO	553
2 CRESCIMENTO ECONÔMICO	553
2.1 Crescimento Populacional	554
2.2 Acumulação de Capital	554
2.3 Progresso Tecnológico	555
3 DESENVOLVIMENTO ECONÔMICO	555
4 INDICADORES TRADICIONAIS	557
5 NOVOS INDICADORES	558
5.1 Índice de Desenvolvimento Humano (IDH)	559
5.2 Índice de Corrupção Percebida (ICP)	560
Anexos	561
Exercícios	578

RESPOSTAS DOS EXERCÍCIOS	579
DADOS ESTATÍSTICOS REFERENTES À ECONOMIA BRASILEIRA	609
GLOSSÁRIO	643
REFERÊNCIAS BIBLIOGRÁFICAS	661

SOBRE OS AUTORES

OTTO NOGAMI   Economista pela FEA-USP, com MBA pelo Instituto Brasileiro de Mercado de Capitais (Ibmec) e mestrado em Economia pela Universidade Presbiteriana Mackenzie.

Possui cursos de especialização e aperfeiçoamento no Local Autonomy College – Ministery of Internal Affairs and Communications (em Tóquio, no Japão), na Harvard Business School (em Boston, nos EUA) e na Darden School of Business da Universidade da Virgínia (em Charlottesville, nos EUA).

É administrador de fundos de investimentos, credenciado pela Comissão de Valores Mobiliários (CVM). Membro de conselhos de administração, técnicos, consultivos e editoriais. Professor em cursos de pós-graduação e em programas de educação executiva do Instituto de Ensino e Pesquisa (Insper).

É coautor dos livros *Recursos e desempenho dos programas de formação de mão-de-obra* (Editora Nobel/Ministério do Trabalho, 1985), *Fundamentos de economia* (Editora Terra, 1994), *Princípios de economia: livro de exercícios* (Editora Thomson-Pioneira, 1999), *Dinâmica da economia mundial contemporânea* (Editora Scortecci, 2003), *Latin American business cultures* (Editora Pearson, 2005 e Editora Palgrave Macmillan, 2011), e autor dos livros *Não seja o pato do mercado financeiro* (Editora Avercamp, 2004) e *Economia* (Editora Iesde, 2007). Atua, ainda, como palestrante e autor de mais de uma centena de artigos.

Contato: otto.nogami@gmail.com

CARLOS PASSOS (em memória) foi economista pela Faculdade de Administração, Economia e Contabilidade da Universidade de São Paulo (FEA/USP). Pós-graduado em Economia pela Fundação Instituto de Pesquisas Econômicas da Faculdade de Economia Administração e Contabilidade da Universidade de São Paulo (FIPE/FEA/USP).

Além de ser consultor de empresas, foi diretor da Divisão de Estudos de Mercado do Instituto Brasileiro de Desenvolvimento Florestal (IBDF e atual IBAMA), Diretor Administrativo-Financeiro da Superintendência do Desenvolvimento da Pesca (SU DEPE) e também Diretor da CashBank Finance Consultores Associados Ltda.

Lecionou na Faculdade de Economia da Pontifícia Universidade Católica de São Paulo (PUC), na Faculdade de Administração das Faculdades Metropolitanas Unidas (FMU), nas Faculdades Associadas de São Paulo (FASP), entre outras. Lecionou, também, nos cursos de pós-graduação das Faculdades Associadas de São Paulo (FASP) e no curso de pós-graduação da Faculdade São Luís, e no MBA do IBMEC Educacional.

É coautor dos livros *Agroenergia: diretrizes detoriais* (Editora Binagri,1981), *Fundamentos de economia* (Editora Terra, 1994), Princípios de Economia: livro de exercícios (Editora Pioneira, 1999) e Princípios de Economia — 3ª edição (Editora Pioneira, 2002).

Parte 1
INTRODUÇÃO AOS PROBLEMAS ECONÔMICOS

Capítulo I
NOÇÕES GERAIS DE ECONOMIA

Capítulo II
QUESTÕES ECONÔMICAS FUNDAMENTAIS DECORRENTES DO PROBLEMA DA ESCASSEZ E DA NECESSIDADE DE ESCOLHA

# Capítulo I

NOÇÕES GERAIS DE ECONOMIA

1 PRÓLOGO

Deparamo-nos, em nosso dia a dia, com diversas questões de natureza econômica. Como exemplo, podemos citar:

- desemprego;
- inflação;
- déficit público;
- alterações nas taxas de juros;
- aumento de impostos;
- desvalorização da taxa de câmbio.

Na realidade, os princípios e as práticas econômicas têm, ao longo do tempo, moldado o cotidiano dos cidadãos e, por conseguinte, da sociedade.

Atualmente, o conhecimento sobre assuntos econômicos se faz mais necessário do que nunca, uma vez que a maior parte dos complexos problemas das sociedades modernas, tais como a globalização, a pobreza e a questão do meio ambiente, entre outros, está atrelada a problemas de natureza econômica. Entretanto, apesar de a maioria das pessoas participar de atividades de natureza econômica, poucas possuem conhecimentos teóricos que lhes permitam analisar os problemas econômicos que nos cercam em nosso cotidiano.

Esse é, sem dúvida, o grande motivo pelo qual devemos estudar economia. O seu estudo nos proporcionará um conjunto de conhecimentos que nos vai ajudar a formar opiniões a respeito dos grandes problemas econômicos do nosso tempo, tornando-nos cidadãos de fato em nossa sociedade.

2 O PROBLEMA DA ESCASSEZ

A escassez é o problema econômico central de qualquer sociedade. Se não houvesse escassez, tampouco haveria a necessidade de se estudar economia.

Mas, por que existe a escassez?

A escassez existe porque as necessidades humanas a serem satisfeitas através do consumo dos mais diversos tipos de *bens* (alimentos, roupas, casas etc.) e *serviços* (transporte, assistência médica etc.) são infinitas e ilimitadas, ao passo que os *recursos produtivos* (máquinas, fábricas, terras agricultáveis, matérias-primas etc.) à disposição da sociedade e que são utilizados na produção dos mais diferentes tipos de produtos são finitos e limitados, ou seja, são insuficientes para se produzir o volume de bens e serviços necessários para satisfazer as necessidades de todas as pessoas.

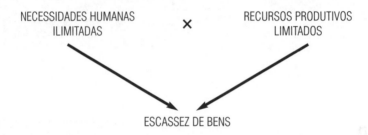

É preciso não confundir escassez com pobreza. Pobreza significa ter poucos bens. Escassez significa mais desejos do que bens para satisfazê-los, ainda que haja muitos bens. É preciso também não confundir escassez com limitação. Um bem pode ter sua oferta limitada, entretanto, se esse bem não for desejado, se não houver procura por ele, ele não será escasso.

Assim, o fenômeno da escassez está presente em qualquer sociedade, seja ela rica ou pobre. É verdade que para países como os Estados Unidos e a Suécia ela não é um problema tão grave como é para a Somália e a Etiópia, em que sequer as necessidades básicas da população são satisfeitas. Mesmo assim, a escassez continua sendo um problema, uma vez que as aspirações por bens e serviços em geral superam a quantidade de bens e serviços produzidos pela sociedade.

Pode-se dizer, então, que a escassez é a preocupação básica da Ciência Econômica. Somente devido à escassez de recursos em relação às ilimitadas necessidades humanas é que se justifica a preocupação de utilizá-los da forma mais racional e eficiente possível.

Da dura realidade da escassez decorre a necessidade da escolha. Já que não se pode produzir tudo o que as pessoas desejam, devem ser criados mecanismos que, de alguma forma, auxiliem as sociedades a decidir quais bens serão produzidos e quais necessidades serão atendidas.

3 DEFINIÇÃO DE ECONOMIA

Uma vez entendido o sentido econômico da escassez, podemos passar para a definição de Economia.

Em termos etimológicos, a palavra "economia" vem do grego *oikos* (casa) e *nomos* (norma, lei). Teríamos, então, a palavra *oikonomia*, que significa "administração de uma unidade habitacional (casa)", podendo também ser entendida como "administração da coisa pública" ou de um Estado.

Por essa razão, quando nos referimos a uma pessoa, tachando-a de econômica, estamos querendo dizer que ela é cuidadosa e parcimoniosa no gasto de dinheiro ou na utilização de materiais, ou seja, que ela é cuidadosa na administração dos seus recursos.

Em Economia, por sua vez, estudamos as maneiras pelas quais os diferentes tipos de sistemas econômicos administram seus limitados recursos com a finalidade de produzir bens e serviços, objetivando satisfazer as ilimitadas necessidades da população. *"Se o objetivo é atender ao máximo as necessidades da população e se os recursos são limitados, então a administração desses recursos tem de ser feita de maneira cuidadosa, econômica (parcimoniosa), racional e eficiente."* Em outras palavras, temos de *"economizar"* recursos.

Podemos, então, definir Economia como *"a Ciência Social que estuda como as pessoas e a sociedade decidem empregar recursos escassos, que poderiam ter utilização alternativa, na produção de bens e serviços de modo a distribuí-los entre as várias pessoas e grupos da sociedade, a fim de satisfazer as necessidades humanas"*.

Na realidade existem muitas definições da Economia como ciência, e elas têm evoluído ao longo da história, desde as primeiras escolas econômicas, datadas do século XVIII, até o presente. Stonier e Hague[1] define:

> *Não houvesse escassez nem necessidade de repartir os bens entre os homens, não existiriam tampouco sistemas econômicos nem Economia. A Economia é, fundamentalmente, o estudo da escassez e dos problemas dela decorrentes.*

Depreende-se dessas definições que a Economia é uma Ciência Social que tem por objeto de estudo a questão da escassez.

Cabe, então, à Ciência Econômica, através do seu corpo teórico, fornecer respostas, ainda que parciais, para questões do tipo:

- O que é inflação? Quais suas causas? Como baixá-la?
- Por que existe uma distribuição tão desigual de renda? Como reduzir esse problema?
- O que é desemprego? Por que ocorre esse fenômeno? Como fazer para que o nível de emprego aumente?

---

[1] STONIER, Alfred W.; HAGUE, Douglas C. *Teoria econômica*. Tradução de Cassio Fonseca. Rio de Janeiro: Zahar, 1975.

- Qual o papel do governo no bem-estar da população?
- Como se determinam os preços?
- O que determina a existência de relações econômicas internacionais?

4 POR QUE A ECONOMIA É CONSIDERADA UMA "CIÊNCIA SOCIAL"?

A Economia é considerada uma Ciência Social porque as ciências sociais estudam a organização e o funcionamento da sociedade. O Direito, a Sociologia, a Antropologia e a Psicologia são ciências sociais, uma vez que cada qual estuda o funcionamento da sociedade a partir de um determinado ponto de vista. A título de exemplo, vejamos as definições dessas ciências:

- **Direito:** ciência das normas obrigatórias que disciplinam as relações dos homens em sociedade.
- **Sociologia:** estudo objetivo das relações que se estabelecem, consciente ou inconscientemente, entre pessoas que vivem em uma comunidade ou em um grupo social, ou entre grupos sociais diferentes que vivem no seio de uma sociedade mais ampla.
- **Antropologia:** ciência que reúne várias disciplinas cujas finalidades comuns são descrever o homem e analisá-lo com base nas características biológicas (antropologia física) e culturais (antropologia cultural) dos grupos em que se distribui, dando ênfase, através das épocas, às diferenças e variações entre esses grupos.
- **Psicologia:** ciência que trata da mente e de fenômenos e atividades mentais. Ciência do comportamento animal e humano em suas relações com o meio físico e social.

A Economia, portanto, também é uma Ciência Social, pois se ocupa do comportamento humano e estuda como as pessoas e as organizações na sociedade se empenham na produção, troca e consumo de bens e serviços.

5 SISTEMA ECONÔMICO

5.1 Definição

Um "Sistema Econômico" pode ser definido como a forma na qual uma sociedade está organizada em termos políticos, econômicos e sociais para desenvolver as atividades econômicas de produção, troca e consumo de bens e serviços.

Toda economia opera segundo um conjunto de regras e regulamentos. Exemplificando, as empresas devem ter licenças específicas a fim de que possam produzir e vender seus produtos; os trabalhadores devem ser registrados em carteira; os economistas, a fim de que possam exercer sua profissão, devem ser formados em escolas oficialmente reconhecidas; exige-se também que sejam filiados ao órgão de classe (no caso, o Conselho Regional de Economia – Corecon). Faz-se o mesmo tipo de exigência para profissionais de diversas categorias, tais como médicos, engenheiros, advogados etc.

Essas são apenas algumas das regras existentes em nossa economia. Assim, todas as leis, regulamentos, costumes e práticas tomados em conjunto, e suas relações com os componentes de uma economia (empresas, famílias – que são unidades domiciliares de consumo – e governo), constituem o que denominamos "Sistema Econômico".

6. RACIOCINANDO COM TEORIAS E MODELOS

6.1 Teorias e Modelos

Como qualquer outra ciência, a Economia preocupa-se com a previsão e a explicação de fenômenos. Para tanto, utiliza-se de teorias.

E o que significa construir teorias?

Em economia, construir teorias significa extrair conhecimentos sobre o funcionamento do sistema econômico.

Uma teoria pode ser apresentada sob a forma de um modelo. Um modelo é a representação simplificada da realidade ou das principais características de uma teoria. Ele é composto por um conjunto de relações que podem ser expressas na forma de palavras, diagramas, tabelas de dados, gráficos, equações matemáticas ou qualquer combinação desses elementos, o que possibilita a simulação de fenômenos, observados empiricamente ou não.

Imaginemos, como exemplo, um guia com mapas da cidade de São Paulo. De certa forma, esse guia nada mais é do que um modelo, e é útil porque simplifica. Ele nos mostra as ruas da cidade, o sentido do tráfego, as linhas de ônibus, por onde tais ônibus circulam etc., de tal forma que um indivíduo consegue, a partir das informações nele contidas, orientar-se, ir de um ponto a outro da cidade, podendo, inclusive, prever o tempo necessário para efetuar seus deslocamentos. Esse guia (ou modelo), entretanto, não mostra determinados aspectos da cidade, porque a maneira pela qual foi desenhado, omitindo certos detalhes, faz que ele ganhe clareza em função da finalidade para a qual foi produzido, que é a de orientar pessoas em seus deslocamentos pela cidade. Se mostrasse cada prédio, cada casa, cada semáforo existente, haveria uma confusão que tornaria incompreensíveis os detalhes, e o guia seria, então, inútil.

Um modelo é mais fácil de manipular do que a realidade representada por ele, uma vez que apenas as características relevantes ou as propriedades importantes da realidade são nele retratadas. Em outras palavras, uma teoria,[2] ou um modelo, denota, aproximadamente, e não exatamente, os fatos observados, uma vez que é uma simplificação da realidade.

6.2 Etapas na Construção de uma Teoria

O procedimento para se construir e testar teorias usado em trabalhos científicos é o mesmo, quer a disciplina seja Biologia, quer seja Sociologia ou Economia. Apresentamos, a seguir, um resumo do processo de construção de teorias.

---

[2] Usaremos a palavra *teoria* como sinônimo de modelo.

1. **Decidir sobre o que se deseja explicar ou predizer.**

Por exemplo, pode-se querer explicar ou predizer a relação existente entre taxa de juros e nível de emprego.

2. **Identificar as variáveis que se acredita serem importantes para aquilo que se deseja explicar ou predizer.**

Variáveis são magnitudes que podem mudar. Exemplificando: o preço é uma variável. Assim, uma mercadoria pode custar $ 5,00 em um determinado dia e $ 8,00 na semana seguinte. Desse modo, se algum economista deseja explicar ou predizer o comportamento dos consumidores em suas compras, deve construir sua teoria levando em consideração o comportamento da variável preço.

3. **Especificação das suposições da teoria.**

A suposição é o elemento decisivo da teoria. Ela é uma declaração que se supõe ser verdadeira. A suposição é diferente, por exemplo, de um fato. Para um fato não existe dúvida. Exemplificando: é fato que você está lendo este livro neste momento. Com as suposições, sempre resta um espaço para se ter dúvida. Um economista pode supor que os proprietários de negócios têm somente um objetivo: ganhar o maior lucro possível. Entretanto, isso pode não ser verdade, uma vez que donos de empresas podem não ser motivados apenas pelo lucro.

4. **Especificação das hipóteses.**

Uma hipótese é uma declaração condicional que especifica como duas variáveis estão relacionadas. Geralmente, uma hipótese segue a forma "se-então". Exemplificando: *se* um indivíduo tem um aumento salarial, *então* ele tem uma grande probabilidade de gastar parte do aumento da renda na compra de bens de consumo.

5. **Testar a teoria comparando as previsões contra os acontecimentos do mundo real.**

Suponha que a teoria de um economista faça a previsão de que, se as taxas de juros subirem, haverá diminuição no consumo da economia. Para testar essa teoria, devemos observar os dados de consumo para ver se as evidências dão sustentação à teoria que produziu aquela previsão.

6. **Se a evidência dá sustentação à teoria, então nenhuma ação adicional é necessária.**

Suponha que uma teoria faça a previsão de que se a taxa de juros diminuir, deverá haver aumento nas despesas de consumo da economia. Se a taxa de juros diminuirem e as despesas de consumo aumentarem, então as evidências dão sustentação à teoria.

7. **Se as evidências não dão sustentação à teoria, então a teoria é rejeitada. Nesse caso, uma nova teoria deve ser formulada.**

6.3 Economia Positiva e Economia Normativa

Os "argumentos" que compõem a teoria econômica classificam-se em "positivos" e "normativos".

Os argumentos positivos procuram entender e explicar os fenômenos econômicos como realmente são; assim, qualquer rejeição a esses argumentos pode ser confrontada com a realidade. Vejamos, então, um exemplo:

"São Paulo é o primeiro Estado na produção industrial brasileira."

Assim, se duas pessoas discordarem em relação a essa questão, devem estar em condições de dirimir a divergência diante dos fatos.

Os argumentos normativos, por sua vez, dizem respeito ao que "deveria ser". Os argumentos normativos são pontos de vista influenciados por fatores filosóficos, sociais e culturais; dependem de nossos julgamentos a respeito do que é certo e do que é errado, do que é bom e do que é ruim. Por envolverem "juízos de valor" sobre o que deve ser, tais argumentos não podem ser confrontados com os fatos objetivos da realidade. Vejamos, então, um exemplo:

"O combate ao desemprego deveria ser uma prioridade em relação ao combate da inflação."

Assim, se duas pessoas estiverem discutindo sobre desemprego e inflação, pode ser que, dependendo do que cada uma pensa em relação ao assunto, não se consiga chegar a um acordo sobre ele.

Quanto à *análise econômica* propriamente dita, a *análise econômica positiva* tem por objetivo maior a compreensão e a previsão dos fenômenos econômicos do mundo real, sem que haja qualquer intenção de julgar essa realidade, ou de alterar o curso dos acontecimentos.

Uma questão de natureza positiva seria, por exemplo:

– Qual deverá ser o aumento no preço dos automóveis populares caso o governo aumente o IPI (Imposto sobre Produtos Industrializados) desse tipo de veículo em 10%?

Já a *análise econômica normativa* preocupa-se em compreender e prever a realidade, questionando se algo é moralmente bom ou não. Uma questão de natureza normativa seria, por exemplo:

– Deve-se elevar o IPI dos automóveis populares?

Na prática, a análise econômica positiva e a análise econômica normativa estão intimamente relacionadas. O economista dificilmente consegue adotar uma atitude exclusivamente positiva desvencilhando-se de sua realidade social, econômica, cultural e política. Por outro lado, jamais conseguirá construir uma teoria econômica normativa sem os conhecimentos da economia positiva.

7. ALGUNS CONCEITOS BÁSICOS

7.1 Necessidades Humanas

Entende-se por necessidade humana a sensação da falta de alguma coisa unida ao desejo de satisfazê-la.

Sabemos, por experiência própria, que as pessoas necessitam de ar, água, alimentos, roupas e abrigo para que possam sobreviver. Sabemos, também, que não há limite à variedade e ao número das necessidades humanas.

Para exemplificar, suponhamos que o leitor seja presenteado com uma "Lâmpada de Aladim" capaz de atender a todos os seus desejos. Se o leitor for um cidadão que tenha um padrão de comportamento semelhante ao da maioria das pessoas, com certeza vai preparar imediatamente uma lista impressionante de coisas que deseja.

E o que conterá tal lista?

Inicialmente, talvez o leitor deseje coisas materiais. Por exemplo, roupas mais finas e variadas de grifes sofisticadas e caras, que jamais sonhou possuir; por certo, também desejará melhores tipos de alimentos, comparativamente àqueles que esteja habituado a consumir. E esse seria apenas o começo, uma vez que seu apetite terá apenas sido despertado. Passará, então, a desejar uma magnífica mansão, com belos jardins, piscinas, quem sabe até uma sauna e, na garagem, os mais modernos tipos de carro, prontos para serem utilizados. Prosseguindo, com certeza também vai querer uma casa na praia, com todo o conforto que a vida moderna pode proporcionar e, é claro, um belo iate. Naturalmente, o leitor não se esquecerá de um avião e de um helicóptero, que certamente agilizarão seus deslocamentos, evitando que perca tempo ao se transportar de um lado para outro. Viajar, frequentar restaurantes sofisticados e badaladas casas noturnas figurarão, é claro, entre os desejos listados. O fato é que, quanto mais o leitor desejar, mais descobrirá coisas capazes de tornar a vida mais agradável, confortável e, por que não dizer, bela.

Entretanto, isso não é tudo. O leitor poderá desejar, também, outras coisas pessoais e imateriais, e que são igualmente importantes em matéria de qualidade de vida: sabedoria, autoconfiança, prestígio, paz, liberdade, amor.

Assim, se pedirmos para qualquer pessoa considerada "normal" por nossa sociedade uma lista do que desejaria ter ou ser, a extensão da lista ficaria além da nossa compreensão e cresceria dia a dia, desafiando a capacidade de contar de qualquer um. Por essa razão é que os economistas dizem que *as necessidades humanas são ilimitadas*.

Além disso, não podemos nos esquecer de que as necessidades biológicas do ser humano renovam-se constantemente, exigindo da sociedade a produção contínua de bens com a finalidade de atendê-las. Paralelamente, a perspectiva de elevação do padrão de vida e a evolução tecnológica fazem que "novas" necessidades apareçam, o que demonstra o fato de que *as necessidades humanas são, realmente, ilimitadas*.

Por essa razão, sabemos que *nem todas as necessidades humanas podem ser satisfeitas*. E é esse fato que explica a existência da economia, *cabendo ao economista o estudo do modo de satisfazer, tanto quanto possível, tais necessidades*.

Por outro lado, sabemos que os economistas *não se preocupam com o atendimento de todas as necessidades humanas, porque algumas delas se situam além de sua habilidade, além do seu ramo de conhecimento*. Entretanto, não lhes negam importância; simplesmente o atendimento desse tipo de necessidade é colocado além da Economia. Exemplificando: o amor e a sabedoria são extremamente importantes, mas sabemos que não fazem parte do campo de preocupação dos economistas, uma vez que ninguém tem capacidade de produzir bens capazes de satisfazê-las.

Existe ainda um grupo de necessidades que podem ser satisfeitas por bens claramente identificáveis, *mas que também estão fora da esfera de preocupação dos economistas*. São aquelas que todos os indivíduos satisfazem dispensando a interferência de qualquer pessoa. Exemplificando: o desejo de respirar exige o fornecimento da mercadoria "ar". Acontece que na terra o ar é "oferecido" para todas as pessoas em quantidades maiores do que as desejadas por todos os indivíduos. Esses tipos de bens, que o homem não precisa prover, são chamados *Bens Livres* (ou *bens gratuitos*), e não têm preço (ou seja, seu preço é zero), não fazendo, portanto, parte do campo de preocupação dos economistas.

Podemos, então, dizer que as necessidades que podem ser satisfeitas com bens que não podem ser produzidos ou com bens que não precisam ser produzidos são denominadas *necessidades não econômicas*.

Assim sendo, interessa ao economista o atendimento das necessidades humanas que possam ser satisfeitas por bens que não sejam gratuitos, mas que o homem precisa fornecer. Essas necessidades são denominadas *necessidades econômicas*, e os bens que as satisfazem são chamados *Bens Econômicos*, e são aqueles que têm preço.

7.2 Bens e Serviços

De modo geral, pode-se dizer que *Bem* é tudo aquilo que permite satisfazer uma ou várias necessidades humanas. Por essa razão, um bem é procurado *porque é útil*.

Os bens são classificados quanto à raridade, em *Bens Livres* e *Bens Econômicos*.

Os *Bens Livres*, como já dissemos no tópico anterior, são aqueles que existem em quantidade ilimitada e podem ser obtidos com pouco ou nenhum esforço humano. Nessa categoria estão a luz solar, o ar, o mar etc., que *são bens porque satisfazem necessidades*, mas cuja *utilização não implica relações de ordem econômica*. A principal característica dos *Bens Livres* é a de que não possuem preço (têm preço zero).

Os *Bens Econômicos*, ao contrário, são relativamente escassos e supõem a ocorrência de esforço humano na sua obtenção. Tais bens apresentam como característica básica o fato de terem um preço (preço maior que zero).

Quanto à natureza, os *Bens Econômicos* são classificados em dois grupos: *Bens Materiais*, ou bens propriamente ditos, e *Bens Imateriais* ou *Serviços*.

Os primeiros são de natureza material, sendo, portanto, tangíveis, e a eles podemos atribuir características como peso, altura etc. Alimentos, roupas e livros são exemplos de bens materiais.

Os *Serviços*, ao contrário, são intangíveis, ou seja, não podem ser tocados. Fazem parte dessa categoria de bens os cuidados de um médico, os serviços de um advogado, os serviços de transporte etc., que acabam no mesmo momento de sua produção. Isso significa que a prestação de serviços e sua utilização são praticamente instantâneas. Outra característica dos bens imateriais é a de que eles não podem ser estocados. Exemplificando: pode-se estocar bilhetes de metrô que dão ao seu possuidor o direito de viajar nesse meio de transporte; as viagens de metrô, entretanto, que são a própria prestação de serviço, não podem ser estocadas.

Quanto ao destino, os *Bens Materiais* classificam-se em *Bens de Consumo* e *Bens de Capital*.

Bens de Consumo são aqueles diretamente utilizados para a satisfação das necessidades humanas. Podem ser de uso não durável, ou seja, que desapareçem uma vez utilizados (alimentos, cigarros, gasolina etc.), ou de uso durável, que têm como característica o fato de que podem ser usados por muito tempo (móveis, eletrodomésticos etc.).

Os **Bens de Capital** (ou Bens de Produção), por sua vez, são aqueles que permitem produzir outros bens. São exemplos de **Bens de Capital** as máquinas, computadores, equipamentos, instalações, edifícios etc.

Tanto os **Bens de Consumo** quanto os **Bens de Capital** são classificados como **Bens Finais**, uma vez que já passaram por todos os processos de transformação possíveis, significando que estão acabados.

Além dos **Bens Finais**, existem ainda os **Bens Intermediários**, que são aqueles que ainda precisam ser transformados para atingir sua forma definitiva. A título de exemplo, podemos citar o fertilizante utilizado na produção de arroz, ou o aço, o vidro e a borracha utilizados na produção de carros.

Os bens podem ser classificados ainda em **Bens Privados** e **Bens Públicos**.

Os **Bens Privados** são os produzidos e possuídos privadamente. Como exemplo temos os automóveis, aparelhos de televisão etc.

Os **Bens Públicos** referem-se ao conjunto de bens gerais fornecido pelo setor público: educação, justiça, segurança, transportes etc.

7.3 Recursos Produtivos

Vimos, até agora, que as necessidades humanas são ilimitadas. Algumas são não econômicas, seja porque *não podemos produzir* bens que as satisfaçam (necessidade de amor, por exemplo), seja porque *não precisamos produzir* bens que as satisfaçam (necessidade de respirar, por exemplo).

As necessidades remanescentes, que são as necessidades econômicas, caracterizam-se, também, por serem ilimitadas. A fim de satisfazê-las necessitaríamos de um conjunto infinitamente grande de bens econômicos. Isso, por seu lado, exigiria um conjunto infinitamente grande de **recursos** capaz de produzir tais bens. *Entretanto, essa quantidade infinita de recursos não existe.* Surge daí o desafio que o ser humano tem forçosamente de enfrentar: o desafio da escassez.

Vejamos, agora, no que consistem tais recursos.

Os **Recursos Produtivos** (também denominados fatores de produção) são elementos utilizados no processo de fabricação dos mais variados tipos de mercadorias, as quais, por sua vez, são utilizadas para satisfazer necessidades. O trabalho, a terra, as matérias-primas, os combustíveis, a energia e os equipamentos são, entre outros, exemplos de recursos produtivos.

7.3.1 *Classificação dos Recursos Produtivos*

Os **Recursos Produtivos** podem ser classificados em quatro grandes grupos: **Terra, Trabalho, Capital e Capacidade Empresarial**.

- **Terra (ou Recursos Naturais)**

É o nome dado pelos economistas para designar os recursos naturais existentes, ou dádivas da natureza, tais como florestas, recursos minerais, recursos hídricos etc. Compreende não só o solo utilizado para fins agrícolas, mas também o solo utilizado na construção de estradas, casas etc.

Na verdade, toda a natureza, a energia do Sol, os ventos, as marés, a gravidade da Terra são utilizados na produção de bens econômicos. A utilidade desses elementos vai variar em função de fatores como facilidade de extração, refino e transporte. O que devemos destacar é que a quantidade de recursos naturais, ou Terra, é limitada, até mesmo para as nações consideradas ricas.

- **Trabalho**

É o nome dado a todo esforço humano, físico ou mental, despendido na produção de bens e serviços. Assim, constitui trabalho no sentido econômico o serviço prestado por um médico, o trabalho de um operário empregado na construção civil, a supervisão de um gerente de banco, o trabalho de um agricultor no campo.

O tamanho da população estabelece para esse fator de produção um limite em termos de quantidade. Entretanto, importa também a qualidade do trabalho. Todos sabemos que duas pessoas que trabalham oito horas por dia não são, necessariamente, igualmente produtivas. Por essa razão, em qualquer país, a qualidade e o tamanho da força de trabalho são limitados, o que implica dizer que a quantidade total do recurso denominado Trabalho também o é.

- **Capital (ou Bens de Capital)**

Pode ser definido como o conjunto de bens fabricados pelo homem e que não se destinam à satisfação das necessidades através do consumo, mas que são utilizados no processo de produção de outros bens. O *capital* inclui todos os edifícios e todos os tipos de equipamento que podem ser utilizados na produção de bens. Exemplos de capital são computadores, máquinas, usinas, estradas de ferro, instalações fabris, mobiliários de escritórios e todos os tipos de equipamento utilizado na fabricação de bens e serviços.

É usual que, ao falarmos de capital, pensemos em coisas tais como dinheiro, ações, certificados etc. Tais instrumentos, entretanto, devem ser considerados como *Capital Financeiro e não constituem realmente riqueza, e sim direitos a ela*. Não haverá aumento de riqueza na sociedade se esses direitos de papel aumentarem *sem que* ocorra aumento correspondente de edifícios, equipamentos, estoques etc.

- **Capacidade Empresarial**

Alguns economistas consideram a "Capacidade Empresarial" também como um fator de produção. *Isto porque o empresário exerce funções fundamentais para o processo produtivo.* É ele quem organiza a produção, reunindo e combinando os demais recursos produtivos, assumindo, assim, todos os riscos inerentes à elaboração de bens e serviços. É ele quem colhe os ganhos do sucesso (lucro) ou as perdas do fracasso (prejuízo). Em algumas empresas, o empresário pode ter dupla função e ser também o gerente; em outras, tal fato não ocorre. De qualquer maneira, a função empresarial é necessária na economia.

7.3.2 Os Recursos Produtivos São Limitados

De maneira geral, pode-se dizer que os recursos produtivos apresentam como característica básica o fato de serem limitados ou escassos, ou seja, não existem em quantidade suficiente para produzir todos os bens desejados pela sociedade. Os recursos naturais, tais como os petrolíferos, terras adequadas para agricultura etc., não existem em quantidades infinitas. Por essa razão, até mesmo as nações mais ricas se ressentem da limitação de seus recursos naturais. Da mesma forma, em dado período de tempo, a quantidade de capital disponível para a produção também é limitada pelo número de máquinas, tratores, usinas, fábricas etc. existentes. Mesmo o trabalho, que é o fator de produção mais abundante e mais importante em qualquer sistema econômico, está limitado pelo número e pela qualidade de pessoas disponíveis para essa atividade. *Isso tudo evidencia, como já dissemos, o fato de que os recursos produtivos são limitados.*

7.3.3 Remuneração dos Proprietários dos Recursos Produtivos

Qualquer que seja a empresa – agrícola, industrial ou de serviços –, necessita, para operar, do concurso de recursos produtivos. Necessita, por exemplo, de um pedaço de terra; e também de bens de capital, que são utilizados para produzir outros bens; além disso, muitas vezes o empresário pode ter necessidade de dinheiro de terceiros para a compra de máquinas, matérias-primas etc.; necessita, finalmente, de mão de obra ou força de trabalho para operar os bens de capital de modo a transformar os bens intermediários em novos produtos.

O preço pago pela utilização dos serviços dos fatores de produção vai se constituir na renda dos proprietários desses fatores.

Segundo a definição de renda geralmente aceita, a renda ganha em um ano é o pagamento *pelos serviços de fatores de produção durante o ano.*

Isso merece uma explicação.

Com relação ao fator trabalho, podemos dizer que o trabalhador é o proprietário desse recurso, e que a remuneração que ele recebe das empresas pela utilização que estas fazem desse recurso denomina-se salário (genericamente). Na verdade, a empresa remunera o trabalhador pelo uso do seu tempo, e essa remuneração (salário) pode ser mensal, semanal etc. A renda do trabalhador, portanto, consiste no salário que ele recebe.

Com relação ao fator de produção *terra*, ele pode ser negociado de duas maneiras:

a) o proprietário pode vender o direito de uso durante um mês, um ano, ou qualquer outro período que se estabeleça. Nesse caso, o preço pago pelo uso temporário da terra é chamado aluguel; e

b) o proprietário pode vender a terra de uma vez, o que dá ao seu novo dono o direito de usá-la.

Do exposto até o momento, percebe-se que, se vender o uso temporário da terra, a renda do proprietário é o aluguel da terra.

O que dizer, entretanto, de um proprietário de terras que em um determinado ano vende a terra a uma empresa (agrícola, comercial etc.)? Devemos chamar o valor pago pela terra de sua "renda" com a terra naquele ano? Não, se considerarmos a definição de renda exposta anteriormente. O valor pago pela terra não é renda, porque compra os serviços da terra não apenas por um ano, mas para sempre (na verdade, a pessoa que vende a terra de uma vez não recebe renda alguma da terra; ela apenas transfere a propriedade a outra pessoa em troca de dinheiro).

Assim é que, se a terra for vendida a uma empresa, a partir daí essa empresa não pagará a ninguém pelo uso da terra.

Nesse caso, qual é a renda da terra e quem a recebe? Nessas condições, a renda obtida pela terra é combinada com o lucro, e quem a recebe são os proprietários da empresa.

Examinemos agora a renda do capital. Se uma empresa alugar um torno e utilizá-lo no processo de produção, o valor do aluguel pago ao dono do torno é considerado um pagamento pelos serviços do bem de capital, sendo entendido como um pagamento de renda ao proprietário do torno.

Imaginemos, então, outra situação. Suponhamos que os proprietários da empresa sejam, eles mesmos, proprietários dos bens de capital. Nesse caso, a renda do capital é combinada com o lucro, e é paga aos proprietários da empresa.

Existe ainda outra maneira pela qual os proprietários de uma empresa podem obter bens de capital sem pagar diretamente por eles. Em vez de alugar um bem de capital, uma empresa pode fazer empréstimo e usar o dinheiro para comprar esse bem. Nesse caso pagará juros sobre o empréstimo, representando esse juro um pagamento pelo uso de capital, sendo considerado um pagamento pelos serviços de um fator de produção.

O lucro, por fim, constitui-se na remuneração do recurso capacidade empresarial, uma vez que, como já dissemos, é o empresário quem organiza a produção, assumindo os riscos inerentes à elaboração de bens e serviços.

O Quadro 1, a seguir, sintetiza o que foi dito até este momento:

QUADRO 1
Remuneração dos Proprietários de Recursos

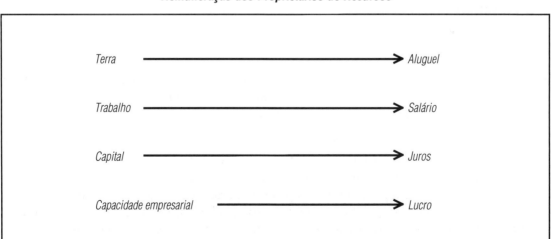

7.4 Agentes Econômicos

Agentes econômicos são pessoas de natureza física ou jurídica que, por meio de suas ações, contribuem para o funcionamento do sistema econômico. São eles:

- as *Famílias* (ou unidades familiares);
- as *Empresas* (ou unidades produtivas); e
- o *Governo*.

As *Famílias* incluem todos os indivíduos e unidades familiares da economia e que, no papel de consumidores, adquirem os mais diversos tipos de bens e serviços, objetivando o atendimento de suas necessidades de consumo. Por outro lado, as famílias, na qualidade de "proprietárias" dos recursos produtivos, fornecem às empresas os diversos fatores de produção: Trabalho, Terra, Capital e Capacidade Empresarial.

Como pagamento recebem salários, aluguéis, juros e lucro, e é com essa renda que compram os bens e serviços oferecidos pelas empresas. Tanto na compra desses bens como na venda dos serviços dos fatores de produção, as decisões da unidade econômica familiar são guiadas pelo propósito de maximizar a satisfação das necessidades.

Empresas são unidades encarregadas de produzir e/ou comercializar bens e serviços. A produção é realizada por meio da combinação dos fatores produtivos adquiridos juntos às famílias. Tanto na aquisição de recursos produtivos quanto na venda de seus produtos, as decisões das empresas são guiadas pelo objetivo de se conseguir o máximo lucro.

O *Governo*, por sua vez, inclui todas as organizações que, direta ou indiretamente, estão sob o controle do Estado, nas suas esferas federais, estaduais e municipais. Muitas vezes o governo intervém no sistema econômico atuando como empresário e produzindo bens e serviços através de suas empresas estatais; em outras, age como comprador – quando, além de contratar serviços, adquire materiais, equipamentos etc. –, tendo em vista a realização de suas tarefas; outras vezes, ainda, o governo intervém no sistema econômico por meio de regulamentos e controles com a finalidade de disciplinar a conduta dos demais agentes econômicos.

7.5 Mercado

7.5.1 *Conceito*

Entende-se por mercado um local ou contexto em que compradores (que compõem o lado da procura) e vendedores (que compõem o lado da oferta) de bens, serviços ou recursos estabelecem contatos e realizam transações.

O lado dos compradores é constituído tanto de consumidores, que são compradores de bens e serviços, quanto de empresas, que são compradoras de recursos (trabalho, terra, capital e capacidade empresarial) utilizados na produção de bens e serviços.

Já o lado dos vendedores é composto pelas empresas, que vendem bens e serviços aos consumidores, e pelos proprietários de recursos (trabalho, terra, capital e capacidade empresarial), que os vendem (ou arrendam) para as empresas em troca de remuneração (salários, aluguéis etc.).

É importante notar que, para fins de análise econômica, o conceito de mercado não implica, necessariamente, a existência de um lugar geográfico em que as transações se realizam. Na realidade, as mercadorias são vendidas segundo os mais diferentes dispositivos institucionais, tais como feiras, lojas, bolsas de valores etc., podendo o termo mercado aplicar-se a qualquer um deles. Basta, para isso, que compradores e vendedores de qualquer bem (ou serviço, ou recurso) interajam, resultando daí a possibilidade de comercializar esse bem.

Devemos observar que os mercados estão no centro da atividade econômica. Essa é a razão pela qual muitos temas importantes em economia estão relacionados com a maneira de funcionar desses mercados.

7.5.2 Estruturas de Mercado de Bens Finais e Serviços

Os mercados, tal como os entendemos, estão estruturados de maneira diferenciada em função de dois fatores principais: o número de empresas produtoras atuando no mercado e a homogeneidade (igualdade) ou diferenciação dos produtos de cada empresa.

Com base nesses aspectos, podemos classificar as estruturas de mercado da seguinte forma:

- **Concorrência Perfeita:** é um tipo de mercado em que há um grande número de compradores e vendedores (empresas) e cada um tão pequeno que nenhum deles, agindo individualmente, consegue afetar o preço da mercadoria. Além disso, os produtos de todas as empresas que compõem o mercado devem ser homogêneos. Vários mercados de produtos agrícolas chegam perto de ser integralmente competitivos.

- **Monopólio:** é uma situação de mercado em que uma única empresa vende um produto que não tenha substitutos próximos. É uma situação totalmente oposta à da concorrência perfeita, uma vez que ao lado da oferta não há concorrência e nem produto concorrente. Nessas condições, ou os consumidores aceitam as condições estipuladas pelo monopolista, ou então abandonam o mercado, deixando de consumir o produto. Essa situação é encontrada, por exemplo, em indústrias nas quais o único produtor tenha patente ou controle sobre uma fonte de recursos essencial para a elaboração do produto.

- **Concorrência Monopolista:** é uma situação de mercado na qual existem muitas empresas vendendo produtos diferenciados, mas que são substitutos próximos entre si. É uma estrutura de mercado intermediária entre a concorrência perfeita e o monopólio. A diferenciação pode ser de qualidade, forma, desenho, apresentação, embalagem etc. Isso faz que os produtores sejam praticamente os únicos a produzir tal bem, o que lhes confere, ainda que temporariamente, um certo poder monopolístico. Como exemplos podemos citar produtos, tais como creme dental, detergente etc.

- **Oligopólio:** é uma situação de mercado em que um pequeno número de empresas domina o mercado, controlando a oferta de um produto, que pode ser homogêneo ou diferenciado. Um exemplo de oligopólio diferenciado é a indústria automobilística.

7.5.3 Estruturas de Mercado de Fatores de Produção

No mercado de fatores de produção, os indivíduos constituem-se nos vendedores (e/ou prestadores de serviço) dos recursos produtivos, ao passo que as empresas são os compradores destes. Tais fatores de produção terão um preço determinado pelos mercados (salários, aluguéis, juros e lucros, conforme o caso), havendo um pagamento por parte das empresas aos indivíduos quando das aquisições (e/ou contratações) desses recursos.

Os fatores de produção serão, então, objeto de transações em estruturas mercadológicas que se diferenciam segundo a quantidade de agentes vendedores e compradores, e de acordo com a homogeneidade ou não do fator de produção.

Temos, assim, as seguintes estruturas mercadológicas:

a) Concorrência Perfeita

Algumas das condições de existência de um mercado de concorrência perfeita para os fatores de produção são:

- existência de grande número de compradores e vendedores do fator de produção;
- os fatores de produção são homogêneos (idênticos) tanto do ponto de vista dos vendedores quanto dos compradores;
- existe total transparência de mercado.

b) Monopsônio

É o regime ou estrutura de mercado em que um único comprador concentra em suas mãos a totalidade de compra dos fatores de produção, não obstante ele se defronte com grande número de vendedores ou ofertantes de tais fatores. Nesse caso, os preços não são determinados pelos vendedores, mas pelo único comprador.

É comum dizer-se que o monopsônio, frequentemente, deriva de um monopólio instalado. De fato, o monopólio na venda de um produto pode determinar o monopsônio na compra dos fatores de produção do referido produto. Uma situação típica de monopsonista é a de um produtor de automóveis que depende de determinado número de fornecedores de algumas peças que não são utilizadas por outros fabricantes. Por essa razão, os pequenos fabricantes produzem peças apenas para essa marca de automóveis. O produtor de automóveis é, então, um monopsonista.

c) Monopólio Bilateral

É possível a existência de uma situação de mercado em que exista um único comprador de um determinado fator de produção, e que este se defronte com um único vendedor desse recurso produtivo. Esse caso denomina-se monopólio bilateral, quando temos um monopolista diante de um monopsonista.

d) Oligopsônio

Ocorre o oligopsônio quando três ou mais compradores concentram em suas mãos a compra de fatores de produção. Nesse caso, têm condições de influenciar os preços dos recursos produtivos. Tais recursos poderão ser homogêneos ou diferenciados, conforme apresentem, ou não, substitutos perfeitos.

No caso de existirem apenas dois compradores para um fator de produção teremos uma situação de mercado denominada *duopsônio*.

Podemos ainda dizer que a estrutura oligopsonista está para o mercado de fatores de produção assim como o oligopólio está para o mercado de bens e serviços.

e) Concorrência Monopsonística

Trata-se de uma estrutura mercadológica caracterizada pela existência de grande número de compradores. Nela, os fatores de produção são diferenciados, isto é, possuem substitutos próximos, mas não perfeitos.

Em virtude da diferenciação dos fatores de produção, habitualmente encontra-se a preferência do comprador direcionada para a oferta de determinado vendedor de um recurso produtivo, em detrimento de outros vendedores entretanto, os compradores não possuem poder algum sobre os preços dos recursos produtivos.

Podemos dizer, portanto, que a estrutura da concorrência monopsonística está para o mercado de fatores de produção assim como a concorrência monopolista está para o mercado de bens e serviços.

7.6 Preços

7.6.1 *Preços Absolutos (Monetários)*

Entende-se por preços absolutos aqueles relacionados a alguma unidade monetária; são preços tomados isoladamente, sem comparações com outros. Os preços absolutos são totalmente irrelevantes para a tomada de decisão até que, inconscientemente, nós os convertamos em preços relativos.

7.6.2 *Preços Relativos*

Entende-se por preço relativo o preço de um bem em relação aos preços dos outros bens. Esse é o preço relevante em economia.

Para entender o significado do preço relativo, tomemos como exemplo dois bens, o bem A e o bem B. O preço relativo do bem A nos diz de quantas unidades do bem B devemos desistir para obter mais uma unidade do bem A. Para obtermos o preço de A em relação ao preço de B, dividimos o preço de A pelo preço de B que é o bem de que se desiste:

$$P_{RA} = \frac{P_A}{P_B}$$

Onde:
P_{RA} = Preço relativo do bem A;
P_A = Preço do bem A; e
P_B = Preço do bem B.

Para exemplificar ainda mais, suponhamos que o preço de um microcomputador seja de $ 3.000,00, e que o preço de um equipamento de som seja de $ 1.000,00. Pergunta-se:
a) Qual é o preço relativo do microcomputador em relação ao do aparelho de som? e
b) Qual é o preço relativo do aparelho de som em termos de microcomputador?

a) Preço relativo do microcomputador:

$$P_{RM} = \frac{P_M}{P_{AS}}$$

Onde:
P_{RM} = Preço relativo do microcomputador;
P_M = Preço do microcomputador; e
P_{AS} = Preço do aparelho de som.

Fazendo as devidas substituições, teremos:

$$P_{RM} = \frac{3.000}{1.000} = 3$$

De acordo com esse resultado, devemos desistir de 3 aparelhos de som se quisermos obter um microcomputador. Em outras palavras, o preço relativo de um microcomputador é de 3 aparelhos de som.

b) Preço relativo do aparelho de som:

$$P_{RS} = \frac{P_{AS}}{P_M}$$

Onde:
P_{RS} = Preço relativo do aparelho de som;
P_{AS} = Preço do aparelho de som; e
P_M = Preço do microcomputador.

Fazendo as devidas substituições, teremos:

$$P_{RS} = \frac{1.000}{3.000} = 1/3$$

Assim, o preço relativo de um aparelho de som é de 1/3 do valor de um microcomputador.

Verificamos, portanto, que a decisão racional leva em consideração os preços relativos. Assim, se um sorvete custa $ 1, um CD custa $ 15 e um aparelho de som custa $ 540, então um CD custa 15 sorvetes e o aparelho de som custa 540 sorvetes ou 36 CDs (15/1= 15, 540/1 = 540 e 540/15 = 36).

Veremos adiante que, quando os economistas dizem que a oferta e a demanda reagem às alterações de preço, estão falando sobre as alterações de preços *relativos*.

Exemplificando: se o preço da Coca-Cola® aumentar em 20%, e o preço da Pepsi-Cola® também aumentar em 20%, não deverá acontecer nada com a demanda (procura) desses dois bens. Entretanto, se o preço da Pepsi-Cola® aumentar em 20%, e o preço da Coca-Cola® permanecer o mesmo, devemos esperar queda na procura por Pepsi-Cola® e aumento na procura por Coca-Cola®. Apesar de a Coca-Cola® não ter apresentado nenhuma mudança em seu preço absoluto, seu preço relativo diminuiu, quando comparado com o preço da Pepsi-Cola®.

Exemplificando um pouco mais a questão dos preços relativos, o que aconteceria se todos os preços aumentassem em 50% (incluindo salários e outros tipos de renda)? Nesse caso os preços permaneceriam constantes, e nem a oferta nem a demanda sofreriam alteração.

7.6.3 *Preço de Mercado*

Ao nos referirmos a mercados, estamos falando, como já dissemos, da possibilidade de ocorrerem transações entre compradores e vendedores, ou seja, da possibilidade de mercadorias serem comercializadas a determinados preços.

Se o mercado for competitivo, possivelmente um único preço vai prevalecer nesse mercado, e será chamado *preço de mercado*. Caso os mercados não sejam competitivos, poderá ocorrer de encontrarmos preços diferentes para o mesmo produto. Por exemplo, dois supermercados, localizados próximos um do outro, podem estar vendendo a mesma marca de sabão em pó a preços diferentes. Outro caso que pode ocorrer é uma empresa cobrar preços mais baixos para tentar conquistar clientes da concorrência. Assim, duas marcas de sabão em pó podem ser vendidas no mesmo supermercado a preços diferentes. Nesses casos, o *preço de mercado* será dado pela média do preço entre as marcas ou supermercados.

O *preço de mercado* da maioria das mercadorias poderá sofrer alterações ao longo do tempo. Tais alterações, entretanto, poderão ser rápidas, particularmente quando se trata de mercadorias vendidas em mercados competitivos. Como exemplo, podemos citar os preços de *commodities*, tais como o café, o açúcar, a soja, o trigo, cujos preços podem variar (subir ou descer) de maneira significativa ao longo de um dia, de um dia para outro ou de uma semana para outra.

7.7 Fluxos e Estoques

Geralmente, em Economia, tratamos de coisas que podem ser mensuradas. Podemos, a título de exemplo, mensurar o preço de um produto, o volume de mercadorias produzido por uma fábrica ou o número de pessoas empregadas em um país.

Definiremos, então, como *variável* qualquer mensuração capaz de variar. Assim, o preço de um produto será considerado variável se puder aumentar ou diminuir, caso não seja tabelado; da mesma forma, a produção de uma fábrica será considerada variável se puder expandir-se ou contrair-se; ou ainda, o nível de emprego será considerado uma variável caso o número de pessoas empregadas possa sofrer uma elevação ou um decréscimo. Devemos observar, também, que o fato de essas magnitudes serem variáveis não implica que *deverão* mudar, mas apenas que *podem* mudar.

Faremos, agora, a distinção entre *variáveis fluxo* e *variáveis estoque*.

As *variáveis fluxo* são medidas dentro de intervalos de tempo. As *variáveis estoque*, por sua vez, são medidas em pontos (ou momentos, ou instantes específicos) do tempo.

Para o entendimento adequado desses conceitos, vamos considerar alguns exemplos. Experimentemos, então, perguntar a um indivíduo quanto ele gasta em bens e serviços, ou quanto ele ganha. A resposta terá de vir acompanhada de uma dimensão temporal, senão carecerá de sentido. Assim, se a pergunta for feita com relação ao mês, o indivíduo poderá responder que gasta $ 400 em bens e serviços *por mês*, ou que ganha $ 600 *por mês*. Esses valores foram medidos em um período de tempo (um mês), sendo, portanto, variáveis fluxo.

Experimentemos agora perguntar a esse mesmo indivíduo qual a sua riqueza em determinada data, por exemplo, em 31/12/2000. A resposta poderá ser a seguinte: $ 200 em dinheiro, $ 300 em títulos e $ 400 em ativos físicos, perfazendo um total de $ 900. Todos esses ativos foram medidos em um ponto no tempo, sendo, portanto, variáveis estoque.

Objetivando o entendimento adequado desses conceitos, vamos exemplificar ainda mais. Imaginemos, então, um indivíduo que mantenha um certo número de cervejas na geladeira. A quantidade de cervejas existente na geladeira é uma *variável estoque*. Devemos observar que o *estoque* pode *variar* de um dia para outro, ou de uma semana para outra, mas a *qualquer momento* o indivíduo poderá abrir a geladeira e contar quantas garrafas tem, se duas, seis, oito ou qualquer outro número. Por outro lado, se perguntarmos quantas cervejas ele bebe, sua resposta, para ter sentido, deverá vir acrescida de uma dimensão temporal. Assim, ele poderá responder que bebe duas, seis ou oito cervejas *no intervalo de uma semana* (ou por semana). Logo, a quantidade de cervejas que o indivíduo do nosso exemplo bebe semanalmente é uma *variável fluxo*.

7.8 Renda e Riqueza

É importante, agora, que façamos a distinção entre renda e riqueza. *Renda* é aquilo que você ganha em um determinado período de tempo – $ 2.000 por mês ou $ 24.000 por ano. A *riqueza*, por sua vez, é constituída pelo valor total das coisas que você possui (dinheiro em mãos, dinheiro em contas bancárias, ações, conjunto de bens que constituem seu patrimônio – propriedades, obras de arte etc.) menos tudo o que você deve (hipotecas de residências, débitos em cartões de crédito, empréstimos pessoais e assim por diante).

Apêndice

Trabalhando com Gráficos e Outras Ferramentas

1 INTRODUÇÃO

Os economistas estão habituados a trabalhar com tabelas e gráficos para expressar as relações entre variáveis existentes nas teorias por eles desenvolvidas. O que se pretende neste Apêndice é apresentar ao leitor técnicas de construção de diagramas úteis na análise econômica.

2 RELAÇÃO ENTRE DUAS VARIÁVEIS

2.1 Relação Direta entre Duas Variáveis

A maioria dos gráficos apresentados neste livro representa relações entre duas variáveis. Imaginemos, por exemplo, que estejamos analisando as variáveis *consumo* e *renda*. O que desejamos saber é o que acontece com o consumo quando a renda das pessoas aumenta. Os dados que mostram a evolução do consumo e da renda são apresentados, a seguir, no Quadro A-1.

QUADRO A-1
Dados a respeito da renda e do consumo

Quando a Renda é:	A Despesa de Consumo é:	Ponto
$ 0	$ 60	A
$ 100	$ 140	B
$ 200	$ 220	C
$ 300	$ 300	D
$ 400	$ 380	E
$ 500	$ 460	F

Vamos, agora, procurar representar esses valores em um sistema de eixos cartesianos. No eixo horizontal (eixo X) colocaremos os dados de renda. Os dados de consumo, por sua vez, serão representados no eixo vertical (eixo Y). A Figura A-1 mostra como fica a representação gráfica desses valores.

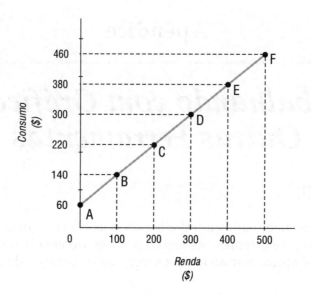

FIGURA A-1
As variáveis renda e consumo são diretamente relacionadas

Como podemos observar, quando a renda é zero, as despesas de consumo são de $ 60, o que corresponde ao ponto A no diagrama. Quando a renda é $ 100, as despesas de consumo são de $ 140, o que corresponde ao ponto B do gráfico. Quando a renda é $ 200, as despesas de consumo são de $ 220, correspondendo ao ponto C do diagrama. O mesmo raciocínio pode ser desenvolvido para os demais valores de renda e consumo, que nos vão fornecer os pontos D, E e F, e que constam do Quadro A-1. Se unirmos esses pontos, obteremos uma reta, como podemos observar na Figura A-1.

A reta obtida nos mostra a relação existente entre renda e consumo. Devemos observar, também, que foi desenhada de baixo para cima, da esquerda para a direita. Em outras palavras, ela tem inclinação positiva. Isso significa dizer que, quando a renda aumenta, as despesas de consumo também aumentam. Assim, quando nos movemos do ponto A para o ponto B, a renda aumenta de zero para $ 100, e as despesas de consumo aumentam de $ 60 para $ 140; quando nos movemos do ponto B para o ponto C, a renda aumenta de $ 100 para $ 200, e as despesas de consumo aumentam de $ 140 para 220. Percebe-se, portanto, a existência de uma **relação direta** entre essas variáveis.

Assim, quando duas variáveis mudam na mesma direção, elas são chamadas **variáveis diretamente relacionadas**.

Devemos observar também que, quando a renda diminui, as despesas em bens de consumo também diminuem, mantendo-se a relação direta entre as variáveis. Assim, quando nos movemos do ponto F para o ponto E, a renda diminui de $ 500 para $ 400, e as despesas em bens de consumo diminuem de $ 460 para $ 380.

2.2 Relação Inversa entre Duas Variáveis

Quando duas variáveis se relacionam de forma tal que a mudança de uma provoca a mudança no sentido contrário da outra, elas são chamadas **variáveis inversamente relacionadas**.

Para exemplificar, examinemos os dados do Quadro A-2. Ele nos mostra duas variáveis, o *preço do litro de leite* e a *quantidade demandada de leite*.

QUADRO A-2
Dados sobre preço e quantidade demandada de leite

Quando o Preço do Litro de Leite é:	A Quantidade Demandada de Leite é:	Ponto
$ 4,00	2 litros/semana	A
$ 3,00	4 litros/semana	B
$ 2,00	6 litros/semana	C
$ 1,00	8 litros/semana	D

Ao observar os dados de preço e de quantidade, notamos que quando o preço diminui, a quantidade demandada aumenta. Assim, quando o preço é $ 4,00, a quantidade demandada é de 2 litros de leite por semana, correspondendo ao ponto *A* do Quadro A-2. Se o preço diminui de $ 4,00 para $ 3,00, a quantidade demandada aumenta de 2 para 4 litros de leite por semana, correspondendo ao ponto *B* do Quadro A-2. Se o preço diminui de $ 3,00 para $ 2,00, a quantidade demandada aumenta de 4 para 6 litros de leite por semana, correspondendo ao ponto *C* do Quadro A-2. Notamos, então, que existe uma *relação inversa* entre as variáveis *preço* e *quantidade demandada*, já que quando uma variável diminui, a outra aumenta.

Devemos observar também que, quando o preço aumenta, a quantidade demandada diminui. Assim, se o preço aumenta de $ 1,00 para $ 2,00, a quantidade demandada de leite diminui de 8 para 6 litros por semana, o que significa que a relação inversa entre essas variáveis se mantém.

Vamos, agora, representar esses dados no *sistema de eixos cartesianos*. Colocaremos a variável *preço* no eixo vertical (eixo *Y*), e a variável *quantidade demandada* no eixo horizontal (eixo *X*). O ponto *A* representa o preço de $ 4,00 e a quantidade demandada de 2 litros; o ponto *B* representa o preço de $ 3,00 e a quantidade demandada de 4 litros por semana e assim por diante. Se unirmos esses pontos, obteremos o gráfico que relaciona preço e quantidade demandada a partir dos valores do Quadro A-2. Devemos notar que a reta obtida é desenhada de cima para baixo, da esquerda para a direita. Ela tem inclinação negativa devido à existência de uma relação inversa entre as variáveis analisadas.

Assim, um movimento do ponto B para o ponto C indica uma queda no preço de $ 3,00 para $ 2,00 e um aumento na quantidade demandada de 4 para 6 litros semanais.

Quando duas variáveis, tais como preço e quantidade demandada, caminham em direções contrárias – quando uma aumenta, a outra diminui; quando uma diminui, a outra aumenta –, dizemos que essas variáveis são **inversamente relacionadas**.

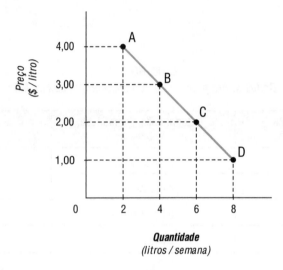

FIGURA A-2
As variáveis preço e quantidade demandada são inversamente relacionadas

2.3 Variáveis Independentes

Nem sempre existe uma relação entre as variáveis que estão sendo analisadas, ou seja, nem sempre as variáveis estão diretamente ou inversamente relacionadas. Isso significa que, quando uma variável muda, a outra não sofre nenhuma alteração. Quando isso acontece, dizemos que as variáveis são **independentes** umas das outras.

O Quadro A-3 nos mostra um desses casos.

QUADRO A-3
Variáveis independentes

Variável X	Variável Y	Pontos
10	20	A
20	20	B
30	20	C
40	20	D

Observamos nesse caso que, quando a variável X aumenta (ou diminui), a variável Y permanece com o mesmo valor. A Figura A-3 nos dá a representação gráfica desses valores.

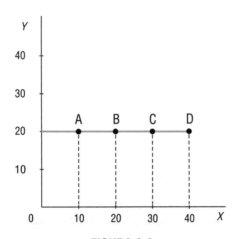

FIGURA A-3
As variáveis X e Y são independentes

No sistema de eixos cartesianos, a variável X é representada no eixo horizontal (eixo X), ao passo que a variável Y é representada no eixo vertical (eixo Y). Como podemos notar, quando a variável X muda de 10 para 20, 30 ou 40, a variável Y permanece com o mesmo valor de 20. Unindo os pontos A, B, C e D, obtemos uma reta paralela ao eixo X.

Outro caso de variáveis independentes é apresentado no Quadro A-4.

QUADRO A-4
Variáveis independentes

Variável X	Variável Y	Pontos
20	10	A
20	20	B
20	30	C
20	40	D

Observamos nesse caso que, quando a variável Y aumenta (ou diminui), a variável X permanece com o mesmo valor. A Figura A-4 nos dá a representação gráfica desses valores.

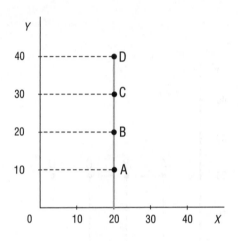

FIGURA A-4
As variáveis X e Y são independentes

No sistema de eixos cartesianos, a variável X é representada no eixo horizontal (eixo X), ao passo que a variável Y é representada no eixo vertical (eixo Y). Como podemos notar, quando a variável Y muda de 10 para 20, 30 ou 40, a variável X permanece com o mesmo valor de 20. Unindo os pontos A, B, C e D, obtemos uma reta paralela ao eixo Y.

3 INCLINAÇÃO

3.1 Inclinação de uma Linha Reta

A inclinação de uma linha reta entre dois pontos (X_1, Y_1) e (X_2, Y_2) é definida como sendo a mudança em Y – eixo vertical – dividida pela mudança em X – eixo horizontal. Se fizermos a suposição de que a mudança nas variáveis começa em (X_1, Y_1) e termina em (X_2, Y_2), então a mudança na variável X é $(X_2 - X_1)$; a mudança na variável Y é $(Y_2 - Y_1)$. Podemos calcular a inclinação da seguinte forma:

$$\text{Inclinação da linha de } (X_1, Y_1) \text{ até } (X_2, Y_2) = \frac{\text{Mudança no eixo vertical}}{\text{Mudança no eixo horizontal}} = \frac{Y_2 - Y_1}{X_2 - X_1}$$

É costume se utilizar a letra grega Δ (delta) para denotar a mudança em uma variável.

Assim, $\Delta X = X_2 - X_1$ indica uma mudança na variável X e $\Delta Y = Y_2 - Y_1$ indica uma mudança na variável Y. A fórmula da inclinação de uma linha pode ser escrita da seguinte forma:

$$\text{Inclinação da linha de } (X_1, Y_1) \text{ até } (X_2, Y_2) = \frac{\Delta Y}{\Delta X}$$

Uma reta tem inclinação constante, ou seja, permanece sempre a mesma ao longo de toda a reta. Uma reta pode ser positivamente inclinada, negativamente inclinada, ter inclinação zero ou ter inclinação infinita. Vamos analisar esses casos.

3.1.1 *Reta Positivamente Inclinada*

O Quadro A-5 a seguir apresenta valores de X e Y:

QUADRO A-5
Valores de X e Y

X	Y	Pontos
10	20	A
20	40	B
30	60	C

A Figura A-5 nos dá a representação gráfica desses valores.

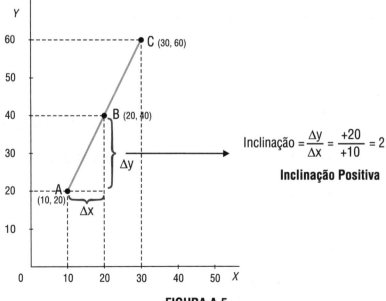

FIGURA A-5
Reta positivamente inclinada

Calculemos, então, a inclinação do ponto A ao ponto B.

Ponto A: $X_1 = 10$; $Y_1 = 20$

Ponto B: $X_2 = 20$; $Y_2 = 40$

logo:

$$\frac{\Delta Y}{\Delta X} = \frac{Y_2 - Y_1}{X_2 - X_1} = \frac{40 - 20}{20 - 10} = \frac{20}{10} = 2$$

Conclusão: a inclinação da reta é positiva, pois o valor encontrado é positivo. Podemos dizer também que nesse caso existe uma relação direta entre as duas variáveis.

3.1.2 Reta Negativamente Inclinada

O Quadro A-6 a seguir apresenta valores de X e Y:

QUADRO A-6
Valores de X e Y

X	Y	Pontos
10	40	A
20	30	B
30	20	C

A Figura A-6 nos dá a representação gráfica desses valores.

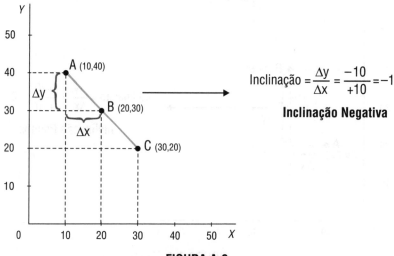

FIGURA A-6
Reta negativamente inclinada

Calculemos, então, a inclinação do ponto A ao ponto B.

Ponto A: $X_1 = 10$; $Y_1 = 40$
Ponto B: $X_2 = 20$; $Y_2 = 30$

logo:

$$\frac{\Delta Y}{\Delta X} = \frac{Y_2 - Y_1}{X_2 - X_1} = \frac{30 - 40}{20 - 10} = \frac{-10}{10} = -1$$

Conclusão: a inclinação da reta é negativa, pois o valor encontrado é negativo. Podemos dizer nesse caso que existe uma relação inversa entre as variáveis.

3.1.3 *Reta com Inclinação Zero*

O Quadro A-7 a seguir apresenta valores de X e Y:

QUADRO A-7
Valores de X e Y

X	Y	Pontos
10	30	A
20	30	B
30	30	C

A Figura A-7 nos dá a representação gráfica desses valores.

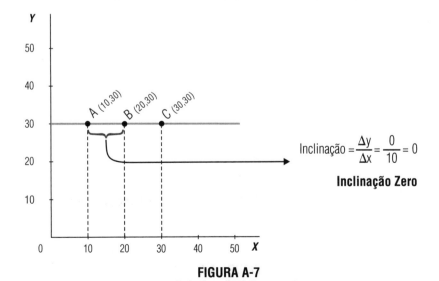

FIGURA A-7
Reta com inclinação zero

Calculemos, então, a inclinação do ponto A ao ponto B.

Ponto A: $X_1 = 10$; $Y_1 = 30$
Ponto B: $X_2 = 20$; $Y_2 = 30$

logo:

$$\frac{\Delta Y}{\Delta X} = \frac{Y_2 - Y_1}{X_2 - X_1} = \frac{30 - 30}{20 - 10} = \frac{0}{10} = 0$$

Conclusão: a inclinação da reta é zero. Podemos dizer nesse caso que não existe relação entre as variáveis, ou seja, que as variáveis em questão são independentes.

3.1.4 *Reta com Inclinação Infinita*

O Quadro A-8 a seguir apresenta valores de X e Y:

QUADRO A-8
Valores de X e Y

X	Y	Pontos
30	10	A
30	20	B
30	30	C

A Figura A-8 nos dá a representação gráfica desses valores.

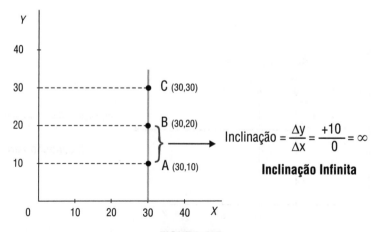

FIGURA A-8
Reta com inclinação infinita

Calculemos, então, a inclinação do ponto A ao ponto B.

Ponto A: $X_1 = 30$; $Y_1 = 10$
Ponto B: $X_2 = 30$; $Y_2 = 20$

logo:

$$\frac{\Delta Y}{\Delta X} = \frac{Y_2 - Y_1}{X_2 - X_1} = \frac{20 - 10}{30 - 30} = \frac{10}{0} = \infty$$

Conclusão: a inclinação da reta é infinita. Podemos dizer nesse caso que não existe relação entre as variáveis, ou seja, que as variáveis em questão são independentes.

3.1.5 *Conclusão Geral*

Podemos aempresar que:

- a inclinação é positiva sempre que um aumento em X vier associado a um aumento em Y;

- a inclinação é negativa sempre que um aumento em X vier associado a uma diminuição em Y;

- a inclinação é igual a zero sempre que uma mudança em X estiver associada a nenhuma mudança em Y;

- a inclinação é infinita sempre que para um mesmo valor de X tivermos mudanças em Y.

3.2 Inclinação de uma Curva

A inclinação de uma curva varia de ponto para ponto, ou seja, ela não é constante como a inclinação de uma reta.

Vamos, então, tentar determinar a inclinação de uma curva em um determinado ponto. Para tanto, tomaremos como base a curva apresentada na Figura A-9.

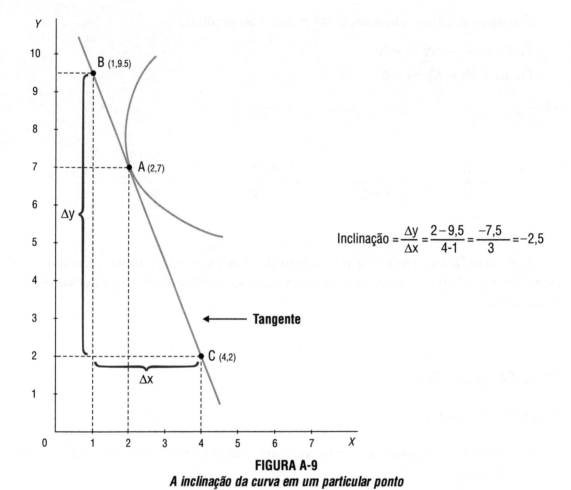

FIGURA A-9
A inclinação da curva em um particular ponto

Como ponto de partida, tomemos o ponto A e desenhemos uma linha reta tangente à curva nesse ponto (uma tangente é uma linha que toca a curva em um só ponto). A inclinação da curva no ponto A é a inclinação da reta tangente àquele ponto. Para fazer o cálculo da inclinação da curva no ponto A vamos, então, pegar dois pontos da reta tangente e calcular a inclinação dessa reta. Calculemos, então, a inclinação do ponto B para o ponto C.

Ponto B: $X_1 = 1$ e $Y_1 = 9{,}5$
Ponto C: $X_2 = 4$ e $Y_2 = 2$

logo:

$$\frac{\Delta Y}{\Delta X} = \frac{Y_2 - Y_1}{X_2 - X_1} = \frac{2 - 9{,}5}{4 - 1} = \frac{-7{,}5}{3} = -2{,}5$$

Conclusão: a inclinação da curva no ponto A é de –2,5.

4 EQUAÇÕES LINEARES

Toda reta possui a mesma forma geral. Se Y for a variável a ser colocada no eixo vertical e X for a variável a ser colocada no eixo horizontal, então toda reta terá uma equação na forma

$$Y = a + bX$$

Onde

1) Y é a variável dependente;
2) X é a variável independente;
3) a é um número chamado de intercepto (é uma constante cujo valor é igual ao valor de Y no ponto em que a reta intercepta o eixo vertical). Isso ocorre quando X assume o valor zero.

   Dada, então, a equação: $Y = a + bX$

   Se $X = 0$, então $Y = a + b \times 0$

   Logo, $Y = a$

4) b é um número que dá a inclinação da reta (é uma constante cujo valor é igual à inclinação da reta).

Se b for um número positivo, então a reta terá inclinação positiva, e um aumento em X provocará um aumento em Y; se b for negativo, um aumento em X provocará um decréscimo em Y, e a reta terá inclinação negativa; se b for igual a zero, mudanças em X não provocarão mudanças em Y, e a reta terá inclinação zero. Essas situações são retratadas na Figura A-10.

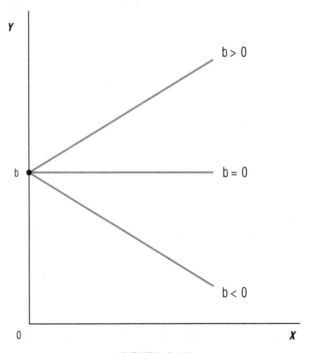

FIGURA A-10
O valor da constante b e a inclinação da reta

Vamos, agora, analisar o valor da constante *a*. O valor de *a* determina a posição do gráfico. Se *a* for um número positivo, a reta interceptará o eixo Y acima da origem; se *a* for igual a zero, a reta intercepta o eixo Y na origem; finalmente, se *a* for um número negativo, a reta intercepta o eixo Y abaixo da origem. Essas situações são retratadas na Figura A-11.

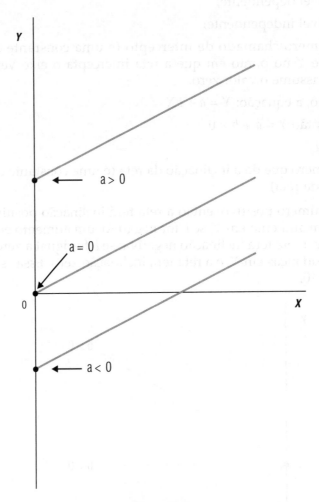

FIGURA A-11
O valor da constante a *e as posições da reta no sistema de eixos X e Y*

Exemplo:

Suponhamos que o consumo dependa da renda de forma que pode ser descrito por uma equação do tipo

$$C = C_0 + bY$$

Onde:

1) **C** é a variável dependente que retrata as despesas de consumo (equivalente ao Y da equação linear já vista) cujos valores são registrados no eixo vertical;

2) **Y** é a renda, que é a variável independente, equivalente ao X da equação linear já vista cujos valores são representados no eixo horizontal;

3) C_0 é o intercepto da equação com o eixo vertical de despesas de consumo (equivalente ao eixo Y).

4) **b** é um número que dá a inclinação da reta de consumo (equivale ao b da equação linear já vista).

Logo, essa nada mais é do que uma equação do tipo

$$Y = a + bX$$

Onde:

$Y = C$;
$a = C_0$;
$b = b$; e
$X = Y$

Sabe-se que:

$C_0 = 100$ e $b = 0{,}80$.

O Quadro A-9 a seguir nos fornece os valores de consumo para diversos níveis de renda:

QUADRO A-9
Valores de renda e consumo para a equação $C = C_0 + bY$

Y	$C = C_0 + bY$	C
100	C = 100 + 0,80 x 100	180
300	C = 100 + 0,80 x 300	340
500	C = 100 + 0,80 x 500	500
700	C = 100 + 0,80 x 700	660
800	C = 100 + 0,80 x 800	740

A representação gráfica dessa equação é dada na Figura A-12 a seguir:

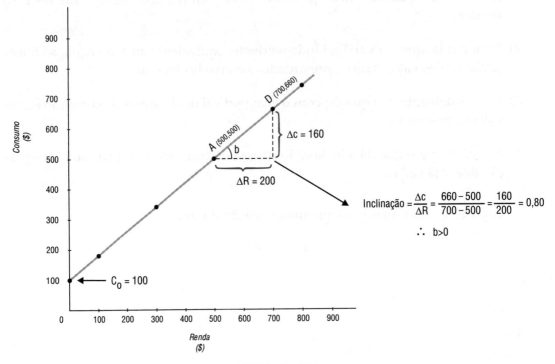

FIGURA A-12
Reta da equação do consumo

Devemos notar que C_0, que é o intercepto, tem valor positivo (100), indicando que o intercepto da reta de consumo está acima da origem. Devemos notar também que b, que dá a inclinação da reta, tem valor positivo, indicando que a reta de consumo é positivamente inclinada. Segue-se daí que aumentos na renda (Y) provocam aumentos no consumo. Calculemos agora o valor de b. Para tanto, vamos calcular a inclinação do ponto A para o ponto D.

Devemos recordar que a inclinação de uma linha reta entre dois pontos (X_1, Y_1) e (X_2, Y_2) é definida como a mudança em Y – eixo vertical, que no caso retrata os gastos de consumo, que chamaremos C – dividida pela mudança em X – eixo horizontal, que no caso representa a renda, que denominaremos R.

Ponto A: $C_1 = 500$ e $R_1 = 500$
Ponto D: $C_2 = 660$ e $R_2 = 700$

logo:

$$\frac{\text{Variação no consumo}}{\text{Variação na renda}} = \frac{\Delta C}{\Delta R} = \frac{C_2 - C_1}{R_2 - R_1} = \frac{660 - 500}{700 - 500} = \frac{160}{200} = 0{,}80 = b$$

5 FUNÇÕES

Uma *função* mostra a relação entre duas variáveis. Indica como o valor de uma variável (chamada dependente) depende e pode ser calculado pela especificação do valor de uma ou mais variáveis.

É comum nos referirmos à função f por $f(x)$ ou pela equação $y = f(x)$ que a define. Suponhamos, então, que nos seja dada a função $y = f(x)$. Então a variável x é chamada **variável independente**. A variável y, cujo valor depende de x, é denominada **variável dependente**.

5.1 Funções Lineares

Quando dizemos que y é uma *função linear* de x, significa que o gráfico da função é uma reta; assim, podemos usar a forma inclinação – intercepto da equação de uma reta para escrever uma fórmula para a função, ou seja

$$y = f(x) = bx + a \quad \text{ou} \quad y = a + bx$$

em que b é a inclinação da reta, e a é o intercepto de y.

Uma das características das funções lineares é que elas crescem a uma taxa constante. Por exemplo, o Quadro A-10, valores obtidos a partir da função linear $f(x) = 2x + 1$, é representado graficamente na Figura A-13.

QUADRO A-10
Função linear

x	f(x) = 2x + 1
0	1
1	3
2	5
3	7

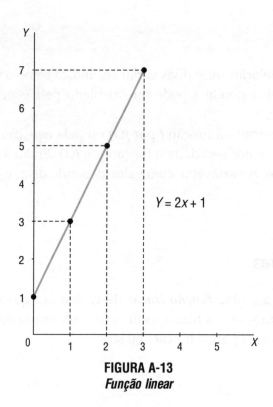

FIGURA A-13
Função linear

Note que quando x cresce em 1, o valor $f(x)$ cresce em 2. Dessa forma, $f(x)$ cresce duas vezes mais rápido do que x. Assim, a inclinação do gráfico $y = 2x + 1$, isto é, 2, pode ser interpretado como a taxa de variação de y em relação a x.

5.2 Funções Polinomiais

Uma função polinomial de grau n é uma função da forma $f(x) = a_0 x^n + a_1 x^{n-1} + \ldots + a_{n-1} x + a_n$ ($a_0 \neq 0$), onde $a_0, a_1, \ldots a_n$ são constantes e n é um número inteiro não negativo.

Exemplo:

$$f(x) = 4x^5 - 3x^4 + x^2 - x + 8$$

é uma função de grau 5.

Uma função polinomial de grau 1 ($n = 1$)

$$f(x) = a_0 x + a_1 \ (a_0 \neq 0)$$

é a equação de uma reta. Portanto, uma função polinomial de grau 1 é chamada *função linear*. Por exemplo, a função linear $f(x) = 2x + 3$ pode ser escrita como uma equação linear em x e y – a saber, $y = 2x + 3$.

Uma função polinomial de grau 2 é chamada função quadrática. Uma função polinomial de grau 3 é chamada função cúbica, e assim por diante.

5.3 Função Potência

Uma função da forma $f(x) = x^a$, em que a é uma constante, é denominada função potência.

5.4 Funções Racionais

Uma função racional f é a razão de dois polinômios:

$$f(x) = \frac{P(x)}{Q(x)}$$

em que P e Q são dois polinômios.

5.5 Funções Algébricas

Uma função f é chamada função algébrica e pode ser construída através de operações algébricas tais como adição, subtração, multiplicação, divisão e extração de raízes.

5.6 Funções Exponenciais

São as funções da forma $f(x) = a^x$, em que a é uma constante positiva.

5.7 Funções Logarítmicas

São as funções $f(x) = \log_a x$, em que a base a é uma constante positiva. Elas são as funções inversas das funções exponenciais.

6 VARIAÇÕES PORCENTUAIS

As variações porcentuais são utilizadas para calcular as diferenças entre as unidades de medida dos dados econômicos. Isso porque, muitas vezes, é mais conveniente expressar mudanças em termos porcentuais do que em termos absolutos.

Define-se a variação porcentual de uma variável em um determinado período de tempo como o valor da variável no instante de tempo final menos o valor dessa mesma variável no instante de tempo inicial, dividido pelo valor da variável no instante de tempo inicial, multiplicado por 100.

Assim, se alguma variável X começa com um determinado valor e termina com outro, a variação porcentual de X, denominada %ΔX, é computada da seguinte forma:

$$\%\Delta X = \frac{\text{Valor Final de } X - \text{Valor Inicial de } X}{\text{Valor Inicial de } X} \times 100$$

Para exemplificar o cálculo, vamos nos utilizar do Quadro A-11, que mostra como se comportou o PIB *per capita* no Brasil do ano de 1986 até o ano 2000.

QUADRO A-11
PIB **per capita** *no Brasil*

Ano	Preços constantes de 2000 (R$)	Taxa Real de Variação (%)
1986	6.026,52	5,4
1987	6.120,39	1,6
1988	6.005,12	−1,9
1989	6.086,58	1,4
1990	5.749,73	−5,5
1991	5.717,02	−0,6
1992	5.599,11	−2,1
1993	5.787,05	3,4
1994	6.037,19	4,3
1995	6.203,81	2,8
1996	6.281,36	1,2
1997	6.399,23	1,9
1998	6.327,93	−1,1
1999	6.293,97	−0,5
2000	6.472,86	2,8

Fonte: IBGE.

Vamos, então, calcular a variação porcentual do PIB *per capita* de 1993 a 1994:

$$\%\Delta \text{ PIB } \textit{per capita}_{1994-1993} = \frac{6.037,19 - 5.787,05}{5.787,05} \times 100 = 4,3$$

Exercícios

Questões

As respostas podem ser encontradas no final do livro.

1) Escassez significa o mesmo que pobreza? Justifique sua resposta.
2) Por que a economia é considerada uma Ciência Social?
3) O que se entende por mercado?
4) Distinguir entre os conceitos de bens livres e bens econômicos. Exemplificar.
5) Quais são os recursos produtivos básicos e qual a remuneração que seus proprietários recebem por sua contribuição à produção?

Testes de Múltipla Escolha

- *Assinale com um X a resposta certa*
- *As respostas podem ser encontradas no final do livro*

1) A escassez:
   a) não pode ser eliminada;
   b) existe nas economias pobres;
   c) existe nas economias ricas;
   d) todas as afirmações anteriores estão corretas;
   e) todas as aempresações anteriores estão incorretas.

2) Todos os problemas estudados em economia originam-se:
   a) da desigualdade na distribuição de renda;
   b) da superpopulação;
   c) da escassez de recursos;
   d) dos erros cometidos pelo governo em suas ações;
   e) nenhuma das alternativas anteriores.

3) A economia é:
   a) a ciência que estuda as relações humanas voltadas à evolução do homem;
   b) a ciência que estuda como ser bem-sucedido nos negócios;
   c) a ciência que estuda o problema da escassez;
   d) a ciência que estuda como trabalhar no mercado financeiro;
   e) a ciência que estuda como alocar recursos ilimitados para satisfazer necessidades limitadas.

4) Um modelo:
   a) é uma representação simplificada do mundo real;
   b) incorpora na sua construção fatores e variáveis relevantes do mundo real;
   c) é uma descrição completa e acurada da realidade;
   d) a e b estão corretas.

5) O termo capital, como é usado pelos economistas, refere-se:
   a) a dinheiro;
   b) ao espaço físico (área) em que a produção se realiza;
   c) ao tempo destinado à produção de bens e serviços;
   d) às máquinas e aos equipamentos utilizados na produção de bens e serviços;
   e) nenhuma das alternativas anteriores.

Capítulo II

QUESTÕES ECONÔMICAS FUNDAMENTAIS DECORRENTES DO PROBLEMA DA ESCASSEZ E DA NECESSIDADE DE ESCOLHA

1 QUESTÕES ECONÔMICAS FUNDAMENTAIS

Como vimos anteriormente, a sociedade não dispõe de recursos produtivos em quantidade suficiente para produzir tudo o que a população deseja.

Assim é que toda sociedade, qualquer que seja sua organização política, se defronta com três questões econômicas básicas decorrentes do problema de escassez:

a) O que e quanto produzir?

Já que não se pode produzir a quantidade desejada pela sociedade dos mais diversos tipos de bens e serviços, esta deve escolher, entre as várias alternativas, quais bens e serviços serão produzidos e em que quantidade. Devemos produzir mais automóveis do que roupas? Mais roupas e menos alimentos? Quanto de roupas e quanto de alimentos?

b) Como produzir?

Em contrapartida, a sociedade tem de decidir a maneira pela qual o conjunto de bens escolhido será produzido. Normalmente, os bens podem ser obtidos mediante diferentes combinações de recursos e técnicas, e deve-se optar pela técnica que resulte no menor custo por unidade de produto a ser obtido.

c) Para quem produzir?

Uma vez decidido que bens produzir e como produzi-los, a sociedade tem de tomar uma terceira decisão fundamental: quem vai receber esses bens e serviços? Sabemos que a produção total de bens e serviços deverá ser distribuída entre os diferentes indivíduos que compõem a sociedade. De que maneira essa distribuição ocorrerá? Será que todas as pessoas receberão a mesma quantidade de bens e serviços? Ou será que essa distribuição será feita segundo a contribuição de cada um à produção? Ou segundo a sua necessidade?

2 A CURVA DE POSSIBILIDADES DE PRODUÇÃO: UMA ILUSTRAÇÃO DO PROBLEMA DA ESCASSEZ E DA ESCOLHA

2.1 Introdução

A análise das ilimitadas necessidades humanas e da escassez de recursos empreendida até aqui conduz à conclusão de que a Economia é uma Ciência ligada a problemas de escolha. Esse fato pode ser exemplificado através da utilização de gráficos e de exemplos aritméticos. Para fins de simplificação, discutiremos o dilema da opção e suas possíveis soluções aplicadas a um empreendimento agrícola. Posteriormente, a questão da escolha será abordada no âmbito de uma economia.

Três hipóteses básicas são necessárias para que possamos desenvolver o modelo da "Curva de Possibilidades de Produção":

- *Existência de uma quantidade fixa de recursos.* A quantidade e a qualidade dos recursos produtivos permanece inalterada (constante) durante o período da análise.
- *Existência de pleno emprego dos recursos.* A economia opera com todos os fatores de produção plenamente empregados e produzindo o maior nível de produto possível.
- *A tecnologia permanece constante.*

2.2 Uma Fazenda e sua Fronteira de Possibilidades de Produção

Consideremos inicialmente uma fazenda com uma determinada extensão de terra, um conjunto de instalações, máquinas e equipamentos e um número fixo de trabalhadores. E a possibilidade do proprietário dessa fazenda possuir qualificações técnicas que lhe permitam se dedicar a qualquer tipo de atividade agrícola. Ao escolher o que e como produzir, o fazendeiro estará decidindo a maneira pela qual os seus recursos produtivos serão distribuídos entre as várias combinações de bens possíveis. Quanta terra será destinada à pastagem? E à produção de soja? Será conveniente utilizar parte da área destinada à lavoura de soja e parte para o plantio de milho? Por que não introduzir também a cultura de arroz? De que modo os empregados serão utilizados nas várias atividades?

Para simplificar a análise simultânea de tais problemas, vamos supor que essa fazenda só produza dois tipos de bens: milho e soja.

Se o fazendeiro utilizar toda a terra para cultivar milho, não haverá área disponível para o plantio de soja. Mas, se ele quiser se dedicar somente à cultura de soja, utilizando-se de toda a sua propriedade para este fim, não poderá plantar milho. Estamos diante de duas opções extremas. Existirão, é claro, soluções alternativas intermediárias, com a utilização de parte das terras para o plantio de soja, ficando a fração restante para a cultura de milho. As várias possibilidades de produção podem ser ilustradas por um exemplo numérico. Tomemos, então, o Quadro 1:

QUADRO 1
Possibilidades de produção em uma fazenda

Alternativa	Soja (em quilos)	Milho (em quilos)
A	0	8.000
B	1.000	7.500
C	2.000	6.500
D	3.000	5.000
E	4.000	3.000
F	5.000	0

Suponhamos que o fazendeiro decida utilizar toda a sua propriedade (e demais recursos) no cultivo de milho. Nesse caso, será possível produzir no máximo 8 mil quilos de milho (alternativa A) e nenhuma quantidade de soja.

No outro extremo, imaginemos que todos os recursos (terra, trabalhadores etc.) sejam investidos na produção de soja. Nesse caso, o volume máximo a ser produzido seria de 5 mil quilos, enquanto a produção de milho será zero (alternativa F).

O Quadro 1 nos fornece uma escala numérica, com algumas possibilidades intermediárias (B, C, D, E), que refletem a disposição do produtor de optar pela produção conjunta de ambos os bens.

Devemos observar que na hipótese de plena utilização da terra (e demais recursos), aumentos na produção de soja ocorrerão somente mediante utilização das áreas destinadas à cultura do milho. Logo, reduz-se a produção de milho em benefício da lavoura de soja.

Vamos, a seguir, representar graficamente a escala de possibilidades de produção entre milho e soja (Figura 1). Para isso, utilizaremos um sistema de eixos cartesianos. O eixo das ordenadas (vertical) representará a quantidade de milho que a fazenda pode produzir. No eixo das abscissas (horizontal) representaremos a quantidade de soja que pode ser obtida.

O ponto A indica uma situação em que toda a terra está sendo utilizada na produção de milho. Nesse caso, a produção de soja é zero. O ponto F indica o outro extremo, ou seja, quando toda a terra é usada exclusivamente para plantar soja; logo, a produção de milho é nula. Os pontos B, C, D e E indicam possíveis combinações intermediárias ao alcance do produtor na hipótese de a terra (e demais recursos) estar sendo plenamente utilizada.

Podemos, agora, unir os pontos de A até F. A linha resultante denomina-se *Curva de Possibilidades de Produção* (ou Fronteira de Possibilidades de Produção) e nos mostra *todas* as combinações possíveis entre milho e soja que podem ser estabelecidas, quando todos os recursos disponíveis estão sendo utilizados (significando que há pleno emprego de recursos). A Figura 2 nos fornece a representação gráfica desse nosso exemplo.

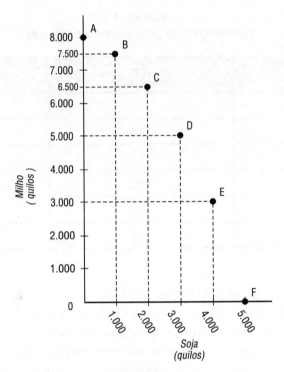

FIGURA 1
Possibilidades de produção de uma fazenda

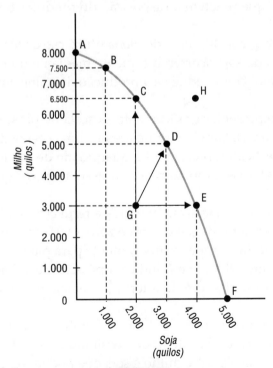

FIGURA 2
Curva de possibilidades de produção de uma fazenda

2.2.1 Eficiência Produtiva

No nosso exemplo, a fazenda estará funcionando de maneira eficiente sempre que, ao aumentarmos a produção de um bem, tivermos de reduzir a produção de outro.

Assim, teremos eficiência produtiva somente se estivermos situados sobre a fronteira (ao longo da linha *AF*), na qual aumentos na produção de soja deverão vir, necessariamente, acompanhados de diminuições na produção de milho.

Imaginemos, então, que a fazenda esteja operando no ponto *D*. Nesse ponto são produzidos 5 mil quilos de milho e 3 mil quilos de soja. Se o proprietário optar por um aumento na produção de soja, a fazenda poderá passar a operar, por exemplo, no ponto *E*, no qual serão produzidos 4 mil quilos de soja. Entretanto, esse aumento de produção (de 3 mil para 4 mil quilos) só será possível se parte dos recursos (como, por exemplo, parte das terras), anteriormente destinada à produção de milho, for desviada para a produção de soja. Consequentemente, haverá uma diminuição na produção de milho, de 5 mil para 3 mil quilos.

2.2.2 Custo de Oportunidade

Acabamos de verificar que, se a fazenda estiver usando eficientemente seus recursos (o que indica uma situação de pleno emprego), um aumento na produção de soja somente ocorrerá mediante diminuição na produção de milho. Assim, o custo de um produto poderá ser expresso em termos da quantidade sacrificada do outro.

Custo de Oportunidade é a expressão utilizada para exprimir os custos no que se refere às alternativas sacrificadas. Ainda de acordo com o nosso exemplo, se estivermos no ponto *C* da curva (6.500 quilos de milho e 2 mil quilos de soja) e quisermos passar para o ponto *D*, aumentando a produção de soja para 3 mil quilos, esse aumento só será conseguido mediante o sacrifício de 1.500 quilos de milho. O *Custo de Oportunidade* desses mil quilos adicionais de soja será dado pelos 1.500 quilos de milho a serem sacrificados.

Seguindo essa linha de raciocínio, o *Custo de Oportunidade* de se aumentar a produção de soja de 3 mil para 4 mil quilos (passagem do ponto *D* para o ponto *E* da curva de possibilidades de produção) será de 2 mil quilos de milho.

Sintetizando, para que tenhamos a ocorrência de *Custo de Oportunidade* é preciso *não só que os recursos sejam limitados, mas que estejam sendo plenamente utilizados*.

Qualquer que seja o movimento ao longo da curva de possibilidades de produção, fica claro que haverá uma "troca" entre soja e milho. Essa "troca" é conhecida em economia como *Custo de Oportunidade*, que é definido como o valor da próxima melhor alternativa que deve ser sacrificada quando uma escolha é feita.

Cabe-nos, aqui, fazer uma análise um pouco mais aprofundada a respeito desse importante conceito na teoria econômica.

Aprendemos, desde muito cedo, que as pessoas têm de fazer escolhas porque existe a escassez. Devido às nossas ilimitadas necessidades em face dos limitados recursos existentes, algumas dessas necessidades não serão satisfeitas. Devemos, então, fazer escolhas. O maior valor da oportunidade ou alternativa **não escolhida** vem a ser o que chamamos **custo de oportunidade**. Toda vez que fazemos uma escolha, incorremos em um custo de oportunidade. Você pode, por exemplo, fazer uma escolha: jogar futebol. Ao fazer essa escolha, você nega a si mesmo os benefícios que obteria ao fazer qualquer outra atividade. Certamente, você estará deixando de lado uma série de outras coisas que também gostaria de fazer: ler um livro, ir ao cinema, assistir a uma novela na televisão etc. Qualquer coisa que escolha fazer ao decidir não jogar futebol é o seu custo de oportunidade de jogar futebol. Exemplificando: se optar por ir ao cinema em vez de jogar futebol – supõe-se que, ao não jogar futebol, você optou por aquilo que considera a próxima melhor alternativa, uma vez que age racionalmente, e não escolheria uma alternativa pior – então o custo de oportunidade de jogar futebol é ir ao cinema.

2.2.3 Desemprego

Pode acontecer, muitas vezes, que a fazenda esteja produzindo abaixo de suas possibilidades. Isso pode ocorrer porque os recursos produtivos estão ociosos (terras inativas, trabalhadores desocupados).

Essa situação é representada pelo ponto G no interior da curva de possibilidades de produção (Figura 2). Nesta hipótese, a produção de milho ou a de soja ou ambas podem ser aumentadas até alcançar a curva, simplesmente utilizando o serviço dos fatores ociosos. Fazendo assim poderemos, por exemplo, passar ou do ponto G para o ponto C (com a mesma produção de soja e uma quantidade maior de milho), ou do ponto G para o ponto E (com a mesma quantidade de milho e uma produção maior de soja) ou, então, do ponto G para o ponto D, quando então teremos uma produção maior de ambos os bens.

Em contraposição, pontos situados além da curva, tais como o ponto H, são inatingíveis, uma vez que envolvem uma combinação de milho e soja que a fazenda, em virtude dos recursos e tecnologia disponíveis, não pode produzir. Conclui-se, portanto, que pontos situados além da fronteira só poderão ser alcançados mediante aumento na disponibilidade de fatores de produção (a incorporação de novas terras, por exemplo) e/ou mediante evolução tecnológica (como a introdução de sementes melhoradas) que permita aumento nas possibilidades de produção com os mesmos recursos produtivos.

2.3 A Curva de Possibilidades de Produção de uma Sociedade

Trabalhamos até agora com um cenário no qual uma fazenda, com certa dotação fatorial e nível tecnológico e que produzisse apenas dois bens, teria uma determinada curva de possibilidades de produção. Vimos também as opções de produção existentes à disposição do fazendeiro e várias situações decorrentes da utilização de seus recursos produtivos. Veremos agora que o dilema da escolha no âmbito do Sistema Econômico é, em essência, semelhante ao do proprietário da fazenda.

Sabemos, de antemão, que um sistema econômico é capaz de produzir milhares de produtos, desde que conte com adequada dotação fatorial. Sabemos também que se a Economia deve decidir como os escassos recursos serão distribuídos entre as inúmeras possibilidades de produção de bens e serviços, o dilema da escolha torna-se bastante complexo. É por essa razão que proporemos uma hipótese simplificadora: a de que a economia a ser estudada produza apenas dois bens econômicos. O raciocínio a ser elaborado a partir de agora será semelhante àquele desenvolvido no caso da fazenda.

Consideremos uma sociedade que produz apenas dois tipos de bens: alimentos, provenientes da agricultura, e minério de ferro.

Suponhamos que essa sociedade disponha de uma quantidade fixa de fatores produtivos: um número fixo de indivíduos, uma determinada quantidade (fixa) de fábricas e instrumentos de produção e um montante, também fixo, de recursos naturais (terra, minérios etc.). Consideremos, também, a existência de um determinado grau de conhecimento técnico, que vai permanecer constante, ou seja, não sofrerá mudanças no decorrer de nossa análise. Além disso, devemos supor que a mão de obra, assim como os outros fatores de produção, pode ser empregada na produção de alimentos ou minérios, ou em diferentes combinações de ambos.

O Quadro 2 contém um exemplo hipotético das possibilidades de produção dessa economia.

Se empregássemos todos os recursos disponíveis na produção de minério, obteríamos, no máximo, 500 mil toneladas desse bem. Se todos os recursos estivessem sendo utilizados na produção de minério, não poderia haver produção de alimentos e, portanto, ela seria igual a zero (alternativa A).

QUADRO 2
As possibilidades de produção de uma economia

Alternativa	Alimentos (milhões de toneladas)	Minério de Ferro (milhares de toneladas)	Custos de Oportunidade
A	0	500	
B	1	450	50
C	2	350	100
D	3	200	150
E	4	0	200

No entanto, poderíamos direcionar todos os recursos para a produção de alimentos obtendo, assim, 4 milhões de toneladas. Nesse caso, a produção de minério seria zero, uma vez que não existiriam recursos disponíveis para esse fim. Essa seria a alternativa E do nosso quadro. É evidente que se pode produzir, também, combinações dos dois bens; e assim, poderíamos alocar parte dos recursos para a produção de alimentos e parte para a produção de minérios, obtendo, entre uma infinidade de possibilidades, as combinações B, C e D.

Agora, podemos representar esses dados em um gráfico (Figura 3). O eixo vertical será utilizado para representar a produção de minério, enquanto o eixo horizontal representará a produção de alimentos.

A linha que mostra todas as combinações possíveis dos bens que a economia está apta a produzir – a partir de um determinado nível de conhecimento tecnológico e pressupondo-se a plena utilização dos limitados recursos produtivos – passa pelos pontos A, B, C, D e E.

Como sabemos, ela se denomina *Curva de Possibilidades de Produção* e nos mostra as combinações máximas entre dois bens que a sociedade está apta a produzir.

Do mesmo modo que no exemplo da fazenda, produzir em um ponto dentro da curva de possibilidades de produção, tal como F, significará que os recursos não estão sendo plenamente empregados. Pontos situados fora da curva, tais como o ponto G, representam combinações de bens impossíveis de se obter com a atual disponibilidade de recursos e grau de conhecimento tecnológico. Pontos situados na curva de possibilidades de produção indicam uma situação de pleno emprego.

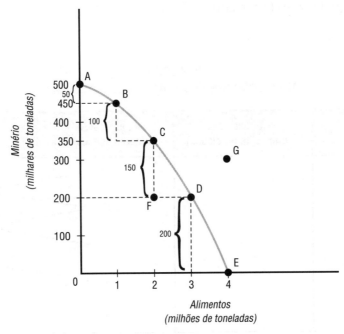

FIGURA 3
Curva de possibilidades de produção de uma economia

2.3.1 *Novamente o Custo de Oportunidade*

Na situação de pleno emprego, para se produzir mais alimentos, devemos desistir de uma determinada quantidade de minério, a fim de liberar recursos para a produção de alimentos. Estamos novamente às voltas com o conceito de *custo de oportunidade*. Nesse caso, o custo de quantidades adicionais de alimentos pode ser expresso em termos da quantidade sacrificada de minério.

Se, por exemplo, a economia estiver operando no ponto C, com uma produção de 350 mil toneladas de minério e dois milhões de toneladas de alimentos, e a sociedade decidir passar para o ponto D, qual será o custo de oportunidade do alimento? O custo de oportunidade será dado pelas 150 mil toneladas de minério que a economia deixará de produzir para que se produza um milhão de toneladas a mais de alimentos.

2.3.2 Custos de Oportunidade Crescentes

O fenômeno dos custos crescentes verifica-se quando, para obter as mesmas quantidades adicionais de um bem, *a sociedade deve sacrificar quantidades cada vez maiores de outro bem.*

De acordo com o nosso exemplo, a produção do primeiro milhão de toneladas de alimentos "custa" 50 mil toneladas de minério, que é a quantidade desse bem que terá de ser sacrificada (com a economia passando do ponto A para o ponto B da curva de possibilidades de produção).

Se, por acaso, a sociedade optar por um milhão de toneladas de alimentos a mais (passando do ponto B para o ponto C e totalizando 2 milhões de toneladas de alimentos), esse segundo milhão de toneladas "custará" 100 mil toneladas de minério, que é a quantidade de minério que deixará de ser produzida.

O custo de alimentos em termos de minério é cada vez maior, e determina o formato da curva de possibilidades de produção: côncava em relação à origem. *Isso ocorre porque os recursos utilizados em uma atividade podem não ter a mesma eficiência quando transferidos para outra atividade.*

Vejamos, então, como isso acontece.

Normalmente, é de se esperar que as terras adequadas à produção de alimentos sejam pobres em minério de ferro, e que as terras que contenham grandes quantidades de minério sejam inadequadas ao plantio.

Se fizermos a suposição de que toda a terra esteja sendo utilizada na extração de minério, a economia estará produzindo uma grande quantidade desse produto (500 mil toneladas) e nada de alimentos. Entretanto, se parte das terras férteis for liberada para o plantio de produtos destinados à alimentação, haverá uma pequena redução na produção de minério (uma vez que os solos férteis são também pobres em minério de ferro) e uma grande expansão na produção de alimentos.

Essa escolha é representada por um movimento de A até B na curva de possibilidades de produção e indica diminuição de 50 mil toneladas de minério e aumento de 1 milhão de toneladas na produção de alimentos.

Se desejarmos continuar aumentando a produção de alimentos, disporemos cada vez menos de terras férteis, e seremos obrigados a utilizar cada vez mais terras inadequadas para a agricultura, mas ricas em minério de ferro.

Desse modo, para conseguir o *mesmo aumento* na produção de alimentos, teremos de renunciar a quantidades *cada vez maiores* de minério de ferro. Assim, para aumentar a produção de alimentos *em mais um milhão de toneladas* (passando do ponto B para o ponto C da curva), teremos de *renunciar* a 100 mil toneladas de minério de ferro. Verificamos, então, que o custo de oportunidade de alimentos aumenta cada vez mais, o que reflete as características especializadas dos recursos produtivos.

2.4 Curva de Possibilidades de Produção: Algumas Aplicações

Veremos, a seguir, como uma simples curva de possibilidades de produção pode nos ajudar na compreensão de muitos conceitos básicos de economia.

2.4.1 *Mudanças na Curva de Possibilidades de Produção: O Crescimento*

Observando o exemplo anterior, verificamos que os pontos situados à direita da fronteira de possibilidades de produção (tais como o ponto G, por exemplo) eram inatingíveis, dada a tecnologia existente e a limitação de recursos produtivos.

Ocorre, entretanto, que a capacidade de produzir bens e serviços pode aumentar com o passar do tempo, devido a aumentos na dotação de recursos produtivos da economia. Assim, aumentos na força de trabalho, expansão do número de fábricas e instrumentos de produção etc. determinarão um aumento nas possibilidades de produção da economia por meio de uma tecnologia em constante evolução. Isso implicará um deslocamento para a direita da curva de possibilidades de produção.

Podemos observar na Figura 4 a curva cheia, mostrando as possibilidades de produção referentes ao ano de 2000, quando o ponto F era inatingível. Depois do crescimento, não só o ponto F pôde ser alcançado, como também uma série de combinações foram estabelecidas (curva pontilhada, referente ao ano 2010).

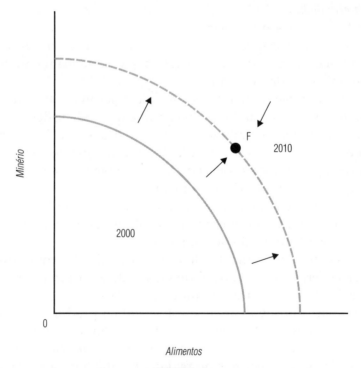

FIGURA 4
Deslocamento da curva de possibilidades de produção

Progressos tecnológicos, tais como a descoberta de um fertilizante que aumente a produtividade na agricultura ou o aperfeiçoamento no processo de extração de minério, poderão causar aumento nas possibilidades de produção de ambos os bens e um deslocamento para a direita da curva de possibilidades de produção, *mesmo que a quantidade de fatores tenha permanecido inalterada*. Se os fatores que causam deslocamentos da curva de possibilidades de produção forem mais favoráveis na direção de um bem do que na do outro, maior será o deslocamento da curva em favor desse bem. A Figura 5 mostra um caso em que o progresso tecnológico foi mais favorável à produção de alimentos do que de minérios.

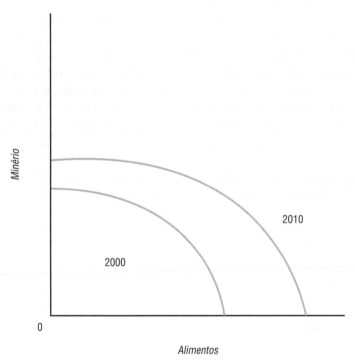

FIGURA 5
Deslocamento da curva de possibilidades de produção favorecendo a produção de alimentos

2.4.2 Mudanças na Curva de Possibilidades de Produção: O Crescimento e o Dilema da Escolha entre Bens de Consumo e Bens de Capital

Como sabemos, o sistema econômico produz bens de consumo objetivando atender as necessidades diretas da população; produz também bens de produção (ou bens de capital) destinados à produção de outros bens.

Ocorre, no entanto, que as instalações, máquinas e demais bens de produção sofrem desgaste à medida que vão sendo utilizados. Assim, para que o sistema pelo menos mantenha sua capacidade produtiva, faz-se necessária a produção de outros bens de produção, a fim de repor aqueles que se desgastaram ao longo do processo produtivo.

Além disso, é conveniente que a produção de bens de capital seja superior às necessidades de reposição para que no futuro tenhamos aumento na capacidade de produção da economia, tanto no setor de bens de consumo quanto no setor de bens de capital.

A importância do investimento (ou da formação de capital) pode ser melhor compreendida pela Curva de Possibilidades de Produção. Observemos, então, a Figura 6.

Nela, o eixo vertical representa as possibilidades de produção de Bens de Capital, enquanto o eixo horizontal de Bens de Consumo.

O ponto *A*, situado na curva referente ao ano 2000, representa uma situação extrema, em que todos os recursos são utilizados na produção de Bens de Capital. Nesse caso, a economia produz muitas máquinas, fábricas etc., mas nenhum Bem de Consumo, o que não é interessante para a população.

No outro extremo, representado pelo ponto *B*, todos os recursos estão sendo direcionados para a produção de Bens de Consumo. Nesse caso, a produção de Bens de Consumo, visando à satisfação imediata da população, é a maior possível. Ocorre, entretanto, que nesse ponto nenhum Bem de Capital estará sendo produzido.

Essa situação também não é interessante, uma vez que com o correr do tempo tornam-se inevitáveis a quebra e o desgaste das máquinas, equipamentos, instalações etc. Por falta de reposição dessas máquinas e equipamentos, a produção de Bens de Consumo começará a declinar, diminuindo o atendimento às necessidades de consumo da população.

Constatamos, então, que nenhuma das situações extremas é desejável, uma vez que, cedo ou tarde, implicarão sacrifícios para a sociedade.

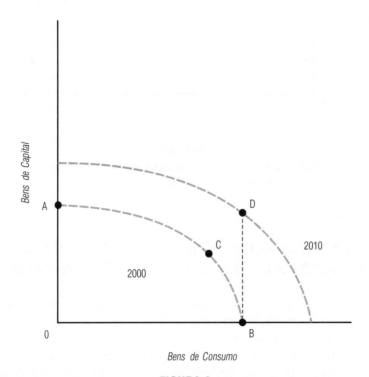

FIGURA 6
Possibilidades de produção entre bens de consumo e bens de capital

Constatamos, também, outro fato: além de fabricar Bens de Consumo, é necessário produzir Bens de Capital, não só para repor aquilo que se desgastou, mantendo assim o nível atual de produção de Bens de Consumo, como também para ampliar a capacidade produtiva da Economia. O ponto C, por exemplo, indica que a Economia está produzindo Bens de Consumo e Bens de Capital. Essa situação possivelmente permitirá não só a produção de máquinas para manter a capacidade produtiva da Economia, como também para ampliá-la. Parte da produção de Bens de Consumo, porém, terá de ser sacrificada.

Com o passar do tempo, a fronteira de possibilidade de produção poderá deslocar-se para a direita (ano 2010), como resultado do processo de crescimento. Tomando o ponto D como referência, podemos verificar que realmente aumentaram as possibilidades de produção de ambos os bens.

Esse exemplo serve para ilustrar o fato de que é necessário um sacrifício no consumo presente para que no futuro as possibilidades de consumo se ampliem.

Assim, uma nação pode optar por direcionar parte dos recursos à produção de Bens de Capital, acumulando bens como máquinas, fábricas etc. (que, como já vimos, chama-se processo de formação de capital) e parte dos recursos para a produção de bens de consumo, tais como roupas, rádios etc.

A questão que se coloca é: em que ponto da curva devemos nos situar? Próximo de B, com uma produção atual maior de bens de consumo sacrificando talvez o consumo futuro? Ou próximo de A, sacrificando o consumo presente tendo em vista a ampliação das possibilidades de produção no futuro?

3 ORGANIZAÇÃO ECONÔMICA

3.1 Introdução

As soluções para os problemas centrais de uma sociedade vão depender, fundamentalmente, do tipo de organização econômica vigente.

De maneira geral, pode-se dizer que são três as formas pelas quais a sociedade organiza sua economia, a fim de resolver os problemas de o que, como e para quem produzir: *economia de mercado* (ou de livre-empresa), *economia planificada centralmente* e *economia mista*.

3.2 Economia de Mercado

O sistema de *Economia de Mercado* é típico das economias capitalistas, as quais têm, como característica básica, a propriedade privada dos meios de produção, tais como fábricas e terras, e sua operação, tendo por objetivo a obtenção de lucro, sob condições em que predomine a concorrência.[1]

---

[1] O capitalismo é descrito como um sistema de mercados livres, que opera sob condições de *concorrência*: *concorrência* entre vendedores de bens similares, para atrair clientes; *concorrência* entre compradores, para garantir os bens que desejam; *concorrência* entre trabalhadores, para obter empregos; *concorrência* entre empregadores, para conseguir trabalhadores.

Em uma economia baseada na propriedade privada e na livre-iniciativa, os agentes econômicos (indivíduos e empresas) preocupam-se em resolver isoladamente seus próprios problemas, tentando sobreviver na concorrência imposta pelos mercados.

Nesse tipo de sistema econômico, os consumidores e empresas, agindo individualmente, interagem através dos mercados, acabando por determinar o que, como e para quem produzir.[2]

3.2.1 O Sistema de Preços

Em uma Economia de Mercado, a ação conjunta de indivíduos e empresas permite que milhares de mercadorias sejam produzidas de maneira espontânea, sem que haja uma coordenação central das atividades econômicas. Na verdade, existe um mecanismo de preços automático e inconsciente, que trabalha garantindo o funcionamento do sistema econômico, dando a ele uma certa ordenação, de maneira tal que tudo é realizado sem coação ou direção central de qualquer organismo consciente.

Para se ter uma ideia, tomemos como exemplo a cidade de São Paulo: milhares de mercadorias abastecem a cidade diariamente, sem que para isso exista o comando de qualquer organismo consciente.

A esse mecanismo de preços automático e inconsciente é que se dá o nome de "Sistema de Preços".

E como funciona o sistema de preços?

Vimos anteriormente que todos os bens econômicos têm seu preço. Em um mercado livre, caracterizado pela presença de um grande número de compradores e vendedores, os preços refletem as quantidades que os vendedores desejam oferecer e as quantidades que os compradores desejam comprar de cada bem.

Para exemplificar, suponhamos que por um motivo qualquer as pessoas passem a desejar uma quantidade maior de calçados. Se a quantidade disponível de calçados for menor que a quantidade procurada, então haverá uma disputa entre os compradores para garantir a aquisição desse bem. Isso fará que o preço do calçado acabe se elevando, em parte porque as pessoas se dispõem a pagar mais pelo produto, em parte porque os produtores, percebendo o grande interesse pela sua mercadoria, acabam por elevar-lhe o preço. Essa elevação acabará por excluir os que não dispõem de recursos para pagar preços mais altos. Com a alta do preço, os produtores de calçados serão estimulados a aumentar a produção. Se esse aumento na produção for muito grande, poderá haver excesso de calçados no mercado, além da quantidade procurada. Como consequência haverá concorrência entre os produtores, a fim de desovar o excesso de mercadoria. Essa concorrência provocará diminuição no preço, o que estimulará o consumo de calçados, fazendo que os produtores ajustem a produção à quantidade adequada.

---

[2] Esse é o conceito de "mão invisível" desenvolvido por Adam Smith em seu livro *Riqueza das Nações*. Significa que existe uma coordenação invisível que assegura a consistência dos planos individuais em uma sociedade em que predomina um sistema de mercado. Assim, em uma economia de mercado, nenhum agente econômico (indivíduo ou empresa) se preocupa em gerenciar o funcionamento do sistema de preços. Preocupam-se, sim, em resolver isoladamente seus próprios negócios. Agindo dessa forma egoísta, no conjunto, a sociedade resolve inconscientemente os problemas de o que e quanto, como e para quem produzir.

Em uma Economia de Mercado, tanto os bens e serviços quantos os recursos produtivos têm seus preços e quantidades determinados pelo livre jogo da oferta e da procura, ou seja, pela livre competição. Do confronto entre oferta e procura resulta um preço que exerce uma função econômica básica. É ele que, por suas variações, orienta a produção e o consumo.

O mecanismo de preços é, portanto, um vasto sistema de tentativas e erros, de aproximações sucessivas, para alcançar o equilíbrio entre oferta e procura. O desejo das pessoas determinará a dimensão da procura, enquanto a produção das empresas determinará a dimensão da oferta. O equilíbrio entre a oferta e a procura será atingido pela flutuação do preço.

O que é verdade para mercados de bens e serviços também o é para mercados de recursos produtivos (Terra, Trabalho, Capital e Capacidade Empresarial). Assim, se houver maior necessidade de engenheiros do que de advogados, as oportunidades de emprego serão mais favoráveis aos primeiros. O salário destes tenderá a aumentar e o dos advogados, a diminuir.

Em uma economia complexa e interdependente, as pessoas não conseguem dizer diretamente aos produtores o que desejam consumir. O mecanismo de mercado fornece, através dos preços, uma forma de comunicação indireta entre consumidores e produtores, possibilitando uma adaptação da produção às necessidades de consumo; possibilita, ao mesmo tempo, uma adaptação do consumo à escassez relativa dos diferentes tipos de bens e serviços.

3.2.2 Como uma Economia de Mercado Resolve os Problemas "O Que, Quanto, Como e Para Quem Produzir"

Em uma economia de mercado, o Estado não deve intervir em nenhum aspecto da atividade produtiva, devendo ficar sua ação restrita ao atendimento das necessidades coletivas, tais como a justiça, a educação etc. Cabe ainda ao Estado o estabelecimento de regras visando proteger a liberdade econômica, zelando, assim, pelo livre jogo da oferta e da procura. Uma economia de mercado resolve os três problemas econômicos fundamentais simultaneamente, conciliando oferta e procura em cada mercado específico. Vejamos como isso ocorre:

a) O Que e Quanto Produzir?

Em um sistema econômico baseado nas ações apenas das famílias e das empresas, as próprias unidades familiares determinam o valor de cada bem ou serviço através do mercado. Quanto mais as pessoas desejarem um produto, mais atribuirão a ele um valor cada vez maior. Como nesse tipo de economia o valor de cada bem é medido pelo seu preço, quanto maior for a disposição das pessoas em apoiar seus desejos com dinheiro, mais elevado deverá ser o preço desse bem. Assim, a maneira pela qual as unidades familiares gastam a sua renda entre os diversos bens e serviços estabelece um sistema de avaliação entre estes, ou seja, fornece uma estrutura de preços dentro do sistema econômico que possibilita às empresas, que perseguem o lucro, produzir aquilo que as pessoas desejam.

O dinheiro entregue pelos consumidores às empresas servirá para pagar os salários, juros e dividendos que os consumidores, no papel de proprietários de recursos, recebem como renda mensal.

b) Como Produzir?

O "como produzir" será determinado pela competição entre os diversos fabricantes. Em função da concorrência de preços, resta ao produtor, na tentativa de maximizar seu lucro, optar pelo método de produção mais barato quanto possível, o que envolve, naturalmente, considerações a respeito dos preços dos fatores de produção a serem utilizados. Assim, se o fator capital é caro e o fator trabalho é barato, as empresas procurarão se utilizar de técnicas que usem o fator trabalho mais intensivamente. Verifica-se, novamente, a existência de um mecanismo de preços orientando as decisões dos empresários quanto aos métodos produtivos a serem utilizados.

c) Para Quem Produzir?

Em uma economia de mercado, a oferta e a procura de fatores de produção (terra, trabalho, capital e capacidade empresarial) determinam as taxas salariais, os aluguéis, as taxas de juros e os lucros que se constituirão na renda das unidades familiares. A renda de cada família vai depender da quantidade dos diferentes recursos produtivos que ela pode oferecer no mercado de fatores e do preço que as empresas estão dispostas a pagar pela sua utilização. Se um indivíduo dispuser somente de sua força de trabalho para oferecer no mercado de fatores, sua renda mensal será determinada pelo salário/hora vezes o número de horas trabalhadas por mês, como se verifica pelo exemplo dado no Quadro 3:

QUADRO 3
Renda do trabalho

Unidade Familiar	Fator de Produção	Preço	Quantidade	Renda Mensal ($P \times Q$)
1 Indivíduo	Trabalho	$ 5,00/hora	220 horas/mês	$ 1.100,00
Total da Renda Mensal			$ 1.100,00

Se o mesmo indivíduo, afortunadamente, for proprietário de terras e arrendá-las, sua renda mensal será acrescida pelo aluguel da terra, dado pelo arrendamento mensal por unidade de área multiplicado pela quantidade de terra arrendada. Nesse caso, o exemplo ficaria da seguinte forma (Quadro 4):

QUADRO 4
Renda do trabalho e da terra

Unidade Familiar	Fator de Produção	Preço	Quantidade	Renda Mensal ($P \times Q$)
1 Indivíduo	Trabalho	$ 5,00/hora	220 horas/mês	$ 1.100,00
1 Indivíduo	Terra	$ 1.000,00/ha	10 hectares	$ 10.000,00
Total da Renda Mensal			$ 11.100,00

Esse exemplo poderá ser estendido em função do número de recursos possuídos por unidade familiar. Note-se que a quantidade de fatores pertencentes a cada família e o preço pago pela utilização destes vai determinar a distribuição de renda nesse tipo de economia. Uma vez que a quantidade de bens e serviços apropriados por família está limitada por seus rendimentos, tanto maior será a participação de cada uma delas na determinação de "o que produzir" quanto maior for sua renda.

3.2.3 O Fluxo Circular da Atividade Econômica

O diagrama a seguir (Figura 7) mostra, ainda que de maneira simplificada, a maneira pela qual em uma economia de mercado o mecanismo de preços ajusta a oferta e a procura das famílias à oferta e à procura das empresas.

Fazem parte de uma economia de mercado dois tipos de agentes econômicos: as famílias e as empresas. Ela é composta, ainda, por dois tipos de mercados: bens de consumo e serviços e recursos produtivos.

Analisemos a metade superior do diagrama. As famílias desejam satisfazer suas necessidades através da aquisição dos mais variados tipos de produtos. Estabelece-se, então, uma procura por bens e serviços (roupas, alimentos, serviços médicos etc.).

A quantidade de bens que uma unidade econômica familiar pode adquirir é limitada pela sua renda; quanto mais elevada for, mais bens de consumo poderá comprar.

As empresas, por sua vez, buscam a obtenção do máximo lucro vendendo seus produtos às unidades familiares.

Através da interação entre oferta e procura teremos a determinação de preços e quantidades transacionadas de cada bem, equacionando-se a questão de "o que produzir", e criando um fluxo real de mercadorias e serviços das empresas às famílias. Em contrapartida, cria-se também um fluxo de moeda das famílias às empresas como pagamento pelos produtos adquiridos.

A metade inferior do diagrama nos mostra o processo de formação de preços dos recursos produtivos no mercado de fatores de produção.

As famílias, na qualidade de proprietárias dos recursos produtivos, agem no mercado de fatores ofertando serviços de trabalho, terra, capital e capacidade empresarial.

As empresas, por sua vez, empenham-se na compra e contratação de fatores produtivos perante as famílias, estabelecendo-se, assim, uma procura por esses recursos.

Do confronto entre oferta e procura dos fatores de produção teremos a formação de seus preços, que indicarão aos produtores o "como produzir".

Teremos então um fluxo real de recursos das famílias para as empresas. Estas, em contrapartida, pagarão às famílias, sob a forma de moeda, os salários, aluguéis, juros e lucros correspondentes à utilização dos serviços dos fatores, ficando estabelecido, dessa forma, um fluxo monetário das empresas para as famílias.

A questão distributiva (o "para quem") será equacionada simultaneamente às demais. A quantidade de fatores pertencentes a cada unidade familiar e o seu preço determinarão a distribuição de renda; e maior será a participação da unidade familiar na determinação de "o que produzir" quanto maior for sua renda.

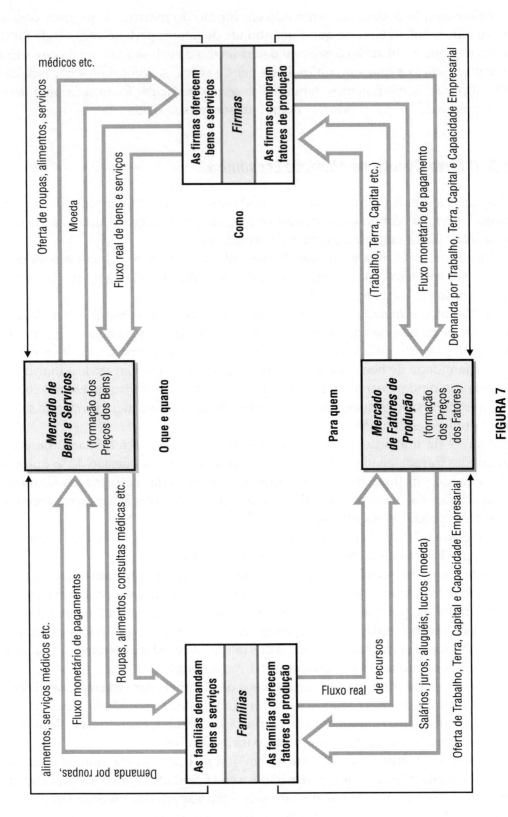

FIGURA 7
Fluxo circular da atividade econômica

3.2.4 Falhas no Funcionamento das Economias de Mercado

O sistema de "Economia de Mercado" tem as seguintes metas:

- eficiente alocação dos recursos escassos;
- distribuição justa da renda;
- estabilidade de preços.

Na verdade, esse tipo de sistema é uma grande simplificação da realidade e apresenta falhas em seu funcionamento que o impedem de atingir tais metas. Essas falhas são:

- Imperfeições na concorrência devido à:

    1) presença de poucos produtores – monopólios e oligopólios – que têm o poder de influenciar na formação de preços no mercado;
    2) força dos sindicatos sobre a formação de salários; e
    3) intervenção do governo na fixação do salário mínimo, na política salarial, no congelamento e tabelamento de preços etc.

- Incapacidade do mercado de promover uma perfeita alocação de recursos. A iniciativa privada não se interessaria em alocar recursos em projetos que exigissem altos investimentos e apresentassem retorno lento, tais como a construção de usinas hidroelétricas, portos etc.

- Incapacidade do mercado de, sozinho, promover uma distribuição justa da renda.

3.3 Economia Planificada Centralmente

Essa modalidade de organização econômica é típica dos países socialistas, em que prevalece a propriedade estatal dos meios de produção. Nesse tipo de sistema, as questões de "o que", "como" e "para quem" produzir não são resolvidas de maneira descentralizada, por meio de mercados e preços, mas pelo planejamento central, em que a maior parte das decisões de natureza econômica é tomada pelo Estado.

A ação governamental se faz presente por meio de um órgão central de planejamento, a quem cabe elaborar os planos de produção de todos os setores econômicos. Tais planos são elaborados a partir de um levantamento não só das necessidades a serem atendidas, como também dos recursos e técnicas disponíveis para a produção, a fim de dimensionar o que cada empresa, seja ela agrícola, comercial ou industrial, pode realmente produzir.

Identificadas as disponibilidades existentes, fixam-se as metas de produção, ou seja, as quantidades a serem produzidas de cada bem. Procura-se, na medida do possível, atender às necessidades de consumo da sociedade. Equaciona-se, dessa forma, a questão "o que e quanto" produzir.

Cabe, da mesma forma, ao órgão de planejamento determinar os processos de produção a serem utilizados, ficando resolvida a questão "como produzir".

A questão "para quem produzir", que trata da maneira pela qual a produção total de bens e serviços será distribuída entre os indivíduos, é também resolvida pelo órgão de planejamento, a quem cabe determinar os salários dos diferentes tipos de profissão.

Nesse tipo de economia, o "Sistema de Preços" tem por finalidade facilitar ao Estado atingir os seus objetivos de produção.

Os preços são meros recursos contábeis que ajudam a controlar a eficiência com que os produtos são fabricados, tendo como referência empresas de eficiência "média". Exemplificando, as firmas têm cotas de matérias-primas; entretanto, nenhum pagamento é realizado, sendo os valores de aquisição registrados como custos de produção.

Dessa forma, caso alguma empresa esteja produzindo de forma ineficiente, os prejuízos financeiros acusarão tal fato. Caso contrário, surgirão os lucros.

Sintetizando, a fixação dos preços dos recursos pelo Estado permite que se estruture uma contabilização dos custos de produção, capacitando-o a julgar o desempenho das empresas.

Devemos observar que, se em uma economia de mercado o "Sistema de Preços" serve como elemento sinalizador do comportamento tanto de consumidores quanto de empresários, em uma economia centralizada a expansão e a contração industrial são determinadas pelo Estado, e não pelo mecanismo de preços. Assim sendo, se o governo deseja estimular determinada indústria, ele pode fazê-lo, mesmo que essa indústria seja ineficiente e apresente prejuízos. Alternativamente, o governo pode decretar o fechamento de uma indústria eficiente, mesmo que ela venha obtendo lucros.

Em uma economia centralizada, os preços são utilizados para auxiliar a distribuição de diversos produtos. Nesse tipo de sistema é o próprio governo que determina os diversos preços dos bens de consumo, evitando assim que ele seja obrigado a lançar mão de mecanismos de racionamento. Pode, então, haver diferença entre o custo de produção de um produto e seu preço de venda. Exemplificando, suponhamos que o custo de um aparelho de televisão seja de $ 500. Se houver uma procura muito grande por esse tipo de bem, o governo pode estabelecer seu preço em $ 800. Dessa forma, o equilíbrio entre oferta e demanda pode ser restabelecido, evitando-se, assim, o mecanismo de racionamento.

3.4 Economia Mista

Na realidade, as organizações econômicas descritas anteriormente (Economia de Mercado e Sistema de Planejamento Central) nunca existiram em sua forma mais pura. O que se observa nos diversos países é uma mescla desses dois sistemas que ora se aproxima de um tipo de organização, ora de outro, conforme o grau da participação do Estado na economia.

Nos sistemas de economia mista, uma parte dos meios de produção pertence ao Estado (empresas públicas) e a outra parte pertence ao setor privado (empresas privadas).

Nesse tipo de sistema cabem ao Estado a orientação e o controle de muitos aspectos da economia. Para tanto, ele se utiliza das empresas públicas e de outros instrumentos à sua disposição, tais como a legislação, a tributação etc. Vejamos então como um Sistema de Economia Mista resolve seus problemas básicos:

a) O Que e Quanto Produzir?

Em um sistema de economia mista, em que existe propriedade privada dos meios de produção, o Estado não pode determinar ao empresário o que produzir. O Estado não pode, por exemplo, determinar a um agricultor que plante arroz em vez de milho, ou a um industrial que produza tecidos em vez de calçados. Pode, entretanto, influir indiretamente para resolver a questão "o que produzir".

Ele pode, por exemplo, através das leis, proibir a produção de drogas; ao fazê-lo, estará diretamente dizendo o que não deve ser produzido e, indiretamente, aquilo que se pode produzir. A tributação também pode ser utilizada para sinalizar aos produtores aquilo que deve ser produzido. É o caso da redução (e algumas vezes, isenção) de impostos em alguns setores (indústria automobilística, por exemplo) e a concessão de incentivos fiscais em outros. Outro instrumento de que o Estado dispõe para operar com a mesma finalidade é o controle de créditos. Nesse caso, a concessão de crédito subsidiado a determinadas atividades é um indicador de que o Estado deseja estimulá-las. Outra maneira de o Estado intervir na questão "o que produzir" é através de suas Empresas Públicas, que se destinam a garantir a produção de bens e serviços necessários ao bem-estar coletivo (saneamento básico, transporte, combustível, energia elétrica etc.) e que o setor privado não se interessa ou não tem condições de explorar, uma vez que exigem investimentos elevados e apresentam retorno lento. Não se pode desconsiderar, também, o papel do Estado no tocante às suas despesas, uma vez que ele é o maior comprador de bens e serviços do sistema econômico. Assim, quando o Estado executa obras, tais como a construção de estradas e pontes, ele está automaticamente dizendo ao setor privado que deseja que sejam produzidos os materiais necessários à execução de tais obras (cimento, aço etc.).

Não obstante a intervenção do Estado no sistema, os produtores em uma economia mista, ao decidirem "o que produzir", seguem, geralmente, as indicações fornecidas pelo sistema de preços (ou, o que é a mesma coisa, pelos mercados).

b) Como Produzir?

A questão "como produzir" em um sistema misto é solucionada distintamente, conforme se enfoque o setor público ou privado da economia. No âmbito do setor público, essa questão é resolvida de acordo com o planejamento governamental, em que o fundamental não é a obtenção de lucros, mas o atendimento adequado das necessidades da coletividade. No âmbito do setor privado, a questão é solucionada de acordo com a concorrência (por meio dos mercados e preços).

c) Para Quem Produzir?

Nos sistemas de economia mista, a questão distributiva é resolvida, em geral, pelo sistema de preços. Entretanto, aos detentores de renda mais baixa, o Estado oferece ensino gratuito, assistência médica, assistência jurídica, além de outros serviços a que essa camada da população, em função do seu baixo poder aquisitivo, não tem acesso.

Além disso, o Estado procura criar mecanismos que garantam às pessoas o recebimento de uma renda que lhes permita satisfazer suas necessidades básicas. A criação do seguro-desemprego e o estabelecimento de níveis salariais mínimos são exemplos da ação do Estado nesse sentido.

3.4.1 *O Fluxo Circular da Atividade Econômica: Um Modelo com Governo*

O modelo do fluxo circular a dois setores pode ser expandido, passando a incluir um terceiro setor: o governo, em todos os seus níveis – federal, estadual e municipal.

No mercado de recursos, o governo, no papel de comprador, adquire os serviços de fatores de produção, utilizando-os para produzir bens e serviços públicos, não negociados, tais como a defesa nacional, instalações de saúde pública, proteção policial, escolas etc., tornando-os disponíveis às famílias e empresas. O governo possui, também, alguns recursos, como por exemplo terras, que vende ou arrenda no mercado de recursos.

Além disso, o governo, em seus vários níveis, vende ou subsidia a venda de determinados bens no mercado de produtos, recebendo pagamentos por tal atividade. Como exemplo podemos citar os serviços postais, transportes, habitações populares e serviços públicos de maneira geral. O governo também compra bens e serviços no mercado de produtos, tais como equipamentos bélicos, veículos, serviços burocráticos etc. A maior parte das rendas que financiam as atividades governamentais provém de impostos e taxas cobrados das famílias e empresas.

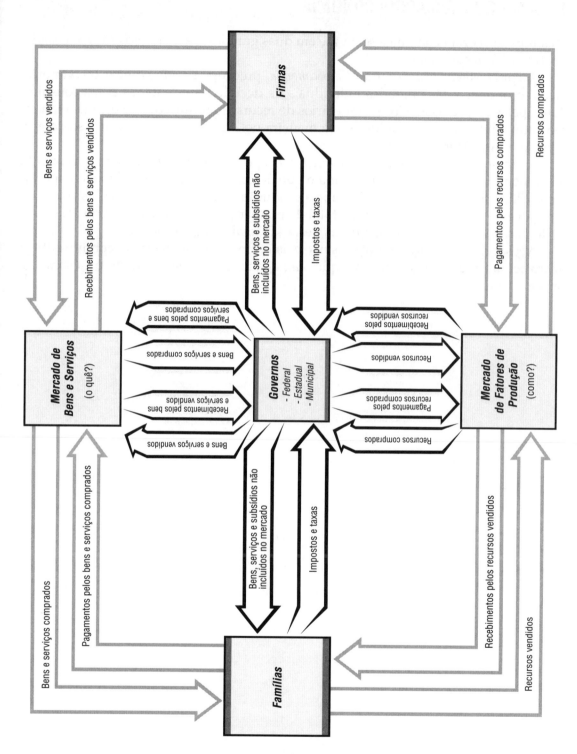

FIGURA 8
O fluxo circular da atividade econômica:
um modelo com governo

4 A MICRO E A MACROECONOMIA

O estudo da Teoria Econômica se divide em duas grandes áreas: a *Teoria Microeconômica* e a *Teoria Macroeconômica*.

A *Teoria Microeconômica*, ou *Microeconomia*, preocupa-se em explicar o comportamento econômico das unidades individuais de decisão representadas pelos consumidores, pelas empresas e pelos proprietários de recursos produtivos. Ela estuda a interação entre empresas e consumidores e a maneira pela qual produção e preço são determinados em mercados específicos.

A *Teoria Macroeconômica*, ou *Macroeconomia*, por sua vez, estuda o comportamento da economia como um todo. Ela estuda o que determina e o que modifica o comportamento de variáveis agregadas, tais como a produção total de bens e serviços, as taxas de inflação e de desemprego, o volume total de poupança, as despesas totais de consumo, as despesas totais de investimentos, as despesas totais do governo etc.

Apesar das diferenças apontadas não existe, em princípio, nenhum conflito entre a micro e a macroeconomia, uma vez que o agregado da economia é dado pela soma de seus mercados.

Exercícios

Questões

As respostas podem ser encontradas no final do livro.

1) Por que a questão "o que e quanto produzir" é um problema em qualquer sociedade, qualquer que seja sua organização política?

2) O que uma "Curva de Possibilidades de Produção" mostra?

3) Esta questão e a próxima baseiam-se nos dados do quadro mostrado a seguir:

Alternativas de Possibilidades de Produção

Bem X	Bem Y	Ponto
0	1.000	A
100	950	B
200	850	C
300	700	D
400	400	E
500	0	F

Pede-se:
a) Desenhar a "Curva de Possibilidades de Produção", representando o bem X no eixo horizontal.
b) Informar o custo de oportunidade de se passar do ponto C para o ponto D.

4) Suponha que a economia esteja operando em um ponto com uma combinação de bens tal que a produção do bem X é de 200 unidades e a produção do bem Y é de 400 unidades. Chamemos o ponto formado por essas duas combinações ponto H. Suponhamos, então, que a economia passe do ponto H para o ponto B, com uma combinação de 950 unidades do bem Y e 100 unidades do bem X. Observe que a economia está produzindo mais do bem Y e menos do bem X. Isso não significa que o ponto H é um ponto de eficiência produtiva, embora ele seja chamado ponto de desemprego e de ineficiência?

5) Como o "Sistema de Preços" resolve o problema sobre "o que e quanto produzir" em uma economia de mercado?

Testes de Múltipla Escolha

- *Assinale com um X a resposta certa*
- *As respostas podem ser encontradas no final do livro*

1) A microeconomia se preocupa em estudar:
   a) a evolução da produção total da economia;
   b) o comportamento da taxa de inflação do país;
   c) a interação entre empresas e consumidores e a maneira pela qual produção e preço são determinados em mercados específicos;
   d) a relação existente entre o nível agregado de renda e o nível agregado de despesas de consumo;
   e) nenhuma das alternativas anteriores.

2) A macroeconomia se preocupa em estudar:
   a) a maneira pela qual os salários são determinados em um mercado específico;
   b) como se determina o nível de produção total da economia, o nível geral de preços e o nível das taxas de juros;
   c) como se determinam o nível de produção total da economia e o nível das taxas de juros, somente;
   d) como se determinam o nível de emprego e o nível geral de preços, somente;
   e) o comportamento dos preços em mercados específicos.

3) Suponha que as afirmações dadas a seguir apareçam como notícias em um jornal. Qual delas está mais claramente ligada à preocupação da teoria macroeconômica?
   a) as montadoras vão diminuir os preços dos automóveis;
   b) o Banco Central aumentou a taxa de juros;
   c) devido à ocorrência de geadas no Brasil, que ocasionou a quebra da safra de café, o preço desse produto sofreu elevação de 10% no mercado internacional;
   d) a indústria de construção civil demitiu 2 mil trabalhadores no mês que passou.

4) O custo de oportunidade de uma ação econômica:
   a) é o valor da próxima melhor alternativa que deve ser sacrificada quando se faz um processo de escolha;
   b) é o custo econômico da pior alternativa a ser utilizada na produção de um bem;
   c) é a despesa pelos recursos mais utilizados para a obtenção de lucro em uma empresa;
   d) mostra o que deve ser pago em termos de remuneração em cada ação econômica.

5) Em uma curva de possibilidades de produção, o custo de oportunidade da produção do bem X, no que se refere à produção do bem Y, é representado:
   a) pela distância do eixo vertical até a curva;
   b) pela distância do eixo horizontal até a curva;
   c) por um movimento ao longo da curva;
   d) todas as alternativas anteriores estão corretas.

6) A existência de custos de oportunidade crescentes baseia-se no fato de que:
   a) os salários tendem a aumentar com o crescimento do nível de emprego;
   b) as taxas de juros tendem a aumentar com o crescimento do nível de inflação;
   c) os recursos utilizados na produção de um bem podem não ter a mesma eficiência quando utilizados na produção de outro bem;
   d) os custos de mão de obra de uma empresa típica são elevados e tendem a crescer em uma proporção maior que o crescimento dos custos totais de produção;
   e) nenhuma das alternativas anteriores.

Parte 2
NOÇÕES GERAIS DE MICROECONOMIA

Capítulo III
DEMANDA, OFERTA E EQUILÍBRIO DE MERCADO

Capítulo IV
REAÇÕES DO MERCADO: MUDANÇAS NAS CURVAS DE DEMANDA E DE OFERTA E ALTERAÇÕES NO EQUILÍBRIO

Capítulo V
ELASTICIDADES

Capítulo VI
TEORIA DA PRODUÇÃO

Capítulo VII
TEORIA DOS CUSTOS

Capítulo VIII
ESTRUTURAS DE MERCADO

Capítulo III

DEMANDA, OFERTA E EQUILÍBRIO DE MERCADO

1 INTRODUÇÃO

Iremos, neste segmento do livro, introduzir o leitor no campo da Teoria Microeconômica.

Como dissemos anteriormente, a Teoria Microeconômica (ou Microeconomia, como também é conhecida) preocupa-se em estudar o comportamento econômico das unidades econômicas individuais, tais como consumidores, empresas e proprietários de recursos. Ela trata, basicamente, dos fluxos de bens e serviços das empresas para os consumidores, dos fluxos dos recursos produtivos (ou de seus serviços) dos seus proprietários para as empresas, da composição desses fluxos e da formação dos preços dos componentes desses fluxos. Nesse sentido, um dos objetivos básicos da Teoria Microeconômica é responder a questões do tipo:

- *O que determina o preço dos diversos tipos de bens e serviços?*
- *O que determina a remuneração de um trabalhador?*
- *O que determina o quanto de cada mercadoria será produzido?*
- *O que determina a maneira que um indivíduo gasta sua renda entre os mais diversos tipos de bens e serviços?*

Iniciaremos o nosso estudo pelo modelo simples de oferta e de demanda, procurando mostrar como funcionam os mercados competitivos e a maneira que preços e quantidades são determinados nesse tipo de mercado; em seguida, enfocaremos o conceito de elasticidade; posteriormente, examinaremos a Teoria da Produção e a Teoria dos Custos, cujos conceitos são básicos para o entendimento da última parte, quando então faremos uma análise das estruturas de mercado (Concorrência Perfeita, Monopólio, Concorrência Monopolista e Oligopólio).

2 A DEMANDA

2.1 Conceito de Demanda Individual

A demanda (ou procura) de um indivíduo por um determinado bem (ou serviço) refere-se à quantidade desse bem que ele deseja e está capacitado a comprar, por unidade de tempo.

Três elementos devem ser destacados nessa definição:

1) *A demanda é uma aspiração, um desejo, e não a realização do desejo.* A demanda é um *desejo* de comprar (um bem, um serviço). A realização do desejo se dá pela compra do bem desejado. Logo, não se pode confundir demanda (ou procura) com compra.

2) Para que haja demanda por um bem (ou serviço) é preciso que o indivíduo esteja *capacitado* a pagar por esse bem. Em outras palavras, é preciso que ele tenha renda que lhe permita participar do mercado desse bem. Na realidade, nem todo desejo do consumidor se manifesta no mercado sob a forma de demanda. O desejo de um consumidor comprar um bem somente influirá no preço de mercado desse bem se tal desejo puder ser traduzido em uma demanda monetária para o bem em questão. Em Economia, demanda significa desejo apoiado por dinheiro suficiente para comprar o bem desejado. Exemplificando: embora inúmeros indivíduos desejem comprar um carro importado, com certeza poucos têm efetivamente posses para isso. Assim, somente a demanda daqueles que têm dinheiro suficiente para comprá-los pode afetar o preço dos carros importados.

3) A demanda é *um fluxo por unidade de tempo*, ou seja, devemos expressar a procura por uma determinada quantidade em um determinado período de tempo. Assim, se dissermos que João deseja adquirir 20 litros de leite, e que essa é sua procura, estaremos incorrendo em erro, uma vez que não teremos especificado a unidade de tempo em que João deseja comprar os litros de leite (se por dia, semana, mês, ano, ou outra unidade de tempo qualquer). Para que a informação esteja correta, é preciso que se diga que João deseja adquirir 20 litros de leite *por mês* (ou outra unidade de tempo qualquer) sendo esta, então, a sua *procura de leite*.

2.2 Elementos que Influenciam a Demanda do Consumidor

Feitas estas observações, devemos identificar quais os elementos que influenciam a demanda do consumidor por um determinado bem (ou serviço).

Dentre os diversos fatores que influenciam a demanda, os economistas costumam destacar os seguintes:

- *O preço do bem;*
- *A renda, ou o salário do consumidor;*
- *O gosto e preferência do consumidor;*
- *O preço dos bens relacionados;*
- *As expectativas sobre preços, rendas ou disponibilidade.*

Outros fatores, tais como condições de crédito, efeitos sazonais, localização do consumidor etc., poderiam ser relacionados, mas estes parecem ser os mais importantes, uma vez que são válidos para a maioria dos bens. Façamos, então, uma breve análise desses elementos condicionantes da demanda:

a) A Demanda e o Preço do Bem

A quantidade demandada (procurada) de um bem é influenciada por seu preço. Normalmente é de se esperar que quanto *mais alto* for o preço de um bem, *menor* deverá ser a quantidade que o consumidor desejará adquirir desse bem; inversamente, quanto *mais baixo* for o preço, *maior* deverá ser a quantidade que o consumidor desejará adquirir desse bem.

b) A Demanda e a Renda do Consumidor

Para a maioria dos bens é de se esperar que uma elevação na renda do consumidor esteja associada a uma elevação nas quantidades compradas. Essa é a regra geral, e os bens que têm essa particularidade são chamados *Bens Normais*. Os exemplos incluem a maioria dos alimentos, roupas, aparelhos de som, aparelhos domésticos etc.

Existem, entretanto, duas possíveis exceções a esse padrão geral. É o caso dos denominados *Bens Inferiores* e *Bens de Consumo Saciado*.

Os *Bens Inferiores* são aqueles cuja demanda varia inversamente às variações ocorridas na renda do consumidor, *dentro de uma certa faixa de renda*. Isso significa que a demanda desse tipo de produto diminui quando a renda do consumidor aumenta, e aumenta quando a renda do consumidor sofre uma redução. Como exemplos de bens inferiores podemos citar o pão, a batata, a carne de segunda e as "roupas usadas", normalmente adquiridas por famílias pobres. Assim, conforme a renda do consumidor se eleva, ele passa a ter condições financeiras de comprar bens de melhor qualidade. A ideia é a de que o consumidor troca os produtos anteriormente consumidos por outros de qualidade superior (por exemplo, carne de segunda por carne de primeira) tão logo tenha condições de fazê-lo.

Os *Bens de Consumo Saciado*, por sua vez, são aqueles em relação aos quais o desejo do consumidor está totalmente satisfeito após um determinado nível de renda. Aumentos na renda do consumidor para além desse nível não provocarão nenhum aumento nas demandas desses bens.

c) A Demanda e o Gosto e Preferência do Consumidor

A demanda de um determinado bem (ou serviço) depende dos hábitos e preferências do consumidor. Estes, por sua vez, dependem de uma série de circunstâncias, tais como idade, sexo, tradições culturais, religião e até educação. Mudanças nesses hábitos e preferências podem provocar mudanças na demanda desse bem.

d) A Demanda e o Preço dos Bens Relacionados

A demanda de um produto pode ser afetada pela variação no preço de outros bens. Isso ocorre em relação aos denominados *Bens Complementares* e *Bens Substitutos*.

Os *Bens Complementares* são aqueles que tendem a aumentar a satisfação do consumidor quando utilizados em conjunto. Nesse caso, a elevação no preço de um deles produz uma redução na demanda do outro, e uma diminuição no preço de um conduz a um aumento na demanda do outro. É o caso, por exemplo, do pão e da manteiga. Assim, um aumento no preço do pão tende a reduzir a demanda de manteiga. Devemos observar que a complementaridade pode ser *técnica*, caso da caneta-tinteiro e tinta, automóvel e gasolina, ou *psicológica*, tal como restaurante com música.

Os **Bens Substitutos** (também denominados *concorrentes ou sucedâneos*), por sua vez, são aqueles cujo consumo de um pode substituir o consumo de outro. Nesse caso haverá uma relação direta entre o preço de um bem e a demanda do outro bem. Em outras palavras, uma elevação no preço de um bem produzirá aumento na demanda do outro bem (e uma redução no preço de um provocará redução na demanda do outro). A manteiga e a margarina, ao que parece, enquadram-se nessa classificação. Assim, um aumento no preço da manteiga deverá elevar a demanda de margarina (e uma diminuição no preço da manteiga deverá diminuir a demanda de margarina). Outros exemplos de bens substitutos seriam leite em pó e leite fresco, carne de frango e carne bovina etc.

e) A Demanda e as Expectativas sobre Preços, Rendas ou Disponibilidade

As expectativas que as pessoas têm em relação ao futuro dos seus rendimentos e em relação ao comportamento dos preços também exercem papel fundamental na demanda por bens e serviços. Assim, se um consumidor acredita que, no futuro, terá um aumento substancial em seus rendimentos, poderá estar disposto a gastar mais hoje do que uma pessoa que acredita que virá a ter um rendimento bem menor no futuro. Da mesma forma, se o consumidor acredita que os preços aumentarão no futuro próximo, pode aumentar a demanda corrente de bens estocáveis, prevenindo-se, assim, de eventuais aumentos de preços. Aumentos nas demandas correntes por determinados bens e serviços também poderão ocorrer caso as pessoas acreditem que esses bens e serviços vão escassear no futuro (ou seja, que haverá menor disponibilidade desses bens no futuro).

2.3 Coeteris Paribus

Observando os determinantes da demanda, verificamos que todos podem variar simultaneamente, ficando difícil avaliar o efeito que cada um deles, isoladamente, exerce sobre a demanda.

Para tentar contornar esse problema vamos nos valer da imposição da condição *coeteris paribus*, expressão latina que significa **tudo o mais permanecendo constante**. Permitimos, por exemplo, que o preço de um produto se modifique, fazendo a suposição de que a renda do consumidor, os preços dos bens relacionados, os gostos e preferências e as expectativas permaneçam inalterados (isso não significa que esses fatores não existam, mas tão somente que o seu valor permanece o mesmo durante a análise). Assim procedendo, conseguimos identificar o efeito que apenas as mudanças de preço provocam nas quantidades procuradas do produto objeto de análise. Dizemos então que a quantidade demandada desse bem depende do seu preço, *coeteris paribus*.

É como se os consumidores, a cada redução (aumento) de preço desse produto, conferissem a sua renda, seus gostos e preferências, os preços dos bens relacionados, suas expectativas, e somente depois de constatar que esses elementos não se alteram, se dispusessem, então, a comprar mais (menos) desse bem. Chamamos a atenção para o fato de que *se todos os fatores determinantes da demanda permanecem com o mesmo valor (com exceção do preço), variações nas quantidades demandadas de determinado bem só podem ser atribuídas a variações do preço desse bem*.

Da mesma forma, se quisermos saber de que maneira *mudanças na renda* afetam a demanda de um determinado bem, fizermos a suposição de que apenas a renda varia, ao mesmo tempo em que mantivermos os outros fatores determinantes da demanda constantes, dizemos, então, que a demanda do bem em questão depende da renda, **coeteris paribus**.

Naturalmente, esse procedimento pode ser estendido a todos os elementos que influenciam a procura.

2.4 A Relação entre a Quantidade Demandada e o Preço do Próprio Bem

Nesta seção, enfocaremos *a relação entre quantidade demandada e preço, mantendo os outros determinantes da demanda – renda, preço dos bens relacionados, gosto e expectativas – constantes*. Dito de outra forma, enfocaremos a maneira como o consumidor reage a mudanças de preços, *coeteris paribus*, ou seja, mantendo inalteradas sua disposição e capacidade de comprar.

2.4.1 *Escala de Demanda Individual*

Imagine ser possível indagar a um consumidor qualquer, cujo salário mensal constitua sua renda, quantas garrafas de refrigerante ele está disposto a adquirir mensalmente ao preço de $ 7,00 por garrafa.

Dados sua renda, seu gosto etc., ele pode responder que a esse preço não está disposto a comprar nenhuma garrafa de refrigerante por mês, pois considera o preço do produto muito elevado.

Se diminuirmos o preço para $ 6,00 por garrafa e reformularmos a pergunta, talvez, a um preço mais baixo, ele esteja disposto a adquirir alguma quantidade de refrigerante, quem sabe, no máximo, 5 garrafas por mês. Se diminuirmos o preço para $ 5,00 e perguntarmos novamente ao consumidor quantas garrafas de refrigerante ele está disposto a comprar, talvez a um preço ainda menor, quem sabe queira adquirir 10 garrafas de refrigerante por mês. A pergunta poderá ser repetida para outros preços, podendo as respostas serem as seguintes:

QUADRO 1
Escala de demanda de refrigerantes

Preço ($/garrafa de refrigerante)	Quantidade (garrafas de refrigerante por mês)	Ponto
7,00	0	A
6,00	5	B
5,00	10	C
4,00	15	D
3,00	20	E
2,00	25	F
1,00	30	G

Esta lista mostra a quantidade máxima de garrafas de refrigerante que o consumidor está disposto a comprar a cada preço e chama-se *escala de demanda*.

Uma escala de demanda nos mostra a relação existente entre as variáveis preço e quantidade, e deve ser lida da seguinte maneira: ao preço de $ 6,00 por garrafa de refrigerante, a quantidade *máxima* que o consumidor está disposto a adquirir é de 5 garrafas por mês; ao preço de $ 5,00, a quantidade demandada de refrigerantes é, no *máximo*, de 10 garrafas por mês e assim por diante. Verificamos, então, que quando o preço diminui, a quantidade demandada de refrigerantes aumenta. Verificamos também que, quando o preço aumenta, a quantidade demandada de refrigerantes diminui. Usando o quadro como exemplo, ao preço de $ 1,00, a quantidade demandada é de 30 garrafas de refrigerante por mês. Caso o preço aumente para $ 3,00, a quantidade demandada de refrigerantes diminui para 20 garrafas por mês.

2.4.2 A Curva de Demanda Individual

A relação preço-quantidade observada na escala de demanda poderá também ser mostrada graficamente.

Para tanto, o eixo vertical (eixo das ordenadas) será utilizado para representar o preço, e o eixo horizontal (eixo das abscissas), para representar a quantidade.

Na Figura 1, a Parte 1 mostra os sete pontos correspondentes à combinação preço-quantidade do Quadro 1.

O ponto A mostra que ao preço de $ 7,00 a quantidade de refrigerantes demandada mensalmente é zero. O ponto B indica o preço de $ 6,00 e que a esse preço a quantidade demandada de refrigerantes é de 5 garrafas por mês; o ponto C mostra o preço de $ 5,00 e as 10 garrafas de refrigerante que são demandadas mensalmente a esse preço e assim por diante.

Unindo os pontos de A até G obteremos a *curva de demanda* (Figura 1 – Parte 2), que é a curva que estabelece graficamente a relação entre as quantidades de refrigerante que o consumidor está disposto a comprar e todos os possíveis preços. Dessa forma, a curva de demanda nos mostra também as quantidades demandadas a preços intermediários ($ 3,50, $ 2,20, $ 1,10 etc.).

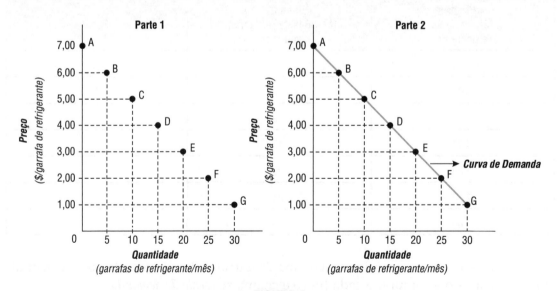

FIGURA 1
A curva de demanda individual de refrigerantes

Devemos observar também que a *curva de demanda* envolve um conceito de "máximo", uma vez que ela nos mostra a quantidade máxima que o consumidor deseja adquirir a cada preço diferente (ou o preço máximo que o consumidor deseja pagar a cada quantidade diferente). Naturalmente, o consumidor está disposto a pagar preços menores que os indicados pela curva de demanda, e nunca maiores. Exemplificando: o consumidor está disposto a pagar no máximo $ 3,00 por 15 garrafas de refrigerante e jamais pagará por essa quantidade um preço maior, por exemplo, $ 6,00.

A curva de demanda é desenhada de cima para baixo, da esquerda para a direita, e sua inclinação negativa indica que a quantidade demandada aumenta à medida que o preço cai (ou que a quantidade demandada diminui à medida que o preço aumenta). Essa característica ilustra a "Lei Geral da Demanda", a qual se aplica praticamente a todos os bens: livros, açúcar, trigo, roupas, aparelhos de som etc., e que é a seguir enunciada:

LEI GERAL DA DEMANDA

A quantidade demandada de um bem ou serviço, em qualquer período de tempo, varia inversamente ao seu preço, pressupondo-se que tudo o mais que possa afetar a demanda – especialmente a renda, o gosto e preferência do consumidor, o preço dos bens relacionados e as expectativas quanto à renda, preços e disponibilidades – permaneça o mesmo.

Segundo essa lei, toda vez que o preço (P) diminui, a quantidade demandada (Qd) aumenta; toda vez que o preço (P) aumenta, a quantidade demandada (Qd) diminui.

Assim, quando $P\downarrow$ $Qd\uparrow$

e quando $P\uparrow$ $Qd\downarrow$

A relação inversa entre preço e quantidade que determina a inclinação negativa da curva de demanda se deve basicamente a dois fatores:

a) Efeito Substituição

Se o preço de um bem aumentar, enquanto os preços dos outros bens permanecem os mesmos, o consumidor procurará substituir o consumo desse bem, passando então a consumir um bem similar. Exemplificando: se o preço da pera se eleva, o consumidor procurará substituir o consumo de pera pelo consumo de maçãs. Da mesma forma, se o preço de um bem diminuir, enquanto os preços dos outros bens permanecem constantes, o consumidor poderá aumentar o consumo desse bem que teve o preço reduzido em detrimento do consumo de bens que, de outra forma, compraria. Exemplificando: se o preço da pera diminuir, o consumidor poderá aumentar o consumo de pera por conta de uma diminuição no consumo de maçã.

b) Efeito Renda

Suponha que a renda do consumidor, em termos nominais, permaneça a mesma. Se o preço de um bem diminuir, a renda do consumidor se elevará em termos reais, tornando o consumidor mais rico, fazendo que ele possa aumentar o consumo desse bem. Exemplificando: à medida que o preço da maçã cai, o consumidor passa a gastar menos dinheiro em cada unidade de maçã que ele comprar. É como se a renda houvesse aumentado em um montante equivalente. Por essa razão, o consumidor pode comprar um pouco mais desse bem. De fato, preços mais baixos induzem as pessoas que já adquiriam a mercadoria a demandar maiores quantidades dela. Esse é o efeito renda, provocado pela queda no preço.

O efeito renda também atua em direção contrária. Assim, se o preço do bem aumentar, mantida a renda nominal constante, o consumidor ficará mais pobre em termos reais, ou seja, sofrerá uma queda em seu poder aquisitivo, o que o induzirá a reduzir o consumo do bem.

Devemos destacar ainda que *o termo demanda é empregado para fazer referência a toda uma escala de demanda ou curva de demanda. Um ponto na curva de demanda é chamado ponto de "quantidade demandada" e indica uma única relação preço-quantidade. Mudanças nos preços do produto provocam variações nas "quantidades demandadas" desse produto (variações ao longo da curva de demanda).*

Ainda de acordo com o nosso exemplo numérico, *se o preço diminuísse* de $ 5,00 para $ 4,00 por garrafa de refrigerante, haveria *aumento na quantidade demandada* de 10 para 15 garrafas de refrigerante/mês (um movimento do ponto C para o ponto D ao longo da curva de demanda) e não um *aumento da demanda* de 10 para 15 garrafas de refrigerante/mês. *Devemos notar que a demanda não se altera*. Tanto a escala quanto a curva de demanda continuam as mesmas. Da mesma forma, *se o preço aumentasse* de $ 2,00 para $ 4,00, *haveria diminuição na quantidade demandada* de 25 para 15 garrafas de refrigerante/mês (um movimento do ponto F para o ponto D ao longo da curva de demanda), e não uma *diminuição da demanda* de 25 para 15 garrafas de refrigerante/mês. Mudanças da demanda ocorrem quando os fatores mantidos constantes – renda, preço dos bens relacionados, gostos, expectativas – sofrem alterações (ou seja, quando temos uma mudança na condição *coeteris paribus*) e serão objeto de análise adiante.

2.4.3 Exceções à Lei da Demanda

Existem duas exceções à Lei Geral da Demanda: os **Bens de Giffen** e os **Bens de Veblen**.

Os Bens de Giffen são bens de baixo valor, mas de grande peso no orçamento doméstico de pessoas de baixa renda. Se esse tipo de bem apresentar elevação de preço, seu consumo tenderá a aumentar, e não a diminuir. A explicação para esse fenômeno reside no fato de que antes do aumento de preço no Bem de Giffen, os consumidores pobres ainda podem comprar alguns outros bens que são mais caros do que o Bem de Giffen; após a elevação de preço, não vai sobrar renda suficiente aos pobres para adquirir os outros produtos mais caros. Consequentemente, continuarão consumindo maiores quantidades do Bem de Giffen, que ainda é o bem mais barato do que podem comprar.

Já os Bens de Veblen são bens de consumo ostentatório, que dão prestígio social. Os bens que se enquadram nessa categoria são artigos de luxo, tais como carros caros, obras de arte, joias etc. Certos consumidores acham que a aquisição desse tipo de bem lhes confere prestígio social. Por essa razão, pode acontecer que a quantidade demandada por bens de luxo cresça conforme esses bens fiquem mais caros.

Tanto os Bens de Giffen como os Bens de Veblen têm curvas de demanda com inclinação positiva, mostrando que, quanto mais elevado o preço do bem, maior deverá ser a quantidade demandada dele.

2.5 A Demanda de Mercado

Imaginemos um hipotético mercado de refrigerantes composto por somente dois indivíduos, João e José, e que apresentam as seguintes escalas de demanda:

QUADRO 2
Escala de demanda de mercado

Preço ($/garrafa de refrigerante)	Quantidade Demandada (garrafas de refrigerante/mês)		
	João	José	Mercado (João + José)
7,00	0	0	0
6,00	5	0	5
5,00	10	0	10
4,00	15	5	20
3,00	20	10	30
2,00	25	15	40
1,00	30	20	50

A escala de demanda de mercado é dada pela soma das quantidades demandadas por João e José a cada preço. Ao preço de $ 7,00, a quantidade demandada mensalmente pelo mercado é igual a zero, pois os dois consumidores consideram $ 7,00 um preço muito elevado para o produto. Ao preço de $ 6,00, João demanda 5 refrigerantes/mês, ao passo que José ainda considera o preço muito elevado, não demandando nenhuma quantidade do produto. Logo, a demanda de mercado é de 5 garrafas de refrigerante/mês (5 garrafas de João + zero garrafas de José). Seguindo o mesmo raciocínio, ao preço de $ 5,00, a demanda de mercado é constituída das 10 garrafas de refrigerante/mês demandadas por João. Já ao preço de $ 4,00, João está disposto a adquirir 15 garrafas de refrigerante/mês, ao mesmo tempo em que José está disposto a comprar 5 garrafas de refrigerante mensalmente. Logo,

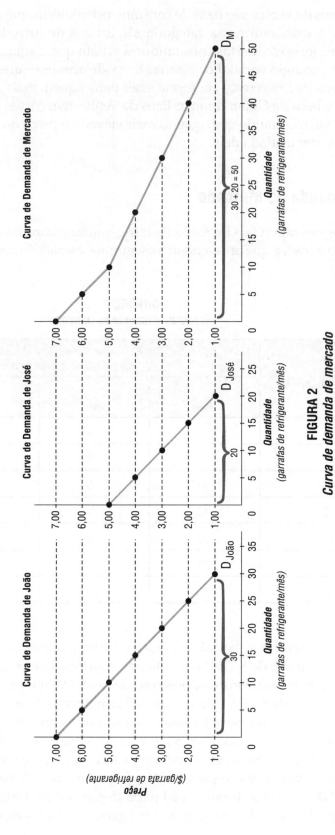

FIGURA 2
Curva de demanda de mercado

a quantidade demandada de mercado é de 20 garrafas de refrigerante (15 garrafas de João + 5 garrafas de José). Esse raciocínio deve ser aplicado aos outros preços e quantidades.

A curva de demanda de mercado pode ser observada na Figura 2. Ela é obtida a partir dos dados do Quadro 2, somando-se horizontalmente as quantidades demandadas das curvas de demanda individuais a cada possível preço.

Observando novamente a Figura 2, podemos notar que a curva de demanda de mercado está situada mais à direita em relação às curvas de demanda de João e de José. Isso parece claro, uma vez que resulta da soma de ambas.

Qual seria, então, o impacto no mercado se às curvas de demanda individual de João e José adicionássemos uma nova curva de demanda individual – no caso, a curva de demanda por refrigerantes de Maria? Nesse caso, para todos os possíveis preços, haverá uma nova quantidade demandada pela nova consumidora, e a curva de demanda de mercado por refrigerantes vai se deslocar para a direita, indicando a ocorrência de um aumento na demanda. O Quadro 3 retrata as escalas de demanda de João e José, acrescidas da escala de demanda de Maria.

QUADRO 3
Escala de demanda de mercado acrescida da escala de demanda individual de Maria

Preço ($/garrafa de refrigerante)	João	José	Maria	Mercado (João + José + Maria) (garrafas de refrigerante/mês)
7,00	0	0	0	0
6,00	5	0	5	10
5,00	10	0	10	20
4,00	15	5	15	35
3,00	20	10	20	50
2,00	25	15	25	65
1,00	30	20	30	80

A Figura 3 retrata a curva de demanda de mercado de refrigerantes D_{M1}, quando somente João e José faziam parte desse mercado. Com a entrada de um novo consumidor, a curva de demanda de mercado passa a ser dada por D_{M2}. Isso significa que a curva de demanda de mercado de refrigerantes se deslocou para a direita (um aumento na demanda por refrigerante).

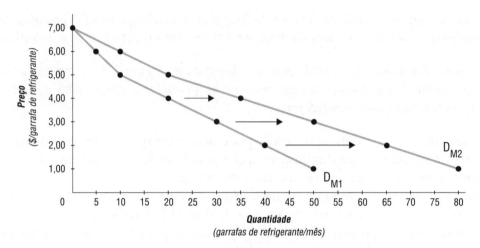

FIGURA 3
Curva de demanda de mercado acrescida da curva de demanda individual de Maria

Pela análise empreendida até agora, devemos observar que, além dos determinantes da demanda apresentados até o momento, outro deve ser destacado: o número de compradores economicamente aptos a participar do mercado. Em outras palavras, a demanda também depende do tamanho da população. Assim, se a população aumentar, o número de compradores deverá subir, deslocando as curvas de demanda de mercado de diversos bens e serviços para a direita. Analogamente, se a população diminuir, o número de compradores deverá reduzir, deslocando as curvas de demanda de mercado de diversos bens e serviços para a esquerda (uma diminuição da demanda).

2.6 Demanda Não Linear

Outra observação que deve ser feita é a de que a curva de demanda não é necessariamente linear. O seu traçado deve, entretanto, respeitar a Lei Geral da Demanda. Em outras palavras, a curva de demanda deve inclinar-se negativamente e revelar a inversão do sentido do comportamento entre preço e quantidade.

A curva de demanda pode ser uma linha reta, uma linha curvilínea ou outra curva qualquer, irregular ou regular, mas geralmente decrescente. Apresentamos, a seguir, uma escala de demanda com representação gráfica não linear.

QUADRO 4
Escala de demanda não linear

Preço ($/unidade)	Quantidade Demandada (unidades/mês)
25,00	100
20,00	140
15,00	200
10,00	300
5,00	500

A curva de demanda mostrada a seguir foi construída a partir dos dados constantes do Quadro 4.

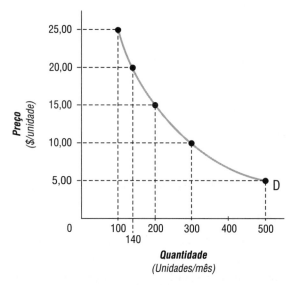

FIGURA 4
Curva de demanda não linear

3 A OFERTA

3.1 Conceito de Oferta Individual

Define-se por oferta individual de um determinado bem (ou serviço) a quantidade desse bem que um único produtor deseja vender no mercado, por unidade de tempo.
Dois elementos devem ser destacados nessa definição:

1) A oferta é uma aspiração, um desejo, e não a realização do desejo. A oferta é um *desejo* de vender (um bem, um serviço). A realização do desejo se dá pela venda do bem. Logo, não se pode confundir oferta com venda.

2) A oferta, da mesma forma que a demanda, é *um fluxo por unidade de tempo*, ou seja, devemos expressar a oferta de uma mercadoria como uma determinada quantidade em um determinado período de tempo. Assim, se dissermos que um produtor deseja oferecer 50 kg de açúcar, e que essa é sua oferta, estamos incorrendo em erro, uma vez que não especificamos a unidade de tempo em que o produtor deseja oferecer a mercadoria (se por dia, semana, mês, ano, ou outra unidade de tempo qualquer). Para que a informação esteja correta, é preciso que se diga que o produtor deseja oferecer 50 kg de açúcar *por mês* (ou outra unidade de tempo qualquer), sendo esta, então, a sua *oferta de açúcar*.

3.2 Elementos que Determinam a Oferta

Da mesma forma que a demanda, a oferta de um determinado bem ou serviço depende de vários fatores, dentre os quais se destacam:

- *O preço do bem;*
- *Os preços dos fatores de produção;*
- *A tecnologia;*
- *O preço dos outros bens;*
- *As expectativas;*
- *As condições climáticas.*

Façamos, então, uma breve análise desses elementos condicionantes da oferta:

a) A Oferta e o Preço do Bem

Normalmente, podemos esperar a existência de uma *relação direta* entre a quantidade ofertada e o preço. Nessas condições, quanto *maior* for o preço de um bem (ou serviço), *maior* deverá ser sua quantidade ofertada no mercado. Da mesma forma, quanto *menor* for o preço de um bem (ou serviço), *menor* deverá ser sua quantidade ofertada no mercado.

É certo que na análise do comportamento do ofertante devem ser sempre relacionados o custo de produção e/ou distribuição e a receita total a obter. Se o preço de venda alcançado pelo produto no mercado não for suficiente para cobrir o custo de produção, não haverá estímulo para se oferecer a mercadoria. Essa relação entre quantidade e preço deverá apresentar, portanto, um limite mínimo dado pelo custo de produção; deverá apresentar também um limite máximo, dado pelo pleno emprego dos fatores de produção, quando então a quantidade ofertada se tornará constante, independentemente das elevações de preços que possam vir a ocorrer.

b) A Oferta e os Preços dos Fatores de Produção

A quantidade de um determinado bem que um produtor individual deseja oferecer no mercado depende dos preços dos fatores de produção. De fato, os preços pagos pela utilização dos fatores de produção, juntamente com a tecnologia empregada, determinam o custo de produção. Reduções nos preços desses fatores (nos níveis salariais, nos preços de matérias-primas, nas despesas de capital etc.) diminuem os custos, tornando a produção mais lucrativa. O aumento na lucratividade estimula a empresa a aumentar a produção e a oferta de seu produto no mercado.

Inversamente, elevações nos preços dos fatores de produção acarretam aumentos de custos e diminuição na lucratividade, desestimulando a produção e diminuindo a oferta.

c) A Oferta e a Tecnologia

O estado atual da tecnologia – isto é, o estado de conhecimento a respeito dos diversos métodos de produção – também se relaciona diretamente com os custos de produção. Avanços tecnológicos que permitam obter um volume maior de produção a custos menores aumentarão a lucratividade da empresa produtora do bem cujo processo foi beneficiado pela evolução tecnológica, estimulando a produção e aumentando a oferta do bem produzido por essa empresa no mercado.

Exemplificando: a introdução de uma nova máquina que permita obter uma produção maior por unidade de tempo permitirá que a empresa que adote essa nova máquina aumente a quantidade a ser ofertada desse produto no mercado.

d) A Oferta e o Preço dos Outros Bens

A oferta de um produto poderá ser afetada pela variação nos preços dos bens que sejam *substitutos* ou *complementares* na produção.

No caso dos **bens substitutos na produção**, podemos considerar aqueles bens que são produzidos com aproximadamente os mesmos recursos, como, por exemplo, o milho e a soja. Se ocorrer aumento no preço da soja, tornando essa cultura mais lucrativa e atraente que a cultura do milho, o agricultor que cultiva milho poderá se interessar em plantar soja. Se isso ocorrer, teremos como consequência *aumento na área cultivada* e *na produção de soja* e *diminuição na área cultivada* e *na produção de milho*. Devemos observar que a *redução na oferta* de milho se dá em função do *aumento no preço da soja*.

Os **bens complementares na produção**, por sua vez, são aqueles que apresentam alteração na produção em virtude da variação de preço de outro bem. Esse é o caso da carne e do couro. Exemplificando: um aumento no preço da carne poderá provocar um aumento no abate e, como consequência, um aumento na oferta de couro. Inversamente, uma diminuição no preço da carne deverá provocar uma diminuição na oferta de couro.

e) A Oferta e as Expectativas

O produtor, na sua decisão de produção atual, também leva em consideração as alterações esperadas de preços. Por exemplo, se um criador de gado acredita que haverá um aumento no preço da carne no futuro, é provável que retenha o fornecimento atual de gado para o abate, a fim de aproveitar preços mais altos posteriormente. Isso provoca uma diminuição na oferta atual de carne.

f) A Oferta e as Condições Climáticas

Relativamente a alguns produtos, especialmente produtos agrícolas, as condições climáticas exercem grande influência na oferta. Exemplificando: uma fazenda na qual se produza café poderá sofrer uma grande redução na produção desse bem caso ocorra uma geada. Se isso acontecer, a oferta de café por parte desse produtor deverá diminuir.

3.3 *Coeteris Paribus*

Observando os determinantes da oferta, verificamos que todos podem variar simultaneamente, ficando difícil avaliar o efeito que cada um deles, isoladamente, exerce sobre a oferta.

Para tentar contornar esse problema vamos nos valer novamente da imposição da condição *coeteris paribus*, expressão latina que significa **tudo o mais permanecendo** *constante*. Permitimos, por exemplo, que o preço de um produto se modifique, fazendo a suposição de que o preço dos fatores de produção, a tecnologia, o preço dos outros bens, as expectativas e as condições climáticas (quando for o caso) permaneçam inalterados (isso não significa dizer que esses fatores não existam, mas tão somente que o seu valor permanece o mesmo durante a análise). Assim procedendo, conseguimos identificar o efeito que somente as mudanças de preço provocam nas quantidades ofertadas do produto analisado. Dizemos, então, que a quantidade ofertada desse bem depende do seu preço, *coeteris paribus*.

Chamamos a atenção para o fato de que *se todos os fatores determinantes da oferta permanecem com o mesmo valor, variações nas quantidades ofertadas do bem analisado só podem ser atribuídas a variações no preço do próprio bem*.

Naturalmente, esse procedimento pode ser estendido a todos os elementos que influenciam a oferta.

3.4 A Relação entre a Quantidade Ofertada e o Preço do Próprio Bem

Nesta seção enfocaremos *a relação entre quantidade ofertada e preço, mantendo os outros determinantes da oferta – preço dos fatores de produção, tecnologia, preço dos outros bens, expectativas e condições climáticas – constantes*. Dito de outra forma, enfocaremos a maneira como o produtor reage a mudanças de preços, *coeteris paribus*.

3.4.1 *Escala de Oferta Individual*

A *Escala de Oferta* de um produtor individual mostra a quantidade máxima de um determinado bem ou serviço que esse produtor estará disposto a oferecer a diferentes preços possíveis, *coeteris paribus* (ou seja, com os demais fatores que influenciam a oferta permanecendo constantes).

O Quadro 5 mostra uma escala de oferta hipotética para um fabricante de camisas.

QUADRO 5
Escala de oferta de camisas

Preço ($/camisa)	Quantidade (camisas/mês)	Ponto
140,00	400	A
120,00	400	B
100,00	400	C
80,00	300	D
60,00	200	E
40,00	100	F

Essa lista mostra a quantidade máxima de camisas que o produtor estará disposto a oferecer a cada preço e chama-se *Escala de Oferta*.

Uma escala de oferta nos mostra a relação existente entre as variáveis preço e quantidade, e deverá ser lida da seguinte maneira: se o preço for de $ 40,00 por camisa, a quantidade *máxima* que o produtor estará disposto a oferecer será de 100 camisas por mês; se o preço aumentar para $ 60,00, a quantidade ofertada de camisas será de 200 camisas por mês e assim por diante. Verificamos então que, quando o preço aumenta, a quantidade ofertada de camisas aumenta. Verificamos também que, quando o preço diminui, a quantidade ofertada de camisas cai. Usando o quadro como exemplo, se o preço for de $ 100,00, a quantidade ofertada será de 400 camisas por mês. Caso o preço diminua para $ 80,00, a quantidade ofertada diminuirá para 300 camisas por mês.

Observamos, a partir dessa escala, que a quantidade ofertada aumenta quando o preço aumenta. Isso parece adequado se imaginarmos que o produtor, ao conseguir um preço mais alto por sua mercadoria, se sentirá estimulado a aumentar a produção desse bem. Além disso, aumentos de produção implicam despesas adicionais com matérias-primas, energia elétrica, horas extras etc. Tudo isso acaba por elevar o custo de produção, fazendo que o produtor somente aumente a quantidade ofertada se a ele for oferecido um preço mais alto.

Devemos notar que com preços superiores a $ 100,00 por camisa, a quantidade oferecida torna-se constante (400 camisas/mês) em virtude de haver sido atingido o limite de pleno emprego dos fatores. No caso de um ofertante individual, poderia se admitir que suas instalações industriais permitiriam produzir, no máximo, 400 camisas/mês.

Devemos observar também que o limite mínimo de preço que tornaria compensatória a oferta do produto seria de $ 40,00/camisa, quando então seriam colocadas à disposição dos consumidores 100 camisas/mês. Preços de venda menores que esse provavelmente fariam que as receitas fossem inferiores aos custos de produção. Tais receitas seriam computadas pela multiplicação entre o preço e as quantidades ofertadas.

3.4.2 *A Curva de Oferta Individual*

A relação preço-quantidade observada na escala de oferta poderá também ser mostrada graficamente.

Utilizamo-nos, para tanto, de um diagrama cartesiano em que no eixo vertical esteja determinado o preço, e no eixo horizontal, a quantidade oferecida à venda.

Na Figura 5, a Parte 1 mostra os seis pontos correspondentes à combinação preço-quantidade do Quadro 5.

O ponto F mostra que ao preço de $ 40,00 a quantidade ofertada mensalmente é de 100 camisas por mês. O ponto E indica o preço de $ 60,00 e que a esse preço a quantidade ofertada é de 200 camisas por mês e assim por diante.

Unindo os pontos de F até A obtemos a *Curva de Oferta* (Figura 5 – Parte 2), que é a curva que nos mostra graficamente a quantidade de camisas que o produtor estará disposto a oferecer a cada possível preço.

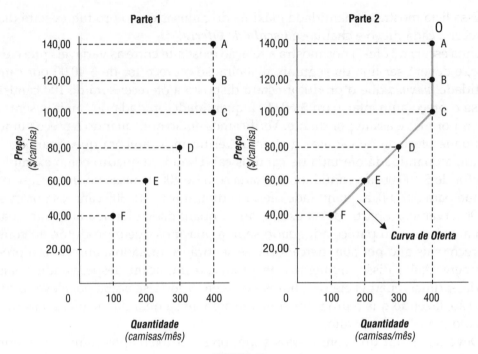

FIGURA 5
A curva de oferta individual de camisas

Normalmente, a curva de oferta é desenhada de baixo para cima, da esquerda para a direita, e sua inclinação positiva indica que a quantidade ofertada de camisas aumenta quando o preço do produto aumenta. Observa-se também que, à medida que decresce o preço da camisa, diminui o número de camisas oferecidas à venda. Essa característica reflete a "Lei da Oferta", a seguir enunciada:

LEI GERAL DA OFERTA

A oferta de um produto ou serviço qualquer, em determinado período de tempo, varia na razão direta da variação de preços desse produto ou serviço, a partir de um nível de preços tal que seja suficiente para fazer face ao custo de produção do mesmo até o limite superior de pleno emprego dos fatores (de produção), quando se tornará constante, ainda que os preços em referência possam continuar oscilando, mantidas as demais condições constantes.

Segundo essa lei, toda vez que o preço (P) aumenta, a quantidade ofertada (Qo) aumenta; toda vez que o preço (P) diminui, a quantidade ofertada (Qo) diminui.

Assim, quando $P\uparrow$ $Qo\uparrow$

e quando $P\downarrow$ $Qo\downarrow$

Devemos destacar, ainda, que *o termo oferta é empregado para fazer referência a toda uma escala de oferta ou curva de oferta. Um ponto na curva de oferta é chamado ponto de "quantidade ofertada" e indica uma única relação preço-quantidade. Mudanças nos preços do produto provocam variações nas "quantidades ofertadas" desse produto (variações ao longo da curva de oferta).*

Ainda de acordo com o nosso exemplo numérico, *se o preço* aumentasse de $ 40,00 para $ 60,00 por camisa, haveria *aumento na quantidade ofertada* de 100 para 200 camisas/mês (um movimento do ponto F para o ponto E ao longo da curva de oferta) e não um *aumento da oferta* de 100 para 200 camisas/mês. *Devemos notar que a oferta não se altera.* Tanto a escala quanto a curva de oferta continuam as mesmas. Da mesma forma, *se o preço diminuísse* de $ 80,00 para $ 40,00, *haveria diminuição na quantidade ofertada* de 300 para 100 camisas/mês (um movimento do ponto D para o ponto F ao longo da curva de oferta) e não uma diminuição da oferta de 300 para 100 camisas/mês. Mudanças da oferta ocorrem quando os fatores mantidos constantes – preço dos fatores de produção, tecnologia, preço dos outros bens, expectativas e condições climáticas (quando for o caso) – sofrem alterações (ou seja, quando temos uma mudança na condição *coeteris paribus*). Isso será objeto de análise mais adiante.

3.5 A Oferta de Mercado

Tal como fizemos com a demanda, podemos determinar a oferta de mercado através da soma horizontal das quantidades ofertadas pelos produtores individuais a cada preço.

Imaginemos, então, um mercado hipotético de camisas composto por apenas dois produtores, com as seguintes escalas de oferta individuais (Quadro 6):

QUADRO 6
Escala de oferta de mercado

Preço ($/camisa)	Quantidade Ofertada (camisas/mês)		
	Produtor A	Produtor B	Mercado (A + B)
100,00	400	600	1.000
80,00	300	500	800
60,00	200	400	600
40,00	100	300	400

A escala de oferta de mercado será dada pela soma das quantidades ofertadas pelos produtores A e B a cada preço. Exemplificando: ao preço de $ 100,00, o produtor A estará disposto a oferecer 400 camisas mensalmente, ao passo que, a esse preço, o produtor B estará disposto a oferecer 600 camisas/mês. Logo, ao preço de $ 100,00,

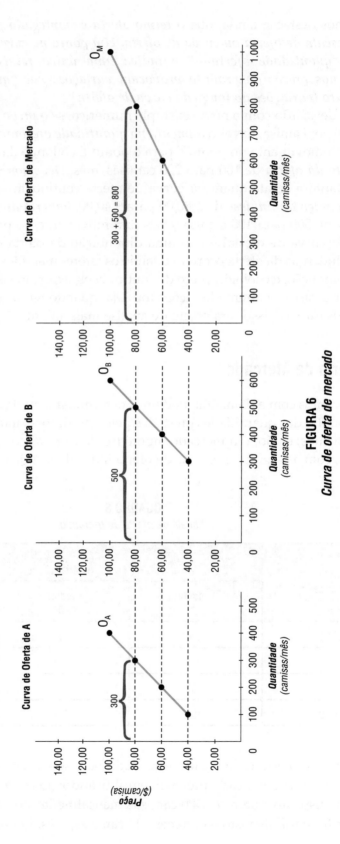

FIGURA 6
Curva de oferta de mercado

a quantidade ofertada de mercado será de 1.000 camisas/mês. Se o preço de mercado diminuir de $ 100,00 para $ 80,00, a quantidade ofertada pelo produtor A diminuirá de 400 para 300 camisas/mês, ao passo que a quantidade ofertada pelo produtor B diminuirá de 600 para 500 camisas/mês. Logo, a oferta de mercado será de 800 camisas/mês (300 + 500). O mesmo raciocínio deve ser aplicado aos demais preços e quantidades.

A Figura 6 nos mostra a "Curva de Oferta de Mercado" obtida a partir da escala de oferta de mercado.

Devemos observar que, na discussão sobre oferta total, além dos determinantes da oferta já observados, há mais um elemento a ser considerado: a oferta total também vai depender do número de produtores existentes no mercado. Assim, quanto maior for o número de empresas no mercado oferecendo o produto, maior será o número de curvas de oferta a serem somadas. Como consequência, mais para a direita a curva de oferta se encontrará.

Observando novamente a Figura 6, podemos notar que a curva de oferta de mercado está situada mais à direita em relação às curvas de oferta dos produtores A e B. Isso parece claro, uma vez que resulta da soma de ambas.

Qual seria, então, o impacto no mercado se às curvas de oferta individual dos produtores A e B adicionássemos uma nova curva de oferta individual – no caso, a curva de oferta do produtor C? Nesse caso, para todos os possíveis preços, haverá uma nova quantidade ofertada pelo novo produtor, e a curva de oferta de mercado se deslocará para a direita, indicando a ocorrência de aumento na oferta. O Quadro 7 retrata as escalas de oferta dos produtores A e B, acrescidas da escala de oferta do produtor C.

QUADRO 7
Escala de oferta de mercado

Preço ($/camisa)	Quantidade Ofertada (camisas/mês)			
	Produtor A	Produtor B	Produtor C	Mercado (A + B + C)
100,00	400	600	400	1.400
80,00	300	500	300	1.100
60,00	200	400	200	800
40,00	100	300	100	500

A Figura 7 retrata a curva de oferta de mercado de camisas O_{M1}, quando somente os produtores A e B faziam parte desse mercado. Com a entrada de um novo produtor, a curva de oferta de mercado passa a ser dada por O_{M2}. Isso significa que a curva de oferta de mercado de camisas se deslocou para a direita (um aumento na oferta de camisas).

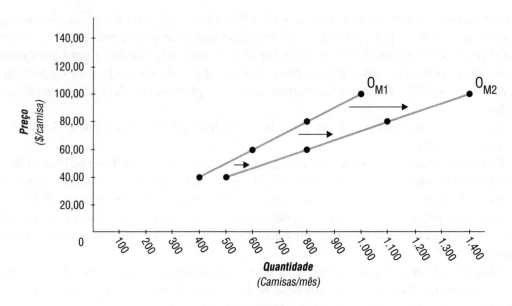

FIGURA 7
Curva de oferta de mercado acrescida da curva de oferta individual do Produtor C

Pela análise empreendida até agora, devemos observar que, além dos determinantes da oferta apresentados até o momento, um outro deve ser destacado: o número de produtores/vendedores aptos a participar do mercado. Em outras palavras, a oferta também depende do número de produtores existentes. Assim, se o número de empresas aumentar, a curva de oferta de mercado deverá se deslocar para a direita (aumento na oferta). Analogamente, se o número de empresas diminuir, a curva de oferta de mercado deverá se deslocar para a esquerda (diminuição na oferta).

3.6 Oferta Não Linear

Outra observação a ser feita é que a curva de oferta não é necessariamente linear. O seu traçado deve, entretanto, respeitar a Lei Geral da Oferta. Por isso, a curva de oferta deve inclinar-se positivamente e revelar a existência de uma relação direta entre preço e quantidade indicando que, à medida que aumentam os preços de venda de um bem, paralelamente são acrescidas as quantidades ofertadas desse bem pelo conjunto de ofertantes (há casos particulares em que isso não ocorre; tais casos serão analisados oportunamente).

A curva de oferta pode ser uma linha reta, uma linha curvilínea ou outra curva qualquer, irregular ou regular, mas geralmente crescente. Apresentamos, a seguir, uma escala de oferta com representação gráfica não linear.

QUADRO 8
Escala de oferta não linear

Preço ($/unidade)	Quantidade Ofertada (unidades/mês)
25,00	540
20,00	500
15,00	420
10,00	300
5,00	140

A curva de oferta mostrada na Figura 8 foi construída a partir dos dados constantes do Quadro 8.

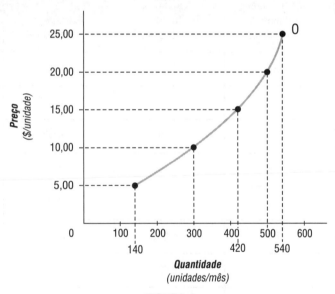

FIGURA 8
Curva de oferta não linear

4 O EQUILÍBRIO

4.1 O Equilíbrio em um Mercado Competitivo

É chegado o momento de juntar os dois lados do mercado, o da oferta e o da demanda, a fim de ver de que maneira o preço e a quantidade de equilíbrio são determinados. Nossa atenção estará voltada somente aos mercados do tipo competitivo, que são aqueles em que existem muitos compradores e vendedores, de forma tal que nenhum deles, agindo individualmente, consegue exercer influência significativa sobre os preços e quantidades praticados no mercado.

Existirá equilíbrio estável em um mercado de concorrência perfeita quando o preço corrente de mercado tende a ser mantido, se as condições de demanda e oferta permanecerem inalteradas.

4.2 Análise do Equilíbrio pelas Escalas de Oferta e de Demanda

Nossa análise do equilíbrio será feita com o auxílio do Quadro 9, no qual encontramos as escalas de oferta e de demanda de mercado para camisas.

QUADRO 9
Escalas de oferta e de demanda de mercado de camisas

Preço ($/camisa)	Quantidade Demandada (camisas/mês)	Quantidade Ofertada (camisas/mês)	Excesso de Oferta (+) Excesso de Demanda (−)	Pressão sobre o Preço
100,00	1.000	11.000	+10.000	Descendente
90,00	2.000	10.000	+8.000	Descendente
80,00	3.000	9.000	+6.000	Descendente
70,00	4.000	8.000	+4.000	Descendente
60,00	5.000	7.000	+2.000	Descendente
50,00	**6.000**	**6.000**	**Equilíbrio**	**Nenhuma**
40,00	7.000	5.000	−2.000	Ascendente
30,00	8.000	4.000	−4.000	Ascendente
20,00	9.000	3.000	−6.000	Ascendente
10,00	10.000	2.000	−8.000	Ascendente

A escala de demanda mostra a quantidade de camisas que os consumidores estão dispostos a comprar a cada preço alternativo, ao passo que a escala de oferta indica a quantidade que os produtores estão dispostos a vender a cada possível preço.

Se examinarmos atentamente as quantidades ofertadas e demandadas a cada nível de preço, descobriremos que existe apenas um preço – $ 50,00 – para o qual a quantidade demandada é exatamente igual à quantidade oferecida.

Um preço que faz que a quantidade demandada seja exatamente igual à quantidade ofertada é chamado *Preço de Equilíbrio* (ou *Preço de Mercado*); a quantidade correspondente a esse preço é chamada *Quantidade de Equilíbrio*. Esse preço emerge espontaneamente em um mercado competitivo, em que a oferta e a demanda se confrontam. O preço de equilíbrio é aquele que, uma vez atingido, tende a persistir. Sempre que o preço estiver acima do preço de equilíbrio, teremos excesso de oferta da mercadoria; esse excesso de oferta fará que o preço diminua até atingir o equilíbrio. Assim, sempre que o preço estiver abaixo do preço de equilíbrio, teremos excesso de demanda da mercadoria; esse excesso de demanda fará que o preço aumente até atingir o equilíbrio. Vejamos, então, como o mercado caminha para o equilíbrio quando existe excesso de oferta e quando existe excesso de demanda.

4.3 O Excesso de Oferta (Análise pelas *Escalas* de Oferta e de Demanda)

Observemos inicialmente as escalas de demanda e de oferta mostradas no Quadro 9. Suponhamos que, por um motivo qualquer, os produtores estabeleçam o preço da camisa em $ 70,00 por unidade. Nessas condições, o que ocorreria no mercado? O Quadro 9 mostra que a esse preço os produtores estão dispostos a oferecer mensalmente 8 mil camisas, ao passo que os consumidores estão dispostos a comprar somente 4 mil camisas/mês. Surge então um excedente (uma sobra) de 4 mil camisas no mercado. Esse excedente é chamado *Excesso de Oferta*. Se nada for feito, logo os fabricantes terão pela frente uma quantidade enorme de mercadoria encalhada. Certamente, o acúmulo de estoques, período após período, não é uma coisa interessante para os produtores, uma vez que eles necessitam de dinheiro para pagar as despesas efetuadas na fabricação do produto. Com a intenção de realizar alguma receita e eliminar o excesso de mercadoria, os fabricantes passam a vender seu produto a preços mais baixos. Acontece que cada produtor acredita que, se vender a sua mercadoria por um preço inferior ao praticado pelos outros produtores, conseguirá atrair mais compradores e eliminar o seu excedente. Ocorre, entretanto, que os outros produtores pensam e agem do mesmo jeito, criando um incentivo para que os preços se reduzam ainda mais. Além disso, os consumidores percebem o acúmulo de estoques e passam a regatear no preço. Os preços começam a diminuir para $ 68,00, $ 65,00 e assim por diante. Essas reduções de preço provocam *aumentos* nas quantidades demandadas de camisas; paralelamente, as reduções de preço provocam *reduções* nas quantidades ofertadas do produto.

Suponhamos, então, que os preços, em função da competição, continuem baixando de tal forma que as camisas passem a ser vendidas a $ 60,00 a unidade. A esse preço os produtores colocam no mercado 7 mil camisas por mês. Os consumidores, entretanto, estão dispostos a comprar 5 mil camisas/mês a esse preço. Existe ainda excesso de oferta de 2 mil camisas/mês. Pelo mesmo processo, o preço continua a diminuir até atingir $ 50,00 por unidade. A esse preço, os consumidores estão dispostos a comprar a mesma quantidade – 6 mil camisas – que os produtores estão dispostos a vender. Já não existe excesso de oferta de camisas atuando no sentido de baixar o preço do produto. O preço de **$ 50,00** é o *Preço de Equilíbrio* (ou *Preço de Mercado*), ao passo que a **Quantidade de Equilíbrio** é de **6 mil camisas/mês**.

4.4 O Excesso de Demanda (Análise pelas *Escalas* de Oferta e de Demanda)

Ainda tendo como referência as escalas de demanda e de oferta mostradas no Quadro 9, suponhamos que o preço da camisa inicialmente seja de $ 30,00 a unidade. A esse preço existirão muitas pessoas querendo comprar a mercadoria, em um total de 8 mil camisas por mês. A $ 30,00 por unidade, entretanto, os produtores estarão dispostos a oferecer apenas 4 mil camisas/mês. Isso acontece porque, a preço tão baixo, poucos serão os produtores dispostos ou em condições de produzir o bem em questão. Muitos deles já terão abandonado o negócio, insatisfeitos com o preço praticado. Com a quantidade demandada sendo superior à quantidade ofertada, haverá escassez de camisas, em um total de 4 mil camisas por mês. Essa escassez é chamada *Excesso de Demanda*. Nessa situação, muitos consumidores – na tentativa de participar do mercado – se dispõem a pagar um preço mais elevado pelo produto. Surge entre eles uma disputa, uma verdadeira concorrência, cada qual disposto a pagar mais para obter uma quantidade da mercadoria que o satisfaça. Por essa razão, o preço do produto aumenta. Com o aumento de preço, a quantidade demandada de camisas diminui, quer porque alguns consumidores não podem pagar um preço mais elevado pelo produto e saem do mercado, quer pelo fato de que preços mais elevados induzem os consumidores a reduzir a quantidade demandada do produto. Em resposta ao aumento de preço, os produtores expandem sua produção, aumentando a quantidade oferecida da mercadoria. A redução na quantidade demandada e o aumento na quantidade ofertada reduzem a diferença entre elas. Trabalhemos, então, com a hipótese de que o preço aumente para $ 40,00 a unidade. Em resposta ao aumento de preço, os produtores aumentam a produção e a oferta para 5 mil camisas/mês. Mesmo assim, ainda haverá excesso de demanda de 2 mil camisas/mês, significando que existem pressões no sentido de elevar ainda mais o preço do produto. Suponhamos, então, que o preço aumente até $ 50,00. A esse preço a quantidade de camisas que os consumidores estão dispostos a comprar – 6 mil – é igual à quantidade que os produtores estão dispostos a vender. Já não existe excesso de demanda atuando no sentido de elevar o preço da camisa.

Ao preço de $ 50,00 não existe nem *Excesso de Oferta*, nem *Excesso de Demanda*. A esse preço, a *quantidade ofertada é exatamente igual à quantidade demandada*. Não existe nenhuma tendência para que o preço mude. Esse é o **Preço de Equilíbrio**.

4.5 Análise do Equilíbrio pelos *Gráficos* de Demanda e de Oferta

Em termos gráficos, *o equilíbrio ocorre na intersecção das curvas de oferta e demanda de mercado*.

A Figura 9 nos mostra as curvas de demanda e de oferta obtidas a partir das escalas que acabamos de analisar. O preço e a quantidade de equilíbrio correspondem ao ponto em que a curva de demanda e de oferta se cruzam (ponto E), com o preço de equilíbrio sendo de $ 50,00 e a quantidade de equilíbrio de 6 mil camisas/mês. O preço e a quantidade de equilíbrio são os preços e quantidades que atendem simultaneamente às aspirações dos consumidores e dos produtores.

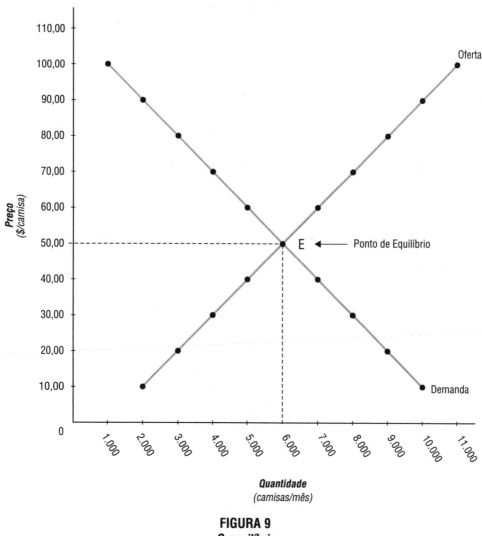

FIGURA 9
O equilíbrio

4.5.1 *Análise Gráfica do Excesso de Oferta*

Em termos gráficos, com qualquer preço acima do equilíbrio, a curva de oferta fica à direita da curva da demanda, e a distância horizontal entre elas mede o *Excesso de Oferta*, que será explicado a partir da Figura 10 (os dados são os mesmos do Quadro 9).

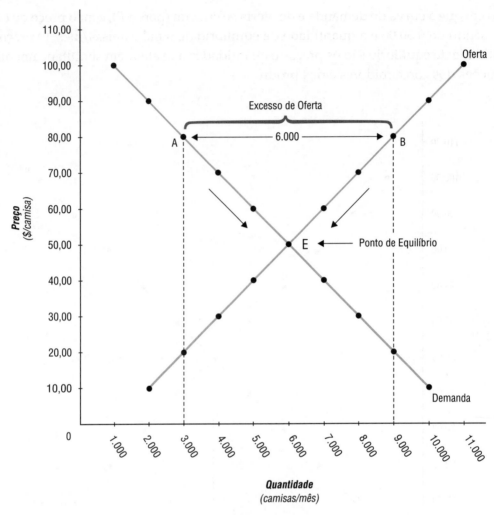

FIGURA 10
O excesso de oferta

Suponhamos, inicialmente, que o preço da camisa seja de $ 80,00. A esse preço os consumidores estão dispostos a adquirir 3 mil camisas/mês (ponto A na curva de demanda). Entretanto, os produtores estão dispostos a oferecer 9 mil camisas/mês a esse preço (ponto B na curva de oferta), gerando, assim, excesso de oferta de 6 mil camisas por mês, e que pode ser visualizado graficamente pela distância AB.

Nessa situação, cada produtor com excedente acredita que, se vender o produto a um preço inferior ao preço dos outros produtores, conseguirá eliminar o excesso de mercadoria encalhada. Existe, assim, um estímulo para que o preço tenha uma redução. Com a redução de preço haverá aumento na quantidade demandada (ao longo da curva de demanda) e redução na quantidade ofertada (ao longo da curva de oferta).

O preço continuará a diminuir até atingir o nível de $ 50,00. A esse preço, que é o *Preço de Equilíbrio*, a quantidade de camisas que os consumidores estão dispostos a adquirir (6 mil) é exatamente igual à quantidade de camisas que os produtores estão dispostos a oferecer no mercado (6 mil). Não existe mais nenhuma pressão no sentido de o preço diminuir.

4.5.2 Análise Gráfica do Excesso de Demanda

Em termos gráficos, com qualquer preço abaixo do equilíbrio, a curva de demanda fica à direita da curva de oferta e a distância horizontal entre elas mede o *Excesso de Demanda*, que será explicado a partir da Figura 11 (os dados são os mesmos do Quadro 9).

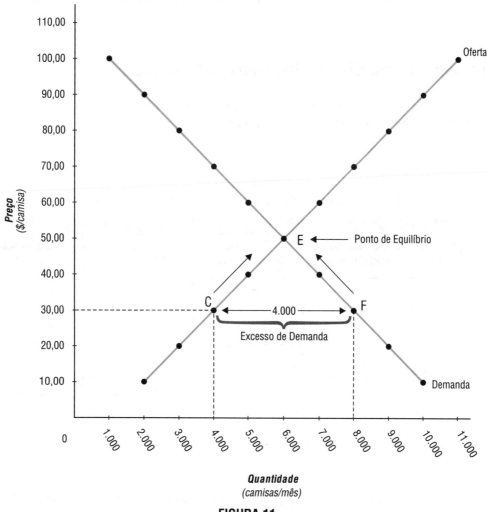

FIGURA 11
O excesso de demanda

Suponhamos que o preço seja de $ 30,00 por camisa. A esse preço, os consumidores desejam adquirir 8 mil camisas (ponto F na curva de demanda), enquanto a esse preço os produtores estão dispostos a colocar somente 4 mil camisas no mercado (ponto C na curva de oferta).

Nessas condições teremos o surgimento de um excesso de demanda de 4 mil camisas/mês, que pode ser visualizado pela distância CF. Defrontando-se com essa situação, os consumidores disputarão entre si o suprimento disponível do produto, cada qual disposto a pagar mais para levar a mercadoria. Como resultado, o preço do produto começa a subir. Com a elevação de preço, a quantidade demandada começa a diminuir (ao longo da curva de demanda), ao mesmo tempo em que a oferta começa a aumentar (ao longo da curva de oferta). A diminuição na quantidade demandada e a elevação na ofertada acabam reduzindo o excesso de demanda.

O preço continuará a subir até atingir o nível de $ 50,00. A esse preço, que é o *Preço de Equilíbrio*, a quantidade de camisas que os consumidores estão dispostos a adquirir (6 mil) é exatamente igual à quantidade de camisas que os produtores estão dispostos a oferecer no mercado (6 mil). Não existe mais nenhuma pressão no sentido de o preço aumentar.

4.6 O Equilíbrio com Oferta e Demanda Não Lineares

Apresentamos a seguir a determinação do equilíbrio com oferta e demanda não lineares. A análise será feita com o auxílio do Quadro 10.

QUADRO 10
O equilíbrio com escalas de oferta e de demanda não lineares

Preço ($/unidade)	Quantidade Demandada (unidades/mês)	Quantidade Oferecida (unidades/mês)	Excesso (+) ou Escassez (–)	Pressão sobre o Preço
25,00	100	540	+ 440	Descendente
20,00	140	500	+ 360	Descendente
15,00	200	420	+ 220	Descendente
10,00	**300**	**300**	**Equilíbrio**	**Nenhuma**
5,00	500	140	– 360	Ascendente

Observamos inicialmente que o preço de equilíbrio é de $ 10,00. A esse preço, a quantidade demandada, de 300 unidades/mês, é igual à quantidade ofertada, também de 300 unidades/mês.

Se o preço estiver acima do preço de equilíbrio, teremos *Excesso de Oferta*, acúmulo de estoques não programado, o que provocará uma competição entre os produtores para vender a mercadoria. Haverá, então, uma pressão no sentido de o preço *diminuir* até atingir novamente o equilíbrio.

Se o preço estiver abaixo do preço de equilíbrio, teremos *Excesso de Demanda* e uma competição entre os consumidores para adquirir a mercadoria, pois as quantidades demandadas serão maiores do que as ofertadas. Haverá, então, uma pressão no sentido de o preço *aumentar* até atingir novamente o equilíbrio.

A Figura 12 nos mostra o gráfico do equilíbrio, com preço de $ 10,00 e quantidade igual a 300 unidades/mês. O mesmo gráfico nos mostra as áreas de excesso de oferta e de demanda que existirão conforme o preço esteja acima ou abaixo do preço de equilíbrio.

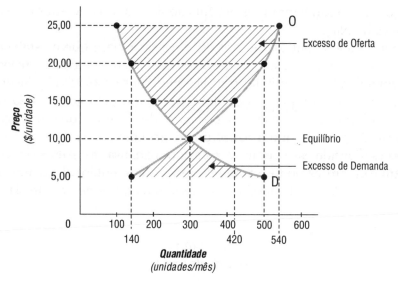

FIGURA 12
O equilíbrio com curvas de oferta e de demanda não lineares

5 UMA APLICAÇÃO: CONTROLE DE PREÇOS

Como sabemos, um mercado concorrencial é aquele em que existe um número de compradores e de vendedores tão elevado que nenhum deles, agindo de forma isolada, consegue afetar o preço de mercado. Além disso, o produto comercializado nesse tipo de mercado é homogêneo. Sabemos também que esse tipo de estrutura mercadológica não é facilmente encontrado no mundo real. Entretanto, por meio de sua análise é possível obter instrumentos que conduzam, de maneira lógica e racional, ao estudo de problemas que eventualmente possam surgir no mundo real. Um desses problemas é o controle de preços, que consiste no estabelecimento, pelo governo, de determinados níveis de preços para certos produtos. Em termos práticos, o problema consiste no estabelecimento de políticas de preços máximos e de preços mínimos para determinados produtos. Analisaremos os dois casos separadamente.

5.1 Fixação de Preços Máximos

Vamos inicialmente analisar a política de fixação de preços máximos. Uma política de preços máximos tem por objetivo defender o consumidor, e é praticada quando o governo entende que o preço estabelecido pelo mercado para determinado bem encontra-se em nível muito elevado. Nessas ocasiões, o governo intervém no mercado, fixando um preço máximo pelo qual a mercadoria pode ser vendida. O preço estabelecido pelo governo deve ser inferior ao preço de equilíbrio de mercado.

O controle de preços foi um instrumento de política econômica muito utilizado no Brasil. Em virtude do processo inflacionário, o governo, objetivando o controle de preços e a defesa do consumidor, intervinha no mercado fixando ou tabelando os preços de diversos produtos. A Sunab (Superintendência Nacional de Abastecimento) e o CIP (Conselho Interministerial de Preços), órgãos do governo federal responsáveis pelo controle de preços, ainda são lembrados em função de sua atuação em diversas etapas da vida econômica da Nação.

Quando se fala em controle de preços, deve ficar claro que o estabelecimento de preços máximos não pode ser confundido com os tabelamentos de preços. Os preços máximos permitem que os ofertantes transacionem seus produtos a quaisquer níveis de preços, desde que não ultrapassem o teto estabelecido pelo governo. O tabelamento, por sua vez, implica o estabelecimento, por parte do governo, de um único preço para comercialização do produto que teve seu preço tabelado.

Uma vez esclarecido esse ponto, vamos agora analisar as eventuais consequências que um controle de preços pode acarretar. Suponhamos, então, que o mercado de gasolina apresente as escalas de demanda e de oferta mostradas no Quadro 11:

QUADRO 11
Mercado de gasolina

Preço ($/l)	Quantidade Demandada (milhões de litros/dia)	Quantidade Ofertada (milhões de litros/dia)
2,00	5	80
1,75	10	70
1,50	20	60
1,25	30	50
1,00	**40**	**40**
0,75	50	30
0,50	60	20
0,25	70	10

A Figura 13, apresentada a seguir, nos dá a representação gráfica dos dados do Quadro 11.

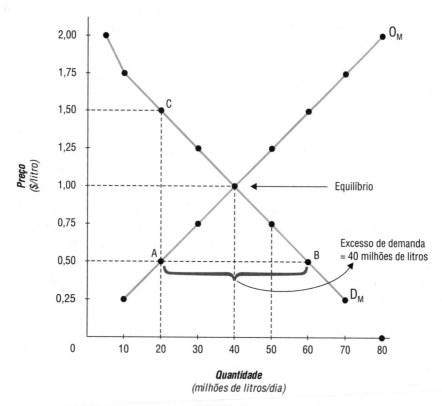

FIGURA 13
Mercado de gasolina

Conforme podemos observar, o mercado estará em equilíbrio quando o preço for de $ 1,00. A esse preço, a quantidade demandada de mercado (40 milhões de litros/dia) será igual à quantidade ofertada de mercado (40 milhões de litros/dia). Em outras palavras, a quantidade transacionada no mercado será de 40 milhões de litros de gasolina/dia. O preço e a quantidade de equilíbrio podem ser obtidos da intersecção das curvas de demanda e oferta de mercado.

Suponhamos, então, que o governo considere o preço de $ 1,00 muito elevado, e resolva intervir no mercado, fixando um preço máximo de $ 0,50, inferior ao preço de equilíbrio.

De acordo com as informações existentes, ao preço de $ 0,50, a quantidade demandada será de 60 milhões de litros/dia (ponto B na curva de demanda). Entretanto, ao preço de $ 0,50, os ofertantes estão dispostos a vender apenas 20 milhões de litros/dia (ponto A na curva de oferta). Nessas condições, nem toda quantidade desejada pelos consumidores pode ser adquirida. Temos o surgimento de um excesso de demanda de 40 milhões de litros/dia, dado pela diferença entre a quantidade demandada e a quantidade ofertada (60 milhões de litros – 20 milhões de litros). Em termos gráficos, esse excesso de demanda pode ser visualizado pela distância AB. Esse excesso de demanda persistirá enquanto for mantido o preço máximo de $ 0,50, uma vez que os preços não podem subir além do preço máximo fixado. Caso o governo retirasse o preço máximo, os preços subiriam até $ 1,00, voltando novamente ao equilíbrio.

A pergunta que se faz é: havendo a fixação de preço máximo e o excesso de demanda, quem obterá a gasolina? Em outras palavras, como o produto será distribuído? Existem várias possibilidades:

- Surgimento de *filas* nos postos. Os primeiros que chegarem nos postos conseguirão obter a gasolina. Esse é um critério de distribuição do produto que surge espontaneamente quando aparece excesso de demanda.

- São feitas *vendas por debaixo do pano*. Isso pode ocorrer para qualquer produto em que exista excesso de demanda, uma vez que o ofertante pode dar preferência aos clientes antigos, aos amigos ou a outras pessoas, por diferentes razões.

- Surge o *mercado negro e a violação da lei*. O mercado negro é um mercado ilegal, em que os controles de preços são ignorados. Para contornar o controle de preços, os consumidores que não conseguem adquirir a quantidade desejada ao preço máximo estabelecido procuram fornecedores que estejam dispostos a vender o produto a preços ilegais, ou seja, a preços superiores ao fixado. E qual seria esse preço? Fica difícil dar uma resposta precisa a essa pergunta. Entretanto, se observarmos atentamente a Figura 13, verificaremos que ao preço de $ 0,50, os ofertantes estarão dispostos a vender, no máximo, 20 milhões de litros/dia. Observando a curva de demanda, verificaremos que por 20 milhões de litros/dia os consumidores estarão dispostos a pagar, *no máximo*, $ 1,50 (em outras palavras, se o preço fosse $ 1,50, a quantidade demandada seria de 20 milhões de litros/dia, que corresponderia ao ponto C na curva de demanda). Esse, talvez, fosse o preço em torno do qual a gasolina seria comercializada no mercado negro.

- O governo estabelece um *racionamento*. Nesse caso, o governo resolve intervir no mercado para distribuir a quantidade oferecida entre os consumidores. Existem vários critérios para se fazer o racionamento. Um deles poderia ser o estabelecimento de um consumo máximo para cada unidade familiar, em que cada família recebe uma determinada quantidade de cupons, usando-os para comprar a mercadoria em falta.

5.2 Fixação de Preços Mínimos

A política de preços mínimos tem por objetivo beneficiar o produtor garantindo um nível de preço geralmente superior ao preço de equilíbrio de mercado.

O mercado de produtos agrícolas é um dos que sofrem a aplicação da política de preços mínimos. O governo estabelece preços mínimos para vigorar na safra futura, comprometendo-se a absorver a produção, ou os excedentes desta, ao preço mínimo.

O mercado de trabalho é outro caso de ocorrência de fixação de preços mínimos, denominado salário mínimo.

Vamos, agora, analisar a política de preços mínimos por meio de tabelas e gráficos. Suponhamos, então, que um produto qualquer apresente as escalas de demanda e de oferta de mercado exibidas no Quadro 12:

QUADRO 12
Escalas de demanda e de oferta de um produto X

Preço X ($/unidade)	Quantidade Demandada (X/mês)	Quantidade Ofertada (X/mês)
7	2	20
6	6	18
5	10	16
4	14	14
3	18	12
2	22	10
1	26	8

A Figura 14 representa graficamente os dados do Quadro 12.

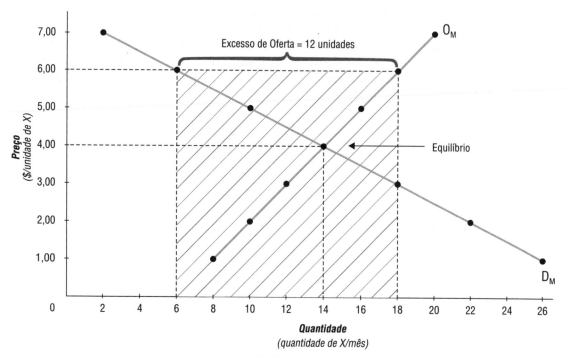

FIGURA 14
Escalas de demanda e de oferta de um produto X

Como podemos observar, o preço de equilíbrio é de $ 4,00, enquanto a quantidade transacionada a esse preço é de 14 unidades.

Vamos, então, analisar os casos que podem eventualmente ocorrer no mercado:

1º Caso – *preço mínimo estabelecido abaixo do preço de equilíbrio de mercado*

Suponhamos, então, que o preço mínimo seja de $ 2,00. Nessas condições, como o preço mínimo é inferior ao preço de equilíbrio, nada ocorrerá, e os preços e quantidades praticados serão os de equilíbrio.

2º Caso – *preço mínimo estabelecido igual ao preço de equilíbrio de mercado*

Nessas condições, o preço de equilíbrio e a quantidade de equilíbrio permanecerão os mesmos.

3º Caso – *preço mínimo estabelecido superior ao preço de equilíbrio de mercado*

Suponhamos, então, que o preço mínimo estabelecido seja de $ 6,00.

Como o preço mínimo estabelecido é superior ao de equilíbrio, ocorre um desequilíbrio, no caso, um excesso de oferta. Ao preço de $ 6,00, os consumidores desejam comprar 6 unidades do bem X, enquanto os produtores estão dispostos a oferecer 18 unidades desse bem. Consequentemente, há um excesso de oferta no mercado de 12 unidades, dado pela diferença 18 – 6.

Caso esse excesso de oferta existisse em um mercado em que não houvesse interferência governamental, ele desapareceria com uma redução de preço. Entretanto, esse não é o caso, em razão da existência do governo. Nessas condições, o governo pode adotar dois tipos distintos de política:

a) *Programas de Compras* – nesse caso, o governo compra o excedente (12) pelo preço mínimo de $ 6,00. O gasto do governo será, portanto, de $ 72,00 (preço mínimo vezes quantidade excedente) e corresponderá à área do retângulo ABCG da Figura 15. Os gastos dos consumidores serão de $ 36,00, dados pelo preço mínimo ($ 6,00) vezes quantidade demandada a esse preço (6), correspondendo à área do retângulo OFBA.

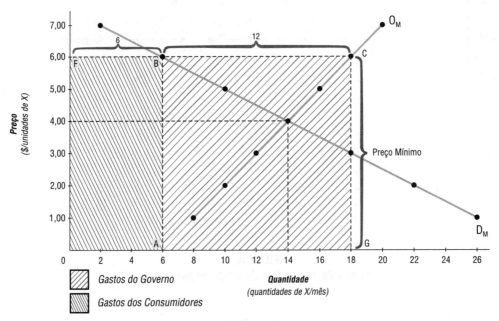

FIGURA 15
Programa de compras: mercado do bem X

b) *Programa de Subsídio* – nesse caso, o governo permite que o preço diminua, mas, para manter a receita dos produtores, paga a estes um subsídio, que é a diferença entre o preço mínimo e o preço pago pelos consumidores por unidade vendida. Observemos a Figura 16. A quantidade ofertada ao preço de $ 6,00 é de 18 unidades (ponto A na curva de oferta). Os consumidores estão dispostos a pagar no máximo $ 3,00 por essa quantidade (Ponto B na curva de demanda). Os produtores recebem o preço mínimo ($ 6,00) e o governo banca a diferença dada pelo preço mínimo e o preço pago pelos consumidores ($ 6,00 – $ 3,00 = $ 3,00). Nesse caso, os gastos dos consumidores são de $ 54,00, dados pelo preço pago pelo consumidor ($ 3,00) vezes a quantidade comprada (18) e corresponde à área do retângulo OCBG. O gasto do governo será de $ 54, dado pela diferença entre o preço mínimo ($ 6,00) menos o preço pago pelo consumidor ($ 3,00), ou seja, $ 3,00 vezes a quantidade vendida no mercado (18), o que corresponde à área do retângulo CFAB.

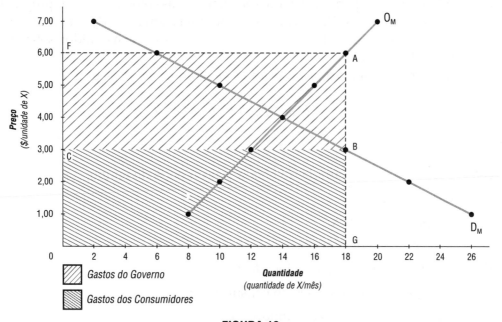

FIGURA 16
Programa de subsídio: mercado do bem X

O governo deve optar pela política menos dispendiosa para ele, que no caso é o programa de subsídio.

Apêndice

Determinação Matemática do Equilíbrio

1 TRATAMENTO MATEMÁTICO DA FUNÇÃO DEMANDA

1.1 A "Função Demanda" Individual

Vimos anteriormente que a demanda (ou procura) de um indivíduo por um determinado bem (que chamaremos genericamente **bem X**) refere-se à quantidade desse bem que ele deseja e está capacitado a comprar, por unidade de tempo. Vimos também que a demanda é função (ou depende) de vários elementos, tais como o preço do próprio bem (P_x), da renda do consumidor (R), do preço dos bens relacionados (P_{br}), do gosto ou preferência do consumidor (G) e também das expectativas do consumidor sobre preço, renda e disponibilidades (E).

Em linguagem matemática, expressaremos estas relações da seguinte forma:

$$Qd_{x/t} = f(P_x, R, P_{br}, G, E)$$

onde:

$Qd_{x/t}$ = quantidade procurada do bem X por unidade de tempo;

f = função de;

P_x = o preço do bem X;

R = a renda do consumidor;

P_{br} = os preços dos bens relacionados;

G = os gostos e preferências do consumidor;

E = as expectativas do consumidor.

Nesta seção enfocaremos *a relação entre quantidade demandada e preço, mantendo os outros determinantes da demanda – renda, preço dos bens relacionados, gosto e expectativas – constantes*. Dito de outra forma, enfocaremos a maneira como o consumidor reage a mudanças de preços *coeteris paribus*, ou seja, mantendo inalteradas sua disposição e capacidade de comprar.

Em termos algébricos podemos escrever:

$$Qd_{x/t} = f(P_x, \overline{R}, \overline{P_{br}}, \overline{G}, \overline{E})$$

em que as barras em cima de R, P_{br}, G e E indicam que esses elementos são mantidos constantes.

Em termos matemáticos, podemos abreviar esta última expressão da seguinte forma:

$$Qd_{x/t} = f(P_x),\ coeteris\ paribus\ \text{(tudo o mais permanecendo constante).}$$

Essa expressão deve ser lida da seguinte forma: *a quantidade do bem X demandada por um indivíduo em um determinado intervalo de tempo é função (ou depende) do preço do bem X, mantendo-se os demais elementos que influenciam a demanda constantes.*

Admitamos, então, que a função representativa da demanda seja linear ou reta do tipo:

$$Qd_{x/t} = a - bP_x$$

onde:

$Qd_{x/t}$ = quantidade demandada do bem X (é a variável dependente) por unidade de tempo;

P_x = preço do bem X (é a variável independente);

a = intercepto da função demanda (é uma constante cujo valor é igual à magnitude de Qd_x, no ponto em que a reta intercepta o eixo da quantidade);

b = inclinação da função demanda (é uma constante cujo valor é igual à inclinação da reta).

Para exemplificar, tomemos a seguinte função demanda de um consumidor por um bem X:

$$Qd_{x/t} = 10 - P_x$$

onde:

P_x = preço do bem X;

10 = intercepto da função demanda;

–1 = inclinação da função demanda.

Devemos observar que essa é uma relação funcional específica que relaciona precisamente como Qd_x depende de P_x.

Quando tivermos:

$P_x = 0$, teremos $\quad Qd_{x/t} = 10 - 0 \quad$ e, portanto, $\quad Qd_{x/t} = 10$

$P_x = 1$, teremos $\quad Qd_{x/t} = 10 - 1 \quad$ e, portanto, $\quad Qd_{x/t} = 9$

$P_x = 2$, teremos $\quad Qd_{x/t} = 10 - 2 \quad$ e, portanto, $\quad Qd_{x/t} = 8$

$P_x = 3$, teremos $\quad Qd_{x/t} = 10 - 3 \quad$ e, portanto, $\quad Qd_{x/t} = 7$

.
.
.

$P_x = 10$, teremos $\quad Qd_{x/t} = 10 - 10 \quad$ e, portanto, $\quad Qd_{x/t} = 0$

Colocando-se os dados obtidos em um quadro, teremos:

QUADRO A-1
Escala de demanda do bem X

P_x ($/unidade)	$Qd_{x/t}$	Pontos
10	0	A
9	1	B
8	2	C
7	3	D
6	4	E
5	5	F
4	6	G
3	7	H
2	8	I
1	9	J
0	10	K

A representação gráfica da escala de demanda é dada a seguir. O eixo vertical será utilizado para representar o preço, enquanto o eixo horizontal será utilizado para representar a quantidade.

Colocando cada par de valores de preço e quantidade como um ponto no gráfico, e juntando os pontos resultantes, obtemos a curva de demanda do indivíduo pelo bem X, mostrada na Figura A-1.

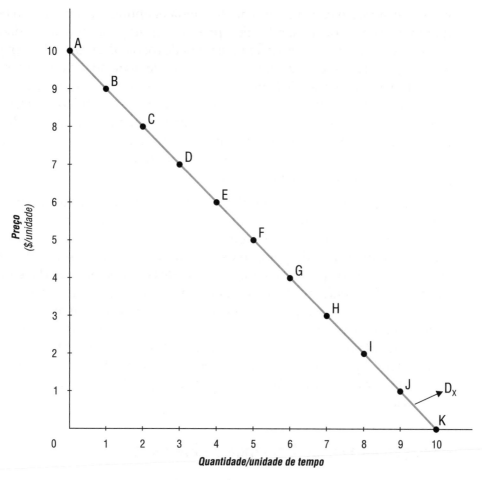

FIGURA A-1
Curva de demanda do bem X

Cabem aqui duas observações:

- Em matemática, é usual representar a variável independente no eixo horizontal e a dependente no eixo vertical. Em economia, o preço – geralmente a variável independente – é representado no eixo vertical, ao passo que a quantidade – geralmente a variável dependente – é representada no eixo horizontal.[1]

- Existe uma relação inversa entre preço e quantidade, o que determina a inclinação negativa da curva de demanda. Assim, se o preço é $ 10, será considerado

---

[1] Deve-se essa convenção a Alfred Marshall, economista inglês que, em sua exposição sobre a oferta, considerou a quantidade como a variável ajustada pela firma, como reação a dados preços de mercado. Definiu, em seguida, a procura em termos de preço de procura (o preço que as pessoas estavam dispostas a pagar por uma dada quantidade como uma variável dependente), de um lado para harmonizar com o seu tratamento da oferta e de outro porque identificava o preço com a satisfação subjetiva (utilidade) que o consumidor recebe de uma dada quantidade.

muito elevado, e o consumidor não demanda nenhuma quantidade do bem X (ponto A na curva de demanda). Se o preço diminuir para $ 9, a quantidade demandada aumentará de zero para uma unidade (ponto B na curva de demanda). Se o preço diminuir de $ 9 para $ 6, a quantidade demandada aumentará de 1 unidade para 4 unidades do bem X (ponto E na curva de demanda). Fica evidenciado que, quanto mais elevado é o preço, menor é a quantidade demandada, e que quanto mais baixo é o preço, maior é a quantidade demandada. O ponto K da curva de demanda mostra a quantidade máxima – 10 unidades do bem X – que o consumidor demandará por unidade de tempo e é chamado *ponto de saturação* para o consumidor.

- A demanda é um fluxo por unidade de tempo. Desse modo, os pontos da curva de demanda representam alternativas que se apresentam ao indivíduo em determinados instantes do tempo. Assim, a curva de demanda mostra que em um determinado período de tempo, se o preço do bem X é de $ 2, o consumidor está disposto a comprar 8 unidades de X no período de tempo especificado. Esse período de tempo pode ser o dia, a semana, o mês ou outro período de tempo qualquer. Suponhamos que o período de tempo especificado seja o mês e que o preço do bem X seja de $ 4. Nesse caso, a quantidade demandada pelo consumidor é de 6 unidades do bem X por mês. Desde que não se identifique o período de tempo em que se esteja trabalhando, a seguinte notação será utilizada: $Qd_{x/t}$, que significará *quantidade demandada do bem X por período de tempo*.

1.2 Determinação da Função Demanda de Mercado

1.2.1 *Um Mercado Hipotético Composto de Dois Consumidores*

A demanda de mercado por um bem nos mostra as quantidades procuradas dessa mercadoria aos vários preços alternativos, por unidade de tempo, por todos os indivíduos que compõem o mercado. Assim, além dos determinantes da demanda individual, a demanda de mercado de um bem depende do número de compradores desse bem existentes no mercado.

A demanda de mercado desse bem será, então, dada pela soma individual das quantidades demandadas a cada diferente preço.

A curva de demanda de mercado, por sua vez, será dada pela soma horizontal das curvas de demanda individuais por esse bem.

Suponhamos, então, que existam 2 indivíduos no mercado, com funções demanda pelo bem X dadas por:

Indivíduo A: $Qd_{x/t} = 10 - P_x$

Indivíduo B: $Qd_{x/t} = 8 - 1/2P_x$

Fazendo as devidas substituições, obtemos as escalas de demanda individuais, mostradas no Quadro A-2. A escala de demanda de mercado é obtida somando-se as quantidades demandadas por indivíduo a cada preço. Assim, ao preço de $ 10, o indivíduo A demanda 0 unidades do bem X, e o indivíduo B demanda 3 unidades desse bem. A quantidade do bem X demandada pelo mercado é de 3 unidades (0+3). Ao preço de $ 8, o indivíduo A demanda 2 unidades do bem X, e o indivíduo B demanda 4 unidades. A demanda de mercado é de 6 unidades do bem X (2+4). Para encontrar a escala de demanda de mercado, devemos adotar o mesmo procedimento para cada diferente preço.

QUADRO A-2
Escala de demanda de mercado do bem X

P_x ($/unidade)	Quantidade Demandada de X		
	Indivíduo A	Indivíduo B	Mercado (A + B)
	$Qd_{xA/t}$	$Qd_{xB/t}$	$Qd_{xM/t}$
10	0	3	3
8	2	4	6
6	4	5	9
4	6	6	12
2	8	7	15
0	10	8	18

A partir da escala de demanda de mercado podemos construir a curva de demanda de mercado do bem X, que será dada pela soma horizontal das curvas de demanda individuais e é representada na Figura A-2.

1.2.2 Um Mercado Hipotético Composto de 100 Consumidores Idênticos

Imaginemos agora que existam 100 indivíduos idênticos nesse mercado, para os quais a função demanda é dada por:

$$Qd_{x/t} = 10 - P_{x'} \text{ coeteris paribus}$$

Nesse caso, a escala de demanda de mercado e a curva de demanda de mercado são assim obtidas:

$$Qd_{xM/t} = n \times (Qd_{x/t})$$

118 Princípios de Economia

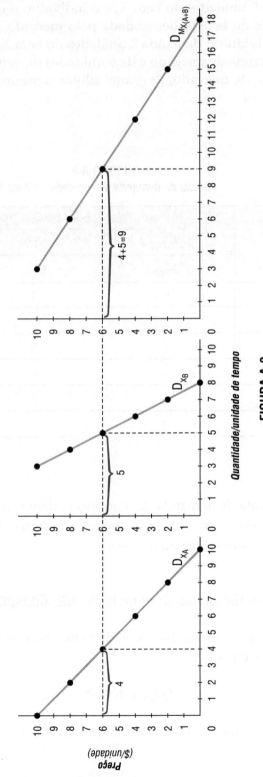

FIGURA A-2
Curva de demanda de mercado do bem X

onde:

$Qd_{xM/t}$ = demanda de mercado,

n = número de consumidores, e

$Qd_{x/t} = 10 - P_x$, *coeteris paribus* (demanda individual)

logo,

$Qd_{xM/t} = 100\ (Qd_{x/t})$, *coeteris paribus* (demanda de mercado)

$Qd_{xM/t} = 100\ (10 - P_x)$

$Qd_{xM/t} = 1.000 - 100\ P_x$

As escalas de demanda de mercado e a curva de demanda de mercado são dadas a seguir:

QUADRO A-3
Escala de demanda de mercado do bem X

P_x ($/unidade)	$Qd_{xM/t}$	Pontos
10	0	A
9	100	B
8	200	C
7	300	D
6	400	E
5	500	F
4	600	G
3	700	H
2	800	I
1	900	J
0	1.000	K

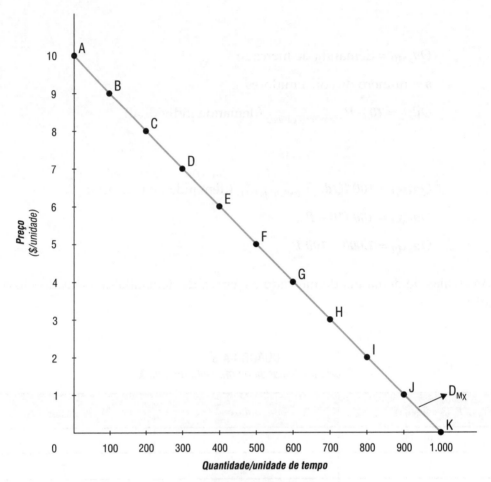

FIGURA A-3
Curva de demanda de mercado do bem X

2 TRATAMENTO MATEMÁTICO DA FUNÇÃO OFERTA

2.1 A "Função Oferta" Individual

Vimos, até agora, que a quantidade de um bem X qualquer que um produtor individual deseja oferecer é função do preço do bem X (P_x), do preço dos fatores de produção (P_{FP}), da tecnologia (T), do preço dos outros bens (P_{OB}), das expectativas (E) e, quando for o caso, das condições climáticas (C_C).

Em linguagem matemática expressaremos essas relações da seguinte forma:

$$Qo_{x/t} = f(P_x, P_{FP}, T, P_{OB}, E, C_C)$$

onde:

$Qo_{x/t}$ = quantidade ofertada do bem X por unidade de tempo;
f = função de;

P_x = o preço do bem X;
P_{FP} = preço dos fatores de produção;
T = tecnologia;
P_{OB} = preço dos outros bens;
E = as expectativas do produtor;
C_C = condições climáticas.

Se fizermos a suposição de que todos os elementos que afetam a oferta do bem X, *com exceção do preço*, permanecem constantes, estaremos impondo a condição *coeteris paribus*, ou seja, a única variável a sofrer modificação será o preço da mercadoria, enquanto tudo o mais permanecerá constante. Nessas condições, a função oferta será dada por:

$$Qo_{x/t} = f(P_x, \overline{P_{FP}}, \overline{T}, \overline{P_{OB}}, \overline{E}; \overline{C_C})$$

A barra em cima de cada letra indica que esse elemento vai permanecer constante durante nossa análise.

Em termos matemáticos, esta última expressão pode ser abreviada para:

$$Qo_{x/t} = f(P_x), \text{ coeteris paribus}$$

Essa expressão deve ser lida da seguinte forma: *a quantidade do bem X ofertada por um produtor em um determinado intervalo de tempo é função (ou depende) do preço do bem X, mantendo-se os demais elementos que influenciam a oferta constantes.*

Admitamos, agora, que a função representativa da oferta seja linear ou reta do tipo:

$$Qo_{x/t} = c + dP_x$$

onde:

$Qo_{x/t}$ = quantidade ofertada do bem X por unidade de tempo;
P_x = preço do bem X (é a variável independente);
c = intercepto da função oferta;
d = inclinação da função oferta.

Para exemplificar, tomemos a seguinte função oferta de um produtor de um bem X:

$$Qo_{x/t} = -2 + 2P_x$$

onde:

$Qo_{x/t}$ = quantidade ofertada do bem X por unidade de tempo;
P_x = preço do bem X;
-2 = intercepto da função oferta;
2 = inclinação da função oferta.

Devemos observar que essa é uma relação funcional específica que relaciona precisamente como $Qo_{x/t}$ depende de P_x.

Quando tivermos:

$P_x = 1$, teremos $Qo_{x/t} = -2 + 2$ e, portanto, $Qo_{x/t} = 0$

$P_x = 2$, teremos $Qo_{x/t} = -2 + 4$ e, portanto, $Qo_{x/t} = 2$

$P_x = 3$, teremos $Qo_{x/t} = -2 + 6$ e, portanto, $Qo_{x/t} = 4$

.
.
.
.

$P_x = 10$, teremos $Qo_{x/t} = -2 + 20$ e, portanto, $Qo_{x/t} = 18$

Colocando-se os dados obtidos em um quadro, teremos:

QUADRO A-4
Escala de oferta do bem X

P_x ($/unidade)	$Qo_{x/t}$	Pontos
10	18	A
9	16	B
8	14	C
7	12	D
6	10	E
5	8	F
4	6	G
3	4	H
2	2	I
1	0	J

De acordo com essa função oferta, quando o preço é zero, matematicamente a quantidade ofertada é negativa (–2). Economicamente, esse tipo de colocação não existe. Logo, a interpretação correta é que quando o preço é zero, a quantidade ofertada também é zero.

A representação gráfica da escala de oferta é dada a seguir. O eixo vertical é utilizado para representar o preço, enquanto o eixo horizontal é utilizado para representar a quantidade.

Colocando cada par de valores de preço e quantidade como um ponto no gráfico, e juntando os pontos resultantes, obtemos a curva de oferta do bem X por parte de um produtor individual, a qual é mostrada na Figura A-4.

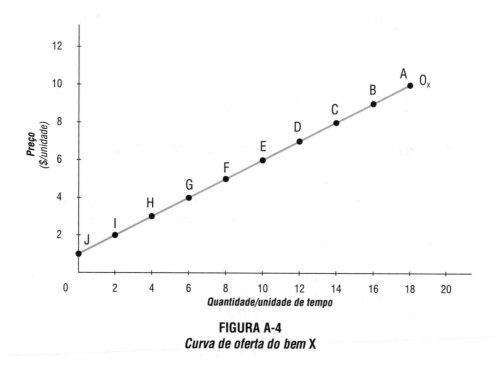

FIGURA A-4
Curva de oferta do bem X

Cabem aqui duas observações:

- Existe uma relação direta entre preço e quantidade, o que determina a inclinação positiva da curva de oferta. Assim, se o preço é $ 1, esse preço será considerado muito baixo, e o produtor não ofertará nenhuma quantidade do bem X (ponto J na curva de oferta). Se o preço aumenta de $ 1 para $ 2, a quantidade ofertada aumenta de zero para duas unidades do bem X (ponto I na curva de oferta). Se o preço aumenta de $ 2 para $ 4, a quantidade ofertada do bem X aumenta de 2 para 6 unidades (ponto G na curva de oferta). Fica evidenciado que quanto mais elevado é o preço, maior é a quantidade ofertada, e que quanto mais baixo é o preço, menor é a quantidade ofertada.

- A oferta, da mesma forma que a demanda, é um fluxo por unidade de tempo. Desse modo, os pontos da curva de oferta representam alternativas que se apresentam ao produtor em determinados instantes do tempo. Assim, a curva de oferta mostra que em um determinado período de tempo, se o preço do bem X é de $ 2, o produtor está disposto a ofertar 2 unidades de X no período de tempo especificado. Esse período de tempo pode ser o dia, a semana, o mês ou outro qualquer. Suponhamos que o período de tempo especificado seja o mês e que o preço do bem X seja de $ 4. Nesse caso, a quantidade ofertada pelo produtor é de 6 unidades do bem X *por mês*. Desde que não se identifique o período de tempo em que se esteja trabalhando, a seguinte notação será utilizada: $Qo_{x/t}$, que significará *quantidade ofertada do bem X por período de tempo*.

2.2 Determinação da Função Oferta de Mercado

2.2.1 *Um Mercado Hipotético Composto de Dois Produtores*

A oferta de mercado de um bem nos mostra as quantidades ofertadas desse bem aos vários preços alternativos, por unidade de tempo, por todos os produtores que compõem o mercado. Assim, além dos determinantes da oferta individual, a oferta de mercado de um bem depende do número de produtores desse bem existentes no mercado.

A escala de oferta de mercado é, então, dada pela soma das quantidades que são individualmente oferecidas a cada nível de preços.

A curva de oferta de mercado, por sua vez, é dada pela soma horizontal das curvas de oferta individuais desse bem.

Suponhamos então que, em um mercado hipotético, existam dois produtores, com as funções oferta do bem X dadas por:

$$\text{Produtor A: } Qo_{x/t} = -2 + 2P_x$$

$$\text{Produtor B: } Qo_{x/t} = -1 + P_x$$

Fazendo as devidas substituições, obtemos as escalas de ofertas individuais. A escala de oferta de mercado é obtida somando-se as quantidades ofertadas por produtor a cada preço. Assim, ao preço de $ 1, o produtor A não oferecerá ao mercado nenhuma quantidade do bem X; da mesma forma, a esse preço, o produtor B também não oferecerá nenhuma quantidade do bem X ao mercado. Logo, a esse preço, a quantidade do bem X oferecida será de 0 unidades (0+0). Ao preço de $ 4, o produtor A ofertará 6 unidades do bem X e o produtor B oferecerá 3 unidades desse bem. A oferta de mercado será de 9 unidades do bem X (6+3). Para encontrar a escala de oferta de mercado devemos adotar o mesmo procedimento para cada diferente preço.

QUADRO A-5
Escala de oferta de mercado do bem X

P_x ($/unidade)	Quantidade Ofertada de X		
	Produtor A	Produtor B	Mercado (A + B)
	$Qo_{xA/t}$	$Qo_{xB/t}$	$Qo_{xM/t}$
10	18	9	27
9	16	8	24
8	14	7	21
7	12	6	18
6	10	5	15
5	8	4	12
4	6	3	9
3	4	2	6
2	2	1	3
1	0	0	0

A partir da escala de oferta de mercado podemos construir a curva de oferta de mercado do bem X, que será dada pela soma horizontal das curvas de oferta individuais.

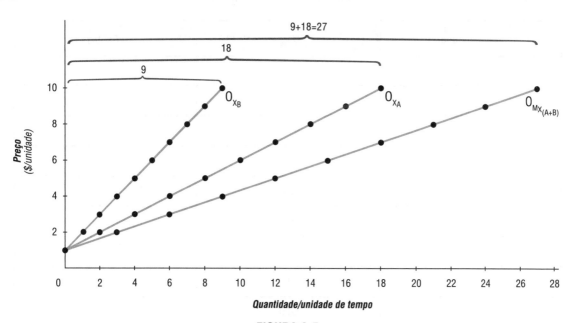

FIGURA A-5
Curva de oferta de mercado

2.2.2 Um Mercado Composto por 100 Produtores Idênticos

Imaginemos agora que existam 100 produtores idênticos nesse mercado, para os quais a função oferta é dada por:

$$Qo_{x/t} = -2 + 2P_x, \text{ coeteris paribus}$$

Nesse caso, a escala de oferta de mercado e a curva de oferta de mercado são assim obtidas:

$$Qo_{xM/t} = n \times (Qo_{x/t})$$

onde:

$Qo_{xM/t}$ = oferta de mercado;

n = número de produtores;

$Qo_{x/t} = -2 + 2P_x,$ $_{coeteris\ paribus}$ (oferta individual);

logo,

$$Qo_{xM/t} = 100\ (Qo_{x/t}), _{coeteris\ paribus} \text{ (oferta de mercado)}$$
$$Qo_{xM/t} = -200 + 200P_x$$

A escala de oferta de mercado e a curva de oferta de mercado são dadas a seguir:

QUADRO A-6
Escala de oferta de mercado do bem X

P_x ($/unidade)	$Qo_{xM/t}$	Pontos
10	1.800	A
9	1.600	B
8	1.400	C
7	1.200	D
6	1.000	E
5	800	F
4	600	G
3	400	H
2	200	I
1	0	J

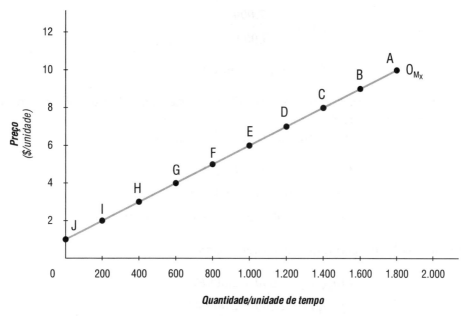

FIGURA A-6
Curva de oferta de mercado do bem X

3 TRATAMENTO MATEMÁTICO DO EQUILÍBRIO

Façamos agora a determinação do equilíbrio matematicamente. Para tanto, suponhamos a existência de mercado para um produto X constituído por mil consumidores, todos eles com demandas iguais, representadas por $Qd_{x/t} = 10 - P_x$, e mil ofertantes, todos com ofertas representadas por $Qo_{x/t} = -2 + 2P_x$. Portanto, pode-se exprimir a demanda agregada por

$$Qd_{xM/t} = 10.000 - 1.000\, P_x$$

e a oferta agregada por

$$Qo_{xM/t} = -2.000 + 2.000\, P_x$$

Em termos algébricos, o preço de equilíbrio é dado pela solução simultânea das equações de demanda e de oferta. Sabemos que no equilíbrio:

$$Qd_{xM/t} = Qo_{xM/t}$$

Portanto,

$$10.000 - 1.000P_x = -2.000 + 2.000P_x$$
$$3.000P_x = 12.000$$

$$Px = \frac{12.000}{3.000}$$

$P_x = \$\,4$ por unidade

Para encontrar a quantidade de equilíbrio, podemos substituir $P_x = 4$ na função demanda ou na função oferta.

Fazendo a substituição na função demanda, obtemos:

$$Qd_{xM/t} = 10.000 - 1.000 P_x$$
$$Qd_{xM/t} = 10.000 - 1.000(4)$$
$$Qd_{xM/t} = 6.000 \text{ unidades de } X \text{ por período}$$

Fazendo a substituição na função oferta, obtemos:

$$Qo_{xM/t} = -2.000 + 2.000 P_x$$
$$Qo_{xM/t} = -2.000 + 2.000(4)$$
$$Qo_{xM/t} = 6.000 \text{ unidades de } X \text{ por período}$$

Portanto,

Preço de equilíbrio $= P_x = 4$

Quantidade de Equilíbrio $= Qd_{x/t} = Qo_{x/t} = 6.000$ unidades de X por período de tempo.

O Quadro A-7, apresentado a seguir, nos fornece valores de $Qd_{xM/t}$ e $Qo_{xM/t}$ para preços que variam de 0 a 10.

QUADRO A-7
Escalas de demanda e de oferta de mercado do bem X

P_x (\$/unidade)	$Qd_{xM/t}$	$Qo_{xM/t}$
10	0	18.000
9	1.000	16.000
8	2.000	14.000
7	3.000	12.000
6	4.000	10.000
5	5.000	8.000
4	**6.000**	**6.000**
3	7.000	4.000
2	8.000	2.000
1	9.000	0

Como podemos observar, o equilíbrio ocorre ao preço de $ 4 por unidade, sendo 6 mil unidades por período de tempo pela quantidade de equilíbrio.

A Figura A-7 nos mostra a representação gráfica do equilíbrio.

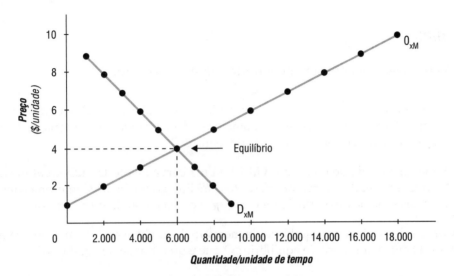

FIGURA A-7
Representação gráfica do equilíbrio

Exercícios

Questões

As respostas podem ser encontradas no final do livro.

1) O que uma escala e uma curva de demanda individual mostram? Por que a curva de demanda tem inclinação negativa? Como proceder para obtermos a escala de demanda de mercado? E a curva de demanda de mercado?

2) O que uma escala de oferta individual e uma curva de oferta individual mostram? Por que, em geral, a curva de oferta tem inclinação positiva? Como proceder para obtermos a escala de oferta de mercado? E a curva de oferta de mercado?

3) Como é determinado o equilíbrio de mercado de um bem em um mercado competitivo? O que é um preço de equilíbrio? O que é quantidade de equilíbrio?

4) O que ocorrerá em um mercado de um determinado bem caso o preço desse bem esteja acima do preço de equilíbrio? O que acontecerá com o preço desse bem? O que acontecerá com a quantidade demandada e com a quantidade ofertada desse bem?

5) Esta questão baseia-se nas escalas de demanda e oferta de mercado do bem X mostradas a seguir:

QUADRO E-1
Escalas de demanda e de oferta de mercado do bem X

Preço ($/unidade)	Quantidade Demandada (unidades/mês)	Quantidade Ofertada (unidades/mês)
5,00	10	40
4,00	20	35
3,00	30	30
2,00	40	25
1,00	50	20

a) Construa as curvas de demanda e de oferta.
b) Qual é o preço de equilíbrio? Qual é a quantidade de equilíbrio?
c) Suponha que o governo estabeleça um preço máximo para esse bem, fixando-o em $ 2,00 por unidade. O que ocorrerá nesse mercado?

Testes de Múltipla Escolha

- *Assinale com um X a resposta certa*
- *As respostas podem ser encontradas no final do livro*

1) A Lei da Demanda estabelece que:
   a) os produtores aumentam a quantidade ofertada de um bem quando o seu preço aumenta, *coeteris paribus*;
   b) existe uma relação inversa entre o preço de um bem e a quantidade demandada desse bem, *coeteris paribus*;
   c) preço e quantidade demandada são diretamente relacionados, *coeteris paribus*;
   d) os preços de um bem sobem quando a quantidade demandada desse bem aumenta, *coeteris paribus*;
   e) nenhuma das alternativas anteriores.

2) A cláusula *Coeteris Paribus* observada na "Lei da Demanda" não estabelece que:
   a) o gosto dos consumidores permanece constante;
   b) os preços dos outros bens permanecem constantes;
   c) as expectativas dos consumidores permanecem inalteradas;
   d) a renda dos consumidores permanece inalterada;
   e) nenhuma das alternativas anteriores.

3) A Lei da Oferta estabelece que:
   a) preço e quantidade ofertada não são diretamente relacionados;
   b) preço e quantidade ofertada são inversamente relacionados;
   c) preço e quantidade ofertada são inversamente relacionados, *coeteris paribus*;
   d) preço e quantidade ofertada são diretamente relacionados, *coeteris paribus*;
   e) nenhuma das alternativas anteriores.

4) O equilíbrio de mercado é:
   a) definido como a situação de mercado em que não existe nem excesso de oferta nem excesso de demanda;
   b) definido como a situação de mercado em que o preço e a quantidade de equilíbrio são aqueles que atendem simultaneamente às aspirações dos consumidores e dos produtores;
   c) representado graficamente pela intersecção entre as curvas de oferta e demanda;
   d) todas as alternativas anteriores estão corretas.

5) Se o preço de um bem está acima do preço de equilíbrio:
   a) a quantidade ofertada é maior que a quantidade demandada;
   b) a quantidade demandada é maior que a quantidade ofertada;
   c) a quantidade demandada é igual à quantidade ofertada;
   d) está ocorrendo excesso de demanda;
   e) nenhuma das alternativas anteriores.

Capítulo IV

REAÇÕES DO MERCADO: MUDANÇAS NAS CURVAS DE DEMANDA E DE OFERTA E ALTERAÇÕES NO EQUILÍBRIO

1 INTRODUÇÃO

Vimos até este momento que o preço de equilíbrio em um mercado concorrencial emerge da interação entre as curvas de demanda e de oferta. Vimos também que o equilíbrio é uma situação que, uma vez atingida, tende a persistir. Se, entretanto, atentarmos para a realidade que nos cerca, verificaremos que os preços se encontram, com frequência, em movimento. Por que isso ocorre?

A resposta é que o equilíbrio não significa que preço e quantidade permanecem imutáveis. Na realidade, ele só dura enquanto os elementos determinantes da demanda (*renda, gosto etc.*) e da oferta (*preço dos fatores de produção, tecnologia etc.*) que o produziram não sofrem alterações. Por essa razão, estudaremos neste capítulo de que maneira mudanças nesses elementos provocam mudanças na demanda e na oferta e de que forma essas mudanças provocam alterações no preço e na quantidade de equilíbrio.

2 MUDANÇAS NA DEMANDA

Devemos recordar inicialmente que, ao construirmos a escala e a curva de demanda, fizemos a suposição de que os fatores determinantes da demanda, tal como renda, preço dos bens relacionados, gosto etc., permaneciam constantes, enquanto variávamos somente o preço do produto analisado (condição *coeteris paribus*).

O raciocínio desenvolvido era o seguinte: dada uma renda, um gosto, o preço dos bens relacionados e as expectativas de um consumidor, procurávamos saber a quantidade de um determinado bem que esse consumidor estaria disposto e capacitado a comprar a um dado preço. Obtínhamos, assim, um par preço-quantidade.

Em seguida, a partir de uma alteração no preço do produto, procurávamos saber a quantidade que o consumidor estaria disposto a comprar ao novo preço, com a mesma renda, o mesmo gosto e com o preço dos bens relacionados e as expectativas mantendo-se inalterados. Em outras palavras, havendo uma diminuição (elevação) no preço, a disposição em comprar uma quantidade maior (menor) estava sempre associada aos fatores mantidos constantes.

Era como se o consumidor a cada redução (aumento) de preço conferisse sua renda, seu gosto, o preço dos bens relacionados e as expectativas e, somente depois de constatar que essas condições não haviam tido alteração, se dispusesse a comprar mais (menos) da mercadoria que teve seu preço reduzido (aumentado).

Assim, a cada alteração de preço estabelecia-se uma nova relação preço-quantidade. Obtínhamos, dessa forma, uma lista de pares preço-quantidade e, em decorrência, a escala e a curva de demanda individual. A curva de demanda de mercado seria, então, obtida a partir da soma horizontal das curvas de demanda individuais.

Tivemos a oportunidade de salientar, na ocasião, que mudanças no preço do produto provocavam alterações na quantidade demandada, ao longo da mesma curva de demanda, e que mudanças da demanda (mudanças da escala e da curva de demanda) ocorreriam quando os outros elementos – renda, gosto, preço dos outros bens etc. mantidos constantes – sofressem alterações.

Veremos, a seguir, como mudanças nesses fatores provocam mudanças *da demanda* de um determinado bem (ou serviço).

2.1 Relações entre a Demanda de um Bem e a Renda do Consumidor

2.1.1 *O Caso dos Bens Normais*

Um bem normal é o tipo de bem cuja demanda muda de acordo com as variações na renda do consumidor, *coeteris paribus*. Assim, quando a renda aumenta, a demanda por esse tipo de bem aumenta; quando a renda cai, a demanda também cai.

Para exemplificar, imaginemos uma situação em que um cidadão receba um salário de $ 2.000,00 por mês, e que com essa renda ele sustente sua família pagando aluguel, comprando gêneros alimentícios etc. Suponhamos, então, que ele seja um fã de cerveja. O Quadro 1 nos mostra a escala I de demanda de cerveja desse consumidor com seus respectivos pares preço-quantidade. Essa escala indica a quantidade de cerveja (quantidade esta medida em latas) que esse consumidor gostaria de comprar a cada diferente preço com um salário de $ 2.000,00, *coeteris paribus* (ou seja, fazendo-se a suposição de que todas as outras variáveis que influenciam a demanda – preço do bem, preço dos bens relacionados, gosto, expectativas etc. – permaneçam constantes).

QUADRO 1
Um aumento na renda provoca um aumento na escala de demanda

Escala I Salário: $ 2.000,00		Escala II Salário: $ 5.000,00	
Preço ($/lata)	Quantidade Demandada (latas/semana)	Preço ($/lata)	Quantidade Demandada (latas/semana)
2,50	1	2,50	3
2,00	2	2,00	4
1,50	3	1,50	5
1,00	4	1,00	6

Suponhamos, então, que o salário desse consumidor aumente de $ 2.000,00 para $ 5.000,00.

Certamente, com uma renda mais elevada, o consumidor estará disposto a comprar uma quantidade maior de cerveja a cada preço considerado. Em outras palavras, haverá um aumento da escala de demanda desse consumidor. No Quadro 1, a nova escala de demanda é a escala II, associada ao novo salário de $ 5.000,00.

A representação gráfica das duas escalas de demanda é dada pela Figura 1.

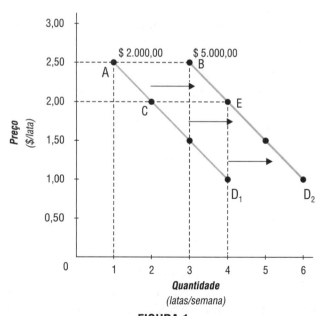

FIGURA 1
Um aumento na renda provoca um deslocamento para a direita da curva de demanda

A curva de demanda D_1 nos mostra a quantidade de cerveja que o consumidor estaria disposto a comprar, a cada preço, com uma renda de $ 2.000,00. A curva de demanda D_2 nos mostra o mesmo consumidor e a quantidade de cerveja que ele estará disposto a comprar com uma renda mais elevada ($ 5.000,00).

Constatamos, então, que um aumento na renda do consumidor provoca um deslocamento de toda a curva de demanda para a direita.

Antes, ao preço de $ 2,50 por lata de cerveja, e com uma renda de $ 2.000,00, ele compraria, no máximo, 1 lata/semana (ponto A na curva de demanda D_1). Agora, ao preço de $ 2,50 e com uma renda mais elevada, ele comprará 3 latas de cerveja por semana (ponto B na curva de demanda D_2).

Chamamos a atenção para o fato de que, com o nível de renda de $ 2.000,00, essa quantidade maior de cerveja somente poderia ser comprada se o preço diminuísse de $ 2,50 para $ 1,50. Nesse caso, a quantidade demandada aumentaria de 1 para 3 latas de cerveja por semana e se refletiria em um movimento ao longo da curva de demanda, ou seja, uma variação – no caso, um aumento – da quantidade demandada, ao contrário da variação da demanda, que ocorre em razão das variações na renda do consumidor. Em síntese, uma diminuição de preço de $ 2,50 para $ 1,50 aumenta a quantidade demandada de 1 para 3 latas, ao passo que um aumento na renda e, em decorrência disso, um aumento da demanda, que se traduz em um deslocamento da curva de demanda para a direita, faz que o consumidor, ao mesmo preço, possa aumentar suas compras de 1 para 3 latas de cerveja por semana.

Da mesma forma, ao preço de $ 2,00 e com uma renda de $ 2.000,00, o consumidor compraria no máximo 2 latas de cerveja/semana (ponto C na curva de demanda D_1); após a elevação em sua renda ele estará disposto a comprar 4 latas de cerveja a esse preço (ponto E na curva de demanda D_2). Seguindo essa linha de raciocínio, verificaremos que, dado um aumento de renda, qualquer que seja o preço considerado, haverá um aumento da quantidade demandada àquele preço. Em outras palavras, o consumidor poderá comprar mais a todos os preços considerados.

De maneira inversa, poderíamos perguntar ao consumidor que preço ele estaria disposto a pagar em cada lata de cerveja se sua quantidade demandada semanalmente fosse de 4 latas. Antes do aumento de renda ele pagaria, no máximo, $ 1,00 por lata de cerveja, e demandaria 4 latas. Com um nível de renda mais elevado, ele poderá pagar um preço maior por lata de cerveja (no caso, $ 2,00/lata) e demandar as mesmas 4 latas por semana. Teremos, então, um par preço-quantidade (P = $ 2,00 e Qd = 4) situado fora da curva de demanda inicial. Desenvolvendo novamente o mesmo raciocínio, poderíamos perguntar ao consumidor que preço ele estaria disposto a pagar por lata de cerveja se sua quantidade demandada semanalmente fosse de 3 latas. Novamente verificaríamos que antes do aumento de renda ele pagaria no máximo $ 1,50/lata e demandaria 3 latas de cerveja por semana. Após o aumento de renda ele poderá pagar mais (no caso, $ 2,50/lata) por essa mesma quantidade demandada semanalmente (3 latas). Isso nos dá outro par preço-quantidade (P = $ 2,50 e Qd = 3), também situado fora da curva de demanda inicial. Repetindo a mesma pergunta ao consumidor em relação às outras quantidades, identificaremos outros pares preço-quantidade situados à direita da curva de demanda inicial (P = $ 1,50 e Qd = 5; P = $ 1,00 e Qd = 6). Constatamos, outra vez, que em virtude do aumento de renda, haverá um deslocamento da curva de demanda para a direita (um aumento da demanda, com um deslocamento da curva de demanda de D_1 para D_2), mostrando que qualquer que seja a quantidade considerada, o consumidor poderá pagar mais por ela.

Podemos concluir, portanto, que uma elevação na renda provoca um aumento da demanda – *a curva de demanda se desloca para a direita* –, indicando que uma quantidade maior é demandada a cada preço.

Inversamente, uma diminuição na renda provoca queda da demanda – *a curva de demanda se desloca para a esquerda* –, indicando que uma quantidade menor é demandada a cada preço.

O Quadro 2 retrata esse caso, pois podemos observar a escala de demanda do consumidor (escala I), que indica a quantidade de cerveja que ele gostaria de comprar a cada preço, se o seu salário fosse de $ 5.000,00.

Suponhamos, então, que o consumidor em questão seja demitido da empresa em que trabalha, mas que, afortunadamente, consiga um novo emprego, com a diferença de que nessa nova atividade ele vai receber $ 2.000,00, um salário menor que aquele que lhe era pago anteriormente.

Nessas condições, ou seja, com um nível de renda menor, é de esperar que o consumidor faça uma revisão em suas decisões de consumo, adequando seus gastos ao atual nível de renda.

Certamente, com uma renda mais baixa, o consumidor estará disposto a comprar uma quantidade menor de cerveja a cada preço considerado. Em outras palavras, haverá uma diminuição da escala de demanda desse consumidor. No Quadro 2, a nova escala de demanda é a escala II, associada ao novo salário de $ 2.000,00.

QUADRO 2
Uma diminuição na renda provoca uma redução na escala de demanda

Escala I Salário: $ 5.000,00		Escala II Salário: $ 2.000,00	
Preço ($/lata)	Quantidade Demandada (latas/semana)	Preço ($/lata)	Quantidade Demandada (latas/semana)
2,50	3	2,50	1
2,00	4	2,00	2
1,50	5	1,50	3
1,00	6	1,00	4

A representação gráfica das duas escalas de demanda é dada pela Figura 2.

A curva de demanda D_1 nos mostra o consumidor e a quantidade de cerveja que ele estaria disposto a comprar com a renda de $ 5.000,00. A curva de demanda D_2 nos mostra o mesmo consumidor e a quantidade de cerveja que ele está disposto a comprar com uma renda menor, de $ 2.000,00.

Verificamos, então, que uma diminuição na renda do consumidor acaba por provocar um deslocamento de toda a curva de demanda para a esquerda.

Antes, ao preço de $ 2,00 por lata de cerveja, e com uma renda de $ 5.000,00 ele compraria, no máximo, 4 latas/semana (ponto A na curva de demanda D_1). Agora, ao mesmo preço de $ 2,00 e com uma renda menor, ele está disposto a comprar 2 latas de cerveja por semana, uma quantidade menor do que aquela comprada antes da diminuição na renda (ponto B na curva de demanda D_2).

Da mesma forma, ao preço de $ 1,00 e com uma renda de $ 5.000,00, o consumidor compraria no máximo 6 latas de cerveja por semana (ponto C na curva de demanda D_1); após a diminuição em sua renda ele está disposto a comprar a esse preço uma quantidade menor, ou seja, 4 latas de cerveja por semana (ponto E na curva de demanda D_2). Se seguirmos essa linha de raciocínio, verificaremos que, dada uma diminuição de renda, qualquer que seja o preço considerado, haverá uma diminuição da quantidade demandada àquele preço. Em outras palavras, o consumidor estará disposto a comprar menos a todos os preços considerados.

Alternativamente, poderíamos perguntar ao consumidor que preço ele estaria disposto a pagar por lata de cerveja se sua quantidade demandada semanalmente fosse de 4 latas. Antes da diminuição de renda ele pagaria, no máximo, $ 2,00 por lata de cerveja. Com um nível de renda mais baixo, ele só poderá comprar as mesmas 4 latas de cerveja se pagar um preço menor por lata (no caso, $ 1,00/lata). Teremos, então, um par preço-quantidade (P = $ 1,00 e Qd = 4) situado fora da curva de demanda inicial. Desenvolvendo novamente o mesmo raciocínio, poderíamos perguntar ao consumidor que preço estaria disposto a pagar por lata de cerveja se sua quantidade demandada semanalmente fosse de 3 latas. Novamente verificaríamos que antes da diminuição de renda ele pagaria no máximo $ 2,50 por lata. Com um nível de renda mais baixo, ele só poderá comprar as mesmas 3 latas se pagar um preço menor por lata de cerveja, no caso, $ 1,50/lata. Isso nos dá outro par preço-quantidade (P = $ 1,50 e Qd = 3), também situado fora da curva de demanda inicial. Repetindo a mesma pergunta ao consumidor em relação às outras quantidades, identificaremos outros pares preço-quantidade situados à esquerda da curva de demanda inicial (P = $ 2,00 e Qd = 2; P = $ 2,50 e Qd = 1).

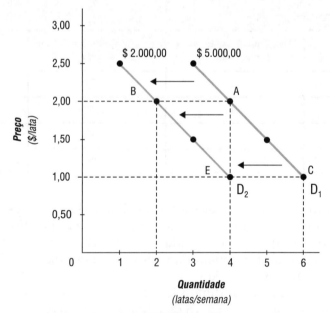

FIGURA 2
Uma diminuição na renda provoca um deslocamento para a esquerda da curva de demanda

Constatamos, outra vez, que em razão da diminuição de renda, haverá um deslocamento da curva de demanda para a esquerda (uma diminuição da demanda, com um deslocamento da curva de demanda de D_1 para D_2), mostrando que qualquer que seja a quantidade considerada, o consumidor pagará menos por ela.

Podemos concluir, portanto, que uma diminuição na renda provoca uma diminuição da demanda – *a curva de demanda se desloca para a esquerda* –, indicando que uma quantidade menor é demandada a cada preço.

2.1.2 O Caso dos Bens Inferiores

Bem inferior é o tipo de bem cuja demanda varia inversamente a variações na renda do consumidor, *coeteris paribus*. Por essa razão, se a renda aumenta, a demanda diminui; se a renda cai, a demanda aumenta.

Assim, caso haja um aumento de renda, a curva de demanda terá um deslocamento para a esquerda; caso ocorra uma diminuição de renda, a curva de demanda terá um deslocamento para a direita.

Um exemplo desse tipo de bem é a carne de segunda. Suponhamos, então, que um determinado indivíduo teve um aumento em sua renda. A sua demanda por carne de segunda poderá diminuir, sendo o seu consumo substituído por carne de primeira que, apesar de ser mais cara, pode ser comprada graças ao aumento de renda. Nesse caso, a curva de demanda por carne de segunda sofre um deslocamento para a esquerda (diminuição da demanda) quando a renda aumenta. Caso haja uma diminuição na renda do consumidor, ocorrerá o fenômeno contrário: haverá uma diminuição da demanda de carne de primeira e um aumento da demanda de carne de segunda.

A Figura 3 retrata o que acontece, em termos gráficos, com a demanda de um bem inferior quando da ocorrência de um aumento na renda do consumidor.

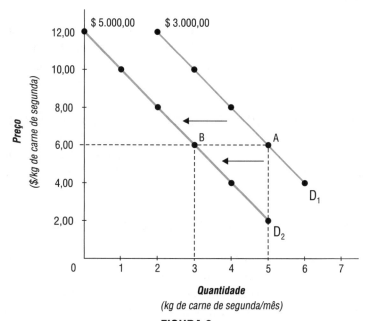

FIGURA 3
No caso dos bens inferiores, um aumento na renda provoca deslocamento para a esquerda da curva de demanda

Nela podemos observar a curva de demanda (D_1) de um indivíduo qualquer por carne de segunda. Essa curva de demanda é compatível com o nível de renda inicial, de $ 3.000,00. O preço da carne é de $ 6,00/kg, e, a esse preço, a quantidade demandada de carne é de 5 kg/mês. Esse par preço-quantidade nos dá o ponto A na curva de demanda D_1. Suponhamos, então, que haja um aumento na renda desse indivíduo de $ 3.000,00 para $ 5.000,00. O indivíduo, graças ao aumento dado em sua renda, poderá substituir seu consumo de carne de segunda por carne de primeira. Suponhamos, então, que ele diminua seu consumo de carne de segunda para 3 kg/mês. Isso nos dá um novo par preço-quantidade (ponto B) situado fora da curva de demanda inicial, indicando que a curva de demanda desse bem se deslocou para a esquerda, de D_1 para D_2, mostrando que agora uma quantidade menor de carne de segunda está sendo demandada a cada preço.

2.1.3 O Caso dos Bens de Consumo Saciado

Como sabemos, os bens de consumo saciado são os bens em relação aos quais o desejo do consumidor se encontra satisfeito após um determinado nível de renda.

Assim, dada uma variação na renda do consumidor, a demanda desse tipo de bem não se altera, *coeteris paribus*. Enquadram-se nessa categoria, por exemplo, alimentos como arroz, sal etc.

Para exemplificar, imaginemos um consumidor com um determinado nível de renda e um bem em relação ao qual seu desejo esteja satisfeito. *Nessas condições, aumentos de renda para além desse nível não terão nenhum efeito nas quantidades demandadas desse bem. Por essa razão, a curva de demanda permanecerá no mesmo lugar caso haja um aumento na renda do indivíduo.*

Imaginemos agora que haja uma diminuição na renda do consumidor. Se, mesmo assim, seu consumo se situar em nível tal que seu desejo ainda se encontra plenamente satisfeito, a redução de renda não terá nenhum efeito nas quantidades demandadas do bem, e a curva de demanda também não sofrerá nenhuma mudança.

2.2 Relação entre a Demanda de um Bem e o Preço de Outros Bens

A maneira pela qual a demanda de um determinado bem é afetada quando os preços de outros bens variam dependerá da natureza do produto, se *substituto* ou *complementar*.

2.2.1 Relação entre a Demanda de um Bem e o Preço do Bem Substituto

Bens substitutos (também chamados concorrentes ou sucedâneos) são aqueles bens que podem satisfazer a mesma necessidade. Em outras palavras, o consumo de um bem pode substituir o consumo do outro bem. Como resultado, existe uma relação direta entre a mudança no preço de um bem e a demanda da mercadoria que compete com esse bem.

Em geral, quando o preço de um bem substituto aumenta, a demanda da mercadoria que tem aquele bem como substituto aumenta, e a curva de demanda dessa mercadoria desloca-se para a direita. Naturalmente, se o preço de um bem substituto cai, teremos o resultado oposto: a demanda da mercadoria que tem aquele bem como substituto diminui, e a curva de demanda dessa mercadoria desloca-se para a esquerda. É o caso, entre outros, da manteiga e da margarina, da Pepsi-Cola® e da Coca-Cola®, do café e do chá, que guardam entre si uma relação de substituição. Devemos estar atentos para o fato de que a substituição não precisa ser total. Exemplificando: se o preço do café aumentar, não é preciso que o consumidor deixe de comprar café e passe apenas a comprar chá; para que os bens sejam considerados substitutos, basta que a redução do consumo de café implique aumento do consumo de chá.

O Quadro 3 e a Figura 4 nos mostram as escalas e as curvas de demanda de Coca-Cola® e de Pepsi-Cola® para um consumidor individual.

QUADRO 3
O aumento no preço da Coca-Cola® provoca o aumento na escala de demanda de Pepsi-Cola®

Coca-Cola®		Pepsi-Cola®			
Escala de Demanda		Escala de Demanda Inicial		Nova Escala de Demanda	
Preço ($/l)	Quantidade Demandada (l/semana)	Preço ($/l)	Quantidade Demandada (l/semana)	Preço ($/l)	Quantidade Demandada (l/semana)
1,50	4	1,50	0	1,50	2
1,00	6	1,00	2	1,00	4
0,50	8	0,50	4	0,50	6

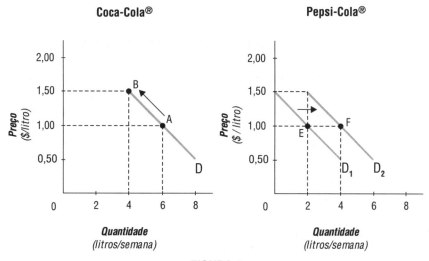

FIGURA 4
O aumento no preço da Coca-Cola® provoca o deslocamento para a direita da curva de demanda de Pepsi-Cola®

Suponhamos, inicialmente, que tanto a Coca-Cola® quanto a Pepsi-Cola® tenham o preço de $ 1,00 por litro. A esse preço as escalas de demanda nos informam que o consumidor estaria disposto a adquirir 6 litros de Coca-Cola® e 2 litros de Pepsi-Cola® por semana. Esses pares preço-quantidade estão representados pelo ponto A na curva de demanda D de Coca-Cola® e pelo ponto E na curva de demanda D_1 de Pepsi-Cola® (Figura 4).

Façamos a hipótese de que o preço da Coca-Cola® aumente para $ 1,50 por litro, *coeteris paribus* (significando que tudo o mais permanece constante, inclusive o preço da Pepsi-Cola®). Devido ao aumento no preço da Coca-Cola®, haverá uma *redução na quantidade demandada de Coca-Cola® de 6 para 4 litros por semana*, que se traduz em um *deslocamento ao longo da curva de demanda de Coca-Cola® do ponto A para o ponto B*.

Sabemos que a Coca-Cola® e a Pepsi-Cola® guardam entre si uma relação de substituição e que, além disso, a Pepsi-Cola® não teve seu preço aumentado. Por essa razão, o consumidor poderá aumentar o consumo de Pepsi-Cola® de 2 para 4 litros por semana. Obtemos, dessa forma, um novo par preço-quantidade – $ 1,00 e 4 litros –, situado em uma nova curva de demanda de Pepsi-Cola®, a curva D_2.

Dizemos, então, que houve um aumento na demanda de Pepsi-Cola®. Esse aumento se reflete em um deslocamento da curva de demanda para a direita, de D_1 para D_2, indicando que agora a cada preço se consumirá uma quantidade maior desse bem. Esse aumento na demanda também pode ser observado pela mudança na escala de demanda de Pepsi-Cola®, ocorrida a partir da elevação no preço da Coca-Cola® (Quadro 3).

Podemos concluir que um aumento no preço de um bem provoca uma redução na quantidade demandada desse bem e um aumento na demanda do bem substituto (um deslocamento para a direita da curva de demanda), significando que a cada preço as quantidades demandadas serão maiores.

Inversamente, a redução no preço de um bem provocará um aumento na quantidade demandada desse bem e uma diminuição na demanda do bem substituto a ele (um deslocamento da curva de demanda para a esquerda), significando que as quantidades demandadas serão menores a cada preço.

2.2.2 Relação entre a Demanda de um Bem e o Preço do Bem Complementar

Dá-se o nome de bem complementar aos bens que são demandados em conjunto, a fim de satisfazer a mesma necessidade. O pão e a manteiga, o carro e a gasolina, os *compact discs* e *compact disc players* constituem exemplos de bens que são consumidos conjuntamente.

Imaginemos inicialmente o caso dos *compact disc* e dos *compact disc players*. Embora as decisões de compra de um e de outro possam ser tomadas separadamente, as despesas com esses bens estão relacionadas. Quanto maior for o número de consumidores de *compact disc players*, maior deverá ser a demanda por *compact disc*. Nessas condições, se o preço do *compact disc player* diminuir, teremos, como resultado, um aumento na quantidade demandada desse bem e um aumento na demanda de mercado de *compact disc* (um deslocamento para a direita da curva de demanda), porque novos consumidores de *compact disc* entrarão no mercado somando suas curvas de demanda individuais às curvas de demanda dos compradores já existentes. Como resultado, teremos uma relação inversa entre a mudança de preço de uma mercadoria e a demanda da mercadoria complementar a ela.

O Quadro 4 nos fornece um exemplo numérico de como mudanças no preço de um bem provocam alterações na demanda do bem complementar a ele. Aqui são apresentadas escalas hipotéticas de demanda de mercado de *compact disc player* e de *compact disc*.

QUADRO 4
A diminuição no preço do CD player provoca o aumento na escala de demanda de CDs

Compact Disc Player		Compact Disc			
Escala de Demanda		Escala de Demanda Inicial		Nova Escala de Demanda	
Preço ($/unidade)	Quantidade Demandada (unidades/mês)	Preço ($/CD)	Quantidade Demandada (CDs/mês)	Preço ($/CD)	Quantidade Demandada (CDs/mês)
300,00	500.000	30,00	1.000.000	30,00	2.000.000
250,00	1.000.000	25,00	2.000.000	25,00	3.000.000
200,00	1.500.000	20,00	3.000.000	20,00	4.000.000
150,00	2.000.000	15,00	4.000.000	15,00	5.000.000

A Figura 5 retrata as curvas de demanda obtidas a partir das escalas de demanda do Quadro 4.

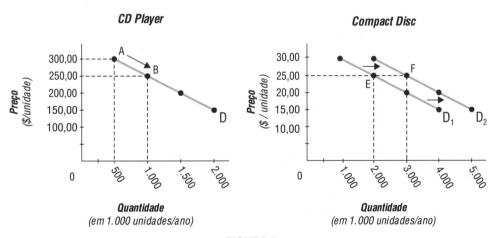

FIGURA 5
A diminuição no preço do CD Player provoca o deslocamento para a direita da curva de demanda de CDs

Suponhamos então que o preço do *CD Player* seja de $ 300,00 a unidade. De acordo com a escala de demanda, a esse preço o mercado está disposto a comprar 500 mil *CD Players* por ano. Essa combinação entre preço e quantidade nos dá o ponto A na curva de procura de *CD Player*.

Imaginemos também que o preço de CDs seja de $ 25,00 por unidade e que a esse preço os consumidores estejam dispostos a demandar 2 milhões de unidades por ano. Essa combinação entre preço e quantidade nos fornece o ponto E na curva de demanda D_1.

Façamos agora a hipótese de que o preço do *CD Player* diminua de $ 300,00 para $ 250,00 a unidade, *coeteris paribus*. Devido a essa redução de preço, os consumidores aumentarão a quantidade demandada de 500 mil para 1 milhão de CD Players por ano, o que se refletirá em um deslocamento do ponto A para o ponto B ao longo da própria curva de demanda de *CD Players*. Entretanto, isso não é tudo.

Como o CD e o CD player são bens complementares, novos consumidores entrarão no mercado. As curvas de demanda individuais desses novos consumidores serão somadas às curvas de demanda individuais já existentes, aumentando a demanda de mercado pelo produto. Teremos, então, uma nova escala de demanda de mercado de CDs. Agora, ao preço de $ 25,00 por CD, o mercado vai demandar 3 milhões de unidades do produto por ano. Essa nova combinação entre preço e quantidade nos fornece o ponto F, situado em uma nova curva de demanda (D_2). O Quadro 4 nos mostra uma nova escala de demanda hipotética de CDs depois de ter havido uma diminuição no preço do *CD Player*.

Dizemos, então, que houve um aumento na demanda de CDs – um deslocamento da curva de demanda de CDs para a direita, de D_1 para D_2 –, indicando que agora a cada preço a quantidade demandada de CDs será maior do que antes da diminuição no preço do bem complementar.

Concluímos, portanto, que uma diminuição no preço de um bem complementar (no exemplo, o *CD Player*) provoca *um aumento na quantidade demandada desse bem* (um deslocamento ao longo da curva de demanda) e um deslocamento *para a direita da curva de demanda do bem complementar a ele* (no exemplo, de CDs), significando que a quantidade demandada de CDs será maior a cada preço.

Pode ser demonstrado, de maneira análoga, que um aumento no preço de um bem provoca *uma redução na quantidade demandada desse bem e uma diminuição na demanda* (um deslocamento da curva de demanda para a esquerda) do bem complementar a ele, que significa que a quantidade demandada será menor a cada preço.

2.3 Relação entre a Demanda de um Bem e o Gosto do Consumidor

A demanda de um determinado bem ou serviço pode variar como resultado de uma mudança nos gostos das pessoas. Se as alterações nos gostos forem favoráveis a esse bem, significará que a quantidade demandada será maior a cada preço, de forma que a curva de demanda se deslocará para a direita. Caso as alterações nos gostos sejam desfavoráveis ao bem em questão, a quantidade demandada será menor a cada preço, e a curva de demanda se deslocará para a esquerda.

As campanhas publicitárias normalmente exercem grande influência no comportamento do consumidor. Vejamos, então, como uma campanha do tipo "açúcar é energia" afeta a demanda desse bem.

QUADRO 5
A campanha favorável ao açúcar provoca o aumento da demanda

PREÇO ($/kg)	D_1 (antes da campanha publicitária) Quantidade (kg/mês)	D_2 (depois da campanha publicitária) Quantidade (kg/mês)
0,50	5.000	15.000
0,40	10.000	20.000
0,30	15.000	25.000
0,20	20.000	30.000

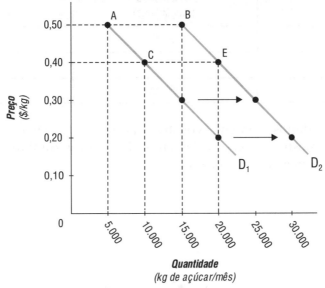

FIGURA 6
A campanha favorável ao açúcar provoca aumento da demanda

Consideremos, então, a Figura 6, obtida a partir dos dados do Quadro 5.

Nela, a curva de demanda de mercado de açúcar antes da campanha publicitária é dada por D_1. Observamos, então, que antes da campanha publicitária, ao preço de $ 0,50 por kg, os consumidores estão dispostos a comprar 5 mil kg de açúcar por mês (ponto A na curva de demanda D_1). Com o advento da campanha, os consumidores passarão a demandar uma quantidade maior desse produto. Assim, ao preço de $ 0,50 por kg, a quantidade demandada passará a ser de 15 mil kg/mês, o que nos dá um novo par preço-quantidade (ponto B), situado em uma nova curva de demanda (D_2).

Suponhamos, agora, que antes da campanha publicitária, o preço em vez de $ 0,50/kg fosse de $ 0,40/kg. De acordo com os dados do Quadro 5, a quantidade demandada a esse preço é de 10 mil kg de açúcar/mês (ponto C na curva de demanda D_1). Após a campanha, ao preço de $ 0,40/kg, a quantidade demandada passará a ser de 20 mil kg, o que nos dá um novo par preço-quantidade (ponto E), situado na curva de demanda D_2. Podemos concluir dizendo que as quantidades demandadas aumentariam independentemente de qual fosse o preço de mercado, de tal forma que o resultado seria um deslocamento da curva de demanda de mercado para a direita, indicando a ocorrência de um aumento da demanda.

Analisemos, agora, uma campanha do tipo "Fumar é Prejudicial à Saúde". Nesse caso, a curva de demanda tende a se deslocar para a esquerda, ou seja, a demanda de cigarros tende a diminuir. Vejamos, então, de que maneira isso ocorre. Observemos, inicialmente, os dados constantes do Quadro 6.

QUADRO 6
A campanha desfavorável ao cigarro provoca diminuição da demanda

Preço ($/maço)	D_1 (antes da campanha publicitária)	D_2 (depois da campanha publicitária)
	Quantidade (maços/mês)	Quantidade (maços/mês)
2,00	200.000	100.000
1,50	225.000	125.000
1,00	250.000	150.000

A partir desses dados é possível construir as curvas de demanda apresentadas na Figura 7, que nos mostram como a demanda de cigarros diminui com a campanha publicitária desfavorável ao seu consumo.

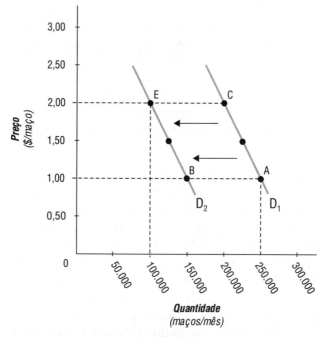

FIGURA 7
A campanha desfavorável ao cigarro provoca diminuição da demanda

Como podemos observar, ao preço de $ 1,00 por maço, a quantidade demandada pelo mercado é de 250 mil maços de cigarros/mês, antes da campanha publicitária (ponto A na curva D_1). Após a campanha, a esse mesmo preço, a quantidade demandada diminuirá para 150 mil maços/mês. Isso nos dá um novo par preço-quantidade situado em uma nova curva de demanda (ponto B na curva D_2), indicando ter havido um deslocamento da curva de demanda para a esquerda (uma diminuição da demanda). Em outras palavras, a quantidade demandada será menor a cada preço considerado.

Suponhamos, agora, que em vez de $ 1,00, o maço de cigarros custasse $ 2,00 antes da campanha. A quantidade demandada a esse preço seria de 200 mil maços/mês (ponto C na curva de demanda D_1). Após a campanha, os consumidores desejarão diminuir seu consumo de cigarros. Ao preço de $ 2,00, a quantidade demandada passará a ser de 100 mil maços/mês, o que nos dá um novo par preço-quantidade (ponto E) situado na curva de demanda D_2. Novamente verificamos que as quantidades demandadas diminuem independentemente de qual seja o preço de mercado, de tal forma que o resultado é um deslocamento para a esquerda da curva de demanda de mercado, indicando a ocorrência de uma diminuição da demanda de cigarros.

2.4 A Demanda e as Expectativas sobre o Comportamento Futuro dos Preços, Rendas ou Disponibilidade

2.4.1 *Expectativas sobre a Renda Futura*

As expectativas das pessoas em relação ao futuro de seus rendimentos têm, como já dissemos, papel fundamental na demanda por bens e serviços.

Assim, se um consumidor tem a expectativa de que, no futuro, seus rendimentos vão aumentar, poderá estar disposto a gastar mais em bens e serviços no presente do que uma pessoa que acredite que no futuro seus rendimentos vão diminuir.

Imaginemos, então, uma situação em que tenhamos um indivíduo e que ele seja consumidor de um bem X, tipicamente normal. Essa situação é retratada na Figura 8. Nela, a curva de demanda D_1 é a curva de demanda antes de o consumidor vir a ter a expectativa de um aumento em seus rendimentos, sendo $ 30,00 e 15, respectivamente, o preço e a quantidade inicial (ponto A na curva de demanda D_1). Assim, se esse indivíduo acredita que no futuro a sua renda vai aumentar, ele poderá estar disposto a demandar uma quantidade maior do bem em questão **neste mês**, demandando, por exemplo, 25 unidades do Bem X, ao preço de $ 30,00, *coeteris paribus*.

Esse novo par preço-quantidade nos fornece o ponto B, situado fora da curva de demanda inicial e, portanto, em uma nova curva de demanda, dada por D_2. Isso indica a ocorrência de um aumento da demanda (um deslocamento para a direita da curva de demanda de D_1 para D_2), significando que, agora, a cada preço, a quantidade demandada do bem é maior. Analogamente, se a expectativa do consumidor é de que seus rendimentos futuros vão diminuir, ele poderá desejar demandar uma quantidade menor do bem em questão **hoje**. Se isso ocorrer, a demanda vai diminuir, e a curva de demanda vai se deslocar para a esquerda.

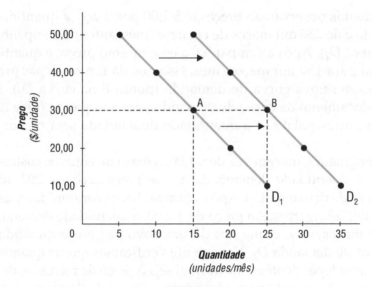

FIGURA 8
Expectativa de aumento na renda e a demanda do bem X

2.4.2 *Expectativas sobre o Comportamento Futuro dos Preços*

As expectativas que as pessoas têm em relação ao comportamento futuro dos preços também exercem papel fundamental na demanda por bens e serviços. Assim, se um consumidor acredita que o preço da carne vai aumentar no próximo mês, poderá optar por antecipar sua compra para *hoje*, *coeteris paribus*, formando um estoque do produto e fugindo, assim, de um aumento de preços no futuro.

Imaginemos, então, um consumidor de filé *mignon* e que sua escala de demanda por esse produto seja aquela apresentada no Quadro 7.

QUADRO 7
A expectativa de que o preço do filé mignon vai subir

Preço ($/kg)	D_1 (antes de o consumidor acreditar que o preço vai subir)	D_2 (depois que o consumidor acredita que o preço vai subir)
	Quantidade (kg/mês)	Quantidade (kg/mês)
5,00	10	20
10,00	8	16
15,00	6	12
20,00	4	8

Suponhamos, agora, que o preço do quilo de filé *mignon* seja de $ 10,00. A esse preço, de acordo com as informações do Quadro 7, a quantidade demandada é de 8 kg/mês (escala de demanda D_1). Se o consumidor acredita que o preço vai aumentar de $ 10,00 para $ 15,00, ele poderá antecipar a compra do próximo para este mês. Nessas condições, a quantidade demandada aumentará de 8 para 16 kg/mês. Isso nos dá um novo par preço-quantidade situado em uma nova escala de demanda (D_2). Essa nova escala de demanda apresenta quantidades mais elevadas a cada preço, indicando que a antecipação da compra termina por provocar um aumento da demanda de filé *mignon* por parte do consumidor. Em termos gráficos, isso pode ser visualizado por meio da Figura 9.

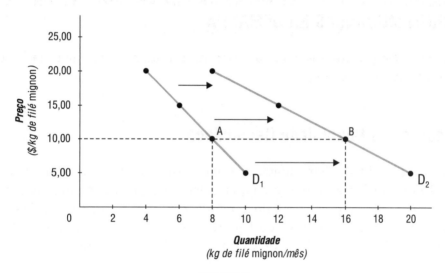

FIGURA 9
A expectativa de que o preço do filé mignon *vai subir desloca a curva de demanda para a direita*

Ela nos mostra a curva de demanda D_1, obtida a partir dos dados do Quadro 7. Assim, ao preço de $ 10,00, o consumidor está demandando 8 quilos de filé *mignon* por mês (ponto A na curva de demanda D_1). Se o consumidor acredita que os preços vão subir, ele demandará uma quantidade que consumiria de filé *mignon* no mês corrente e no próximo mês. Ao preço de $ 10,00, a quantidade demandada será, então, de 16 kg neste mês. Isso nos dá um novo par preço-quantidade ($P = $ 10,00$ e $Qd = 16$) situado em uma nova curva de demanda (ponto B na curva de demanda D_2), indicando ter havido um aumento da demanda de filé *mignon* (um deslocamento para a direita da curva de demanda).

De maneira análoga pode ser demonstrado que, se o consumidor tiver expectativa de que o preço do filé *mignon* vai cair, ele poderá postergar a sua compra, esperando tirar vantagem dos preços mais baixos no futuro. Nesse caso, a curva de demanda vai se deslocar para a esquerda.

2.4.3 Expectativas sobre a Disponibilidade Futura de Bens

Se o consumidor acredita que determinada mercadoria poderá faltar futuramente no mercado, ele poderá aumentar a demanda corrente por esse bem, precavendo-se contra a sua falta. Nesse caso, a curva de demanda vai se deslocar para a direita.

Mas se o consumidor acredita que no futuro não haverá problemas de abastecimento em relação a algum tipo de bem, ele poderá postergar as compras que realizaria. Nesse caso, a demanda corrente diminuiria, e a curva de demanda atual se deslocaria para a esquerda.

3 A DISTINÇÃO ENTRE MUDANÇAS NA QUANTIDADE DEMANDADA *VERSUS* MUDANÇAS NA DEMANDA

Devemos estar sempre atentos para não confundir mudanças na quantidade demandada com mudanças na demanda.

3.1 Mudanças na Quantidade Demandada

Mudanças na quantidade demandada de um determinado bem resultam de mudanças no preço desse bem. Uma mudança na quantidade demandada é um movimento entre dois pontos ao longo de uma curva de demanda estacionária, *coeteris paribus*.

Podemos observar, na Parte 1 da Figura 10, que ao preço de $ 20,00/CD, a quantidade demandada é de 5 milhões de CDs por ano. Esse par preço-quantidade nos dá

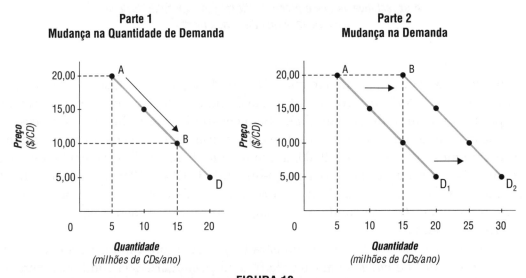

FIGURA 10
Mudanças ao longo da curva de demanda versus *mudança na demanda*

o ponto A na curva de demanda D. Se houver uma diminuição no preço do CD de $ 20,00 para $ 10,00, a quantidade demandada aumentará de 5 para 15 milhões de CDs por ano, ou seja, o impacto provocado por essa queda no preço será um aumento na quantidade demandada em 10 milhões de CDs/ano. Nesse caso, temos um movimento para baixo, do ponto A para o ponto B, ao longo de uma mesma curva de demanda D.

Podemos concluir dizendo que, de acordo com a Lei da Demanda, um decréscimo no preço ao longo do eixo vertical vai provocar um acréscimo na quantidade demandada, medida ao longo do eixo horizontal.

Da mesma forma, um aumento no preço de $ 10,00 para $ 20,00/CD provoca uma redução na quantidade demandada de 15 para 5 milhões de CDs por ano e um movimento do ponto B para o ponto A ao longo da curva de demanda D.

3.2 Mudanças na Demanda

Mudanças na demanda significam um deslocamento por inteiro de toda a curva e ocorre quando qualquer um dos fatores que influenciam a demanda (renda, gosto ou preferência, preço dos bens relacionados, expectativas sobre mudanças futuras na renda, preços e disponibilidades, número de consumidores etc.) varia, fazendo que uma quantidade diferente seja demandada a cada preço.

Em outras palavras, se a hipótese do *coeteris paribus* não é aplicada, quando um dos fatores que não o preço do próprio produto muda, a curva de demanda muda de posição.

Uma comparação entre as Partes 1 e 2 da Figura 10 vai nos ajudar a distinguir uma mudança na quantidade demandada de uma mudança na demanda. Suponhamos que, na Parte 2 da Figura 10, D_1 seja a curva de demanda de mercado inicial de CDs, e que o preço de mercado seja $ 20,00/CD. A esse preço, a quantidade demandada do produto é de 5 milhões de CDs/ano (ponto A). Suponhamos então que ocorra uma mudança da curva de demanda para a direita, ou seja, um aumento da demanda, de D_1 para D_2. Isso significa que a todos os possíveis preços os consumidores desejarão comprar uma quantidade maior do que antes de a mudança ocorrer. Isso nos dá um novo par preço-quantidade (P = $ 20,00, Qd = 15), indicando que agora, ao preço de $ 20,00 por CD, os consumidores desejarão comprar 15 milhões de CDs por ano (ponto B), ou seja, 10 milhões de CDs a mais.

O Quadro 8 resume o efeito da mudança de cada um desses elementos na curva de demanda.

QUADRO 8
Causas dos deslocamentos da demanda

Aumento na Demanda	Diminuição na Demanda
Aumento na renda dos consumidores (Bem normal)	**Diminuição na renda dos consumidores** (Bem normal)
Diminuição na renda dos consumidores (Bem inferior)	**Aumento na renda dos consumidores** (Bem inferior)
Mudança de gosto favorável a um bem	**Mudança de gosto desfavorável a um bem**
Preço dos Bens Relacionados (Aumento no preço dos bens substitutos e diminuição no preço dos bens complementares)	**Preço dos Bens Relacionados** (Diminuição no preço de bens substitutos e aumento no preço dos bens complementares)
Expectativas dos consumidores (De aumento de renda, de aumento nos preços futuros e diminuição nas disponibilidades)	**Expectativas dos consumidores** (De diminuição na renda, de diminuição nos preços futuros e de aumento nas disponibilidades)
Aumento no número de consumidores	**Diminuição no número de consumidores**

4 MUDANÇAS NA OFERTA

O mesmo raciocínio desenvolvido até aqui para a demanda pode ser utilizado na análise da oferta. Vimos, anteriormente, que a oferta de um bem qualquer depende do preço do bem em questão, do preço dos fatores de produção, da tecnologia, do preço dos outros bens, das expectativas, das condições climáticas (no caso de bens agrícolas) e do número de produtores/vendedores.

Vimos também que a escala e a curva de oferta de um bem eram obtidas a partir de variações no preço do bem, *coeteris paribus* (ou seja, supondo que os preços dos fatores de produção, a tecnologia, o preço dos outros bens, as expectativas e as condições climáticas permaneciam constantes).

Verificamos, na ocasião, que mudanças no preço do produto provocavam alterações na quantidade ofertada, ao longo da mesma curva de oferta, e que mudanças na oferta (mudanças na escala e na curva de oferta) ocorreriam quando os fatores mantidos constantes sofressem variações. Veremos agora de que forma mudanças nos fatores, antes mantidos constantes, provocam mudanças na oferta de um determinado bem ou serviço.

4.1 Relação Entre a Oferta e o Preço dos Fatores de Produção

Os recursos produtivos, como os recursos naturais, o trabalho, o capital e a capacidade empresarial, são, como sabemos, necessários na produção dos mais diversos tipos de produto. Os custos de produção dependem dos preços dos fatores de produção e da intensidade com que tais fatores são utilizados. Assim, aumentos nos preços dos fatores produtivos utilizados na fabricação de um produto qualquer acarretarão aumentos de custo, fazendo que a quantidade oferecida pelo produtor, a cada preço, seja menor. Teremos, nesse caso, uma diminuição da oferta. Vejamos, então, de que maneira isso acontece.

O Quadro 9 e a Figura 11 nos fornecem escalas e curvas de oferta de camisas de uma empresa para os meses de junho e julho.

QUADRO 9
Escalas de oferta de camisas

Preço ($/camisa)	Quantidade Ofertada (camisas/mês)	
	Junho	Julho
100,00	800	600
90,00	700	500
80,00	600	400
70,00	500	300
60,00	400	200
50,00	300	100
40,00	200	0

Suponhamos, então, que ocorra um aumento no preço do tecido. Esse aumento implicará elevação de custo. Custos mais elevados de qualquer espécie (tais como aumentos nos salários, nos aluguéis etc.) tornam a produção menos lucrativa, estimulando a empresa a diminuir sua produção e induzindo o produtor a oferecer uma quantidade menor a cada preço. Quanto ao mercado, estimula a saída de empresas, diminuindo a produção de mercado.

Para exemplificar, suponhamos que o preço de mercado de camisas permanecesse constante em $ 80,00. O Quadro 9 nos mostra que ao preço de $ 80,00 a quantidade ofertada de camisas no mês de junho é de 600 unidades. Com o aumento no preço do tecido e, em decorrência disso, dos custos de produção, no mês de julho essa mesma quantidade somente será oferecida a $ 100,00 a unidade.

Da mesma forma, em junho, 400 camisas são oferecidas a $ 60,00 cada uma. Após o aumento no preço do tecido, essa mesma quantidade será oferecida a um preço mais alto, que no caso é de $ 80,00 por camisa. Verificamos, então, que ocorre uma diminuição da escala de oferta de um mês para o outro, significando que agora o produtor está disposto a oferecer uma quantidade menor a cada preço. Colocando os valores das escalas de oferta em um gráfico (Figura 11), constatamos que *a diminuição da oferta implica deslocamento da curva de oferta para a esquerda.*

Outra maneira de enxergar esse fato é a seguinte: antes do aumento nos custos, o produtor podia oferecer 600 camisas ao preço de $ 80,00 por camisa. Com o aumento de custos e mantendo-se o preço em $ 80,00, ele vai oferecer uma quantidade menor (400 camisas).

Pode ser demonstrado de maneira análoga que uma redução nos preços dos fatores de produção acarretará diminuição de custos. Em razão de seus custos estarem menores, o preço que a empresa vai cobrar também será mais baixo. O produtor vai oferecer uma quantidade maior a cada preço. Teremos, então, um aumento da oferta de camisas que se traduz em um deslocamento para a direita da curva de oferta (um aumento na oferta).

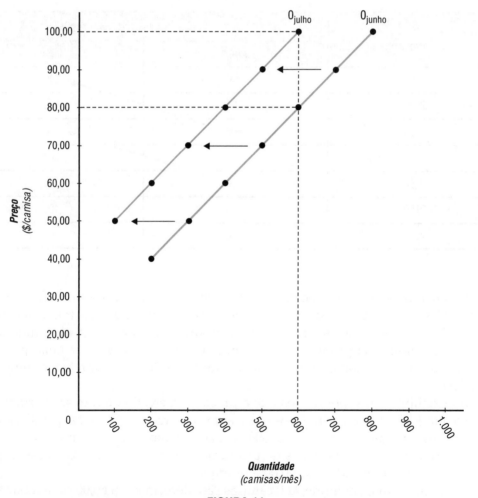

FIGURA 11
Curvas de oferta de camisas antes e depois do aumento no preço do tecido

4.2 Relação entre a Oferta de um Bem e a Tecnologia

As inovações tecnológicas determinam, quase sempre, uma elevação nos índices de produção. Se a inovação tecnológica possibilitar a obtenção de um volume maior de produção a custos menores, os produtores do produto beneficiado pela inovação poderão produzir uma quantidade maior a cada preço. A razão para isso é que custos mais baixos aumentam a lucratividade, estimulando o produtor a produzir mais. Teremos, então, um aumento na oferta, ou seja, um deslocamento para a direita da curva de oferta desse produto (Quadro 10 e Figura 12).

QUADRO 10
Aumento na oferta devido à inovação tecnológica

Oferta Inicial		Oferta Depois da Evolução Tecnológica	
Preço ($/unidade)	Quantidade Ofertada (unidades/semana)	Preço ($/unidade)	Quantidade Ofertada (unidades/semana)
3,00	300	3,00	400
2,00	200	2,00	300
1,00	100	1,00	200

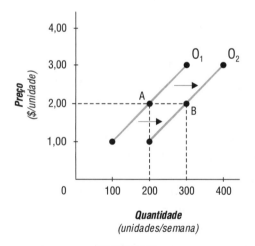

FIGURA 12
Aumento da oferta devido à inovação tecnológica

Suponhamos, então, que inicialmente o produtor estivesse produzindo 200 unidades do produto ao preço de $ 2,00 por unidade (Quadro 10 – Escala de Oferta Inicial). Isso nos dá o ponto A na curva de oferta inicial (O_1). No caso de ocorrer uma inovação tecnológica, os custos de produção diminuirão e o produtor poderá oferecer uma quantidade maior a cada preço. No caso, ao preço de $ 2,00 por unidade, o produtor poderá oferecer 300 unidades do produto (ponto B da curva de oferta O_2), significando que está disposto a oferecer uma quantidade maior a cada preço. Constatamos, então, a ocorrência de um deslocamento da curva de oferta para a direita (de O_1 para O_2).

Exemplos de inovação tecnológica podem ser encontrados na agricultura, setor que vem se beneficiando pela introdução de maquinário sofisticado, poderosos fertilizantes, inseticidas, herbicidas etc. Tais inovações têm reduzido os custos de produção e aumentado a oferta de produtos agrícolas. Outro exemplo diz respeito aos computadores pessoais com capacidade de processamento cada vez mais elevada que reduzem os custos de produção e aumentam a oferta de uma série de bens e serviços.

No caso de a inovação tecnológica ser desfavorável a um determinado produto, o que é pouco provável, a curva de oferta sofrerá um deslocamento para a esquerda (uma diminuição na oferta).

4.3 Relação entre a Oferta e o Preço dos Outros Bens

Existem dois tipos de relação a serem abordados: o caso em que os bens são substitutos e o caso em que os bens são complementares na produção.

4.3.1 *Relação entre a Oferta e o Preço dos Bens Substitutos na Produção*

É o caso, por exemplo, da soja e do milho, que concorrem entre si quanto à utilização dos recursos produtivos. Um aumento no preço da soja poderá tornar essa cultura mais lucrativa e, portanto, mais atraente que o cultivo do milho.

Como resultado, os agricultores poderão ser induzidos a aumentar a área cultivada de soja em detrimento do plantio de milho. Teremos então uma diminuição da oferta de milho e um aumento na quantidade ofertada de soja. A Figura 13 ilustra essa situação.

A elevação no preço da soja de P_1 para P_2 provoca um aumento na quantidade ofertada de soja de Qo_1 para Qo_2 (do ponto A para o ponto B, ao longo de uma mesma curva de oferta). Por hipótese, esse aumento na quantidade ofertada de soja só poderá ser realizado em detrimento da cultura de milho, que então terá sua área cultivada reduzida, acarretando uma diminuição na oferta desse produto. Verificamos, inicialmente, que ao preço P_1 a quantidade oferecida de milho é Qo_1, que nos dá o ponto A na curva de oferta O_1. Com a diminuição na oferta, ao preço P_1 a quantidade oferecida é Qo_2, que nos dá o ponto B na curva de oferta O_2, indicando ter ocorrido um deslocamento para a esquerda da curva de oferta de milho (uma diminuição na oferta de milho) de O_1 para O_2. Na hipótese de termos uma diminuição no preço da soja, a curva de oferta de milho sofrerá um deslocamento para a direita, indicando um aumento na oferta desse bem.

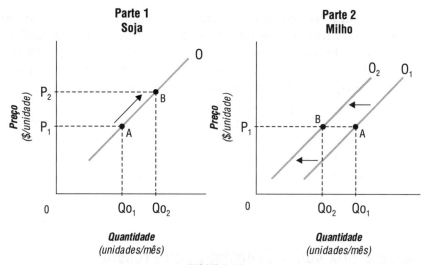

FIGURA 13
Um aumento no preço da soja provoca diminuição na oferta de milho

4.3.2 Relação entre a Oferta e o Preço dos Bens Complementares na Produção

É o caso dos bens cujo aumento na produção vem acompanhado de um aumento na produção de outro bem. Esses bens têm a característica de serem *produtos conjuntos*.

A título de exemplo podemos citar o couro e a carne. Se o preço da carne subir, haverá um aumento na quantidade ofertada desse bem. O aumento no abate provocará um aumento na oferta de couro. Dessa forma, um aumento na quantidade ofertada de carne (um deslocamento ao longo da curva de oferta de carne devido ao aumento no seu preço) provoca um aumento na oferta de couro (um deslocamento para a direita da curva de oferta de couro). A Figura 14 ilustra esse fato.

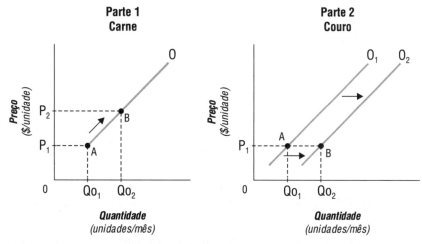

FIGURA 14
Um aumento no preço da carne provoca aumento da oferta de couro

Na Parte 1 da Figura 14, a elevação do preço de P_1 para P_2 provoca um aumento na quantidade ofertada de carne de Qo_1 para Qo_2 (do ponto A para o ponto B ao longo da curva de oferta O_1). Como consequência poderá ocorrer um aumento no abate de gado. A Parte 2 da Figura 14 nos mostra que, com o aumento no abate, a oferta de couro deverá aumentar. Antes, ao preço P_1 a quantidade ofertada de couro era Qo_1 (ponto A na curva de oferta O_1). Agora, ao mesmo preço P_1, a quantidade a ser oferecida será Qo_2, o que nos dá o ponto B na curva de oferta O_2, indicando ter ocorrido um deslocamento da curva de oferta de couro para a direita (um aumento na oferta de couro), de O_1 para O_2.

Na hipótese de termos uma diminuição no preço da carne, a curva de oferta de couro sofrerá um deslocamento para a esquerda, indicando uma diminuição na oferta desse produto.

4.4 Relação da Oferta com a Expectativa do Produtor

Como mencionado anteriormente, o produtor, ao decidir sobre a produção atual, também leva em consideração as alterações esperadas de preços. Por exemplo, se um criador de gado acredita que haverá um aumento no preço da carne, no futuro, poderá reter o fornecimento atual de gado para o abate, a fim de aproveitar preços mais altos no futuro. Nessas condições, a oferta de gado no presente sofrerá uma redução. A Figura 15 ilustra esse fato. Nela, a curva de oferta inicial é dada por O_1. Caso o empresário acredite em uma elevação futura no preço do produto por ele produzido, poderá reduzir o fornecimento atual do produto, provocando um deslocamento da curva de oferta de O_1 para O_2 (uma redução na oferta).

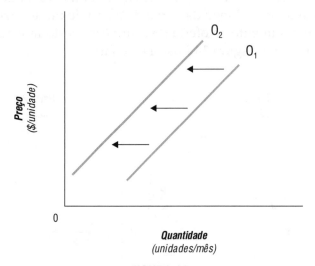

FIGURA 15
Diminuição da oferta devido à expectativa de elevação de preço no futuro

Caso o empresário acredite que o preço de seu produto vai baixar, poderá optar por vender sua produção de modo a aproveitar os preços que porventura ainda estejam altos. Isso fará que haja um aumento na oferta atual de seu produto.

4.5 A Oferta e as Condições Climáticas

Como dissemos anteriormente, as condições climáticas exercem grande influência em relação à oferta de alguns produtos, especialmente produtos agrícolas. Exemplificando: uma fazenda na qual se produza café poderá sofrer uma grande redução na produção desse bem caso ocorra uma geada. Se isso acontecer, a oferta de café por parte desse e de outros produtores atingidos pela adversidade climática deverá diminuir, causando uma redução na oferta de mercado. Esse fato pode ser ilustrado pela Figura 16. Nela, O_1 é a oferta prevista de café, antes da ocorrência de geada. Caso ocorra a geada, haverá uma redução da oferta de café, com a curva de oferta se deslocando para a esquerda, de O_1 para O_2.

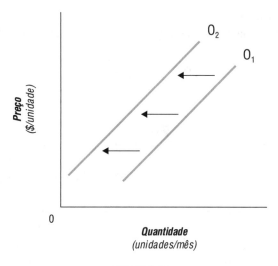

FIGURA 16
A ocorrência de geada provoca deslocamento da curva de oferta para a esquerda

4.6 A Distinção entre Mudanças na Quantidade Ofertada *versus* Mudanças na Oferta

Devemos sempre estar atentos para não confundir mudanças na quantidade ofertada com mudanças na oferta.

4.6.1 *Mudanças na Quantidade Ofertada*

Mudanças na quantidade ofertada de um determinado bem resultam de mudanças no preço desse bem. Uma mudança na quantidade ofertada é um movimento entre dois pontos ao longo de uma curva de oferta estacionária, *coeteris paribus*.

Podemos observar, na Parte 1 da Figura 17, que, ao preço de $ 5,00, a quantidade ofertada é de 5 milhões de CDs por ano. Esse par preço-quantidade nos dá o ponto A na curva de oferta O. Se houver uma elevação no preço de $ 5,00 para $ 15,00, a quantidade ofertada aumentará de 5 para 15 milhões de CDs por ano, ou seja, o impacto provocado por essa elevação no preço será um aumento na quantidade ofertada em 10 milhões de CDs/ano. Nesse caso, teremos um movimento para cima, do ponto A para o ponto B, ao longo de uma mesma curva de oferta O.

Podemos concluir dizendo que, de acordo com a Lei da Oferta, um aumento no preço ao longo do eixo vertical vai provocar um acréscimo na quantidade ofertada, medida ao longo do eixo horizontal.

Da mesma forma, uma diminuição no preço de $ 15,00 para $ 5,00 provoca uma redução na quantidade ofertada de 15 para 5 milhões de CDs por ano e um movimento do ponto B para o ponto A ao longo da curva de oferta O.

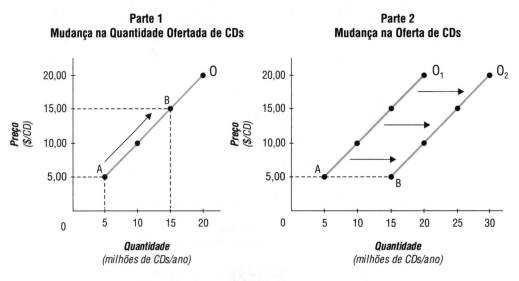

FIGURA 17
Mudanças ao longo da curva de oferta versus mudança na oferta

4.6.2 Mudança na Oferta

Uma mudança na oferta significa um deslocamento por inteiro de toda a curva e ocorre quando qualquer um dos fatores que influenciam a oferta (preço dos fatores de produção, tecnologia, preço dos outros bens, expectativas, número de produtores etc.) varia, fazendo que uma quantidade diferente seja oferecida a cada preço.

Em outras palavras, se a hipótese do *coeteris paribus* não é aplicada, quando um dos fatores que não o preço do próprio produto se altera, a curva de oferta muda de posição.

Uma comparação entre as Partes 1 e 2, da Figura 17, vai nos ajudar a distinguir uma mudança na quantidade ofertada de uma mudança na oferta. Suponhamos que, na Parte 2 da Figura 17, O_1 seja a curva de oferta de mercado inicial de CDs, e que o preço de mercado seja $ 5,00. A essa preço a quantidade ofertada do produto é de 5 milhões de CDs/ano (ponto A). Suponhamos então que ocorra um aumento na oferta, ou seja, uma mudança para a direita da curva de oferta, de O_1 para O_2. Isso significa que a todos os possíveis preços os produtores desejarão oferecer uma quantidade maior do que antes de a mudança ocorrer. Isso nos dá um novo par preço-quantidade ($P = \$ 5,00$, $Qo = 15$) indicando que agora, ao preço de $\$ 5,00$ por CD, os produtores desejarão oferecer 15 milhões de CDs por ano (ponto B), ou seja, 10 milhões de CDs a mais.

O Quadro 11 resume o efeito da mudança de cada um dos elementos que determinam a oferta na curva de oferta.

QUADRO 11
Síntese dos deslocamentos na oferta

Aumento da Oferta	Diminuição da Oferta
Diminuição no preço dos fatores de produção	**Aumento no preço dos fatores de produção**
Mudança tecnológica favorável	**Mudança tecnológica desfavorável**
Mudanças no Preço de Outros Bens	**Mudanças no Preço de Outros Bens**
Diminuição no preço dos bens substitutos na produção	Aumento no preço dos bens substitutos na produção
Aumento no preço dos bens complementares na produção	Diminuição no preço dos bens complementares na produção
Expectativas desfavoráveis sobre a evolução dos preços	**Expectativas favoráveis sobre a evolução dos preços**
Condições climáticas favoráveis	**Condições climáticas desfavoráveis**

5 MUDANÇAS NO EQUILÍBRIO

Como sabemos, existem vários fatores que provocam deslocamentos de curvas de oferta e de demanda. Tais mudanças, por sua vez, provocam mudanças no ponto de equilíbrio. Vejamos, então, como isso ocorre.

5.1 Mudança no Equilíbrio Devido a um Aumento na Demanda

O Quadro 12 nos fornece escalas de oferta e de demanda de mercado de leite, com os respectivos preço e quantidade de equilíbrio.

QUADRO 12
Escalas de oferta e de demanda de leite

Preço ($/l)	Demanda Inicial	Oferta	Nova Demanda
	Quantidade Demandada (l/semana)	Quantidade Ofertada (l/semana)	Nova Quantidade Demandada (l/semana)
0,80	2.000	8.000	4.000
0,70	3.000	7.000	5.000
0,60	4.000	6.000	6.000
0,50	5.000	5.000	7.000
0,40	6.000	4.000	8.000
0,30	7.000	3.000	9.000

O gráfico correspondente é dado pela Figura 18. D_1 é a curva de demanda inicial e O é a curva de oferta de leite. O preço de equilíbrio é de $ 0,50, e a quantidade de equilíbrio é de 5 mil litros de leite/semana (ponto E_1).

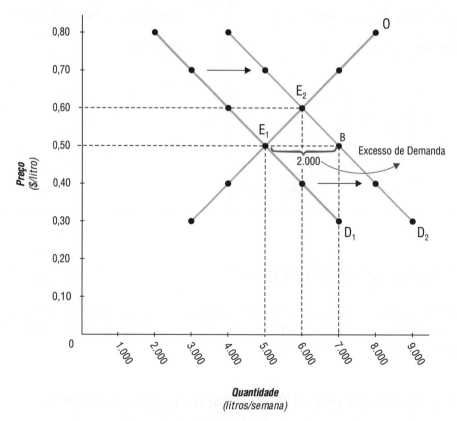

FIGURA 18
Mudança no equilíbrio devido ao aumento na demanda

Suponhamos, então, que tenha havido um aumento da demanda, de modo que agora os consumidores vão querer comprar uma quantidade maior a cada preço considerado. Essa situação é retratada no Quadro 12, na coluna referente à nova demanda.

Em termos gráficos, a curva de demanda se desloca para D_2. Temos, como resultado, o surgimento de um excesso de demanda, dado pela distância E_1B, equivalente a 2 mil litros de leite/semana.

Isso ocorre porque ao preço inicial de $ 0,50 os consumidores agora estão querendo adquirir 7 mil litros de leite por semana (ponto B na curva de demanda D_2). Entretanto, a esse mesmo preço, os produtores continuam querendo ofertar 5 mil litros/semana. Temos o surgimento de um excesso de demanda de 2 mil litros de leite. Devido a esse excesso de demanda, o preço se elevará até atingirmos um novo equilíbrio, com o preço igual a $ 0,60 e a quantidade igual a 6 mil litros (ponto E_2).

A elevação do preço de $ 0,50 para $ 0,60 aumenta a quantidade ofertada (ao longo da curva de oferta) de 5 mil para 6 mil litros, ao passo que reduz a quantidade demandada (ao longo da curva de demanda) de 7 mil para 6 mil litros semanais. Ao preço de $ 0,60, portanto, novamente a quantidade demandada se iguala à quantidade ofertada.

Conclusão: o aumento na demanda (deslocamento da curva de demanda para a direita) causa aumento tanto no preço quanto na quantidade de equilíbrio.

5.2 Mudança no Equilíbrio Devido a uma Diminuição na Demanda

O efeito de uma redução na demanda também pode ser visto a partir dos dados do Quadro 13 e da Figura 19. O preço e a quantidade de equilíbrio são de $ 0,60 e 6 mil litros de leite, dados pela intersecção das curvas de demanda D_1 e de oferta O, respectivamente. Suponhamos, então, que por um motivo qualquer a demanda de leite tenha diminuído.

Essa diminuição, mostrada no Quadro 13 pela escala de nova demanda, é representada graficamente na Figura 19 pelo deslocamento da curva de demanda de D_1 para D_2.

QUADRO 13
Escalas de oferta e de demanda de leite

Preço ($/l)	Demanda Inicial	Oferta	Nova Demanda
	Quantidade Demandada (l/semana)	Quantidade Ofertada (l/semana)	Nova Quantidade Demandada (l/semana)
0,80	4.000	8.000	2.000
0,70	5.000	7.000	3.000
0,60	6.000	6.000	4.000
0,50	7.000	5.000	5.000
0,40	8.000	4.000	6.000
0,30	9.000	3.000	7.000

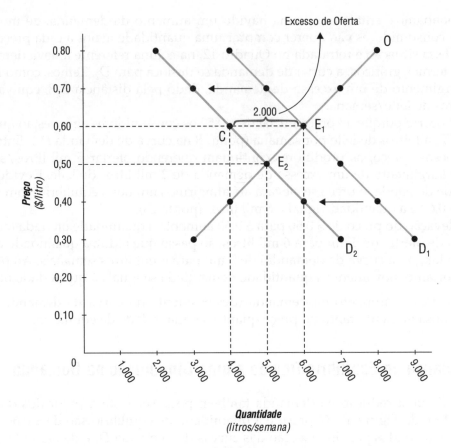

FIGURA 19
Mudança no equilíbrio devido a uma diminuição na demanda

Isso provoca excesso de oferta ao preço de $ 0,60 (excesso de oferta de 2 mil litros de leite) dado pela distância CE_1. Essa situação ocorre porque ao preço de $ 0,60 os consumidores agora estão querendo adquirir 4 mil litros de leite por semana. Entretanto, a esse preço, os produtores estão dispostos a vender 6 mil litros por semana.

Devido a esse excesso de oferta, o preço diminuirá até atingirmos um novo equilíbrio, com o preço igual a $ 0,50 e a quantidade igual a 5 mil litros (ponto E_2).

A diminuição do preço de $ 0,60 para $ 0,50 aumenta a quantidade demandada (ao longo da curva de demanda) de 4 mil para 5 mil litros, ao passo que reduz a quantidade ofertada (ao longo da curva de oferta) de 6 mil para 5 mil litros semanais. Ao preço de $ 0,50, portanto, novamente a quantidade demandada se iguala à quantidade ofertada.

Conclusão: a diminuição na demanda (deslocamento da curva de demanda para a esquerda) causa diminuição tanto no preço quanto na quantidade de equilíbrio.

5.3 Mudança no Equilíbrio Devido a um Aumento na Oferta

O Quadro 14 nos fornece escalas de oferta e de procura de mercado para leite.

QUADRO 14
Escalas de oferta e de demanda de leite

Preço ($/l)	Demanda	Oferta Inicial	Nova Oferta
	Quantidade Demandada (l/semana)	Quantidade Ofertada (l/semana)	Nova Quantidade Ofertada (l/semana)
0,80	2.000	8.000	10.000
0,70	3.000	7.000	9.000
0,60	4.000	6.000	8.000
0,50	5.000	5.000	7.000
0,40	6.000	4.000	6.000
0,30	7.000	3.000	5.000
0,20	8.000	2.000	4.000

O gráfico correspondente é dado pela Figura 20. D é a curva de demanda e O_1 é a curva de oferta inicial. O preço de equilíbrio é de $ 0,50 e a quantidade de equilíbrio é de 5 mil litros de leite por semana (ponto E_1).

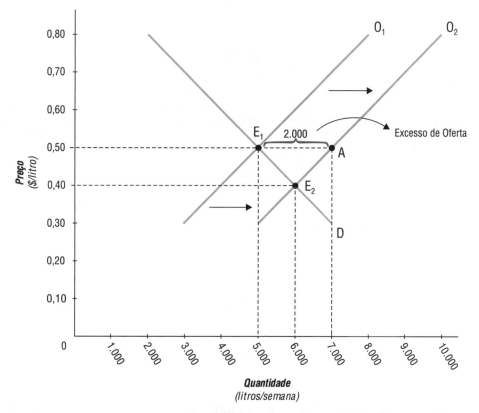

FIGURA 20
Mudança no equilíbrio devido a um aumento na oferta

Suponhamos, então, que tenha havido um aumento na oferta, de modo que os produtores estão ofertando uma quantidade maior a cada preço. Essa situação é retratada no Quadro 14 na coluna denominada Nova Oferta.

Graficamente, a curva de oferta se desloca de O_1 para O_2, que é a Nova Oferta (Figura 20). Como resultado, temos o surgimento de um excesso de oferta de 2 mil litros de leite, dado pela distância E_1A. Isso ocorre porque ao preço de $ 0,50, os produtores desejam ofertar 7 mil litros de leite por semana. A esse preço, entretanto, os consumidores estão dispostos a demandar tão somente 5 mil litros. Devido a esse excesso de oferta, o preço diminuirá até atingir um novo equilíbrio, com o preço igual a $ 0,40 e a quantidade igual a 6 mil litros de leite (ponto E_2).

A redução de preço provoca um aumento na quantidade demandada (ao longo da curva de demanda) de 5 mil para 6 mil litros, ao passo que reduz a quantidade ofertada (ao longo da curva de oferta) de 7 mil para 6 mil litros de leite semanais.

Conclusão: o aumento na oferta de um bem (deslocamento da curva de oferta para a direita) causa diminuição no preço de equilíbrio e aumento na quantidade de equilíbrio.

5.4 Mudança no Equilíbrio Devido a uma Diminuição na Oferta

O Quadro 15 nos fornece escalas de oferta e de procura de mercado para leite.

QUADRO 15
Escalas de oferta e de demanda de leite

Preço ($/l)	Demanda	Oferta Inicial	Nova Oferta
	Quantidade Demandada (l/semana)	Quantidade Ofertada (l/semana)	Nova Quantidade Ofertada (l/semana)
0,80	2.000	10.000	8.000
0,70	3.000	9.000	7.000
0,60	4.000	8.000	6.000
0,50	5.000	7.000	5.000
0,40	6.000	6.000	4.000
0,30	7.000	5.000	3.000
0,20	8.000	4.000	2.000

O gráfico correspondente é dado pela Figura 21. D é a curva de demanda e O_1 é a curva de oferta inicial. O preço de equilíbrio é de $ 0,40 e a quantidade de equilíbrio é de 6 mil litros de leite por semana (ponto E_1).

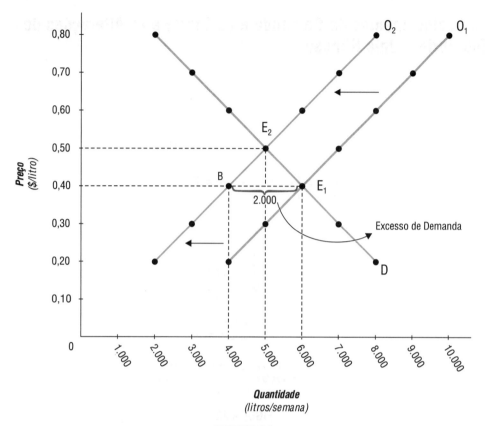

FIGURA 21
Mudança no equilíbrio devido a uma diminuição na oferta

Suponhamos, então, que tenha havido uma diminuição na oferta, de modo que os produtores estão ofertando uma quantidade menor a cada preço. Essa situação é retratada no Quadro 15 na coluna denominada Nova Oferta.

Graficamente, a curva de oferta se desloca de O_1 para O_2, que é a Nova Oferta (Figura 21). Como resultado, temos o surgimento de um excesso de demanda de 2 mil litros de leite ao preço inicial de $ 0,40, dado pela distância BE_1. Isso ocorre porque ao preço de $ 0,40 os produtores desejam ofertar 4 mil litros de leite por semana. A esse preço, entretanto, os consumidores estão dispostos a demandar 6 mil litros. Devido a esse excesso de demanda, o preço aumentará até atingir um novo equilíbrio, com o preço igual a $ 0,50 e a quantidade igual a 5 mil litros de leite (ponto E_2).

O aumento de preço provoca uma diminuição na quantidade demandada (ao longo da curva de demanda) de 6 mil para 5 mil litros, ao mesmo tempo em que provoca um aumento da quantidade ofertada (ao longo da curva de oferta) de 4 mil para 5 mil litros de leite semanais.

Conclusão: a diminuição na oferta de um bem (deslocamento da curva de oferta para a esquerda) causa elevação no preço de equilíbrio e diminuição na quantidade de equilíbrio.

5.5 Os Deslocamentos da Demanda e da Oferta e as Alterações do Equilíbrio – Uma Síntese

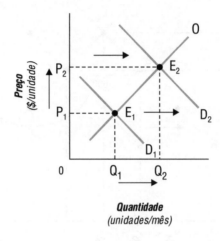

Aumento na demanda provoca
aumento no preço e na quantidade
de equilíbrio

FIGURA 22
Aumento na demanda

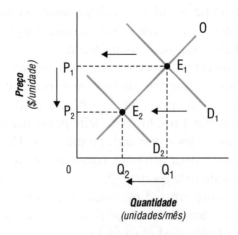

Diminuição na demanda provoca
diminuição no preço e na quantidade
de equilíbrio

FIGURA 23
Diminuição na demanda

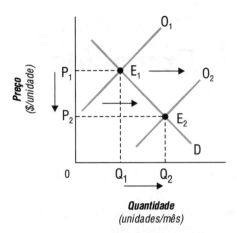

*Aumento na oferta provoca
diminuição no preço e aumento
na quantidade de equilíbrio*

FIGURA 24
Aumento na oferta

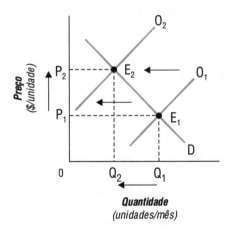

*Diminuição na oferta provoca
aumento no preço e redução
na quantidade de equilíbrio*

FIGURA 25
Diminuição na oferta

Exercícios

Questões

As respostas podem ser encontradas no final do livro.

1) O que acontecerá com a demanda de mercado de um bem tido como normal caso haja um aumento na renda da população?

2) O que acontecerá com a curva de oferta de um bem se os preços dos fatores de produção desse bem aumentarem?

3) Quando o preço do substituto de um bem aumenta, o que acontece com sua curva de demanda? Exemplifique.

4) Qual é a diferença entre um aumento na quantidade demandada e um aumento na demanda?

5) Partindo-se de uma situação inicial de equilíbrio de mercado de uma mercadoria, o que acontece com o preço e a quantidade de equilíbrio quando o preço dos fatores de produção dessa mercadoria aumentam?

Testes de Múltipla Escolha

- *Assinale com um X a resposta certa*
- *As respostas podem ser encontradas no final do livro*

1) Quando a curva de demanda por bicicletas aumenta, enquanto a curva de oferta permanece no mesmo lugar:
   a) a quantidade demandada de bicicletas diminui;
   b) o preço de equilíbrio aumenta e a quantidade de equilíbrio aumenta;
   c) o preço de equilíbrio diminui e a quantidade de equilíbrio aumenta;
   d) a oferta de bicicletas aumenta;
   e) a quantidade ofertada de bicicletas diminui.

2) Se tanto a curva de demanda quanto a curva de oferta por laranjas se deslocam para a direita, então:
   a) o preço diminui e a quantidade aumenta;
   b) o preço aumenta e a quantidade diminui;
   c) o preço e a quantidade diminuem;
   d) o preço aumenta e não é claro o que acontece com a quantidade;
   e) a quantidade aumenta e não é claro o que acontece com o preço.

3) Uma inovação tecnológica que provoca um decréscimo no custo de produção de um determinado produto resulta em:
   a) decréscimo na quantidade ofertada;
   b) aumento na demanda;
   c) aumento na oferta;
   d) aumento na quantidade ofertada;
   e) nenhuma das alternativas anteriores.

4) Um decréscimo na demanda por um bem normal pode ser causado por:
   a) aumento no preço;
   b) diminuição no preço;
   c) decréscimo na renda dos consumidores;
   d) aumento na renda dos consumidores;
   e) aumento nos custos de produção.

5) Se os consumidores acreditam que o preço de uma mercadoria vai aumentar no futuro, então:
   a) haverá um aumento na oferta hoje;
   b) haverá um decréscimo na quantidade demandada hoje;
   c) haverá um aumento na demanda hoje;
   d) haverá um decréscimo na quantidade ofertada hoje;
   e) nenhuma das alternativas anteriores.

Capítulo V

ELASTICIDADES

1 INTRODUÇÃO

Em termos econômicos, a elasticidade expressa uma relação entre duas variáveis inter-relacionadas funcionalmente. O seu conceito pode estar presente tanto na microeconomia quanto na macroeconomia. Do ponto de vista microeconômico, por exemplo, o conceito estaria associado às relações entre preço e quantidade demandada (ou ofertada) de um bem; da ótica macroeconômica, o conceito de elasticidade estaria associado, por exemplo, às relações existentes entre os níveis de renda e das importações de um país. Interessa-nos, no momento, a elasticidade do ponto de vista microeconômico.

A seguir, tomando por base a função demanda, serão abordados os seguintes conceitos de elasticidade:

- Elasticidade-preço da demanda;
- Elasticidade-renda; e
- Elasticidade-preço cruzada.

Por fim, tomando por base a função oferta, analisaremos o conceito de elasticidade-preço da oferta.

2 ELASTICIDADE-PREÇO DA DEMANDA

Sabemos, do nosso estudo sobre a demanda, que uma variação no preço de um bem será acompanhada de uma variação na quantidade demandada desse mesmo bem. Em outras palavras, e de acordo com a Lei da Demanda, se o preço de um produto aumentar, *coeteris paribus*, a quantidade demandada desse produto deverá diminuir; se o preço desse mesmo produto diminuir, *coeteris paribus*, a quantidade demandada desse produto deverá aumentar.

Isso significa dizer que a demanda é "sensível" ou "responde" a mudanças de preço. Para alguns produtos, entretanto, a quantidade demandada pode variar muito; para outros, pouco, e para outros ainda, pode até mesmo não variar quando os preços mudam. Em outras palavras, existem bens cuja demanda é mais sensível a alterações de preço do que outros.

Para o entendimento adequado da questão, consideremos inicialmente dois exemplos:

Exemplo 1

Neste exemplo, o produto a ser considerado é o sal. Façamos a suposição de que uma dona de casa compre um quilo de sal por mês, ao preço de $ 0,50/kg. Suponhamos, então, que o quilo de sal tenha um aumento de 100%, ou seja, que um quilo de sal passe a custar $ 1,00. Será que em função desse aumento de preço a dona de casa reduzirá a quantidade comprada de sal? Podemos arriscar a dizer que, provavelmente, a quantidade de sal comprada mensalmente não deverá sofrer alteração. Isso porque além da sua essencialidade – o sal é utilizado diariamente para cozinhar –, é um produto que tem um peso muito pequeno em relação ao orçamento doméstico, de tal modo que, muitas vezes, um aumento no seu preço não é sequer percebido pelo consumidor. Dizemos, nesse caso, que a consumidora é insensível ao aumento no preço do sal (ou que não responde a mudanças no preço desse produto).

Temos agora dois pares preço-quantidade que nos permitem desenhar a curva de demanda por sal da dona de casa (P = $ 0,50; Qd = 1 kg e P = $ 1,00; Qd = 1 kg).

A Figura 1 retrata a curva de demanda de sal da dona de casa em questão.

Devemos ficar atentos para o fato de que a despesa total dessa dona de casa com o produto teve um aumento de 100%, senão, vejamos:

$$\text{Despesa Total} = \text{Preço do Produto} \times \text{Quantidade Comprada}$$

ou,

$$DT = P \times Q$$

A Despesa Total antes do aumento de preço é dada por:

$$DT = \$\ 0{,}50 \times 1\ kg$$
$$\mathbf{DT = \$\ 0{,}50}$$

A Despesa Total depois do aumento de preço é dada por:

$$DT = \$\ 1{,}00 \times 1\ kg$$
$$\mathbf{DT = \$\ 1{,}00}$$

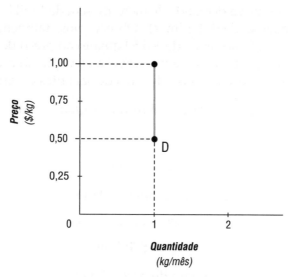

FIGURA 1
Curva de demanda individual de sal

Devemos estar atentos ao fato de que o conceito de Despesa Total equivale ao conceito de Receita Total, uma vez que o total de despesas por parte dos consumidores com um determinado produto é igual ao total de receita que as firmas que venderam aquele produto terão.

Trabalhemos agora com a hipótese de que a demanda de mercado de sal seja composta por 1 mil donas de casa com padrão de comportamento semelhante em relação a esse produto. A Figura 2 retrata a curva de demanda de mercado por sal.

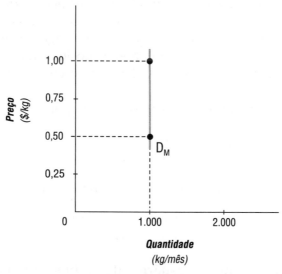

FIGURA 2
Curva de demanda de mercado por sal

Como podemos observar, a demanda de mercado será de 1 mil kg (1 mil donas de casa multiplicado pelo consumo de 1 kg/mês). Observamos, também, que a quantidade demandada é a mesma tanto ao preço de $ 0,50 quanto ao preço de $ 1,00. Diz-se, nesse caso, que a demanda de sal é totalmente insensível à elevação no preço do produto.

Calculemos, então, a receita dos produtores de sal antes do aumento de preço:

$$\text{Receita Total} = \text{Preço do Produto} \times \text{Quantidade Vendida}$$

ou,

$$RT = P \times Q$$

A Receita Total antes do aumento de preço é dada por:

$$RT = \$\ 0{,}50 \times 1.000\ kg$$
$RT = \$\ 500{,}00$

A Receita Total depois do aumento de preço é dada por:

$$RT = \$\ 1{,}00 \times 1.000\ kg$$
$RT = \$\ 1.000{,}00$

Podemos concluir, portanto, que a receita dos produtores de sal aumentou em 100% devido ao fato de que as consumidoras de sal se mostraram "insensíveis" ao aumento ocorrido no preço.

Exemplo 2

Suponha que você seja o diretor financeiro de uma companhia de transporte urbano, e que a tarifa de ônibus seja $ 1,00. De acordo com as informações existentes, sabe-se que com essa tarifa o número de passagens vendidas mensalmente é de 30 mil. Suponhamos, então, que, com a intenção de aumentar a receita da empresa, você resolva aumentar a tarifa para $ 1,10. Com essa nova tarifa, o número de passagens vendidas cai para 26 mil. Do ponto de vista da empresa, terá sido um bom negócio a elevação na tarifa? Para respondermos adequadamente à questão, calculemos a receita da empresa antes e depois do aumento tarifário.

A Receita Total antes do aumento tarifário é dada por:

$$RT = \$\ 1{,}00 \times 30.000\ passagens$$
$RT = \$\ 30.000{,}00$

A Receita Total depois do aumento tarifário é dada por:

$$RT = \$\ 1{,}10 \times 26.000\ passagens$$
$RT = \$\ 28.600{,}00$

Esse resultado revela que os usuários de ônibus se mostraram sensíveis ao aumento na passagem, ou seja, responderam ao aumento de preço com uma diminuição no número de passagens compradas. A receita da empresa também sofreu uma redução, o que demonstra que a elevação de preço não trouxe um resultado favorável.

No primeiro exemplo, nos defrontamos com um caso em que a demanda era insensível, ou, como dizem os economistas, *inelástica* em relação a mudanças de preço. Já no segundo, nos defrontamos com um caso em que a demanda era sensível, ou, como dizem os economistas, *elástica* em relação a alterações de preço do produto. Vamos, então, agora, tentar entender o significado desse conceito, e qual a sua importância do ponto de vista da análise micro e macroeconômica. As relações entre mudança de preço e receita total constituem um dos aspectos mais importantes do conceito de elasticidade-preço da demanda, que será analisado.

2.1 Elasticidade no Ponto

Quando ocorre um movimento ao longo de uma curva de demanda, precisamos ter algum método de medir variações de preços e seus efeitos sobre a quantidade demandada. Tal método está contido no conceito de elasticidade.

Para tanto, definiremos o coeficiente de elasticidade-preço da demanda como a variação porcentual na quantidade demandada dividida pela variação porcentual no preço, ou

$$Ed = \frac{\text{Variação Porcentual na Quantidade Demandada}}{\text{Variação Porcentual do Preço}}$$

onde:

Ed = coeficiente de elasticidade.

Outra forma de enunciar o coeficiente de elasticidade é a seguinte:

$$Ed = \frac{\% \Delta Qd}{\% \Delta P} = \frac{\frac{\Delta Qd}{Qd}}{\frac{\Delta P}{P}} \qquad (1)$$

onde:

ΔQd = Variação na Quantidade Demandada
Qd = Quantidade Demandada de onde se parte
ΔP = Variação no Preço
P = Preço de onde se parte

Podemos ainda reescrever a expressão (1) da seguinte forma:

$$Ed = \frac{\frac{\Delta Qd}{Qd}}{\frac{\Delta P}{P}} = \frac{\Delta Qd}{Qd} \times \frac{P}{\Delta P} = \frac{\Delta Qd}{\Delta P} \times \frac{P}{Qd} \qquad (2)$$

Essa fórmula nos dá o *coeficiente de elasticidade no ponto*, ou seja, o valor da elasticidade no ponto do qual se partiu.

Para exemplificar a medição numérica da elasticidade no *ponto*, vamos nos valer do Quadro 1, que dá informações de preços e quantidades referentes a uma hipotética escala de demanda do bem X.

QUADRO 1
Escala de demanda do bem X

Preço ($/unidade)		Quantidade do bem X (unidades/mês)		Pontos
P_1	5,00	Qd_1	3	A
P_2	4,00	Qd_2	4	B

A Figura 3 nos dá a representação gráfica dessa escala de demanda. Assim, se quisermos medir este coeficiente para variação de *A* para *B* na Figura 3, teremos:

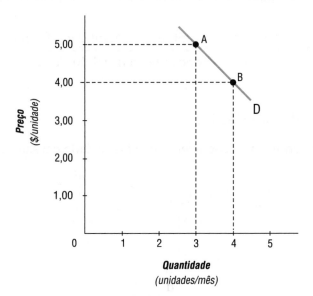

FIGURA 3
Representação da escala de demanda

$$Ed_{AB} = \frac{\frac{\Delta Qd}{Qd}}{\frac{\Delta P}{P}} = \frac{\frac{Qd_2 - Qd_1}{Qd_1}}{\frac{P_2 - P_1}{P_1}} = \frac{\frac{4-3}{3}}{\frac{4-5}{5}} = \frac{\frac{1}{3}}{\frac{-1}{5}}$$

$$Ed_{AB} = -\frac{5}{3} = -1,6666$$

Devemos notar que esse valor se refere à elasticidade no ponto A, de onde se originou o movimento de preço (no caso, a diminuição no preço). Adiante mostraremos que o valor da elasticidade no ponto apresenta, na maioria das vezes, diferentes resultados, conforme o ponto do qual se parte. Se tivéssemos feito o cálculo da elasticidade do ponto B para o ponto A, o valor do coeficiente seria igual a –1 ($Ed_{BA} = -1$).

Devemos notar também que o coeficiente de elasticidade-preço da demanda tem sinal negativo, já que, segundo a lei da demanda, a quantidade demandada varia inversamente ao preço. Entretanto, por uma questão de conveniência, convencionou-se abandoná-lo, uma vez que ele reflete tão somente a inclinação da curva de demanda.

Cabe aqui uma indagação: por que expressamos a variação em quantidade e preço como relativas? A explicação para isso reside no fato de que uma variação absoluta pode ser relativamente grande ou relativamente pequena. Para exemplificar, suponhamos que um preço sofra uma elevação de $ 5,00. Se o produto que teve seu preço aumentado for um jornal, esse aumento será considerado relativamente grande; entretanto, se o produto que teve o seu preço aumentado for um televisor, $ 5,00 será considerado um aumento relativamente pequeno.

2.2 Classificação da Elasticidade-Preço da Demanda

Dependendo do valor do coeficiente, a demanda é classificada em três categorias:

1) Demanda Elástica ($Ed > 1$)

Nesse caso,

$$Ed = \frac{\frac{\Delta Qd}{Qd}}{\frac{\Delta P}{P}} > 1$$

Se $Ed > 1$, significa que uma mudança (em termos porcentuais) no preço provoca uma mudança (em termos porcentuais) na quantidade demandada maior que a mudança de preço.

Para exemplificar, suponhamos que uma redução de 10% no preço de um produto provoque uma elevação de 40% na quantidade demandada. Nessas condições, o coeficiente de elasticidade-preço será:

$$Ed = \frac{\text{Variação Porcentual na Quantidade Demandada}}{\text{Variação Porcentual do Preço}}$$

então

$$Ed = \frac{40\%}{10\%}$$

e

$$Ed = 4$$

Isso indica que se trata de um produto que tem grande sensibilidade a variações de preço, uma vez que a variação porcentual da quantidade foi quatro vezes maior que a variação porcentual de preço que lhe deu origem. Diz-se, nos casos em que $Ed > 1$, que a demanda é *elástica*.

2) Demanda Inelástica ($Ed < 1$)

Nesse caso,

$$Ed = \frac{\frac{\Delta Qd}{Qd}}{\frac{\Delta P}{P}} < 1$$

Se $Ed < 1$, significa que uma mudança (em termos porcentuais) no preço provoca uma mudança (em termos porcentuais) na quantidade demandada menor que a mudança de preço.

Para exemplificar, suponhamos que uma redução de 10% no preço de um produto provoque uma elevação de 5% na quantidade demandada. Nessas condições, o coeficiente de elasticidade-preço será:

$$Ed = \frac{\text{Variação Porcentual na Quantidade Demandada}}{\text{Variação Porcentual do Preço}}$$

então

$$Ed = \frac{5\%}{10\%}$$

e

$$Ed = \frac{1}{2} = 0,5$$

Isso indica que se trata de um produto cujas variações de preços provocam poucas reações nos consumidores, ou seja, há baixa sensibilidade ao que acontece com os preços de mercado, uma vez que a variação porcentual de preço provoca uma variação porcentual relativamente menor nas quantidades demandadas. Diz-se, nos casos em que $Ed < 1$, que a demanda é *inelástica*.

3) Demanda com Elasticidade Unitária ($Ed = 1$)

Nesse caso,

$$Ed = \frac{\frac{\Delta Qd}{Qd}}{\frac{\Delta P}{P}} = 1$$

Se $Ed = 1$, significa que uma mudança (em termos porcentuais) no preço provoca uma mudança (em termos porcentuais) na quantidade demandada igual à mudança porcentual havida no preço.

Para exemplificar, suponhamos que uma redução de 10% no preço de um produto provoque uma elevação de 10% na quantidade demandada. Nessas condições, o coeficiente de elasticidade-preço será:

$$Ed = \frac{\text{Variação Porcentual na Quantidade Demandada}}{\text{Variação Porcentual do Preço}}$$

então

$$Ed = \frac{10\%}{10\%}$$

e

$$Ed = 1$$

Isso indica que a variação porcentual na quantidade demandada é igual à variação porcentual no preço que a ocasionou. Diz-se, nos casos em que $Ed = 1$, que a demanda tem *elasticidade unitária*.

2.3 A Elasticidade-Preço no Ponto Médio (ou no Arco)

Para entendermos adequadamente o porquê do cálculo da elasticidade no ponto médio, vamos nos valer do Quadro 2, mostrado a seguir, que nos dá informações de preços e quantidades referentes a uma hipotética escala de demanda do bem Y.

QUADRO 2
Escala de demanda do bem Y

Preço ($/unidade)		Quantidade do Bem Y (unidades/mês)		Pontos
P_1	10	Qd_1	10	A
P_2	8	Qd_2	30	B

A representação gráfica dessa escala de demanda é dada a seguir na Figura 4:

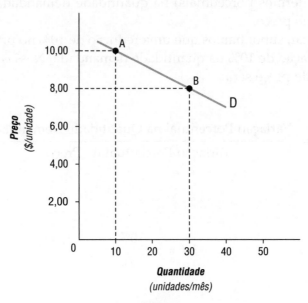

FIGURA 4
Representação da escala de demanda do bem Y

Assim, se quisermos medir este coeficiente quando o preço se reduz de $ 10 para $ 8 (do ponto *A* para o ponto *B*), teremos:

$$Ed_{AB} = \frac{\frac{\Delta Qd}{Qd}}{\frac{\Delta P}{P}}$$

então

$$Ed_{AB} = \frac{\frac{Qd_2 - Qd_1}{Qd_1}}{\frac{P_2 - P_1}{P_1}}$$

logo

$$Ed_{AB} = \frac{\frac{30-10}{10}}{\frac{8-10}{10}} = \frac{\frac{20}{10}}{\frac{-2}{10}} = \frac{2}{-1/5}$$

$Ed_{AB} = 10$ (desconsiderando o sinal negativo)

Calculemos agora a elasticidade quando o preço aumenta de $ 8 para $ 10 (do ponto B para o ponto A).

$$Ed_{BA} = \frac{\frac{\Delta Qd}{Qd}}{\frac{\Delta P}{P}}$$

então

$$Ed_{BA} = \frac{\frac{Qd_1 - Qd_2}{Qd_2}}{\frac{P_1 - P_2}{P_2}}$$

logo

$$Ed_{BA} = \frac{\frac{10-30}{30}}{\frac{10-8}{8}} = \frac{\frac{20}{30}}{\frac{2}{8}} = \frac{0,66}{0,25} = 2,64$$

$Ed_{BA} = 2{,}64$ (desconsiderando o sinal negativo)

Assim, obtemos diferentes valores para Ed se nos movermos do ponto A para o ponto B ou se nos movermos do ponto B para o ponto A. Essa diferença resulta do fato de se ter um ponto inicial diferente como base na computação da variação porcentual em cada caso.

Para contornar esse problema, os economistas utilizam-se do conceito da *elasticidade-de-arco*, definida como a elasticidade média entre dois pontos. Assim, toma-se a média entre os dois preços $(P_1 + P_2)/2$ e a média entre as duas quantidades $(Qd_1 + Qd_2)/2$ para se encontrar a Ed. A *elasticidade-arco preço da demanda* é então dada pela seguinte fórmula:

$$Ed = \frac{\frac{\text{Variação na Quantidade}}{\text{Soma das Quantidades}/2}}{\frac{\text{Variação no Preço}}{\text{Soma dos Preços}/2}}$$

que pode ser expressa da seguinte forma:

$$Ed = \frac{\%\,\Delta Qd}{\%\,\Delta P} = \frac{\frac{\Delta Qd}{\frac{Qd_1 + Qd_2}{2}}}{\frac{\Delta P}{\frac{P_1 + P_2}{2}}} = \frac{\frac{Qd_2 - Qd_1}{\frac{Qd_2 + Qd_1}{2}}}{\frac{P_2 - P_1}{\frac{P_2 + P_1}{2}}}$$

onde:

$$\Delta Qd = Qd_2 - Qd_1$$

e

$$\Delta P = P_2 - P_1$$

Devemos observar que Qd_1 representa a primeira quantidade demandada, Qd_2 representa a segunda quantidade demandada, e P_1 e P_2 representam o primeiro e o segundo preços, respectivamente.

Devemos observar, também, que o número 2 é divisor dos termos $(Qd_1 + Qd_2)$ e $(P_1 + P_2)$. Pelo fato de o número 2 se encontrar no numerador e no denominador, ele pode ser cancelado.

Vamos agora utilizar a fórmula da elasticidade no ponto médio para calcular a elasticidade-preço da demanda do ponto A para o ponto B e do ponto B para o ponto A.

$$Ed_{AB} = \frac{\dfrac{Qd_2 - Qd_1}{Qd_2 + Qd_1}}{\dfrac{P_2 - P_1}{P_2 + P_1}}$$

Substituindo os valores na fórmula, obtemos:

$$Ed_{AB} = \frac{\dfrac{30 - 10}{30 + 10}}{\dfrac{8 - 10}{8 + 10}} = \mathbf{Ed_{AB} = 4{,}5}$$

Calculemos agora a elasticidade no ponto médio de B para A.

$$Ed_{BA} = \frac{\dfrac{Qd_1 - Qd_2}{Qd_1 + Qd_2}}{\dfrac{P_1 - P_2}{P_1 + P_2}}$$

Substituindo os valores na fórmula, obtemos:

$$Ed_{BA} = \frac{\dfrac{10 - 30}{10 + 30}}{\dfrac{10 - 8}{10 + 8}} = \mathbf{Ed_{BA} = 4{,}5}$$

Aplicando a fórmula do ponto médio, obtemos o mesmo resultado tanto para movimentos de A para B como para movimentos de B para A. Encontramos, assim, o coeficiente da elasticidade-preço da procura em um ponto intermediário entre A e B.

2.4 Elasticidade-Preço da Demanda e a Receita Total

Veremos nesta seção que a elasticidade e a inelasticidade da demanda podem ser retratadas por meio de curvas de demanda. Nossa análise estará centrada na Figura 5, que nos mostra duas curvas de demanda de mercado típicas. As relações entre mudança de preço, receita total e elasticidade constituem um dos aspectos mais importantes na previsão de vendas das empresas, pois permitem uma estimativa da reação dos consumidores em face de mudanças nos preços não só da empresa, como também de seus concorrentes.

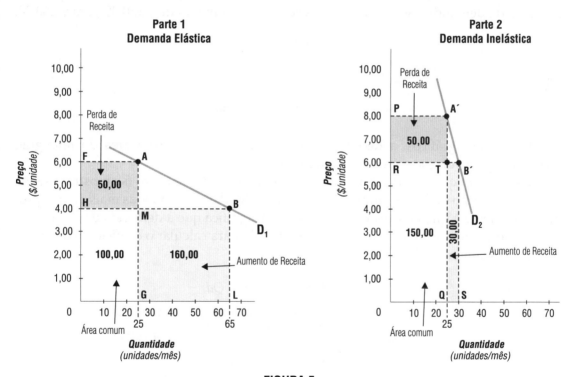

FIGURA 5
Curva de demanda elástica e inelástica e receita total

2.4.1 *Demanda Elástica e Receita Total*

Examinemos inicialmente a Parte 1 da Figura 5. Nela, D_1 é a curva de demanda de mercado de um bem qualquer. Conforme podemos observar, ao preço unitário de $ 6,00, são demandadas 25 unidades do bem que está sendo analisado (ponto A na curva de demanda D_1). Nesse caso, a Receita Total das empresas que vendem esse bem é de $ 150,00, sendo assim obtida:

$$RT = P \times Q$$

logo,

$$RT = \$\ 6,00 \times 25 = \$\ 150,00$$

Em termos gráficos, a Receita Total será dada pela área do retângulo $OFAG$, senão, vejamos:

$$\text{área do retângulo } OFAG = 25 \times \$\ 6,00 = \$\ 150,00$$

Suponhamos, então, que o preço do produto diminua de $ 6,00 para $ 4,00. Em decorrência disso, a quantidade demandada aumenta de 25 para 65 unidades (ponto B na curva de demanda), ao passo que a Receita Total aumenta de $ 150,00 para $ 260,00.

$$RT = P \times Q$$

logo,

$$RT = \$\ 4,00 \times 65 = \$\ 260,00$$

Em termos gráficos, a Receita Total passará a ser dada pela área do retângulo $OHBL$, que é maior que a área do retângulo $OFAG$.

Isso mostra que os consumidores respondem à queda de preço (se mostram sensíveis à diminuição de preço), aumentando as quantidades demandadas mais do que proporcionalmente à queda ocorrida no preço. Isso significa que a demanda é elástica.

Vamos, agora, usar a fórmula do ponto médio para calcular o coeficiente de elasticidade no segmento AB.

$$Ed = \frac{\%\ \Delta Qd}{\%\ \Delta P} = \frac{\dfrac{\Delta Qd}{Qd_2 + Qd_1}}{\dfrac{\Delta P}{P_2 + P_1}} = \frac{\dfrac{Qd_2 - Qd_1}{Qd_2 + Qd_1}}{\dfrac{P_2 - P_1}{P_2 + P_1}} = \frac{\dfrac{Qd_2 - Qd_1}{Qd_2 + Qd_1}}{\dfrac{P_2 - P_1}{P_2 + P_1}}$$

$$Ed = \frac{\dfrac{65 - 25}{65 + 25}}{\dfrac{4,00 - 6,00}{6,00 + 4,00}} = \frac{\dfrac{40}{90}}{\dfrac{2,00}{10,00}} = \frac{44\%}{20\%} = 2,2$$

$$Ed = 2,2$$

De fato, usando a fórmula do ponto médio, verificamos que o coeficiente de elasticidade é 2,2, ou seja, a demanda é *elástica* (Ed > 1). Devido ao fato de a variação porcentual na quantidade (44%) ser maior que a variação porcentual no preço (20%), a queda no preço provoca um aumento na receita total.

Verificamos então que, quando a demanda é elástica, uma redução no preço acarreta uma elevação na receita total dos produtores.

Demanda Elástica

Diminuição no preço	RT aumenta
Aumento no preço	RT diminui

2.4.2 Demanda Inelástica e Receita Total

Examinemos inicialmente a Parte 2 da Figura 5. Nela, D_2 é a curva de demanda de mercado de um bem qualquer. Conforme podemos observar, ao preço unitário de $ 8,00, são demandadas 25 unidades do bem que está sendo analisado (ponto A' na curva de demanda D_2). Nesse caso, a Receita Total das empresas que vendem esse bem é de $ 200,00, sendo assim obtida:

$$RT = P \times Q$$

logo,

$$RT = \$\ 8,00 \times 25 = \$\ 200,00$$

Em termos gráficos, a Receita Total será dada pela área do retângulo $OPA'Q$, senão, vejamos:

$$\text{área do retângulo } OPA'Q = 25 \times \$\ 8,00 = \$\ 200,00$$

Suponhamos, então, que o preço do produto diminua de $ 8,00 para $ 6,00. Em decorrência disso, a quantidade demandada aumenta de 25 para 30 unidades (ponto B' na curva de demanda), ao passo que a Receita Total diminui de $ 200,00 para $ 180,00.

$$RT = P \times Q$$

logo,

$$RT = \$\ 6,00 \times 30 = \$\ 180,00$$

Em termos gráficos, a Receita Total passará a ser dada pela área do retângulo $ORB'S$, que é menor que a área do retângulo $OPA'Q$.

Isso prova que os consumidores pouco respondem à queda de preço (se mostram pouco sensíveis à diminuição de preço), aumentando as quantidades demandadas menos do que proporcionalmente à queda ocorrida no preço. Isso significa que a demanda é inelástica ($Ed < 1$).

Vamos, agora, usar a fórmula do ponto médio para calcular o coeficiente de elasticidade no segmento AB.

$$Ed = \frac{\% \Delta Qd}{\% \Delta P} = \frac{\frac{\Delta Qd}{\frac{Qd_2 + Qd_1}{2}}}{\frac{\Delta P}{\frac{P_2 + P_1}{2}}} = \frac{\frac{Qd_2 - Qd_1}{\frac{Qd_2 + Qd_1}{2}}}{\frac{P_2 - P_1}{\frac{P_2 + P_1}{2}}} = \frac{\frac{Qd_2 - Qd_1}{Qd_2 + Qd_1}}{\frac{P_2 - P_1}{P_2 + P_1}}$$

$$Ed = \frac{\frac{30 - 25}{30 + 25}}{\frac{6{,}00 - 8{,}00}{6{,}00 + 8{,}00}} = \frac{\frac{5}{55}}{\frac{2{,}00}{14{,}00}} = \frac{9\%}{14\%} = 0{,}64$$

$$Ed = 0{,}64$$

De fato, usando a fórmula do ponto médio, verificamos que o coeficiente de elasticidade é 0,64, ou seja, a demanda é **inelástica** ($Ed < 1$). Devido ao fato de a variação porcentual na quantidade (9%) ser menor que a variação porcentual no preço (14%), a queda no preço provoca uma diminuição na receita total.

Verificamos então que, quando a demanda é inelástica, uma redução no preço acarreta diminuição na receita total dos produtores.

Demanda Inelástica

Diminuição no preço	RT diminui
Aumento no preço	RT aumenta

2.4.3 Advertência

Até agora a nossa análise sobre elasticidade e receita total baseou-se na comparação entre duas curvas de demanda com diferentes inclinações (Figura 5). Verificamos, então, que a curva de demanda menos inclinada era elástica, ao passo que a curva de demanda com inclinação mais acentuada era inelástica. Entretanto, devemos salientar que a comparação das elasticidades somente foi possível porque as duas curvas de demanda estavam desenhadas na mesma escala. Para exemplificar, verifiquemos os gráficos de demanda da Figura 6.

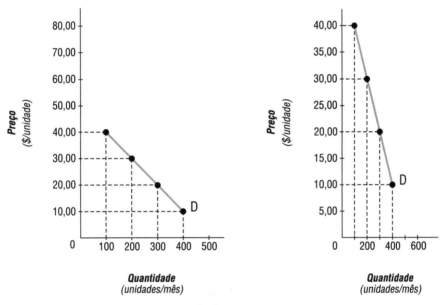

FIGURA 6
Uma mesma curva de demanda desenhada em escalas diferentes

Como podemos notar, as duas curvas têm, aparentemente, inclinações distintas. Entretanto, a construção dessas curvas baseou-se nas mesmas informações de preço e quantidade.

Em outras palavras, a sensibilidade da quantidade demandada ao longo das duas curvas é a mesma. Na realidade, o que as diferencia é o fato de terem sido desenhadas em escalas diferentes.

Devemos, além disso, cuidar para não tirar conclusões a respeito da elasticidade-preço com base na inclinação de uma única curva. Vimos na Seção 1.1 que a elasticidade é dada por $\Delta Qd/\Delta P \times P/Qd$, ao passo que a inclinação da curva de demanda é dada por $\Delta P/\Delta Qd$. Isso implica dizer que existem diferentes elasticidades ao longo de uma mesma curva de demanda, o que será objeto de discussão adiante.

2.5 Casos Especiais de Elasticidade

2.5.1 *Curva de Demanda Infinitamente Elástica*

A Figura 7 nos mostra uma *curva de demanda infinitamente (ou perfeitamente) elástica*, dada por uma linha horizontal, paralela ao eixo das quantidades. Nesse caso, o coeficiente de elasticidade é infinito ($Ed = \times$). Se a quantidade é extremamente sensível a mudanças de preço, a demanda é perfeitamente elástica. Isso significa que os consumidores estão dispostos a comprar qualquer quantidade ao preço de $ 100,00, mas nada ao preço logo acima desse nível ($ 100,10, por exemplo). Uma pequena mudança porcentual no preço provoca uma infinita mudança porcentual na quantidade demandada (ou os consumidores compram tudo ou não compram nada).

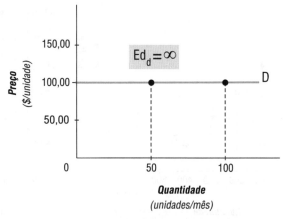

FIGURA 7
Curva de demanda infinitamente elástica

Se ao preço de $ 100 qualquer quantidade será demandada, então o vendedor pode vender tudo o que desejar sem que isso afete o preço do produto. Faremos uso desse caso quando examinarmos a estrutura de mercado chamada concorrência perfeita.

2.5.2 *Curva de Demanda Perfeitamente Inelástica*

A Figura 8 mostra outro caso extremo de elasticidade, dado por uma curva de demanda com elasticidade igual a zero, chamada *curva de demanda perfeitamente inelástica*. Ela é representada por uma linha reta vertical, paralela, portanto, ao eixo do preço. Nesse caso, a quantidade demandada não responde de maneira alguma às variações de preço.

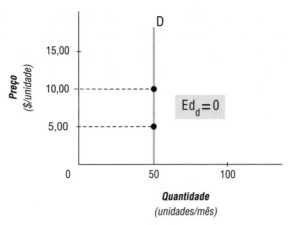

FIGURA 8
Curva de demanda perfeitamente inelástica

Vemos que, se o preço subir de $ 5,00 para $ 10,00, a quantidade demandada permanece em 50. O coeficiente de elasticidade é, então, igual a zero ($Ed = 0$)

2.5.3 Curva de Demanda com Elasticidade Unitária

Existe um interessante caso de curva de demanda que não é nem elástica nem inelástica.

O Quadro 3 mostra uma escala de demanda em que a elasticidade, calculada no ponto médio, é sempre igual a 1.

QUADRO 3
Escala de demanda com elasticidade unitária

Preço ($)	Quantidade Demandada	Receita Total ($)
60,00	10	600,00
50,00	12	600,00
40,00	15	600,00
30,00	20	600,00
20,00	30	600,00
10,00	60	600,00

A Figura 9, obtida dos dados do Quadro 3, nos mostra uma *curva de demanda com elasticidade unitária*. Essa é uma curva de demanda em que uma mudança no preço provoca uma mudança na quantidade demandada na mesma proporção que a mudança de preço. Essa situação acontece quando a despesa total com um bem ou serviço não sofre variação quando o preço muda. O fato de a curva de demanda ter elasticidade unitária em toda a sua extensão implica que a porcentagem de mudança na quantidade demandada seja igual à porcentagem de mudança no preço. E, devido ao fato de que a porcentagem de mudança no preço é igual à porcentagem de mudança na quantidade, a receita total permanece constante.

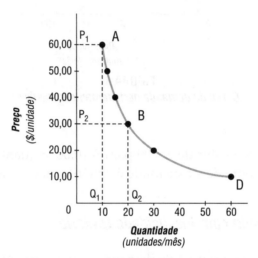

FIGURA 9
Curva de demanda com elasticidade unitária

No nosso exemplo, a receita total é constante, sendo a curva de demanda dada por uma hipérbole retangular. Isso significa que a área de qualquer retângulo traçado desde qualquer ponto da curva até os eixos é sempre a mesma. Se tomarmos o ponto A de coordenadas $P_1 = \$ 60$, $Q_1 = 10$ e o ponto B de coordenadas $P_2 = \$ 30$, $Q_2 = 20$, verificamos que a área do retângulo OP_1AQ_1 é igual à área do retângulo OP_2BQ_2. Como a receita é dada pela área de cada retângulo, ela permanecerá sempre a mesma. Dessa forma, ainda que o preço caia de $ 60 para $ 30 ou para $ 10, a receita total permanecerá em $ 600.

2.6 A Elasticidade-Preço Varia ao Longo de uma Curva de Demanda

Desconsiderando-se as exceções apontadas nas seções anteriores, em que uma curva de demanda apresentava um único coeficiente de elasticidade (Ed = ×, Ed = 0 e Ed = 1), devemos apontar para o fato de que uma única curva de demanda pode apresentar vários coeficientes de elasticidade conforme nos movemos ao longo dela.

O Quadro 4 nos fornece os valores de preço e quantidade de uma escala de demanda, a Receita Total, o coeficiente de elasticidade e a classificação da demanda (elástica, elasticidade unitária ou inelástica).

QUADRO 4
Cálculo da receita total e da elasticidade ao longo de uma hipotética curva de demanda

Ponto	Preço ($)	Quantidade Demandada	Elasticidade	Receita Total (Preço × Quantidade)	
A	7,00	0		0	**Procura Elástica**
B	6,00	50	Ed_d = 13,00	300,00	Receita Total Δ se preço Δ
C	5,00	100	Ed_d = 3,67	500,00	Receita Total Δ se preço Δ
D	4,00	150	Ed_d = 1,80	600,00	**Elasticidade Unitária**
E	3,00	200	Ed_d = 1,00	600,00	Receita Total não muda se preço Δ ou Δ
F	2,00	250	Ed_d = 0,56	500,00	**Procura Inelástica**
G	1,00	300	Ed_d = 0,27	300,00	Receita Total Δ se preço Δ
H	0	350	Ed_d = 0,08	0	Receita Total Δ se preço Δ

Façamos então, a título de exemplo, o cálculo da elasticidade quando o preço cai de $ 6,00 e $ 5,00, usando a fórmula do ponto médio:

$$Ed = \frac{\dfrac{Qd_2 - Qd_1}{Qd_2 + Qd_1}}{\dfrac{P_2 - P_1}{P_2 + P_1}}$$

$$Ed = \frac{\dfrac{100 - 50}{100 + 50}}{\dfrac{5 - 6}{5 + 6}} = 3,67 \text{ (despreza-se o sinal negativo)}$$

A Parte 1 da Figura 10 nos mostra a curva de demanda linear obtida a partir dos dados do Quadro 4. Podemos, então, notar a existência de três áreas distintas de elasticidade. Isso significa dizer que a elasticidade varia ao longo da curva. A Parte 2 da Figura 10 nos mostra a correspondente curva de Receita Total. Comecemos pelo preço de $ 7,00 na curva de demanda e façamos o preço diminuir para $ 6,00, $ 5,00 e $ 4,00. O Quadro 4 nos mostra as variações na Receita Total e os diferentes coeficientes de elasticidade (*no ponto médio*) para cada segmento de preços.

Parte 1
Curva de Demanda e Diferentes Elasticidades em sua Extensão

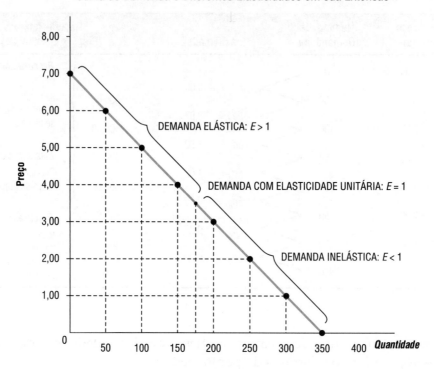

Parte 2
Curva de Receita Total

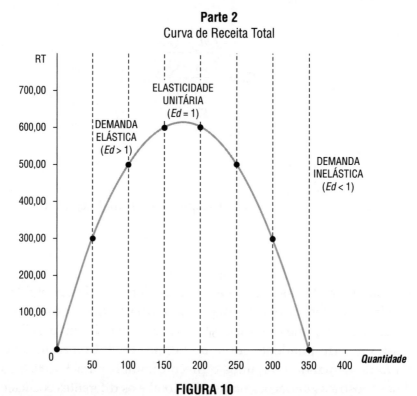

FIGURA 10
A variação da receita total e da elasticidade ao longo de uma curva de demanda

Ao nos movermos para baixo na curva de demanda, a elasticidade-preço da demanda (*Ed*) diminui, ao passo que a receita total (*RT*) aumenta. Sendo assim, quando o preço cai de $ 6,00 para $ 5,00, a elasticidade-preço da demanda é de 3,67. Verificamos, então, que esse segmento da curva de demanda é elástico (*Ed* > 1). Verificamos, também, que, quando o preço cai de $ 6,00 para $ 5,00, a receita total aumenta de $ 300,00 para $ 500,00.

Continuando a nos mover para baixo, ao longo da curva de demanda, verificamos que quando o preço diminui de $ 4,00 para $ 3,00, a elasticidade-preço da demanda tem o valor de um (*Ed* = 1), significando que nesse segmento da curva de demanda a elasticidade-preço é unitária. Constatamos, então, que se o preço diminui de $ 4,00 para $ 3,00, a receita total permanece constante em $ 600,00. Devemos ficar atentos que é no ponto médio desse segmento da curva de demanda que a elasticidade-preço é unitária (*Ed* = 1) e o valor do coeficiente de elasticidade é igual a um. Esse ponto é dado pelo preço $ 3,50 ($ 4,00 + $ 3,00/2) e pela quantidade 175 (150 + 200/2). Calculando a elasticidade *no ponto* quando o preço cai de $ 3,50 para $ 3,00 obtemos:

$$Ed = \frac{\frac{\Delta Qd}{Qd}}{\frac{\Delta P}{P}} = \frac{\Delta Qd}{\Delta P} \times \frac{P}{Q_d} = \frac{Qd_2 - Qd_1}{P_2 - P_1} \times \frac{P_1}{Qd_1}$$

$$Ed = \frac{200 - 175}{3,00 - 3,50} \times \frac{3,50}{175} = \frac{25}{-0,50} \times \frac{3,50}{175} = 1$$

(desconsidera-se o sinal negativo)

Devemos notar que no ponto em que a elasticidade-preço é unitária, a receita total é maximizada em $ 612,50 ($ 3,50 × 175 = $ 612,50).

Continuando a nos mover para baixo, ao longo da curva de demanda, verificamos que a elasticidade cai para valores abaixo de 1, ao mesmo tempo em que a receita total diminui. Exemplificando: quando o preço cai de $ 3,00 para $ 2,00, a elasticidade-preço da demanda é de 0,56. Verificamos, então, que esse segmento da curva de demanda é inelástico (*Ed* < 1). Verificamos também que, quando o preço cai de $ 3,00 para $ 2,00, a receita total diminui de $ 600,00 para $ 500,00.

Sintetizando, podemos dizer que, quando o preço cai, a receita total aumenta se o coeficiente de elasticidade-preço da demanda for maior que 1 (*Ed* > 1); permanece constante se o coeficiente de elasticidade-preço for igual a 1 (*Ed* = 1), e diminui se o coeficiente de elasticidade-preço da demanda for menor que 1 (*Ed* < 1). De maneira inversa, se o preço aumenta na faixa elástica da curva de demanda, a receita total diminui; se o preço aumenta na faixa inelástica da curva de demanda, a receita total aumenta. Se o preço aumenta ou diminui e a receita total não se altera, estamos na faixa de elasticidade unitária. O Quadro 5 resume essas relações:

QUADRO 5
Elasticidade e receita total

E_d	Preço	Receita Total
> 1	Aumenta Diminui	Diminui Aumenta
= 1	Aumenta Diminui	Constante Constante
< 1	Aumenta Diminui	Aumenta Diminui

Concluindo, podemos dizer que, se uma empresa estiver atuando na região inelástica da curva de demanda, será vantajoso para ela aumentar o preço até onde $Ed = 1$. Nesse caso, embora a quantidade vendida diminua, o aumento de preço mais do que compensará essa diminuição. Consequentemente, a receita total aumentará.

Da mesma forma, se uma empresa estiver atuando na região elástica da curva de demanda, ela terá vantagens se diminuir o preço até onde $Ed = 1$, pois o aumento na quantidade vendida mais do que compensará a queda no preço. Nesse caso, também haverá aumento da receita total.

2.7 Fatores que Influenciam a Elasticidade-Preço da Demanda

O Quadro 6 apresenta a elasticidade-preço da demanda para vários tipos de bens e serviços.

QUADRO 6
Diferentes elasticidades para vários bens e serviços

Marcas Específicas	Ed
Pepsi-Cola®	2,08
Coca-Cola®	1,71
Categorias Específicas	**Ed**
Gasolina	0,20
Óleo	0,15
Ovos	0,26
Cerveja	0,26
Eletricidade	0,40 a 0,50
Cigarros	0,45
Leite	0,54
Carne de porco	0,78
Turismo na Tailândia	1,20
Categorias Amplas	**Ed**
Transporte	0,56
Alimentação	0,67
Vestuário	0,89
Recreação	1,09

Fonte: HALL, Robert E.; LIEBERMAN, Marc. *Macroeconomia:* princípios e aplicações. Pioneira Thomson Learning, 2003.

Como podemos observar, a demanda por Pepsi-Cola® e por Coca-Cola® é elástica, ao passo que a demanda por gasolina e por eletricidade é inelástica. Por outro lado, a demanda por recreação apresenta o coeficiente de elasticidade próximo da unidade. A pergunta que se faz é: que fatores determinam se a demanda por um bem será elástica ou inelástica? Apresentamos, a seguir, os fatores que fazem que a elasticidade-preço da demanda seja diferente entre os diversos tipos de bens e serviços.

a) Possibilidade de Substituição

Quanto mais substitutos uma mercadoria tiver, mais elástica deverá ser a sua demanda. Assim, se o preço da Coca-Cola® subir, os consumidores prontamente se voltarão para o bem substituto, tais como a Pepsi-Cola®, o guaraná ou outro refrigerante qualquer. Essa lógica ajuda a explicar algumas das diferenças nos valores de elasticidade encontrados no Quadro 6. A possibilidade de substituição ajuda a explicar por que um aumento de preço de 10% na Pepsi-Cola® provocaria uma diminuição de mais de 20% na quantidade demandada. Por outro lado, existem alguns produtos, tais como os ovos e a gasolina, para os quais a possibilidade de substituição é menor. Isso ajuda a explicar os valores de elasticidade relativamente baixos para esses bens.

A relação entre possibilidade de substituição e elasticidade-preço da demanda é clara: *quanto mais substitutos uma mercadoria tiver, maior deverá ser o valor da elasticidade--preço da demanda; quanto menos substitutos uma mercadoria tiver, menor deverá ser o valor da elasticidade-preço da demanda.*

b) O Grau de Essencialidade

Bens essenciais, tais como alimentos, ou um remédio, possuem demandas inelásticas, principalmente se não houver substitutos para eles. Bens menos essenciais, tais como uma viagem aos Estados Unidos ou recreação, podem ser substituídos mais facilmente. As informações do Quadro 6 confirmam esse fato. A demanda por alimentos é menos elástica do que a demanda por recreação, e a demanda por leite é menos elástica do que a demanda por viagens de turismo na Tailândia. *De maneira geral, podemos dizer que quanto mais essencial for um bem, mais inelástica tenderá a ser sua demanda. Seguindo o mesmo raciocínio, quanto menos essencial for um bem, mais elástica deverá se a sua demanda.*

c) Importância Relativa do Bem no Orçamento do Consumidor

Quando a despesa com um bem ocupa uma pequena parte no orçamento das pessoas, muitas vezes alterações no preço desse bem não são sequer por elas notadas. É o caso, por exemplo, da caixa de fósforos, cujos aumentos de preço (dentro de determinada faixa) nem sequer são percebidos pelos consumidores. *Assim, quanto menor for o peso do bem no orçamento do consumidor, mais inelástica deverá ser a sua demanda.* Em contrapartida, produtos que tenham um peso maior no orçamento do consumidor deverão ter uma demanda mais elástica. É o caso, por exemplo, da instrução particular. Aumentos nos valores das mensalidades escolares são prontamente sentidos pelos consumidores, fazendo que as pessoas procurem serviços substitutos (escolas mais baratas, por exemplo). *Pode-se dizer, então, que quanto maior for o peso do bem no orçamento do consumidor, mais elástica deverá ser a sua demanda.*

d) O Tempo

A facilidade para se encontrar bens substitutos para um determinado produto vai depender do horizonte de tempo de nossa análise. As elasticidades apresentadas no Quadro 6 são todas *elasticidades de curto prazo*, em que a variação na quantidade é medida em um curto espaço de tempo – poucos meses – após ter ocorrido a mudança de preço. A elasticidade de longo prazo mede a variação na quantidade em um espaço de tempo mais longo – um ano ou mais – após ter havido a mudança de preço. Estudos têm demonstrado que as *elasticidades de longo prazo* em geral são maiores que as elasticidades de curto prazo.

Por que isso acontece? Porque fica mais fácil para os consumidores descobrirem bens substitutos se dispõem de mais tempo para fazê-lo. Em curto prazo, portanto, uma mudança no preço de um bem pode não afetar de maneira sensível a quantidade demandada. Com o passar do tempo, no entanto, substitutos serão encontrados ou se formarão novos hábitos de consumo, de modo que a curva de demanda tenderá a se tornar mais elástica.

3 ELASTICIDADE-RENDA DA DEMANDA

A elasticidade-renda da demanda mede a sensibilidade da demanda a mudanças *de renda*. Ela é definida como a variação porcentual na quantidade demandada dividida pela variação porcentual na renda do consumidor, *coeteris paribus*, ou seja, com os demais fatores que influenciam a demanda permanecendo inalterados.

$$Er = \frac{\text{Variação Porcentual na Quantidade Demandada}}{\text{Variação Porcentual da Renda}}$$

Usando a fórmula do ponto médio para o cálculo da elasticidade-renda, temos:

$$Er = \frac{\% \Delta Q}{\% \Delta R} = \frac{\dfrac{Q_2 - Q_1}{Q_2 + Q_1}}{\dfrac{R_2 - R_1}{R_2 + R_1}}$$

O coeficiente da elasticidade-renda pode ser positivo ($Er > 0$) ou negativo ($Er < 0$). Vamos analisar esses casos.

a) Bem Normal – $Er > 0$ (elasticidade-renda positiva)

Geralmente, o coeficiente de elasticidade-renda apresenta-se denotado pelo sinal positivo. Se for positivo ($Er > 0$), o bem será considerado normal, indicando que as relações renda-quantidade demandada tenderão a ser de natureza direta.

QUADRO 7
Alguns valores de elasticidade-renda

Bens e Serviços	Elasticidade-Renda
Categorias Restritas	
Frutas Frescas	1,99
Computadores	1,71
Mobília	1,48
Livros	1,44
Viagens de Transatlântico	1,40
Educação	0,55
Cigarros	0,50
Frango	0,42
Ovos	0,37
Carne	0,35
Queijo	0,34
Carne de Porco	0,34
Vegetais Frescos	0,26
Eletricidade	0,20
Extração de Dente	−013 a 0,47
Pão	−0,42
Batatas	−0,81
Categorias Amplas	
Transportes	1,79
Recreação	1,07
Vestuário	1,02
Alimentação	0,60 a 0,85

Fonte: HALL, Robert E.; LIEBERMAN, Marc. *Macroeconomia:* princípios e aplicações. Pioneira Thomson Learning, 2003.

Para a maioria dos bens e serviços, uma elevação na renda leva a um aumento da demanda (isto é, um deslocamento para a direita da curva de demanda). Esse é o caso dos *bens normais,* cujo consumo cresce quando a renda aumenta. Observa-se que o bem é considerado normal, independentemente de seu coeficiente ser unitário, alto ou baixo. Analisemos caso a caso:

a-1) $Er > 0$, porém < que 1

Nesse caso, teremos

$$Er = \frac{\% \Delta Qd}{\% \Delta R} > 0, \text{ porém} < 1$$

Se o coeficiente for menor do que a unidade, porém positivo, *a elasticidade-renda denomina-se baixa,* e a demanda é *inelástica em relação à renda.*

Exemplo: o aumento de 10% na renda provoca aumento na quantidade demandada de 5%. Teremos, então:

$$Er = \frac{5\%}{10\%} = \frac{1}{2}$$

Geralmente os bens considerados como necessidades econômicas possuem baixa elasticidade-renda. Como exemplo podemos citar a alimentação, a educação, os cigarros, os vegetais frescos etc. É importante notar que *necessidades econômicas* é uma classificação determinada pelo comportamento do consumidor e não pelo nosso julgamento a respeito dos bens importantes para a sobrevivência do ser humano. As pessoas certamente podem sobreviver sem cigarros. Mas, desde que os cigarros tenham elasticidade-renda entre 0 e 1, eles são classificados como necessidades econômicas.

a-2) $Er = 1$

Nesse caso, teremos:

$$Er = \frac{\% \Delta Qd}{\% \Delta R} = 1$$

Se o valor do coeficiente de elasticidade-renda de um determinado bem for igual à unidade, diz-se então que a demanda por esse bem tem *elasticidade-renda unitária*.

Exemplo: o aumento de 10% na renda provoca aumento na quantidade demandada de 10%. Teremos, então:

$$Er = \frac{10\%}{10\%} = 1$$

A procura por moradias parece apresentar um coeficiente de elasticidade-renda bem próximo de 1.

a-3) $Er > 1$

Nesse caso, teremos:

$$Er = \frac{\% \Delta Qd}{\% \Delta R} > 1$$

Se o valor do coeficiente de elasticidade-renda de um bem for maior do que a unidade, então a elasticidade-renda é alta. Nesse caso, diz-se que a demanda por esse bem é *elástica em relação à renda*.

Exemplo: a elevação de 10% na renda provoca aumento de 20% na quantidade demandada. Teremos então:

$$Er = \frac{20\%}{10\%} = 2$$

Geralmente, livros, CDs, automóveis etc. têm elasticidade-renda positiva. Já os bens considerados supérfluos, tais como joias, casacos de pele, denominados *bens de luxo*, têm alta elasticidade-renda. O Quadro 7 apresenta alguns produtos com suas respectivas elasticidades-renda.

b) Bem Inferior – Er < 0 (elasticidade-renda negativa)

Sempre que a elasticidade-renda da demanda for negativa, tem-se o caso dos *bens inferiores*, ou seja, aqueles que, quando ocorre elevação na renda, trazem como consequência uma redução de seu consumo. Teremos, então:

$$Er = \frac{\% \Delta Qd}{\% \Delta R} < 0$$

Exemplo: o aumento de 10% na renda provoca diminuição de 5% na quantidade demandada.

$$Er = \frac{-5\%}{+10\%} = -\frac{1}{2}$$

O Quadro 7 nos mostra como exemplo de bens inferiores o pão e a batata cujo consumo parece diminuir quando, a partir de determinados níveis, a renda aumenta. No caso específico dos bens inferiores, um aumento na renda leva a uma diminuição da demanda (isto é, um deslocamento para a esquerda da curva de demanda).

c) Er = 0 (elasticidade-renda nula)

No caso de o coeficiente de elasticidade ser nulo, diz-se que a *demanda é perfeitamente inelástica* (anelástica) em relação à renda. As quantidades demandadas permanecem constantes, independentemente de variações no nível de renda do consumidor.

$$Er = \frac{\% \Delta Qd}{\% \Delta R} = 0$$

Exemplo: o aumento de 10% na renda não provoca nenhuma alteração na quantidade adquirida do produto. Teremos, então:

$$Er = \frac{0\%}{10\%} = 0$$

Esse é o caso dos *bens de consumo saciado* cujo consumo não se altera quando a renda aumenta.

4 ELASTICIDADE-PREÇO CRUZADA DA DEMANDA

A quantidade demandada de uma mercadoria particular é afetada não somente pelo seu preço, mas também pelo preço dos bens relacionados a ela. Se os bens estão relacionados, então são classificados como substitutos ou complementares. A mudança no preço de um bem, caso ele seja substituto ou complementar, pode afetar a quantidade demandada de outro bem. A elasticidade-preço cruzada da demanda mede o efeito que a mudança no preço de um produto provoca na quantidade demandada de outro produto, *coeteris paribus*. Mais formalmente, se tivermos dois bens, X e Y, a elasticidade-preço cruzada da demanda, pela fórmula do ponto médio, será dada por:

$$E_{XY} = \frac{\text{Variação Porcentual na Quantidade Demandada do Bem } X}{\text{Variação Porcentual no Preço do Bem } Y}$$

$$E_{XY} = \frac{\dfrac{Qd_{X2} - Qd_{X1}}{Qd_{X2} + Qd_{X1}}}{\dfrac{P_{Y2} - P_{Y1}}{P_{Y2} + P_{Y1}}}$$

De acordo com o sinal do coeficiente, os bens podem ser classificados em *substitutos, complementares* e *independentes*.

a) $E_{XY} > 0$

Quando $E_{XY} > 0$, diz-se que os bens são **substitutos**.

Exemplo: o aumento no preço do bem Y provoca a elevação na quantidade demandada do bem X. Suponhamos, então, que o preço do bem Y se eleve de $ 2 para $ 3, provocando o aumento na quantidade demandada do bem X de 2 para 4 unidades. Teremos, nesse caso:

$$E_{XY} = \frac{\dfrac{Qd_{X2} - Qd_{X1}}{Qd_{X2} + Qd_{X1}}}{\dfrac{P_{Y2} - P_{Y1}}{P_{Y2} + P_{Y1}}} = \frac{\dfrac{4 - 2}{4 + 2}}{\dfrac{3 - 2}{3 + 2}} = 1,66$$

Logo,

$$E_{XY} = 1,66$$

Esse resultado indica que $E_{XY} > 0$. Segue-se então que os bens X e Y são substitutos.

Como exemplo, observemos as elasticidades-preço cruzadas constantes do Quadro 8. A elasticidade-preço cruzada entre a Coca-Cola® e a Pepsi-Cola®, quando o preço da Coca-Cola® muda, é de 0,80. Isso significa que quando o preço da Coca-Cola® aumenta 10%, a quantidade demandada de Pepsi-Cola® aumenta em 8%, *com todos os outros fatores que influenciam a demanda permanecendo constantes (coeteris paribus)*. Os fatores que permanecem constantes são o preço da Pepsi-Cola®; o preço dos bens relacionados, exceto a Coca-Cola®; a renda; o gosto dos consumidores etc. Assim, temos:

$$E_{Pepsi-Cola®/Coca-Cola®} = \frac{\text{Variação Porcentual na Quantidade Demandada de Pepsi-Cola®}}{\text{Variação Porcentual no Preço da Coca-Cola®}}$$

$$E_{Pepsi-Cola®/Coca-Cola®} = \frac{8\%}{10\%} = 0,80$$

QUADRO 8
Algumas elasticidades-preço cruzadas

Mudança no Preço do Bem	Mudança na Quantidade Demandada do Bem	Elasticidade-preço Cruzada
Coca-Cola®	Pepsi-Cola®	0,80
Pepsi-Cola®	Coca-Cola®	0,61
Manteiga	Margarina	0,81
Margarina	Manteiga	0,67
Gás natural	Eletricidade	0,20
Alimentos	Entretenimento	–0,72

Fonte: HALL, Robert E.; LIEBERMAN, Marc. *Macroeconomia:* princípios e aplicações. Pioneira Thomson Learning, 2003.

b) $E_{XY} < 0$

Quando $E_{XY} < 0$, diz-se que os bens são **complementares**.

Exemplo: o aumento no preço do bem Y provoca a redução na quantidade demandada do bem X. Suponhamos, então, que o preço do bem Y se eleve de $ 2 para $ 3, provocando a redução na quantidade demandada do bem X de 4 para 3 unidades. Teremos, nesse caso:

$$E_{XY} = \frac{\dfrac{Qd_{X2} - Qd_{X1}}{Qd_{X2} + Qd_{X1}}}{\dfrac{P_{Y2} - P_{Y1}}{P_{Y2} + P_{Y1}}} = \frac{\dfrac{3-4}{3+4}}{\dfrac{3-2}{3+2}} = -0,71$$

Logo,

$$E_{XY} = -0,71$$

Esse resultado indica que $E_{XY} < 0$. Segue-se, então, que os bens X e Y são complementares.

O Quadro 8 mostra que a elasticidade-preço cruzada entre entretenimento e alimentos é negativa: um aumento de 1% no preço da alimentação provoca uma queda de 0,72% na quantidade demandada de entretenimento. Isso significa que alimentos e entretenimento são complementares. Temos:

$$E_{EA} = \frac{\text{Variação Porcentual na Quantidade Demandada de Entretenimento}}{\text{Variação Porcentual no Preço da Alimentação}}$$

$$E_{EA} = \frac{-0,72\%}{1\%} = -0,72$$

c) $E_{XY} = 0$

Quando $E_{XY} = 0$, diz-se que os bens são **independentes**.

Exemplo: o aumento no preço do bem Y não provoca nenhuma alteração na quantidade demandada do bem X. Suponhamos que X seja automóvel e Y seja café. Se o preço do café se elevar de $ 10 para $ 25, a quantidade demandada de automóveis permanecerá constante em 1 milhão. Teremos, então:

$$E_{XY} = \frac{\dfrac{Qd_{X2} - Qd_{X1}}{Qd_{X2} + Qd_{X1}}}{\dfrac{P_{Y2} - P_{Y1}}{P_{Y2} + P_{Y1}}} = \frac{\dfrac{0}{1.000.000}}{\dfrac{25 - 10}{25 + 10}} = 0$$

Logo,

$$E_{XY} = 0$$

Esse resultado indica que $E_{XY} = 0$. Segue-se então que automóvel e café são bens independentes.

5 ELASTICIDADE DA OFERTA

Da mesma forma que na demanda, a elasticidade da oferta é um importante instrumento para analisar mercados. A *elasticidade da oferta* é a medida da sensibilidade da quantidade ofertada em resposta a mudanças de preço. A fórmula utilizada para calcular a elasticidade da oferta é basicamente a mesma empregada para calcular a elasticidade-preço da demanda. Nesse caso, entretanto, a mudança na quantidade refere-se à quantidade ofertada. Mais formalmente, define-se a elasticidade da oferta como a variação porcentual na quantidade ofertada dividida pela variação porcentual no preço.

$$Eo = \frac{\% \Delta Qo}{\% \Delta P} = \frac{\frac{\Delta Qo}{Qo}}{\frac{\Delta P}{P}} = \frac{P}{Qo} \times \frac{\Delta Qo}{\Delta P}$$

Para o cálculo do coeficiente no *ponto médio*, teremos:

$$Eo = \frac{\% \Delta Qo}{\% \Delta P} = \frac{\frac{\Delta Qo}{\frac{Qo_2 + Qo_1}{2}}}{\frac{\Delta P}{\frac{P_2 + P_1}{2}}}$$

onde:

$$\Delta Qo = Qo_2 - Qo_1$$

e

$$\Delta P = P_2 - P_1$$

Logo,

$$Eo = \frac{\frac{Qo_2 - Qo_1}{Qo_2 + Qo_1}}{\frac{P_2 - P_1}{P_2 + P_1}}$$

que é a fórmula para a elasticidade-preço da oferta no ponto médio, admitindo todos os demais fatores possíveis de influenciarem a quantidade ofertada como constantes. Devemos observar que Qo_1 representa a primeira quantidade ofertada, Qo_2 representa a segunda quantidade ofertada, e Po_1 e Po_2 representam o primeiro e o segundo preços, respectivamente.

5.1 Classificação do Coeficiente

5.1.1 *Casos Gerais*

- *Oferta Elástica*

Se a variação porcentual na quantidade ofertada for maior e na mesma direção que a variação porcentual no preço, o coeficiente de elasticidade-preço da oferta se denominará elástico. Teremos, nesta situação:

$$Eo = \frac{\% \Delta Qo}{\% \Delta P} > 1$$

A Figura 11 nos mostra uma curva de oferta com elasticidade maior que 1.

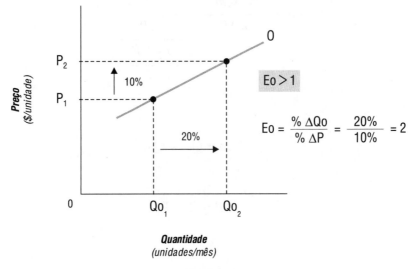

FIGURA 11
Curva de oferta elástica

- *Oferta Inelástica*

Se a variação porcentual na quantidade ofertada for menor e na mesma direção que a variação porcentual no preço, o coeficiente de elasticidade-preço da oferta se denominará inelástico. Teremos, nesta situação:

$$Eo = \frac{\% \Delta Qo}{\% \Delta P} < 1$$

A Figura 12 nos mostra uma curva de oferta com elasticidade menor que 1.

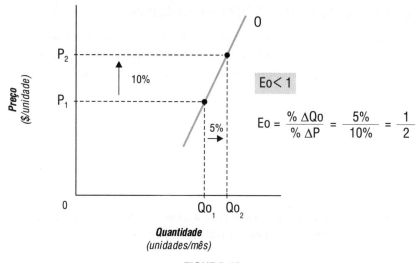

FIGURA 12
Curva de oferta inelástica

- *Oferta com Elasticidade Unitária*

Se a variação porcentual na quantidade ofertada for igual e na mesma direção que a variação porcentual no preço, o coeficiente de elasticidade-preço da oferta será unitário. Teremos, nesta situação:

$$Eo = \frac{\% \Delta Qo}{\% \Delta P} = 1$$

A Figura 13 nos mostra uma curva de oferta com elasticidade unitária.

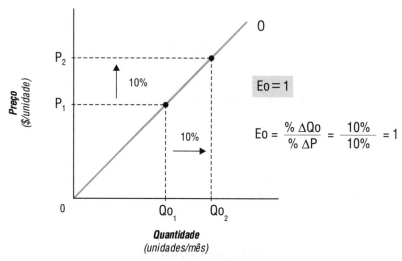

FIGURA 13
Curva de oferta com elasticidade unitária

5.1.2 Casos Especiais

• **Oferta Perfeitamente Inelástica, Rígida ou Anelástica**

Nesse caso, o coeficiente de elasticidade será nulo, isto é, as quantidades ofertadas de um bem ou serviço permanecerão constantes, independentemente das variações que possam sofrer os níveis de preço do bem ou serviço. Temos então que:

$$Eo = \frac{\% \Delta Qo}{\% \Delta P} = 0$$

A Figura 14 nos mostra um caso em que a elasticidade da oferta é zero, significando que a quantidade ofertada não varia quando o preço muda.

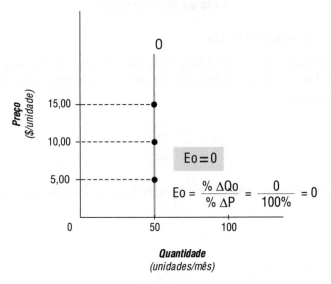

FIGURA 14
Curva de oferta perfeitamente inelástica

Nessas circunstâncias, a oferta será uma paralela ao eixo de preços (eixo vertical). Observamos, então, que se o preço aumentar de $ 5 para $ 10 (uma variação de 100%), por exemplo, a quantidade ofertada permanecerá em 50. Da mesma forma, se o preço diminuir, por exemplo, de $ 10 para $ 5, a quantidade ofertada não se alterará.

• **Oferta Infinitamente Elástica ou Perfeitamente Elástica**

A Figura 15 nos mostra o caso em que a curva de oferta é infinitamente elástica.

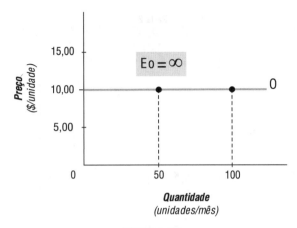

FIGURA 15
Curva de oferta infinitamente elástica

Nessas circunstâncias, a oferta será uma paralela ao eixo das quantidades (eixo horizontal). A preços inferiores a $ 10, nada será oferecido pelos ofertantes. Se, entretanto, o preço se elevar até $ 10, a quantidade ofertada se elevará de zero até uma quantidade infinitamente grande. Nesse caso teremos:

$$Eo = \frac{\% \Delta Qo}{\% \Delta P} = \times$$

5.2 A Elasticidade da Oferta e o Tempo

A relação entre a elasticidade da oferta e o tempo é mostrada na Figura 16. Suponhamos que a demanda de um determinado produto aumente de D_1 para D_2. Se os produtores não puderem ajustar a quantidade ofertada no curto prazo, a curva de oferta O_1 será vertical e perfeitamente inelástica ($Eo = 0$), como é mostrado na Parte 1 da Figura 16. Durante esse período, os produtores vão vender a mesma quantidade, mas a um preço elevado. Esse período é chamado *período de mercado* ou *curtíssimo prazo*. Na agricultura, por exemplo, os fazendeiros podem esperar até a próxima época de plantio para ajustar a quantidade ofertada de seus produtos. Suponhamos, então, que os fazendeiros desejem aumentar a produção, mas sabem que não têm tempo suficiente para variar todos os seus recursos produtivos. Eles podem, entretanto, utilizar mais terra para aumentar a área cultivada. A Parte 2 da Figura 15 mostra a curva de oferta O_2, que é a curva de oferta desses produtores. Devemos reparar que O_2 tem inclinação positiva e mostra que os fazendeiros estão dispostos a oferecer mais do produto a preços mais elevados. Logo, a elasticidade de O_2 é positiva ($Eo > 0$). Esse período de tempo é denominado *período de curto prazo*. A curva de oferta O_3 (Figura 15 – Parte 3) refere-se à curva de oferta durante um período de tempo ainda mais longo, conhecido como *período de longo prazo*.

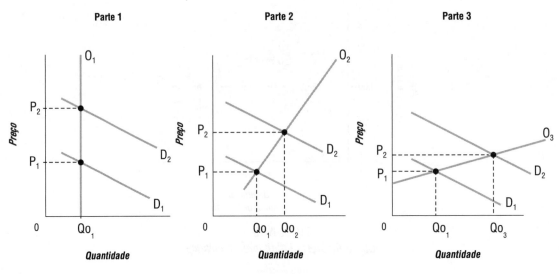

FIGURA 16
A elasticidade da oferta e o tempo

Em longo prazo, a resposta em quantidade para um dado aumento de preços é ainda maior (isto é, a curva de oferta é ainda mais elástica) porque em um período de tempo mais longo os fazendeiros podem variar todos os seus recursos produtivos – comprar mais terras, adquirir novas máquinas e equipamentos, construir novas instalações, contratar mais empregados, fazer uso de novas tecnologias –, aumentando dessa forma a produção. O ponto a ser lembrado é que quanto maior for o período de tempo, maior deverá ser a elasticidade da oferta.

6 IMPOSTOS E ELASTICIDADE

O governo, ao estabelecer sua política tributária, acaba por intervir, no âmbito microeconômico, na formação de preços de mercado. Para entendermos adequadamente o funcionamento dos mercados, é preciso saber quem de fato arca com o ônus da tributação e em que magnitude, se são os consumidores, os produtores ou ambos. Para tanto, mostraremos a seguir como o instrumental de oferta, a demanda e o conceito de elasticidade são úteis para esse tipo de análise econômica.

Os tributos se dividem em impostos, taxas e contribuições de melhoria. Os impostos, por sua vez, dividem-se em *impostos diretos* e *impostos indiretos*. Os impostos diretos são aqueles incidentes sobre a renda, tal como o IR (Imposto de Renda). Os impostos indiretos são aqueles incidentes sobre o consumo ou sobre as vendas. Como exemplo, temos o ICMS (Imposto sobre Circulação de Mercadorias e Serviços) e o IPI (Imposto sobre Produtos Industrializados). Entre os impostos indiretos, destacamos o **Imposto Específico** e o **Imposto *ad Valorem***. O *imposto específico* recai sobre a unidade vendida. Exemplo: para cada livro vendido recolhe-se ao governo, a título de imposto, o valor de $ 8,00; sendo esse valor fixo, independentemente do preço da mercadoria. Em outras palavras, se um livro custar $ 100,00 ou $ 120,00, o imposto a ser cobrado será o mesmo, no valor de $ 8,00. O **Imposto** *ad valorem*, por sua vez, é aplicado sobre o valor da venda. Exemplificando: se o valor do IPI sobre livros for de 10%, e se o valor do livro for de $ 100,00, o valor do imposto será de $ 10,00. Se o livro custar $ 120, o valor do imposto será $ 12. Nesse caso, a alíquota é fixa, mas o valor em $ do imposto aumenta, conforme aumenta o preço do bem.

Vamos, então, a título de exemplo, analisar a incidência do imposto específico. No caso, o valor do imposto será de $ 1 por unidade.

A incidência de um imposto específico deslocará a curva de oferta para a esquerda. Para exemplificar, vamos nos valer do Quadro 9, dado a seguir.

QUADRO 9
Oferta antes e depois de um imposto específico

Preço ($/unidade)	Quantidade Ofertada (antes do Imposto)	Preço + Imposto ($)	Quantidade Ofertada (depois do Imposto)
10	8	11	8
9	7	10	7
8	6	9	6
7	5	8	5
6	4	7	4
5	3	6	3
4	2	5	2

A Figura 17 retrata as curvas de oferta, antes (O_1) e depois (O_2) do imposto. Reparem que, agora, cada quantidade será oferecida a um preço acrescido do valor do imposto. Isso porque o estabelecimento de um imposto sobre vendas funciona como um custo adicional para o produtor, deslocando a curva de oferta para a esquerda. Antes, o produtor recebia $ 10 por unidade e vendia 8 unidades a esse preço. Após o lançamento do imposto, para oferecer a mesma quantidade, ele tem de aumentar o preço, de $ 10 para $ 11; se quiser manter o preço em $ 10, deve oferecer uma quantidade menor, no caso, 7 unidades.

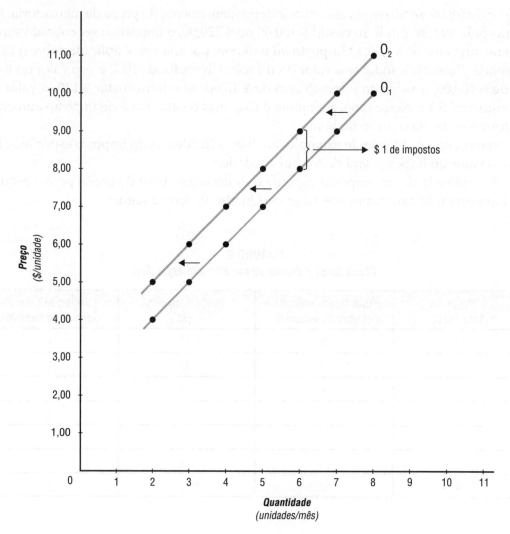

FIGURA 17
Oferta antes e depois de um imposto específico

Vamos analisar agora quem de fato arca com o ônus do imposto. Para tanto, vamos nos valer da Figura 18, mostrada a seguir.

No ponto A, o preço de equilíbrio é de $ 3,00; em outras palavras, os compradores pagam $ 3,00 por cada unidade da mercadoria. Suponhamos, então, que o governo estabeleça um imposto específico de $ 1,00 por unidade vendida do produto. Nesse caso, a curva de oferta sofrerá um deslocamento para a esquerda, de O_1 para O_2. O novo preço de equilíbrio passa a ser $ 3,50 (ponto B). Em outras palavras, os compradores vão pagar $ 0,50 a mais pela mercadoria do que antes do imposto. Logo, parte do imposto recairá sobre os consumidores que passarão a pagar um preço mais alto ($ 3,50 em vez de $ 3,00) e parte recairá sobre os vendedores, que receberão um preço mais baixo pelo produto ($ 2,50 em vez de $ 3,00).

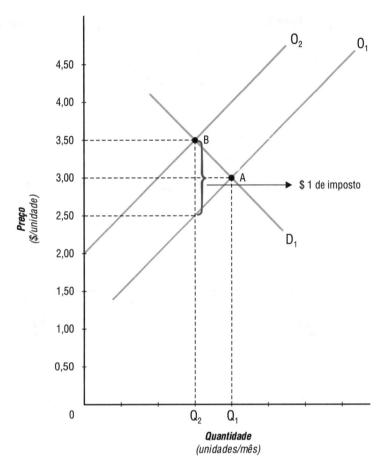

FIGURA 18
Sobre quem incide o imposto?

O resultado apresentado no exemplo anterior não ocorre em todas as situações. De fato, os compradores podem pagar mais ou menos imposto, e isso dependerá das elasticidades da demanda e da oferta, como veremos a seguir.

A Parte 1 da Figura 19 nos mostra um caso em que a curva de demanda é perfeitamente inelástica. O ponto A nos dá o preço de equilíbrio de $ 3,00. Suponhamos, então, que o governo estabeleça um imposto específico de $ 1,00 por unidade vendida do produto. Nesse caso, a curva de oferta sofrerá um deslocamento para a esquerda, de O_1 para O_2. O novo preço de equilíbrio será de $ 3,50 (ponto B). No caso de a demanda ser perfeitamente inelástica, os consumidores pagarão a totalidade do imposto sob a forma de elevação do preço da mercadoria no montante do valor do imposto. Pelo fato de a demanda ser perfeitamente inelástica, os vendedores conseguem repassar integralmente o valor do imposto para o consumidor.

A Parte 2 da Figura 19 aponta para o caso em que a demanda é perfeitamente elástica. O ponto A nos dá o preço de equilíbrio de $ 3,00. Suponhamos, então, que o governo estabeleça um imposto específico de $ 1,00 por unidade vendida do produto. Nesse caso, a curva de oferta sofrerá um deslocamento para a esquerda, de O_1 para O_2.

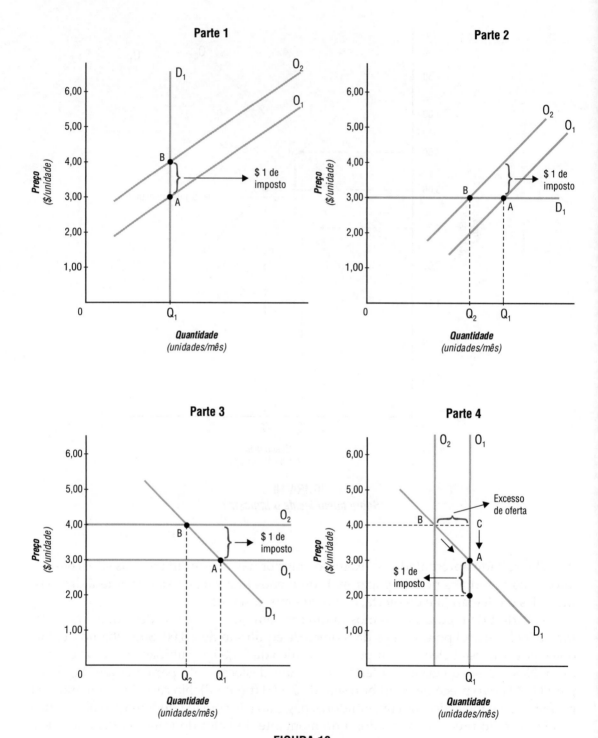

FIGURA 19
Diferentes elasticidades e diferentes incidências do imposto

O novo ponto de equilíbrio passa a ser dado pelo ponto B. No novo ponto de equilíbrio, o preço permanece o mesmo, o que significa que os vendedores deverão arcar com a totalidade do imposto.

A Parte 3 da Figura 19 apresenta o caso em que a oferta é infinitamente elástica. O ponto A nos dá o preço de equilíbrio, de $ 3,00. Suponhamos, então, que o governo estabeleça um imposto específico de $ 1,00 por unidade vendida do produto. Nesse caso, a curva de oferta sofrerá um deslocamento de O_1 para O_2. O novo preço de equilíbrio será de $ 4,00 (ponto B). No caso de a oferta ser infinitamente elástica, os consumidores pagarão a totalidade do imposto sob a forma de elevação do preço da mercadoria no montante do valor do imposto.

A Parte 4 da Figura 19 nos mostra o caso em que a oferta é perfeitamente inelástica. O ponto A nos dá o preço de equilíbrio, de $ 3,00. Suponhamos, então, que o governo estabeleça um imposto específico de $ 1,00 por unidade vendida do produto. Nesse caso, a curva de oferta sofrerá um deslocamento para a esquerda, de O_1 para O_2. Suponhamos que os vendedores tentem repassar o valor do imposto para os consumidores, e que passem a cobrar $ 4,00 por unidade vendida. Nesse caso, surgirá um excesso de oferta no mercado, dado pela distância BC, e os preços cairão até o equilíbrio existente antes da aplicação do imposto. Nesse caso, os vendedores terão de arcar com todo o ônus do tributo e receberão, deduzido o imposto, $ 2,00 por unidade de mercadoria vendida.

Exercícios

Questões

As respostas podem ser encontradas no final do livro.

1) Suponha que a elasticidade-preço da demanda por passagens aéreas seja 2. O que aconteceria com a quantidade demandada de passagens aéreas se o preço aumentasse em 5%?

2) Suponha que uma loja tenha aumentado o preço de microcomputadores de $ 1.700,00 para $ 2.000,00 por unidade, e que devido a isso a venda desse produto tenha diminuído de 200 para 150 unidades por mês. Calcule (utilizando a fórmula da elasticidade no ponto médio) e classifique a elasticidade-preço da demanda.

3) Diga o que acontece com a receita total nos seguintes casos:
   a) o preço aumenta e a demanda é inelástica;
   b) o preço cai e a demanda é elástica;
   c) o preço cai e a demanda é inelástica;
   d) o preço aumenta e a demanda é elástica;
   e) o preço aumenta e a elasticidade é unitária;
   f) o preço cai e a elasticidade é unitária.

4) Suponha que o coeficiente de elasticidade-renda de um bem seja –2. O que aconteceria com a quantidade demandada desse bem caso a renda da população aumentasse em 10%? Como esse bem seria classificado?

5) Suponha que o preço de um bem aumente em 10%, e que a quantidade ofertada desse bem não se altere. Qual seria o coeficiente de elasticidade-preço da oferta? Como esse bem seria classificado em termos de elasticidade?

Testes de Múltipla Escolha

- *Assinale com um X a resposta certa*
- *As respostas podem ser encontradas no final do livro*

1) Suponha que um aumento de 10% no preço do bem X tenha provocado uma diminuição de 5% na quantidade adquirida do bem Y. Assumindo que os demais fatores permaneceram constantes, então os bens X e Y são:
   a) complementares;
   b) substitutos;
   c) inferiores;
   d) independentes;
   e) nenhuma das alternativas anteriores.

2) Suponha que o preço do bem X tenha aumentado de $ 3,50 para $ 4,50 por unidade, e que devido a isso a quantidade ofertada desse bem tenha aumentado de 500 para 700 unidades por semana. Qual é a elasticidade-preço da oferta? (Usar a fórmula do ponto médio.)
   a) 3,00;
   b) 0,50;
   c) 0,67;
   d) 1,33;
   e) −3,00.

3) Uma curva de oferta perfeitamente inelástica:
   a) não pode ocorrer no mundo real;
   b) implica que a curva de oferta seja horizontal;
   c) pode ocorrer quando o horizonte de tempo é excessivamente curto;
   d) não pode ser linear;
   e) nenhuma das alternativas anteriores.

4) Para qual das seguintes mercadorias a demanda seria mais elástica em relação a preço?
   a) mercadorias que têm muitos substitutos;
   b) mercadorias que ocupam uma pequena parte no orçamento do consumidor;
   c) mercadorias que têm a curva de demanda vertical;
   d) mercadorias que têm a curva de oferta vertical;
   e) nenhuma das alternativas anteriores.

5) Suponha que um determinado bem tenha a curva de demanda perfeitamente inelástica e a curva de oferta elástica. Se o governo resolver lançar um imposto específico sobre esse bem, quem, entre consumidores e produtores, arcará com o pagamento do imposto?
   a) parte do imposto será paga pelos consumidores e parte pelos produtores, sendo impossível precisar quem arcará com a maior parte;
   b) os produtores pagarão todo o imposto;
   c) os consumidores pagarão todo o imposto;
   d) por ser um imposto específico, recairá igualmente sobre ambas as partes;
   e) nenhuma das alternativas anteriores.

Capítulo VI

TEORIA DA PRODUÇÃO

1 INTRODUÇÃO

Quando falamos em produção, é comum pensarmos não apenas nos produtos que a empresa produz, mas também nos fatores de produção, que são os recursos que as empresas usam para produzir. Os fatores de produção incluem não só os recursos produtivos (trabalho, capital, terra e capacidade empresarial), como também matérias-primas e outros bens e serviços adquiridos de outras empresas. A título de exemplo, para produzir um veículo "Gol", a Volkswagen usou vários fatores de produção: *trabalho* (que inclui o trabalho dos engenheiros, dos operários etc.), *capital humano* (que inclui o conhecimento e a experiência de cada trabalhador), *capital físico* (que inclui computadores, máquinas, o prédio onde está instalada a fábrica da empresa etc.) e a *terra* (sobre a qual se construiu o prédio que abriga a fábrica da empresa). A empresa também usou muitos recursos produzidos por outras empresas, incluindo aí matérias-primas como tinta etc. Mediante uma determinada tecnologia, que é o método pelo qual os recursos são combinados para produzir bens e serviços, a empresa conseguiu, finalmente, produzir o veículo. Podemos resumir o que foi dito por meio do esquema a seguir apresentado.

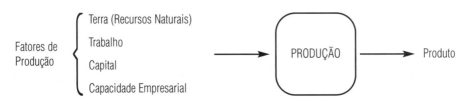

O exemplo desenvolvido até aqui serviu para mostrar que a Empresa é a unidade básica de produção em um sistema econômico. Ela contrata recursos produtivos, transforma-os em bens e serviços e os coloca ou à disposição dos consumidores, no caso de bens finais, ou à disposição de outras empresas, no caso de bens intermediários.

Neste capítulo vamos estudar a Teoria da Produção. Os princípios de produção estudados neste segmento são fundamentais para o entendimento da Teoria dos Custos, a ser exposta no próximo capítulo.

2 ALGUNS CONCEITOS BÁSICOS

Apresentaremos a seguir alguns conceitos básicos, fundamentais para o adequado entendimento deste capítulo.

São eles:

a) *Empresa* – É uma unidade técnica que produz bens e serviços.

b) *Empresário* – É quem decide quanto e a maneira pela qual uma ou mais mercadorias serão produzidas. Ele está sujeito a receber lucros ou incorrer em prejuízos, conforme o resultado de sua decisão.

c) *Fatores de Produção* – São os bens e serviços transformáveis em produção. A título de exemplo, alguns fatores de produção na indústria de construção civil são o cimento, a madeira, os tijolos, a água, a mão de obra, os serviços de administração da empresa construtora etc. Para dar um exemplo mais simples, os fatores de produção utilizados na preparação e venda de cachorro-quente por um vendedor de rua são os pães, as salsichas, o fogão, o carrinho e os serviços do vendedor.

d) *Produção* – Pode ser definida como a transformação dos fatores de produção adquiridos pela empresa em bens ou serviços para a venda no mercado. Se a produção dá origem a um único produto, é chamada simples; será múltipla caso dê origem a mais de um produto. Devemos ainda estar atentos para o fato de que o conceito de produção é bastante amplo, não se restringindo somente à transformação física ou química de fatores de produção em bens materiais. Ele abrange também a oferta de serviços tais como transporte, serviços bancários, comércio etc.

e) *Produto* – Qualquer bem ou serviço resultante de um processo de produção.

f) *Tecnologia* – É o conjunto de processos de produção conhecidos. Geralmente, existe mais de uma maneira de se produzir uma determinada mercadoria, abrangendo desde uma grande quantidade de mão de obra e relativamente poucos equipamentos e máquinas até pouca mão de obra e uma considerável quantidade de máquinas e equipamentos. A tecnologia, portanto, especifica todas as possibilidades técnicas pelas quais os fatores de produção podem ser transformados em produto. De todas as possibilidades disponíveis a uma empresa, o empresário selecionará aquela que ele julgar ser a mais eficiente economicamente. A técnica economicamente mais eficiente será aquela que permitirá a obtenção do mesmo nível de produção que as técnicas alternativas, ao menor custo possível.

3 EFICIÊNCIA TÉCNICA E EFICIÊNCIA ECONÔMICA

A tecnologia existente à disposição da empresa permite a obtenção de um determinado volume de produção através da utilização de diferentes quantidades de fatores de produção. Assim, um mesmo volume de produto pode ser obtido utilizando-se mais mão de obra e menos capital (máquinas, equipamentos etc.), ou, alternativamente, menos mão de obra e mais capital.

Exemplificando: um agricultor que produza milho poderá obter uma mesma quantidade de produto através de um processo de produção que utilize *maior* quantidade de trabalhadores e *menor* quantidade de máquinas e equipamentos, tais como tratores e colhedeiras, ou, alternativamente, poderá utilizar-se de um processo de produção que utilize *menor* quantidade de trabalhadores e *maior* quantidade de tratores e colhedeiras.

Se perguntássemos ao agricultor qual processo seria escolhido, certamente ele escolheria o processo de produção que fosse mais eficiente. Para que essa resposta tenha sentido, é preciso definir adequadamente o termo eficiência, fazendo a distinção entre "eficiência técnica" e "eficiência econômica".

- *Eficiência Técnica*: diz-se que um método de produção é tecnologicamente o "mais eficiente" entre os métodos alternativos conhecidos se permitir a obtenção da mesma quantidade de produto que os outros processos com a utilização de menor quantidade de *todos* os fatores de produção, ou menor quantidade de pelo menos um fator de produção, com a quantidade dos demais fatores de produção permanecendo inalterada.
- *Eficiência Econômica*: um método de produção será considerado "economicamente eficiente" se permitir a obtenção da mesma quantidade de produto que os métodos alternativos, ao menor custo possível.

Para exemplificar a diferença entre esses conceitos, suponhamos que o agricultor mencionado anteriormente conseguisse obter, em sua propriedade, uma produção de 10 toneladas de milho por mês. Para tanto, poderia ter-se utilizado dos fatores de produção terra, trabalho e capital da seguinte forma:

QUADRO 1
Métodos de produção

Método	Terra (ha/mês)	Capital (nº de tratores/mês)	Trabalho (nº de trabalhadores/mês)	Produção (em toneladas/mês)
A	5	6	17	10
B	5	8	12	10
C	5	10	20	10

A cada método corresponde uma determinada combinação de fatores de produção.

Exemplificando: pelo método A, 10 toneladas de milho/mês são obtidas combinando-se 5 hectares, 6 tratores e 17 trabalhadores. Pelo método B a mesma produção é obtida combinando-se 5 hectares, 8 tratores e 12 trabalhadores. De acordo com o método C, as 10 toneladas de milho são obtidas combinando-se 5 hectares, 10 tratores e 20 trabalhadores.

De acordo com o exemplo, o método C é o menos eficiente tecnologicamente, uma vez que se utiliza de maior quantidade de fatores de produção para obter o mesmo volume de produto alcançado através dos métodos A e B.

Qual será, então, o processo "economicamente mais eficiente"?

Para saber qual método custará menos, é necessário conhecer o preço dos serviços dos fatores. Suponhamos, então, que o aluguel da terra seja de $ 2.000,00/hectare/mês, que o trator custe $ 500,00/mês e que a unidade de trabalho custe $ 100,00/mês. Nessas condições, o método mais eficiente será o método A, conforme demonstrado a seguir:

QUADRO 2
Método A

Fator de Produção	Quantidade (mês)	Preço(R$/mês)	Custo (R$/mês)
Terra (ha)	5	2.000,00	10.000,00
Trator	6	500,00	3.000,00
Trabalho	17	100,00	1.700,00
CUSTO TOTAL			14.700,00

QUADRO 3
Método B

Fator de Produção	Quantidade (mês)	Preço (R$/mês)	Custo (R$/mês)
Terra (ha)	5	2.000,00	10.000,00
Trator	8	500,00	4.000,00
Trabalho	12	100,00	1.200,00
CUSTO TOTAL			15.200,00

Verificamos, portanto, que *aos preços dados*, o método economicamente mais eficiente é o método A, uma vez que apresenta o menor custo total.

Na escolha do método mais adequado, devemos estar atentos a eventuais alterações nos preços relativos dos recursos produtivos, uma vez que a eficiência econômica de cada método dependerá do comportamento dessas variáveis.

Suponhamos, a título de exemplo, que haja uma mudança nos preços relativos dos fatores capital e trabalho, com o custo mensal do trator passando para $ 800,00 e o salário para $ 400,00/mês. Vejamos, então, qual seria o método economicamente mais eficiente:

QUADRO 4
Método A

Fator de Produção	Quantidade (mês)	Preço (R$/mês)	Custo (R$/mês)
Terra (ha)	5	2.000,00	10.000,00
Trator	6	800,00	4.800,00
Trabalho	17	400,00	6.800,00
CUSTO TOTAL			21.600,00

QUADRO 5
Método B

Fator de Produção	Quantidade (mês)	Preço (R$/mês)	Custo (R$/mês)
Terra (ha)	5	2.000,00	10.000,00
Trator	8	800,00	6.400,00
Trabalho	12	400,00	4.800,00
CUSTO TOTAL			21.200,00

Verificamos agora que, com a mudança nos preços relativos dos fatores de produção, o método de produção mais eficiente é o *B*.

4 FUNÇÃO DE PRODUÇÃO

Podemos conceituar a função de produção *como a relação que indica a quantidade máxima que se pode obter de um produto, por unidade de tempo, a partir da utilização de uma determinada quantidade de fatores de produção e mediante a escolha do processo de produção mais adequado.* Ela pode ser representada da seguinte forma:

$$Q = f(L, K, T)$$

onde:

Q – é a quantidade total produzida (ou produto total), por unidade de tempo;
L – é a quantidade de mão de obra utilizada por unidade de tempo;
K – é o capital físico utilizado por unidade de tempo; e
T – é a quantidade de área utilizada por unidade de tempo.

Para exemplificar, imaginemos uma empresa que fabrique sapatos em um turno de 8 horas. Sua função de produção consistirá no número *máximo* de sapatos que poderão ser produzidos a partir de determinadas quantidades de couro, pregos, fios, energia elétrica, tempo de mão de obra, máquinas e equipamentos e área utilizada da oficina, naquele período de 8 horas.

5 OS FATORES DE PRODUÇÃO FIXOS E VARIÁVEIS

Na análise do processo de produção, costuma-se classificar os fatores de produção utilizados em *fixos* e *variáveis*. Vamos, portanto, conceituá-los:

- **Fator de Produção Fixo:** um fator de produção é definido como fixo quando a quantidade desse fator não pode ser mudada de imediato, quando se deseja uma rápida variação na produção de uma empresa. A administração, o prédio no qual está instalada uma fábrica, certos tipos de máquinas e a própria terra (no caso da agricultura) são exemplos de fatores de produção que não podem ser aumentados ou diminuídos tão rapidamente quanto se queira, uma vez que a construção de um novo prédio, a compra e instalação de grandes máquinas e equipamentos ou a aquisição de novas terras geralmente demandam um considerável período de tempo.
- **Fator de Produção Variável:** o fator de produção variável é aquele cuja quantidade pode variar facilmente, quando se deseja aumento ou diminuição na produção. Muitos tipos de mão de obra enquadram-se nessa categoria, uma vez que, para a maioria das circunstâncias, uma empresa tem condições de empregar e despedir seus trabalhadores sem nenhuma demora considerável. Também as matérias-primas, a energia elétrica e os combustíveis são, entre outros, exemplos de fatores de produção que se incluem nessa categoria.

6 PERÍODOS DE TEMPO RELEVANTES PARA A EMPRESA

A partir da classificação dos fatores de produção em fixos e variáveis, estabelece-se a noção dos períodos de tempo relevantes para a empresa: *o curto e o longo prazos*:

- **Curto Prazo:** diz respeito ao período de tempo em que *pelo menos um* dos fatores de produção empregados na produção é fixo. Assim, se o empresário quiser aumentar o volume físico de produção, *em curto prazo, só poderá fazê-lo mediante a utilização mais intensa dos fatores de produção variáveis*. Ele pode, por exemplo, usar mais horas de trabalho com o mesmo conjunto de máquinas e equipamentos existentes.

Em contrapartida, ele pode, também, em curto prazo, querer reduzir seu volume de produção. Nesse caso ele tem possibilidades de se desfazer rapidamente de certos tipos de mão de obra. Entretanto, não tem condições de se desfazer rapidamente de um prédio, de um alto forno (no caso de uma usina siderúrgica) ou de uma grande máquina qualquer, que são, conforme conceituamos, fatores de produção fixos.

- **Longo Prazo:** é definido como o período de tempo em *que todos os fatores de produção são variáveis*. Em longo prazo, o tamanho da empresa pode mudar. Assim, ela pode aumentar sua capacidade instalada por meio da aquisição de novas instalações e equipamentos. Da mesma forma, em longo prazo, a empresa pode se retrair, vendendo seus equipamentos e instalações, ou simplesmente não os repondo à medida que se depreciam.

Devemos observar ainda que as definições apresentadas para curto e longo prazos são gerais, variando conforme o tipo de empresa. Exemplificando: o curto prazo para uma empresa de confecção será menor que o curto prazo para uma companhia de navegação, operando com petroleiros, já que os navios levam muito tempo para serem construídos. Nesse caso, o curto prazo pode durar até mesmo vários anos.

7 PRODUÇÃO EM CURTO PRAZO

Uma vez conceituados os períodos de tempo relevantes para a empresa, empreenderemos agora uma análise da produção em curto prazo. Nosso estudo se concentrará especificamente nesse período de tempo, porque toda ação econômica tem lugar em curto prazo.

Iniciaremos com o exemplo de uma fazenda que produza trigo. Suponhamos, então, que essa fazenda possua uma determinada área cultivável de, por exemplo, 10 hectares. Trabalhemos, então, com a hipótese de que *esse fator de produção permanecerá fixo* e que a *mão de obra será o único fator de produção variável*, de tal forma que essa fazenda possa produzir volumes maiores de produção (trigo) por meio do aumento de seu fator de produção mão de obra. Na verdade, o que desejamos saber é como a produção de trigo se modifica à medida que o número de trabalhadores varia.

Em termos de função de produção teríamos:

$$Q = f(T, L)$$

onde:

$$T = \text{Terra e } L = \text{Trabalho}$$

Logo,

$$Q = f(L)$$

Ou seja, o nível de produto varia apenas em função (ou depende) de alterações na mão de obra, em curto prazo, *coeteris paribus*.

Consideremos inicialmente o Quadro 6, que contém dados hipotéticos sobre a produção de trigo em curto prazo:

QUADRO 6
Produção de trigo com fator de produção variável (mão de obra)

(1) Quantidade de Terra Utilizada T	(2) Unidades de Mão de obra Empregadas L	(3) Produto Total Q	(4) Produto Médio Pme = Q/L	(5) Produto Marginal Pmg = $\Delta Q/\Delta L$
10	0	0	–	–
10	1	10	10	10
10	2	22	11	12
10	3	39	13	17
10	4	52	13	13
10	5	60	12	8
10	6	60	10	0
10	7	56	8	–4
10	8	48	6	–8

Os dados da coluna 3 indicam a produção máxima de trigo que pode ser obtida a partir de diferentes quantidades de mão de obra, sempre na suposição de que o fator terra permaneça fixo. A mão de obra (L) é medida em homens/ano e o produto total (Q) em sacas/ano. Tais dados mostram que, quando o fator mão de obra é zero, o volume de produção também é zero. O restante da tabela deve ser lido da seguinte forma: se o fazendeiro contratar um trabalhador, a produção total de trigo será de 10 sacas/ano; se ele contratar dois trabalhadores, a produção total de trigo deverá ser de 22 sacas/ano. Se contratar 3 trabalhadores, então a produção total será de 39 sacas/ano e assim por diante. Essas informações são mostradas graficamente na Figura 1.

Nessa figura, a produção total está representada no eixo vertical, e o número de trabalhadores é representado no eixo horizontal. Unindo os pontos que associam os diferentes níveis de produção com as várias quantidades de trabalho utilizadas, obtemos a *Curva de Produção Total de Trigo*. Constatamos que, à medida que se empregam sucessivas unidades de mão de obra, a produção inicialmente cresce. É o que ocorre até o emprego do quinto trabalhador, quando a produção total atinge seu máximo (60 sacas). Verificamos, então, que a utilização de um sexto trabalhador nada acrescenta à produção total. E isso não é tudo: a partir daí, o emprego de unidades adicionais de mão de obra provocará uma diminuição na produção total. Em síntese, à medida que combinamos unidades adicionais de um fator de produção variável a um dado montante de fatores de produção fixos, a produção total inicialmente cresce, em seguida atinge um valor máximo e depois decresce.

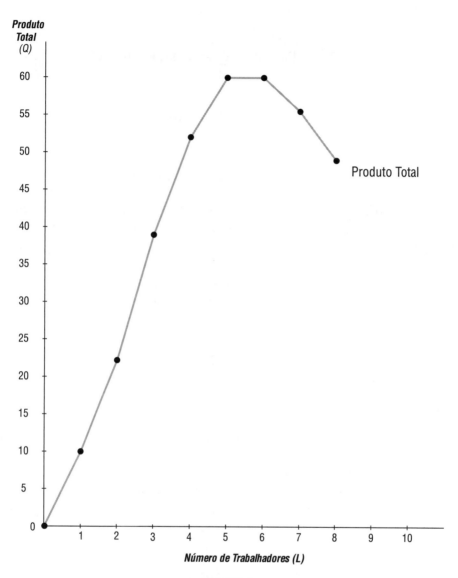

FIGURA 1
Curva de produção total de trigo

7.1 O Produto Médio do Fator de Produção Variável (Pme)

O produto médio (ou produtividade média) do fator variável é obtido a partir da divisão da produção total pela quantidade de fator de produção variável empregada para se atingir esse nível de produção. Como em nosso exemplo o único fator de produção variável é o trabalho, o produto médio por trabalhador é dado por:

$$Pme = \frac{Q}{L}$$

onde:

$$Pme = \text{Produto médio do fator variável}$$

sendo:

$$Q = \text{Produção Total}$$

e

$$L = \text{Número de trabalhadores}$$

Assim, de acordo com o Quadro 6, se quisermos obter o produto médio de dois trabalhadores, pegaremos o produto total obtido por eles (22 sacas) e dividiremos esse valor por dois:

$$Pme = \frac{Q}{L}$$

então,

$$Pme = \frac{22}{2}$$

e, finalmente,

$$Pme = 11$$

Obteremos, assim, um produto médio correspondente a 11 sacas.

Da mesma forma, se quisermos saber o produto médio de três trabalhadores, pegaremos o produto total obtido por eles (39 sacas) e dividiremos esse valor por três:

$$Pme = \frac{Q}{L}$$

então,

$$Pme = \frac{39}{3}$$

e, finalmente,

$$Pme = 13$$

Obteremos, assim, um produto médio correspondente a 13 sacas.

A coluna 4 do Quadro 6 nos fornece os valores do produto médio por trabalhador para cada quantidade utilizada de mão de obra. Devemos observar que o produto médio aumenta à medida que a quantidade empregada de mão de obra aumenta, alcança um máximo entre 3 e 4 unidades de trabalho e então decresce, conforme aumenta a quantidade utilizada de mão de obra.

7.2 Produto Marginal do Fator de Produção Variável (Pmg)

O produto marginal (ou produtividade marginal) do fator de produção variável é definido como *a variação na produção total decorrente da variação de* **uma** *unidade no fator de produção variável*. Em nosso exemplo, a mão de obra é o único fator de produção variável. Nesse caso, o produto marginal por trabalhador é dado por:

$$Pmg = \frac{\Delta Q}{\Delta L}$$

onde:

Pmg = Produto marginal por trabalhador

sendo

ΔQ = Variação na produção total

e

ΔL = Variação na quantidade utilizada do fator trabalho

Na coluna 5 do Quadro 6, a produção total com quantidade de trabalho igual a zero é de zero sacas de trigo. O emprego do primeiro trabalhador aumenta a produção total de zero para 10 sacas de trigo. Assim, o produto marginal para a primeira unidade de trabalho é de 10 sacas, sendo computado da seguinte forma:

$$Pmg = \frac{\Delta Q}{\Delta L}$$

então,

$$Pmg = \frac{10 - 0}{1 - 0} = \frac{10}{1}$$

e

$$Pmg = 10$$

Podemos ver também que a produção total obtida pelo emprego de dois trabalhadores é de 22 sacas. Assim, a diferença entre a produção obtida com dois trabalhadores (22) e a produção obtida com um trabalhador (10) é de 12 sacas, e se deve ao emprego da segunda unidade de mão de obra. Dizemos então que o produto marginal da segunda unidade de mão de obra é de 12 sacas:

$$Pmg = \frac{\Delta Q}{\Delta L}$$

então,

$$Pmg = \frac{22 - 10}{2 - 1} = \frac{12}{1}$$

e

$$Pmg = 12$$

O restante da coluna 5 é calculado de forma semelhante. Verificamos então que o produto marginal por trabalhador inicialmente cresce, atinge um máximo de 17 sacas (com emprego de 3 unidades de mão de obra), decresce, chega a ser zero (com emprego de 6 unidades de mão de obra) podendo até mesmo atingir valores negativos.

7.3 As Curvas de Produto Médio e Marginal

Na Figura 2 representamos os produtos médios e marginal associados às várias quantidades de trabalho utilizadas. Os dados são os constantes do Quadro 6.

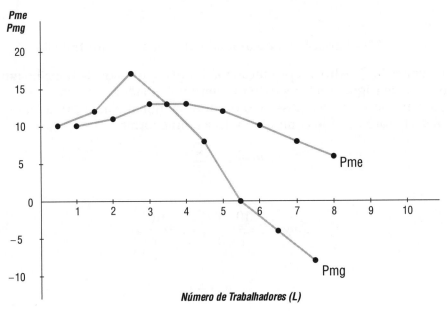

FIGURA 2
As curvas de produto médio e marginal

Como o produto marginal foi definido como a variação na produção total decorrente da variação de uma unidade do fator de produção variável, cada valor de *Pmg* deve ser representado no ponto médio do intervalo entre duas unidades.

Devemos observar que, no caso, o *Pmg* é dado pela inclinação da curva de Produto Total entre as unidades de fator variável. Exemplificando: quando aumentamos a quantidade de fator trabalho de 3 para 4 trabalhadores ($\Delta L = 1$), a produção total aumenta de 39 para 52 ($\Delta Q = 13$). Observando a Figura 3, podemos verificar que $\Delta Q / \Delta L$ nos fornece a inclinação da função entre 3 e 4 trabalhadores cujo valor é 13. Podemos, então, afirmar que o *Pmg* é a própria inclinação da curva de Produção Total. Assim, se a quantidade de trabalhadores aumentar de 4 para 5, o *Pmg* será igual a 8; senão, vejamos:

$$Pmg = \frac{\Delta Q}{\Delta L} = \frac{60 - 52}{5 - 4} = 8$$

que é a inclinação da curva de Produto Total entre esses dois pontos. É interessante verificar que entre 5 e 6 trabalhadores o *Pmg* é zero, indicando que a inclinação da função também é zero. De fato, ao observarmos a curva de Produto Total, verificaremos que nesse trecho a curva é paralela ao eixo horizontal (que mede o número de trabalhadores). Se aumentarmos o número de trabalhadores de 6 para 7 o *Pmg* será negativo (– 4), e a inclinação da curva de Produto Total também será negativa.

As formas das curvas de *Pme* e *Pmg* derivam, portanto, do formato da curva de Produto Total.

Verificamos então que tanto o *Pme* quanto o *Pmg* inicialmente crescem, atingem um máximo e posteriormente decrescem.

Verificamos também que o *Pmg* está acima do *Pme* enquanto o *Pme* aumenta; iguala-se ao *Pme* quando este atinge seu ponto de máximo e fica abaixo do *Pme* à medida que este diminui.

A explicação para esse fato é simples: suponhamos, então, que em uma sala entrem 4 pessoas, uma depois da outra, e que elas tenham as seguintes alturas:

QUADRO 7
Alturas médias

Indivíduo	Altura (em metros)	Altura Média (em metros)
1	1,68	1,68
2	1,70	1,69
3	1,72	1,70
4	1,74	1,71
TOTAL	6,84	

Devemos observar que a altura de cada pessoa que entra é a altura marginal. Vamos, então, calcular a média de altura das pessoas nessa sala:

$$\text{Média} = \frac{6,84}{4} = 1,71 \text{ m}$$

Em outras palavras, a média é de 1,71 m.
Essa é a média máxima obtida.

Façamos, então, a suposição de que na sala entre mais uma pessoa (a altura marginal). Se ela tiver mais de 1,71 m, a altura média da sala vai aumentar; se ela tiver menos de 1,71 m, a altura média vai diminuir; finalmente, se essa pessoa tiver exatamente 1,71 m, a altura média da sala vai permanecer inalterada.

Esse raciocínio pode ser aplicado aos conceitos do *Pme* e *Pmg* e explica as relações existentes entre eles. Uma vez que o *Pme* aumenta quando *Pmg* > *Pme*, e diminui quando *Pmg* < *Pme*, o *Pme* tem de alcançar seu valor máximo quando *Pme* = *Pmg*.

Devemos chamar a atenção para o fato de que para o empresário a variável importante será não só o Produto Médio, mas a contribuição que cada novo trabalhador acrescenta à produção.

Para melhor compreender esse fato, vamos nos valer de um exemplo fora da Teoria da Produção.

Imaginemos, então, dois alunos, João e José, e que eles tenham obtido em duas provas da mesma matéria as seguintes notas:

QUADRO 8
Notas médias e marginais

Aluno	1ª Prova	2ª Prova	Total de Pontos	Média
João	7	3	10	5
José	2	8	10	5

Apesar de ambos terem obtido a mesma média, a contribuição para o número total de pontos da 1ª para a 2ª prova foi maior no caso de José do que no caso de João. Essa contribuição corresponde à noção de "margem" e permite obter uma informação que a média não fornece: no caso, José teve uma melhora sensível de desempenho comparado com João.

7.4 Comparações entre os Produtos Total e Marginal

Tendo definido o que são os produtos total e marginal, podemos agora fazer algumas comparações entre eles. Faremos isso com a ajuda da Figura 3, em que as duas curvas (mais a curva do *Pme*) são colocadas de maneira que possibilite uma análise adequada de ambas.

Comecemos com a curva de produto total. A partir de uma determinada quantidade de fatores fixos, a adição sucessiva de unidades de fator variável – no caso, o fator trabalho – provoca de início uma rápida expansão do Produto Total.

Os gráficos do Produto Total e do Produto Marginal nos mostram que até a terceira unidade de mão de obra o produto total aumenta a taxas crescentes, o que significa que

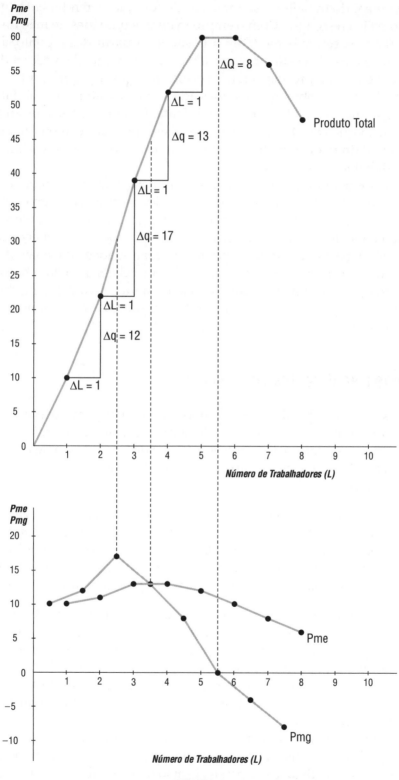

FIGURA 3
Curvas de produto total, médio e marginal

o produto marginal do trabalho está aumentando (ou que os rendimentos marginais do fator trabalho estão crescendo). Com o emprego de três unidades de mão de obra, o produto marginal atinge seu máximo ($Pmg = 17$ sacas). A partir desse ponto, a lei dos rendimentos decrescentes inicia sua operação e o produto marginal começa a declinar.

Voltando à curva de produção total, verificamos que a partir da utilização da terceira unidade de mão de obra, quantidades adicionais do fator trabalho farão a produção total se expandir, só que de maneira mais lenta. Isso indica que o produto total continua a crescer, só que com taxas decrescentes, significando, como já dissemos, que o produto marginal do fator trabalho começa a diminuir (ou que os rendimentos marginais do fator trabalho começam a decrescer).

Consideremos agora a produção obtida com o emprego de 5 unidades do fator de produção trabalho: ela é de 60 sacas de trigo. Se adicionarmos mais uma unidade de trabalho (a sexta unidade), a produção total não aumentará. Nesse caso, o produto marginal da sexta unidade de trabalho será zero, ou seja, a produção total chegou ao seu ponto máximo (60 sacas). Se continuarmos a empregar quantidades adicionais de trabalho, o produto total decrescerá e o produto marginal será necessariamente negativo. Exemplificando: a adição da sétima unidade de mão de obra provocará uma diminuição na produção total de 60 para 56 sacas, e o produto marginal da sétima unidade de mão de obra será negativo (-4).

7.5 A Lei dos Rendimentos Decrescentes

As formas das curvas de produto total e marginal servem para ilustrar a *Lei dos Rendimentos Decrescentes* (também conhecida como "Lei das Proporções Variáveis" ou "Lei da Produtividade Marginal Decrescente"), que descreve a taxa de mudança na produção de uma empresa quando se varia a quantidade de apenas um fator de produção. Ela é assim enunciada:

> *Aumentando-se a quantidade de um fator de produção variável em iguais incrementos por unidade de tempo, enquanto a quantidade dos demais fatores se mantém fixa, a produção total aumentará, mas, a partir de certo ponto, os acréscimos resultantes no produto se tornarão cada vez menores. Continuando o aumento na quantidade utilizada do fator variável, a produção alcançará um máximo, podendo, então, decrescer.*

A "Lei dos Rendimentos Decrescentes" pode ser melhor compreendida por meio de um exemplo. Imaginemos então uma fazenda de trigo que possua um apropriado conjunto de máquinas, ferramentas, sementes e uma determinada área para ser cultivada, por exemplo, 2 hectares. Suponhamos que esses sejam os fatores de produção fixos necessários para a realização da produção e que o trabalho seja o único fator de produção variável. Se contratarmos apenas um empregado para trabalhar na fazenda, ele acabará por desempenhar um número muito grande de atividades. Se contratarmos novos trabalhadores, cada um poderá se especializar em uma tarefa, aumentando assim sua eficiência, uma vez que haverá economia no tempo gasto na locomoção e no preparo para a execução de cada atividade. É possível então que, inicialmente, a produção aumente a taxas crescentes, indicando a ocorrência de rendimentos marginais crescentes do fator trabalho. Se prosseguirmos contratando trabalhadores adicionais, chegaremos a um ponto em que, embora a produção aumente, ela o fará a uma taxa decrescente. A partir daí passa a vigorar a lei dos rendimentos decrescentes (o produto marginal começa a decrescer). A razão básica da sua ocorrência é que cada unidade adicional de mão de obra disporá cada vez mais de menos fatores de produção fixos para trabalhar. Contratando ainda mais trabalhadores, chegaremos a um ponto em que a produção vai cair. Os trabalhadores estarão todos tão próximos que um passará a atrapalhar o trabalho do outro. Poderíamos até imaginar uma situação em que haveria tantos trabalhadores que não sobraria espaço sequer para o cultivo do trigo, de tal sorte que a produção seria nula. A prova de que os rendimentos decrescentes existem é que, se eles não ocorressem, poderíamos, somente com a utilização de mais trabalhadores, sementes e fertilizantes, produzir, apenas nesses 2 hectares, trigo suficiente para alimentar a população do mundo inteiro, o que, naturalmente, carece de sentido.

Para melhor entendermos a "Lei dos Rendimentos Decrescentes", daremos, então, outro exemplo: "Suponhamos que temos uma dada porção de terra e desejamos abrir uma vala. Trazemos um operário, e ele começa a escavar. Se acrescentarmos um segundo, talvez os dois possam cavar a vala mais eficientemente, porque poderão se especializar. Um usaria a picareta, e o outro, a pá. A produção aumentará a uma taxa crescente. Ocorrerá um maior grau de especialização se acrescentarmos um terceiro operário, e a produção continuará a aumentar a uma taxa crescente. Entretanto, se acrescentarmos alguns operários a mais, embora a produção possa aumentar, o fará a uma taxa decrescente, pois os operários se atrapalharão uns aos outros. Contratando ainda mais trabalhadores, chegaremos a um ponto em que a produção vai cair; estarão tão próximos que não serão capazes de cavar ao mesmo tempo. Poderíamos, enfim, colocar tantos trabalhadores em nosso terreno, que eles não teriam espaço para cavar, e a produção seria nula".[1]

---

[1] BILAS, Richard A. *Teoria microeconômica:* uma análise gráfica. Tradução de P. Nenhaus e H. O. P. de Castro. 11. ed. Rio de Janeiro: Forense-Universitária, 1987.

Exercícios

Questões

As respostas podem ser encontradas no final do livro.

1) O que é uma Função de Produção?

2) O que são fatores de produção fixos e fatores de produção variáveis?

3) Dada a seguinte função de produção, pede-se:

(1) Quantidade de Terra Utilizada (T)	(2) Unidades de Mão de obra Empregadas (L)	(3) Produto Total (Q)	(4) Produto Médio (Pme)	(5) Produto Marginal (Pmg)
1	0	0		
1	1	2		
1	2	5		
1	3	9		
1	4	12		
1	5	14		
1	6	15		
1	7	15		
1	8	14		
1	9	12		

a) Determinar o Produto Médio (*Pme*) e o Produto marginal (*Pmg*) do fator de produção trabalho. Repare que o fator de produção terra é fixo.
b) Construir o gráfico.

4) Quais são os períodos de tempo relevantes para uma empresa? Explique cada um deles.

5) Explique o que vem a ser a Lei dos Rendimentos Decrescentes.

Testes de Múltipla Escolha

- *Assinale com um X a resposta certa*
- *As respostas podem ser encontradas no final do livro*

1) A mudança no produto total decorrente da adição de uma unidade do fator trabalho é conhecida como:
   a) taxa de utilização da capacidade instalada;
   b) produto médio do fator trabalho;
   c) produto marginal do fator trabalho;
   d) produto total do fator trabalho;
   e) nenhuma das alternativas anteriores.

O quadro a seguir será utilizado nas questões 2 e 3.

Unidades de Mão de obra Empregadas	Produto Total (PT)
0	0
1	30
2	90
3	140
4	180
5	200

2) De acordo com os dados apresentados, o produto marginal da quinta unidade de mão de obra é:
   a) 200;
   b) 50;
   c) 20;
   d) 40;
   e) 30.

3) De acordo com os dados apresentados, o produto médio da segunda unidade de mão de obra é:
   a) 40;
   b) 30;
   c) 46,67;
   d) 45;
   e) 90.

4) Em longo prazo:
   a) é o período de tempo em que pelo menos um dos fatores de produção permanece fixo;
   b) é o período de tempo em que os gostos e preferências dos consumidores são fixos;
   c) é o período de tempo em que a empresa pode variar todos os fatores de produção;
   d) é um período de tempo superior a dois anos;
   e) é um período de tempo superior a um ano.

5) Tendo como referência a produção em curto prazo, podemos dizer que:
   a) quando o produto total é máximo, o produto marginal é negativo;
   b) quando o produto médio é máximo, ele é igual ao produto marginal;
   c) quando o produto marginal é máximo, ele está abaixo do produto médio;
   d) quando o produto total cresce a taxas crescentes, o produto marginal decresce a taxas crescentes;
   e) nenhuma das alternativas anteriores está correta.

Capítulo VII

TEORIA DOS CUSTOS

1 INTRODUÇÃO

Quando falamos com empresários a respeito de gerenciamento de negócios, sabemos que a motivação de suas ações está centrada na maximização dos lucros. Para maximizar o lucro de uma empresa, deve-se procurar maximizar a diferença entre a receita total e os custos totais de produção. Por essa razão, uma das principais preocupações dos homens de negócios diz respeito aos custos de produção: como medir, como controlar e como reduzir tais custos. Em face do exposto, a proposta deste capítulo é a de entender os custos de produção: o que os economistas entendem por custos, como eles são medidos e como se comportam com as mudanças nos níveis de produção da empresa.

2 CUSTOS EXPLÍCITOS E CUSTOS IMPLÍCITOS

Os economistas definem o **custo de oportunidade** de um negócio como o resultado da soma dos *custos explícitos* mais os *custos implícitos*.

Os *custos explícitos* consistem nos pagamentos explícitos realizados pela empresa para adquirir ou contratar recursos. Como exemplo desses custos, podemos citar os salários pagos aos trabalhadores pelos seus serviços, os pagamentos realizados pela utilização de energia elétrica, água, o aluguel pago pela utilização do prédio em que a empresa está instalada, os pagamentos de juros por empréstimos realizados para adquirir equipamentos, pagamentos pela compra de matérias-primas etc. Pagamentos como esses fazem parte dos custos de oportunidade da empresa, uma vez que seus proprietários poderiam utilizar tais fundos para pagar outras coisas de valor.

Os *custos implícitos*, por sua vez, correspondem ao custo de oportunidade pela utilização dos recursos de propriedade da própria empresa. O fato é que, por pertencerem à empresa, nenhum pagamento monetário é feito pela utilização desses recursos. Na verdade, tais custos são estimados a partir do que poderia ser ganho por esses recursos no seu melhor emprego alternativo.

Para o entendimento adequado dessa questão, suponha que você seja o proprietário de uma loja de roupas e que também seja o dono do imóvel em que ela funcione. Nessas condições, você não pagaria nenhum aluguel pela utilização do imóvel. Isso significa que o custo explícito do aluguel é zero. Se você perguntasse a um contador qual é o custo do aluguel, ele responderia que, de fato, o custo contábil é zero. Mas se você fizesse a mesma pergunta para um economista, a resposta seria diferente. Um economista, que pensa em termos de custo de oportunidade, diria que ao escolher utilizar o imóvel para sua loja, você *sacrificou a oportunidade* de ganhar o valor de um aluguel, caso resolvesse locar o imóvel para alguém. O valor do aluguel é um custo implícito e faz parte do custo de produção da mesma forma que, se você não fosse dono do imóvel, tivesse de pagar um aluguel ao proprietário da casa em que funcione seu empreendimento.

Continuando nosso exemplo, suponha, agora, que para iniciar o funcionamento de sua loja, em vez de fazer um empréstimo bancário, você tenha optado por usar seu próprio dinheiro para comprar balcões, mesas, computadores, cabines etc. Nesse caso, você não tem dívida nem juros para pagar. Ainda assim, um economista diria que você tem de considerar um custo: você poderia ter colocado o seu dinheiro em uma instituição financeira, ganhando juros sobre o capital aplicado. Esse rendimento, que poderia ter sido ganho, também é um custo implícito do seu negócio, uma vez que você *sacrificou esse ganho* para poder levar adiante seu empreendimento. Para os economistas, o custo de oportunidade do dinheiro que você coloca no seu negócio é a renda que poderia ter sido ganha caso colocasse esse dinheiro rendendo juros.

Finalmente, suponha que você mesmo queira dirigir a sua loja. Ainda assim você não estaria livre do custo da contratação de um gerente. Na realidade, ainda estaria arcando com um custo de oportunidade. Você poderia ganhar um salário trabalhando na próxima melhor alternativa – por exemplo, como gerente em uma outra loja –, em vez de utilizar seu tempo em seu próprio negócio. Esse salário é um custo implícito do seu negócio, fazendo parte, portanto, do custo de oportunidade.

3 LUCRO ECONÔMICO E LUCRO CONTÁBIL

A definição de lucro contábil é dada por:

Lucro Contábil = Receita Total – Custos Explícitos Totais

Os economistas, entretanto, levam em consideração no cálculo dos custos de uma empresa, não somente os custos explícitos, mas também os custos implícitos em que a empresa incorre. Por essa razão utilizam, o conceito de lucro econômico em vez de lucro contábil. O lucro econômico é definido como a receita total menos a soma dos custos explícitos com os custos implícitos e é dado pela seguinte expressão:

Lucro Econômico = Receita Total – Custo de Oportunidade Total

ou

Lucro Econômico = Receita Total – (Custos Explícitos + Custos Implícitos)

O lucro econômico pode ser positivo, zero ou negativo (que no caso é chamado prejuízo econômico).

O Quadro 1 nos dá informações que permitem verificar a diferença entre lucro contábil e lucro econômico. De acordo com as informações obtidas perante a contabilidade, a sua loja obteve no primeiro ano de funcionamento uma receita total de $ 900.000. Os custos explícitos totalizaram $ 830.000. Nessas condições, a empresa teve um lucro contábil de $ 70.000. Mas será que seu empreendimento é realmente lucrativo? Para os economistas falta considerar no cálculo de custo da empresa os custos implícitos. Entretanto, por serem difíceis de estimar e por serem bastante subjetivos, tais custos normalmente são desprezados no cálculo de custos das empresas, levando, muitas vezes, a conclusões enganosas sobre a lucratividade de um negócio.

QUADRO 1
Lucro contábil versus lucro econômico

Item	Lucro Contábil	Lucro Econômico
Receita Total	$ 900.000	$ 900.000
Menos Custos Explícitos		
Custo de matérias-primas	250.000	250.000
Salários	500.000	500.000
Eletricidade	20.000	20.000
Propaganda	40.000	40.000
Juros pagos	10.000	10.000
Outros Pagamentos	10.000	10.000
Menos Custos Implícitos		
Salário	0	70.000
Aluguel	0	30.000
Juros	0	20.000
Lucro	**70.000**	**–50.000**

Vamos analisar a importância dos custos implícitos na determinação do lucro econômico da sua loja. Suponha então que, se fosse gerenciar outra loja em lugar de despender seu tempo em seu próprio negócio, você ganhasse um salário anual de $ 70.000. Suponha também que, se alugasse o imóvel onde funciona seu negócio, você receberia uma renda anual de $ 30.000. Suponha ainda que, se, em vez de colocar seu dinheiro no próprio negócio, você tivesse colocado esse dinheiro em uma poupança, $ 20.000 seriam os juros que você teria ganho ao longo do ano. Todos estes custos, os juros, o aluguel e o salário que você poderia estar ganhando são custos implícitos que não são apontados pela contabilidade. Eles fazem parte do custo de oportunidade de sua empresa, porque são sacrifícios que você faz para operar seu próprio negócio. Se subtrairmos da receita total os custos explícitos e implícitos, obteremos o prejuízo econômico da loja de $ 50.000. Isso significa que a empresa não está conseguindo cobrir os custos de oportunidade de utilização dos recursos no setor de lojas de roupas. Conclui-se, portanto, que os recursos da empresa poderiam ter um retorno mais alto se usados em outras alternativas, tais como alugar o imóvel, aplicar na poupança etc.

O lucro econômico é geralmente mais baixo (nunca mais elevado) do que os lucros contábeis, porque o lucro econômico resulta, como já dissemos, da diferença entre a receita total e os custos de oportunidade totais, que incluem os custos explícitos e implícitos, ao passo que o lucro contábil resulta da diferença entre a receita total e os custos explícitos, somente. Logo, é possível para a empresa ter lucro contábil positivo e lucro econômico zero. Nós dizemos, em economia, que se uma empresa realiza lucro econômico zero, ela então está tendo um *Lucro Normal*.

Lucro Normal = Lucro Econômico Zero

Lucro Normal é a quantia mínima de lucro necessária para manter os recursos empregados e a empresa funcionando.

Para deixar essa questão bem esclarecida, vamos apresentar um exemplo em que a empresa obtém um lucro econômico igual a zero. Para tanto, vamos manter os mesmos valores de receita e de custos explícitos, alterando somente os custos implícitos. O salário, o aluguel e os juros não ganhos passam a ser de $ 45.000,00, $ 15.000,00 e $ 10.000,00, respectivamente. O nosso quadro de custos ficaria assim (Quadro 2):

QUADRO 2
Lucro contábil e lucro econômico zero

Item	Lucro Contábil	Lucro Econômico
Receita Total	$ 900.000,00	$ 900.000,00
Menos Custos Explícitos	830.000,00	830.000,00
Custo de matérias-primas	250.000,00	250.000,00
Salários	500.000,00	500.000,00
Eletricidade	20.000,00	20.000,00
Propaganda	40.000,00	40.000,00
Juros pagos	10.000,00	10.000,00
Outros pagamentos	10.000,00	10.000,00
Menos Custos Implícitos		70.000,00
Salário (renda da qual abriu mão)	0	45.000,00
Aluguel (renda da qual abriu mão)	0	15.000,00
Juros (renda da qual abriu mão)	0	10.000,00
Lucro	70.000,00	0

Assim, temos:

> **Lucro Econômico = Receita Total – Custo de Oportunidade Total**
>
> **Lucro Econômico = Receita Total – (Custos Explícitos + Custos Implícitos)**
>
> **Lucro Econômico** = $ 900.000,00 – ($ 830.000,00 + $ 70.000,00)
>
> **Lucro Econômico** = $ 900.000,00 – $ 900.000,00
>
> **Lucro Econômico** = 0 (ou Lucro Normal)
>
> Ou ainda:
>
> **Lucro Contábil** = Receita Total – Custos Explícitos Totais
>
> **Lucro Contábil** = $ 900.000,00 – $ 830.000,00
>
> **Lucro Contábil** = $ 70.000,00

Constatamos então que a empresa, apesar de ter tido um lucro econômico zero, obteve um lucro contábil positivo ($ 70.000,00). Vemos então, que um lucro econômico igual a zero significa que a empresa gerou receita suficiente para cobrir os custos de oportunidade totais (custos explícitos mais custos implícitos). Isso pode não ser uma maravilha, mas fará que o empresário permaneça com seu negócio.

Se a receita total for maior que o custo total (custos explícitos mais custos implícitos), então o lucro econômico será positivo, e a empresa terá lucros extraordinários (ou lucro econômico puro). Se a receita total for menor que o custo total, então o lucro econômico será negativo e a empresa terá um prejuízo econômico.

4 EM CURTO E LONGO PRAZOS

Uma vez entendido o significado do custo, estamos agora em condições de fazer uma avaliação mais cuidadosa dos custos econômicos em que uma empresa incorre.

No capítulo anterior fizemos uma distinção entre fatores de produção fixos e variáveis e entre curto e longo prazos.

Dissemos, na ocasião, que os fatores fixos são aqueles cuja quantidade não pode ser alterada rapidamente, enquanto os fatores variáveis são aqueles cuja quantidade pode variar facilmente. Naquela oportunidade, associamos as definições de curto e longo prazos às definições de fatores fixos e variáveis. O curto prazo foi então conceituado como um período de tempo em que determinados tipos de fatores não podem ser aumentados ou reduzidos, qualquer que seja o nível de produção. Assim, a produção só poderá ser aumentada ou diminuída se aumentarmos ou diminuirmos a quantidade utilizada de fatores variáveis. Em rigor, a existência de *pelo menos um* fator fixo já configura uma situação de curto prazo.

O longo prazo, por sua vez, foi definido como o período de tempo em que *todos* os fatores são variáveis.

Os períodos para a classificação dos custos de produção estão associados ao emprego dos fatores produtivos. Se existir pelo menos um fator de produção fixo, então estaremos fazendo referência aos custos em curto prazo. Se todos os fatores de produção forem variáveis, então estaremos nos referindo aos custos de produção em longo prazo.

5 CUSTOS DE PRODUÇÃO EM CURTO PRAZO

5.1 Custos Fixos, Custos Variáveis e Custo Total

Da mesma forma que os recursos produtivos podem ser divididos em fixos e variáveis, em curto prazo os custos de produção também podem ser divididos em custos fixos e variáveis.

a) *Custos Fixos (CF)*: estão associados ao emprego dos fatores de produção fixos. Incluem certos tipos de impostos, aluguel de prédios, pagamentos de juros, seguros, custos de conservação, depreciação, certos tipos de ordenados etc. Incluem também os custos implícitos, já mencionados anteriormente. Os custos fixos dizem respeito às despesas nas quais a empresa terá de incorrer, quer produza ou não, e serão sempre iguais, quaisquer que sejam os níveis de produção.

b) *Custos Variáveis (CV)*: os custos variáveis, por sua vez, dizem respeito aos pagamentos que a empresa terá de efetuar pela utilização de fatores de produção variáveis. Os custos variáveis variam de acordo com o volume de produção da empresa, e incluem itens tais como despesas com matérias-primas, energia elétrica, mão de obra etc. Esses custos serão zero quando não houver produção (uma vez que, nesse caso, nada se emprega de fator variável) e aumentarão à medida que a produção aumentar. Por exemplo, quanto maior a produção de uma confecção, maior quantidade de tecido terá de comprar e, consequentemente, maiores serão seus custos com esse fator de produção.

c) Custo Total (CT): é o custo de produção total associado a cada possível nível de produto. Ele é dado pela soma dos custos fixos mais os custos variáveis. É claro que, se a produção for zero, o Custo Total será igual ao Custo Fixo.

Algebricamente:

$$CT = CF + CV$$

O Quadro 3 nos mostra valores hipotéticos de custo para uma empresa.

A coluna (1) nos fornece as possíveis taxas de produção da empresa.

A coluna (2) nos fornece os custos fixos. Eles atingem a cifra de $ 180, qualquer que seja o volume de produção considerado (ou seja, eles não mudam com mudanças de produção).

A coluna (3) nos mostra supostos valores para os custos variáveis. Quando a produção é zero, o Custo Variável também é zero. Devemos observar que, à medida que a produção cresce, o Custo Variável também cresce.

A coluna (4), finalmente, nos mostra o Custo Total. Ele é obtido a partir da soma das colunas (2) e (3) – a soma dos custos fixos e variáveis. A representação gráfica desses custos é dada a seguir.

QUADRO 3
Custo fixo, variável e total

(1) Quantidade Produzida Q	(2) Custo Fixo CF ($)	(3) Custo Variável CV ($)	(4) = (2) + (3) Custo Total CT ($)
0	180,00	0	180,00
1	180,00	90,00	270,00
2	180,00	120,00	300,00
3	180,00	135,00	315,00
4	180,00	165,00	345,00
5	180,00	225,00	405,00
6	180,00	360,00	540,00

5.1.1 Representação Gráfica do CF, CV e CT

a) O Custo Fixo

A Figura 1 nos mostra a representação gráfica do Custo Fixo. No eixo vertical colocamos o valor do Custo Fixo, enquanto a quantidade produzida é representada no eixo horizontal. Verificamos, então, que o Custo Fixo é uma linha horizontal paralela ao eixo da produção. Isso significa que o Custo Fixo será de $ 180, qualquer que seja a quantidade produzida. Assim, para a produção de 1 unidade, o Custo Fixo é $ 180, de 2 unidades é $ 180, e assim por diante. Reparem que o Custo Fixo é de $ 180 quando a produção é zero.

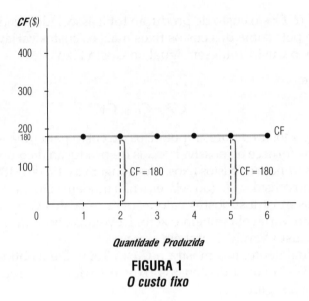

FIGURA 1
O custo fixo

b) O Custo Variável

A Figura 2 nos fornece a representação gráfica do Custo Variável. No eixo vertical são colocadas as cifras relativas ao Custo Variável, enquanto no eixo horizontal são colocadas as quantidades produzidas.

O Custo Variável começa em zero quando a produção é zero, para aumentar em seguida.

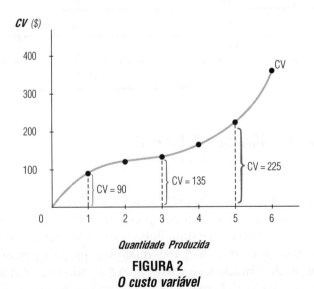

FIGURA 2
O custo variável

O Custo Variável da primeira unidade produzida é de $ 90, da segunda unidade é $ 120 e assim por diante. Observe que desenhamos uma curva contínua através dos pontos de CV. O formato da curva deriva da lei de rendimentos decrescentes. Assim, enquanto os rendimentos decrescentes não vigoram, o Custo Variável aumenta a uma taxa decrescente (a curva de custo variável tem a concavidade voltada para baixo). A partir do início da operação dos rendimentos decrescentes, a curva passa a ter concavidade voltada para cima, crescendo, portanto, a taxas crescentes.

c) O Custo Total

A Figura 3, finalmente, nos fornece o gráfico do Custo Total. Para qualquer nível de produção, o Custo Total resulta da soma do Custo Fixo mais o Custo Variável. Assim, ele começa em $ 180 e, também, aumenta com os aumentos de produção. Na verdade, a curva de Custo Total é idêntica à curva de Custo Variável, mas está acima desta pelo valor de $ 180 relativos ao Custo Fixo.

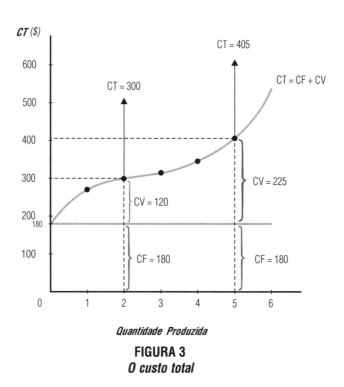

FIGURA 3
O custo total

Desta forma, o Custo Total da primeira unidade produzida é de $ 270 ($ 180 + $ 90), da segunda unidade produzida é de $ 300 ($ 180 + $ 120) e assim por diante. O Custo Total da quinta unidade produzida é, por exemplo, de $ 405 ($ 180 + $ 225).

5.2 Custo Fixo Médio, Custo Variável Médio, Custo Médio e Custo Marginal

Vimos até agora que o Custo Total de produção pode ser dividido em Custo Fixo e Variável. Sem dúvida, a determinação do Custo Total e de seus componentes é muito importante para o empresário. Contudo, uma análise da empresa em curto prazo exige um conhecimento mais adequado sobre o comportamento dos custos por unidade ou custos médios e do custo marginal.

Observemos inicialmente o Quadro 4. As quatro primeiras colunas reproduzem os dados constantes do Quadro 3. As quatro colunas restantes dizem respeito aos conceitos de custos unitários e marginal a serem aqui introduzidos.

a) *Custo Fixo Médio (CFme):* é o Custo Fixo dividido pela quantidade produzida:

$$\text{Custo Fixo Médio} = \frac{\text{Custo Fixo}}{\text{Produção}} = \frac{CF}{Q} = CFme$$

De acordo com o Quadro 4, quando a produção é de 1 unidade, o *CFme* é assim obtido:

$$CFme = \frac{CF}{Q}$$

então,

$$CFme = \frac{\$\,180}{1}$$

e

$$CFme = \$\,180$$

Quando a produção é de 2 unidades,

$$CFme = \frac{CF}{Q}$$

logo,

$$CFme = \frac{\$\,180}{2}$$

e

$$CFme = \$\,90$$

e assim por diante.

QUADRO 4
CF, CV, CT, CFme, CVme, Cme e Cmg

(1) Quantidade Produzida	(2) Custo Fixo	(3) Custo Variável	(4) Custo Total	(5) Custo Fixo Médio (2) ÷ (1)	(6) Custo Variável Médio (3) ÷ (1)	(7) Custo Médio (4) ÷ (1)	(8) Custo Marginal $\left(\frac{\Delta CT}{\Delta Q}\right)$
Q	CF ($)	CV ($)	CT ($)	CFme ($)	CVme ($)	Cme ($)	Cmg ($)
0	180,00	0	180,00	–	–	–	–
1	180,00	90,00	270,00	180,00	90,00	270,00	90,00
2	180,00	120,00	300,00	90,00	60,00	150,00	30,00
3	180,00	135,00	315,00	60,00	45,00	105,00	15,00
4	180,00	165,00	345,00	45,00	41,25	86,25	30,00
5	180,00	225,00	405,00	36,00	45,00	81,00	60,00
6	180,00	360,00	540,00	30,00	60,00	90,00	135,00

Como o Custo Fixo é uma constante, o Custo Fixo Médio diminui à medida que a produção aumenta, significando que cada unidade de produto responde por uma parcela menor de custo fixo. Isso é mostrado graficamente pela curva de *CFme* na Figura 4. O eixo vertical é utilizado para colocar o custo, enquanto o eixo horizontal é utilizado para

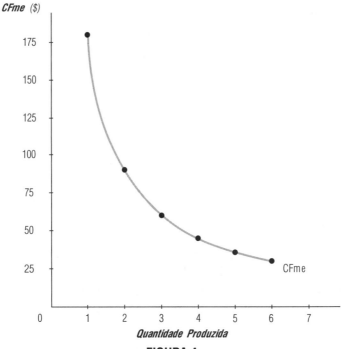

FIGURA 4
Curva de custo fixo médio

indicar a quantidade produzida. A curva de *CFme* inclina-se para baixo e para a direita em toda a sua extensão e, à medida que a produção aumenta, aproxima-se do eixo das quantidades sem, entretanto, nunca alcançá-lo. Em termos matemáticos, a curva de *CFme* é uma hipérbole retangular, significando que a área de qualquer retângulo traçado desde qualquer ponto da curva até os eixos é sempre a mesma.

b) *Custo Variável Médio (CVme)*: é o Custo Variável dividido pela quantidade produzida:

$$\text{Custo Variável Médio} = \frac{\text{Custo Variável}}{\text{Produção}} = \frac{CV}{Q} = CVme$$

De acordo com o Quadro 4, quando a produção é de 1 unidade, o *CVme* é assim obtido:

$$CVme = \frac{CV}{Q}$$

logo,

$$CVme = \frac{\$\,90}{1}$$

e, finalmente,

$$CVme = \$\,90$$

Quando a produção é de 2 unidades,

$$CVme = \frac{CV}{Q}$$

logo,

$$CVme = \frac{\$\,120}{2}$$

e, finalmente,

$$CVme = \$\,60$$

e assim por diante.

Os valores de *CVme* também podem ser representados graficamente. A partir deles, obtemos a curva de *CVme*, mostrada na Figura 5. Note-se que ela inicialmente decresce, atinge um mínimo (*CVme* = $ 41,25 para *Q* = 4) e depois cresce. Ela apresenta a forma de "U", e a razão disso encontra-se na teoria da produção. O *CVme* foi definido da seguinte forma:

$$CVme = \frac{CV}{Q} \tag{1}$$

No caso de um insumo variável, por exemplo, o trabalho, o CV será dado pelo número de trabalhadores utilizados – L – multiplicado pelo seu custo unitário – W (onde W = salário). Logo,

$$CV = L \times W \quad (2)$$

Da teoria de produção sabemos que o produto médio por trabalhador é dado por:

$$Pme = \frac{Q}{L} \quad (3)$$

então,

$$Q = Pme \times L \quad (4)$$

Substituindo o lado direito de (1) pelo lado direito de (2) e (4) obtém-se:

$$CVme = \frac{L \times W}{Pme \times L}$$

e

$$CVme = W \times \frac{1}{Pme}$$

O custo variável médio é, então, igual ao preço do fator variável (W) dividido pelo produto médio do fator variável. Desde que normalmente o Pme aumenta, atinge um máximo e depois cai, o $CVme$ decresce, atinge um mínimo e depois se eleva. Vale dizer que os mesmos princípios se aplicam quando a empresa usa um conjunto de diferentes fatores variáveis.

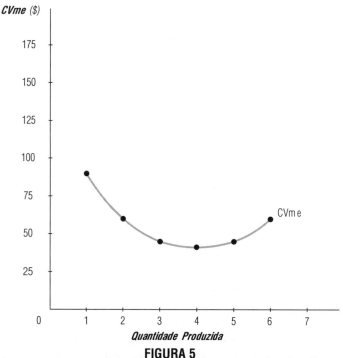

FIGURA 5
A curva de custo variável médio

c) Custo Médio (Cme): o custo médio é obtido pela divisão do custo total pelo volume de produção:

$$\text{Custo Médio} = \frac{\text{Custo Total}}{\text{Produção}} = \frac{CT}{Q} = Cme$$

De acordo com o Quadro 4, quando a produção é de 1 unidade, o *Cme* é assim obtido:

$$Cme = \frac{CT}{Q}$$

então,

$$Cme = \frac{\$\ 270}{1}$$

logo,

$$Cme = \$\ 270$$

Quando a produção é de 2 unidades,

$$Cme = \frac{CT}{Q}$$

então,

$$Cme = \frac{\$\ 300}{2}$$

logo,

$$Cme = \$\ 150,$$

e assim por diante.

O *Cme* pode também ser obtido de outra maneira:
Sabemos que

$$CT = CF + CV$$

Dividindo tudo por *Q*, obtemos:

$$\frac{CT}{Q} = \frac{CF}{Q} + \frac{CV}{Q}$$

ou, o que é a mesma coisa,

$$Cme = CFme + CVme$$

Logo, o custo médio pode ser calculado pela soma do custo fixo médio e do custo variável médio.

Os valores de *Cme* encontram-se representados na Figura 6. A partir deles, obtemos a curva de *Cme*, que também apresenta forma de "U". Isso se deve à eficiência com a qual os fatores de produção fixos e variáveis são utilizados. De início, enquanto a produção aumenta, tanto a eficiência dos fatores fixos quanto dos fatores variáveis está aumentando. Isso se reflete na diminuição dos custos fixos médios e dos custos variáveis médios trazendo, em decorrência disso, uma diminuição no custo médio. A partir de determinado instante, o custo variável médio começa a crescer. Entretanto, o decréscimo nos custos fixos médios mais do que compensa os aumentos nos custos variáveis médios, e os custos médios continuam decrescendo. Finalmente, o aumento no custo variável médio mais do que compensa a diminuição no custo fixo médio. O custo médio, então, atinge um mínimo para aumentar em seguida.

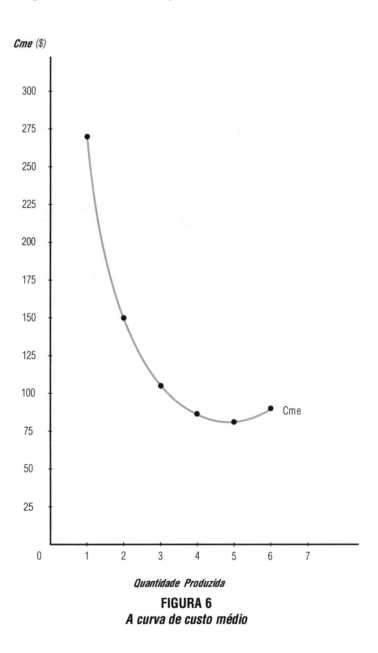

FIGURA 6
A curva de custo médio

d) *Custo Marginal (Cmg)*: é o acréscimo no custo total resultante do acréscimo de uma unidade na produção. Isso significa que o custo marginal corresponde ao custo adicional em que se incorre ao se produzir mais uma unidade de produto. Ele é dado pela seguinte expressão:

$$Cmg = \frac{\Delta CT}{\Delta Q}$$

onde:

Cmg = Custo Marginal

sendo

ΔCT = Variação no Custo Total

e

ΔQ = Variação de uma unidade na quantidade produzida.

Para facilitar o entendimento desse conceito, reproduzimos no Quadro 5 os valores das colunas 1, 4 e 8 do Quadro 4.

QUADRO 5
Cálculo do custo marginal

(1) Quantidade Produzida Q	(2) Custo Total CT ($)	(3) Custo Marginal Cmg ($)
0	180,00	–
1	270,00	90,00
2	300,00	30,00
3	315,00	15,00
4	345,00	30,00
5	405,00	60,00
6	540,00	135,00

A coluna 1 mostra a produção, e a coluna 2, o custo total associado com cada nível de produto.

O custo marginal é representado na coluna 3. Quando a produção aumenta de 0 para 1, o custo total aumenta de $ 180 para $ 270. O custo marginal dessa primeira unidade é, portanto, de $ 90, sendo calculado da seguinte forma:

$$Cmg = \frac{\Delta CT}{\Delta Q}$$

logo,

$$Cmg = \frac{\$\,270 - \$\,180}{1 - 0}$$

e, finalmente,

$$Cmg = \$\,90$$

O custo marginal da segunda unidade produzida é de $ 30, sendo assim obtido:

$$Cmg = \frac{\Delta CT}{\Delta Q}$$

logo,

$$Cmg = \frac{\$\,300 - \$\,270}{2 - 1}$$

e, finalmente,

$$Cmg = \$\,30$$

e assim por diante.

Os valores de custo marginal estão representados na Figura 7. Unindo os pontos correspondentes, obtemos a curva de custo marginal. Podemos observar que o custo marginal declina inicialmente, atinge um mínimo e, em seguida, se eleva, apresentando, portanto, o formato de "U". A explicação para esse fato também se encontra na teoria da produção. Trabalhemos então com a hipótese de que o trabalho é o único fator de produção variável utilizado. De acordo com a teoria de produção, o produto marginal inicialmente cresce, atinge um máximo e depois decresce. Se pudermos contratar trabalho ao mesmo salário por unidade, o único motivo para o custo marginal inicialmente diminuir será porque o produto adicional produzido por trabalhador adicional está aumentando.

Seguindo essa linha de raciocínio, o custo marginal será mínimo quando o produto marginal for máximo. Isso parece adequado ao pensarmos que, se um trabalhador está dando a máxima contribuição possível em termos de acréscimo à produção, o acréscimo de custo resultante da contratação desse trabalhador deverá ser o menor possível. Aumentos no custo marginal ocorrerão quando houver uma diminuição no produto adicional produzido por unidade adicional de trabalho, ou seja, quando o produto marginal estiver decrescendo. Isso pode ser provado matematicamente:

$$Cmg = \frac{\Delta CT}{\Delta Q} \qquad (1)$$

sabemos que

$$CT = CF + CV \qquad (2)$$

Logo,

$$\Delta CT = \Delta CF + \Delta CV \qquad (3)$$

como

$$\Delta CF = 0$$

segue-se que

$$\Delta CT = \Delta CV \qquad (4)$$

Substituindo o ΔCT em 1 pelo lado direito de (4) obtém-se:

$$Cmg = \frac{\Delta CV}{\Delta Q} \qquad (5)$$

Sabemos também que

$$CV = W \times L$$

Assim,

$$\Delta CV = W \times \Delta L \qquad (6)$$

Fazendo a devida substituição em (5) obtém-se:

$$Cmg = W \frac{\Delta L}{\Delta Q} \qquad (7)$$

Da teoria da produção, sabemos que:

$$Pmg = \frac{\Delta Q}{\Delta L}$$

então,

$$\frac{\Delta L}{\Delta Q} = \frac{1}{Pmg} \qquad (8)$$

Substituindo $\frac{\Delta L}{\Delta Q}$ de (7) por $\frac{1}{Pmg}$ de (8):

$$Cmg = W \times \left(\frac{1}{Pmg}\right)$$

Como o produto marginal normalmente se eleva, atinge um máximo e depois decresce, o *Cmg* decresce, atinge um mínimo e depois se eleva.

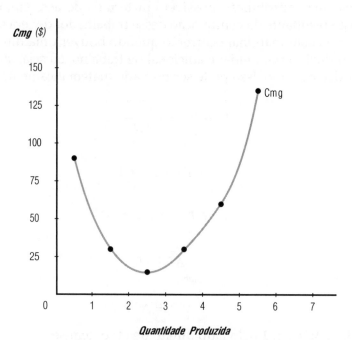

FIGURA 7
A curva de custo marginal

As curvas de *CVme*, *Cme* e *Cmg* são representadas conjuntamente na Figura 8.

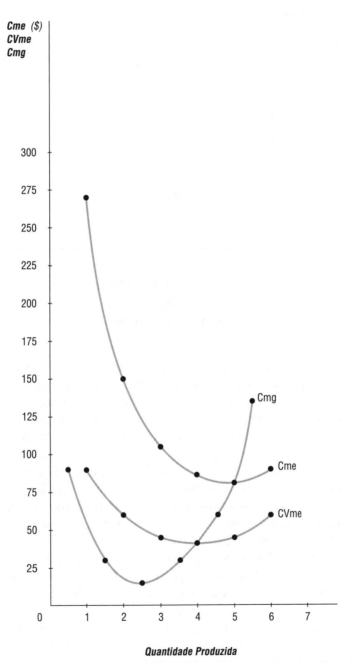

Quantidade Produzida

FIGURA 8
As curvas de CVme, Cme *e* Cmg *juntas*

5.3 A Relação entre as Curvas de Custo Médio e Marginal

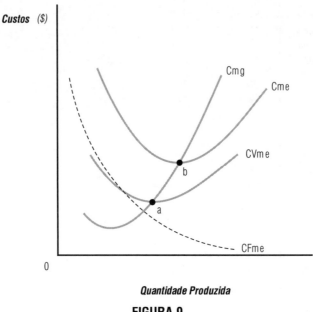

FIGURA 9
Custos em curto prazo

A Figura 9 nos mostra um sistema típico de curvas de custo em curto prazo.

Podemos observar que o custo marginal, da mesma forma que o custo variável médio e o custo médio, inicialmente declina, atinge um mínimo, para depois se elevar. A característica mais importante da curva de custo marginal reside no fato de que ela corta as curvas de custo variável médio e custo médio em seus pontos de mínimo. Essas intersecções ocorrem nos pontos a e b da Figura 9. Assim, quando o custo variável médio atingir seu valor mínimo, ele será igual ao custo marginal. Da mesma forma, quando o custo médio atingir seu valor mínimo, ele também será igual ao custo marginal. Isso não acontece por acaso. Esses fatos podem ser explicados de maneira semelhante àquela em que anteriormente demonstramos que o produto marginal é igual ao produto médio quando este atinge seu ponto máximo.

Analisemos, então, a intersecção da curva de custo marginal com o ponto de mínimo da curva de custo médio. Antes desse ponto, o *Cmg* é menor que o *Cme*. Se o último incremento de custo for inferior ao custo médio anterior, ele fará baixar a média, fazendo então que a curva de *Cme* seja puxada para baixo.

Consideremos agora os valores para os quais o custo marginal é maior que o custo médio. À medida que a produção aumenta, unidade por unidade, o aumento no custo total (ou custo marginal) é maior que o custo médio anterior. Nesse caso, a curva de custo médio será puxada para cima. Uma vez que o custo médio diminui quando *Cmg* < *Cme* e aumenta quando *Cmg* > *Cme*, o custo médio tem de alcançar seu valor mínimo quando *Cmg* = *Cme*.

Esse mesmo argumento pode ser utilizado para mostrar que quando o custo variável médio é mínimo, *Cmg* = *CVme*.

6 OS CUSTOS EM LONGO PRAZO

Como já é do nosso conhecimento, o longo prazo é definido como um período de tempo em que todos os fatores de produção são variáveis.

Na realidade, o longo prazo é visto como um horizonte de planejamento, ou seja, como o período de tempo para o qual a empresa planeja suas instalações do tamanho mais adequado em relação a um planejado nível de produção.

Uma vez concluídas as novas instalações, a empresa passa a operar em curto prazo, que é, de fato, o período em que a produção se realiza. Dizemos, então, que a empresa opera em curto prazo e planeja em longo prazo.

6.1 O Curto e o Longo Prazos

Imaginemos inicialmente uma empresa para a qual existam 3 tamanhos de fábrica a serem escolhidas em seu horizonte de planejamento. O tamanho 1 representa uma fábrica de pequeno porte, o tamanho 2, uma fábrica de médio porte, e o tamanho 3, uma fábrica de grande porte. Suponhamos ainda que cada fábrica tenha sua própria curva de custo médio de curto prazo. Essas curvas podem ser vistas na Figura 10. A fábrica menor dá origem à curva de custo médio de curto prazo 1 – Cme_{CP1} –, a fábrica de médio porte possui uma curva de custo médio de curto prazo dada por Cme_{CP2}, e a fábrica de grande porte possui uma curva de custo médio de curto prazo dada por Cme_{CP3}.

No longo prazo, a empresa pode operar com qualquer uma dessas possíveis dimensões de fábrica.

Qual desses tamanhos de fábrica a empresa deve adotar? A resposta vai depender do nível de produção planejado em longo prazo. Assim, dado um nível de produção, o empresário escolherá o tamanho da fábrica capaz de produzir a quantidade desejada de produto ao menor custo médio possível.

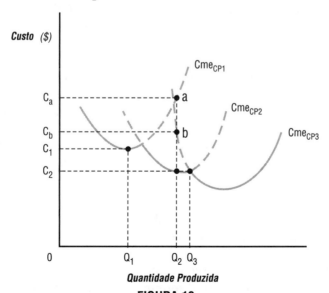

FIGURA 10
Curvas de custo médio de curto prazo para fábricas de diferentes tamanhos

Suponhamos então que o nível de produção planejado seja Q_1. Nesse caso, a instalação (ou fábrica) mais adequada será a de tamanho menor, com custo médio de C_1. Suponhamos agora que o nível de produção planejado seja Q_2. Para esse nível de produção, a instalação mais adequada seria a de médio porte, com a curva de custo médio em curto prazo 2 (Cme_{CP2}), a um custo médio de C_2. Entretanto, se observarmos atentamente o gráfico, verificaremos que esse nível de produção poderia ser atingido tanto com o tamanho de fábrica menor (Cme_{CP1}) quanto com um tamanho de fábrica maior (Cme_{CP3}).

Analisemos o primeiro caso. Se o empresário optar por continuar com a fábrica de pequeno porte, a empresa produzirá Q_2, situando-se no ponto **a** da Cme_{CP1}, produzindo a um custo médio C_a, bastante elevado, uma vez que nesse caso certamente a empresa estará operando com turnos extras de trabalho, com menor tempo para a manutenção de máquinas etc.

Esse parece ser o caso do empresário que se defronta com uma rápida expansão da demanda. Em curto prazo, ele nada pode fazer senão utilizar ao máximo sua capacidade instalada, mesmo que isso implique a elevação dos custos unitários. Ele pode, entretanto, planejar para o futuro. Nesse caso, poderá substituir suas instalações por uma fábrica de porte médio, que é aquela que lhe permitirá produzir a quantidade Q_2 pelo menor custo médio C_2, bem abaixo do custo médio dado pela fábrica de pequeno porte.

Analisemos agora o segundo caso, ou seja, quando a empresa produz a quantidade Q_2 com a fábrica de grande porte (Cme_{CP3}). Nesse caso, haveria capacidade ociosa, uma vez que as instalações foram projetadas para níveis de produção mais elevados. Estaríamos então no ponto **b** da curva de custo médio de curto prazo 3 (Cme_{CP3}), com um custo unitário de C_b.

Vemos portanto que, em ambos os casos, os custos médios para se produzir Q_2 são mais elevados do que o custo médio C_2 da fábrica de médio porte associado a Cme_{CP2}.

Verificamos então que, para cada nível produção, existe um tamanho de instalação ótimo. O tamanho ótimo de fábrica para a produção de Q_1 é dado pela fábrica de porte menor, para o nível de produção Q_2 é dado pela fábrica de médio porte e assim por diante.

Ao escolher a instalação adequada, a empresa optará pelo tamanho de fábrica cuja curva de custo médio de curto prazo forneça o menor custo médio para o volume previsto de produção.

Podemos também analisar uma situação em que a decisão do empresário em relação ao tamanho das instalações vai se basear em outros elementos além do custo médio unitário de produção. Suponhamos então que o nível de produção planejado seja Q_3. Nesse caso, tanto a fábrica de médio porte quanto a fábrica de grande porte dão origem ao mesmo custo médio. Um empresário pode, por exemplo, optar pela fábrica maior, caso haja uma previsão de aumento da demanda pelo seu produto. Por outro lado, na hipótese de haver insuficiência de fundos para investir, poderá então optar pela fábrica de médio porte.

6.2 A Curva de Custo Médio de Longo Prazo

Até agora trabalhamos com um exemplo bastante simples, com apenas três tamanhos de fábrica. Na realidade a situação é bem diferente, uma vez que o empresário se defronta com inúmeros tamanhos possíveis de instalações, associados com inúmeras curvas de custo médio em curto prazo. A Figura 11 apresenta apenas cinco dessas curvas.

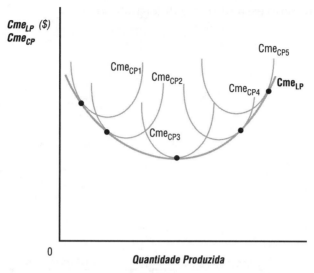

FIGURA 11
A curva de custo médio de longo prazo

Se unirmos os pontos de cada curva de custo médio de curto prazo que indicam o custo médio mínimo para cada nível de produção, obteremos a "curva envelope", que é a curva de custo médio de longo prazo – Cme_{LP}. Essa curva permite à empresa escolher a instalação em curto prazo, que possibilitará a obtenção da produção planejada com o menor custo possível. Vale lembrar que o Cme_{LP} é obtido pela divisão do custo total de longo prazo (CT_{LP}) pelo volume de produção (Q), ou seja:

$$Cme_{LP} = \frac{CT_{LP}}{Q}$$

6.3 A Curva de Custo Marginal de Longo Prazo

Define-se o custo marginal de longo prazo (Cmg_{LP}) como a variação ocorrida no custo total de longo prazo decorrente da variação de uma unidade na quantidade produzida.

A curva de custo marginal de longo prazo, por sua vez, é definida como "o lugar geométrico dos pontos das curvas de custo marginal de curto prazo que correspondem ao tamanho ideal da planta da empresa para cada nível de produção".[1]

A construção da curva de Cmg_{LP} é ilustrada na Figura 12. Nessa figura são mostradas três curvas no custo médio de curto prazo (e suas respectivas curvas de custo marginal), compatíveis com três diferentes tamanhos de planta. São mostradas ainda a correspondente curva de custo médio de longo prazo e a curva de custo marginal de longo prazo.

---

[1] GARÓFALO, Gilson de Lima; CARVALHO, Luiz Carlos P. de. *Teoria microeconômica*. 2. ed. São Paulo: Atlas, 1986. p. 253.

Vejamos, então, como essa última é determinada.

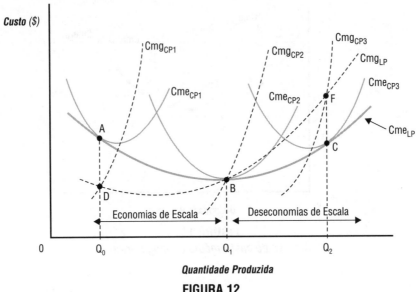

FIGURA 12
Custo marginal em longo prazo

Tomemos, inicialmente, o nível de produção Q_0.

Para esse nível de produção, o tamanho ideal da planta é aquele que dá origem à curva de custo médio de curto prazo Cme_{CP1}. A empresa vai, então, operar no ponto A dessa curva. Para esse nível de produção, o custo marginal de curto prazo é dado pelo ponto D.

Para o nível de produção Q_1, o tamanho ideal da planta é aquele que dá origem a Cme_{CP2}. Nesse caso, a empresa vai operar no ponto B da curva de custo médio de curto prazo. Para essa instalação, a curva de custo médio de curto prazo é tangente à curva de custo médio de longo prazo no ponto mínimo das duas (ponto B). Sob essas condições, o custo marginal de curto prazo para esse nível de produção também coincidirá com o ponto B.

Para o nível de produção Q_2, o tamanho ótimo da planta é aquele que dá origem à Cme_{CP3}. A empresa vai então operar no ponto C dessa curva.

Para esse nível de produção, o custo marginal de curto prazo é dado pelo ponto F.

A curva de custo marginal de longo prazo é obtida pela união dos pontos D, B e F.

6.4 Economias, Deseconomias e Retornos Constantes de Escala

A curva de custo médio de longo prazo – Cme_{LP} – apresenta, em geral, a forma de "U", indicando que, à medida que o tamanho da instalação e a escala de operações se tornam maiores, os custos caem, atingem um mínimo e depois se elevam. Isso ocorre devido ao fenômeno de economias e deseconomias de produção em larga escala.

6.4.1 Economias de Escala

A Figura 13 retrata uma situação em que a curva de Cme_{LP} é decrescente até Q_1, significando que os custos unitários (médios) caem à medida que aumentam a dimensão e o nível de produção da empresa. Estamos, então, diante do fenômeno de economias de escala, que podem ser atribuídas a:

a) Divisão e Especialização do Trabalho

Se a empresa é pequena e emprega poucos trabalhadores, cada um deles normalmente vai executar diversas tarefas no processo de produção. Em uma empresa de tamanho maior é possível a cada trabalhador especializar-se em uma tarefa, com as seguintes vantagens:

- aumento da destreza de cada trabalhador, permitindo a redução do tempo necessário à execução de cada atividade; e
- eliminação da perda de tempo decorrente da mudança de uma atividade para outra.

b) Preços dos Fatores de Produção

É possível obter economias por meio de compras em grandes quantidades de matérias-primas e de outros fatores produtivos, uma vez que encomendas maiores propiciam a obtenção de descontos mais elevados.

c) Indivisibilidade de Operações Financeiras

As empresas maiores têm mais facilidade na obtenção de empréstimos perante as instituições bancárias, se comparadas às empresas pequenas. Têm, também, mais facilidade para obter recursos mediante a colocação de ações no mercado acionário.

d) Indivisibilidade de Equipamentos

Certos tipos de equipamento só são economicamente viáveis após determinados tamanhos mínimos.

e) Eficiência do Capital

Suponhamos que uma determinada empresa de autopeças deseje expandir sua produção de uma determinada peça. Para tanto, ela necessita adquirir um determinado tipo de máquina. Façamos agora a suposição de que o proprietário da empresa encontre no mercado a máquina A e a máquina B, que produzem o mesmo tipo de peça. A máquina A, tida como a mais eficiente do ponto de vista tecnológico, custa $ 200 mil e produz 400 mil unidades por mês. O custo por unidade produzida é, então, de $ 0,50 por mês (CT_{LP}/Q = $ 200 mil/400 mil). A máquina B, por sua vez, custa $ 80 mil e produz 80 mil unidades por mês. O custo médio de produção é, nesse caso, de $ 1,00 por mês (CT_{LP}/Q = $ 80 mil/80 mil). Se a intenção é aumentar a escala de produção, então a máquina A deverá ser comprada, pois ela produz a um custo unitário (médio) menor. Conclui-se, portanto, que, com a utilização mais eficiente do capital e com o aumento na escala de produção, o custo médio tende a cair, gerando o fenômeno de economias de escala.

6.4.2 Deseconomias de Escala

Vimos, até agora, que a curva Cme_{LP} é decrescente, devido à existência de economias de escala. Entretanto, ela não será sempre decrescente, pois, a partir de determinado tamanho da unidade de produção, surgirão alguns fatores que provocarão um crescimento nos custos. Esse fenômeno pode ser visualizado com o auxílio da Figura 12, em que, a partir de Q_1, a curva de Cme_{LP} passa a ser crescente, significando que os custos unitários (médios) crescem com o aumento da dimensão e da produção da empresa. Estamos, então, diante da ocorrência de deseconomias de escala, em geral atribuídas a:

a) **Limitação da Eficiência Administrativa**

Os problemas de administração e supervisão se tornam progressivamente mais difíceis de solucionar à medida que a escala da empresa aumenta.

b) **Preço Crescente dos Fatores de Produção**

A produção crescente de uma empresa acaba por elevar a procura por recursos produtivos, tais como terra, mão de obra, matérias-primas etc. Poderá chegar um momento em que os preços nos mercados de fatores de produção começarão a se elevar, acarretando um aumento dos custos unitários de produção.

6.4.3 Retornos Constantes de Escala

O fenômeno de retornos constantes de escala existe quando a curva de custo médio de longo prazo não muda quando há aumento de produção. A Figura 13 nos mostra a ocorrência desse fenômeno. A curva de Cme_{LP} não apresenta o formato de "U". Ela inicialmente decresce até o volume de 150 mil unidades produzidas, indicando a ocorrência

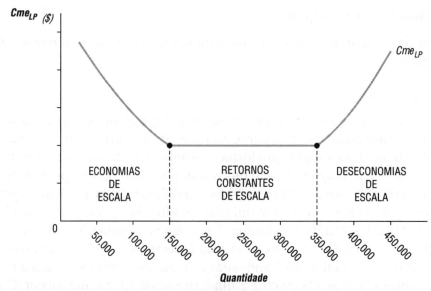

FIGURA 13
Retornos constantes de escala

de economias de escala; entre 150 mil e 350 mil unidades, a curva fica horizontal. Nessa faixa de produção, a empresa aumenta o tamanho de sua planta, mas a curva de Cme_{LP} permanece horizontal. A partir de 350 mil unidades, a empresa experimenta a ocorrência de deseconomias de escala, quando então a curva de Cme_{LP} passa a crescer.

7 ANÁLISE DO *BREAK-EVEN POINT* (OU PONTO DE EQUILÍBRIO)[2]

7.1 Definição

O *break-even point*, ou ponto de equilíbrio de uma empresa, é definido como o nível de produção e vendas em que todos os custos fixos e variáveis são cobertos pela receita, isto é, o ponto em que o lucro é igual a zero. Em outras palavras, é o nível mínimo de produção e vendas em que uma empresa pode funcionar sem que ocorram perdas.

O *break-even point* pode ser determinado algébrica e graficamente. É o que faremos a seguir.

7.2 Determinação Algébrica

Na determinação do ponto de equilíbrio, pressupõe-se que o empresário conheça os seus custos totais de produção que, como se sabe, se dividem em custos fixos e variáveis:

$$CT = CF + CV \qquad (1)$$

Por outro lado, a receita da empresa é dada pelo preço de venda do produto multiplicado pela quantidade vendida desse produto:

$$RT = P \times Q \qquad (2)$$

Admitiremos também, para simplificação, que os custos (fixo, variável e total) e receitas tenham comportamento linear.

O lucro da empresa, por sua vez, é dado pela diferença entre a receita total e o custo total:

$$LT = RT - CT \qquad (3)$$

No *break-even point* o lucro é igual a zero, ou, o que é a mesma coisa, a receita é igual ao custo:

$$RT = CT \qquad (4)$$

---

[2] A abordagem é feita considerando-se apenas os custos contábeis.

Substituindo (1) e (2) em (4), obtemos:

$$P \times Q = CF + CV \qquad (5)$$

Sabemos, por outro lado, que o custo variável médio é obtido pelo quociente entre o custo variável e a quantidade produzida:

$$CVme = \frac{CV}{Q}$$

e

$$CV = CVme \times Q \qquad (6)$$

Substituindo essa expressão em (5) obtemos:

$$P \times Q = CF + CVme \times Q$$

ou

$$P \times Q - CVme \times Q = CF$$

ou, ainda,

$$Q(P - CVme) = CF$$

e, finalmente,

$$Q = \frac{CF}{P - CVme} \qquad (7)$$

Essa equação (7) é usada para achar o volume de vendas Q no ponto de equilíbrio.
Para exemplificar, suponhamos então que uma empresa produza um determinado produto com um custo fixo de $ 100.000. Suponhamos ainda que o custo variável médio, isto é, o custo variável por unidade produzida, seja de $ 50, e que o preço de venda do produto seja de $ 100. Aplicando esses dados à equação (7) obtemos:

$$Q = \frac{CF}{P - CVme}$$

então,

$$Q = \frac{\$\ 100.000}{\$\ 100 - \$\ 50}$$

e

$$Q = 2.000$$

Temos então que 2 mil unidades é o nível de produção na qual a receita se iguala aos custos, ou seja, é o ponto em que o lucro é zero.

Confirmando o resultado, temos:

$$RT = P \times Q$$

então,

$$RT = \$ 100 \times 2.000$$

e

$$RT = \$ 200.000$$

O custo total, por sua vez, é dado por:

$$CT = CF + CV$$

logo,

$$CT = CF + CVme \times Q$$

então,

$$CT = \$ 100.000 + \$ 50 \times 2.000$$

e, finalmente,

$$CT = \$ 200.000$$

Com a venda de 2 mil unidades a receita se iguala ao custo e o lucro da empresa é zero.

Por esse exemplo, a empresa terá um lucro positivo para vendas superiores a 2 mil unidades e um lucro negativo (ou prejuízo) para vendas inferiores a esse número.

7.3 Determinação Gráfica

O *break-even point* da empresa também pode ser calculado graficamente.

Em nosso exemplo, os custos são dados por:

$$CF = \$ 100.000$$

e

$$CV = \$ 50 \times Q$$

como

$$CT = CF + CV$$

então,

$$CT = \$\ 100.000 + \$\ 50 \times Q$$

A receita total, como sabemos, é dada por:

$$RT = P \times Q$$

sendo $P = \$\ 100$

O lucro, por sua vez, é dado por:

$$LT = RT - CT$$

A partir daí podemos determinar os valores de custo, receita e lucro compatíveis com vários volumes de vendas, e que são representados no Quadro 6.

QUADRO 6
Custos, receita e lucros

(1) Preço	(2) Quantidade	(3) Custo Fixo	(4) Custo Variável	(5) Custo Total (3) ÷ (4)	(6) Receita Total (1) x (2)	(7) Lucro Total (6) − (5)
P ($)	Q	CF ($)	CV ($)	CT ($)	RT ($)	LT ($)
100,00	500	100.000,00	25.000,00	125.000,00	50.000,00	−75.000,00
100,00	1000	100.000,00	50.000,00	150.000,00	100.000,00	−50.000,00
100,00	1500	100.000,00	75.000,00	175.000,00	150.000,00	−25.000,00
100,00	**2000**	**100.000,00**	**100.000,00**	**200.000,00**	**200.000,00**	**Zero**
100,00	2500	100.000,00	125.000,00	225.000,00	250.000,00	+25.000,00
100,00	3000	100.000,00	150.000,00	250.000,00	300.000,00	+50.000,00

As Figuras 14, 15, 16 e 17 retratam as curvas de custo fixo, custo variável, custo total e receita total, respectivamente.

O gráfico do ponto de nivelamento (ou *break-even point*) é mostrado na Figura 18. O ponto de equilíbrio é dado pela intersecção da curva de RT com a curva de CT. Com a venda de 2 mil unidades, a receita total de $ 200 mil se iguala ao custo total. No ponto de equilíbrio não há lucro nem prejuízo. Para vendas inferiores a 2 mil unidades, os custos excedem as receitas, caracterizando uma situação de prejuízo. Para níveis de vendas superiores ao ponto de nivelamento, as receitas excedem os custos, caracterizando uma situação de lucro.

Deve-se observar que os gráficos do ponto de equilíbrio são traçados com linhas retas, o que pressupõe a proporcionalidade entre as variações dos custos totais e das receitas totais e a produção da empresa.

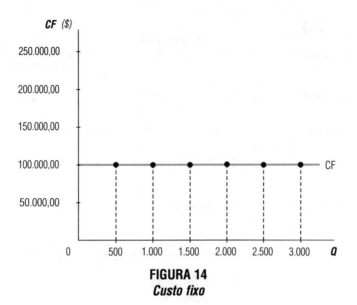

FIGURA 14
Custo fixo

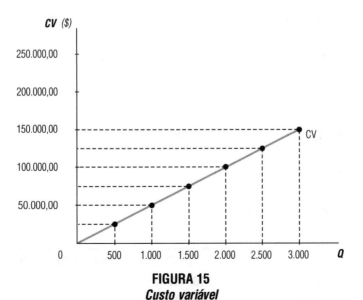

FIGURA 15
Custo variável

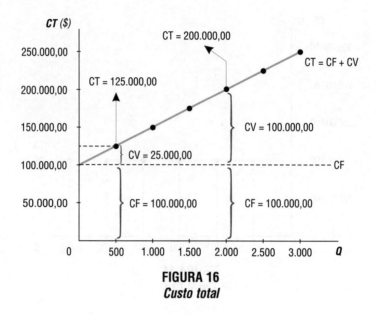

FIGURA 16
Custo total

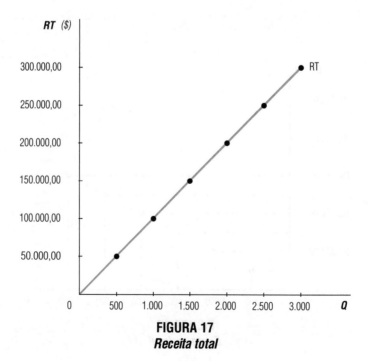

FIGURA 17
Receita total

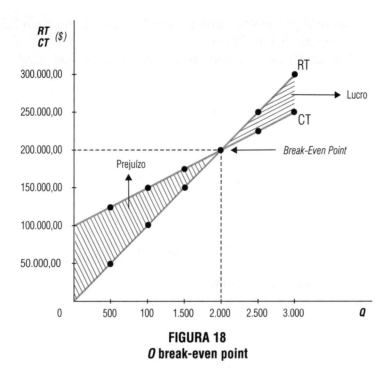

FIGURA 18
O break-even point

7.4 Alterações no *Break-Even Point*

O *break-even point* pode mudar em função de alterações no custo fixo, no custo variável médio e no preço de venda do produto. Analisemos cada um deles.

7.4.1 *Alterações no Custo Fixo*

Um aumento no custo fixo elevará o ponto de equilíbrio, enquanto uma diminuição nesse tipo de custo provocará uma diminuição no ponto de equilíbrio.

Considerando o exemplo anterior, se os custos fixos forem aumentados para R$ 125.000, o ponto de equilíbrio será:

$$Q = \frac{CF}{P - CVme}$$

então,

$$Q = \frac{\$\,125.000}{\$\,100 - \$\,50}$$

logo,

$$Q = 2.500 \text{ unidades}$$

Isso significa que será preciso aumentar a produção de 2 mil para 2.500 unidades para atingir um novo ponto de equilíbrio.

Para esse nível de produção, a receita total será de $ 250.000, sendo calculada da seguinte forma:

$$RT = P \times Q$$

então,

$$RT = \$\ 100 \times 2.500$$

logo,

$$RT = \$\ 250.000$$

Como $Q = 2.500$ é o ponto de equilíbrio,

então,

$$RT = CT = \$\ 250.000$$

A Figura 19 retrata os efeitos desse aumento nos custos fixos sobre o ponto de equilíbrio.

Se, por outro lado, os custos fixos diminuíssem para $ 75.000, o ponto de equilíbrio seria:

$$Q = \frac{CF}{P - CVme}$$

logo,

$$Q = \frac{\$\ 75.000}{\$\ 100 - \$\ 50}$$

e

$$Q = 1.500 \text{ unidades}$$

Isso significa que, graças a uma diminuição nos custos fixos, o equilíbrio seria atingido com uma produção menor. No novo equilíbrio, portanto,

$$Q = 1.500$$

e

$$RT = CT = \$\ 150.000$$

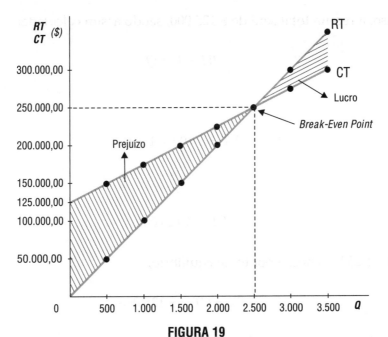

FIGURA 19
Gráfico do break-even point *para custos fixos aumentados*

7.4.2 Alterações no Custo Variável Médio

Uma diminuição no custo variável médio diminuirá o volume de vendas necessário para se atingir o ponto de equilíbrio da empresa, ao passo que um aumento no custo variável médio fará que o volume de vendas necessário para se atingir o ponto de equilíbrio seja mais elevado.

Tomando o exemplo inicial como referência, suponhamos então que o custo variável médio sofra uma diminuição de $ 50 para $ 20. O novo ponto de equilíbrio será dado por:

$$Q = \frac{CF}{P - CVme}$$

logo,

$$Q = \frac{\$\ 100.000}{\$\ 100 - \$\ 20}$$

e, finalmente,

$$Q = 1.250 \text{ unidades}$$

Isso significa que uma diminuição no custo variável médio fará que o ponto de equilíbrio seja atingido com uma produção menor, em um total de 1.250 unidades.

Nesse caso, a receita total será de $ 125.000, sendo assim calculada:

$$RT = P \times Q$$

então,

$$RT = \$\ 100 \times 1.250$$

logo,

$$RT = \$\ 125.000$$

Como $Q = 1.250$ é o nosso ponto de equilíbrio,

$$RT = CT = \$\ 125.000$$

A Figura 20 mostra os efeitos dessa redução no custo variável médio sobre o ponto de equilíbrio.

Se o custo variável médio aumentasse de $ 50 para $ 75, o ponto de nivelamento seria dado por:

$$Q = \frac{CF}{P - CVme}$$

então,

$$Q = \frac{\$\ 100.000}{\$\ 100 - \$\ 75}$$

logo,

$$Q = 4.000 \text{ unidades}$$

Isso significa que aumentos no custo variável médio farão que o novo ponto de equilíbrio se dê com um nível de produção maior. No novo equilíbrio teremos,

$$Q = 4.000$$

e

$$RT = CT = \$\ 400.000$$

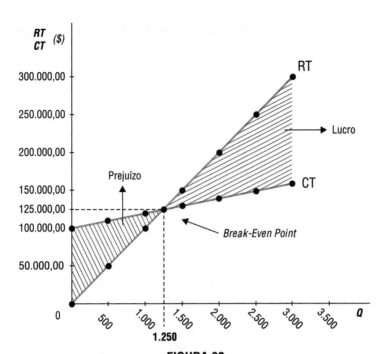

FIGURA 20
Gráfico do break-even point *para o custo variável médio diminuído*

7.4.3 Alterações no Preço de Venda

Um aumento no preço do produto diminuirá o volume de vendas necessário para se atingir o ponto de equilíbrio da empresa, ao passo que uma diminuição no preço do produto elevará o volume de vendas necessário para se atingir o *break-even point*.

Tendo ainda o exemplo inicial como referência, suponhamos que tenha havido um aumento no preço do produto de $ 100 para $ 150. O ponto de equilíbrio seria dado por:

$$Q = \frac{CF}{P - CVme}$$

então,

$$Q = \frac{\$\ 100.000}{\$\ 150 - \$\ 50}$$

logo,

$$Q = 1.000 \text{ unidades}$$

Isso significa que aumentos no preço farão que o novo ponto de equilíbrio se dê com um nível de produção menor, como pode ser observado na Figura 21. No novo equilíbrio, teremos:

$$Q = 1.000$$

e

$$RT = CT = \$\ 150.000$$

Se o preço do produto sofrer uma redução de $ 100 para $ 90, o ponto de equilíbrio será dado por:

$$Q = \frac{CF}{P - CVme}$$

então,

$$Q = \frac{\$\ 100.000}{\$\ 90 - \$\ 50}$$

logo,

$$Q = 2.500 \text{ unidades}$$

Observamos então que reduções no preço do produto fazem que o volume de produção necessário para a empresa atingir o equilíbrio seja mais elevado, totalizando 2.500 unidades. No novo equilíbrio, portanto,

$$Q = 2.500$$

e

$$RT = CT = \$\ 225.000$$

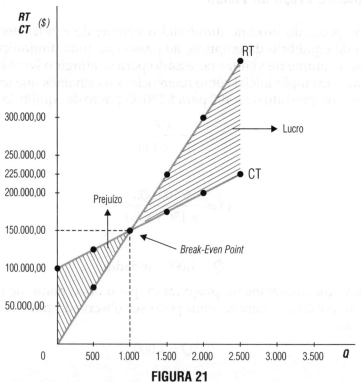

FIGURA 21
Gráfico do break-even point *para um aumento no preço do produto*

Apêndice

Identificação do Custo Total, do Custo Variável e do Custo Fixo a Partir das Curvas de Custo Médio e de Custo Variável Médio

Este Apêndice é importante na medida em que servirá de base para a análise das estruturas de mercado a ser realizada no Capítulo VIII e baseia-se no Quadro A-1, que contém dados de Custos.

QUADRO A-1
Custos médio e totais

(1) Quantidade Produzida	(2) Custo Médio (2) ÷ (1)	(3) Custo Total (2) × (1)	(4) Custo Variável Médio (5) ÷ (1)	(5) Custo Variável (4) × (1)	(6) Custo Fixo Médio (7) ÷ (1)	(7) Custo Fixo (6) × (1)
Q	Cme ($)	CT ($)	CVme ($)	CV ($)	CFme ($)	CF ($)
1	270,00	270,00	90,00	90,00	180,00	180,00
2	150,00	300,00	60,00	120,00	90,00	180,00
3	105,00	315,00	45,00	135,00	60,00	180,00
4	86,25	345,00	41,25	165,00	45,00	180,00
5	81,00	405,00	45,00	225,00	36,00	180,00
6	90,00	540,00	60,00	360,00	30,00	180,00

1 ENCONTRANDO O CUSTO TOTAL

Analisemos as colunas (2) e (3). O *Cme* foi definido como o resultado da divisão do custo total pela quantidade produzida:

$$Cme = \frac{CT}{Q}$$

Assim é que, para encontrarmos o custo total, basta multiplicarmos o custo médio pela quantidade:

$$Cme \times Q = CT$$

Exemplificando: para um nível de produção de, digamos, 2 unidades, teremos, de acordo com os nossos dados, um custo médio de $ 150 e, em decorrência, um custo total de $ 300:

$$Cme = \$ 150$$

e

$$Q = 2$$

como

$$CT = Cme \times Q$$

então:

$$CT = \$ 150 \times 2$$

e, finalmente,

$$CT = \$ 300$$

A Figura A-1 nos mostra a maneira de encontrar o custo total a partir da curva de custo médio. A área de qualquer retângulo traçado desde qualquer ponto da curva até os eixos nos dará sempre o valor do custo total. Continuando com o nosso exemplo, para uma produção de 2 unidades, o custo médio é de $ 150, combinação esta que nos fornece o ponto C na curva de *Cme*.

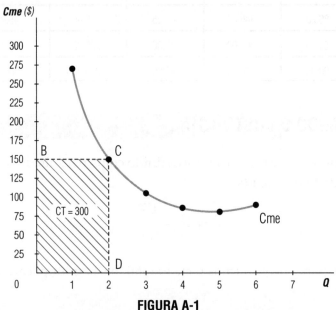

FIGURA A-1
A curva de custo médio e área de custo total

Se tivermos $ 150 = OB$ e $2 = OD$, obteremos o retângulo $OBCD$ cuja área terá o valor do custo total. Vejamos como isso ocorre:

$$\text{base do retângulo} = OD = 2$$
$$\text{altura do retângulo} = OB = \$ 150$$

como

$$\text{área do retângulo} = \text{base} \times \text{altura}$$

então

$$\text{área do retângulo} = 2 \times \$ 150 = \$ 300$$

que é o valor do Custo Total quando o nível de produção é de 2 unidades (coluna 3).

2 ENCONTRANDO O CUSTO VARIÁVEL

Tomemos agora as colunas (4) e (5). Definimos anteriormente o $CVme$ como a razão do custo variável pela quantidade produzida:

$$CVme = \frac{CV}{Q}$$

O custo variável pode ser obtido pela multiplicação do custo variável médio pela quantidade:

$$CVme \times Q = CV$$

Tomemos novamente como exemplo o nível de produção de 2 unidades. De acordo com os nossos dados (coluna 4 do Quadro A-1), o custo variável médio de 2 unidades é de R$ 60. Para encontrar o custo variável fazemos:

$$CVme = \$ 60$$

e

$$Q = 2$$

como

$$CV = CVme \times Q$$

então,

$$CV = \$ 60 \times 2$$

logo,

$$CV = \$ 120$$

A Figura A-2 nos mostra a maneira de encontrar o custo variável a partir da curva de custo variável médio. A área de qualquer retângulo traçado desde qualquer ponto da curva de custo variável médio até os eixos nos dará sempre o valor do custo variável.

Dando sequência ao nosso exemplo, para uma produção de 2 unidades, o custo variável médio é de $ 60, combinação esta que nos fornece o ponto *F* na curva de custo variável médio.

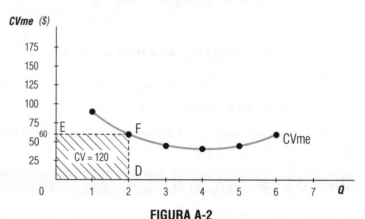

FIGURA A-2
A curva de custo variável médio e a área de custo variável

Se fizermos $ 60 = *OE* e 2 = *OD*, obteremos o retângulo *OEFD* cuja área terá o valor do custo variável. Vejamos, então, como isso ocorre:

$$\text{base do retângulo} = OD = 2$$
$$\text{altura do retângulo} = OE = \$\ 60$$

como

$$\text{área do retângulo} = \text{base} \times \text{altura}$$

então,

$$\text{área do retângulo} = 2 \times \$\ 60 = \$\ 120$$

que é o valor do Custo Variável quando a produção é de 2 unidades (coluna 5).

Esse procedimento pode ser utilizado para encontrar o custo variável, qualquer que seja o nível de produção.

3 ENCONTRANDO O CUSTO FIXO

Para encontrar o custo fixo, vamos nos valer das curvas de *Cme* e *CVme*, mostradas na Figura A-3.

Como podemos observar, o custo total é dado pela área do retângulo *OBCD* e tem o valor de $ 300. O custo variável, por sua vez, é dado pela área do retângulo *OEFD* e tem o valor de $ 120.

Sabemos que

$$CT = CF + CV$$

e que

$$CT - CV = CF$$

Se subtrairmos do retângulo *OBCD* (que nos dá o custo total) a área do retângulo *OEFD* (que nos dá o custo variável), obteremos o retângulo *EBCF* cuja área nos dará o valor do custo fixo, que é igual a $ 180.

Assim, a soma do custo fixo, no valor de $ 180, com o custo variável, no valor de $ 120, nos dá o custo total, que é igual a $ 300.

Vamos, então, comprovar que a área do retângulo *EBCF* tem o valor de $ 180:

$$BE = OB - OE = \$\,150 - \$\,60 = \$\,90$$

e

$$EF = OD = 2$$

se

área do retângulo = base × altura

então,

área do retângulo $EBCF = 2 \times \$\,90 = \$\,180,$

que é o valor do Custo Fixo.

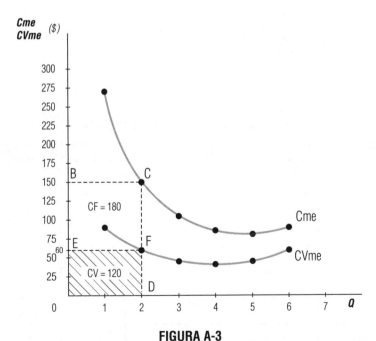

FIGURA A-3
Curvas de CVme e Cme e as áreas de custo total, custo variável e custo

Exercícios

Questões

As respostas podem ser encontradas no final do livro.

1) Conceituar e exemplificar:
   a) Custos Variáveis;
   b) Custos Fixos;
   c) Custo Total.

2) Indique se cada um dos itens dados a seguir é um custo implícito ou explícito:
   a) os pagamentos realizados na aquisição de material de escritório;
   b) o salário que o proprietário de um negócio poderia estar ganhando se, em vez de trabalhar no seu próprio estabelecimento, estivesse trabalhando em outra empresa;
   c) os salários pagos aos empregados;
   d) os juros que o proprietário poderia estar ganhando caso, em vez de colocar seu dinheiro no próprio negócio, tivesse posto esse dinheiro em uma caderneta de poupança;
   e) o salário pago ao gerente.

3) Uma empresa operando em curto prazo tem os custos fixos e os custos médios apresentados no quadro dado a seguir. Pede-se para:
   a) calcular os demais itens de custo;
   b) construir os gráficos de CF, CV e CT;
   c) construir os gráficos de CFme, CVme, Cme e Cmg.

Quadro E-1
Custos de uma Empresa em Curto Prazo

Q	CF ($)	CV ($)	CT ($)	CFme ($)	CVme ($)	Cme ($)	Cmg ($)
1	60,00					–	
2	60,00					90,00	
3	60,00					50,00	
4	60,00					35,00	
5	60,00					28,75	
6	60,00					27,00	
7	60,00					30,00	

4) Complete as relações de custo de uma empresa operando em curto prazo:
   a) $CT = \underline{} \times Cme$
   b) $CV = Q \times \underline{}$
   c) $CT = \underline{} + CV$
   d) $CMe = CFme + \underline{}$
   e) $CFme = \underline{} / \underline{}$
   f) $Cmg = \Delta CT / \underline{}$ ou $\Delta CV / \underline{}$
   g) $Cme = \underline{} / \underline{} + \underline{} / \underline{}$

5) Qual a relação entre o curto prazo e o longo prazo?

Testes de Múltipla Escolha

- *Assinale com um X a resposta certa*
- *As respostas podem ser encontradas no final do livro*

1) Qual das seguintes colocações é verdadeira?
   a) os custos implícitos são necessariamente maiores que os custos explícitos;
   b) os custos explícitos são necessariamente maiores que os custos implícitos;
   c) João tem seu próprio escritório; ele pagou a Pedro $ 2.000 para pintá-lo. Esses $ 2.000 são um custo explícito;
   d) um custo implícito é um custo que representa um pagamento em dinheiro realizado pela empresa;
   e) nenhuma das alternativas anteriores.

2) Um administrador de empresas trabalhava em uma empresa em período integral, ganhando $ 100.000 por ano. Entretanto, resolveu abrir um escritório de consultoria. No primeiro ano sua receita foi de $ 200.000, ao passo que suas despesas totalizaram $ 150.000. Ele obteve:
   a) um lucro implícito;
   b) um lucro contábil e um lucro econômico;
   c) um prejuízo econômico;
   d) um prejuízo contábil mas não um prejuízo econômico;
   e) nenhuma das alternativas anteriores.

3) Se o custo marginal é maior que o custo médio, então:
   a) os lucros estão diminuindo;
   b) as economias de escala estão aumentando;
   c) o custo médio permanece constante;
   d) o custo médio está aumentando;
   e) o custo médio está diminuindo.

4) Qual das seguintes fórmulas não está correta?
   a) $Cme = CT/Q$;
   b) $Cme = CVme + CF/Q$;
   c) $CT = CF + CV$;
   d) $Cme = CVme \times Q$;
   e) $CFme = CF/Q$.

5) Entende-se por custo marginal:
   a) o resultado da divisão do custo variável médio pela variação de uma unidade na produção da empresa;
   b) o resultado da divisão do custo total pela variação de uma unidade na produção da empresa;
   c) o resultado da divisão da variação de uma unidade do custo total pela variação de uma unidade no volume de produção da empresa;
   d) o acréscimo no custo total decorrente da variação de uma unidade na produção da empresa;
   e) nenhuma das alternativas anteriores.

6) Devido à "Lei dos Rendimentos Decrescentes", todas as curvas de custo unitário (ou médio) têm o formato de U, exceto a curva de:
   a) $CFme$;
   b) Cme;
   c) $CVme$;
   d) nenhuma das alternativas anteriores.

Capítulo VIII

ESTRUTURAS DE MERCADO

1 INTRODUÇÃO

Pretendemos neste capítulo estudar a maneira pela qual se determinam os preços dos produtos e as quantidades que serão produzidas nos diversos mercados de uma economia. Tais mercados, por sua vez, estão estruturados de maneira diferenciada em função de dois fatores principais: número de empresas produtoras atuando no mercado e homogeneidade ou diferenciação dos produtos da empresa.

Tendo isso em vista, podemos classificar as estruturas de mercado para o setor de bens e serviços da seguinte forma:

- **Concorrência perfeita:** é uma situação de mercado na qual o número de compradores e de vendedores é tão grande que nenhum deles, agindo individualmente, consegue afetar o preço. Além disso, os produtos de todas as empresas no mercado são homogêneos.

- **Monopólio:** é uma situação de mercado em que uma única empresa vende um produto que não tenha substitutos próximos.

- **Concorrência monopolista:** é uma situação de mercado na qual existem muitas empresas vendendo produtos diferenciados que sejam substitutos próximos entre si.

- **Oligopólio:** é uma situação de mercado em que um pequeno número de empresas domina o mercado, controlando a oferta de um produto que pode ser homogêneo ou diferenciado.

2 CONCORRÊNCIA PERFEITA

A primeira estrutura de mercado a ser analisada denomina-se concorrência perfeita. É uma estrutura de mercado que visa descrever o funcionamento ideal de uma economia, servindo de parâmetro para o estudo das outras estruturas de mercado. Trata-se de uma construção teórica. Apesar disso, algumas aproximações dessa situação de mercado poderão ser encontradas no mundo real, como é o caso dos mercados de vários produtos agrícolas.

2.1 Hipóteses Básicas do Modelo de Concorrência Perfeita

As hipóteses nas quais o modelo de concorrência perfeita se baseia são as seguintes:

a) Existência de um Grande Número de Compradores e de Vendedores

Existe um número tão grande de compradores e de vendedores, sendo cada comprador ou vendedor tão pequeno em relação ao tamanho do mercado, que nenhum deles, atuando isoladamente, consegue influenciar o preço da mercadoria.

Para exemplificar, suponhamos que o mercado de um produto qualquer seja composto, pelo lado da oferta, por mil empresas, cada qual produzindo 2 mil toneladas desse bem, totalizando uma oferta conjunta de 2 milhões de toneladas. Suponhamos ainda que, pelo lado da procura, existam 10 mil compradores, cada qual adquirindo 200 kg desse produto. Se *uma* das empresas resolvesse dobrar sua produção, a oferta total aumentaria em apenas 0,10%, o que não seria bastante para exercer impacto sobre o preço de mercado. Se, por outro lado, um dos compradores resolvesse deixar de comprar esse produto, as vendas cairiam em 0,01%, o que também seria insuficiente para alterar o preço desse bem. Isso evidencia o fato de que compradores e vendedores, isoladamente, são incapazes de exercer influência sobre o preço do que está sendo comprado ou vendido. Por essa razão, diz-se que eles são *tomadores de preço*, ou seja, o preço é um dado fixado tanto para empresas quanto para consumidores.

b) Os Produtos São Homogêneos

Em um mercado de concorrência perfeita, os produtos colocados no mercado pelas empresas são homogêneos, ou seja, são perfeitos substitutos entre si. Como resultado, os compradores são indiferentes quanto à empresa da qual adquirirão o produto.

c) Livre Entrada e Saída de Empresas

Inexistem barreiras legais e econômicas tanto para a entrada quanto para a saída de empresas no mercado. Pressupõe-se, portanto, a inexistência de direitos de propriedade e patentes que possibilitem a uma empresa ou grupo de empresas controlar a entrada de novas empresas no mercado. Se tal controle ocorrer, a concorrência estará limitada, e o mercado não será perfeitamente competitivo. Igualmente, inexistem barreiras legais à entrada e saída resultantes da ação governamental, tais como a exigência de determinadas condições para o estabelecimento de empresas em muitos mercados e que acabam resultando em imperfeições da concorrência.

Finalmente, barreiras econômicas, tais como a necessidade de grandes investimentos, acabam por inviabilizar a entrada de novas empresas no mercado. Por esse motivo pressupõe-se a inexistência de tais obstáculos.

d) Transparência de Mercado

Essa hipótese garante que tanto compradores quanto vendedores têm informação perfeita sobre o mercado: ambos conhecem a qualidade do produto e seu preço vigente. Os vendedores conhecem também os custos e lucros de seus concorrentes. Assim é que, pelo fato de inexistir desinformação, nenhum comprador estará disposto a adquirir um produto por um preço superior ao vigente; pelo mesmo motivo, nenhum vendedor estará disposto a vender seu produto por um preço inferior ao de mercado.

2.2 A Curva de Demanda para uma Empresa em Concorrência Perfeita

Em um mercado operando em regime de concorrência perfeita, o preço de um bem será determinado pela intersecção das curvas de oferta de mercado e demanda de mercado.

Consideremos, então, um produto qualquer, com as escalas de demanda e de oferta de mercado dadas pelo Quadro 1.

QUADRO 1
Escalas de oferta e de demanda de mercado

Preço ($)	Quantidade Demandada (unidades/mês)	Quantidade Ofertada (unidades/mês)
50,00	20.000	100.000
40,00	40.000	80.000
30,00	60.000	60.000
20,00	80.000	40.000
10,00	100.000	20.000

O gráfico correspondente é dado pela Parte 1 da Figura 1.

A demanda de mercado é representada por D_M e a oferta de mercado por O_M. O equilíbrio de mercado é determinado pelo preço de $ 30, quando a quantidade que todas as empresas desejam produzir é exatamente igual à quantidade que os consumidores desejam comprar, isto é, 60 mil unidades (ponto E).

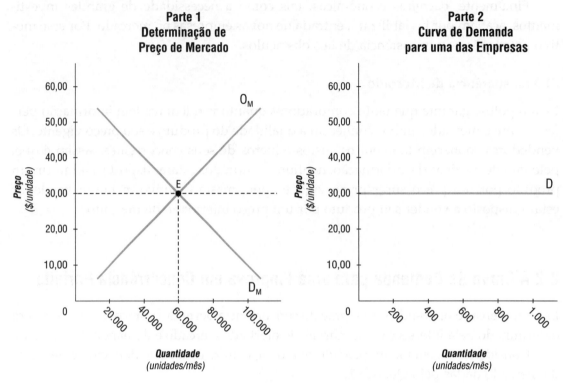

FIGURA 1
A derivação da curva de demanda para uma empresa em concorrência perfeita

O aspecto mais relevante para uma empresa em um mercado puramente competitivo é o fato de que ela tem de se subordinar aos preços de equilíbrio de mercado. Em nosso exemplo, o preço de equilíbrio de mercado é de $ 30, e é um parâmetro dado para a empresa. Se o preço é um dado para a empresa, isso significa que a procura do produto para a empresa é infinitamente elástica, ou seja, é uma reta horizontal no nível do preço do produto no mercado. Essa curva de demanda para a empresa pode ser visualizada a partir da Parte 2 da Figura 1. Verificamos então que, ao preço de $ 30, a empresa poderá vender tantas unidades quantas conseguir produzir com as instalações de que dispõe. O preço de mercado será o único preço pelo qual a empresa venderá seu produto. Isso porque, se a empresa resolver aumentar seu preço, não conseguirá vender nada, pois dadas as hipóteses de produto homogêneo e transparência de mercado, os consumidores passarão a comprar de outras empresas. A empresa também não vai cobrar abaixo do preço de mercado, pois isso implicaria perdas desnecessárias de receita, uma vez que, como já vimos, ela pode vender a quantidade que quiser ao preço de mercado.

2.3 As Curvas de Receita de uma Empresa em Concorrência Perfeita

Vimos, na seção anterior, que a curva de demanda para uma empresa isoladamente tem elasticidade-preço infinita, ou seja, é uma reta paralela ao eixo das quantidades.

Em outras palavras, para uma empresa, os preços de seus produtos são dados e constantes. Qualquer quantidade que a empresa produzir poderá sempre ser vendida ao preço de mercado, uma vez que a empresa individual é muito pequena se comparada ao total do mercado.

Isso posto, vamos agora analisar as curvas de receita de uma empresa típica operando em um mercado de concorrência perfeita.

2.3.1 *Receita Total* (RT)

Comecemos, então, com a Receita Total. Em concorrência perfeita, o preço cobrado por uma empresa não variará, qualquer que seja o volume de vendas. Por essa razão, *qualquer empresa que se encontre em um mercado perfeitamente competitivo poderá calcular a receita total através da multiplicação do preço cobrado pela quantidade vendida.* Em termos analíticos a receita total é dada por:

$$RT = P \times Q$$

onde

RT = Receita Total da empresa

sendo

P = preço de venda de produto

e

Q = quantidade vendida

Assim, se o preço de um produto qualquer em um mercado competitivo for de $ 10, uma empresa poderá calcular sua receita total de vendas da forma como consta no Quadro 2.

QUADRO 2
Receita total de uma empresa competitiva

(1) Preço de Mercado P ($)	(2) Nível de Produção e Vendas Q	(3) Receita Total (1) × (2) RT ($)
10,00	0	0
10,00	1	10,00
10,00	2	20,00
10,00	3	30,00
10,00	4	40,00
10,00	5	50,00
10,00	6	60,00

A informação dada nesse quadro pode facilmente ser representada em um diagrama, conforme mostrado na Parte 1 da Figura 2.

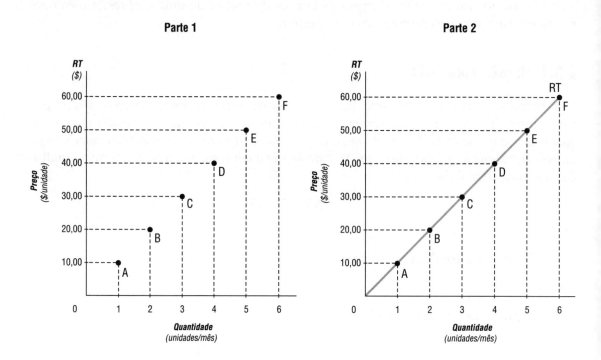

FIGURA 2
Curva de receita total de uma empresa competitiva

A quantidade vendida é medida ao longo do eixo horizontal. No eixo vertical são mostradas as receitas totais associadas a cada nível de venda.

É claro que se a empresa não vender nada, a receita total será igual a zero. Se uma unidade do produto for vendida a $ 10, a receita total resultante de $ 10 pode ser mostrada no gráfico, com coordenadas 1 e $ 10 (Ponto *A*). Se 2 unidades do produto forem vendidas a $ 10 cada uma, a *RT* será de $ 20, conforme mostrado no ponto *B* da Parte 1 da Figura 2. Os pontos *C, D, E* e *F* mostram, da mesma maneira, vendas de 3, 4, 5 e 6 unidades do produto, com receitas totais de $ 30, $ 40, $ 50 e $ 60, respectivamente. Unindo todos esses pontos, obteremos a curva de receita total, que é mostrada na Parte 2 da Figura 2.

2.3.2 *Receita Média* (Rme)

Vamos, agora, analisar a curva de receita média da empresa. *Entende-se por receita média a receita que a empresa receberá por unidade vendida da mercadoria. Ela é o resultado do quociente entre a receita total e a quantidade vendida do produto.*

Em termos analíticos a receita média é dada por:

$$Rme = \frac{RT}{Q}$$

como

$$RT = P \times Q$$

então,

$$Rme = \frac{P \times Q}{Q}$$

e, finalmente,

$$Rme = P$$

A receita média é, portanto, igual ao preço do produto.

Ampliando o Quadro 2, podemos adicionar a ele uma coluna de receita média. Teremos então o Quadro 3, que é dado a seguir.

QUADRO 3
Receita total e média de uma empresa competitiva

(1) Preço de Mercado P ($)	(2) Nível de Produção e Vendas Q	(3) Receita Total (1) × (2) RT ($)	(4) Receita Média (3) ÷ (2) Rme ($)
10,00	0	0	–
10,00	1	10,00	10,00
10,00	2	20,00	10,00
10,00	3	30,00	10,00
10,00	4	40,00	10,00
10,00	5	50,00	10,00
10,00	6	60,00	10,00

Os dados de receita média estão representados na Figura 3.

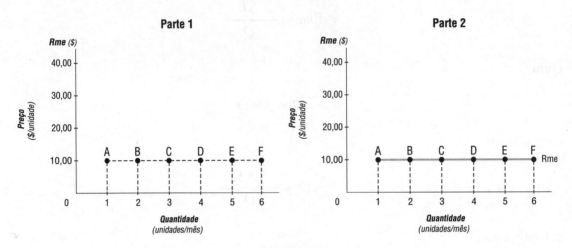

FIGURA 3
Curva de receita média de uma empresa competitiva

A quantidade vendida é medida no eixo horizontal.

No eixo vertical são mostradas as receitas médias associadas a cada nível de venda. Se 1 unidade do produto for vendida a $ 10, a receita total será $ 10 e a receita média será $ 10 também; senão, vejamos:

$$Rme = \frac{RT}{Q}$$

e

$$Rme = \frac{P \times Q}{Q}$$

logo,

$$Rme = \frac{10,00 \times 1}{1}$$

e, finalmente,

$$Rme = \$\ 10,00$$

Esse ponto pode ser mostrado na Parte 1 da Figura 3, com coordenadas 1 e $ 10 (Ponto *A*).

Se 2 unidades do produto forem vendidas a $ 10 cada, a receita total será $ 20, e a receita média continuará sendo de $ 10; senão, vejamos:

$$Rme = \frac{10,00 \times 2}{2}$$

e, finalmente,

$$Rme = \$\ 10,00$$

Esse será o ponto B da Parte 1 da Figura 3. Os pontos C, D, E e F mostram vendas de 3, 4, 5 e 6 unidades do produto com receitas médias de $ 10. Unindo todos esses pontos, obteremos a curva de receita média, mostrada na Parte 2 da Figura 3.

2.3.3 Receita Marginal (Rmg)

A receita marginal é definida como a variação na receita total decorrente do acréscimo de uma unidade na quantidade vendida do produto, isto é:

$$Rmg = \frac{\Delta RT}{\Delta Q}$$

onde

Rmg = Receita Marginal

ΔRT = Variação na Receita Total, e

ΔQ = Variação de uma unidade na Quantidade Vendida

Podemos agora ampliar o Quadro 3, adicionando a ele a coluna de receita marginal, e obter o Quadro 4, mostrado a seguir.

QUADRO 4
Receita total, média e marginal

(1) Preço de Mercado P ($)	(2) Nível de Produção e Vendas Q	(3) Receita Total (1) × (2) RT ($)	(4) Receita Média (3) ÷ (2) Rme ($)	(5) Receita Marginal $\left(\frac{\Delta RT}{\Delta Q}\right)$ Rmg ($)
10,00	0	0	–	–
10,00	1	10,00	10,00	10,00
10,00	2	20,00	10,00	10,00
10,00	3	30,00	10,00	10,00
10,00	4	40,00	10,00	10,00
10,00	5	50,00	10,00	10,00
10,00	6	60,00	10,00	10,00

A receita marginal, em concorrência perfeita, será exatamente igual à receita média e ao preço de mercado.

Isso é fácil de comprovar. Se uma empresa está vendendo 5 unidades do produto a $ 10 cada, sua receita total, como já vimos, é de $ 50. Se resolver vender 1 unidade adicional de seu produto (a sexta unidade), pelo fato de estar em concorrência perfeita ela só poderá fazê-lo ao preço de $ 10.

Sua nova receita total será então de $ 60, e o acréscimo de receita terá sido de $ 10, que é exatamente a receita marginal decorrente da venda de uma unidade a mais do produto. Logo, $Rmg = P = Rme = 10,00$.

A curva de receita marginal será igual à da receita média e ao preço de mercado, e coincide com a curva de demanda com que a empresa se defronta. A Figura 4 retrata essas curvas.

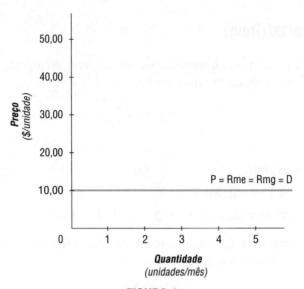

FIGURA 4
Curvas de demanda, receita média e receita marginal para uma empresa em concorrência perfeita

Quando as vendas aumentam de 1 para 2 unidades, a receita total aumenta de $ 10 para $ 20. A receita marginal da segunda unidade é, portanto,

$$Rmg = \frac{\Delta RT}{\Delta Q}$$

logo,

$$Rmg = \frac{\$\,20{,}00 - \$\,10{,}00}{2 - 1} = \frac{\$\,10{,}00}{1} = \$\,10{,}00$$

A receita marginal da terceira unidade vendida será:

$$Rmg = \frac{\Delta RT}{\Delta Q}$$

logo,

$$Rmg = \frac{\$\,30{,}00 - \$\,20{,}00}{3 - 2} = \frac{\$\,10{,}00}{1} = \$\,10{,}00$$

e assim por diante.

2.4 A Maximização do Lucro em Curto Prazo de uma Empresa em um Mercado de Concorrência Perfeita

Vimos, até agora, que o curto prazo é um período de tempo em que a empresa pode expandir ou retrair a produção, mediante maior ou menor utilização dos fatores de produção variáveis. Trabalharemos agora com a hipótese de o empresário procurar ajustar o nível de produção de modo a maximizar o seu lucro. O lucro é definido como a diferença entre a receita total (RT) das vendas e o custo total (CT) de produção. Vale lembrar ainda que os conceitos relativos a custo já foram desenvolvidos no Capítulo VII – Teoria dos Custos.

2.4.1 *A Maximização do Lucro em Curto Prazo: Abordagem Receita Total – Custo Total*

No curto prazo, uma empresa que opera em um mercado de concorrência perfeita maximizará o seu lucro total (LT) no nível de produção em que a diferença entre a receita total (RT) e o custo total (CT) for máxima.

QUADRO 5
Receita, custos e lucro para uma empresa em concorrência perfeita

(1) Preço de Mercado	(2) Nível de Produção e Vendas	(3) Receita Total (1) × (2)	(4) Custo Fixo	(5) Custo Variável	(6) Custo Total	(7) Lucro Total (3) − (6)
P ($)	Q	RT ($)	CF ($)	CV ($)	CT ($)	LT ($)
10,00	0	0	30,00	0	30,00	−30,00
10,00	1	10,00	30,00	4,00	34,00	−24,00
10,00	2	20,00	30,00	7,00	37,00	−17,00
10,00	3	30,00	30,00	9,00	39,00	−9,00
10,00	4	40,00	30,00	11,50	41,50	−1,50
10,00	5	50,00	30,00	14,50	44,50	5,50
10,00	6	60,00	30,00	18,50	48,50	11,50
10,00	7	70,00	30,00	25,00	55,00	15,00
10,00	**8**	**80,00**	**30,00**	**35,00**	**65,00**	**15,00**
10,00	9	90,00	30,00	51,00	81,00	9,00
10,00	10	100,00	30,00	75,00	105,00	−5,00

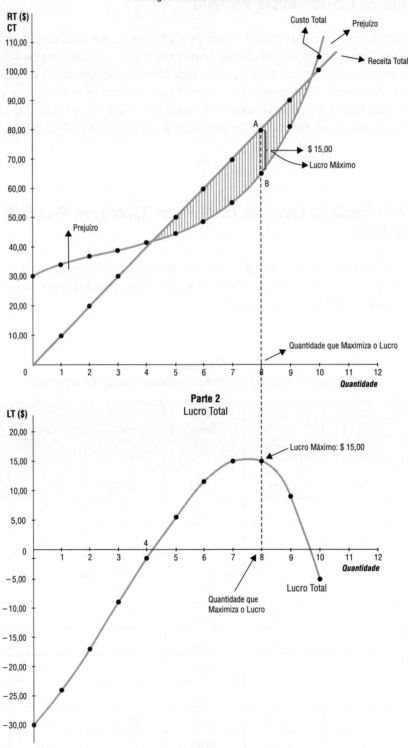

FIGURA 5
A maximização do lucro

O Quadro 5 contém dados relativos a uma empresa que opera em concorrência perfeita. O preço de mercado do produto está na coluna 1 e, por hipótese, será de $ 10 por unidade. A coluna 2 representa o nível de produção e vendas da empresa. A coluna 3 nos dá os valores de receita total, e é obtida através do produto das colunas 1 e 2. As colunas 4, 5 e 6 nos fornecem os valores de custo fixo, custo variável e custo total, respectivamente. A coluna 7, finalmente, nos fornece o lucro total, dado pela diferença entre a receita total e o custo total (coluna 3 − coluna 6).

Observamos então que, se a empresa produzir 2 unidades, elas serão vendidas ao preço de mercado, que é de $ 10,00/unidade, uma vez que a empresa é uma tomadora de preços. A receita total será, então, de $ 20,00. Subtraindo o custo total (coluna 6) da receita total (coluna 3) obteremos o lucro ou prejuízo para qualquer nível de produção. Para produzir 2 unidades, a empresa terá um prejuízo de $ 17,00. Se fizermos o mesmo procedimento para os outros níveis de produção, verificaremos que o lucro máximo é de $ 15 e ocorre com uma produção de 7 ou 8 unidades. A razão pela qual há dois níveis que maximizam o lucro é que estamos trabalhando com unidades discretas. Faremos, então, a suposição de que a empresa sempre vai optar pelo maior dos dois níveis de produção maximizadores de lucros.

O nível de produção que maximiza o lucro da empresa também pode ser visto graficamente através da Figura 5. A Parte 1 nos mostra a relação entre a receita total, o custo total e a produção, quando o preço de mercado é de $ 10,00 por unidade. Verificamos então que os lucros da empresa serão maximizados com a produção de 8 unidades, quando a distância vertical entre a curva de *RT* e a curva de *CT* é máxima (distância *AB*).

As áreas em branco indicam os níveis de produção em que a empresa incorre em prejuízo. Devemos observar que, se a curva de receita total estiver abaixo da curva de custo total, em todos os possíveis níveis de produção, não haverá, ao preço de mercado considerado, possibilidade de lucro. Nessas condições, a empresa deverá procurar minimizar o prejuízo, operando no nível de produção em que a distância vertical entre as curvas de Custo Total e Receita Total for a menor possível.

A maximização do lucro também pode ser vista na Parte 2 da Figura 5. Ela mostra que o lucro começa a existir a partir de 5 unidades ($ 5,50), atinge o valor máximo de $ 15,00 com a produção de 8 unidades e decresce, transformando-se em prejuízo a partir da décima unidade (−$ 5,00).

2.4.2 A Maximização do Lucro em Curto Prazo: Abordagem Marginal

Analisaremos, nesta seção, a maximização do lucro da empresa por meio do enfoque marginal.

Para tanto, vamos nos utilizar dos valores constantes do Quadro 6.

A curva de demanda da empresa é obtida através da combinação preço e quantidade, mostradas pelas colunas 1 e 2. Os valores de receita total aparecem na coluna 3. A curva de receita marginal, por sua vez, será igual ao preço de mercado e coincidirá com a curva de procura da empresa. Os valores de receita marginal são mostrados na coluna 4 e são iguais aos da coluna 1. As colunas 5, 6 e 7 nos dão os valores de custo total, custo marginal e custo médio, respectivamente. Por último o lucro total, resultante da diferença entre a receita total e o custo total, é apresentado na coluna 8.

QUADRO 6
Receita marginal, custo marginal, custo médio e lucro

(1) Preço de Mercado P ($)	(2) Nível de Produção e Vendas Q	(3) Receita Total (1) × (2) RT ($)	(4) Receita Marginal $\left(\frac{\Delta RT}{\Delta Q}\right)$ Rmg ($)	(5) Custo Total CT ($)	(6) Custo Marginal $\left(\frac{\Delta CT}{\Delta Q}\right)$ Cmg ($)	(7) Custo Médio (5) ÷ (2) Cme ($)	(8) Lucro Total (3) − (5) LT ($)
10,00	0	0	–	30,00	–	–	−30,00
10,00	1	10,00	10,00	34,00	4,00	34,00	−24,00
10,00	2	20,00	10,00	37,00	3,00	18,50	−17,00
10,00	3	30,00	10,00	39,00	2,00	13,00	−9,00
10,00	4	40,00	10,00	41,50	2,50	10,38	−1,50
10,00	5	50,00	10,00	44,50	3,00	8,90	5,50
10,00	6	60,00	10,00	48,50	4,00	*8,08	11,50
10,00	7	70,00	10,00	55,00	6,50	*7,86	15,00
10,00	**8**	**80,00**	**10,00**	**65,00**	**10,00**	***8,13**	**15,00**
10,00	9	90,00	10,00	81,00	16,00	9,00	9,00
10,00	10	100,00	10,00	105,00	24,00	10,50	−5,00

* Valores arredondados.

A pergunta que se faz é a seguinte: qual é o nível de produção que vai maximizar o lucro do empresário? O Quadro 6 nos mostra que o lucro será máximo quando a empresa produzir 7 ou 8 unidades do produto. *Em termos marginais, o empresário, objetivando maximizar o lucro total, produzirá onde a receita marginal for igual ao custo marginal.* Isso ocorrerá para uma produção de 8 unidades, quando $Rmg = Cmg = \$ 10$ e $LT = \$ 15$. *Antes de fazermos o gráfico de maximização, devemos observar que os valores de Rmg e Cmg serão representados em cada unidade, e não no ponto médio entre 2 unidades. Isso é proposital e tem por objetivo facilitar o entendimento do gráfico por parte do leitor.*

A Figura 6 nos mostra os gráficos das curvas de *Rmg* e *Cmg*, construídas a partir dos valores observados no Quadro 6. Devemos observar que a curva de Custo Médio é omitida a fim de tornar mais claro o entendimento da abordagem marginal.

O equilíbrio de curto prazo da empresa vai ser alcançado no ponto B, onde o custo marginal é igual à receita marginal. Nesse ponto o $Cmg = Rmg = P = \$ 10$, e o nível de produção é de 8 unidades.

Devemos notar que, se a curva de Receita Marginal estiver abaixo da curva de Custo Médio, em todos os possíveis níveis de produção, não haverá, ao preço de mercado considerado, possibilidade de lucro. Nessas condições, ao igualar a receita marginal ao custo marginal, a empresa estará minimizando o prejuízo, em vez de maximizar o lucro. Essa situação será discutida com mais detalhe na próxima seção.

Analisemos com um pouco mais de cuidado esses resultados. Eles nos mostram que o empresário sempre aumentará a produção enquanto o acréscimo de receita *(Rmg)* for maior que o acréscimo de custo *(Cmg)*. Isso porque, enquanto o acréscimo de receita for maior que o acréscimo de custo, necessariamente haverá um acréscimo de lucro. Para exemplificar, façamos a suposição de que a empresa deseja expandir sua produção de 5 para 6 unidades. Analisando o Quadro 6 verificamos que a receita marginal dessa sexta unidade é de $ 10, enquanto o custo marginal dessa mesma unidade é de $ 4. O lucro total, então, aumenta de $ 5,50 para $ 11,50. A Figura 6 nos mostra que para um nível de produção de 6 unidades, a curva de *Rmg* está acima da curva de *Cmg*.

Suponhamos agora que a empresa aumente a produção de 6 para 7 unidades. A receita marginal dessa sétima unidade será também de $ 10, enquanto o seu custo marginal será de $ 6,50. Novamente o acréscimo de receita é *maior* que o acréscimo de custo, e o lucro total aumenta de $ 11,50 para $ 15. Em termos gráficos a curva de *Rmg* continua acima da curva de *Cmg*.

O equilíbrio da empresa será atingido quando ela produzir 8 unidades. A receita marginal da oitava unidade será de $ 10, enquanto seu custo marginal também será de $ 10. O acréscimo de receita será, então, *igual* ao acréscimo de custo, não havendo mudança no lucro total, que permanecerá no valor máximo de $ 15. Em termos gráficos, a Parte 1 da Figura 6 mostra que a curva de *Cmg* intercepta a curva de *Rmg* no nível de produção de 8 unidades (ponto *B* na Figura 6).

Suponhamos agora que a empresa esteja produzindo 8 unidades do bem em questão e resolva aumentar a produção para 9 unidades. O custo marginal de $ 16 será maior que a receita marginal, que continua a ser de $ 10. A produção dessa unidade faz que o acréscimo de receita seja *menor* que o acréscimo de custo, diminuindo o lucro de $ 15 para $ 9. A Figura 6 nos mostra que, para o nível de produção de 9 unidades, a curva de *Cmg* está acima da curva de *Rmg*.

Concluindo, os lucros da empresa são máximos ao nível de produção para o qual a receita marginal é igual ao custo marginal. Em nosso exemplo, a maximização de lucro ocorre, como já foi observado, quando a empresa produz 8 unidades do produto. Para qualquer nível de produção inferior a 8 unidades, a receita marginal é maior que o custo marginal. Aumentos na produção, até 8 unidades, elevarão a receita total mais do que o custo total; em decorrência, os lucros elevarão até esse ponto. A partir de 8 unidades, o custo marginal é maior que a receita marginal, e aumentos na produção aumentarão o custo total mais do que a receita total, levando a uma diminuição nos lucros.

A Parte 2 da Figura 6 nos mostra a curva de lucro. O ponto de máximo lucro ocorre quando a empresa produz o volume de produto correspondente à igualdade entre receita marginal e custo marginal.

2.4.3 *Lucro ou Prejuízo em Curto Prazo e o Ponto de Fechamento da Empresa*

A análise empreendida até o momento mostrou-nos que a igualdade entre receita marginal e custo marginal garante ou a maximização do lucro ou a minimização do prejuízo por parte da empresa. Vamos, nesta seção e na seguinte, verificar em que condições uma empresa, operando em curto prazo, obtém lucro ou incorre em prejuízo.

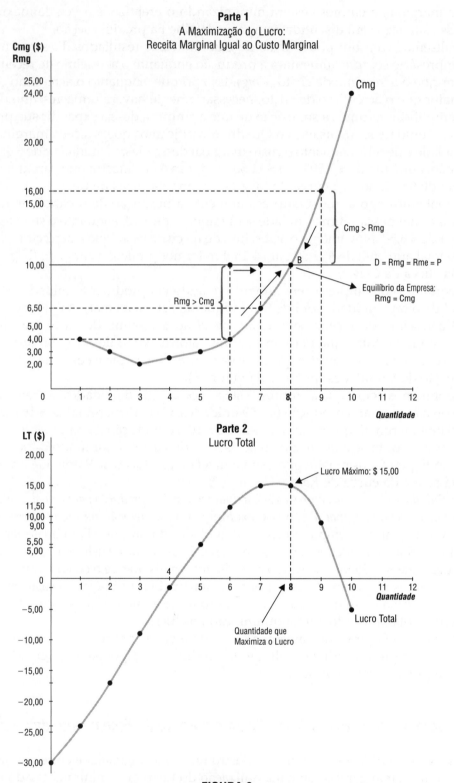

FIGURA 6
A maximização do lucro

a) O Lucro em Curto Prazo

Uma empresa estará obtendo lucro, em curto prazo, sempre que o preço de mercado do produto for maior que o custo médio de curto prazo. Para o entendimento adequado dessa colocação, vamos nos valer do Quadro 7, que reproduz os valores de custo total, médio e marginal do Quadro 6, acrescido dos valores de receita total, marginal e lucro total obtidos na hipótese de que o preço de mercado seja $ 16. A análise feita a seguir baseia-se na Figura 7, que retrata a situação de uma empresa operando com lucro em curto prazo.

QUADRO 7
Custos, receitas e lucro

(1) Preço de Mercado	(2) Nível de Produção e Vendas	(3) Receita Total (1) × (2)	(4) Receita Marginal $\left(\frac{\Delta RT}{\Delta Q}\right)$	(5) Custo Total	(6) Custo Marginal $\left(\frac{\Delta CT}{\Delta Q}\right)$	(7) Custo Médio (5) ÷ (2)	(8) Lucro Total (3) − (5)
P ($)	Q	RT ($)	Rmg ($)	CT ($)	Cmg ($)	Cme ($)	LT ($)
16,00	0	0	–	30,00	–	–	–30,00
16,00	1	16,00	16,00	34,00	4,00	34,00	–18,00
16,00	2	32,00	16,00	37,00	3,00	18,50	–5,00
16,00	3	48,00	16,00	39,00	2,00	13,00	9,00
16,00	4	64,00	16,00	41,50	2,50	*10,38	22,50
16,00	5	80,00	16,00	44,50	3,00	8,90	35,50
16,00	6	96,00	16,00	48,50	4,00	*8,08	47,50
16,00	7	112,00	16,00	55,00	6,50	*7,86	57,00
16,00	8	128,00	16,00	65,00	10,00	*8,13	63,00
16,00	**9**	**144,00**	**16,00**	**81,00**	**16,00**	**9,00**	**63,00**
16,00	10	160,00	16,00	105,00	24,00	10,50	55,00

* Valores arredondados.

Observemos, inicialmente, a Parte 1 da Figura 7. Se, como dissemos, o preço de mercado for de $ 16 (igual a *P*), as curvas de demanda e de receita marginal para a empresa serão dadas por *D* = *Rmg*. Em curto prazo, o equilíbrio será alcançado quando *Rmg* = *Cmg* = *P* = $ 16. Isso ocorrerá no ponto *B*, quando a curva de *Rmg* intercepta a curva de *Cmg*, determinando uma produção de 9 unidades. Nesse ponto, o preço de $ 16 excede o *Cme* de $ 9, determinando um lucro unitário de $ 7.

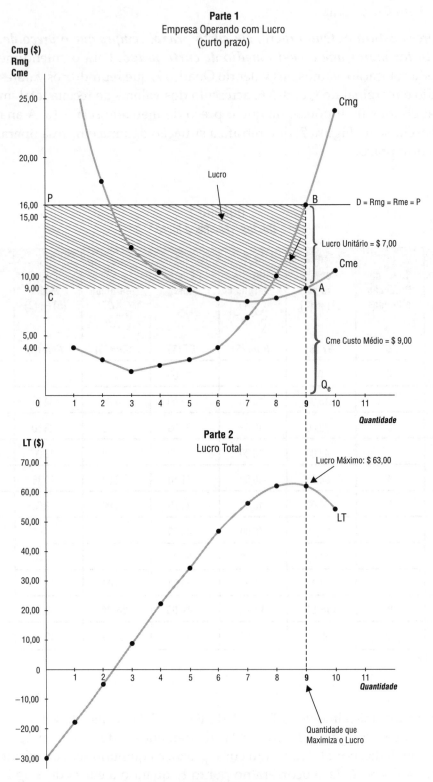

FIGURA 7
Empresa operando com lucro (curto prazo)

A esse nível de produção, a receita total dada pelo preço ($ 16) multiplicado pela quantidade (9 unidades) é de $ 144, sendo representada pela área $OPBQe$.

O custo total, como sabemos, é obtido pela multiplicação do custo médio pela quantidade. Para a produção de 9 unidades, que é a quantidade de equilíbrio, o Cme é de $ 9. O custo total será, portanto, de $ 81 ($ 9 × 9).

Verificamos, então, que a receita total, no valor de $ 144, é maior que o custo total, no valor de $ 81, indicando que a empresa está operando com um lucro de $ 63.

Sintetizando essa situação, temos:

Preço de Equilíbrio (P) .... = $ 16
Quantidade Produzida (Qe) .... = 9 unidades
Receita Total ($P × Qe = $ 16 × 9$) .... = $ 144
Custo Total ($Cme × Qe = $ 9 × 9$)............ = $ 81
Lucro ($RT - CT = $ 144 - $ 81$) .... = $ 63

Observamos, novamente, que se o preço estiver acima da curva de custo médio e a empresa igualar a receita marginal ao custo marginal, ela estará maximizando o seu lucro. Se olharmos para a coluna 8 do Quadro 7, verificamos que o maior lucro, no valor de $ 63, ocorre exatamente com a produção de 9 unidades, quando então $Rmg = Cmg$.

Em termos geométricos, essas relações podem ser assim identificadas:

- *Preço*
  - Preço.. = OP

- *Custos*
  - Custo Médio .... = $Cme = QeA = 0C$
  - Custo Total .... = $Cme × Qe = 0CAQe$

- *Receitas*
  - Receita Total..................................... = $RT = OP × Qe = 0PBQe$
  - Receita Média .... = $Rme = OP$

- *Lucros*
  - Lucro Total .... = $RT - CT = CPBA$
  - Lucro Unitário (ou Médio) .... = AB

Como podemos ver graficamente, a área de receita total, representada pelo retângulo $OPBQe$, é maior que a área de custo total, representada pelo retângulo $OCAQe$. Essa área de receita que excede a área de custo corresponde à área de lucro, e é dada pelo retângulo $CPBA$.

A Parte 2 da Figura 7 mostra a curva de lucro da empresa, que é maximizado quando o nível de produção é de 9 unidades e que corresponde ao volume de produção para o qual a receita marginal é igual ao custo marginal (Rmg = Cmg = $ 16 e LT = $ 63).

a1) Lucro Extraordinário *versus* Lucro Normal

Acabamos de ver, na seção anterior, que a empresa obtém lucro em curto prazo sempre que o preço de mercado for superior ao custo médio de curto prazo. *Diz-se, nesse caso, que a empresa está recebendo lucros extraordinários (ou que está tendo um lucro econômico puro)*. Para entender adequadamente esta questão, devemos recordar os conceitos de custo econômico e de lucro econômico estudados no Capítulo VII:

- os **custos explícitos** são aqueles registrados pela contabilidade da empresa e consistem em pagamentos explícitos, tais como pagamentos de salários, do aluguel, pagamentos pela compra de matérias-primas, pela utilização de energia elétrica etc. Pagamentos como esses fazem parte dos custos de oportunidade da empresa, uma vez que os proprietários poderiam utilizar tais fundos para pagar outras coisas de valor;

- os **custos implícitos** correspondem ao custo de oportunidade pela utilização dos recursos de propriedade da própria empresa. O fato é que, por pertencerem à empresa, nenhum pagamento monetário é feito pela utilização desses recursos. Na verdade, tais custos são estimados a partir do que poderia ser ganho por esses recursos no seu melhor emprego alternativo;

- o lucro contábil foi definido como:

Lucro Contábil = Receita Total − Custos Explícitos Totais

- os economistas levam em consideração, no cálculo dos custos de uma empresa, não somente os custos explícitos, mas também os custos implícitos em que a empresa incorre. Por essa razão utilizam o conceito de lucro econômico em vez de lucro contábil. O lucro econômico foi definido como a receita total menos a soma dos custos explícitos com os custos implícitos sendo dado pela seguinte expressão:

Lucro Econômico = Receita Total − Custo de Oportunidade Total

ou

Lucro Econômico = Receita Total − (Custos Explícitos + Custos Implícitos)

Se a receita total for igual ao custo total (custos explícitos mais custos implícitos), então o lucro econômico será zero. Em economia, se uma empresa realiza lucro econômico zero, ela então está tendo um lucro normal:

Lucro Normal = Lucro Econômico Zero

Se a receita total for maior que o custo total (custos explícitos mais custos implícitos), então o lucro econômico será positivo, e a empresa estará tendo lucros extraordinários (ou lucro econômico puro):

Lucro Econômico Extraordinário = Lucro Positivo

Nesse caso, haverá um retorno do investimento maior do que seria obtido em outro lugar.

Se a receita total for inferior ao custo total (custos explícitos mais custos implícitos), então o lucro econômico será negativo, ou seja, a empresa terá um prejuízo econômico.

Prejuízo Econômico = Lucro Negativo

Vamos agora analisar graficamente duas situações de lucro: a primeira é a de uma empresa operando com lucros extraordinários e a segunda a de uma empresa operando com lucros normais.

Caso 1 – *Empresa que tem lucros extraordinários*

Essa situação é retratada na Figura 8.

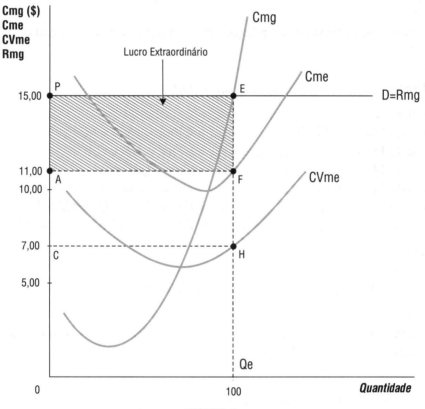

FIGURA 8
Empresa tendo lucro extraordinário

Como podemos observar, o preço de mercado é de $ 15 e está acima do ponto mínimo da curva de custo médio. A esse preço a curva de demanda da empresa, que é a própria curva de receita marginal, é dada por $D = RMg = 15$.

Objetivando maximizar o lucro, a empresa vai procurar igualar a receita marginal ao custo marginal. Isso ocorrerá no ponto E, determinando, então, uma produção de 100 unidades, o que nos dá um Lucro Econômico Extraordinário (Lucro Positivo) de $ 400.

Usando as informações exibidas na Figura 8, podemos fazer os seguintes cálculos:

Preço de Equilíbrio (P) .... = $ 15
Quantidade Produzida (Qe) .... = 100 unidades
Receita Total ($P \times Qe = \$ 15 \times 100$) .... = $ 1.500
Custo Total ($Cme \times Qe = \$ 11 \times 100$) .... = $ 1.100
Custo Variável ($CVme \times Qe = \$ 7 \times 100$) .... = $ 700
Custo Fixo ($CT - CV = \$ 1.100 - \$ 700$) ...... = $ 400
Lucro ($RT - CT = \$ 1.500 - \$ 1.100$) .... = $ 400 (lucro extraordinário)

Podemos concluir que, em concorrência perfeita, quando o preço está acima do Cme, a empresa maximizará o lucro produzindo a quantidade de produto para a qual $Rmg = Cmg$.

Em termos geométricos essas relações podem ser assim identificadas:

- **Preço**
  - Preço.. = OP
- **Custos**
  - Custo Variável Médio...................... = $CVme = QeH = 0C$
  - Custo Fixo Médio............................. = $CFme = HF = CA$
  - Custo Médio .... = $Cme = QeF = 0A$
  - Custo Variável .... = $CV = CVme \times Qe = 0CHQe$
  - Custo Fixo .... = $CF = CFme \times Qe = CAFH$
  - Custo Total .... = $CF + CV = Cme \times Qe = 0AFQe$
- **Receitas**
  - Receita Média .... = $Rme = OP = EQe$
  - Receita Total .... = $RT = Rme \times Qe = 0PEQe$
- **Lucros**
  - Lucro Total .... = $RT - CT = APEF$ (lucro extraordinário)
  - Lucro Unitário (ou Médio) .... = FE

Caso 2 – *Empresa que tem lucros normais*

A Figura 9 retrata a situação de uma empresa que esteja obtendo lucros normais.

Observamos, inicialmente, que a linha de preço passa exatamente pelo ponto mínimo da curva de custo médio. Isso significa que a receita total cobre exatamente o custo total da empresa. Analisemos com um pouco mais de detalhe a situação dessa empresa. Ao preço de mercado de $ 10, a curva de demanda da empresa, que é igual à curva de receita marginal, será dada por $D = Rmg = \$ 10$. O equilíbrio da empresa será atingido quando $Rmg = Cmg$. Isso ocorrerá no ponto B, determinando uma produção de 80 unidades.

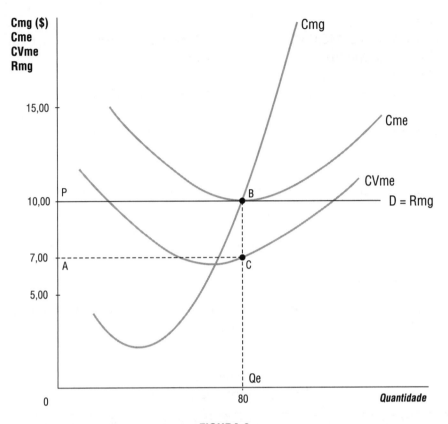

FIGURA 9
Empresa tendo lucros normais

Usando as informações exibidas na Figura 9, podemos fazer os seguintes cálculos:

Preço de Equilíbrio (P) .... = $ 10
Quantidade Produzida (Qe) .... = 80 unidades
Receita Total ($P \times Qe$ = $ 10 × 80) .... = $ 800
Custo Total ($Cme \times Qe$ = $ 10 × 80)............. = $ 800
Custo Variável ($CVme \times Qe$ = $ 7 × 80) ...... = $ 560
Custo Fixo ($CT - CV$ = $ 800 – $ 560)......... = $ 240
Lucro ($RT - CT$ = $ 800 – $ 800) .... = 0 (lucro normal)

Podemos concluir que, em concorrência perfeita, quando o preço é igual ao custo médio mínimo, a empresa maximizará o lucro produzindo a quantidade de produto para a qual $Rmg = Cmg$, e que será de 80 unidades. Nesse caso, a receita total será igual ao custo total, e o lucro econômico será zero. Em outras palavras, a empresa estará obtendo um lucro normal, que é o mínimo necessário para estimulá-la a permanecer nesse ramo de atividade.

Em termos geométricos essas relações podem ser assim identificadas:

- *Preço*
  - Preço..= OP

- **Custos**
  - Custo Variável Médio .... $= CVme = QeC = 0A$
  - Custo Fixo Médio .... $= CFme = CB = AP$
  - Custo Médio .... $= Cme = QeB = 0P$
  - Custo Variável .... $= CV = CVme \times Qe = 0ACQe$
  - Custo Fixo .... $= CF = CFme \times Qe = APBC$
  - Custo Total .... $= CF + CV = Cme \times Qe = 0PBQe$

- **Receitas**
  - Receita Média .... $= Rme = 0P = BQe$
  - Receita Total .... $= RT = Rme \times Qe = 0PBQe$

- **Lucros**
  - Lucro Total .... $= RT - CT = 0$ (lucro normal)

b) O Prejuízo em Curto Prazo

Uma empresa incorrerá em prejuízo sempre que o preço do produto for inferior ao custo médio de curto prazo. Isso pode ser observado com o auxílio do Quadro 8, que contém

QUADRO 8
Custos, receitas e lucro (prejuízo)

(1) Preço de Mercado P ($)	(2) Nível de Produção e Vendas Q	(3) Receita Total (1) × (2) RT ($)	(4) Receita Marginal $\left(\frac{\Delta RT}{\Delta Q}\right)$ Rmg ($)	(5) Custo Total CT ($)	(6) Custo Marginal $\left(\frac{\Delta CT}{\Delta Q}\right)$ Cmg ($)	(7) Custo Médio (5) ÷ (2) Cme ($)	(8) Lucro Total (3) − (5) LT ($)
6,50	0	0	–	30,00	–	–	−30,00
6,50	1	6,50	6,50	34,00	4,00	34,00	−27,50
6,50	2	13,00	6,50	37,00	3,00	18,50	−24,00
6,50	3	19,50	6,50	39,00	2,00	13,00	−19,50
6,50	4	26,00	6,50	41,50	2,50	*10,38	−15,50
6,50	5	32,50	6,50	44,50	3,00	8,90	−12,00
6,50	6	39,00	6,50	48,50	4,00	*8,08	−9,50
6,50	**7**	**45,50**	**6,50**	**55,00**	**6,50**	***7,86**	**−9,50**
6,50	8	52,00	6,50	65,00	10,00	*8,13	−13,00
6,50	9	58,50	6,50	81,00	16,00	9,00	−22,50
6,50	10	65,00	6,50	105,00	24,00	10,50	−40,00

* Valores arredondados.

dados de custos, receitas e lucro (ou prejuízo) para uma empresa operando em um mercado de concorrência perfeita, e sob a hipótese de que o preço de mercado seja de $ 6,50. A Parte 1 da Figura 10 nos mostra as curvas de custo médio, custo marginal e receita marginal, retratando uma situação em que a empresa está operando com prejuízo.

O preço de mercado é, como já dissemos, de $ 6,50. A esse preço as curvas de demanda e de receita marginal são dadas por $D = Rmg$. O equilíbrio em curto prazo será estabelecido quando $Rmg = Cmg = P = \$ 6{,}50$. Isso ocorrerá no ponto B, quando a curva de Cmg intercepta a curva de Rmg, determinando uma produção de 7 unidades. Nesse ponto o preço, de $ 6,50 é inferior ao Cme de $ 7,86, indicando um prejuízo de $ 1,36 por unidade.

A esse nível de produção, a receita total, dada pelo preço ($ 6,50) multiplicado pela quantidade (7 unidades), é de $ 45,50, sendo representada pela área do retângulo $OPBQe$.

Calculemos agora o custo total. Ele é obtido pela multiplicação do custo médio pela quantidade. De acordo com o Quadro 8, o custo médio é de $ 7,86 quando a produção é de 7 unidades. O custo total é, portanto, de $ 55 (valor aproximado), sendo representado pela área do retângulo $OCAQe$.

Verificamos, então, que o custo total, no valor de $ 55, é superior à receita total, que tem o valor de $ 45,50, indicando que a empresa está operando com um prejuízo de $ 9,50.

Graficamente, a área de custo, representada pelo retângulo $OCAQe$, é maior que a área de receita, dada pelo retângulo $OPBQe$. Isso indica, como dissemos, a ocorrência de prejuízo, correspondente à área hachurada do retângulo $PCAB$, que é a área de custo que excede a área de receita.

Sintetizando essa situação, temos:

Preço de Equilíbrio (P) .... = $ 6,50
Quantidade Produzida (Qe) .... = 7 unidades
Receita Total ($P \times Qe = \$ 6{,}50 \times 7$) .... = $ 45,50
Custo Total ($Cme \times Qe = \$ 7{,}86 \times 7$) .... = $ 55
Lucro ($RT - CT = \$ 45{,}50 - \$ 55$) .... = –$ 9,50 (prejuízo)

Devemos observar novamente que, se o preço estiver abaixo da curva de custo médio e a empresa igualar a receita marginal ao custo marginal, ela estará na realidade *minimizando seu prejuízo*, e não maximizando seu lucro. Se olharmos atentamente para a coluna 8 do Quadro 8, verificaremos que o menor prejuízo, no valor de $ 9,50, ocorre exatamente com a produção de 7 unidades, quando $Rmg = Cmg = \$ 6{,}50$.

Em termos geométricos essas relações podem ser assim identificadas:

- *Preço*
  - Preço...= OP
- *Custos*
  - Custo Médio ....= $Cme = QeA = 0C$
  - Custo Total ....= $Cme \times Qe = 0CAQe$
- *Receitas*
  - Receita Total...................................= $RT = OP \times Qe = 0PBQe$
  - Receita Média ....= $Rme = OP$
- *Prejuízo*
  - Prejuízo..= $RT - CT = PCAB$

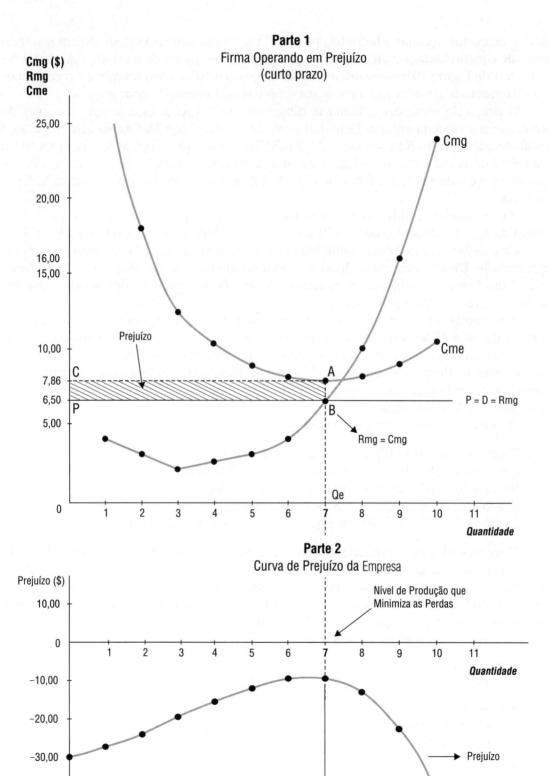

FIGURA 10
Empresa que opera com prejuízo (em curto prazo)

Como podemos observar, graficamente a área de custo total, representada pelo retângulo *OCAQe*, é maior que a área de receita total, representada pelo retângulo *OPBQe*. Essa área de custo que excede a área de receita corresponde à área de prejuízo, e é dada pelo retângulo *PCAB*.

A Parte 2 da Figura 10 mostra a curva de prejuízo da empresa, que é minimizado quando o nível de produção é de 7 unidades e que corresponde ao volume de produção para o qual a receita marginal é igual ao custo marginal.

b1) Quando a Empresa Deve Fechar as Portas?

Mostramos na seção anterior que, se o preço de mercado fosse menor que o custo médio de curto prazo, a empresa, em vez de lucro, teria prejuízo.

A pergunta que se faz é: por que em uma situação de prejuízo a empresa não interrompe a produção, fechando suas portas? Por que em uma situação de prejuízo a empresa continua produzindo e perdendo dinheiro?

A resposta é que existem situações em que é mais vantajoso continuar produzindo, mesmo que a empresa esteja operando com prejuízo. Vamos, nesta seção, analisar não só quando tais condições ocorrem como também quando é que a empresa deve realmente fechar as portas.

Caso 1 – *Empresa que Produz, ainda que com Prejuízo*

A situação de uma empresa operando, ainda que com prejuízo, é retratada na Figura 11, na qual são mostradas as curvas de custo médio, custo variável médio e custo marginal. Desde que a situação que estamos discutindo é a de uma empresa que esteja produzindo, mesmo que com prejuízo, o preço encontra-se abaixo da curva de custo médio, mas acima do ponto mínimo da curva de custo variável médio.

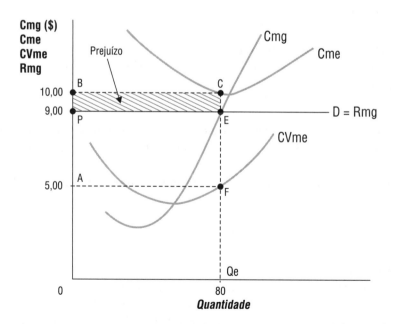

FIGURA 11
Caso em que a empresa deve continuar a produzir, ainda que com prejuízo

Suponhamos, então, que o preço de mercado seja $ 9. A esse preço a curva de demanda da empresa, que é a própria curva de receita marginal, é dada por $D = Rmg$.

O equilíbrio em curto prazo será estabelecido quando $Rmg = Cmg = P = \$ 9$. Isso ocorrerá no ponto E, quando a curva de Cmg intercepta a curva de Rmg, determinando uma produção de 80 unidades. Nesse ponto o preço, de $ 9, é inferior ao Cme, de $ 10.

Usando as informações exibidas na Figura 11, podemos fazer os seguintes cálculos:

Preço de Equilíbrio (P) .... = $ 9
Quantidade produzida (Qe) .... = 80 unidades
Receita Total ($P \times Qe = \$ 9 \times 80$) .... = $ 720
Custo Total ($Cme \times Qe = \$ 10 \times 80$) .... = $ 800
Custo Variável ($CVme \times Qe = \$ 5 \times 80$) ...... = $ 400
Custo Fixo ($CT - CV = \$ 800 - \$ 400$) .... = $ 400
Lucro ($RT - CT = \$ 720 - \$ 800$) .... = –$ 80

De acordo com esses valores, a empresa terá um prejuízo de $ 80. Entretanto, podemos afirmar que a empresa não encerrará suas atividades, uma vez que produzindo ela obtém uma receita de $ 720. Com essa receita ela consegue cobrir parte dos custos variáveis, no valor de $ 400, restando ainda $ 320 para cobrir parte de seus custos fixos. Na hipótese de a empresa fechar as portas e encerrar a produção, ela não terá nem receita nem custo variável, embora tenha de continuar a arcar com seus custos fixos. Isso implicará um prejuízo maior do que se ela continuar a produzir. Em outras palavras, a manutenção da empresa aberta minimizará o prejuízo.

As alternativas entre fechar as portas ou continuar a produzir são expostas a seguir:

Alternativa 1: *fechar as portas*
Custo Total .... = Custo Fixo = $ 400
Receita Total .... = zero
Prejuízo .... = –$ 400

Alternativa 2: *continuar a produzir*
Custo Total .... =   Custo Fixo + Custo Variável = $ 800
Receita Total .... = $ 720
Prejuízo .... = –$ 80

Verificamos, então, que se a receita da empresa possibilitar a cobertura do custo variável e ainda houver uma sobra, essa sobra contribuirá para a cobertura de parte do custo fixo.

Em termos geométricos as relações existentes podem ser assim identificadas:

- *Preço*
  - Preço .... = OP

- *Custos*
  - Custo Variável Médio .... = $CVme = QeF = 0A$
  - Custo Fixo Médio .... = $CFme = FC = AB$
  - Custo Médio .... = $Cme = QeC = 0B$
  - Custo Variável .... = $CV = CVme \times Qe = 0AFQe$
  - Custo Fixo .... = $CF = CFme \times Qe = ABCF$
  - Custo Total .... = $CF + CV = Cme \times Qe = 0BCQe$

- **Receitas**
  - Receita Média .... = $Rme = OP = EQe$
  - Receita Total .... = $RT = Rme \times Qe = 0PEQe$
- **Prejuízo**
  - Prejuízo .... = $RT - CT = PBCE$

Vemos, então, que o custo total é maior do que a receita total. Na verdade, a receita cobre o custo variável dado pelo retângulo $OAFQe$ e uma parte do custo fixo, parte esta representada pelo retângulo $APEF$. A parte do custo fixo que não é coberta pela receita é dada pela área sombreada do retângulo $PBCE$ e representa o prejuízo que a empresa está tendo. Nessas condições, como já dissemos, a empresa continuará a produzir, uma vez que assim cobrirá o custo variável e parte do custo fixo, minimizando seu prejuízo.

Caso 2 – *Ponto de Fechamento da Empresa*

O ponto de fechamento da empresa ocorre quando o preço é igual ao ponto mínimo da curva de custo variável médio. Essa situação é retratada na Figura 12.

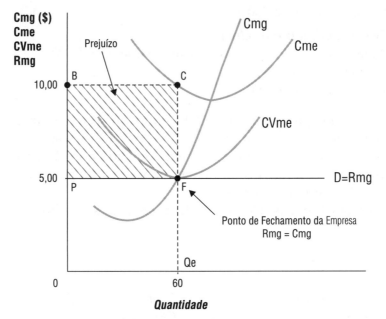

FIGURA 12
Ponto de fechamento da empresa

Suponhamos, então, que o preço de mercado seja $ 5. A esse preço a curva de demanda da empresa, que é a própria curva de receita marginal, é dada por $D = Rmg$.

Em curto prazo o equilíbrio será alcançado quando $Rmg = Cmg = P = \$ 5$. Isso ocorrerá no ponto F, quando a curva de Cmg intercepta a curva de Rmg, determinando uma produção de 60 unidades. Nesse ponto o preço, de $ 5, é igual ao valor mínimo da curva de $CVme$.

Usando as informações exibidas na Figura 12, podemos fazer os seguintes cálculos:

Preço de Equilíbrio (P) .... = $ 5
Quantidade Produzida (Qe) .... = 60 unidades
Receita Total ($P \times Qe = \$ 5 \times 60$) .... = $ 300
Custo Total ($Cme \times Qe = \$ 10 \times 60$)............ = $ 600
Custo Variável ($CVme \times Qe = \$ 5 \times 60$)...... = $ 300
Custo Fixo ($CT - CV = \$ 600 - \$ 300$)........ = $ 300
Prejuízo ($RT - CT = \$ 300 - \$ 600$).............. = –$ 300

De acordo com esses valores, a empresa terá um prejuízo de $ 300. Mesmo assim, não valerá a pena fechar as portas e encerrar a produção. E por quê? Porque com essa receita será possível cobrir todo o custo variável no valor de $ 300. Como consequência a empresa terá um prejuízo exatamente igual ao seu custo fixo, no valor de $ 300. As alternativas entre fechar as portas ou continuar a produzir são expostas a seguir:

Alternativa 1: *fechar as portas*
    Custo Total .... = Custo Fixo = $ 300
    Receita Total........... = 0
    Prejuízo................... = –$ 300

Alternativa 2: *continuar a produzir*
    Custo Total .... =   Custo Fixo + Custo Variável = $ 600
    Receita Total........... = $ 300
    Prejuízo................... = –$ 300

Verificamos, então, que o valor de $ 300 é um prejuízo com o qual a empresa terá de arcar, continuando ou não a produzir. Em curto prazo, portanto, a empresa deve esperar que as condições de mercado melhorem, optando por não encerrar suas atividades. É claro que, se os preços continuarem baixos em longo prazo, valerá a pena encerrar a produção e fechar as portas.

Em termos geométricos as relações existentes podem ser assim identificadas:

- *Preço*
  - Preço.. = OP
- *Custos*
  - Custo Variável Médio...................... = $CVme = QeF = 0P$
  - Custo Fixo Médio............................. = $CFme = FC = PB$
  - Custo Médio .... = $Cme = QeC = 0B$
  - Custo Variável .... = $CV = CVme \times Qe = 0PFQe$
  - Custo Fixo .... = $CF = CFme \times Qe = PBCF$
  - Custo Total .... = $CF + CV = Cme \times Qe = 0BCQe$
- *Receitas*
  - Receita Média .... = $Rme = OP = FQe$
  - Receita Total.................................... = $RT = Rme \times Qe = 0PFQe$
- *Prejuízo*
  - Prejuízo... = $RT - CT = PBCF$

Vemos que, de fato, a receita cobre somente o custo variável, representado pelo retângulo *OPFQe*. O custo fixo, que neste caso não é coberto pela receita, é dado pela área sombreada do retângulo *PBCF*, e representa o prejuízo que a empresa está tendo. Como esse prejuízo existirá, quer a empresa produza ou não, é de se esperar, como já dissemos anteriormente, que em curto prazo a empresa continue a produzir, esperando que as condições de mercado melhorem.

O ponto *F*, que corresponde ao ponto mínimo da curva de custo variável médio, é conhecido como o **Ponto de Fechamento da Empresa**. O preço *OP* é então o preço de encerramento da empresa. Isso porque, se o preço de mercado for inferior ao custo variável médio mínimo, o prejuízo será minimizado se não houver produção, e será igual ao custo fixo. Essa situação é discutida a seguir.

Caso 3 – *Empresa Encerrando suas Atividades*

Se o preço de mercado estiver abaixo do ponto mínimo da curva de custo variável médio, será melhor para a empresa encerrar suas atividades. Nesse caso, ela estará minimizando o prejuízo, que será igual ao seu custo fixo.

A situação de uma empresa operando nessas condições é retratada na Figura 13, na qual são mostradas as curvas de custo médio, custo variável médio e custo marginal. Como estamos discutindo uma situação em que a melhor alternativa é o fechamento da empresa, o preço encontra-se abaixo da curva de custo variável médio.

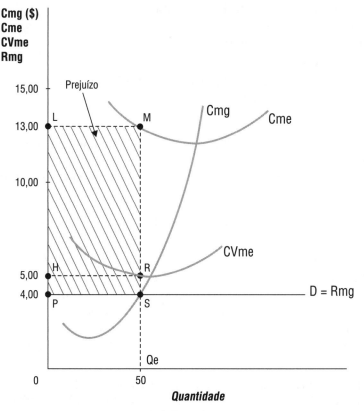

FIGURA 13
Caso em que a empresa deve encerrar suas atividades

Suponhamos, então, que o preço seja $ 4. A esse preço a curva de demanda da empresa é dada por $D = Rmg$.

O equilíbrio de curto prazo será alcançado quando $Rmg = Cmg = P = \$ 4$. Isso ocorrerá no ponto S, quando a curva de Cmg intercepta a curva de Rmg, determinando uma produção de 50 unidades.

Usando as informações exibidas na Figura 13, podemos fazer os seguintes cálculos:

Preço de Equilíbrio (P) .... = $ 4
Quantidade Produzida (Qe) .... = 50 unidades
Receita Total ($P \times Qe = \$ 4 \times 50$) .... = $ 200
Custo Total ($Cme \times Qe = \$ 13 \times 50$) .... = $ 650
Custo Variável ($CVme \times Qe = \$ 5 \times 50$) ...... = $ 250
Custo Fixo ($CT - CV = \$ 650 - \$ 250$) .... = $ 400
Prejuízo ($RT - CT = \$ 200 - \$ 650$) .... = –$ 450

De acordo com os valores apresentados, a empresa terá um prejuízo de $ 450 se o preço de mercado for $ 4. Nesse caso a empresa deve encerrar suas atividades. E por quê? Porque se fechar as portas não terá mais de arcar com os custos variáveis, tendo somente de cobrir os custos fixos, no valor de $ 400.

As alternativas entre encerrar as atividades e continuar a produzir são expostas a seguir:

Alternativa 1: *fechar as portas*
Custo Total .... = Custo Fixo = $ 400
Receita Total .... = 0
Prejuízo .... = – $ 400

Alternativa 2: *continuar a produzir*
Custo Total .... = Custo Fixo + Custo Variável = $ 650
Receita Total .... = $ 200
Prejuízo .... = – $ 450

Verificamos que, de fato, a melhor alternativa para a empresa será o encerramento de suas atividades.

Em termos geométricos as relações existentes podem ser assim identificadas:

- *Preço*
  - Preço .... = OP
- *Custos*
  - Custo Variável Médio .... = $CVme = QeR = 0H$
  - Custo Fixo Médio .... = $CFme = RM = HL$
  - Custo Médio .... = $Cme = QeM = 0L$
  - Custo Variável .... = $CV = CVme \times Qe = 0HRQe$
  - Custo Fixo .... = $CF = CFme \times Qe = HLMR$
  - Custo Total .... = $CF + CV = Cme \times Qe = 0LMQe$
- *Receitas*
  - Receita Média .... = $Rme = OP = SQe$
  - Receita Total .... = $RT = Rme \times Qe = 0PSQe$
- *Prejuízo*
  - Prejuízo .... = $RT - CT = PLMS$

Verificamos que o custo total é superior à receita total. A receita, representada pelo retângulo *0PSQe*, é suficiente apenas para cobrir parte do custo variável. A outra parcela do custo variável, representada pelo retângulo *PHRS*, e todo o custo fixo, representado pelo retângulo *HLMR*, não são cobertos pela receita. A soma das despesas não cobertas pela receita nos dá o prejuízo total, representado pela área *PLMS*.

Devemos observar atentamente que, se a empresa parar de produzir, o seu prejuízo será menor do que se continuar operando, uma vez que terá de arcar somente com o custo fixo.

2.5 A Curva de Oferta de Curto Prazo da Empresa

Vimos, até agora, que uma empresa operando em um mercado de concorrência perfeita sempre produzirá onde $Rmg = Cmg = P$, desde que o preço seja igual ou superior ao ponto mínimo da curva de custo variável médio.

Vimos, também, que a curva de oferta nos mostra graficamente a quantidade de um determinado bem (ou serviço) que um produtor está disposto a oferecer a cada diferente preço.

Nessas condições podemos dizer que *a curva de oferta de curto prazo de uma empresa será dada pela sua curva de custo marginal, a partir do ponto mínimo da curva de custo variável médio.*

O processo de derivação da curva de oferta de curto prazo de uma empresa individual em um mercado de concorrência perfeita é mostrado a partir da Parte 1 da Figura 14, que nos mostra quatro diferentes curvas de demanda que a empresa pode ter de enfrentar: $D_1 = Rmg_1$, $D_2 = Rmg_2$, $D_3 = Rmg_3$ e $D_4 = Rmg_4$.

Ao preço de mercado de $ 20, a empresa atingirá o equilíbrio no ponto *A*, quando $D_1 = Rmg_1 = Cmg_1 = \$ 20$, e que corresponde a um volume de produção de 3 unidades. Devemos observar que esse é o ponto mínimo da curva de custo variável médio, indicando ser esse o "ponto de fechamento da empresa". A esse preço e a esse nível de produção, a empresa deverá operar, ainda que com prejuízo. A preços mais baixos a empresa nada produzirá. Na Parte 2 da Figura 14, o ponto *A'* nos mostra que, ao preço de $ 20, a quantidade oferecida pela empresa no mercado é de 3 unidades.

Suponhamos agora que o preço de mercado suba para $ 30. A empresa atingirá o equilíbrio no ponto *B* (Parte 1 da Figura 14), quando $D_2 = Rmg_2 = Cmg_2 = \$ 30$. A produção de equilíbrio será, então, de 5 unidades. Na Parte 2 do diagrama o ponto *B'* nos mostra que ao preço de $ 30 a quantidade oferecida pela empresa é de 5 unidades. Devemos observar que nesse ponto a empresa está operando com prejuízo, uma vez que o preço é inferior ao custo médio.

Vamos supor que o preço tenha subido para $ 40. Podemos observar na Parte 1 da Figura 14 que esse preço é igual ao custo médio mínimo. Nesse caso a produção de equilíbrio será de 6 unidades, quando $D_3 = Rmg_3 = Cmg_3 = \$ 40$ (ponto *C* da Parte 1 da Figura 14). Na Parte 2 do diagrama o ponto *C'* nos mostra que ao preço de $ 40 a quantidade oferecida pela empresa no mercado é de 6 unidades. Nesse caso, a empresa está obtendo lucros normais, uma vez que o preço é exatamente igual ao custo médio mínimo e a receita total cobre todo o custo total.

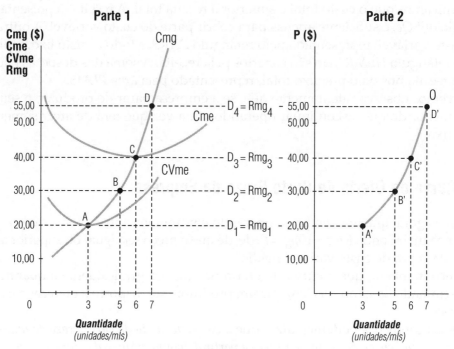

FIGURA 14
A curva de oferta de curto prazo da empresa

Suponhamos, finalmente, que o preço suba para $ 55. A empresa atingirá o equilíbrio quando $D_4 = Rmg_4 = Cmg_4 = \$ 55$. Isso ocorrerá no ponto D da Parte 1 da Figura 14, que corresponde a uma produção de equilíbrio de 7 unidades. Na Parte 2 do diagrama o ponto D' nos mostra que, ao preço de $ 55, a quantidade oferecida pela empresa no mercado é de 7 unidades. Devemos notar que, nesse caso, a empresa está obtendo lucros extraordinários.

Se unirmos os pontos A', B', C' e D' obteremos a curva de oferta em curto prazo da empresa, indicada por O na Parte 2 do diagrama, e que é igual à curva de Cmg para preços a partir de $ 20. Ora, se a curva de custo marginal mostra para preços a partir de $ 20, os níveis de produção que maximizam o lucro (ou minimizam o prejuízo), então podemos dizer que a curva de oferta em curto prazo de uma empresa, operando em concorrência perfeita, é a própria curva de custo marginal dessa empresa, a partir do ponto mínimo da curva de custo variável médio (ou, o que é a mesma coisa, a partir do ponto de fechamento da empresa).

2.6 A Curva de Oferta da Indústria[1] em Curto Prazo

A curva de oferta da indústria em curto prazo será dada pela soma horizontal das curvas de oferta de curto prazo individuais. A soma é chamada de horizontal, uma vez que somamos as quantidades oferecidas pelas empresas a cada preço.

---

[1] Entende-se por indústria um conjunto de empresas produzindo um produto homogêneo.

Para exemplificar, suponhamos uma empresa operando em um mercado concorrencial, com valores de custo marginal retratados na Parte 1 do Quadro 9.

QUADRO 9
Oferta da indústria em curto prazo

Cmg = P ($)	1 – Uma empresa Q	2 – Indústria (1.000 empresas) Q
20,00	3	3.000
25,00	4	4.000
30,00	5	5.000
40,00	6	6.000
55,00	7	7.000

A partir desses valores podemos construir a curva de custo marginal (ou a curva de oferta) dessa empresa, o que fazemos na Parte 1 da Figura 15.

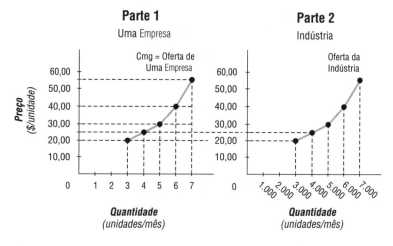

FIGURA 15
A curva de oferta da indústria

Devemos observar que, para preços inferiores a $ 20, a quantidade oferecida pela empresa será zero.

A Parte 2, do Quadro 9, foi construída com base na hipótese de que existem mil empresas idênticas na indústria.

Logo, a quantidade oferecida pela indústria, a cada preço, é mil vezes maior do que a quantidade oferecida por uma empresa a esse preço. Exemplificando: ao preço de $ 20, a quantidade oferecida por uma empresa será de 3 unidades, enquanto a quantidade oferecida pela indústria a esse mesmo preço será de 3 mil unidades. Da mesma forma, ao preço de $ 25, a quantidade oferecida por uma empresa será de 4 unidades, ao passo que a quantidade oferecida pela indústria será de 4 mil unidades. A Parte 2, da Figura 15, retrata a curva de oferta de curto prazo da indústria, que resulta da soma horizontal das curvas de custo marginal de cada produtor. (Essa curva de oferta só será válida se supusermos que os preços dos recursos permanecerão inalterados, independentemente da quantidade utilizada desses recursos.)

2.7 Equilíbrio de Mercado

Vimos anteriormente que o equilíbrio preço-quantidade em um mercado puramente competitivo, em curto prazo, é alcançado quando as quantidades demandadas e oferecidas são iguais. A Figura 16 ilustra o equilíbrio da indústria em um mercado de concorrência perfeita. O_M é a oferta de curto prazo de mercado, enquanto D_M é a curva de demanda de mercado.

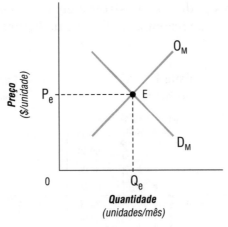

FIGURA 16
Equilíbrio de mercado

O equilíbrio de mercado, como já dissemos, ocorrerá quando quantidades demandadas e oferecidas forem iguais, o que corresponderá ao ponto E do diagrama, que é o ponto de intersecção entre as curvas de oferta e demanda. P_e e Q_e serão, respectivamente, o preço e a quantidade de equilíbrio. Devemos recordar que, para as empresas participantes da indústria, o preço determina uma curva de demanda infinitamente elástica, que será igual à própria curva de receita marginal para essas empresas.

Uma vez estabelecido o preço de mercado, as empresas da indústria, como tomadoras de preço, procurarão ajustar a quantidade produzida de modo a maximizar seu lucro (ou minimizar suas perdas).

Isso pode ser mais facilmente compreendido por meio da Figura 17 que, na Parte 1, nos mostra a indústria e a Parte 2, uma empresa típica.

A Parte 1 do diagrama nos mostra inicialmente que a indústria está em equilíbrio no ponto E, ao preço P_e e quantidade Q_e. A esse preço de mercado a empresa vai ajustar a produção de modo a maximizar seu lucro. Na Parte 2 do diagrama podemos verificar que isso ocorrerá no ponto E', quando a receita marginal for igual ao custo marginal. O nível de produção de equilíbrio para essa empresa será então de q_E' (devemos notar que a quantidade para a indústria é designada por Q – maiúsculo – enquanto para uma empresa é designada por q minúsculo).

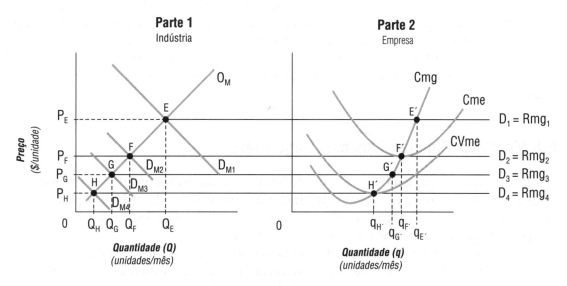

FIGURA 17
Ajustamento da empresa ao preço de mercado

Observamos então que, ao preço OP_e, a empresa estará obtendo lucros extraordinários.

Suponhamos então que ocorra uma diminuição da demanda de mercado de D_{M1} para D_{M2} em função, por exemplo, de uma diminuição na renda da população. O novo equilíbrio de mercado ocorrerá na intersecção da oferta O_M com a nova curva de demanda D_{M2} (ponto F da Parte 1 do diagrama), com preço e quantidade de equilíbrio de P_F e Q_F, respectivamente. Ao novo preço de equilíbrio P_F, a empresa vai novamente ajustar sua produção de modo a maximizar seu lucro. Isso ocorrerá no ponto F' (na Parte 2 da Figura 17), quando então a receita marginal se iguala ao custo marginal. A produção de equilíbrio da empresa será dada por $q_{F'}$.

Devemos observar ainda que F' corresponde ao ponto mínimo da curva de custo médio, o que significa que a empresa está tendo lucros normais.

Suponhamos agora que haja uma nova diminuição da demanda, de D_{M2} para D_{M3}. O novo equilíbrio da indústria ocorrerá no ponto G, sendo P_G o novo preço de equilíbrio e Q_G a nova quantidade de equilíbrio de mercado. Objetivando maximizar o lucro (ou minimizar o prejuízo), a empresa vai novamente igualar a receita marginal ao custo marginal, ajustando sua produção ao novo preço. Isso ocorrerá no ponto G' (Parte 2 da Figura 17), no nível de produção $q_{G'}$. Verificamos então que, a esse preço, a empresa estará incorrendo em prejuízo.

Sabemos entretanto que, nessas condições, é preferível ela continuar operando, uma vez que agindo assim minimiza suas perdas.

Suponhamos, finalmente, que a demanda sofra uma nova redução, de D_{M3} para D_{M4}. Nesse caso o novo equilíbrio da indústria ocorrerá no ponto H, com preço e quantidade de equilíbrio de P_H e Q_H, respectivamente. A empresa, por sua vez, vai novamente ajustar sua produção ao novo preço P_H, igualando a receita marginal ao custo marginal. Verificamos, na Parte 2 do diagrama, que isso ocorrerá no ponto H', no nível de produção $q_{H'}$. Verificamos, também, que esse ponto corresponde ao ponto mínimo da curva de custo variável médio, indicando ser este o ponto de fechamento da empresa. Isso significa dizer que preços inferiores a P_H induzirão a empresa a deixar o mercado.

Concluindo, podemos dizer que uma empresa em concorrência perfeita é uma "ajustadora da quantidade". Isso significa dizer que a partir do preço determinado pelo mercado a empresa vai produzir a quantidade que maximize o lucro ou minimize o prejuízo.

2.8 Mercados Competitivos em Longo Prazo

Por longo prazo entendemos o período de tempo em que todos os fatores de produção podem variar. Como decorrência, a produção das empresas e da indústria pode variar em virtude de uma alteração da escala da unidade de produção. Assim, há bastante tempo para que as empresas entrem ou deixem a indústria.

Isso significa dizer que novas empresas podem decidir entrar na indústria caso as em-presas existentes estejam obtendo lucros econômicos extraordinários e que empresas podem decidir sair da indústria, caso os ganhos que estejam obtendo fiquem abaixo dos lucros normais (prejuízo econômico).

O processo de entrada e de saída de empresas é a chave para o equilíbrio de longo prazo. Se existem lucros extraordinários, novas empresas entrarão na indústria. Com a entrada de novas empresas na indústria, a curva de oferta de curto prazo sofre um deslocamento para a direita. Com o aumento na oferta de curto prazo, o preço de mercado vai cair até que o lucro econômico seja zero em longo prazo, ou seja, até que as empresas existentes passem a obter lucros normais. Por outro lado, caso ocorra prejuízo econômico para as empresas existentes, elas poderão deixar a indústria. Com a saída dessas empresas da indústria, a curva de oferta de curto prazo sofrerá um deslocamento para a esquerda. Com a diminuição na oferta de curto prazo, o preço de mercado vai aumentar até que o lucro econômico seja zero em longo prazo, ou seja, até que as empresas estejam obtendo lucros normais.

A Figura 18 ilustra o caso em que existem lucros extraordinários na indústria.

A Parte 1 nos mostra as curvas de oferta (O_1) e de demanda (D) de mercado de um produto qualquer. O preço de equilíbrio inicialmente é de $ 16 por unidade, ao passo que a quantidade de equilíbrio é de 100 mil unidades (ponto E_1 da Parte 1 da Figura 18). Na Parte 2, da Figura 18, vemos uma empresa tipicamente competitiva, com uma escala de produção de sua planta indicada por Cme_{CP1}, e o preço de equilíbrio de mercado em curto prazo de $ 16. Ela maximizará seu lucro quando $D_1 = Rmg_{CP1} = Cmg_{CP1} = $ 16$, produzindo 400 unidades do produto.

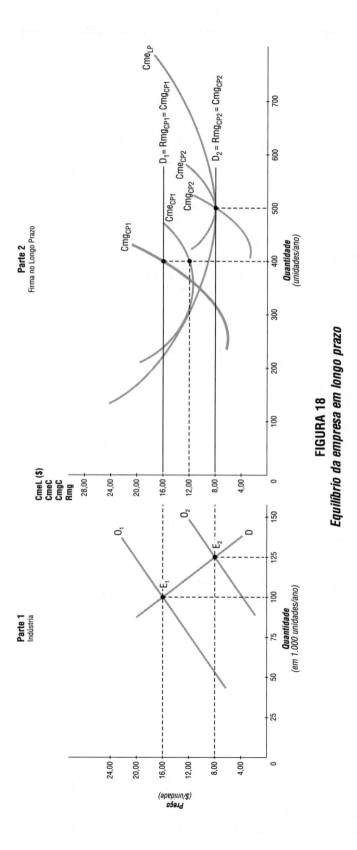

FIGURA 18
Equilíbrio da empresa em longo prazo

Usando as informações exibidas na Parte 2, da Figura 18, podemos fazer os seguintes cálculos:

Preço de Equilíbrio (P) .... = $ 16
Quantidade Produzida (Qe) .... = 400 unidades
Receita Total (P × Qe = $ 16 × 400) .... = $ 6.400
Custo Total (Cme_{CP1} × Qe = $ 12 × 400)...... = $ 4.800
Lucro ($RT_{CP1} - CT_{CP1}$ = $ 6.400 - $ 4.800) .. = $ 1.600

Nesse nível de produção (400 unidades) a empresa está tendo um lucro extraordinário de $ 1.600. Em longo prazo todas as empresas da indústria ajustarão suas escalas de planta e os níveis de produção, e mais empresas entrarão na indústria, atraídas pelo lucro extraordinário de curto prazo. Isso aumentará a oferta da indústria para a mercadoria, deslocando a curva de oferta para a direita (de O_1 para O_2). O novo ponto de equilíbrio de mercado vai ocorrer na intersecção da curva de oferta O_2 com a curva de demanda D (ponto E_2), sendo o preço de equilíbrio igual a $ 8, e a quantidade de equilíbrio igual a 125 mil unidades (Parte 1 da Figura 18). Nesse caso, temos:

$$P = Rmg_{CP2} = Cmg_{CP2} = CMe_{CP2} = CMe_{LP}$$

Cada empresa produz 500 unidades e tem lucro econômico igual a zero (lucro normal). Quando todas as empresas estão em equilíbrio em longo prazo, produzem no ponto mais baixo da curva de custo médio de longo prazo.

Teríamos, então:

Preço de Equilíbrio (P) .... = $ 8
Quantidade Produzida (Qe) .... = 500 unidades
Receita Total (P × Qe = $ 8 × 500) .... = $ 4.000
Custo Total (Cme_{CP2} × Qe = $ 8 × 500)........ = $ 4.000
Lucro ($RT_{CP2} - CT_{CP2}$ = $ 4.000 - $ 4.000) .. = $ 0

Se, no início, todas as empresas estivessem tendo prejuízo em curto prazo, o processo de ajustamento seria exatamente o oposto.

3. MONOPÓLIO

3.1 Introdução

Na seção anterior estudamos uma estrutura de mercado composta por um grande número de compradores e um grande número de produtores de tal forma que nenhum deles exercia influência individual sobre o preço do produto.

Naquela estrutura de mercado, denominada *concorrência perfeita*, o preço de um produto qualquer era determinado pelas forças de oferta e demanda de mercado. Fixado esse preço, cada empresa procurava ajustar seu nível de produção ao preço dado de modo a maximizar o lucro.

Agora analisaremos o comportamento dos preços e da produção em uma estrutura de mercado que é o extremo oposto da concorrência perfeita: o *monopólio*.

O monopólio é uma situação de mercado em que existe um só produtor de um bem (ou serviço) que não tenha substituto próximo. Devido a isso, o monopolista exerce grande influência na determinação do preço a ser cobrado pelo seu produto. De fato, verificaremos nesta seção que o monopolista é um *formador de preço*, ao contrário da empresa em concorrência perfeita, que era uma *tomadora de preço*. Isso significa que o monopolista tem a capacidade de escolher o preço do produto.

Devemos notar ainda que, da mesma forma que no modelo de concorrência perfeita, o modelo de monopólio corresponde apenas aproximadamente às indústrias existentes no mundo real; entretanto, serve como um poderoso instrumento para o entendimento da realidade que nos cerca.

3.2 Hipóteses Básicas

A ocorrência de monopólio está condicionada ao cumprimento das seguintes hipóteses:

- **Um determinado produto é suprido por uma única empresa**

Vimos, no modelo de concorrência perfeita, que a indústria era composta por muitas empresas. Em contraste, no monopólio, a indústria é composta por uma única empresa, que oferece o produto em um determinado mercado.

- **Não há substitutos próximos para esse produto**

Isso significa dizer que o monopolista enfrenta pouca ou nenhuma concorrência.

Trata-se, como já dissemos, de uma estrutura mercadológica ideal, uma vez que fica difícil imaginar que, em um sistema econômico complexo e interdependente, exista um produto para o qual não haja substitutos próximos.

- **Existem obstáculos (barreiras) à entrada de novas empresas na indústria (nesse caso a indústria é composta por uma única empresa)**

Vimos, no modelo de concorrência perfeita, que não havia restrições à livre entrada e saída de empresas da indústria. Para que um monopólio exista é preciso manter os concorrentes em potencial afastados da indústria. Isso significa dizer que devem existir barreiras que impeçam o surgimento de competidores, protegendo, dessa forma, a posição do monopolista. Essas barreiras fazem que seja muito difícil (ou praticamente impossível) a entrada de novas empresas na indústria. Discutiremos, a seguir, os principais obstáculos ao ingresso de empresas concorrentes no mercado. São eles:

– *Existência de "Economias de Escala" na empresa monopolista implicando o surgimento do "Monopólio Natural"*

Vimos, no Capítulo VII, o conceito de economias de escala. Como resultado de um aumento na dimensão e na produção da empresa, a curva de custo médio de longo prazo decresce, indicando uma diminuição dos custos médios (unitários).

Uma empresa já existente e de grandes dimensões pode suprir o mercado a custos mais baixos do que qualquer outra que deseje entrar na indústria.

Esse parece ser o caso das indústrias que têm uma parcela muito alta de custo fixo e custos variáveis relativamente baixos. Nessas condições, os custos fixos passam a ser distribuídos entre um número cada vez maior de unidades à medida que a produção aumenta, cabendo a cada unidade produzida uma carga cada vez menor dos custos fixos. A tendência, então, é ter uma curva de custo médio de longo prazo decrescente em uma larga faixa de produção. Como resultado, uma única empresa pode suprir a totalidade do mercado a um custo mais baixo do que qualquer outra. Esse fenômeno dá origem àquilo que os economistas denominam **Monopólio Natural**.

Como exemplo podemos citar as companhias de energia elétrica, companhias telefônicas, de transporte ferroviário etc. A tecnologia desses serviços é de tal ordem que uma vez incorridos os altos custos de instalação (como geradores de força, trilhos e terminais ferroviários), a expansão dos serviços vai ser feita a custos médios totais decrescentes em uma faixa de produção bastante ampla.

– *Controle sobre o fornecimento de matérias-primas*

Se uma empresa monopolista detém o controle sobre o fornecimento das matérias-primas essenciais à produção de um determinado bem (ou serviço), ela pode bloquear o ingresso de novas empresas no mercado.

Um exemplo clássico desse tipo de barreira ocorreu nos Estados Unidos com a Aluminium Company of America (Alcoa), que deteve o monopólio no mercado de alumínio desde fins do século XIX até o término da Segunda Guerra Mundial. Isso aconteceu porque ela controlava todas as fontes de fornecimento de bauxita, minério necessário para a produção de alumínio.

– *Barreiras Legais*

As barreiras legais incluem patentes, licenças e concessões governamentais.

A posse de patentes dá ao monopolista o direito único de produzir uma particular mercadoria durante um determinado período de tempo. Dessa forma, outras empresas ficam legalmente proibidas de produzirem e venderem o produto patenteado. Nesse sentido, ocorre um efeito semelhante ao controle sobre o fornecimento de matérias-primas essenciais, uma vez que impede a entrada de novas empresas na indústria.

O Monopólio Legal ocorre quando o governo concede a uma empresa direito exclusivo para operar, por meio de licença e de concessões que permitem que uma única empresa produza um determinado produto, excluindo legalmente a competição de outras empresas.

Em contrapartida, o governo pode fazer exigências com relação à quantidade e qualidade do produto e impor preços e taxas a serem cobrados.

Como exemplo, podemos citar os serviços de água, eletricidade, os meios de transporte coletivo, concessões de canais de rádio e televisão etc.

Os Monopólios Legais são, portanto, de propriedade privada, sendo, porém, regulamentados pelo governo.

– *Monopólios Estatais*

Existem ainda os monopólios estatais, que *pertencem* e são *regulamentados* pelos governos (federal, estadual e municipal). Como exemplo, podemos citar o monopólio estatal de exploração de recursos minerais estratégicos e petróleo.

3.3 A Curva de Demanda de um Monopolista

Por ser a única empresa supridora de seu produto, a curva de demanda que a empresa monopolista enfrenta é a própria curva de demanda de mercado.

Tal curva apresenta como característica o fato de ser negativamente inclinada, indicando que preço e quantidade variam inversamente. Nessas condições, se o monopolista estabelecer níveis elevados de preço, a quantidade vendida diminuirá; inversamente, preços mais baixos farão com que a quantidade vendida aumente.

O Quadro 10 nos mostra uma escala de demanda de mercado para uma empresa monopolista.

Essa escala dá origem à curva de demanda de mercado, representada graficamente na Figura 19.

QUADRO 10
Escala de demanda de mercado

Preço ($)	Quantidade
10,00	1
9,00	2
8,00	3
7,00	4
6,00	5
5,00	6
4,00	7
3,00	8
2,00	9
1,00	10

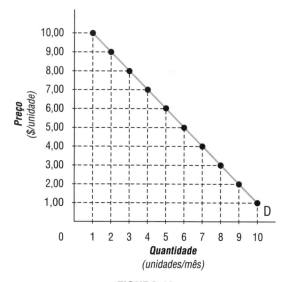

FIGURA 19
Curva de demanda de mercado para uma empresa monopolista

3.4 As Curvas de Receita de um Monopolista

Vimos até agora que a empresa monopolista se defronta com uma curva de demanda negativamente inclinada, contrariamente à curva de demanda horizontal com a qual uma empresa perfeitamente competitiva se depara. Isso tem implicações importantes no tocante ao comportamento das receitas (total, média e marginal) da empresa monopolista, a seguir analisadas.

Consideremos, então, os dados apresentados no Quadro 11.

As colunas (1) e (2) indicam novamente a demanda de mercado. A coluna (3) nos fornece a receita total, enquanto as colunas (4) e (5) nos fornecem os valores de receita marginal e receita média, respectivamente. Estudemos, inicialmente, o comportamento da receita total.

3.4.1 *Receita Total*

A receita total, como sabemos, é obtida através da multiplicação do preço pela quantidade. Temos, então:

$$RT = P \times Q$$

onde

RT = Receita Total

sendo

P = preço de venda do produto

e

Q = quantidade vendida do produto.

Exemplificando: se o nível de produção e de vendas for igual a 1 unidade, a receita total será dada por:

$$RT = P \times Q$$

então,

$$RT = \$\ 10 \times 1$$

e

$$RT = \$\ 10$$

QUADRO 11
Demanda, receita total, receita marginal e receita média

(1) Preço P ($)	(2) Quantidade Q	(3) Receita Total (1) × (2) RT ($)	(4) Receita Marginal $\left(\frac{\Delta RT}{\Delta Q}\right)$ Rmg ($)	(5) Receita Média (3) ÷ (2) Rme ($)
11,00	0	0	0	–
10,00	1	10,00	10,00	10,00
9,00	2	18,00	8,00	9,00
8,00	3	24,00	6,00	8,00
7,00	4	28,00	4,00	7,00
6,00	5	30,00	2,00	6,00
5,00	6	30,00	0	5,00
4,00	7	28,00	–2,00	4,00
3,00	8	24,00	–4,00	3,00
2,00	9	18,00	–6,00	2,00
1,00	10	10,00	–8,00	1,00
0	11	0	–10,00	0

Da mesma forma, se o nível de produção e vendas for de 2 unidades, teremos:

$$RT = P \times Q$$

então,

$$RT = \$\ 9 \times 2$$

e

$$RT = \$\ 18$$

e assim por diante.

Verificamos, então, que a receita total começa em zero (quando a produção é zero), cresce, atinge um máximo em 5 unidades vendidas ($ 30), permanece constante na sexta unidade vendida e depois decresce. Isso tem a ver com o conceito de elasticidade-preço da demanda, estudado anteriormente. Vimos, naquela ocasião, que decréscimos de preço na faixa elástica da demanda resultavam em acréscimos na receita total, enquanto aumentos de preço nessa mesma região provocavam diminuições na receita total. Vimos também que decréscimos de preço na faixa inelástica da curva de demanda resultavam

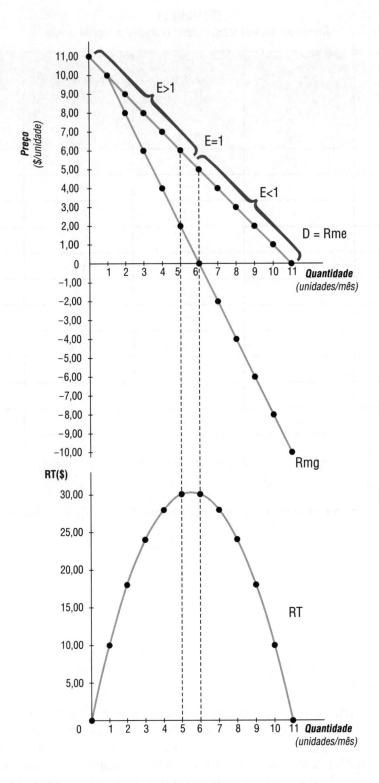

FIGURA 20
Demanda, elasticidade, receita total, receita média e receita marginal

em diminuições na receita total, ao passo que aumentos de preço nessa mesma faixa provocavam acréscimos na receita total. Caso a elasticidade fosse unitária, a receita total permanecia constante, tanto para aumentos quanto para diminuições de preço.

A Figura 20 nos mostra a curva de demanda e a curva de receita total, obtidas a partir do Quadro 11. Para preços superiores a $ 6, a demanda é elástica, entre $ 6 e $ 5, a elasticidade é unitária, e para níveis de preços inferiores a $ 5, a demanda é inelástica.

Assim, apenas para exemplificar, se o preço diminuir de $ 9 para $ 8, estaremos na faixa elástica da demanda e a receita total aumentará de $ 18 para $ 24, ao passo que, se o preço aumentar de $ 8 para $ 9, a receita total diminuirá de $ 24 para $ 18.

Ainda a título de exemplo, se o preço diminuir de $ 4 para $ 3, estaremos na faixa inelástica da demanda, e a receita total diminuirá de $ 28 para $ 24, ao passo que, se o preço aumentar de $ 2 para $ 3, a receita total aumentará de $ 18 para $ 24.

3.4.2 Receita Marginal

A receita marginal foi definida anteriormente como a variação na receita total decorrente da variação de uma unidade na quantidade vendida, isto é:

$$Rmg = \frac{\Delta RT}{\Delta Q}$$

onde

ΔRT = variação na receita total

e

ΔQ = variação de uma unidade na quantidade vendida.

Assim, a receita marginal da primeira unidade é de $ 10, sendo calculada da seguinte forma:

$$Rmg = \frac{\Delta RT}{\Delta Q}$$

então,

$$Rmg = \frac{\$\ 10,00 - 0}{1 - 0}$$

e

$$Rmg = \$\ 10$$

Da mesma forma, podemos calcular a receita marginal da segunda unidade:

$$Rmg = \frac{\Delta RT}{\Delta Q}$$

e

$$Rmg = \frac{\$\,18{,}00 - \$\,10{,}00}{2 - 1}$$

logo,

$$Rmg = \$\,8$$

O restante da coluna (4) do quadro foi calculado da mesma maneira.

Como sabemos, a receita total é máxima (\$ 30), no nível de 5 unidades vendidas, permanece constante com a venda da sexta unidade e depois declina. Consequentemente, a receita marginal é zero entre 5 e 6 para depois tornar-se negativa. A Figura 20 nos mostra as relações existentes entre a receita total e a receita marginal. A parte superior nos mostra a curva de demanda, obtida a partir dos dados das colunas (1) e (2) do Quadro 11, e a curva de receita marginal, obtida a partir dos dados da coluna (4). Verificamos, então, que a curva de receita marginal se situa sempre abaixo da curva de demanda.

Outro aspecto importante que deve ser lembrado é que, na faixa elástica da demanda, acréscimos nas vendas levarão a acréscimos na receita total do monopólio, ou seja, a receita marginal será positiva.

Na faixa inelástica da demanda, acréscimo nas vendas fará que a receita total do monopolista diminua, e a receita marginal será negativa.

Novamente observamos que os valores de Rmg estão sendo representados em cada unidade, e não no ponto médio entre 2 unidades.

3.4.3 Receita Média

A receita média resultará do quociente entre a receita total e a quantidade vendida do produto, isto é:

$$Rme = \frac{RT}{Q}$$

como

$$RT = P \times Q$$

então,

$$Rme = \frac{P \times Q}{Q}$$

e, finalmente,

$$Rme = P$$

A *Rme* é, portanto, igual ao preço do produto, e a curva de receita média será a própria curva de demanda da empresa monopolista. A coluna (5), do Quadro 11, nos fornece os valores de receita média para os vários níveis de produção e vendas. Em termos gráficos, a curva de receita média está representada na parte superior da Figura 20, sendo exatamente igual à curva de demanda da empresa.

3.5 Os Custos de Produção de um Monopolista

Faremos uso, no monopólio, dos mesmos conceitos de custo utilizados em concorrência perfeita. Vamos supor que o monopolista adquire os seus recursos em um mercado de recursos competitivo. Nessas condições, ele pode demandar a quantidade que quiser de recursos sem que isso afete seus preços. Por essa razão, o monopolista vai diferir do concorrente perfeito somente no que diz respeito às vendas, e não com relação aos custos de produção.

3.6 O Equilíbrio em Curto Prazo sob Monopólio

A maximização do lucro (ou minimização do prejuízo) em curto prazo do monopolista pode ser feita de duas maneiras: pela abordagem receita total – custo total, ou pela abordagem da receita marginal – custo marginal.

3.6.1 *Abordagem Receita Total – Custo Total*

De maneira semelhante a uma empresa em concorrência perfeita, uma empresa monopolista maximiza o seu lucro total *(LT)* no nível de produção em que a diferença positiva entre a receita total *(RT)* e o custo total *(CT)* é *máxima* (ou minimiza a perda quando a diferença negativa é mínima).

A título de exemplo, o Quadro 12 nos mostra os custos e as receitas em curto prazo para uma empresa monopolista. As colunas (1) e (2) nos dão a curva de demanda de mercado. A coluna (3) nos dá a receita total do monopolista para cada uma das combinações preço-quantidade, enquanto a coluna (4) nos fornece os valores de receita marginal. Os custos total, médio e marginal são mostrados nas colunas (5), (6) e (7), respectivamente. Por último, a coluna (8) nos mostra o lucro total (ou o prejuízo) resultante de cada nível de vendas.

Assim, para o nível de produção de 5 unidades, o lucro total é de $ 2,25 (coluna 8), e é obtido fazendo-se receita total de $ 26,25 (coluna 3) menos o custo total de $ 24,00 (coluna 5). Esse mesmo raciocínio pode ser desenvolvido para todos os níveis de produção a fim de se encontrar o lucro ou o prejuízo.

Os valores desse quadro nos mostram que o lucro máximo do monopolista é de $ 3,50, quando então produzirá e venderá 7 unidades ao preço de $ 4,75 a unidade.

QUADRO 12
Custos e receitas de uma empresa monopolista

(1) Preço	(2) Produção e Vendas	(3) Receita Total (1) × (2)	(4) Receita Marginal $\left(\dfrac{\Delta RT}{\Delta Q}\right)$	(5) Custo Total	(6) Custo Médio (5) ÷ (2)	(7) Custo Marginal $\left(\dfrac{\Delta CT}{\Delta Q}\right)$	(8) Lucro Total (3) − (5)
P ($)	Q	RT ($)	Rmg ($)	CT ($)	Cme ($)	Cmg ($)	LT ($)
6,50	0	0	–	15,00	–	–	–15,00
6,25	1	6,25	6,25	17,00	17,00	2,00	–10,75
6,00	2	12,00	5,75	18,75	9,38	1,75	–6,75
5,75	3	17,25	5,25	20,25	6,75	1,50	–3,00
5,50	4	22,00	4,75	22,00	5,50	1,75	0
5,25	5	26,25	4,25	24,00	4,80	2,00	2,25
5,00	6	30,00	3,75	26,50	4,42	2,50	3,50
4,75	**7**	**33,25**	**3,25**	**29,75**	**4,25**	**3,25**	**3,50**
4,50	8	36,00	2,75	34,00	4,25	4,25	2,00
4,25	9	38,25	2,25	39,50	4,39	5,50	–1,25
4,00	10	40,00	1,75	46,50	4,65	7,00	–6,50

O nível de produção para o qual a empresa monopolista maximiza o lucro também pode ser visto graficamente por meio da Parte 1 da Figura 21. As áreas em branco indicam os níveis de produção para os quais o custo total é maior que a receita total. Para esses níveis de produção, a empresa, em vez de lucro, apresenta prejuízo. A área hachurada nos fornece os níveis de produção para os quais o monopolista obtém lucro (para esses níveis de produção a curva de receita total está acima da curva de custo total). Como sabemos, os lucros serão maximizados com a produção (e venda) de 7 unidades, quando, então, a distância vertical entre a curva de RT e a curva de CT é máxima.

A Parte 2 da Figura 21 mostra que o lucro máximo é atingido quando a produção é de 7 unidades.

3.6.2 A Maximização do Lucro: Abordagem Marginal

A produção que maximizará o lucro em curto prazo da empresa monopolista será aquela para a qual a receita marginal iguala o custo marginal. Isso pode ser demonstrado com o auxílio da Figura 22, que nos dá as curvas de demanda, receita marginal, custo médio e custo marginal construídas a partir dos dados do Quadro 12.

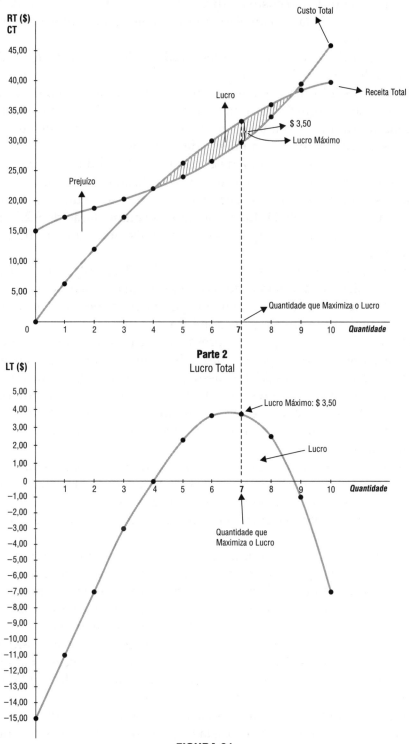

FIGURA 21
Maximização do lucro do monopolista

O lucro é máximo com uma produção de 7 unidades. Nesse ponto o custo marginal é igual à receita marginal ($ 3,25), e o preço que o monopolista consegue obter por essa quantidade é maior que o custo médio.

Vamos verificar se, de fato, o nível de produção de 7 unidades é o que maximiza os lucros do monopolista.

Suponhamos, então, que a empresa esteja produzindo 4 unidades do produto e deseje expandir a produção para 5 unidades.

O Quadro 12 nos informa que a receita marginal da quinta unidade será de $ 4,25, ao passo que o custo marginal dessa mesma unidade será de $ 2. Nesse caso, o acréscimo de receita dessa quinta unidade será maior que o acréscimo de custo, e o lucro, portanto, crescerá. De fato, o lucro aumenta de 0 para $ 2,25.

Suponhamos agora que a empresa deseje continuar expandindo sua produção, e que esta aumente de 5 para 6 unidades. Novamente o acréscimo de receita será maior que o acréscimo de custo, uma vez que a receita marginal dessa sexta unidade será de $ 3,75 e o custo marginal será de $ 2,50. Os lucros novamente aumentarão de $ 2,25 para $ 3,50.

Suponhamos, então, que a empresa aumente mais ainda sua produção, passando de 6 para 7 unidades.

A receita marginal dessa sétima unidade será de $ 3,25, enquanto o custo marginal também será de $ 3,25. O acréscimo de receita será igual ao acréscimo de custo. Não haverá, portanto, mudança no lucro total, que permanecerá no valor máximo de $ 3,50. Dizemos então que a empresa atinge o equilíbrio.

Suponhamos, finalmente, que o empresário deseje expandir mais ainda a produção, fazendo-a aumentar de 7 para 8 unidades. Verificamos que o custo marginal dessa oitava unidade será de $ 4,25, ao passo que a receita marginal dessa mesma unidade será de $ 2,75. Ora, se o acréscimo de custo de produção e venda dessa oitava unidade é superior ao acréscimo de receita, então o lucro deverá diminuir. De fato, o Quadro 12 nos informa que, com a produção dessa oitava unidade, o lucro se reduz de $ 3,50 para $ 2,00.

Com base no exposto, podemos dizer que o lucro do monopolista será máximo quando a receita marginal for igual ao custo marginal. Se a receita marginal for superior ao custo marginal, a produção deverá ser aumentada até que $Rmg = Cmg$. Se o custo marginal for maior que a receita marginal, a produção deverá diminuir até que novamente $Rmg = Cmg$.

Voltando à Figura 22, verificamos que, para níveis de produção inferiores a 7 unidades, a receita marginal é superior ao custo marginal e a produção deverá ser aumentada; para níveis de produção superiores a 7, o custo marginal é superior à receita marginal e a produção deverá ser diminuída; o equilíbrio ocorrerá quando a produção for exatamente de 7 unidades e a receita marginal igualar-se ao custo marginal.

Devemos observar que, pelo fato de os custos marginais serem positivos, a maximização do lucro do monopolista, obtida pela igualdade entre receita marginal e custo marginal, só poderá ser alcançada na faixa elástica da curva de demanda de mercado, uma vez que somente nessa faixa a receita marginal é positiva.

O preço por unidade que o monopolista cobra é de $ 4,75, que corresponde ao ponto B na curva de demanda. O preço está $ 0,50 ($ 4,75 – $ 4,25) acima do Cme para a produção de 7 unidades. Logo, o monopolista tem um lucro de $ 3,50 (7 × $ 0,50) com esse nível de produção, sendo representado pela área hachurada da Parte 1 da Figura 22.

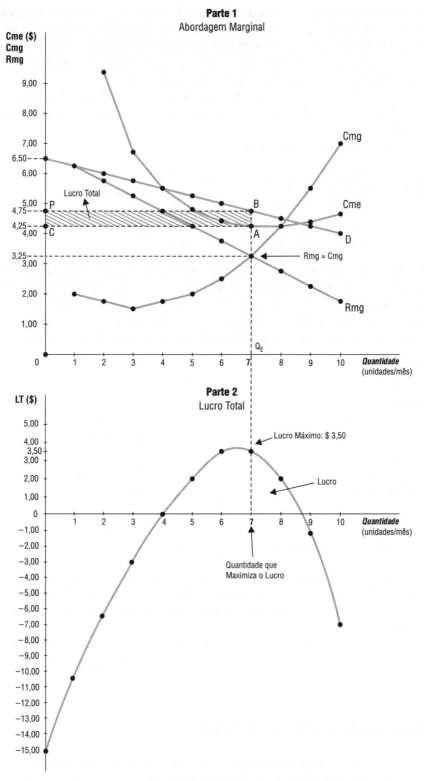

FIGURA 22
A *maximização de lucro do monopolista*

A esse nível de produção, a receita total, dada pelo preço ($ 4,75) multiplicado pela quantidade (7 unidades), é de $ 33,25, sendo representada pela área *OPBQe*.

O custo total, como sabemos, é obtido pela multiplicação do custo médio pela quantidade. Para a produção de 7 unidades, que é a quantidade de equilíbrio, o *Cme* é de $ 4,25. O custo total será, portanto, de $ 29,75 ($ 4,25 × 7).

Verificamos, então, que a receita total, no valor de $ 33,25, é maior que o custo total, no valor de $ 29,75, indicando, como já foi dito, que a empresa está operando com um lucro de $ 3,50.

Sintetizando essa situação, temos:

Preço de Equilíbrio (*P*) .... = $ 4,75
Quantidade Produzida (*Q*) .... = 7 unidades
Receita Total (*P* × *Qe* = $ 4,75 × 7) .... = $ 33,25
Custo Total (*Cme* × *Qe* = $ 4,25 × 7) .... = $ 29,75
Lucro (*RT* − *CT* = $ 33,25 − $ 29,75) .... = $ 3,50

Observamos novamente que, se o preço estiver acima da curva de custo médio e a empresa igualar a receita marginal ao custo marginal, ela estará maximizando o seu lucro. Se olharmos para a coluna (8) do Quadro 12, verificamos que o maior lucro, no valor de $ 3,50, ocorre exatamente com a produção de 7 unidades, quando então *Rmg* = *Cmg*.

Em termos geométricos essas relações podem ser assim identificadas:

- *Preço*
  - Preço .... = *OP*
- *Custos*
  - Custo Médio .... = *Cme* = *QeA* = *0C*
  - Custo Total .... = *Cme* × *Qe* = *0CAQe*
- *Receitas*
  - Receita Total .... = *RT* = *OP* × *Qe* = *0PBQe*
  - Receita Média .... = *Rme* = *OP*
- *Lucros*
  - Lucro Total .... = *RT* − *CT* = *CPBA*
  - Lucro Unitário (ou Médio) .... = *AB*

Como podemos ver graficamente, a área de receita total, representada pelo retângulo *OPBQe*, é maior que a área de custo total, representada pelo retângulo *OCAQe*. Essa área de receita que excede a área de custo corresponde à área de lucro e é dada pelo retângulo *CPBA*.

A Parte 2 da Figura 22 nos mostra a curva de lucro, e que ele é máximo quando a empresa produz a quantidade em relação à qual a receita marginal é igual ao custo marginal.

3.6.3 *Prejuízo de Curto Prazo no Monopólio*

É muito comum as pessoas pensarem que a empresa monopolista sempre obtém lucros. Entretanto, não basta a existência de um monopólio para que haja garantia de lucro. Observemos a Figura 23. A curva de demanda é dada por *D*, enquanto *Rmg* representa a curva de receita marginal. *Cme* e *Cmg* representam o custo médio e o custo marginal,

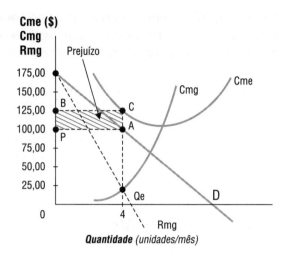

FIGURA 23
Empresa monopolista operando com prejuízo

respectivamente.

Reparemos que a curva de demanda está toda abaixo da curva de custo médio. Em nenhum nível de produção o preço cobre o custo médio. Isso significa que não existe combinação preço-quantidade que possibilite ao monopólio a obtenção de lucros. Nessas condições, o máximo que o empresário consegue fazer é minimizar o prejuízo, igualando a receita marginal ao custo marginal e produzindo a quantidade Qe (desde que o preço seja maior do que o custo variável médio).

A situação dessa empresa pode ser assim sintetizada:

Preço de Equilíbrio (P) .... = $ 100
Quantidade Produzida (Qe) .... = 4 unidades
Receita Total ($P \times Qe = \$ 100 \times 4$) .... = $ 400
Custo Total ($Cme \times Qe = \$ 125 \times 4$) .... = $ 500
Lucro ($RT - CT = \$ 400 - \$ 500$) .... = – $ 100

Em termos geométricos, essas relações podem ser assim identificadas:

- **Preço**
  - Preço .... = OP
- **Custos**
  - Custo Médio .... = $Cme = QeC = OB$
  - Custo Total .... = $Cme \times Qe = OBCQe$
- **Receitas**
  - Receita Total .... = $RT = OP \times Qe = OPAQe$
  - Receita Média .... = $Rme = OP$
- **Prejuízo**
  - Prejuízo .... = $RT - CT = PBCA$

Como podemos verificar graficamente, a área de custo total, representada pelo retângulo $OBCQe$, é maior que a área de receita total, representada pelo retângulo $OPAQe$. Essa área de custo que excede a área de receita corresponde à área de prejuízo, e é dada pelo retângulo $PBCA$.

Acabamos de verificar que, em curto prazo, uma empresa monopolista pode sofrer perdas. A pergunta que se faz agora é: quando uma empresa monopolista deve encerrar suas atividades? Uma empresa monopolista deve encerrar suas atividades da mesma forma que qualquer outra empresa, qualquer que seja a estrutura de mercado em que esteja operando: quando, ao igualar a Rmg ao Cmg, o preço for inferior ao custo variável médio ($P < CVme$).

3.7 O Monopolista Não Tem Curva de Oferta

A curva de oferta foi anteriormente definida como uma curva mostrando as diferentes quantidades do bem (ou serviço) que uma empresa estará disposta a colocar no mercado, a todos os preços possíveis, por unidade de tempo. A Figura 24 retrata uma curva de oferta de um bem em um mercado de concorrência perfeita.

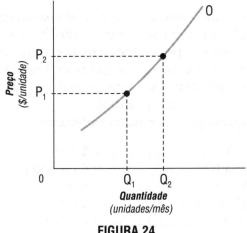

FIGURA 24
Curva de oferta

Ela é positivamente inclinada, indicando que o preço e a quantidade variam na mesma direção. Além disso, nos mostra que para cada preço existe uma quantidade ofertada correspondente. Assim, se o preço for P_1, a curva de oferta nos mostra que o produtor, a esse preço, estaria disposto a colocar no mercado no máximo a quantidade Q_1; se o preço subir para P_2, a curva de oferta nos mostra que o produtor estará disposto a colocar maior quantidade do produto no mercado, no caso, Q_2.

Veremos, a seguir, que em um mercado monopolístico não existe relação única entre quantidade ofertada e preço. Isso significa que a mesma quantidade pode ser vendida a diferentes preços, e, ainda, diferentes quantidades podem ser vendidas ao mesmo preço. Em outras palavras, não existe uma curva de oferta nesse tipo de mercado.

3.7.1 *Mesma Quantidade Vendida a Preços Diferentes*

Este é o caso ilustrado na Figura 25. Ela nos mostra, além da curva de custo marginal (*Cmg*), duas curvas de demanda, D_1 e D_2, com as respectivas receitas marginais delas resultantes, Rmg_1 e Rmg_2.

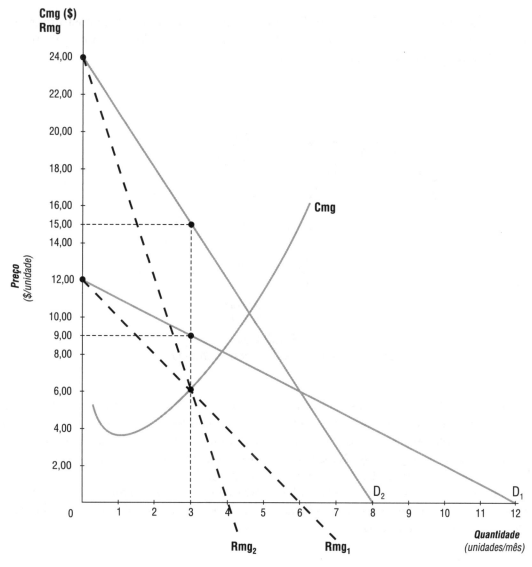

FIGURA 25
Mesma quantidade vendida a preços diferentes

Se a curva de demanda fosse D_1, os lucros seriam maximizados quando Rmg_1 = *Cmg*. Isso ocorreria no nível de produção de 3 unidades, que seria vendida ao preço de $ 9. Por outro lado, se a curva de demanda fosse D_2, os lucros seriam maximizados quando Rmg_2 = *Cmg*. A quantidade que maximizaria o lucro ainda seria de 3 unidades, só que agora essa mesma quantidade seria vendida ao preço de $ 15.

Verificamos, então, que a mesma quantidade pode ser vendida a preços diferentes, indicando inexistir uma relação única entre quantidade e preço, necessária à definição da curva de oferta.

3.7.2 Quantidades Diferentes Vendidas ao Mesmo Preço

Este é o caso ilustrado na Figura 26. Ela nos mostra além da curva de custo marginal, dada por Cmg, duas curvas de demanda, D_1 e D_2, e as curvas de receita marginal delas resultantes, Rmg_1 e Rmg_2, respectivamente.

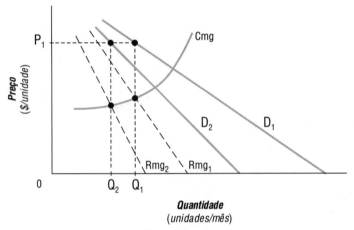

FIGURA 26
Quantidades diferentes vendidas ao mesmo preço

Se a curva de demanda fosse D_1, os lucros seriam maximizados quando $Rmg_1 = Cmg$. Isso ocorreria no nível de produção de Q_1 unidades, sendo P_1 por unidade o preço pelo qual essa produção seria vendida. Se a curva de demanda fosse D_2, os lucros seriam maximizados quando $Rmg_2 = Cmg$. Nessas condições, a quantidade que maximizaria o lucro seria dada por Q_2, que também seria vendida ao preço P_1.

Temos, nesse caso, duas quantidades sendo vendidas ao mesmo preço. Da mesma forma que no caso anterior, inexiste relação única entre preço e quantidade ofertada, o que descaracteriza a existência de uma curva de oferta.

3.8 Concorrência Perfeita *versus* Monopólio

Faremos, agora, uma comparação entre o modelo de monopólio e o de concorrência perfeita.

Sabemos que, em um mercado perfeitamente competitivo, o equilíbrio se dá na intersecção da demanda de mercado com a oferta de mercado. Sabemos também que a curva de oferta de mercado é a soma horizontal das curvas de custo marginal das empresas que compõem a indústria.

Essa situação é ilustrada na Figura 27, na qual $ 10 e 100 mil unidades são, respectivamente, o preço e a quantidade de equilíbrio; D_M representa a curva de demanda de mercado e O_M representa a curva de oferta de mercado.

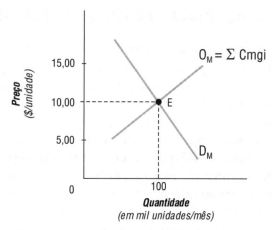

FIGURA 27
Preço e quantidade de equilíbrio em um mercado perfeitamente competitivo

Devemos observar que O_M também é designada por $\Sigma Cmgi$, onde $Cmgi$ é o custo marginal individual, isto é, de cada empresa.

Suponhamos agora que esse mercado concorrencial pudesse, da noite para o dia, ser transformado em um monopólio. Suponhamos também que a estrutura de custos permaneça a mesma após a mudança. O nosso "novo monopolista" vai maximizar o seu lucro quando a receita marginal for igual ao seu custo marginal, que agora é dado por $\Sigma Cmgi$. A Figura 28 ilustra a nova situação de equilíbrio.

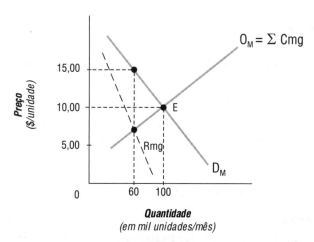

FIGURA 28
Preço e quantidade de equilíbrio em um mercado monopolista

O gráfico nos mostra que o monopolista vai produzir a quantidade de 60 mil unidades ao preço de $ 15 por unidade. Nessas condições, podemos dizer que em um mercado monopolista o consumidor vai consumir menos e pagar mais pelo produto.

3.9 O Equilíbrio em Longo Prazo da Empresa Monopolista

Uma das coisas mais importantes que estudamos até agora diz respeito ao fato de que, em um mercado de concorrência perfeita, é impossível que as empresas obtenham lucro econômico em longo prazo. Isso porque a existência de lucro econômico atrai novas empresas para a indústria. Com a entrada de novas empresas no mercado, a produção aumenta. O aumento de produção, por sua vez, provoca uma diminuição no preço de mercado. A entrada de novas empresas, o aumento na oferta de mercado e a consequente queda de preço ocorrerão até que o lucro econômico seja zero.

Para o monopolista, entretanto, isso não acontece. E por quê? Porque a empresa monopolista está altamente protegida por barreiras que impedem a entrada de novas empresas no mercado. Podem existir firmas desejando entrar na indústria, mas são incapazes de fazê-lo. Conclui-se, então, que se as posições das curvas de demanda e de custos propiciarem a obtenção de lucro e, desde que não ocorra nada que provoque mudanças nessas curvas, é possível à empresa monopolista a obtenção de lucro econômico em longo prazo. Na hipótese de ocorrência de prejuízo em longo prazo, a empresa monopolista poderá optar por transferir seus recursos para indústrias mais lucrativas.

4. CONCORRÊNCIA MONOPOLISTA

Como o próprio nome diz, a concorrência monopolista é uma estrutura de mercado que contém elementos da concorrência perfeita e do monopólio, ficando em situação intermediária entre essas duas formas de organização de mercado.

4.1 Hipóteses Básicas

O modelo de concorrência monopolista é construído baseado nas seguintes hipóteses:

- **Existência de um grande número de compradores e de vendedores.**

Da mesma forma que na concorrência perfeita, a concorrência monopolista apresenta grande número de empresas, cada qual respondendo por uma fração da produção total de mercado.

- **Cada empresa produz e vende um produto diferenciado, embora substituto próximo.**

Na verdade, a diferenciação caracteriza a maioria dos mercados existentes. Exemplificando: não existe um tipo homogêneo de perfumes, de aparelhos de televisão, de restaurantes, de automóveis ou videocassetes. Na realidade, cada produtor procura diferenciar seu produto, a fim de torná-lo único.

A diferenciação, por sua vez, pode ser real ou ilegítima. No caso da diferenciação real, buscam-se diferenças reais nas características do produto. Costuma-se estabelecer, por exemplo, diferenças a respeito do aspecto de composição química, serviços oferecidos por vendedores etc.

No caso da diferenciação ilegítima do produto, as diferenças são superficiais, tais como marca, embalagem e *design*. Em outros casos, pode não haver nenhuma diferença, mas o consumidor pode ser levado a pensar que elas existem, normalmente como resultado de campanhas promocionais que, de maneira artificial, apontam para as características diferenciadoras entre os produtos.

O fato de os produtos serem diferenciados é que dá ao produtor o poder de monopólio, uma vez que somente ele produz aquele tipo de bem. Nessas condições, a exemplo do que ocorre no monopólio, cada produtor possui alguma liberdade para fixar seus preços.

- Existência de livre entrada e saída de empresas.

Da mesma forma que no modelo de concorrência perfeita, não existem barreiras legais ou de qualquer outro tipo que impeçam a livre entrada e saída de empresas no mercado.

4.2 A Curva de Demanda Negativamente Inclinada

O fato de os produtos serem diferenciados é que dá ao produtor o poder de monopólio, uma vez que somente ele produz aquele tipo de bem. Nessas condições, a exemplo do que ocorre no monopólio, cada produtor possui alguma liberdade para fixar seus preços. A curva de demanda será negativamente inclinada, ou seja, reduções no preço provocarão aumentos nas quantidades vendidas. Será também bastante elástica, devido à disponibilidade de numerosos substitutos para o produto, o que dá ao consumidor outras alternativas de consumo caso ocorram aumentos de preço.

A concorrência monopolista é muito comum no setor de serviços, tais como os serviços prestados por academias de ginástica, salões de beleza, padarias, bares etc.

4.3 Decisões sobre Preço e Produção para uma Empresa em um Mercado de Concorrência Monopolista

4.3.1 *Concorrência Monopolista em Curto Prazo*

Uma empresa em concorrência monopolista tem um comportamento muito parecido com o de uma empresa monopolista. As restrições são dadas pela tecnologia de produção, pelos preços pagos pelos fatores de produção e pela curva de demanda negativamente inclinada, com a qual ele se defronta. Assim, como qualquer outra empresa, o concorrente monopolista vai produzir uma quantidade de produto para a qual $Rmg = Cmg$. Como resultado, a empresa poderá ter lucro extraordinário (lucro econômico) ou prejuízo em curto prazo.

A diferença é que no monopólio temos somente um vendedor no mercado, ao passo que na concorrência monopolista existem muitos vendedores. Quando uma empresa monopolista aumenta o preço, seus clientes têm de pagar mais ou consumir menos da mercadoria por ela ofertada. Quando uma empresa *concorrente monopolista* aumenta seu preço, seus clientes têm uma opção adicional: podem comprar uma mercadoria similar de outra empresa.

A Figura 29 nos mostra um concorrente monopolista. Mostra também a curva negativamente inclinada que a empresa enfrenta, dada por D, a curva de receita marginal, a curva de custo marginal e a curva de custo médio. Como concorrente monopolista, essa empresa compete com muitas outras que operam na mesma área. Assim, se ela aumentar seu preço, poderá perder alguns de seus clientes para as empresas competidoras.

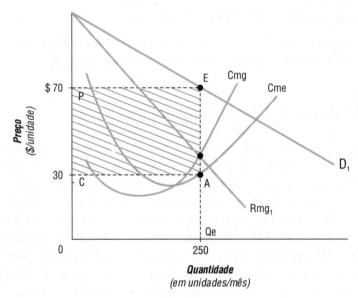

FIGURA 29
Uma empresa concorrente monopolista em curto prazo

Como qualquer outra empresa, a concorrente monopolista vai produzir a quantidade para a qual $Rmg_1 = Cmg$. Podemos ver na Figura 29 que o volume de produção em que $Rmg = Cmg$ é de 250 unidades. O preço de equilíbrio é de $ 70 por unidade e é determinado pelo ponto na curva de demanda correspondente a esse nível de produto. Verificamos, então, que o preço é maior que o Cme em $ 40.

Sintetizando essa situação, temos:

Preço de equilíbrio (P) .... = $ 70
Quantidade produzida (Qe) .... = 250 unidades
Receita Total ($P \times Qe$ = $ 70 × 250) .... = $ 17.500
Custo Total ($Cme \times Qe$ = $ 30 × 250) .... = $ 7.500
Lucro ($RT - CT$ = $ 17.500 - $ 7.500) .... = $ 10.000

Observamos novamente que, se o preço estiver acima da curva de custo médio e a empresa igualar a receita marginal ao custo marginal, ela estará obtendo um lucro extraordinário.

Em termos geométricos essas relações podem ser assim identificadas:

- **Preço**
  - Preço .... = OP
- **Custos**
  - Custo Médio .... = $Cme = QeA = 0C$
  - Custo Total .... = $Cme \times Qe = 0CAQe$
- **Receitas**
  - Receita Total .... = $RT = OP \times Qe = 0PEQe$
  - Receita Média .... = $Rme = OP$
- **Lucros**
  - Lucro Total .... = $RT - CT = CPEA$
  - Lucro Unitário (ou Médio) .... = EA

Como podemos ver, graficamente a área de receita total, representada pelo retângulo *OPEQe*, é maior que a área de custo total, representada pelo retângulo *OCAQe*. Essa área de receita que excede a área de custo corresponde à área de lucro extraordinário, sendo dada pelo retângulo *CPEA*.

Novamente devemos observar que, se o preço for inferior ao custo médio, a empresa estará tendo prejuízo; caso o preço seja inferior à curva de custo variável médio, a empresa deverá encerrar suas atividades.

4.3.2 *Concorrência Monopolista em Longo Prazo*

Uma empresa concorrente monopolista, ao contrário da empresa monopolista, não obterá lucro extraordinário em longo prazo. Na realidade, em longo prazo, uma empresa operando em regime de concorrência monopolista somente obterá lucro normal (lucro econômico zero), da mesma forma que uma empresa perfeitamente competitiva. Vejamos como isso ocorre.

Sabemos que, em concorrência monopolista, não existem barreiras à entrada e saída de empresas da indústria.

Suponhamos, então, que uma empresa concorrente monopolista esteja obtendo lucro extraordinário (lucro econômico puro). Atraídas pela possibilidade de obter lucro extraordinário, novas empresas entrarão na indústria. Devido à competição, a empresa em questão sofrerá *uma redução de demanda*, ou seja, a sua curva de demanda vai se deslocar para a esquerda. Com o prosseguimento da entrada de novas empresas, a curva de demanda continuará a se deslocar para a esquerda, até que a empresa em análise e as outras tenham seus lucros econômicos reduzidos a zero (ou seja, passem a ganhar lucros normais). Isso é mostrado na Figura 30. A obtenção de lucro zero requer que o preço – de $ 40 – seja igual ao custo médio de produção.

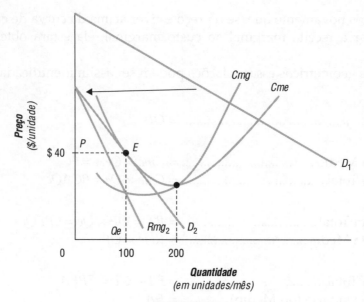

FIGURA 30
Concorrência monopolista em longo prazo

Observemos, então, a nova curva de demanda D_2, situada à esquerda da curva de demanda D_1, mostrada anteriormente na Figura 29 (ela tangencia a curva de custo médio no ponto E). Essa nova curva de demanda determina uma nova curva de receita marginal, dada por Rmg_2. Para maximizar o lucro, a empresa vai produzir a quantidade para a qual $Rmg_2 = Cmg$. Podemos ver na Figura 30 que o volume de produção em que $Rmg_2 = Cmg$ é de 100 unidades. O preço de equilíbrio é de $ 40 por unidade e é determinado pelo ponto na curva de demanda correspondente a esse nível de produto (e que, como dissemos, é tangente à curva de Cme). Verificamos, então, que o preço de $ 40 é igual ao Cme. Em outras palavras, a empresa está tendo um lucro econômico igual a zero (lucro normal).

Sintetizando essa situação, temos:

Preço de Equilíbrio (P) .... = $ 40
Quantidade Produzida (Qe) .... = 100 unidades
Receita Total (P × Qe = $ 40 × 100) .... = $ 4.000
Custo Total (Cme × Qe = $ 40 × 100)........... = $ 4.000
Lucro (RT – CT = $ 4.000 – $ 4.000) .... = $ 0

Observamos novamente que, se o preço for igual ao custo médio e a empresa igualar a receita marginal ao custo marginal, ela estará obtendo um lucro econômico igual a zero (lucro normal).

Em termos geométricos, essas relações podem ser assim identificadas:

- *Preço*
  - Preço... = OP
- *Custos*
  - Custo Médio .... = $Cme = QeE = P$
  - Custo Total .... = $Cme \times Qe = OPEQe$

- *Receitas*
  - Receita Total.................................. = $RT = OP \times Qe = OPEQe$
  - Receita Média .... = $Rme = OP$
- *Lucros*
  - Lucro Total .... = $RT - CT = 0$

Como podemos ver, graficamente a área de receita total, representada pelo retângulo *OPEQe*, é igual à área de custo total, o que demonstra que o lucro é, de fato, igual a zero.

Podemos então dizer que, em um mercado de concorrência monopolista, as empresas podem obter lucro extraordinário, ou prejuízo, em curto prazo. Em longo prazo, entretanto, a livre entrada e saída de empresas na indústria vai fazer que cada empresa obtenha lucro econômico igual a zero (lucro normal), da mesma forma que no mercado de concorrência perfeita. Quando o equilíbrio de longo prazo for atingido, não haverá nenhum incentivo para novas empresas entrarem ou saírem da indústria.

5 OLIGOPÓLIO

5.1 Definição

O oligopólio é a forma de mercado que atualmente prevalece nas economias do mundo ocidental. Ele pode ser conceituado como uma estrutura de mercado em que um pequeno número de empresas controla a oferta de um determinado bem (ou serviço). De acordo com essa conceituação, a indústria automobilística é um exemplo de indústria com pequeno número de empresas. Entretanto, o oligopólio pode também ser entendido como uma indústria em que há um grande número de empresas, mas poucas dominam o mercado. Como exemplo, podemos citar a indústria de bebidas. Da mesma forma que a concorrência monopolista, o oligopólio corresponde às indústrias existentes no mundo real. No Brasil muitas indústrias, tais como as montadoras de veículos, indústria de aço, a indústria do fumo e a indústria de bebidas, são tidas como oligopolistas.

O oligopólio é uma estrutura de mercado que possui os seguintes elementos:

- Existência de poucas empresas[2]

O oligopólio é uma estrutura de mercado que se situa entre a concorrência monopolista e o monopólio. O oligopólio apresenta como principal característica o fato de as empresas serem interdependentes. Isso decorre do pequeno número de empresas existentes na indústria. O oligopólio pode ter duas, três, dez, doze ou mais empresas, dependendo da natureza da indústria. Entretanto, o número deve ser pequeno, de tal forma que as empresas levem em consideração e reajam às decisões quanto a preço e produção de outras. Uma das maneiras de se verificar se uma indústria é um oligopólio é por meio da determinação do índice de concentração da indústria. Esse método nos fornece o porcentual da produção total da indústria que é controlada pelas quatro (às vezes oito) maiores produtoras.

---

[2] Ou, como já foi dito, existência de poucas empresas que dominem um mercado em que há muitas empresas.

Para exemplificar a ação e reação dentro de uma indústria oligopolista, suponhamos que somente três empresas controlam a oferta de uma determinada mercadoria, e que uma delas resolva diminuir o preço de seu produto, aumentando a sua participação no mercado e reduzindo as vendas das demais empresas na indústria. As outras, entretanto, podem reagir, diminuindo ainda mais seus preços. Essa retaliação novamente afeta a participação no mercado de todas as empresas e pode eliminar o ganho inicial daquela que deu origem à diminuição de preço. Se as empresas têm ganhos a partir de cada concorrência de preço, depende da elasticidade de demanda da mercadoria.

Na verdade, um oligopolista reluta em se engajar em uma competição de preço devido à possibilidade de reação das empresas competidoras, por temerem desencadear uma guerra de preços. Por essa razão, existem muitas outras formas de competição extrapreço dentro de um oligopólio. As empresas oligopolistas concorrem com base na qualidade, *design* do produto, serviço ao cliente, propaganda etc.

- **Produto Homogêneo ou Diferenciado**

O oligopólio pode ser puro ou diferenciado. Ele será considerado puro caso os concorrentes ofereçam um produto homogêneo (substitutos perfeitos entre si). Exemplos de oligopólios puros podem ser encontrados na indústria de cimento, de alumínio, cobre, aço etc. Caso os produtos não sejam homogêneos, o oligopólio será considerado diferenciado. Como exemplo, podemos citar a indústria automobilística e de cigarros, cujos produtos, embora semelhantes, não são idênticos (o carro da marca Vectra é diferente do Gol, e o cigarro Marlboro é diferente do Free e assim por diante).

- **Existência de Dificuldades para Entrar na Indústria**

Da mesma forma que no monopólio, existem barreiras que favorecem o surgimento do oligopólio, impedindo a entrada de novas empresas na indústria, tais como a existência de economias de escala, o controle sobre as fontes de matérias-primas, a existência de patentes e outras barreiras legais.

5.2 Decisões sobre Preço e Produção no Oligopólio

Dada a característica de interdependência entre as empresas da indústria, são inúmeras as maneiras pelas quais um oligopolista pode agir e reagir, o que impossibilitou, até agora, a construção de uma teoria geral do oligopólio. Na ausência desta, tudo o que temos são modelos de oligopólio, cada um dos quais partindo de diferentes hipóteses baseadas nas reações das empresas rivais às decisões sobre preço e produção da empresa em estudo.

Vamos, então, caracterizar três situações oligopolistas:

5.2.1 *Liderança de Preços*

Liderança de Preço é a forma de conluio imperfeito em que as empresas do setor oligopolista decidem, sem acordo formal, estabelecer o mesmo preço, aceitando a liderança de preço de uma empresa da indústria.

Esse modelo pressupõe que a liderança decorre do fato de uma das empresas rivais possuir estrutura de custos mais baixos que as demais. Por essa razão, consegue se impor como líder do grupo.

De início, os preços podem ser diferenciados. O mercado, entretanto, preferirá o produto que esteja sendo oferecido a preços mais baixos. Dessa forma, resta às empresas que oferecem o produto a preços mais elevados duas possibilidades: ou mantêm o preço, e como consequência são alijadas do mercado, ou então aceitam o preço praticado pela rival de menores custos, que é mais baixo, e continuam no mercado, sem maximizar seus lucros.

Assim é que a empresa líder de preços fica, por meio de um acordo tácito (isto é, um acordo não formal), responsável pela determinação do nível de preço do produto. As menos favorecidas em termos de preços tornam-se seguidoras dos preços fixados pela empresa líder.

5.2.2 Competição Extrapreço

A concorrência extrapreço refere-se à propaganda, promoção de vendas, serviços ao cliente e diferenciação do produto. Uma empresa oligopolista se empenha nessas atividades, a fim de convencer os clientes de que seu produto é superior ao dos seus rivais.

Quando bem-sucedidas, a propaganda e a diferenciação do produto podem permitir à empresa oligopolista captar uma parte maior do mercado.

5.2.3 *Cartel*

Cartel é uma organização formal de produtores dentro de um setor. Essa organização formal determina as políticas para todas as empresas do cartel, objetivando aumentar seus lucros totais.

Na verdade, existem muitos tipos de cartel. Em sua forma mais perfeita temos o *Cartel Centralizado*, que determina todas as decisões para todas as empresas-membros. Assim, por meio de uma agência coordenadora, organizam-se as empresas de modo que elas ajam como se participassem de um grande conglomerado monopolista, possuidor de várias fábricas. Por essa razão, tal forma perfeita de conluio leva à solução de monopólio.

Muitas vezes, os acordos entre empresas concorrentes são tornados públicos; em outras, a prática da cartelização ocorre sem que haja qualquer documento explicitando o comportamento do cartel; existe, ainda, a concretização do cartel de forma disfarçada por intermédio de sindicatos, associações e clubes.

Na realidade, os cartéis são instáveis porque cada empresa tem um incentivo para quebrar seu acordo, caso acredite que suas ações não serão percebidas pelas outras empresas. Uma empresa pode ser tentada a baixar seu preço por uma pequena quantia, procurando, dessa forma, ganhar uma parte do mercado. Essa empresa aumentará seus lucros, contanto que seu preço mais baixo exceda o custo marginal e seus rivais ignorem suas ações. Entretanto, quando essa empresa for descoberta pelas outras, reduzirão seus preços, retaliando aquela que descumpriu o acordo, dando início a uma guerra de preços que culminará com o fim do cartel. Os cartéis, geralmente, têm vida curta em virtude de tal comportamento.

Os cartéis que normalmente obtêm êxito são aqueles que têm uma empresa dominante (ou país) que age punindo as empresas que transgridem os acordos existentes. Um exemplo de cartel de sucesso é a Organização dos Países Exportadores de Petróleo (Opep).

A Arábia Saudita é o país dominante desse cartel. Em 1973, a Opep, liderada pela Arábia Saudita, atordoou as nações industrializadas restringindo a oferta mundial de petróleo. Como resultado, houve um violento aumento no preço mundial do petróleo, de 2,50 para 11,00 dólares por barril em um período de apenas seis meses. A influência da Opep atingiu seu auge em 1979-1982, quando o preço do petróleo importado atingiu o total de 36 dólares por barril. O cartel perdeu sua força quando países-membros burlaram o acordo produzindo e vendendo mais do que a cota imposta pela Opep, com a finalidade de aumentar suas receitas de exportação. Em 1999, a Opep novamente se reagrupou e, por meio de restrições na produção, o cartel conseguiu aumentar o preço do petróleo para aproximadamente 29 dólares (fevereiro de 2000). Atualmente, o preço do barril de óleo está em torno de 50 dólares (novembro de 2015), tendo atingido 145 dólares em julho de 2008.

5.2.4 A Prática de Mark-up

A teoria marginalista que desenvolvemos até agora pressupõe a igualdade da receita marginal com o custo marginal como condição de maximização do lucro do produtor. A aplicação desse procedimento de maximização pressupõe, entretanto, o conhecimento da curva de demanda com que a empresa se defronta. Conhecida a curva de demanda, obtém-se a curva de receita marginal da empresa. Com o conhecimento dos custos, iguala-se a receita marginal ao custo marginal e maximiza-se o lucro.

A prática de *mark-up* baseia-se na constatação de que as empresas conhecem seus custos, mas não preveem a demanda por seu produto de maneira adequada, o que impossibilita a previsão de suas receitas.

O *mark-up* seria dado por:

Mark-up = Receita de Vendas − Custos Diretos (Custos Variáveis)

O preço seria o custo adicionado de uma margem m, sendo assim calculado:

$$P = C \times (1 + m)$$

onde:

P = preço do produto;
C = custo direto unitário (custo variável médio);
m = taxa de *mark-up*, que é uma porcentagem sobre os custos diretos.

Além de cobrir os custos diretos, a taxa de *mark-up* deve cobrir os custos fixos e atender uma certa taxa de rentabilidade desejada pela empresa.

6 RESUMO DAS ESTRUTURAS DE MERCADO

Apresentamos, a seguir, um quadro que resume as quatro principais estruturas de mercado, acompanhadas de suas características essenciais:

QUADRO 13
Resumo das estruturas de mercado

Estrutura	Número de Empresas	Diferenciação do Produto	Condições de Entrada e Saída	Influência sobre o Preço	Exemplos
Concorrência Perfeita	Muitas	Produto Homogêneo	Fácil	Nenhuma (são tomadoras de preços)	Alguns Produtos Agrícolas
Monopólio	Uma	Produto Único Sem Substituto Próximo	Difícil	Forte	Serviços Telefônicos
Concorrência Monopolista	Muitas	Produto Diferenciado	Fácil	Leve	Comércio Varejista, Restaurantes etc.
Oligopólio	Poucas	Homogêneo ou Diferenciado	Difícil	Considerável	Homogêneo: Alumínio Diferenciado: Automóveis

Exercícios

Questões

As respostas podem ser encontradas no final do livro.

1) Esta questão baseia-se no quadro a seguir:

Quadro E-1

Q	P ($)	RT ($)	Rmg ($)	CV ($)	CT ($)	Cmg ($)	CVme ($)	Cme ($)	LT ($)
0				0				–	
1				12,00				20,00	
2				15,00				11,50	
3				16,00				8,00	
4				17,40				6,35	
5				20,00				5,60	
6				24,00				5,33	
7				32,00				5,71	
8				56,00				8,00	

Sabendo-se que a empresa atua em um mercado de concorrência perfeita e que o preço de mercado é de $ 4,00, pede-se para:
a) completar a tabela;
b) indicar o volume de produção que maximiza o lucro total (ou minimiza o prejuízo) da empresa;
c) construir o gráfico de maximização do lucro total da empresa, de acordo com a abordagem marginal, indicando a área de lucro (ou prejuízo) e o volume de produção em que o lucro é máximo (ou o prejuízo é mínimo). Construir também o gráfico do lucro total.

2) Por que a curva de demanda que uma empresa monopolista enfrenta é diferente da curva de demanda enfrentada por uma empresa em um mercado em concorrência perfeita?

3) De acordo com os dados de produção, preço, receita e custo de um monopolista, pede-se para:

a) completar a tabela dada a seguir:

Quadro E-2

Q	P ($)	RT ($)	Rmg ($)	CT ($)	Cme ($)	Cmg ($)	LT ($)
0	8,00			6,00			
1	7,00			8,00			
2	6,00			9,00			
3	5,00			12,00			
4	4,00			20,00			
5	3,00			35,00			

b) indicar o volume de produção que maximiza o lucro da empresa;
c) construir o gráfico de maximização do lucro total de acordo com a abordagem marginal indicando a área de lucro e o volume de produção em que o lucro é máximo. Construir também o gráfico do lucro total.

4) Uma empresa que opera em um mercado de concorrência monopolista pode obter lucro extraordinário em longo prazo e manter essa situação indefinidamente?

5) O que é oligopólio? O que é cartel?

Testes de Múltipla Escolha

- *Assinale com um X a resposta certa*
- *As respostas podem ser encontradas no final do livro*

1) Uma empresa puramente competitiva deverá fechar as portas, em curto prazo, quando:
   a) a receita marginal for menor que o custo fixo médio;
   b) o preço for menor que o custo médio;
   c) o preço de mercado exceder o custo médio;
   d) a receita marginal for maior que o custo variável médio;
   e) o preço for menor que o custo variável médio.

2) A curva de oferta para uma empresa monopolista:
   a) é a própria curva de custo marginal a partir da curva de custo variável médio;
   b) é a própria curva de custo marginal a partir da curva de custo médio;
   c) é positivamente inclinada, indicando a existência de uma relação direta entre preço e quantidade;
   d) tem inclinação positiva devido à existência de economias de escala;
   e) não existe.

3) Qual das seguintes colocações é uma característica do mercado de concorrência monopolista?
   a) existência de muitas empresas e produção de produtos homogêneos;
   b) existência de poucas empresas e produção de produtos diferenciados;
   c) existência de poucas empresas e produção de produtos similares;
   d) existência de poucas empresas e produção de produtos homogêneos;
   e) existência de muitas empresas e produção de produtos diferenciados.

4) Quando um mercado é dominado por um número pequeno de empresas, que sejam interdependentes, ele é considerado:
   a) um oligopólio;
   b) um monopólio;
   c) um monopólio integrado;
   d) um mercado de concorrência monopolística;
   e) um mercado perfeitamente competitivo.

5) O cartel centralizado:
   a) não determina as decisões de preço e quantidade para todas as empresas-membros;
   b) não leva à solução de monopólio;
   c) age de forma a não caracterizar um conluio;
   d) não é a forma mais perfeita de cartel;
   e) nenhuma das alternativas anteriores.

Parte 3
NOÇÕES GERAIS DE MACROECONOMIA

Capítulo IX
A MACROECONOMIA: DEFINIÇÕES E CAMPO DE ESTUDO

Capítulo X
NOÇÕES DE CONTABILIDADE NACIONAL

Capítulo XI
TEORIA DA DETERMINAÇÃO DA RENDA

Capítulo XII
O PAPEL E A IMPORTÂNCIA DA MOEDA

Capítulo XIII
INFLAÇÃO E DESEMPREGO

Capítulo XIV
RELAÇÕES INTERNACIONAIS

Capítulo XV
CRESCIMENTO E DESENVOLVIMENTO ECONÔMICO

Capítulo IX

A MACROECONOMIA: DEFINIÇÕES E CAMPO DE ESTUDO

1 INTRODUÇÃO

Até esta parte do livro apresentamos o lado da economia que estuda as empresas ou as chamadas unidades de produção. Essas unidades de produção representam, em um mercado capitalista, as organizações que reúnem sob um mesmo patrimônio os diversos fatores de produção para colocar no mercado bens e serviços, proporcionando aos seus proprietários uma renda monetária. Este campo de estudo da ciência econômica foi classificado como microeconomia. A macroeconomia, por sua vez, estuda as atividades econômicas globais de uma sociedade, analisando o comportamento agregado dos agentes econômicos, bem como os fatores determinantes que modificam o equilíbrio interno e externo de variáveis como: renda, produto, consumo, poupança, investimento, importação, exportação, gastos do governo, nível geral de preços e salários, nível de emprego e juros, isoladamente ou em suas relações umas com as outras. Em termos gerais, podemos dizer que a macroeconomia procura explicar o comportamento da economia a partir das variáveis agregadas.

A esta altura o leitor poderá imaginar, então, que a microeconomia estuda os aspectos voltados à empresa, e que a macroeconomia estuda os aspectos relevantes da atividade governamental. Essa distinção, entretanto, não é válida, e é simplesmente uma questão de ênfase e exposição. Essas duas áreas da economia andam juntas e a sua separação prejudica o correto entendimento da teoria econômica. A macroeconomia e a microeconomia diferenciam-se, apenas, segundo o nível de agregação das variáveis econômicas. Enquanto na microeconomia estudamos os comportamentos individuais de consumidores e produtores, como por exemplo os salários na formação de preços de uma unidade de produção, na macroeconomia a análise se fundamenta no nível agregado, ou seja, o comportamento de todos os consumidores *versus* o comportamento de todos os produtores, como por exemplo o estudo do nível geral de salários na formação geral dos preços de uma economia. Isso significa que, enquanto na microeconomia estudamos as inter-relações de variáveis econômicas em um determinado aspecto individual, na macroeconomia estudamos as inter-relações dessas variáveis econômicas de forma agregada. Daí a denominação de estudo dos agregados econômicos.

A teoria macroeconômica, através da análise das relações entre os diversos agregados, busca explicações sobre os seus comportamentos, bem como a causa das variações observadas. Ao mesmo tempo, preocupa-se em prever o que ocorrerá e as consequências de mudanças nas condições econômicas em curto e longo prazos.

Por sua própria natureza, a macroeconomia não se restringe ao aspecto especulativo, mas avança no campo da política econômica. A observação e a análise das variáveis agregadas permitem uma avaliação sobre o comportamento da economia como um todo, criando condições necessárias e suficientes para a prática de ações, por parte dos governantes, visando à adoção de políticas que busquem o equilíbrio da sociedade que dirigem.

O professor William Branson,[1] da Universidade de Princeton, descreve que

> "a macroeconomia coloca em evidência o nível de utilização de recursos – especialmente o nível de emprego – e o nível de preços. Além disso, a macroeconomia está voltando-se mais para as causas que determinam a taxa de crescimento dos recursos – o crescimento da produção potencial – bem como aos determinantes de seus níveis de utilização em qualquer período de tempo".

2 ALGUNS ASPECTOS SOBRE A EVOLUÇÃO DA TEORIA MACROECONÔMICA

O termo macroeconomia foi introduzido pelo economista norueguês Ragnar Frisch (1895-1973) em 1933. Ele também foi criador do termo "Econometria", sendo agraciado com o Prêmio Nobel de Ciências em 1969, juntamente com Jan Tinbergen. Mas a evolução mais importante da macroeconomia ocorreu a partir de 1930, tendo como marco a publicação, em 1936, de *A teoria geral do emprego, do juro e da moeda*, também conhecida de forma simplificada como *A teoria geral*, de autoria de John Maynard Keynes (1883-1946), célebre economista inglês que reformulou as noções da produção e do emprego, e que levaram o rótulo de "revolução keynesiana", devido ao impacto da obra.

Para se ter ideia da revolução que essa obra provocou, devemos considerar que, na década de 1930, a economia mundial atravessava uma crise econômica sem precedentes, que ficou conhecida como a Grande Depressão e que foi o maior choque econômico dos tempos modernos.

---

1 BRANSON, W. H. *Macroeconomic theory and policy*. Nova York: Harper & Row, 1972.

Os números são assustadores: entre os anos de 1929 e 1932, a produção industrial contraiu-se, caindo cerca de 50% nos Estados Unidos, quase 10% na Inglaterra, aproximadamente 30% na França e cerca de 40% na Alemanha.

A situação das principais economias capitalistas existentes na época era crítica. As nações industrializadas assistiram a uma deflação nunca vista antes, com preços despencando mais de 30% na Alemanha e nos Estados Unidos, mais de 40% na França e quase 25% no Reino Unido.

O desemprego também atingiu níveis espantosos. Nos Estados Unidos, após a quebra da Bolsa de Valores de Nova York, o desemprego atingiu níveis extremamente elevados (em dezembro de 1933, a taxa de desemprego chegou a 24,9%). O desemprego nos países da Europa também alcançou patamares bastante altos.

Antes da Grande Depressão, o grupo de economistas conhecidos como *economistas clássicos* dominava o pensamento econômico. Apesar de demonstrarem preocupações a respeito do comportamento da economia como um todo, acreditavam que as economias de mercado se autorregulavam. Isso significa que, sem a necessidade de interferência governamental, as economias de mercado conseguiam utilizar eficientemente os recursos disponíveis, de forma a promover automaticamente o nível de pleno emprego. Esses economistas sustentavam suas ideias baseados na hipótese de que havia plena flexibilidade de preços e salários, de tal forma que os preços e salários sempre se ajustariam no mercado, garantindo o equilíbrio no mercado de trabalho e o pleno emprego. Supunham também que a demanda agregada (ou procura agregada de bens e serviços), constituída por despesas com bens de consumo e gastos em investimentos, não era um fator determinante do nível de produto; era válida a Lei de Say (economista francês Jean Baptiste Say), que dizia que "a oferta cria a sua própria procura". Em outras palavras, supunham que tudo o que era produzido era vendido.

Se, de fato, as economias se comportassem de acordo com esses pressupostos, os níveis de produto e de emprego já estariam determinados, refletindo a verdadeira disponibilidade de recursos. Vejamos como isso aconteceria:

> Em uma economia de mercado, como já dissemos, a competição ajudaria a manter ou a direcionar a economia para o pleno emprego. Se em determinado momento houvesse um estoque de bens (não vendidos), a competição forçaria os preços para baixo até garantir que todos os bens fossem comprados pelos consumidores. Se por qualquer razão trabalhadores estivessem desempregados, eles iriam competir por trabalho entre os que estavam desempregados e entre os que estavam empregados, oferecendo-se para trabalhar por salários mais baixos. Como resultado da competição, os salários iriam diminuir. A diminuição dos salários, por sua vez, aumentaria a lucratividade das firmas, que passariam a contratar mais trabalhadores.
>
> Para os economistas clássicos, portanto, a tendência normal de uma economia era a de operar a pleno emprego. Poderiam ocorrer desvios temporários, provocados por fatores, como restrições monopolistas, sindicatos de trabalhadores, intervenção governamental na economia etc., mas sempre a economia voltaria a operar no pleno emprego.
>
> De acordo com os economistas clássicos, toda renda das pessoas era gasta na aquisição de bens e serviços. Caso parte da renda fosse poupada, isso ocorreria porque as pessoas visam a um consumo maior no futuro. Como a moeda não rende juros, a poupança

seria canalizada para a aquisição de títulos. Assim, o volume de poupança corresponderia ao volume de fundos no mercado financeiro. A demanda por fundos é realizada, geralmente, por aqueles que desejam investir (o investimento corresponde ao acréscimo do estoque de capital da economia). Se alguma parcela da renda fosse poupada, seria emprestada a outros agentes econômicos, que poderiam gastar essa quantia investindo em bens de capital. Assim, um aumento na poupança planejada corresponderia à diminuição no consumo planejado, que seria compensada pelo aumento no investimento planejado. A flutuação na taxa de juros asseguraria que toda poupança planejada fosse emprestada.

Os clássicos sustentavam que a produção que cria a oferta gera renda, criando, então, uma demanda equivalente. E desde que toda a renda é gasta, a oferta e a demanda são sempre iguais (Lei de Say).

Se a oferta cria a própria demanda, então todas as mercadorias oferecidas para venda devem ser compradas. De acordo com o pensamento clássico, portanto, não haveria razão para a economia não operar a pleno emprego.

O pensamento clássico foi aceito até a Grande Depressão de 1930. A partir daí, passou a surgir uma grande insatisfação com os pressupostos da teoria clássica, ou seja, de que havia uma tendência automática ao pleno emprego, com inexistência de desemprego e de capacidade ociosa. De fato, a teoria clássica já não podia explicar ou oferecer caminhos para sair da continuada depressão. Foi nesse ambiente que surgiu a obra de Keynes.

Keynes sustentava que uma economia poderia atingir o equilíbrio, mesmo apresentando significativos níveis de desemprego de trabalhadores e de outros fatores de produção. Sustentava, também, que as economias capitalistas não tinham capacidade de promover automaticamente o pleno emprego e defendia a necessidade da intervenção do governo para direcionar a economia ao pleno emprego.

A análise keynesiana passa a ser uma alternativa à visão clássica de que a economia estaria em equilíbrio somente se estivesse no pleno emprego. Ele procurou mostrar que os preços e os salários não são perfeitamente flexíveis, com o que o pleno emprego de recursos não estaria garantido. Keynes chamou a atenção para o poder dos sindicatos, que fazia que os salários monetários fossem rígidos. Essa rigidez salarial levaria ao desemprego involuntário, quando trabalhadores dispostos a trabalhar não encontrassem trabalho. Nessas condições, a economia operaria abaixo do pleno emprego.

Segundo Keynes, o nível de produto e de emprego é determinado pela demanda agregada da economia (demanda dos consumidores, das firmas, do governo e demanda externa) por bens e serviços. O valor do produto total e, por decorrência, o valor total de renda e o nível de emprego são determinados pela demanda agregada. Ao destacar o papel da demanda agregada na determinação do nível de produto e de emprego, Keynes refuta a Lei de Say de que "a oferta cria a sua própria procura".

Para Keynes, se a crise é de insuficiência de demanda, e se não existem forças que promovam automaticamente o pleno emprego, torna-se necessária a intervenção do Estado por meio das políticas de gastos públicos, fiscal e monetária, o que significa o fim do não intervencionismo na economia da era clássica. O argumento de que o governo pode implantar políticas de estabilização para prevenir ou atacar recessões econômicas foi tão aceito, que o conjunto de suas ideias foi, como já dissemos, batizado de "revolução keynesiana".

No período que se seguiu à Segunda Guerra Mundial, as recomendações políticas de Keynes estavam em ascensão em todo o mundo. Acreditava-se que o combate às recessões poderia ser feito por meio da manipulação da política orçamentária e da política monetária. A maioria das economias crescia rapidamente, sem quedas sérias e sem inflação alta.

A partir dos anos 1970, entretanto, muitas nações passaram a conviver com um fenômeno chamado estagflação, uma combinação de estagnação econômica, caracterizada por um crescimento baixo ou até negativo da produção e altos níveis de desemprego junto com alta inflação.

Teve início, então, uma "contrarrevolução", cujo mais importante pensador foi Milton Friedman que, com seus colegas da Universidade de Chicago, apresentou uma doutrina que ficou conhecida como *monetarismo*, e que era uma antítese do pensamento keynesiano.

Os monetaristas argumentam que a economia de mercado é autorreguladora, significando que se não houver intervenção, ela tende a voltar ao pleno emprego por si só.

Para os monetaristas, preços e salários são altamente flexíveis e ajustam-se rapidamente às condições de oferta e de demanda. Enquanto economistas keynesianos acreditavam que a economia estava sujeita a desequilíbrios que exigiam intervenções governamentais, os monetaristas acreditavam que a economia tenderia automaticamente ao pleno emprego. Como consequência, sugeriam a não intervenção governamental na economia.

Para os monetaristas, a moeda é a variável mais importante na determinação da demanda agregada da economia, sendo a inflação um fenômeno essencialmente monetário. Nesse sentido, o combate à inflação passa por um controle efetivo do estoque de moeda. Eles consideram que mudanças na política monetária (aumentos na oferta de moeda) podem estimular a demanda agregada e ter grande impacto na economia em curto prazo. Entretanto, em longo prazo seria inflacionária. Eles entendem que as flutuações econômicas foram, em grande parte, resultado de alterações na oferta monetária. Consideram uma oferta monetária estável como o verdadeiro segredo da estabilidade econômica.

A partir das décadas de 1970 e 1980, surge a escola das *expectativas racionais*, liderada por Robert Lucas, da Universidade de Chicago, e Robert Barro, da Universidade de Harvard, e que ficou conhecida como os *novos clássicos*. Da mesma forma que os monetaristas, os novos clássicos sustentam que a economia é autorreguladora e que as políticas governamentais são ineficazes para estabilizar sistematicamente a economia, devido ao que eles chamam de expectativas racionais. A ideia consiste no seguinte: se pessoas e empresas constroem suas expectativas a respeito dos acontecimentos futuros de forma racional, as alterações de política econômica terão muito menos efeito do que o previsto. Segundo os novos clássicos, as pessoas não constroem suas expectativas somente em função das experiências do passado. Eles acreditam que as pessoas têm acesso a grande quantidade de informações no campo econômico, e que por isso estão capacitadas a fazer corretas previsões a respeito do futuro. Essas informações vão desde o entendimento do funcionamento da economia até a compreensão das políticas monetárias e fiscais implantadas pelo governo, e a resposta de longo prazo a essas políticas. Assim, se os agentes econômicos têm capacidade de prever as ações do governo no campo da política econômica, tais ações tornam-se ineficazes.

Para exemplificar, suponhamos que a economia esteja caminhando para uma recessão. Nesse caso, é de se esperar que os preços e salários sofram redução, a menos que se implante uma política monetária expansionista. Entretanto, se os agentes econômicos acreditam que será introduzida uma política expansionista, não baixarão seus preços, uma vez que creem em um futuro aumento da demanda. Com os preços permanecendo altos, um aumento na oferta monetária vai resultar em inflação.

Os novos clássicos acreditam, como os monetaristas, que o crescimento na oferta de moeda deve ser controlada e que políticas expansionistas podem não ter nenhum efeito sobre a demanda agregada; podem, isto sim, levar a economia a uma situação inflacionária.

Recentemente, outra escola de pensamento uniu-se ao debate. Nesse sentido, defensores do ciclo real de negócios argumentam que tanto keynesianos quanto monetaristas identificam de maneira errada a fonte de choques da economia. Dizem que é o choque tecnológico, e não os choques de demanda ou o choque político, que explica as flutuações econômicas observadas.

Outros economistas, chamados *neokeynesianos*, estão tentando colocar as ideias fundamentais de Keynes – de que a economia de mercado não é autorreguladora, que os salários e preços não são tão flexíveis a ponto de garantir o pleno emprego e que o governo pode estabelecer políticas para ajudar a estabilizar a economia – em um esquema teórico mais sólido.

Finalmente, devemos lembrar os *institucionalistas* que privilegiam o papel das instituições e da tecnologia. Eles centram sua análise no papel que as instituições desempenham no processo de formação de preços e, portanto, de alocação de recursos. Segundo eles, o mercado é uma das muitas instituições relevantes no processo de formação de preços, sendo necessário analisar a lógica da ação coletiva em outras estruturas organizacionais. Eles acreditam, por exemplo, que a estrutura de poder e o controle das várias instâncias decisórias devem ser incorporados à análise econômica. Fazem parte dessa corrente de pensamento John Kenneth Galbraith e Thorstein Veblen, entre outros.

3 A MACROECONOMIA E SEU CAMPO DE ESTUDO

Na macroeconomia existem três níveis de análise, quais sejam:

- Explicação

Com base em dados estatísticos, a macroeconomia permite, associada a técnicas econométricas, encontrar justificativas para os fenômenos ocorridos no passado. É através dela que se pode verificar se os agentes econômicos se comportaram conforme o previsto ou, ao contrário, por que apresentaram disfunções e as razões para que isso ocorresse.

- **Previsão**

A Previsão, por sua vez, permite aos economistas, também através de técnicas econométricas, simular o comportamento das variáveis agregadas para o futuro, sempre em função das observações ocorridas no passado. Com a utilização de duas ou mais variáveis agregadas, a análise de previsão poderá mostrar os caminhos que a economia poderá percorrer em busca do seu equilíbrio.

- **Ação Política**

A Ação Política, que em geral encontra-se nas mãos dos governantes, está calcada nas simulações da Previsão. A forma de interpretar os dados e resultados é que torna a própria teoria macroeconômica, especulativa ou pura, carregada de juízos de valor e desperta grandes controvérsias. Dependendo da corrente em que cada economista esteja engajado, ele poderá enxergar a conjuntura econômica de uma sociedade de forma completamente diferente de outro economista que tenha uma visão diferente da sua, apesar de trabalharem sobre um mesmo conjunto de dados.

Esses três tipos de análise se justificam a partir da existência de cinco problemas básicos fundamentais dentro da economia:

- problemas ligados à flutuação do nível de utilização dos recursos produtivos (emprego e desemprego);
- problemas ligados ao nível geral de preços (deflação e inflação);
- problemas ligados à taxa de crescimento da capacidade produtiva *vis-à-vis* ao crescimento vegetativo da população;
- problemas ligados ao papel do governo como elemento de controle da atividade econômica; e
- problemas ligados ao funcionamento de uma determinada economia e sua relação com a economia internacional.

Essas são, portanto, as razões para o estudo da macroeconomia. O que se pretende nesta parte do livro é apresentar ao estudante as noções básicas para que ele também possa interpretar o funcionamento da economia como um todo e, em especial, entender o porquê de algumas ações do governo no campo econômico, e suas implicações no nosso cotidiano.

Por sua vez, a atuação do governo se dá mediante os seguintes instrumentos de política macroeconômica:

Política fiscal – Refere-se à ação do governo com relação aos seus gastos e receitas (impostos e taxas). Se o objetivo da política tributária for obter maior crescimento e emprego, as medidas fiscais utilizadas serão o aumento do gasto público e/ou a redução da carga tributária, com a finalidade de estimular o consumo e o investimento. Se o objetivo for o de reduzir a inflação, as medidas fiscais serão a de diminuir os gastos governamentais, e aumentar a carga tributária, com a finalidade de inibir o consumo e o investimento, diminuindo, assim, a demanda agregada da economia.

Política monetária – Pode ser definida como o conjunto de medidas adotadas pelo governo com o objetivo de controlar a oferta de moeda, os níveis das taxas de juros e o crédito, de forma a assegurar a liquidez do sistema econômico.

Os principais instrumentos de política monetária são:

- controle direto da quantidade de dinheiro em circulação (emissões);
- operações no mercado aberto;
- fixação da taxa de reservas;
- fixação da taxa de redesconto;
- controles seletivos de crédito.

Se o objetivo do governo for o crescimento econômico, o governo deverá aumentar o estoque monetário (ou comprando títulos públicos, ou diminuindo a taxa de reserva, por exemplo). Se o objetivo for o controle da inflação, o governo deverá diminuir o estoque monetário (aumentando a taxa de reserva compulsória, ou vendendo títulos no *open market*, por exemplo).

Política cambial – Baseia-se na administração da taxa (ou taxas) de câmbio e no controle de operações cambiais. Apesar de estar indiretamente ligada à política monetária, destaca-se desta por atuar mais diretamente sobre todas as variáveis relacionadas às transações econômicas com o exterior.

Política comercial internacional – Refere-se a ações por parte do governo que estimulam ou inibem o comércio exterior. Podem ser de ordem fiscal (como a aplicação de tarifas sobre o preço internacional dos produtos importados), quantitativas (como a fixação de cotas de importação) ou burocráticas (tais como os certificados de origem e vistos consulares).

Política de rendas – Política de interferência do governo na formação de preços, por meio de controles diretos sobre salários, lucros e preços dos bens intermediários e finais.

Exercícios

Questões

As respostas podem ser encontradas no final do livro.

1) De que trata a teoria macroeconômica?

2) Quais são os três níveis de análise existentes na teoria macroeconômica?

3) Qual a contribuição de Keynes para a evolução do pensamento macroeconômico?

4) A macroeconomia e a microeconomia são teorias que não se relacionam?

Testes de Múltipla Escolha

- *Assinale com um X a resposta certa*
- *As respostas podem ser encontradas no final do livro*

1) Qual das seguintes colocações pertence à área de estudo macroeconômico?
   a) Os salários dos professores do ensino médio aumentaram;
   b) O preço dos automóveis diminuiu;
   c) O desemprego no país Alfa aumentou;
   d) A produção total de automóveis no último ano diminuiu;
   e) Nenhuma das alternativas anteriores.

2) A macroeconomia estuda a economia do ponto de vista:
   a) dos mercados individuais;
   b) dos mercados regionais;
   c) das empresas estatais;
   d) dos grandes mercados;
   e) nenhuma das alternativas anteriores.

3) Qual das seguintes variáveis é mais adequadamente descrita como pertencente à macroeconomia e não à microeconomia?
   a) A evolução dos preços no mercado de automóveis;
   b) O nível de vendas no varejo em uma determinada cidade;
   c) O porcentual de desemprego nacional;
   d) A distribuição do emprego entre os vários mercados de trabalho;
   e) Nenhuma das alternativas anteriores.

Capítulo X

NOÇÕES DE CONTABILIDADE NACIONAL

1 INTRODUÇÃO

Apresentaremos, neste capítulo, as Noções de Contabilidade Nacional, pois é a partir da contabilidade das atividades internas e externas que surgem as informações que permitem a formulação e execução da "Política Econômica". Para tanto, iniciaremos o capítulo com a explicação do "Fluxo Circular da Atividade Econômica", que mostra o funcionamento de uma economia simples. O estudo desse fluxo é fundamental para o entendimento dos conceitos de Produto e Renda, básicos não só para a compreensão das relações macroeconômicas, como também para o desenvolvimento da Contabilidade Nacional.

2 FLUXO CIRCULAR DA ATIVIDADE ECONÔMICA: PRODUTO E RENDA

2.1 Introdução

A expressão "Fluxo Circular da Atividade Econômica" pode parecer estranha à primeira vista, mas, na verdade, retrata a maneira pela qual a economia se movimenta como um todo; são aspectos diretamente relacionados ao nosso dia a dia e sobre os quais nunca refletimos, pelo menos até agora.

A economia, nos dias de hoje, se caracteriza por uma quantidade infinita e contínua de transações entre as pessoas, empresas, e entre pessoas e empresas, significando que todas as unidades econômicas transacionam entre si. O Fluxo Circular da Atividade Econômica, apresentado a seguir, mostra de forma simplificada a maneira pela qual indivíduos e empresas interagem na economia, cada qual buscando atingir diferentes objetivos: as empresas procurando maximizar seus lucros e os indivíduos procurando maximizar a satisfação de seus desejos e necessidades.

2.2 Fluxo Básico da Economia

Imaginemos inicialmente uma sociedade bem simples, na qual existam apenas dois setores: indivíduos (famílias) e empresas. As famílias oferecem mão de obra para as empresas, que a utilizam para a produção de bens e serviços, remunerando-os sob a forma de salários; com esses salários elas adquirem bens e serviços das empresas. O fluxo dessas operações é apresentado na Figura 1.

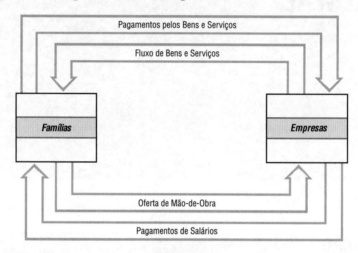

FIGURA 1
Fluxo básico da economia

2.3 Fluxo da Atividade Econômica

Imaginemos agora que as famílias sejam detentoras de outros fatores de produção, além da mão de obra, tais como construções, máquinas e equipamentos, recursos naturais etc., e que esses fatores sejam utilizados, direta ou indiretamente, para a produção de bens e serviços, conforme é mostrado na Figura 2.

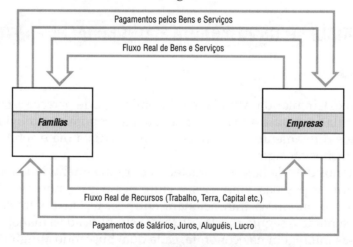

FIGURA 2
Fluxo da atividade econômica

Para que possamos analisar esses fluxos de forma mais precisa, alguns critérios são adotados para se agregar o conjunto de informações geradas nas relações entre indivíduos e empresas.

Como já vimos na primeira parte deste livro, ao conjunto de itens representativos à remuneração dos proprietários de fatores de produção atribuiu-se o nome renda, que é formada por:

- salários: pagamentos feitos aos proprietários do fator trabalho;
- lucros: remuneração dos empresários;
- juros: remuneração do capital; e
- aluguéis: remuneração dos bens imóveis.

Se somarmos a renda auferida por todas as famílias de uma sociedade, em um determinado período, obteremos a **Renda Nacional** relativa a esse período. Isso pode ser observado na parte inferior da Figura 2, em que apresentamos o fluxo de renda (juros, lucros, salários e aluguéis) das empresas para as famílias, fruto do fornecimento dos fatores de produção das famílias para as empresas (capital, terra, mão de obra etc.).

As empresas, utilizando os fatores de produção disponíveis, produzirão bens e serviços que serão oferecidos às famílias. Denomina-se, portanto, *Produto Nacional* ao valor de toda a produção gerada pelas empresas. O fluxo do *Produto Nacional* pode ser observado na parte superior do nosso diagrama.

Se, nessa economia simples, fizermos a suposição de que *toda a renda das famílias é destinada ao consumo*, esse consumo retratará o total das despesas efetuadas pelos indivíduos na aquisição de todos os bens e serviços produzidos pelas empresas. Assim, denominamos *despesa* o pagamento pelos bens e serviços adquiridos pelas famílias às empresas. A soma de todos os pagamentos efetuados dentro de uma economia, em um determinado período de tempo, chama-se *Despesa Nacional*.

Do que foi apresentado até agora, podemos concluir que o valor do *Produto Nacional* é igual ao valor da **Despesa Nacional**, que, por sua vez, é igual à *Renda Nacional*, ou:

$$PN = DN = RN$$

Chamamos a atenção para o fato de que essa é a identidade básica da Contabilidade Nacional.

2.3.1 *Fluxo Real e Fluxo Monetário*

Devemos observar que o Fluxo da Atividade Econômica – ou Fluxo Circular de Renda, como também é conhecido – é composto de outros dois fluxos, bem definidos:

- **Fluxo Real**

As empresas contratam mão de obra, compram matérias-primas e bens de investimentos, e produzem bens que são, posteriormente, vendidos a outras empresas que transformam o produto ainda mais, até que o produto final seja vendido ao consumidor. Durante todas essas posições, há uma constante transferência de bens e serviços entre os agentes econômicos. Por fluxo real entende-se o movimento dos recursos produtivos e bens e serviços entre os diversos agentes econômicos.

- **Fluxo Monetário**

Como contrapartida monetária dos fluxos reais temos os fluxos monetários. Toda vez que um bem ou serviço é transferido de um agente para outro, são efetuados pagamentos em troca deles. O fluxo monetário, consequentemente, gira em direção contrária ao fluxo real.

A Figura 3 retrata o mesmo fluxo de renda visto anteriormente. Entretanto, agora, na parte superior temos o movimento dos recursos produtivos e de bens e serviços que denominamos *Fluxo Real*. O pagamento em moeda pela utilização desses recursos produtivos e pela aquisição dos bens e serviços denomina-se *Fluxo Monetário*, conforme é mostrado na parte inferior da Figura.

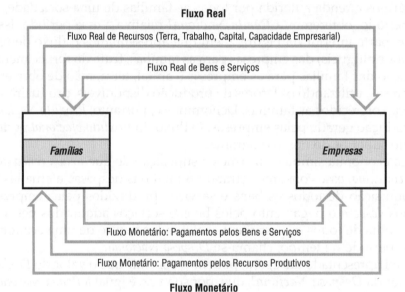

FIGURA 3
Fluxos reais e fluxos monetários

Em síntese, pode-se dizer que a preocupação do estudo macroeconômico é com o que determina a magnitude desses fluxos e por que esses fluxos variam ao longo do tempo.

3 CONTABILIDADE NACIONAL

3.1 A Importância da Contabilidade Nacional

A exemplo do que ocorre com uma empresa, a contabilização das atividades internas e externas de um país, desenvolvidas em um determinado período de tempo, normalmente um ano, é de fundamental importância, porque é a partir dessa contabilidade, denominada *Contabilidade Nacional,* que surgem informações para a formulação e execução da *Política Econômica*. Portanto, estuda-se a Contabilidade Nacional não apenas para medir o desempenho da economia, mas sim porque ela evidencia as relações entre as três variáveis macroeconômicas básicas: produto, renda e despesa.

A Contabilidade Nacional é composta de cinco contas básicas conhecidas:

- *Conta de Produção*, que equivale à identidade entre produto nacional e despesa nacional;
- *Conta de Apropriação*, que mostra como a renda é distribuída entre consumo e poupança;
- *Conta de Capital*, que é equivalente à identidade entre poupança e investimento;
- *Conta Corrente do Governo*, que retrata as receitas e despesas do setor público; e
- *Conta do Resto do Mundo*, que resume as relações econômicas entre o Brasil e o resto do mundo.

Essas contas constituem a medida oficial do fluxo de produto e renda da economia. A Contabilidade Nacional foi realizada pelo Centro de Contas Nacionais do Instituto Brasileiro de Economia da Fundação Getulio Vargas no período de 1947 a 1986, a partir de quando essa responsabilidade passou para a Fundação Instituto Brasileiro de Geografia e Estatística (IBGE).

A grande parte dos agregados econômicos que estudaremos neste livro, tais como consumo e investimento, é definida nessas contas, que fornecem também o referencial para a análise do nível de atividade econômica.

A Contabilidade Nacional é, basicamente, uma metodologia para registrar e quantificar os agregados macroeconômicos de uma forma sistemática e coerente. Esse é o objetivo central da elaboração de um sistema de contas nacionais, que representa e quantifica a economia de um país.

Esse sistema visa reproduzir os fenômenos essenciais do circuito econômico, tais como:

- produção;
- geração de renda;
- consumo;
- financiamento;
- acumulação;
- relações com o resto do mundo.

Outra importante contribuição da Contabilidade Nacional ao progresso do conhecimento econômico relaciona-se com a possibilidade de, através dos dados levantados e por meio de técnicas econométricas, se testar empiricamente os modelos macroeconômicos.

3.2 Algumas Considerações a Respeito da Elaboração da Contabilidade Nacional

Ao elaborar as Contas Nacionais, alguns princípios devem ser observados:

- Procura-se medir tão somente a produção do próprio período. Assim, o valor de transações com bens produzidos em períodos anteriores, por exemplo, automóveis usados, não é computado nas contas nacionais;

- São computadas apenas as transações com bens e serviços finais, ou seja, excluem-se da contabilidade os bens e serviços intermediários;
- As transações referem-se a um fluxo por unidade de tempo, normalmente um ano;
- Os valores das transações financeiras não são considerados nas contas nacionais, uma vez que tais transações são consideradas transferências entre aplicadores e tomadores, não representando, portanto, acréscimos à produção real da economia.

3.3 Produto Nacional Bruto (PNB)

O Produto Nacional Bruto (PNB) é dado pelo valor de mercado de todos os bens e serviços finais produzidos na economia em um dado período de tempo (geralmente um ano). O Produto Nacional Bruto é a medida básica da atividade econômica. Ele inclui itens como roupas, serviços médicos etc.

Por outro lado, o bem-estar geral de uma nação depende, basicamente:

a) da quantidade de recursos disponíveis; e
b) da eficiência na utilização desses recursos na produção de bens e serviços.

Portanto, quanto *maior* a quantidade de recursos disponíveis e a eficiência na sua utilização, *maior* será o Produto Nacional gerado e, consequentemente, *maior* deverá ser o nível de *bem-estar geral da nação*, já que *maior* será o conjunto de opções oferecidas aos consumidores no atendimento de suas necessidades.

Assim, em linhas gerais, o Produto Nacional é um indicador, ainda que discutível, do bem-estar da sociedade. Além disso, o cômputo do PNB é importante porque permite avaliar o desempenho da economia em diferentes períodos.

3.3.1 *Medindo o Produto Total*

Mostramos, até o momento, que o PNB é um conceito importante. Mostramos também que inclui os milhares de bens e serviços produzidos, tais como laranjas, casas, tratores, bebidas etc. Como, então, podemos medi-lo? Ou seja, como podemos somar coisas heterogêneas? O denominador comum usado para tornar possível a soma dos vários bens e serviços produzidos na economia é o preço de cada um deles, expresso em unidades monetárias. O que fazemos, então, é calcular o valor monetário de cada bem para depois somarmos o total desses valores, chegando, dessa forma, ao conceito de *Produto Total* para um determinado ano.

Assim, o valor da produção de automóveis será dado pela quantidade produzida de automóveis multiplicada pelo seu preço. O mesmo raciocínio deve ser estendido aos outros bens.

Exemplificando: suponhamos uma economia bastante simples que produza apenas cinco tipos de bens. O Quadro 1 fornece o tipo de produto, a unidade de medida, a quantidade produzida e o respectivo preço de mercado.

QUADRO 1
Medindo o Produto Nacional Bruto

Bem	Unidade de Medida	Preço ($)	Quantidade
A	Litros	50,00	200
B	Dúzias	10,00	3
C	Galões	30,00	60
D	Quilos	0,50	500
E	Metros	8,00	120

O Produto Nacional Bruto nessa economia hipotética será dado por:

$$PNB = (Pa \times Qa) + (Pb \times Qb) + (Pc \times Qc) + (Pd \times Qd) + (Pe \times Qe)$$

Substituindo as siglas da expressão acima por seus respectivos valores, obtemos:

PNB = ($ 50,00 × 200) + ($ 10,00 × 3) + ($ 30,00 × 60) + ($ 0,50 × 500) + ($ 8,00 × 120)
PNB = $ 10.000,00 + $ 30,00 + $ 1.800,00 + $ 250,00 + $ 960,00
PNB = $ 13.040,00

O cálculo do PNB feito para essa economia simples pode ser utilizado em uma economia mais complexa, incluindo bens, como livros e camisas, e serviços, como transporte ou uma consulta médica, desde que tenham preços e, portanto, possam ser somados, como foi apresentado anteriormente.

3.3.2 O Problema da Dupla Contagem

Ao medirmos a produção de um país, surge um grande problema, que é a possibilidade de se computar mais de uma vez um bem no Produto Nacional, acabando por superestimá-lo. Devemos, portanto, excluir os chamados *bens intermediários*[1] do nosso cálculo, uma vez que já estão incluídos no valor do produto final. Exemplificando: devemos considerar apenas o valor do automóvel como parte do PNB. O valor de todos os componentes utilizados em sua montagem, tais como pneus, aço, vidro produzidos por outras empresas, já está incluído no preço do veículo. Se incluíssemos o valor dos bens intermediários no cômputo do PNB, estaríamos incorrendo no erro da *dupla* (mais precisamente, da múltipla) *contagem*. Existem duas maneiras de evitar o problema da dupla contagem:

---

[1] Entendem-se como bens intermediários os bens que são utilizados na produção de outros bens. Exemplo: o aço e o vidro na indústria automobilística. Entendem-se como bens finais aqueles bens que não necessitam de processamento posterior e que são adquiridos para uso final. Exemplo: um relógio adquirido por um consumidor ou uma máquina industrial adquirida por um empresário.

a) *excluindo os produtos intermediários:* ao calcularmos o *Produto Nacional*, devemos incluir somente os *bens finais* e nunca os produtos intermediários; e

b) *computando somente o valor adicionado:* nesse caso, levamos em consideração os valores adicionados ao produto à medida que ele passa pelos vários estágios do processo produtivo. O Quadro 2 fornece um exemplo de como evitar o problema da dupla contagem utilizando o método do valor adicionado. Para uma empresa, o valor adicionado ao produto consiste no valor de suas vendas menos o valor de suas compras de bens intermediários de outras empresas. Em nosso exemplo, fazemos a suposição de que os produtores de trigo não compram bens intermediários de outras empresas.

QUADRO 2
O método do valor adicionado

Estágios Produção	Receitas de Vendas	−	Compras de Outras Empresas	=	Valor Adicionado
1. Produção de trigo (fazenda)	$ 700		$ 0		$ 700
2. Produção de farinha (moinho)	$ 1.000		$ 700		$ 300
3. Produção de pão (padaria)	$ 1.400		$ 1.000		$ 400
4. VALOR ADICIONADO					$ 1.400

Por esses dados podemos dizer que o fazendeiro vende sua produção de trigo a um moinho por $ 700. O dono do moinho, por sua vez, processa o trigo, transformando-o em farinha, vendendo-a posteriormente a uma padaria por $ 1.000. O padeiro, por sua vez, utiliza-se da farinha para fabricar o pão, vendendo-o aos consumidores por $ 1.400. Vemos que o valor adicionado na produção de trigo é de $ 700; na produção de farinha adicionam-se $ 300 ($ 300 = $ 1.000 − $ 700); na produção de pão, finalmente, adicionam-se $ 400 ($ 400 = $ 1.400 − $ 1.000). A soma dos valores adicionados em cada estágio de produção totaliza $ 1.400 ($ 700 + $ 300 + $ 400), que é igual ao valor do pão, que é o produto final. Esse resultado não é fruto do acaso e origina-se do fato de que os dois métodos evitam a contagem dos bens intermediários.

a) O que Compõe o Valor Adicionado?

Vimos, até agora, que os diversos bens e serviços passam por vários estágios de produção antes de chegar à forma final, agregando valores em cada estágio. E que valores são esses? Esses valores são os pagamentos de renda – salários, juros, aluguéis e lucros – em cada estágio de produção. É o que veremos a seguir, no Quadro 3, que nos fornece os custos relacionados a cada fase da produção de pão.

QUADRO 3
Valores agregados em cada estágio de produção

Estágio	Custo				Valor Final
	Salários ($)	Juros ($)	Aluguéis ($)	Lucros ($)	
Trigo	300,00	100,00	200,00	100,00	700,00
Farinha	125,00	25,00	70,00	80,00	300,00
Pão	150,00	50,00	75,00	125,00	400,00
Total	575,00	175,00	345,00	305,00	1.400,00

Verificamos que o valor de um bem em cada estágio de produção é a soma do valor adicionado (salários + juros + aluguéis + lucros) durante cada estágio. Devemos observar que a inclusão do lucro como um item de custo se deve ao fato de ele ser uma remuneração a um fator de produção (ou seja, é um custo para se produzir um bem). Além disso, ele é um resíduo que se tem após a venda do produto no mercado.

O valor do produto final é, como sabemos, a soma do valor adicionado em cada estágio de produção. Nessas condições, o valor final do pão é de $ 1.400,00 e resulta da soma do valor adicionado no estágio 1, de $ 700,00 ($ 300,00 de salários + $ 100,00 de juros + $ 200,00 de aluguéis + $ 100,00 de lucro), mais o valor adicionado no estágio 2, de $ 300,00 (125,00 de salários + $ 25,00 de juros + $ 70,00 de aluguéis + $ 80,00 de lucros), mais o valor adicionado no estágio 3, de $ 400,00 ($ 150,00 + $ 50,00 + $ 75,00 + 125,00).

Em outras palavras, o valor adicionado a um produto em cada estágio de produção é a soma dos custos dos fatores de produção. O método do valor adicionado é, de fato, a abordagem da renda para medir o PNB.

Daremos a seguir um exemplo demonstrando que as abordagens da despesa e da renda são maneiras diferentes de se medir o valor da produção em uma economia. O Quadro 4 nos mostra uma economia que produz quatro tipos de bens – os bens A, B, C e D – com seus respectivos custos dos fatores de produção, quantidade produzida anualmente e o preço de mercado dos respectivos bens.

QUADRO 4
O PNB pelo lado da despesa e da renda

Bens Finais	Salários	Juros	Aluguéis	Lucro	Renda	Preço de Mercado	Produção Anual	Valor de Mercado
	($)	($)	($)	($)	($)	($/unidade)	(unidades)	($)
A	50,00	3,00	20,00	7,00	80,00	2,00	40	80,00
B	40,00	4,00	18,00	8,00	70,00	3,50	20	70,00
C	60,00	6,00	25,00	11,00	102,00	3,00	34	102,00
D	20,00	2,00	16,00	12,00	50,00	2,00	25	50,00
Total	170,00	15,00	79,00	38,00	302,00			302,00

Devemos observar que o PNB (valor de mercado do produto final), segundo a abordagem da renda, é dado pela soma dos salários (renda do trabalho), juros (renda do capital), dos aluguéis (renda da terra) e lucros (renda do fator capacidade empresarial). A soma dos salários recebidos na produção dos bens A, B, C e D totaliza $ 170,00 (50,00 + 40,00 + 60,00 + 20,00); a soma dos juros, por sua vez, nos dá um total de $ 15,00, enquanto a soma dos aluguéis e do lucro totalizam $ 79,00 e $ 38,00, respectivamente. Se somarmos o total de salários, o total de juros, o total de aluguéis e o total de lucros ($ 170,00 + $ 15,00 + $ 79,00 + $ 38,00), obteremos o valor da renda gerada, que totaliza $ 302,00.

De acordo com a definição dada na Seção 3.3, o PNB é o valor de mercado de bens e serviços finais produzidos na economia em um determinado período de tempo. O valor de mercado de um bem é dado pela quantidade total produzida no período multiplicada pelo preço de mercado desse bem. O valor de mercado do bem A é, então, de $ 80,00 ($ 2,00/unidade × 40 unidades); os valores de mercado dos bens B, C e D são de $ 70,00, $ 102,00 e $ 50,00, respectivamente. O PNB (valor de mercado dos bens finais produzidos nessa economia) é, então, de $ 302,00. Devemos observar que, se fizermos a suposição de que tudo o que é produzido é vendido, chegaremos novamente à identidade básica da macroeconomia:

PNB = Renda Nacional = Despesa Nacional

3.4 O PNB Nominal e o PNB Real

O PNB foi definido anteriormente como o valor de mercado dos bens e serviços finais produzidos na economia, em um determinado período de tempo. Em outras palavras, o PNB é avaliado em termos monetários, levando em conta o preço de cada bem, no período em que esse bem foi produzido. Essa é uma medida satisfatória, se quisermos saber o valor do PNB de um ano qualquer.

Sabemos, porém, que, ano a ano, o produto nacional pode variar ou devido a aumento (diminuição) de preços ou devido a um aumento (diminuição) na quantidade de bens ou devido a ambos. Por essa razão, é importante saber que parte do aumento corresponde à quantidade de bens e serviços produzidos, e que parte do aumento corresponde à variação de preços. Como, então, os economistas resolvem esta questão?

Imaginemos, para exemplificar, que em uma economia hipotética se produzam apenas dois produtos: laranjas e maçãs. Suponhamos também que, para 1999, os dados de produção total dessa economia sejam os seguintes:

QUADRO 5
PNB Nominal de 1999
(*PNB* de 1999 medido a preços de 1999)

	Preço	Quantidade	Produto
Laranjas	$ 0,50	200	$ 100,00
Maçãs	$ 1,50	300	$ 450,00
PNB			$ 550,00

O PNB de 1999 é, portanto, de $ 550,00, e é chamado PNB *Nominal* ou PNB *a Preços Correntes*, porque é medido aos preços do próprio ano em que foi produzido.

Imaginemos agora que, em 2000, essa economia apresente os seguintes dados de produção:

QUADRO 6
PNB Nominal de 2000
(*PNB* de 2000 medido a preços de 2000)

	Preço	Quantidade	Produto
Laranjas	$ 0,75	250	$ 187,50
Maçãs	$ 1,80	330	$ 594,00
PNB			$ 781,50

Temos, então, que o PNB de 2000 é de $ 781,50, e é denominado PNB *Nominal* porque foi medido aos preços de 2000.

De posse dessas informações podemos concluir que o PNB *Nominal* de 2000, de $ 781,50, teve um aumento de 42,09% em relação ao PNB de 1999, de $ 550,00. Entretanto, muito desse aumento resulta da elevação de preços ocorrida de um ano para o outro, não refletindo, portanto, um aumento físico da produção, ou seja, o produto real da economia não aumentou tanto quanto a comparação dos valores nominais desses dois períodos parece indicar.

Como, então, fazem os economistas para resolver esse problema? O caminho que os economistas seguem para contornar esse tipo de problema consiste em tomar os preços de determinado ano (ano-base) e usá-los através das séries de medições do PNB em diferentes anos. Em nosso exemplo, poderíamos usar os preços de 1999 para calcular o PNB de 2000. Assim procedendo, estaríamos eliminando a variação de preços ocorrida de um ano para o outro. Vejamos, então, como fica o nosso exemplo:

QUADRO 7
PNB Real de 2000
(*PNB* de 2000 medido a preços de 1999)

	Preço	Quantidade	Produto
Laranjas	$ 0,50	250	$ 125,00
Maçãs	$ 1,50	330	$ 495,00
PNB			$ 620,00

Assim, quando calculamos o PNB *Real* em 2000, avaliando-o pelos preços de 1999, encontramos um PNB *Real* de $ 620,00, o que indica um aumento de 12,72%, em vez de um aumento de 42,09%. Esse aumento de 12,72% é uma medida melhor do aumento na produção física da economia. Dessa forma, fica solucionado o problema das mudanças irreais no produto total devido a variações do nível de preços.

Na prática, para superar esse problema, os economistas utilizam um índice de preço, o qual nos dá uma estimativa da variação no nível geral de preços da economia. Esse índice terá o valor de 100 em um ano-base, e mostrará a variação geral ocorrida nos preços a partir dessa base 100. Exemplificando: suponhamos que o ano de 1999 tenha sido escolhido como ano-base. Nesse caso, o índice desse ano seria 100. Se, no ano seguinte, o índice fosse de 140, isso significaria que, em média, os preços aumentariam em 40% nesse ano (2000).

Uma vez tendo o índice de preços, podemos utilizá-lo para deflacionar o PNB *Nominal* (ou a preços correntes) e encontrar o PNB *Real* (ou a preços constantes). Para tanto, vamos nos valer dos dados do Quadro 8.

QUADRO 8
Como se calcula o PNB Real (em $ milhões)

Ano	PNB Nominal (preços correntes) Em $ milhões	Índice de Preços	PNB Real (preços constantes – 1990)
1999	206.458,8	100	$\frac{206.458,8}{100} \times 100 = 206.458,8$
2000	274.348,0	117,3	$\frac{274.348,0}{117,3} \times 100 = 233.885,7$
2001	359.856,8	137,7	$\frac{359.856,8}{137,7} \times 100 = 261.333,9$

Observamos que, entre 1999 e 2000, os preços cresceram, em média, 17,3%. Se dividirmos o PNB *Nominal* de 2000 pelo índice de preços (117,3) e multiplicarmos esse resultado por 100 (para compensar o uso das porcentagens), encontraremos o PNB de 2000, medido a preços de 1999.

A conclusão a que se chega é que entre 1999 e 2000 o aumento do PNB *Nominal* foi causado, em grande parte, pelo aumento de preços. Podemos dizer também que, a preços constantes de 1999, o produto nacional aumentou de $ 206.458,8 para $ 233.885,7, aumento este de 13,2%.

Podemos, então, definir o PNB *Nominal* e o PNB *Real*:

- **PNB *Nominal*:** mede o valor da produção aos preços prevalecentes no período durante o qual o bem é produzido.

- **PNB *Real*:** mede o valor da produção em qualquer período aos preços de um ano-base. Ele nos dá uma estimativa da variação real ou física na produção entre anos específicos.

3.5 PNB *Per Capita*

O PNB *per capita* é obtido dividindo-se o PNB pela população:

$$\text{PNB per capita} = \frac{\text{PNB}}{\text{população}}$$

4 O PNB PELA ÓTICA DA DESPESA

O PNB pode ser medido como a despesa total com a produção final da economia. Essa despesa da sociedade com bens e serviços divide-se em: despesa de consumo das famílias (consumo), formação bruta de capital fixo (investimentos), variação de estoque (parte integrante dos investimentos), despesa de consumo da administração pública (gastos governamentais) e exportações líquidas de bens e serviços (exportações menos importações).

4.1 Consumo (C)

As despesas em consumo efetuadas pelas famílias constituem o maior componente da demanda agregada no Brasil. Os gastos em consumo dividem-se em três itens básicos:

- bens duráveis: televisores, geladeiras, automóveis etc.
- bens não duráveis: alimentos, roupas, combustíveis etc.
- serviços: educação, cabeleireiro, assistência médica etc.

4.2 Investimento (I)

O investimento é a despesa em bens que aumenta a capacidade produtiva da economia e, portanto, a oferta de produtos no período seguinte. Ele é um fluxo de capital novo na economia que é acrescentado ao *Estoque de Capital* (que é a quantidade de capital produtivo existente). É também chamado "Taxa de Acumulação de Capital" e "Formação Bruta de Capital".

O investimento inclui as despesas em novas edificações (novas fábricas e instalações) e em novos equipamentos (novos caminhões, novos tornos, novas máquinas, novos instrumentos etc.). O investimento inclui também a variação nos estoques de bens mantidos pelas empresas. Sabemos que os bens produzidos mas não vendidos são classificados como estoques. Por essa razão, aumentos nos estoques representam bens que foram produzidos no período e, por isso, devem ser incluídos no cômputo do Produto Nacional. Assim, quando as empresas acumulam estoques de seus produtos, consideramos esses estoques como bens comprados pelas próprias empresas, o que faz que o produto que assume a forma de estoque seja igual a uma despesa no valor do produto estocado, e que é chamada, como já dissemos, investimentos em estoques.

4.2.1 A Questão da Depreciação

Sabemos que o estoque de capital de uma economia está em constante desgaste, ou seja, as ferramentas, máquinas, edificações e outros instrumentos de produção utilizados durante o ano se depreciam. Por essa razão, parte das despesas de investimento destina-se à substituição do capital desgastado e, por isso, não aumenta o estoque de capital da economia. Devido a isso temos duas definições de investimento:

- *Investimento Bruto (Ib)* que é igual às despesas com novas edificações, novos equipamentos etc., mais a variação de estoques; e
- *Investimento Líquido (Il)*, que é igual ao investimento bruto menos a depreciação.

Assim, temos:

$$Il = Ib - Depreciação$$

Devemos notar, portanto, que é o investimento líquido que aumenta o estoque de capital da economia.

4.3 Gastos Governamentais (G)

As despesas governamentais em bens e serviços também são um importante componente da demanda agregada da economia. São incluídas nesse item despesas com educação, segurança, justiça, construção de estradas, hospitais etc. Devemos observar que por governo entende-se apenas as funções típicas do Estado, tais como administração direta, judiciário, legislativo etc., que dependem de dotação orçamentária. As empresas estatais que produzem e oferecem bens e serviços cobrando uma tarifa ou um preço são tratadas na Contabilidade Nacional como empresas do setor privado.

4.4 Exportações Líquidas *(X – M)*

Podemos, finalmente, introduzir os chamados componentes externos: as exportações *(X)* e as importações *(M)*.

As exportações correspondem à venda de parte da nossa produção para o exterior e que constituem demanda por produção interna. As despesas de importação constituem-se em aquisições de produção realizada em outros países.

5 SÍNTESE DO PRODUTO NACIONAL

A partir de tudo o que foi descrito até aqui, podemos derivar o quadro demonstrativo formal do Produto Nacional, pelo ângulo das despesas:

Produto Nacional
(=)
Gastos Pessoais em Consumo
(+)
Gastos do Governo em Bens e Serviços
(+)
Investimento Privado Nacional
(+)
Exportações de Bens e Serviços
(−)
Importações de Bens e Serviços

Portanto, de forma sintética, podemos escrever que:

Produto Nacional = C + I + G + X − M = Despesa Nacional

5.1 O Produto Nacional Bruto (PNB) e o Produto Nacional Líquido (PNL)

Das nossas definições anteriores sabemos que:

$$Il = Ib - Depreciação$$

Por decorrência, existem duas definições de Produto Nacional:

Produto Nacional Bruto (PNB)
(=)
$C + Ib + G + X - M$
(=)
Despesa Nacional Bruta (DNB)

e

Produto Nacional Líquido (PNL)
(=)
$C + Il + G + X - M$
(=)
Despesa Nacional Líquida (DNL)

Assim, o PNL é o agregado econômico que define o valor dos bens e serviços finais realmente acrescentados à riqueza nacional. Consiste na produção líquida total gerada pela economia de um país no período de um ano. Inclui as despesas de consumo em bens e serviços do setor privado (C), os gastos do governo em bens e serviços (G) e as despesas em investimentos líquidos (IL), excluindo-se os fundos destinados à depreciação.

Para calcular o PNL precisamos conhecer o índice de depreciação dos estoques de bens depreciáveis, como edifícios, maquinarias etc. Dessa forma, podemos chegar ao PNL a partir do próprio PNB, apenas fazendo a depreciação do capital.

5.2 Do Conceito de Produto ao Conceito de Renda

Vimos, até agora, que

$$PNB = RENDA = DESPESA$$

Vamos, agora, introduzir outros conceitos.

Como sabemos, se do PNB tirarmos as reservas para depreciação, obteremos o PNL:

$$PNB - DEPRECIAÇÃO = PNL$$

5.2.1 *PNL a Custo dos Fatores e o Conceito de Renda Nacional*

O PNL avalia os bens a preços de mercado. O preço de mercado inclui impostos indiretos, tais como o IPI (Imposto sobre Produtos Industrializados) e o ICMS (Imposto sobre Circulação de Mercadoria e Serviços).

Se excluirmos do preço de mercado os impostos indiretos e acrescentarmos os subsídios, teremos o valor realmente recebido pelos fatores de produção utilizados, que inclui salários, aluguéis, juros e lucros. Essa renda recebida pelos fatores de produção é que constitui a *Renda Nacional*. Logo,

$$PNL_{CF} = Renda\ Nacional$$

significando que o *Produto Nacional Líquido a Custo dos Fatores* é igual à *Renda Nacional*.

Se da Renda Nacional excluirmos os Lucros Retidos pelas Empresas, os Impostos Diretos pagos pelas Empresas, as Contribuições à Previdência, o FGTS etc., e adicionarmos os Pagamentos de Transferência do Governo (aposentadorias, seguro-desemprego, bolsas de estudo etc.), chegaremos ao conceito de *Renda Pessoal* (RP). Devemos notar que os gastos com transferência representam uma transferência financeira do setor público ao setor privado, não constituindo remuneração ao fator de produção. Por essa razão, não há correspondência com a renda corrente.

Se da *Renda Pessoal* excluirmos os Impostos Diretos Pagos pelos indivíduos (Imposto de Renda etc.), chegaremos ao conceito de *Renda Pessoal Disponível* (RPD).

A Renda Pessoal Disponível (RPD) tem dois destinos: parte vai para Consumo e parte vai para Poupança.

Vamos, agora, mostrar sinteticamente a alocação do PNB da ótica da renda.

QUADRO 9
Alocação do PNB – Ótica da Renda

PNB
menos   Reservas para Depreciação
é igual ao
PNL
menos   Impostos Indiretos das Firmas   mais subsídios
é igual a
Renda Nacional (RN)
menos   Lucros Retidos pelas Firmas
Impostos Diretos pagos pelas Firmas
Contribuições à Previdência
mais   Pagamentos de Transferência
é igual a
Renda Pessoal (RP)
menos   Impostos Diretos
é igual a
Renda Pessoal Disponível (RPD)

5.3 O Produto Interno Bruto (PIB)

Refere-se ao valor agregado de todos os bens e serviços finais produzidos dentro do território econômico do país, independentemente da nacionalidade dos proprietários das unidades produtoras desses bens e serviços. Exclui as transações intermediárias, isto é, ele é medido a preços de mercado.

5.4 A Renda Líquida dos Fatores Externos (RLFE)

A RLFE divide-se em *Renda Enviada ao Exterior* (RE) e *Renda Recebida do Exterior* (RR).

A *Renda Enviada ao Exterior* (RE) é o resultado das transferências de rendas de estrangeiros obtidas no Brasil e enviadas a seus países de origem, sob a forma de remessa de lucros, *royalties*, juros e outras remessas técnicas.

A *Renda Recebida do Exterior* (RR) diz respeito à renda que recebemos devido à produção de nossas empresas no exterior. Assim, temos:

$$RLFE = RR - RE$$

Assim,

$$PNB = PIB + RLFE$$

Dessa forma, se:

$$RR > RE \quad RLFE > 0, \text{ então } PNB > PIB;$$

ou se

$$RR < RE \rightarrow RLFE < 0, \text{ então } PNB < PIB$$

5.5 O PNB e o Bem-estar Nacional

Em linhas gerais, o cômputo do Produto Nacional é importante porque, além de permitir avaliar o desempenho da economia em diferentes períodos, o PNB é um indicador, *ainda que discutível*, do bem-estar da sociedade. Isso significa dizer que ele deve ser olhado com certa reserva quando utilizado para se fazer análises a respeito do crescimento econômico, desenvolvimento econômico e evolução no *bem-estar* nacional. Isso porque, embora esteja fortemente relacionado, o PNB não deve ser confundido com o *bem-estar* nacional, devido a algumas limitações, tais como:

a) O PNB ignora no seu cômputo muitas transações não monetárias. Exemplo: trabalho da esposa em casa; se fosse contratada uma empregada para fazer o mesmo serviço, essa prestação de serviço seria computada no PNB.

b) O PNB não registra a economia informal.

c) O PNB não considera os custos sociais derivados da produção, tais como a poluição, a destruição do meio ambiente etc.

d) O cômputo do PNB desconsidera a diferença na distribuição de renda entre os vários grupos da sociedade.

6 ALGUMAS IDENTIDADES IMPORTANTES

6.1 Uma Economia Fechada (Sem Relações com o Exterior) e Sem Governo

No modelo do fluxo circular da renda apresentado no início deste capítulo, não incluímos nem a poupança nem o investimento, significando que a economia só produzia bens de consumo, e que toda a renda privada era gasta em bens e serviços de consumo.

Vamos agora abandonar essa hipótese simplificada e introduzir a poupança e o investimento no circuito. *Entendemos por poupança aquela parcela da renda que não é gasta em bens de consumo, e por investimento a poupança utilizada na aquisição de bens de capital e estoques de produtos acabados.*

Isso torna o nosso modelo de fluxo circular um pouco mais realista, apesar de estarmos trabalhando com uma economia ainda bastante simples, que não possua governo nem mantenha relações comerciais com outras economias.

Assim, do ponto de vista da *Renda Nacional* (RN), temos que toda a renda gerada poderá ter apenas duas destinações: o consumo (C) e a poupança (S), ou seja:

$$RN = C + S \qquad (1)$$

Pelo lado do produto, as empresas podem, por exemplo, ter reservado uma parte de sua produção para investimento, financiando a aquisição de bens de capital com as poupanças das famílias.

Nessas condições, tudo o que é produzido, o *Produto Nacional* (PN), somente pode ter dois destinos: consumo (C) e investimento (I). Assim, temos:

$$PN = C + I \qquad (2)$$

Conforme visto anteriormente, o *Produto Nacional* é igual à *Renda Nacional*. Assim podemos combinar (1) e (2), de tal forma que:

$$RN = PN \tag{3}$$

então,

$$C + S = C + I \tag{4}$$

logo,

$$S = I \tag{5}$$

Isso significa que a poupança e o investimento nessa economia são iguais. Em outras palavras, o excesso de renda sobre o consumo (poupança) inevitavelmente será canalizado para o investimento.

Inicialmente, pode parecer coincidência essa igualdade entre a poupança e o investimento, uma vez que as razões que levam uma pessoa a poupar são diferentes das razões que levam as empresas a investir. Normalmente o ato de investir está associado a questões, entre outras, de rentabilidade e risco, ao passo que o ato de poupar está associado a segurança, precaução, risco, avareza etc.

Entretanto, em termos contábeis, essa igualdade sempre vai ocorrer, devido à própria definição de investimento, que inclui não só aquela parte da produção não consumida e que é utilizada para a produção de outros bens no futuro, mas também aquela parcela da produção não consumida que é estocada.

Para exemplificar, vamos imaginar uma economia cuja *Renda Nacional* (que é igual ao *Produto Nacional*) seja de $ 500. Suponhamos, então, que os indivíduos gastem $ 300 em bens de consumo (C = $ 300) e poupem $ 200 (S = $ 200). Suponhamos, ainda, que as empresas desejam investir apenas $ 100. Nessas condições, a poupança não é igual ao investimento no sentido de formação de capital. Entretanto, a poupança será igual ao investimento (formação de capital) mais a variação de estoques, que também é investimento. Vejamos como isso ocorre: de um produto no valor de $ 500, $ 100 são despesas de investimento realizadas pelas empresas. Sobram, então, $ 400 em bens que as empresas desejam vender às famílias. Os consumidores, entretanto, desejam gastar apenas $ 300 em bens de consumo, poupando os $ 200 restantes. Por essa razão, as empresas não venderão tudo o que desejam, estocando então mercadorias no valor de $ 100. Dizemos que houve um investimento não planejado (uma variação de estoques) no valor de $ 100. Assim,

$$S = I$$

em que a poupança é igual a $ 200 e o investimento realizado é de $ 200 também, sendo composto por $ 100 de formação de capital e $ 100 de variação de estoques. Dizemos que o investimento planejado pelas empresas, no valor de $ 100, difere do investimento realizado, no valor de $ 200.

6.2 Uma Economia Fechada com Governo

Consideremos agora uma economia um pouco mais sofisticada, introduzindo o governo; mas, a exemplo do caso anterior, ela continua não possuindo relações comerciais com outras economias.

O governo, então, também realiza despesas de consumo e de investimento, as quais denominaremos Gastos do Governo (G). Assim, temos:

$$PN = C + I + G \qquad (6)$$

ou seja, tudo o que é produzido pela economia destina-se ao consumo das unidades familiares e investimento das empresas, bem como para o consumo e investimento do governo. O governo, por sua vez, para poder realizar suas despesas de consumo e investimento, necessita de receita que, via de regra, é obtida mediante os impostos (T) pagos pela sociedade. Matematicamente, temos:

$$RN = C + S + T \qquad (7)$$

que nos mostra que a renda nacional é destinada ao consumo, à poupança e aos impostos pagos para o governo. Dessa forma, temos:

$$RN - T = C + S \qquad (8)$$

sendo (RN – T) definida como a renda disponível do setor privado.

Combinando (6) e (7), temos uma identidade que é equivalente à equação (4) para uma economia com governo:

$$C + I + G = C + S + T \qquad (9)$$

da qual resulta que:

$$I + G = S + T \qquad (10)$$

ou, ainda:

$$G - T = S - I \qquad (11)$$

Essa identidade pode ser assim interpretada: o excesso das despesas do governo (G) sobre a receita de impostos (T), isto é, o déficit do orçamento do governo, é contabilmente idêntico ao excesso de poupança (S) sobre o investimento privado (I).

A identidade (11) mostra ainda que, em uma economia fechada, qualquer desequilíbrio no orçamento do governo vai repercutir sobre o setor privado da economia.

6.3 Uma Economia Aberta

Consideremos agora o caso de uma economia aberta, isto é, de uma economia que, além dos setores privado e público, possua também o setor externo, ou seja, mantenha relações comerciais com outros países.

Normalmente, em uma economia aberta, a produção é destinada ao consumo e o excedente é destinado à Exportação (X). Entenda-se também por excedente a produção de determinados bens que não se destinam apenas ao mercado consumidor doméstico (dentro do país). Existem produtores, especialmente os do setor agrícola, como no caso brasileiro, que destinam parte significativa de sua produção ao mercado externo, levando-se em conta que os países que compram esses produtos não possuem o clima adequado para o plantio de determinadas culturas; é o caso do café, do cacau e da laranja. Existem ainda, no caso do Brasil, produtos industrializados como o calçado e a carne processada, por exemplo, que possuem ampla penetração no mercado internacional e que são, por essa razão, exportados. Assim, temos que o produto nacional, ou tudo o que é produzido dentro de um país, é destinado ao Consumo (C), Investimento (I), Governo (G) e também para a Exportação (X).

Dessa forma podemos reformular a identidade do produto e despesa escrevendo:

$$PN = C + I + G + X \tag{12}$$

Por outro lado, sabemos que nenhum país é autossuficiente em produtos e recursos naturais. Para poder atender à demanda interna, ou seja, às necessidades do consumidor, alguns produtos são importados (M), como é o caso do trigo. Nesse sentido, parte da renda nacional é destinada à aquisição não apenas do trigo, como também de outros produtos, o que nos permite escrever a seguinte identidade:

$$RN - T = C + S + M \tag{13}$$

ou,

$$RN = C + S + T + M \tag{14}$$

A combinação das identidades (12) e (14) nos leva a:

$$C + I + G + X = C + S + T + M \tag{15}$$

ou, então,

$$I + G + X = S + T + M \tag{16}$$

e, finalmente,

$$(G - T) = (S - I) + (M - X) \tag{17}$$

A identidade (17) nos mostra um importante aspecto: o déficit do governo $(G - T)$ pode ser financiado pela poupança líquida interna $(S - I)$ ou pela poupança líquida externa $(M - X)$.

Exercícios

Questões

As respostas podem ser encontradas no final do livro.

1) O que o Fluxo Circular da Atividade Econômica mostra?

2) Suponha uma economia bastante simples que produza apenas seis tipos de bens. O quadro a seguir fornece o tipo de produto, a unidade de medida, a quantidade produzida e o preço de mercado desses bens, para o ano de 2000. Com base nesses dados, calcule o PNB de 2000 para essa economia.

Quadro E-1

Bem	Unidade de Medida	Preço ($/unidade)	Quantidade
Camisas	Unidade	40,00	50.000
Cerveja	Garrafa	2,00	40.000
Serviços médicos	Hora trabalhada	50,00	100.000
Laranjas	Dúzia	1,00	20.000
Casas	Unidade	50.000,00	10
Batatas	Quilo	1,00	40.000

3) Complete o quadro e encontre o valor da produção se a produção anual consiste dos bens finais nele especificados.

Quadro E-2

Bens Finais	Salários ($)	Juros ($)	Aluguéis ($)	Lucro ($)	Preço de Mercado ($/unidade)	Produção Anual (unidades)	Despesas ($)
A	60,00	6,00	30,00		2,20	50	
B	30,00	4,00	20,00		3,10	20	
C	40,00	5,00	25,00		2,70	30	
D	20,00	1,00	17,00		2,00	25	

Por que as abordagens da renda e da despesa são maneiras diferentes de se medir o valor da produção de uma economia?

4) Qual dos seguintes bens pode ser considerado um bem ou serviço final, e quais podem ser considerados bens e serviços intermediários?
   a) um corte de cabelo;
   b) um vidro utilizado na produção de um automóvel;
   c) um automóvel novo;
   d) a farinha utilizada em uma padaria para a produção de pães.

5) Suponha uma economia cujo PNB de 2000 tenha sido de $ 120 bilhões. Desse valor, $ 15 bilhões são gastos governamentais (G), $ 18 bilhões são despesas de investimento (I) e $ 10 bilhões dizem respeito às exportações líquidas ($X - M$). Pergunta-se:
   a) Qual o valor das despesas de consumo (C) dessa economia?
   b) Supondo-se que a depreciação seja de $ 8 bilhões, qual o valor do PNL dessa economia?

Testes de Múltipla Escolha

- *Assinale com um X a resposta certa*
- *As respostas podem ser encontradas no final do livro*

1) Pela ótica da despesa, o Produto Nacional Líquido inclui:
   a) os aluguéis;
   b) a depreciação;
   c) os lucros;
   d) os juros;
   e) nenhuma das alternativas anteriores.

2) O Produto Nacional Bruto é:
   a) o valor de mercado de todos os bens e serviços finais negociados em uma economia em um determinado período de tempo (geralmente um ano);
   b) o valor de mercado de todos os bens e serviços finais produzidos em uma economia em um determinado período de tempo (geralmente um ano);
   c) o valor de mercado de todos os bens e serviços produzidos em uma economia em um determinado período de tempo (geralmente um ano);
   d) o valor de mercado de todos os bens e serviços transacionados em uma economia, em um determinado período de tempo (geralmente um ano);
   e) nenhuma das alternativas anteriores.

3) A Renda Nacional é dada por:
   a) Produto Nacional Bruto menos a depreciação;
   b) Renda Pessoal menos impostos pessoais;
   c) Produto Nacional Líquido menos impostos indiretos, mais subsídios;
   d) Consumo mais Investimento mais Gastos Governamentais menos Exportações Líquidas;
   e) nenhuma das alternativas anteriores.

4) O Produto Nacional Líquido é o PNB:
   a) menos impostos indiretos;
   b) mais impostos indiretos;
   c) mais a depreciação;
   d) mais impostos pessoais;
   e) nenhuma das alternativas anteriores.

5) Suponha que o PNB *Nominal* seja de $ 6.500 bilhões em 1999 e de $ 8.000 bilhões em 2000. Se o índice de preços foi de 115 (sendo o ano de 1999 base 100), então PNB *Real* do ano 2000 é igual a:
   a) $ 8.000;
   b) $ 6.800;
   c) $ 6.956;
   d) $ 7.475;
   e) nenhuma das alternativas anteriores.

Capítulo XI

TEORIA DA DETERMINAÇÃO DA RENDA

1 INTRODUÇÃO

Vimos no Capítulo IX que na década de 1930 a economia mundial atravessava uma crise econômica sem precedentes, que ficou conhecida como a Grande Depressão e foi o maior choque econômico dos tempos modernos.

A situação das principais economias capitalistas existentes à época era crítica: a produção industrial contraiu-se. As nações industrializadas assistiram a uma deflação nunca vista antes e o desemprego também atingiu níveis elevados.

Antes da Grande Depressão, o grupo de economistas conhecidos como *economistas clássicos* acreditava que as economias de mercado se autorregulavam. Isso significa que, sem a necessidade de interferência governamental, as economias de mercado conseguiam utilizar eficientemente os recursos disponíveis, de forma a promover automaticamente o nível de pleno emprego.

O pensamento clássico foi aceito até a Grande Depressão de 1930. A partir daí, passa a surgir uma grande insatisfação com os pressupostos da teoria clássica, ou seja, de que havia uma tendência automática ao pleno emprego, com inexistência de desemprego e de capacidade ociosa. De fato, a teoria clássica já não podia explicar ou oferecer caminhos para sair da continuada depressão.

Foi nesse ambiente que surgiu a obra de Keynes, *A teoria geral do emprego, do juro e da moeda*, publicada em 1936, e que revolucionou o pensamento econômico da época.

Keynes sustentava que uma economia poderia atingir o equilíbrio, mesmo apresentando significativos níveis de desemprego de trabalhadores e de outros fatores de produção. Sustentava, também, que seria necessária a intervenção do governo no sentido de regular a atividade econômica e levar a economia para o pleno emprego.

Neste capítulo, discutiremos uma formulação simples das ideias de Keynes, denominada *Teoria da Determinação do Equilíbrio da Renda Nacional* ou modelo keynesiano básico. Discutiremos especificamente o lado real da economia, ficando o lado monetário para ser analisado no próximo capítulo.

2 OFERTA AGREGADA, DESEMPREGO E NÍVEL GERAL DE PREÇOS

Define-se a oferta agregada (*OA*) de bens e serviços como o valor total da produção de uma economia colocada à disposição da coletividade em um determinado período de tempo.

Temos, então:

$$OA = \text{Renda Nacional} = \text{Produto Nacional}$$

As empresas, responsáveis pela produção da economia (*OA*), respondem aos acréscimos de demanda de três maneiras:

- aumentando a produção física, sem elevar os preços;
- aumentando a produção e elevando os preços; e
- apenas elevando os preços.

O primeiro caso corresponde a uma situação de desemprego de fatores de produção (mão de obra desempregada, capacidade ociosa). Nessas condições, a produção pode aumentar sem que os níveis de preço da economia variem. Essa situação condiz com aquela encontrada no modelo keynesiano, que supõe que a economia esteja em equilíbrio e com desemprego, produzindo abaixo de seu potencial, com as empresas operando com capacidade ociosa.

O segundo caso diz respeito a uma situação intermediária, em que alguns setores da economia se encontram em pleno emprego e outros não. Assim, na medida em que aumentos da demanda são registrados e se aproxima a fase da plena utilização da mão de obra e de outros fatores produtivos, a produção se expande menos rapidamente e surgem pressões para aumentos de preços na economia.

O terceiro caso corresponde a uma situação de pleno emprego dos fatores de produção, de forma que a produção não cresce mais em resposta a aumentos da demanda. Nesse caso, apenas o nível geral de preços da economia tenderá a subir.

Para simplificar a análise, ficaremos com os casos extremos, ilustrados na Figura 1.

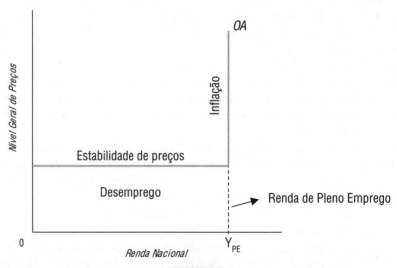

FIGURA 1
Oferta agregada, desemprego e nível geral de preços

O eixo vertical nos mostra o nível geral de preços, enquanto o eixo horizontal mede a Renda Nacional (Oferta Agregada) da economia. A renda de pleno emprego é dada por Y_{PE}. Qualquer renda à esquerda de Y_{PE} equivale a uma situação de desemprego na economia. Nesse intervalo, da origem até Y_{PE}, apenas o produto real varia, ao passo que o nível de preços permanece constante. A curva de oferta agregada é, então, infinitamente elástica em relação a preços, ou seja, ela é horizontal.

A partir de Y_{PE}, aumentos da demanda agregada somente provocarão acréscimos de preços, com aumentos na renda nominal, enquanto a renda real permanece constante. A curva de oferta agregada passa, então, a ser vertical, indicando que a economia está, de fato, operando a pleno emprego. Essa é a curva de oferta agregada do modelo clássico.

Devemos observar que esse é um modelo de curto prazo. Por essa razão faremos as seguintes hipóteses:

- desemprego de recursos: o desemprego a que nos referimos, nesse segmento, é o desemprego keynesiano (ou conjuntural). Ele ocorre quando a demanda agregada é insuficiente para absorver a produção agregada de pleno emprego;
- a tecnologia permanecerá constante;
- o estoque de capital permanecerá constante;
- o estoque de mão de obra permanecerá constante;
- o nível de utilização de mão de obra e de capital poderá variar.

Essas hipóteses garantem que a curva de oferta agregada seja fixa, isto é, a curva não se desloca. O que vai variar será o volume de produção (o nível de renda), que se ajustará às expansões e contrações da demanda agregada da economia. Isso destaca o papel da demanda agregada dentro da teoria keynesiana. Em curto prazo, para sair do desemprego, a política econômica deverá elevar a Demanda Agregada da Economia.

3 A DEMANDA AGREGADA

O nível de equilíbrio da renda nacional é aquele em que a *Oferta Agregada* (*OA*) se iguala à *Demanda Agregada* (*DA*) da economia.

A Demanda Agregada da economia é composta pela demanda de bens de consumo pelas famílias (*C*), pela demanda de investimentos por parte das empresas (*I*), pela demanda do governo por bens e serviços (*G*) e pela demanda líquida do setor externo, ou seja, as exportações menos as importações (*X* − *M*). Nossa atenção, neste capítulo, estará voltada ao estudo de uma economia fechada (sem setor externo). A demanda líquida do setor externo será introduzida no Capítulo XIV, "Relações Internacionais". Nessas condições, a demanda agregada será dada por:

$$DA = C + I + G$$

Iremos, então, determinar a renda nacional de equilíbrio, introduzindo gradativamente esses elementos.

4 O CONSUMO

4.1 O Consumo e a Poupança de uma Família

Neste segmento, vamos analisar de que forma se comportam as despesas de consumo em uma economia. Para tanto, vamos nos valer do exemplo de uma família típica cujo padrão de comportamento pode ser generalizado para o restante da economia.

Quais são, então, os fatores que determinam a "Demanda de Consumo", ou seja, as despesas pessoais em bens e serviços de uma família?

Respondendo a essa questão, pode-se dizer que a renda é, geralmente, o fator mais importante na determinação das despesas de consumo de uma família.

Outros elementos que podem influenciar as despesas de consumo são o tamanho da família e a idade de seus componentes, o estoque de riqueza ou patrimônio, a taxa de juros de mercado, a disponibilidade de crédito, as rendas passadas e as expectativas com relação a rendas futuras.

Considera-se, entretanto, a renda atual (ou corrente) como o elemento mais importante na determinação das despesas de consumo.

O Quadro 1 nos mostra a relação entre a renda de uma família e seus gastos (dados hipotéticos).

QUADRO 1
Dados de consumo e poupança de uma família

(1) Renda Y ($)	(2) Consumo C ($)	(3) Poupança (1) − (2) S ($)	(4) Propensão Marginal a Consumir $\frac{\Delta C}{\Delta Y}$	(5) Propensão Marginal a Poupar $\frac{\Delta S}{\Delta Y}$	(6) Propensão Média a Consumir PMC (2)/(1)	(7) Propensão Média a Poupar PMS (3)/(1)
4.000	4.600	−600	0,70	0,30	1,15	−0,15
5.000	5.300	−300	0,70	0,30	1,06	−0,06
6.000	6.000	0	0,70	0,30	1,00	0,00
7.000	6.700	300	0,70	0,30	0,96	0,04
8.000	7.400	600	0,70	0,30	0,93	0,07
9.000	8.100	900	0,70	0,30	0,90	0,10
10.000	8.800	1.200	0,70	0,30	0,88	0,12
11.000	9.500	1.500	0,70	0,30	0,86	0,14

A coluna (1) nos mostra os vários níveis de renda (Y). A coluna (2) nos fornece o total de gastos para cada nível de renda. A diferença entre a renda e o consumo é a poupança (S), mostrada na coluna (3).

Devemos observar que, à medida que a renda aumenta, as despesas em bens de consumo aumentam.

E isso não é tudo: à medida que a renda cresce, a poupança também aumenta.

Para exemplificar, tomemos o nível de renda (Y) de $ 8.000 (Quadro 1). De acordo com nossos dados, as despesas de consumo (C) dessa família totalizam $ 7.400, quando a renda (Y) dessa família é de $ 8.000. A poupança (S), que é o montante que sobra depois de efetuadas todas a despesas da família, é, nesse caso, de $ 600, e resulta da diferença da renda menos o consumo ($ 8.000 − $ 7.400 = $ 600). De maneira mais formal, podemos dizer que:

$$Y - C = S$$

Exemplificando ainda mais, se a renda (Y) aumentar para $ 9.000, ainda de acordo com nossos dados, as despesas de consumo (C) aumentarão para $ 8.100, ao passo que a poupança (S) aumentará para $ 900.

Devemos chamar a atenção para o fato de que existem níveis de renda em que as despesas de consumo são mais elevadas que a própria renda, acabando por gerar uma *poupança negativa*, ou *despoupança*.

Por exemplo, tomemos o nível de renda de $ 4.000 (Quadro 1). As despesas de consumo, a esse nível de renda, totalizam $ 4.600. Isso significa que está havendo uma *poupança negativa*, ou *despoupança* de $ 600. Como, então, explicar que a família está gastando mais do que ganha? A explicação para esse fato decorre da possibilidade de essa família estar fazendo uso de poupanças acumuladas em períodos anteriores, ou tomando empréstimos, o que tornaria plausível esse fenômeno.

Observemos a Figura 2. Nela, o eixo vertical mede a despesa, enquanto o eixo horizontal mede o nível de renda da economia. A reta de 45° divide o quadrante em duas partes iguais, ficando, portanto, equidistante dos dois eixos. Em qualquer ponto dessa reta a renda é igual às despesas de consumo. Essa reta será um referencial muito importante em nosso estudo.

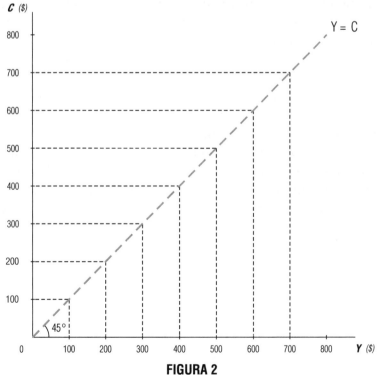

FIGURA 2
Reta referencial em que Y = C

Vamos, agora, representar graficamente os dados de consumo e poupança, com o auxílio da Figura 3.

Na Parte 1 da Figura 3, as despesas de consumo são medidas no eixo vertical, e a renda no eixo horizontal. Devemos observar, ainda, que ambas estão na mesma escala. Como dissemos anteriormente, a reta de 45° divide o quadrante em duas partes iguais. Assim, ao longo dessa linha, o consumo é sempre igual à renda.

A curva de consumo C é a representação gráfica dos dados da coluna (1) e (2) do Quadro 1.

Assim, o nível de renda de $ 4.000 e o consumo correspondente de $ 4.600 nos dão o ponto A na curva de consumo, indicando que a família gasta mais do que dispõe; o nível de renda de $ 5.000 nos dá um consumo de $ 5.300 (ponto B na curva de consumo), indicando que a família ainda está despoupando.

O nível de renda de $ 6.000 nos dá uma despesa de consumo de $ 6.000 (ponto C na curva de consumo). Devemos observar que até esse ponto a poupança era negativa. Nesse ponto teremos a intersecção da curva de consumo com a reta de 45°, indicando que esse é o "ponto de equilíbrio" da família, uma vez que nesse ponto o consumo é igual à renda. Exatamente nesse nível, a família consegue se manter sem recorrer a empréstimos, mas também sem poupar.

Ao nível de renda de $ 7.000 (ponto D na curva de consumo), temos despesas de consumo de $ 6.700, ou seja, uma poupança de $ 300. Devemos observar que, à direita do ponto de equilíbrio, a distância vertical entre a linha de consumo e a reta diretriz nos dá o valor da poupança.

Quanto à poupança, sabemos que ela é obtida pela diferença entre a renda e o consumo ($S = Y - C$). Dessa forma, se o consumo depende da renda, a poupança também. O gráfico da poupança é mostrado na Parte 2 da Figura 3. Para fazê-lo, colocamos o valor da poupança no eixo vertical e a renda disponível no eixo horizontal.

O ponto A' corresponde ao nível de renda de $ 4.000 e despoupança de $ 600; o ponto B' corresponde ao nível de renda de $ 5.000 e uma despoupança de $ 300.

Já o ponto C' corresponde ao nível de renda de $ 6.000 e poupança zero. Devemos reparar que a curva da poupança intercepta o eixo da renda exatamente nesse ponto. A partir daí, se a renda crescer, a poupança vai se tornar positiva (a curva ficará acima do eixo da renda). Por exemplo, ao nível de renda de $ 7.000 teremos uma poupança de $ 300 (ponto D' na curva de poupança), ao nível de $ 8.000 teremos uma poupança de $ 600 (ponto E' na curva de poupança) e assim por diante.

Capítulo XI Teoria da Determinação da Renda 399

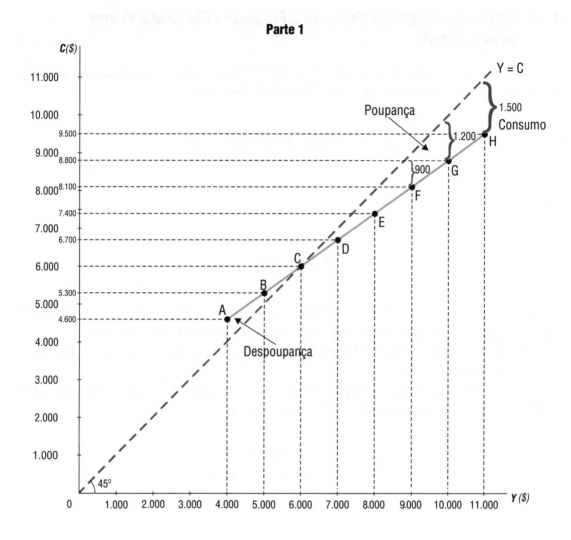

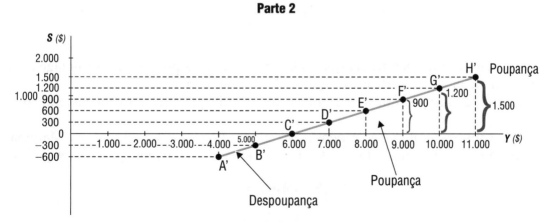

FIGURA 3
Representação gráfica do consumo e da poupança

4.1.1 *Propensão Marginal a Consumir e Propensão Marginal a Poupar de uma Família*

A Propensão Marginal a Consumir (*PMgC*) é definida como a variação no consumo resultante da variação na renda. A sua fórmula é dada por:

$$PMgC = \frac{\text{Variação no Consumo}}{\text{Variação na Renda}}$$

ou

$$PMgC = \frac{\Delta C}{\Delta Y}$$

Ela nos mostra a tendência que cada família tem de gastar em bens de consumo "a porcentagem de cada unidade monetária adicional" que se dê em sua renda.

Assim, se a *PMgC* for de 0,70, significa que 70% de qualquer aumento na renda será gasto em bens de consumo.

A Propensão Marginal a Poupar, por sua vez, é a variação na poupança decorrente da variação na renda. A sua fórmula é dada por:

$$PMgS = \frac{\text{Variação na Poupança}}{\text{Variação na Renda}}$$

ou

$$PMgS = \frac{\Delta S}{\Delta Y}$$

Ela nos mostra a tendência que cada família tem de poupar "a porcentagem de cada unidade monetária adicional" que se dê em sua renda.

Assim, se a *PMgS* for de 0,30, significa que 30% de qualquer aumento na renda será poupado.

Devemos observar que a Propensão Marginal a Poupar mais a Propensão Marginal a Consumir devem totalizar 1 (ou 100%) para cada variação na renda; senão, vejamos:

$$PMgS + PMgC = 1,$$

ou

$$0,30 + 0,70 = 1,00$$

4.1.2 Propensão Média a Consumir e Propensão Média a Poupar de uma Família

A Propensão Média a Consumir, por sua vez, nos dá a proporção de cada nível de renda que a família gastará em bens de consumo, ou seja, ela é a relação entre consumo e renda:

$$PMC = \frac{Consumo}{Renda}$$

ou

$$PMC = \frac{C}{Y}$$

Devemos atentar para o fato de que, à medida que a renda aumenta, a média de gastos em bens de consumo diminui.

A Propensão Média a Poupar, por sua vez, nos dá a proporção de cada nível de renda que a família poupará, ou seja, ela é a relação entre poupança e renda:

$$PMS = \frac{Poupança}{Renda}$$

ou

$$PMS = \frac{S}{Y}$$

De acordo com os dados do Quadro 1, para um nível de renda de $ 9.000, a família gastará 90% ($ 8.100,00) e poupará 10% ($ 900,00).

4.2 A Função Consumo da Economia

Sabemos que a renda é o fator que, tomado isoladamente, mais influencia na determinação do consumo em uma economia. Podemos, então, introduzir a função consumo que descreve a demanda total de consumo de todas as famílias da economia, mostrando que as *despesas de consumo dependem da renda disponível dessas famílias, variando diretamente com a mesma.* Algebricamente podemos exprimir a função consumo da seguinte forma:

$$C = f(Y)$$

na qual a renda (Y) é a variável independente, e o consumo (C), a variável dependente.

A função consumo trata, portanto, da relação entre o consumo e a renda. Tal como a curva da demanda, que estudamos em microeconomia, que mostra a quantidade de um bem que os indivíduos estão dispostos a comprar a cada nível de preço, a *função consumo nos mostra o nível de despesas que os consumidores estão dispostos a incorrer em bens e serviços, em todos os níveis de renda possíveis.*

O termo, função consumo, foi criado por Keynes em sua obra *A teoria geral do emprego, do juro e da moeda* para designar a parte da renda que é despendida em consumo. A função consumo baseia-se na "Lei Psicológica Fundamental" e diz o seguinte: "Os homens estão dispostos, quase sempre e em média, a aumentar seu consumo à medida que a sua renda aumenta, mas não pela quantia do aumento em sua renda".

Supondo, então, que as despesas de consumo dependem basicamente da renda, podemos definir a função consumo utilizando uma função linear:

$$C = C_0 + bY$$

na qual, matematicamente, temos:

C_0: intercepto da função consumo; e

b: inclinação da função consumo.

Economicamente, essa função é interpretada da seguinte forma:

C_0: o nível mínimo de consumo dos indivíduos, em nível de subsistência, mesmo que a renda seja zero; e

b: é a Propensão Marginal a Consumir, ou *PMgC*, da Economia.

Duas condições básicas devem ser levadas em conta para a análise da função apresentada:

que $C_0 > 0$; e

que $0 < b < 1$.

Na Figura 4, a função consumo é representada pela curva C.

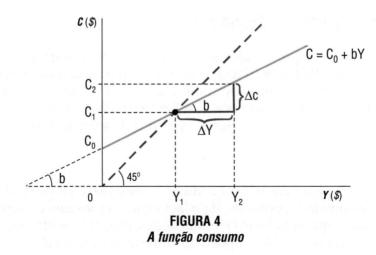

FIGURA 4
A função consumo

Nesse gráfico podemos verificar que, se a renda for Y_1, os consumidores estarão dispostos a gastar C_1; observemos, entretanto, que nessa condição a função consumo intercepta a reta de 45°. Isso significa que toda a renda do indivíduo é utilizada para consumo. Assim, se o nível de renda estiver abaixo de Y_1, o nível de consumo do indivíduo será superior à sua renda, ao passo que se a renda for superior a Y_1, o nível de consumo total será inferior à renda. Por outro lado, se a renda for nula, o dispêndio dos indivíduos será C_0 – com renda zero, eles recorrerão a poupanças anteriores, tomarão empréstimos, venderão propriedades etc., a fim de comprar bens de consumo.

Percebe-se também, pela Figura 4, que *b* é o coeficiente angular ou a inclinação da função consumo.

Para que possamos determinar o valor de *b*, devemos calcular:

$$\frac{C_2 - C_1}{Y_2 - Y_1} = \frac{\Delta C}{\Delta Y} = b = PMgC$$

Essa relação nos mostra o acréscimo que ocorrerá no consumo (ΔC), caso a renda sofra uma variação (ΔY). Em outras palavras, a Propensão Marginal a Consumir – *PMgC* – nos indica a porcentagem de cada unidade monetária *adicional* de renda disponível que seria gasta em bens de consumo. Keynes assim a definiu, pois observou que quando os indivíduos recebem uma renda adicional ΔY, tendem a gastar uma proporção *b* desse acréscimo, adquirindo bens de consumo, e a poupar a proporção restante, que será então de $(1 - b)$.

Devemos, novamente, observar que

$$0 < b < 1,$$

isto é, a propensão marginal a consumir é um número positivo, porém menor do que a unidade.

Para que fique realmente claro que, dada uma variação na renda, a variação nos gastos em bens de consumo depende fundamentalmente da inclinação da função consumo, ou da *PMgC*, vamos fazer uma comparação gráfica entre as funções consumo de duas economias diferentes, funções estas também com inclinações diferentes. Faremos a suposição de que houve um acréscimo na renda, de ΔY, e que este foi igual nas duas economias. Tentaremos, então, analisar como se comportam os gastos em bens de consumo em ambos os casos. A análise é feita tomando-se por base a Figura 5.

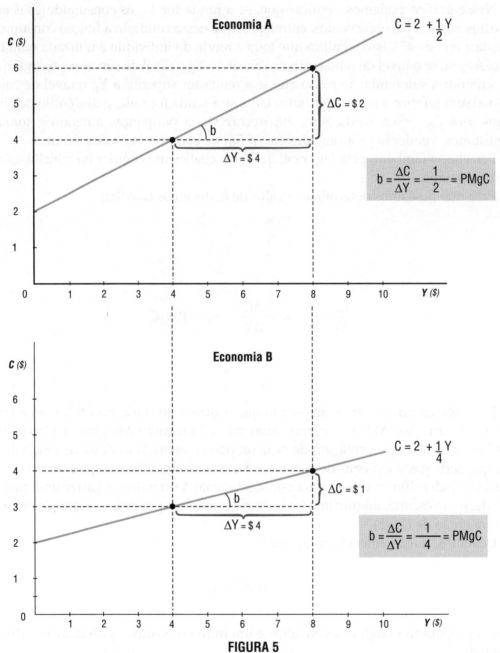

FIGURA 5
A inclinação da função consumo e a variação dos gastos em bens de consumo

Temos, então:

a) o nível de renda inicial na Economia *A* de $ 4 é igual ao nível de renda inicial na Economia *B*;

b) o consumo mínimo obrigatório, de $ 2, é o mesmo nas duas economias;

c) os gastos iniciais em bens de consumo na economia *A* ($ 4) são maiores que na economia *B* ($ 3).

Vamos supor que haja uma variação na renda tal que $\Delta Y = \$\,4$ para as duas economias. Podemos facilmente verificar que a variação nos gastos em bens de consumo (ΔC) em decorrência da variação da renda (ΔY) é muito maior na Economia A do que na Economia B.

Economia A:

$$\Delta Y = 4$$
$$\Delta C = 2$$
$$b = \frac{\Delta C}{\Delta Y} = \frac{2}{4} = \frac{1}{2} = PMgC$$

Temos, então:

$$b = \frac{\Delta C}{\Delta Y}$$
$$\Delta C = b \times \Delta Y \text{ e}$$
$$\Delta C = 1/2 \times \$\,4 = \$\,2$$

Economia B:

$$\Delta Y = 4$$
$$\Delta C = 1$$
$$b = \frac{\Delta C}{\Delta Y} = \frac{1}{4} = PMgC$$

Temos, então:

$$b = \frac{\Delta C}{\Delta Y}$$
$$\Delta C = b \times \Delta Y \text{ e}$$
$$\Delta C = 1/4 \times \$\,4 = \$\,1$$

Podemos concluir, então, que a variação dos gastos em bens de consumo foi maior na Economia A ($\Delta C = \$\,2$), em comparação com a economia B ($\Delta C = \$\,1$), porque a inclinação da função consumo, ou a *PMgC* da Economia A, é maior do que a inclinação da função consumo, ou a *PMgC* da Economia B, o que mostra que a tendência que a coletividade da Economia A tem em gastar parte do acréscimo em sua renda em bens de consumo é muito maior do que a tendência verificada na Economia B.

4.3 A Função Poupança da Economia

Já vimos que:

$$Y = C + S$$

ou seja, que existe uma relação direta entre renda, consumo e poupança. Essa expressão pode também ser escrita da seguinte forma:

$$S = Y - C$$

Em outras palavras, a dedução da função poupança é imediata a partir da função consumo. Sabendo-se que a função consumo é dada por:

$$C = C_0 + bY$$

e, fazendo as devidas substituições, temos:

$$S = Y - (C_0 + bY)$$
$$S = Y - C_0 - bY$$

e, finalmente,

$$S = -C_0 + (1 - b)\ Y$$

Interpretando-se matematicamente essa função, temos:

- $-C_0$: intercepto da função poupança; e
- $(1 - b)$: inclinação da função poupança.

Interpretando economicamente esses coeficientes, temos:

- $-C_0$: é a chamada despoupança da economia, ou, em outras palavras, é a poupança no nível de renda igual a zero; e
- $(1 - b)$: é a Propensão Marginal a Poupar, ou *PMgS*, da economia.

Como no caso da *PMgC*, vamos nos deter um pouco mais na análise desse conceito, também de fundamental importância para o nosso estudo. A *PMgS* da economia pode ser definida como a razão entre a variação da poupança sob uma dada variação da renda ($\Delta S/\Delta Y$).

Em outras palavras, ela indica a porcentagem de cada unidade monetária adicional de renda disponível que a coletividade estaria disposta a poupar, isto é, a não gastar em bens de consumo. Portanto, dada uma variação em Y, de ΔY, temos que $\Delta S/\Delta Y$ é a proporção da variação em S para a variação em Y. Da mesma forma que a *PMgC*, a *PMgS* varia entre zero e um, fato que pode ser facilmente demonstrado a partir da equação da função poupança. Temos, então:

$$S = -C_0 + (1 - b)\ Y$$

Devemos observar que $(1 - b)$ é a *PMgS* da economia. Sabemos, também, que b é a *PMgC* dessa mesma economia. Portanto, temos:

$$PMgS = 1 - PMgC$$

Logo,

$$PMgC + PMgS = 1$$

Isso ocorre devido à relação de complemento existente entre as duas propensões. Por exemplo, se a sociedade está disposta a gastar, em média, 80% de cada acréscimo que se dê em sua renda, é óbvio que ela está disposta a poupar 20% desse mesmo acréscimo. Logo,

$$PMgC + PMgS = 1$$
$$0,8 + 0,2 = 1$$

Podemos demonstrar essa mesma relação de outra maneira. Como sabemos, toda variação ocorrida na renda (ΔY) deve ser dedicada a uma variação no consumo (ΔC) e a uma variação na poupança (ΔS). Logo, temos:

$$\Delta Y = \Delta C + \Delta S$$

Se dividirmos todos os membros dessa equação por ΔY, a igualdade ficará inalterada, como podemos observar a seguir:

$$\frac{\Delta Y}{\Delta Y} = \frac{\Delta C}{\Delta Y} + \frac{\Delta S}{\Delta Y}$$

e, finalmente,

$$1 = \frac{\Delta C}{\Delta Y} + \frac{\Delta S}{\Delta Y}$$

Como $\Delta C/\Delta Y$ é a $PMgC$ e $\Delta S/\Delta Y$ a $PMgS$, novamente conseguimos demonstrar que a soma das propensões marginais a consumir e a poupar é igual a um ou, o que é a mesma coisa,

$$1 = PMgC + PMgS$$

A Figura 6 nos fornece a representação gráfica das funções consumo e poupança.

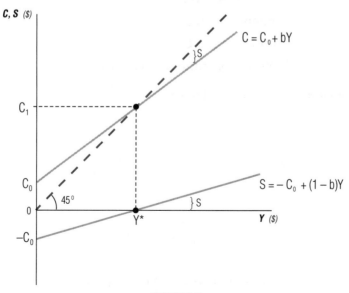

FIGURA 6
As funções consumo e poupança

As curvas das funções consumo e poupança reproduzem hipóteses numéricas típicas. Quando a função consumo intercepta a reta referencial, a função poupança intercepta o eixo horizontal; isso indica que, quando o consumo se torna igual à renda, a poupança é nula. A soma das curvas de consumo e de poupança é igual à trajetória da reta referencial. Isso significa que as distâncias da função consumo em relação à reta referencial são sempre iguais às da função poupança em relação ao eixo horizontal.

Pode-se perceber que, em qualquer nível de renda inferior a Y^*, a sociedade está gastando em bens de consumo mais do que dispõe em termos de renda. Assim, a poupança da sociedade é negativa.

No nível de renda Y^*, toda a renda da coletividade é gasta em bens de consumo. Nesse caso fica claro que a poupança é igual a zero. Por outro lado, em qualquer nível de renda superior a Y^*, nem toda a renda da sociedade é gasta em bens de consumo, sendo parte dela poupada. Podemos concluir que somente a partir de Y^* é que a poupança da sociedade se torna positiva, isto é, somente em níveis de renda superiores a Y^* é que haverá poupança na sociedade que está sendo estudada.

Ainda com relação à Figura 6, podemos observar que $-C_0$ representa o intercepto da função poupança. A inclinação da função, dada por $(1 - b)$, representa a propensão marginal a poupar que é o acréscimo na poupança proveniente de um aumento na renda, ou seja,

$$\frac{\Delta S}{\Delta Y} = (1 - b) = PMgS$$

4.4 A Determinação do Equilíbrio da Renda[1]

A condição básica do equilíbrio da renda nacional é que a oferta agregada, OA, seja igual à demanda agregada, DA, da economia. Em termos algébricos, temos:

Condição de Equilíbrio: $OA = DA$

Oferta Agregada: $OA = Y$

Demanda Agregada: $DA = C$

Equilíbrio: $Y = C$

Função Consumo: $C = C_0 + bY$

Fazendo as devidas substituições, temos:

$Y = C_0 + bY$

$Y - bY = C_0$

$Y(1 - b) = C_0$

e, finalmente,

$$Y_0^e = \frac{1}{1 - b} \times C_0$$

onde

Y_0^e = nível de renda de equilíbrio

---

[1] A partir de agora os valores serão dados em milhões de $.

Para obtermos o nível de consumo de equilíbrio (C^e), basta colocar o valor da renda nacional de equilíbrio na nossa função consumo. Assim, teremos:

$$C^e = C_0 + bY_0^e$$

Em termos gráficos, o nível de equilíbrio entre a oferta agregada e a demanda agregada ocorrerá no ponto em que a função consumo interceptar a reta de 45°. Nesse ponto, temos a renda de equilíbrio dada por Y_0^e, sendo C^e o volume de gastos em bens de consumo. Isso pode ser observado na Figura 7.

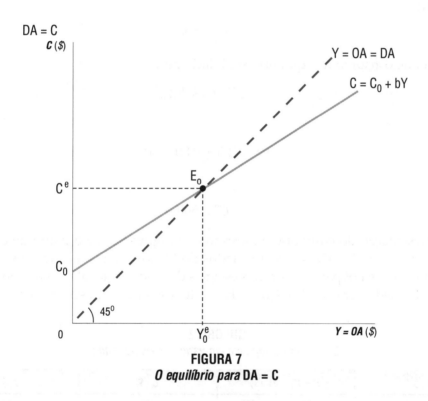

FIGURA 7
O equilíbrio para DA = C

Para que possamos visualizar de forma clara a determinação do equilíbrio nessa economia simples, suponhamos que a função consumo dessa sociedade seja dada por:

$$C = 100 + 0{,}80\ Y$$

Assim, temos:

Condição de Equilíbrio: $OA = DA$

Oferta Agregada: $OA = Y$

Demanda Agregada: $DA = C$

Equilíbrio: $Y = C$ \hfill (1)

Função Consumo = $100 + 0{,}80\ Y$ \hfill (2)

Fazendo as devidas substituições, temos:

$$Y = 100 + 0{,}80\ Y$$
$$Y - 0{,}80\ Y = 100$$
$$Y(1 - 0{,}80) = 100$$

$$Y_0^e = \frac{1}{1 - 0{,}80} \times 100$$

e, finalmente,

$$Y_0^e = 500$$

O nível de consumo de equilíbrio será dado por:

$$C^e = C_0 + b\ Y_0^e$$

logo,

$$C^e = 100 + 0{,}80 \times 500$$

e, então,

$$C^e = 500$$

A representação do equilíbrio é mostrada na Figura 8. E_o é o ponto de equilíbrio, quando então $Y = OA = DA = 500$. Os dados do Quadro 2 nos mostram os diferentes níveis de consumo e poupança aos vários estágios da renda nacional. Se a função consumo da sociedade é dada por $C = 100 + 0{,}80\ Y$, logo a função poupança será $S = -100 + 0{,}20\ Y$.

QUADRO 2
Consumo e poupança em vários níveis de renda

Y ($)	C = C₀ + bY ($)	C ($)	S ($)
100	C = 100 + 0,80 × 100	180	–80
300	C = 100 + 0,80 × 300	340	–40
500	**C = 100 + 0,80 × 500**	**500**	**0**
700	C = 100 + 0,80 × 700	660	40
800	C = 100 + 0,80 × 800	740	60

O leitor mais atento já deve ter percebido que em níveis de renda inferiores a $ 500, a sociedade está gastando mais em bens de consumo do que dispõe em termos de renda. No nível de renda igual a $ 500, os gastos em consumo igualam-se a $ 500, significando que nesse estágio a poupança da coletividade é igual a zero. Em níveis de renda superiores a $ 500, a sociedade está gastando em bens de consumo um valor menor que sua renda, significando que somente em níveis de renda superiores a $ 500 a poupança é positiva.

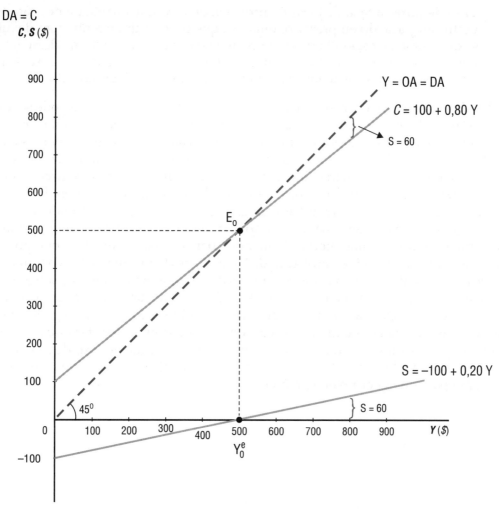

FIGURA 8
A função consumo, a função poupança e o equilíbrio

5 INTRODUZINDO O INVESTIMENTO

Podemos definir o investimento como *o valor daquela parte do produto da economia, para qualquer período de tempo, não destinada ao consumo, ou o valor daquela parte do produto da economia que toma a forma de novas estruturas, novo equipamento durável de produção e variação nos estoques.* De forma sintética podemos definir o investimento como o acréscimo ao capital real da sociedade. Tal como a poupança, o investimento resulta de uma abstenção do consumo imediato em relação à renda gerada no período.

A demanda por investimento é influenciada por um conjunto de elementos dentre os quais se destacam:

- **Expectativas empresariais:** as decisões de investimento por parte dos empresários são tomadas em função das expectativas que eles têm em relação ao futuro da economia; e

- **Taxa de juros:** a taxa de juros é outro elemento condicionante da decisão de investir por parte do empresário, uma vez que só investirá em um bem de capital se o rendimento esperado desse investimento (ou a taxa de retorno desse investimento) for maior que a taxa de juros de mercado. A relação entre a taxa de juros e o investimento será analisada com mais detalhes no Capítulo XII.

Via de regra, um investimento possui duas fases distintas. A primeira pode ser exemplificada com a decisão de um empresário qualquer de implantar, por exemplo, uma fábrica de tubos plásticos. Essa decisão implicará a construção do galpão onde será instalada a indústria, aquisição de máquinas e equipamentos, ferramentas, contratação de mão de obra, enfim, tudo o que for necessário para que a nova empresa possa começar a funcionar. Nessa primeira fase, toda a compra efetuada pelo empresário é considerada um investimento que, por sua vez, é parte integrante da demanda agregada da economia.

A segunda fase é determinada quando a empresa estiver funcionando, produzindo e vendendo tubos e mangueiras. Somente a partir desse momento é que podemos dizer que houve uma efetiva ampliação da capacidade de produção da economia.

Neste texto, entretanto, somente nos interessará analisar o investimento sob o enfoque da primeira fase, ou seja, como um componente da demanda agregada da economia.

Em nosso modelo, vamos supor, de forma simplificada, que o desejo dos empresários em investir não dependa dos níveis de renda nacional. Isso fará que possamos representar o investimento como uma reta paralela em relação ao eixo de renda nacional, como mostra a Figura 9. Nela, o nível de investimento planejado, no valor de $ 50, é o mesmo para qualquer nível de renda.

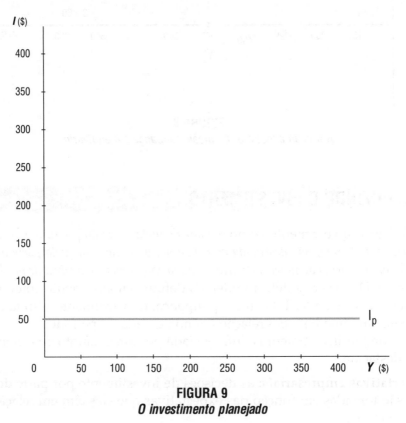

FIGURA 9
O investimento planejado

Agora, a demanda agregada da economia será dada pela soma das despesas que os consumidores desejam fazer em bens de consumo com as despesas de investimento que os empresários desejam realizar. Temos, então:

$$DA = C + I$$

onde C representa o consumo planejado e I o nível de investimento planejado.

5.1 O Investimento e a Determinação do Equilíbrio da Renda

Vamos, agora, com a introdução do Investimento como um componente da Demanda Agregada da Economia, determinar o nível de equilíbrio da renda.

Inicialmente, devemos recordar que a condição básica para que haja equilíbrio é a de que a *Oferta Agregada* (*OA*) seja igual à *Demanda Agregada* (*DA*) da economia.

Observemos, agora, o Quadro 3. Ele nos fornece os elementos necessários para entendermos como a economia caminha para o equilíbrio.

QUADRO 3
Determinação do equilíbrio da renda e do emprego (em $ milhões)

(1) Oferta Agregada (Produto = Renda) Y ($)	(2) Consumo C ($)	(3) Poupança (1) – (2) S ($)	(4) Investimento I ($)	(5) Demanda Agregada (2) + (4) DA ($)	(6) Acumulação de Estoques (+) ou Diminuição (–) (1) – (5) ($)	(7) Nível da Renda
0	100	–100	50	150	–150	Aumenta
100	180	–80	50	230	–130	Aumenta
200	260	–60	50	310	–110	Aumenta
300	340	–40	50	390	–90	Aumenta
400	420	–20	50	470	–70	Aumenta
500	500	0	50	550	–50	Aumenta
600	580	20	50	630	–30	Aumenta
700	660	40	50	710	–10	Aumenta
750	**700**	**50**	**50**	**750**	**0**	**Equilíbrio**
800	740	60	50	790	+10	Diminui
900	820	80	50	870	+30	Diminui
1.000	900	100	50	950	+50	Diminui

De acordo com nossas informações, o equilíbrio ocorre para um nível de produto de $ 750, quando então as despesas de consumo (coluna 2), no valor de $ 700, mais as despesas de investimento (coluna 4), no valor de $ 50 totalizam $ 750, ou seja, a Demanda Agregada (coluna 5), que é igual à Demanda de Consumo mais a Demanda de Investimento, iguala-se à Oferta Agregada da economia.

Vamos, agora, representar graficamente o equilíbrio com o auxílio da Figura 10.

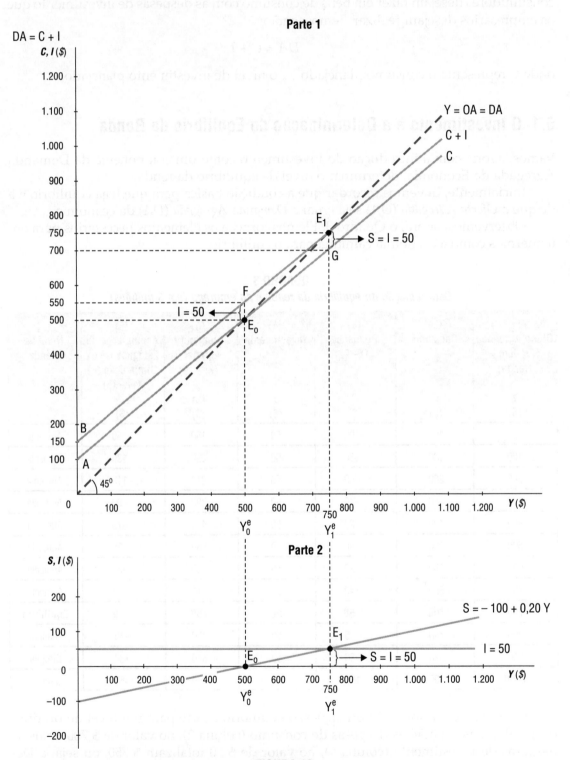

FIGURA 10
O investimento e a determinação do equilíbrio da renda

Na Parte 1 da Figura 10, a Demanda Agregada (C + I) é medida no eixo vertical, ao passo que a Oferta Agregada (Y) é medida no eixo horizontal. O equilíbrio se dá no ponto E_1, quando a Demanda Agregada (C + I) intercepta a reta referencial.

Vamos detalhar a construção desse gráfico.

No nível de renda zero, a demanda de consumo é $ 100, enquanto a demanda de investimento é $ 50. No gráfico (Parte 1) o ponto A nos dá o valor do consumo quando a renda é zero, no valor de $ 100. A esse valor devemos somar o valor do investimento, de $ 50, totalizando uma demanda agregada de $ 150, que corresponde ao ponto B.

No nível de renda de $ 500, o consumo também é $ 500. Isso nos dá o ponto E_o no gráfico. As despesas de investimento são, como sabemos, de $ 50. A Demanda Agregada, que é dada pela soma das despesas de consumo ($ 500) com as despesas de investimento ($ 50) totaliza, então, $ 550, que corresponde ao ponto F.

No nível de renda de $ 750, o consumo atinge o valor de $ 700, correspondente ao ponto G no gráfico. Somando-se às despesas de consumo o valor das despesas de investimento, de $ 50, obteremos uma Demanda Agregada no valor de $ 750, que corresponde ao ponto E_1. Nesse ponto, a Demanda Agregada é $ 750, e a Oferta Agregada (Y) também é $ 750. Esse é o ponto de equilíbrio da nossa hipotética economia (nível de renda de equilíbrio Y_1^e).

Naturalmente, esse procedimento na construção do gráfico pode ser estendido para qualquer nível de renda. O leitor mais atento já deve ter percebido que a coluna 5, do Quadro 3, nos fornece os valores necessários para a construção do gráfico.

Na Parte 2 da Figura 10, o eixo vertical mede os níveis de Poupança e Investimento, ao passo que o eixo horizontal mede o nível de renda (Y). Devemos notar que quando a Demanda Agregada é igual à Oferta Agregada, a Poupança é igual ao Investimento (Ponto E_1 e nível de renda Y_1^e).

Vimos até o momento como se determina o equilíbrio. Vamos, agora, procurar entender por que a renda tende ao equilíbrio.

Suponhamos, então, que a Oferta Agregada esteja em um nível superior aos $ 750 de equilíbrio, por exemplo, $ 900. Isso significa que as empresas estão pagando $ 900 sob a forma de salários, juros, aluguéis e lucros. Por outro lado, a Demanda Agregada, dada por C + I, ou seja, dada pelas despesas de consumo mais as despesas de investimento, e que é o valor que as empresas estão recebendo, totaliza $ 870.

Verificamos, então, que a Oferta Agregada é maior que a Demanda Agregada, e que o valor que as famílias planejam poupar é superior ao valor que os empresários planejam investir. Os empresários começam a perceber que suas vendas estão menores que o previsto. As empresas passam, então, a acumular estoques superiores aos níveis desejados. O valor dos estoques para uma renda de $ 900 é, como podemos verificar na coluna (6) do Quadro 3, de $ 30. Por essa razão, os empresários passam a reduzir a produção e a dispensar trabalhadores. O nível de renda e de produto diminui até atingir o equilíbrio.

O contrário deve acontecer caso a Oferta Agregada seja menor que a Demanda Agregada. Nesse caso, a economia estará em um nível inferior ao de equilíbrio.

Para exemplificar, suponhamos um produto de $ 500. A Demanda Agregada excede a Oferta Agregada, como podemos observar na Parte 1 da Figura 10, ao passo que os investimentos planejados pelos empresários são maiores que a poupança planejada pelas famílias (Parte 2 da Figura 10). Como resultado, os estoques das empresas cairão a níveis inferiores aos desejados (uma redução de $ 50).

Diante dessa situação, os empresários vão procurar aumentar a produção e contratar mais trabalhadores. Como resultado, haverá um aumento do nível de renda e do produto até atingir o equilíbrio, quando então novamente a Oferta Agregada será igual à Demanda Agregada ($ 750).

5.2 A Determinação Matemática do Nível de Equilíbrio da Renda

Como sabemos, para que ocorra o equilíbrio da renda nacional, é preciso que a oferta agregada seja igual à demanda agregada da economia. Em termos algébricos, temos:

Condição de Equilíbrio: $OA = DA$

Oferta Agregada: $OA = Y$

Demanda Agregada: $DA = C + I$

Equilíbrio: $Y = C + I$

Função Consumo: $C = C_0 + bY$

Fazendo a devida substituição, obtemos:

$$Y = C_0 + bY + I$$
$$Y - bY = C_0 + I$$
$$Y(1 - b) = C_0 + I$$

e, finalmente,

$$Y_1^e = \frac{1}{1-b} \times (C_0 + I)$$

onde Y_1^e é o nível de renda de equilíbrio.

Graficamente, a determinação do equilíbrio é feita somando-se o investimento à função consumo da economia. O produto de equilíbrio será determinado no ponto em que a demanda agregada da economia $(C + I)$ interceptar a reta referencial. Isso pode ser observado na Figura 11, onde Y_1^e é a nova renda de equilíbrio após a introdução do investimento.

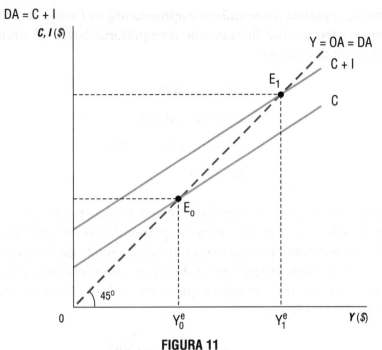

FIGURA 11
A demanda agregada e a renda de equilíbrio

Para exemplificar, suponhamos que o nível de investimento planejado seja de $ 50 e que a função consumo continue sendo a mesma estudada anteriormente ($C = 100 + 0{,}80Y$). Tomando-se a condição de equilíbrio,

Condição de Equilíbrio: $OA = DA$
Oferta Agregada: $OA = Y$
Demanda Agregada: $DA = C + I$
Equilíbrio: $Y = C + I$
Função Consumo: $C = 100 + 0{,}80Y$
$I = 50$

Fazendo as devidas substituições, obtemos:

$$Y = 100 + 0{,}80Y + 50$$
$$Y - 0{,}80Y = 100 + 50$$
$$Y(1 - 0{,}80) = 100 + 50$$

$$Y_1^e = \frac{1}{1 - 0{,}80} \times (100 + 50)$$

e, finalmente,

$$Y_1^e = \$\ 750$$

A determinação gráfica do equilíbrio é apresentada na Parte 1 da Figura 12.

Se quisermos saber o nível de consumo no equilíbrio, basta substituirmos a renda de equilíbrio na função consumo:

$$C^e = C_0 + bY_1^e$$

$$C^e = 100 + 0{,}80Y_1^e$$

$$C^e = 100 + 0{,}80 \times 750$$

$$C^e = 700$$

O equilíbrio também pode ser definido como o nível de renda (ou produto) no qual a poupança planejada é igual ao investimento planejado. Nesse nível de renda, o montante não gasto em consumo (poupança), subtraído da renda ganha ao produzir aquele produto, deverá ser contrabalançado pelas despesas das empresas em investimentos. A função poupança, que mostra o montante que os indivíduos planejam poupar, em qualquer nível de renda, é dada por:

$$S = -100 + (1 - 0{,}80)Y$$

Por sua vez, o nível de investimento é tal que:

$$I = 50$$

Assim, para qualquer nível de renda podemos encontrar o nível de equilíbrio da renda, igualando a poupança ao investimento e fazendo as devidas substituições:

$$S = I$$

$$-100 + (1 - 0{,}80)Y = 50$$

$$0{,}20Y = 50 + 100$$

$$Y_1^e = \frac{150}{0{,}20}$$

e, finalmente,

$$Y_1^e = \$\ 750$$

que é o mesmo resultado alcançado anteriormente. A determinação gráfica do equilíbrio por intermédio da poupança e do investimento é apresentada na Parte 2 da Figura 12.

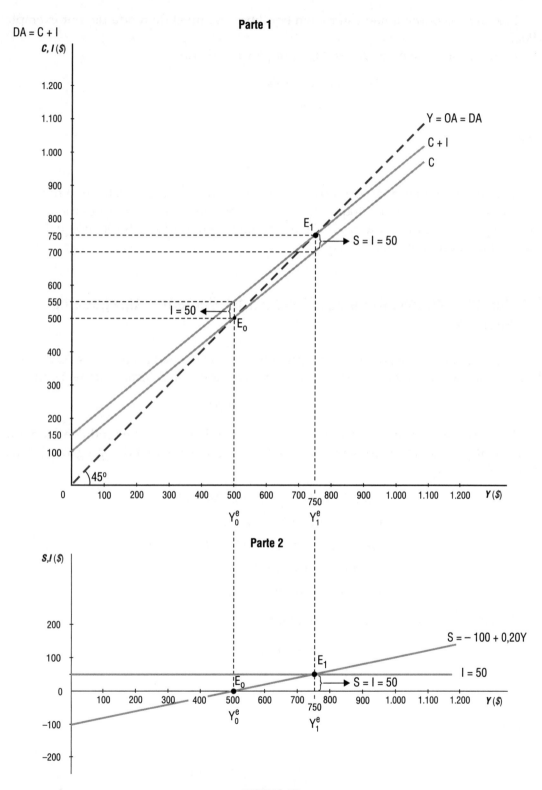

FIGURA 12
Investimento e o nível de equilíbrio de renda

Por que a economia não estaria em equilíbrio no nível de renda de, por exemplo, $ 900?

Porque, com esse nível de renda, a poupança seria de:

$$S = -100 + 0{,}20(900)$$
$$S = -100 + 180$$

e, então,

$$S = 80$$

Com uma poupança igual a $ 80 e um investimento igual a $ 50, haveria um investimento não planejado em estoque de $ 30. Nessas condições, os empresários vão, no próximo período, diminuir a produção até atingir o equilíbrio de $ 750, no qual, então, a economia se estabilizaria.

5.3 Variação no Investimento: Mudança na Demanda Agregada da Economia

Vamos supor, agora, que, devido à melhoria nas expectativas das empresas, as despesas de investimento aumentem em ΔI. A nova demanda agregada da economia será dada por:

$$DA = C + I + \Delta I$$

Para que haja o equilíbrio, é preciso que o nível de produção e renda da economia aumente até que a oferta agregada novamente se iguale à demanda agregada. Em termos algébricos, temos:

Condição de Equilíbrio: $OA = DA$
Oferta Agregada: $OA = Y$
Demanda Agregada: $DA = C + I + \Delta I$
Equilíbrio: $Y = C + I + \Delta I$
Função Consumo: $C = C_0 + bY$

Fazendo a devida substituição, obtemos:

$$Y = C_0 + bY + I + \Delta I$$
$$Y - bY = C_0 + I + \Delta I$$
$$Y(1 - b) = C_0 + I + \Delta I$$

e, finalmente,

$$Y_2^e = \frac{1}{1 - b}\ (C_0 + I + \Delta I)$$

onde Y_2^e é o novo nível de equilíbrio da renda.

Graficamente, o novo nível de renda de equilíbrio é determinado no ponto em que a nova demanda agregada da economia, dada por $C + I + \Delta I$, intercepta a reta referencial. Nesse ponto, novamente a oferta agregada é igual à demanda agregada. Isso pode ser observado na Figura 13, na qual Y_2^e é a nova renda de equilíbrio.

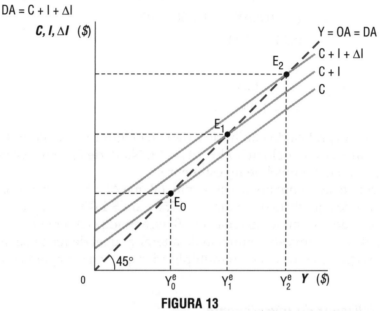

FIGURA 13
Equilíbrio da renda nacional após o aumento no investimento

Para melhor entendimento de tudo o que foi citado até aqui, vamos nos utilizar de um exemplo numérico. Para tanto, vamos nos valer dos mesmos dados dos exemplos anteriores e supor que o aumento no investimento tenha sido tal que $\Delta I = 50$. Calculemos, então, o nível de equilíbrio da renda:

Condição de Equilíbrio: $OA = DA$
Oferta Agregada: $OA = Y$
Demanda Agregada: $DA = C + I + \Delta I$
Equilíbrio: $Y = C + I + \Delta I$
Função Consumo: $C = 100 + 0{,}80Y$
$I = 50$
$\Delta I = 50$

Fazendo as devidas substituições, obtemos:

$$Y = 100 + 0{,}80Y + 50 + 50$$
$$Y - 0{,}80Y = 100 + 50 + 50$$
$$Y(1 - 0{,}80) = 100 + 50 + 50$$

$$Y_2^e = \frac{1}{1 - 0{,}80} \times (100 + 50 + 50)$$

e, finalmente,

$$Y_2^e = 1.000$$

O novo nível de equilíbrio da renda também pode ser obtido por meio do mecanismo da poupança:

$$S = I + \Delta I$$
$$-100 + (1 - 0{,}80)Y = 50 + 50$$
$$(1 - 0{,}80)Y = 50 + 50 + 100$$
$$0{,}20Y = 200$$
$$Y_2^e = \frac{200}{0{,}20}$$
$$Y_2^e = 1.000$$

A determinação gráfica do equilíbrio é dada na Figura 14. Na Parte 1, dessa figura, o equilíbrio é demonstrado pelo método $OA = DA$. Na Parte 2, pelo mecanismo em que a poupança iguala o novo nível de investimento.

Concluindo: um aumento no investimento, tal que $\Delta I = 50$, acabou por provocar um aumento no nível de equilíbrio da renda, de \$ 750 para \$ 1.000 (de Y_1^e para Y_2^e). Na verdade, uma injeção de investimento igual a \$ 50 fez a renda crescer em \$ 250, mostrando-nos a capacidade que o investimento tem de alterar o nível de renda segundo um múltiplo de sua variação. É esse elemento multiplicador que vai ser agora analisado.

5.3.1 O Multiplicador do Investimento

Em nossa economia, composta por empresas e famílias, o nível de equilíbrio da renda era determinado a partir da seguinte equação:

$$Y = C + I \quad (1)$$

Suponhamos, então, que ocorra uma variação no investimento de ΔI. Sabemos que, dada essa injeção de renda na economia, haverá um aumento no nível da renda de equilíbrio. Qualquer aumento em Y, ΔY, deve ser igual a $\Delta C + \Delta I$. Obtemos, então, uma equação cuja solução nos dá o novo nível de renda de equilíbrio:

$$Y + \Delta Y = C + I + \Delta C + \Delta I \quad (2)$$

Subtraindo (1) de (2), obtemos a seguinte equação:

$$\Delta Y = \Delta C + \Delta I \quad (3)$$

A solução dessa equação nos indica a variação no nível de renda necessária para se produzir o novo nível de equilíbrio da renda.

Apenas para recordar ao leitor, a função consumo com que vínhamos trabalhando era do tipo:

$$C = C_0 + bY$$

onde

$$b = PMgC$$

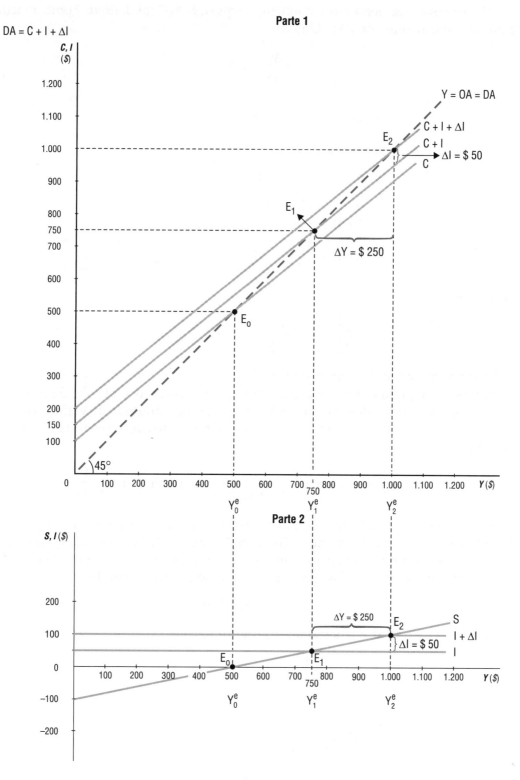

FIGURA 14
Efeito de uma variação no investimento sobre a renda

O leitor deve estar lembrado, também, de que a *PMgC* foi definida como a inclinação da função consumo, $\Delta C/\Delta Y$. Logo,

$$\frac{\Delta C}{\Delta Y} = b$$

e

$$\Delta C = b \times \Delta Y$$

Fazendo a devida substituição, obtemos:

$$\Delta Y = b \times \Delta Y + \Delta I$$
$$\Delta Y - b \times \Delta Y = \Delta I$$
$$\Delta Y (1 - b) = \Delta I$$
$$\Delta Y = \frac{1}{1-b} \times \Delta I$$

e, finalmente,

$$\frac{\Delta Y}{\Delta I} = \frac{1}{1-b}$$

que é a expressão geral do multiplicador.

Vemos, então, que o multiplicador, dado pela expressão $1/(1-b)$, é um número que associado à variação dos investimentos determina a amplitude da variação do nível de renda. Vamos, daqui por diante, chamar o multiplicador de investimentos de *K*, de forma que:

$$K = \frac{1}{1-b} \text{ ou } K = \frac{1}{1-PMgC}, \text{ ou ainda, } K = \frac{1}{PMgS}$$

Em nosso exemplo anterior, vimos que uma variação no investimento igual a $ 50 ($\Delta I = 50$) fazia a renda crescer em $ 250 (de $ 750 para $ 1.000), ou seja, a variação no investimento era multiplicada pelo número 5, que no caso é o nosso multiplicador. Para demonstrar isso, tomemos a função consumo daquele nosso exemplo:

$$C = 100 + 0{,}80Y$$

Nesse caso, $b = 0{,}80$, e o nosso multiplicador é:

$$K = \frac{1}{1-b}$$

logo,

$$K = \frac{1}{1-0{,}80}$$

e, finalmente,

$$K = 5$$

Apenas para exemplificar, suponhamos ter havido um aumento nos investimentos da ordem de $ 20. Em quanto crescerá a renda? O crescimento da renda será de:

$$\Delta Y = K \times \Delta I$$

logo,

$$\Delta Y = 5 \times 20$$

e, então,

$$\Delta Y = 100$$

Vamos agora analisar esse mecanismo que propaga a renda em um montante superior ao aumento do investimento.

Imaginemos, então, uma economia em que todas as pessoas tenham a $PMgC = 0{,}50$. Suponhamos, agora, que um empresário deseje investir em equipamentos adicionais despendendo, para tanto, a quantia de $ 100. Isso vai criar renda para os produtores desses equipamentos, que gastarão 50% de sua renda adicional, ou seja, $ 50, na aquisição de bens de consumo, e poupar os $ 50 restantes. Ao receberem esses $ 50, os produtores de bens de consumo gastarão 0,50 desse valor em novos bens de consumo, ou seja, $ 25, poupando os $ 25 restantes. O processo de propagação de renda vai prosseguir infinitamente, e cada acréscimo que se der na renda será menor que o anterior. A soma de todos os incrementos de renda será igual a $ 200, que resulta do produto da variação de investimento pelo multiplicador. Temos, então:

$$\Delta I = 100$$

e,

$$K = \frac{1}{1 - 0{,}50} = 2$$

logo,

$$\Delta Y = 2 \times \Delta I$$

portanto,

$$\Delta Y = 200$$

A propagação de renda nessa economia hipotética se dá da seguinte forma:

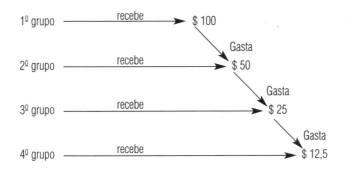

e assim por diante.

Se somarmos todos os incrementos de renda, chegaremos a um total de $ 200.

Devemos ainda observar que a maior propagação da renda (ou seja, um efeito multiplicador maior) vai depender da *PMgC* da sociedade.

Assim é que quanto maior a *PMgC*, maior o multiplicador e maior a propagação da renda. Da mesma forma, quanto menor a *PMgC*, menor o multiplicador e menor a propagação de renda. Vamos mostrar isso por meio de um exemplo. Suponhamos que a *PMgC* da sociedade seja de 0,20 e que tenha havido um $\Delta I = 200$. Em quanto crescerá a renda dessa economia? Temos:

$$\Delta I = 200$$

e

$$PMgC = 0{,}20$$

logo,

$$K = \frac{1}{1 - 0{,}20}$$

e

$$K = 1{,}25$$

então,

$$\Delta Y = K \times \Delta I$$

portanto,

$$\Delta Y = 1{,}25 \times 200$$

e, finalmente,

$$\Delta Y = 250$$

Suponhamos agora que a *PMgC* da sociedade seja 0,80 e que tenha havido um $\Delta I = 200$. O crescimento da renda dessa economia pode ser obtido da seguinte forma:

$$\Delta I = 200$$

e

$$PMgC = 0{,}80$$

logo,

$$K = \frac{1}{1 - 0{,}80}$$

e

$$K = 5$$

então,

$$\Delta Y = K \times \Delta I$$

portanto,

$$\Delta Y = 5 \times 200$$

e, finalmente,

$$\Delta Y = 1.000$$

Devemos observar que o multiplicador atua tanto para aumentos dos gastos agregados quanto para diminuições desses gastos.

5.3.2 O Investimento como Mecanismo para se Atingir o Pleno Emprego em uma Economia

Vamos definir, inicialmente, o *produto potencial de uma economia como a quantidade de bens e serviços que seria produzida caso a economia utilizasse o seu nível máximo de capacidade, isto é, caso todos os recursos produtivos estivessem sendo plenamente utilizados (pleno emprego)*.

Vamos imaginar agora uma economia cujo produto potencial tenha o valor de $ 2.000. Suponhamos, então, que a função consumo dessa economia seja dada por $C = 200 + 0{,}75Y$, e que o investimento planejado pelos empresários seja tal que $I = 200$. Determinemos, então, o nível de equilíbrio da renda:

Condição de Equilíbrio: $OA = DA$

Oferta Agregada: $OA = Y$

Demanda Agregada: $DA = C + I$

Equilíbrio: $Y = C + I$

Função Consumo: $C = 200 + 0{,}75Y$

$I = 200$

Fazendo as devidas substituições, obtemos:

$$Y = 200 + 0{,}75\,Y + 200$$
$$Y - 0{,}75\,Y = 200 + 200$$
$$Y(1 - 0{,}75) = 400$$
$$Y_0^e = \frac{1}{1 - 0{,}75} \times 400$$

e, finalmente,

$$Y_0^e = 1.600$$

O nível de equilíbrio da renda pode ser observado na Figura 15 (E_0). Verificamos, então, que a economia está operando abaixo do nível de pleno emprego. Ela, porém, está em equilíbrio, já que $OA = DA$. Entretanto, é um equilíbrio com desemprego. Keynes foi quem observou que isso poderia ocorrer, isto é, a economia poderia estabilizar-se em um ponto abaixo do nível de pleno emprego. Chamou a atenção, também, para o fato de que para se atingir o pleno emprego, é preciso que a demanda agregada aumente. Esta, por sua vez, pode aumentar por meio da elevação nos investimentos. Vejamos então como isso pode ser feito.

Suponhamos que os empresários se apercebam que há um desemprego de fatores e decidam aumentar os investimentos em $ 100 ($\Delta I = 100$), elevando seu nível de $ 200 para $ 300. Calculemos, então, o novo nível de renda de equilíbrio dessa economia.

Condição de Equilíbrio: $OA = DA$

Oferta Agregada: $OA = Y$

Demanda Agregada: $DA = C + I + \Delta I$

Equilíbrio: $Y = C + I + \Delta I$

Função Consumo: $C = 200 + 0{,}75Y$

$I = 200$

$\Delta I = 100$

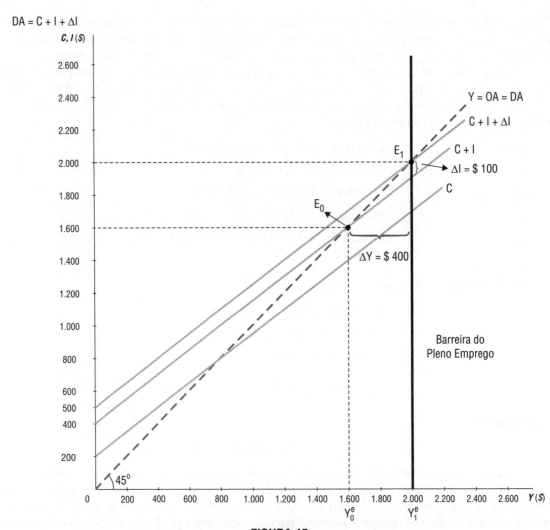

FIGURA 15
Pleno emprego pelo aumento nos investimentos

Fazendo as devidas substituições, obtemos:

$$Y = 200 + 0{,}75Y + 200 + 100$$
$$Y - 0{,}75Y = 200 + 200 + 100$$
$$Y(1 - 0{,}75) = 500$$
$$Y_1^e = \frac{1}{1 - 0{,}75} \times 500$$

e, finalmente,

$$Y_1^e = 2.000$$

Uma variação no investimento de $ 100 faz, pelo efeito multiplicador, a renda crescer em $ 400 ($\Delta Y = 400$). O nível de renda de equilíbrio passa então de $ 1.600 para $ 2.000, significando que a economia atingiu o pleno emprego. Isso pode ser visto graficamente por meio da elevação da demanda agregada de $C + I$ para $C + I + \Delta I$. Devemos observar que a nova demanda agregada corta a reta referencial exatamente no ponto em que o nível de renda é $ 2.000, ou seja, exatamente no pleno emprego (ponto E_1).

6 O GOVERNO E O NÍVEL DE RENDA

Vamos estudar agora a questão da determinação da renda incluindo o governo. Analisaremos, mais especialmente, os gastos do governo, que compreendem todo o conjunto de dispêndios que ele realiza, tanto de consumo quanto de investimento.

A inclusão desses dispêndios em nossa análise atém-se ao fato de que eles trazem uma elevação substancial em quantidades e valores de transações da economia, afetando a demanda agregada e o nível de renda do sistema econômico.

Assim, os gastos governamentais (G) constituem-se no terceiro elemento da demanda agregada, agindo em uma economia da mesma maneira que os investimentos. Para facilitar o desenvolvimento do nosso modelo, partamos da hipótese de que o nível de gastos do governo, do mesmo modo que os investimentos, seja fixado de forma autônoma em relação à renda.

Para que ocorra o equilíbrio da renda nacional, é preciso que a oferta agregada seja igual à demanda agregada da economia. Em termos algébricos, temos:

Condição de Equilíbrio: $OA = DA$

Oferta Agregada: $OA = Y$

Demanda Agregada: $DA = C + I + G$

Equilíbrio: $Y = C + I + G$

Função Consumo: $C = C_0 + bY$

Fazendo a devida substituição, obtemos:

$$Y = C_0 + bY + I + G$$
$$Y - bY = C_0 + I + G$$
$$Y^e (1 - b) = C_0 + I + G$$

e, finalmente,

$$Y^e = \frac{1}{1 - b} \times (C_0 + I + G)$$

Graficamente, a determinação do equilíbrio é feita somando-se os gastos governamentais e o investimento à função consumo da economia. A renda ou produto de equilíbrio serão determinados no ponto em que a demanda agregada da economia ($C + I + G$) interceptar a reta referencial. Isso pode ser observado na Figura 16, na qual Y^e é a renda de equilíbrio.

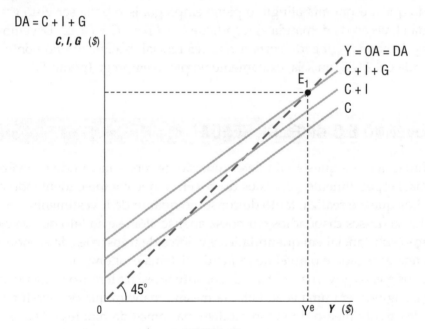

FIGURA 16
O governo e o nível de equilíbrio da renda

Para exemplificar, imaginemos uma economia em que a função consumo é $C = 200 + 0{,}75Y$. O investimento é tal que $I = 200$ e nessa economia não existe governo. Calculemos, então, o nível de equilíbrio da renda:

Condição de Equilíbrio: $OA = DA$

Oferta Agregada: $OA = Y$

Demanda Agregada: $DA = C + I$

Equilíbrio: $Y = C + I$

Função Consumo: $C = 200 + 0{,}75Y$

$I = 200$

Fazendo as devidas substituições, obtemos:

$$Y = 200 + 0{,}75Y + 200$$
$$Y - 0{,}75Y = 200 + 200$$
$$Y(1 - 0{,}75) = 400$$
$$Y_0^e = \frac{1}{1 - 0{,}75} \times 400$$

e, finalmente,

$$Y_0^e = 1.600$$

Vamos, agora, introduzir as despesas governamentais (G) em nosso modelo. Suponhamos, então, que as despesas realizadas pelo governo totalizem $ 100, tal que G = 100. Vejamos como isso afeta a renda de equilíbrio:

> Condição de Equilíbrio: $OA = DA$
> Oferta Agregada: $OA = Y$
> Demanda Agregada: $DA = C + I + G$
> Equilíbrio: $Y = C + I + G$
> Função Consumo: $C = 200 + 0{,}75Y$
> $I = 200$
> $G = 100$

Fazendo as devidas substituições, obtemos:

$$Y = 200 + 0{,}75Y + 200 + 100$$
$$Y - 0{,}75Y = 200 + 200 + 100$$
$$Y(1 - 0{,}75) = 500$$
$$Y_1^e = \frac{1}{1 - 0{,}75} \times 500$$

e, finalmente,

$$Y_1^e = 2.000$$

Verificamos, então, que a injeção de gastos do governo na economia elevou o nível de equilíbrio da renda em um múltiplo dos gastos realizados, significando que as despesas governamentais têm impacto na economia semelhante às despesas de investimento. Na verdade, o multiplicador das despesas governamentais é o mesmo que o multiplicador do investimento:

$$\text{Multiplicador dos gastos governamentais} = \frac{1}{1 - b}$$

A determinação do nível de equilíbrio da renda com a introdução do governo é mostrada graficamente pela Figura 17.

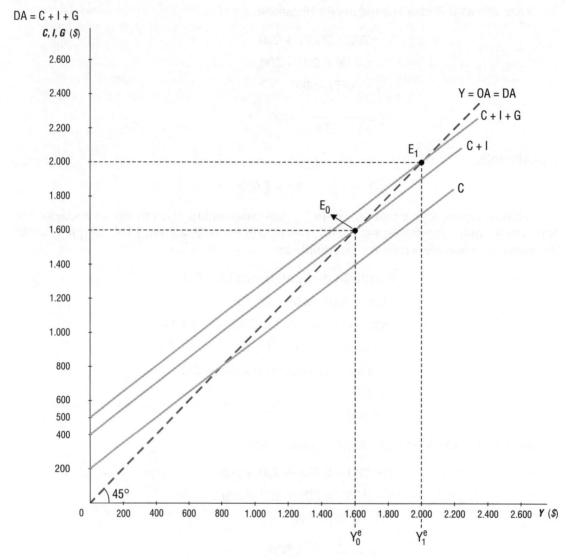

FIGURA 17
A introdução dos gastos governamentais provoca elevação no nível de equilíbrio da renda

Verificamos, então, que o governo pode aumentar (ou diminuir) o nível de renda da economia, conforme seus gastos aumentam (ou diminuem).

6.1 Introduzindo os Impostos

Outra maneira de o governo intervir no nível de renda do sistema econômico seria por meio dos impostos (T). A introdução da tributação implicaria redução da renda disponível dos indivíduos, acarretando redução do consumo e diminuição no nível de renda, uma vez que haveria redução da demanda agregada da economia.

Em termos algébricos, o nível de equilíbrio da renda, com a introdução de impostos, seria assim determinado:

Condição de Equilíbrio: $OA = DA$

Oferta Agregada: $OA = Y$

Demanda Agregada: $DA = C + I + G$

Equilíbrio: $Y = C + I + G$

Função Consumo: $C = C_0 + b(Y - T)$

Observemos que agora o consumo é dado em função da renda disponível ($Y - T$), que é a renda disponível para consumo depois de subtraídos os impostos.

Fazendo a devida substituição, obtemos:

$$Y = C + I + G$$
$$Y = C_0 + b(Y - T) + I + G$$
$$Y = C_0 + bY - bT + I + G$$
$$Y - bY = (C_0 - bT + I + G)$$
$$Y(1 - b) = (C_0 - bT + I + G)$$

e, finalmente,

$$Y_2^e = \frac{1}{1 - b} \times (C_0 - bT + I + G)$$

Para exemplificar, vamos nos valer do exemplo anterior e supor que o governo resolva financiar parte de suas despesas com impostos, de forma que $T = 50$.

Calculemos, então, o novo nível de equilíbrio da renda:

Condição de Equilíbrio: $OA = DA$

Oferta Agregada: $OA = Y$

Demanda Agregada: $DA = C + I + G$

Equilíbrio: $Y = C + I + G$

Função Consumo: $C = 200 + 0{,}75\,(Y - T)$ (1)

$I = 200$

$G = 100$

$T = 50$

Colocando 50 no lugar de T em (1) e fazendo as devidas substituições, obtemos:

$$Y = 200 + 0{,}75(Y - 50) + 200 + 100$$
$$Y = 200 + 0{,}75Y - 0{,}75(50) + 200 + 100$$
$$Y - 0{,}75Y = 200 - 0{,}75(50) + 200 + 100$$
$$Y(1 - 0{,}75) = 200 - 37{,}5 + 200 + 100$$

$$Y_2^e = \frac{1}{1 - 0{,}75} \times 462{,}5$$

e, finalmente,

$$Y_2^e = 1.850$$

Observamos, então, que a introdução dos impostos provoca, pela queda na demanda agregada da economia, uma redução no nível de equilíbrio da renda de $ 2.000 para $ 1.850.

6.2 Os Hiatos Inflacionários e Deflacionários

A teoria de determinação da renda e do emprego demonstra que o nível de demanda agregada pode ser maior, igual ou menor que o nível de oferta agregada. Apenas para recordar, até o momento trabalhamos com uma economia operando abaixo do pleno emprego. Como sabemos, o pleno emprego é caracterizado como uma situação de máximo produto que a economia pode gerar com a alocação econômica de seus recursos disponíveis.

6.2.1 *Hiato Inflacionário*

Chamaremos "Hiato Inflacionário" o montante pelo qual a Demanda Agregada $(C + I + G)$ excede a Oferta Agregada no nível de pleno emprego (Y_p). Podemos verificar esse fenômeno por meio da Figura 18.

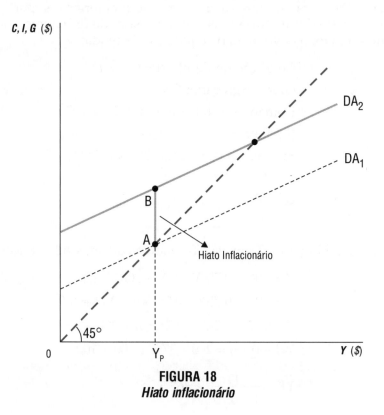

FIGURA 18
Hiato inflacionário

A linha pontilhada (DA_1) nos dá o nível de Demanda Agregada para o qual a *Demanda Agregada é igual à Oferta Agregada ao nível de pleno emprego*. Nesse caso, não há hiato.

A curva DA_2 nos mostra, por sua vez, a demanda agregada excedendo a oferta de pleno emprego. O montante pelo qual a demanda agregada fica acima da oferta agregada de pleno emprego é dado pela distância AB, e é denominado Hiato Inflacionário.

O excesso de gastos, quando os recursos já foram totalmente utilizados, cria uma pressão inflacionária que se caracteriza por uma elevação sustentada no nível geral de preços.

6.2.2 Hiato Deflacionário

Chama-se "Hiato Deflacionário" o montante pelo qual a demanda agregada fica abaixo do pleno emprego. O Hiato Deflacionário pode ser observado na Figura 19.

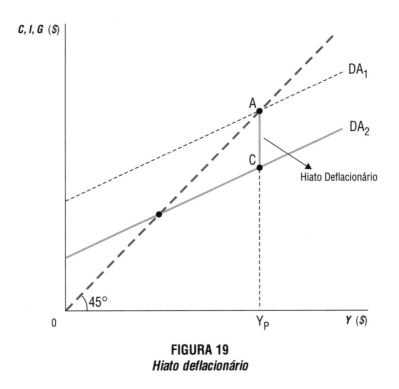

FIGURA 19
Hiato deflacionário

Novamente, a linha pontilhada (DA_1) nos dá o nível de Demanda Agregada para o qual a *Demanda Agregada é igual à Oferta Agregada no nível de pleno emprego*. Nesse caso, como sabemos, não há hiato.

A curva DA_2 nos mostra, por sua vez, a demanda agregada abaixo da oferta de pleno emprego. O montante pelo qual a demanda agregada fica abaixo da oferta agregada de pleno emprego é dado pela distância AC, e é chamado Hiato Deflacionário.

O déficit de dispêndio total acaba por reduzir o nível de renda, acarretando uma queda da produção, do emprego e do nível geral de preços da economia.

7 POLÍTICA FISCAL E NÍVEL DE RENDA

Entende-se por Política Fiscal a ação do governo com relação aos seus gastos (G) e receitas (impostos e taxas).

As políticas fiscais seriam utilizadas com o objetivo de conduzir a demanda agregada ao nível de renda de pleno emprego da economia (Y_p).

Caso a economia se encontre em uma situação de hiato inflacionário, caberá ao governo fazer uso de algumas políticas, objetivando a redução da demanda agregada. Essas políticas poderiam ser:

- reduzir os gastos do governo (G);

- aumentar os tributos (T). Tal medida diminuiria a renda disponível dos indivíduos, afetando, por decorrência, o consumo (C); e

- desestimular os investimentos (I), aumentando, por exemplo, a tributação sobre sua rentabilidade.

Essas medidas acabariam por reduzir a demanda agregada, até o pleno emprego, conforme podemos observar na Figura 20.

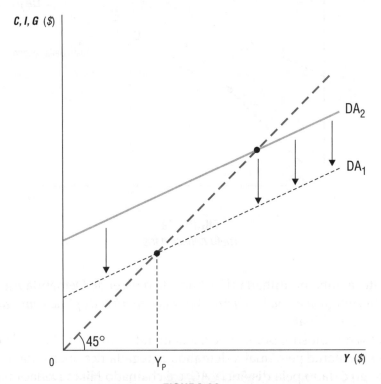

FIGURA 20
Política fiscal e redução da demanda agregada

Caso a economia se encontre em um hiato deflacionário, as políticas seriam inversas:

- aumentar os gastos do governo (G);
- reduzir os tributos (T), o que aumentaria a renda disponível e o nível de consumo (C); e
- estimular os investimentos (I) por meio de uma redução na tributação sobre a rentabilidade destes.

Como consequência, a demanda agregada se elevaria até o pleno emprego, conforme podemos observar na Figura 21.

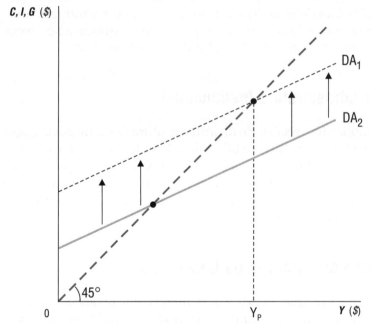

FIGURA 21
Política fiscal e elevação da demanda agregada

Apêndice

O Setor Público

1 AS FUNÇÕES DO SETOR PÚBLICO

Muitas vezes, as economias de mercado não conseguem cumprir adequadamente suas funções. Por essa razão, o governo e o sistema de mercado passam a dividir a tarefa de responder às Três Questões Econômicas Fundamentais. Vamos, a seguir, apresentar as principais funções econômicas do setor público: fornecer a infraestrutura institucional; promover a manutenção da concorrência; promover a realocação de recursos; promover a redistribuição de renda; manter a estabilidade da economia.

1.1 Fornecer Infraestrutura Institucional

Cabe ao setor público fornecer parte da infraestrutura física (rodovias, aeroportos, pontes etc.), bem como a infraestrutura institucional do sistema de mercado, tais como leis, tribunais e órgãos reguladores. A existência de um sistema legal garante os direitos de propriedade privada e permite o estabelecimento e o cumprimento de contratos. Os Órgãos Reguladores, por sua vez, podem arbitrar relações econômicas, punir crimes e impor penalidades apropriadas.

1.2 Promover a Manutenção da Concorrência

Vimos no Capítulo VIII que as estruturas menos concorrenciais são formadas por setores compostos por poucos produtores, de modo que cada produtor tenha algum grau de monopólio. Com maior poder de mercado, esses setores podem prejudicar potenciais compradores, pois acabam adquirindo bens a preços mais elevados que aqueles que prevaleceriam em mercados competitivos. Além de pagar mais pelo produto, nas estruturas com menor concorrência, o consumidor tem uma quantidade menor de produto à sua disposição. De fato, os mercados falham na presença da concorrência imperfeita.

O poder monopólico se reflete em dois grandes grupos de mercados imperfeitos: monopólios naturais e oligopólios. Deve-se, portanto, limitar o poder de mercado, evitando, assim, que seja usado de maneira anticoncorrencial. De modo geral, tenta-se impedir os monopólios e os oligopólios de duas formas:

  a) **Propriedade e Regulação**
  Em alguns casos, as indústrias são monopólios naturais, em que o custo médio de produção diminui conforme aumenta a escala de operação da empresa de tal sorte que uma empresa já existente e de grandes dimensões pode suprir o merca-

do a custos mais baixos que qualquer outra empresa que deseje entrar na indústria. Exemplos de monopólios naturais são as companhias de energia elétrica, as companhias telefônicas e as companhias de gás. A forma de regulamentar o funcionamento de monopólios naturais é limitar a entrada de concorrentes. Uma maneira de se fazer isso é o Estado assumir diretamente a operação dessas empresas. Outra forma de se limitar a entrada de concorrentes seria por meio de um regime de concessões monopolistas. Um contrato de concessões pode ser definido como o meio pelo qual a administração pública transfere a particulares a execução de uma obra por sua conta e risco, seja por remuneração direta e prazo certo, ou paga pelo usuário. Por se tratar de uma prestação de serviço público, é atribuição do Poder Público organizar tais serviços, regulamentando seus preços e fixando seus padrões de serviços.

b) **Leis Antitruste**

No Brasil, a legislação que trata da manutenção e fortalecimento da concorrência é a Lei nº 8.884, de 11 de junho de 1994, que transforma o Conselho Administrativo de Defesa Econômica (Cade) em Autarquia, e dispõe sobre a prevenção e a repressão às infrações contra a ordem econômica. Essa lei amplia os poderes do Cade (que já existia desde 1962) ao transformá-lo em Autarquia Federal, ao mesmo tempo em que define com maior precisão as práticas consideradas ofensivas à concorrência. Já em seu Art. 1º fica estipulada a finalidade da lei: tratar da *prevenção e da repressão às infrações contra a ordem econômica*, orientada pelos ditames constitucionais de *liberdade de iniciativa, livre concorrência, função social da propriedade, defesa dos consumidores* e *repressão ao abuso do poder econômico*.

1.3 Promover a Redistribuição de Renda

Nas economias de mercado, a renda das unidades familiares mais representativas é a que se origina do trabalho. O sistema de mercado, por sua vez, proporciona rendas salariais mais elevadas aos indivíduos que têm talento natural, instrução e habilidades adquiridas. Além disso, os salários não são a única fonte de renda das famílias. Existe ainda a renda da propriedade, derivada da oferta de capital, terra ou recursos naturais. Algumas famílias possuem capital e terra provenientes do trabalho ou de herança. Elas fornecem esses fatores de produção, recebendo renda de juros ou lucro do capital, ou renda de aluguel pela terra e recursos naturais.

Em contrapartida, existem outros indivíduos na sociedade com menos talento natural, que tiveram pouco ou nenhum acesso à instrução, que têm pouca habilidade e que não herdaram recursos de propriedade. Isso faz que, nas economias de mercado, exista uma considerável desigualdade na distribuição de renda. Por essa razão, o governo age como um agente redistribuidor de renda, por meio de programas e políticas governamentais. Entre eles, destacam-se:

- **Tributação**

O governo pode redistribuir renda por meio de uma tributação progressiva, em que os indivíduos mais ricos pagam uma alíquota maior do imposto. O governo, então, retira recursos da camada mais rica da sociedade, transferindo-os para os indivíduos que fazem parte do segmento mais pobre da população.

- **Transferências**

Mediante programas de transferência, tais como o programa de renda mínima, seguro--desemprego, atendimento médico gratuito etc., o governo pode ajudar a diminuir a desigualdade na distribuição de renda.

- **Intervenção no Mercado**

O governo pode intervir nas forças de mercado, cobrando impostos sobre produtos adquiridos pelas famílias mais ricas e subsidiando produtos consumidos pelas famílias mais pobres.

1.4 Promover a Realocação de Recursos

Uma das principais funções econômicas do governo é fornecer *bens públicos* que são bens que, por suas características, o mercado não pode e não deve prover.

Para entendermos adequadamente a questão, vamos estabelecer as diferenças entre bens públicos e bens privados, caracterizando inicialmente o que são bens privados.

Os *bens privados* são aqueles fornecidos por empresas privadas no mercado. Apresentam duas características: são *rivais* e obedecem ao *princípio da exclusão*.

Um bem privado é caracterizado pela *rivalidade* se o fato de uma pessoa usá-lo eliminar a possibilidade de que alguém mais possa fazê-lo. Como exemplo, podemos citar o de uma barra de chocolate: se uma pessoa comer uma barra de chocolate, outra pessoa não poderá consumir o mesmo produto. Isso se aplica a todos os bens que podem ser comprados no mercado: computadores, comida e assim por diante. Outra característica de um bem privado é a *exclusão*: a habilidade de excluir quem não paga para consumir um bem. Um indivíduo não tem o direito de consumir determinada pizza, a menos que pague por ela.

Os *bens públicos*, por sua vez, não são nem *rivais* nem *excludentes*. Isso significa que a utilização de um bem público por parte de uma pessoa não reduz a disponibilidade desse bem. Por essa razão, o bem pode ser utilizado por muitas pessoas sem que sejam prejudicadas. Como exemplo, podemos citar o da defesa nacional: uma vez que ela já esteja sendo fornecida, é impossível impedir alguém de se beneficiar dela. Outros exemplos de bens públicos são a polícia, os parques e assim por diante. Pelas características dos bens públicos, o governo fica responsável por seu fornecimento em quantidades eficientes.

Vimos que o princípio da exclusão diferencia os bens públicos dos bens privados. Existem, entretanto, vários outros bens que, embora satisfaçam o princípio da exclusão, são providos pelo governo. Esses bens, chamados *semipúblicos*, incluem saneamento, educação, saúde, estradas e assim por diante. São também denominados *bens meritórios*, e são bens que, embora possam ser explorados pelo setor privado, acabam sendo produzidos pelo governo, como forma de evitar que a população de baixa renda, por não poder pagar por eles, seja excluída de seu consumo.

Os gastos que o governo tem ao fornecer bens públicos e semipúblicos provêm basicamente das receitas de impostos. A tributação libera os recursos da produção de bens de consumo (aparelhos de som, alimentos, livros) e de bens de capital (máquinas, tratores, colheitadeiras). O governo, por meio de seus gastos, desloca esses recursos para a produção de bens públicos e semipúblicos.

1.5 Manter a Estabilidade da Economia

Para manter a estabilidade, o governo deve intervir na economia de modo a evitar excessivas flutuações da economia, combatendo os efeitos de quedas no nível de atividade econômica. Nesse sentido, o governo deve utilizar-se de políticas econômicas, buscando o pleno emprego de recursos e a manutenção de preços estáveis. Para tanto, o governo pode fazer uso da política fiscal, monetária, cambial, comercial e de rendas.

2 SISTEMA TRIBUTÁRIO

Dissemos, anteriormente, que, para desempenhar suas funções econômicas, o governo se utiliza das receitas tributárias. Vamos, neste segmento, nos deter na análise de alguns aspectos relativos à tributação.

2.1 Os Princípios da Neutralidade e da Equidade

São dois os principais princípios que devem nortear um sistema tributário: o *Princípio da Neutralidade* e o da *Equidade (Justiça)*.

- **Princípio da Neutralidade**

    De acordo com o princípio da neutralidade, o sistema tributário deve interferir o menos possível nas decisões sobre alocação de recursos por parte do setor privado da economia. Por essa razão, a tributação não deve alterar os preços relativos, uma vez que é com base nesses preços que se dá a alocação de recursos na economia.

- **Princípio da Equidade**

    De acordo com o princípio da equidade, um imposto, além de neutro, deve ser justo. A Justiça do sistema tributário pode ser analisada a partir de dois outros princípios: o *Princípio do Benefício* e o *Princípio da Capacidade de Pagamento*.

    - *Princípio do Benefício*

        De acordo com o princípio do benefício, para o sistema tributário ser justo, o indivíduo deve contribuir para com o Estado, sob a forma de impostos, de maneira proporcional aos benefícios dele recebidos. Assim, quanto mais benefícios receber, mais impostos deve pagar ao Estado. Quanto à sua implantação, a natureza dos bens e serviços públicos frequentemente torna impossível a aplicação desse princípio. De fato, como os bens públicos são fornecidos coletivamente, fica difícil identificar os benefícios que cada indivíduo atribui às diferentes quantidades desses bens.

    - *Princípio da Capacidade de Pagamento*

        De acordo com esse princípio, para a tributação ser justa, as famílias e as empresas devem contribuir com os impostos segundo a sua capacidade de pagamento. Se utilizarmos a renda como medida da capacidade de pagamento, então quanto maior a renda, maior a capacidade de pagamento, e quanto menor a renda, menor a capacidade de pagamento.

2.2 Classificação dos Impostos

Como visto no Capítulo V, os impostos podem ser classificados em *diretos* e *indiretos*.

- **Impostos Diretos**: são aqueles que afetam a riqueza dos contribuintes, incidindo diretamente sobre a renda e a riqueza (patrimônio). Como exemplos de impostos diretos temos o Imposto sobre a Renda (IR), Imposto sobre a Propriedade Territorial Urbana (IPTU) e Imposto sobre a Propriedade de Veículos Automotores (IPVA).

- **Impostos Indiretos**: decorrente da produção e comercialização, geralmente incide sobre vendas, produtos industrializados, importação etc. Como exemplo temos o Imposto sobre Produtos Industrializados (IPI) e o Imposto sobre Circulação de Mercadorias e Serviços (ICMS). Os impostos indiretos, por sua vez, podem ser classificados em *Impostos Específicos* e *Impostos* ad valorem. O imposto específico recai sobre a unidade vendida. Exemplificando, para cada aparelho de som vendido, recolhe-se ao governo $ 30,00, a título de imposto, sendo esse valor fixo, independentemente do preço do bem. Quer o aparelho de som custe $ 200,00 ou $ 300,00, o imposto a ser cobrado será no valor de $ 30,00. O imposto *ad valorem*, por sua vez, é aplicado sobre o valor de venda. Para exemplificar, se o valor do IPI sobre os aparelhos de som for de 10%, e o valor do aparelho de som for de $ 200,00, o valor do imposto a ser recolhido aos cofres do governo será de $ 20,00.

Os impostos podem ainda se classificar da seguinte forma: *Impostos Regressivos*, *Impostos Proporcionais* e *Impostos Progressivos*.

- **Impostos Regressivos**: são aqueles em que o aumento da contribuição é proporcionalmente menor à medida que a renda aumenta. O ônus do pagamento desse imposto recai mais sobre as classes menos privilegiadas. Como exemplo, podemos citar o ICMS: suponha que o governo estabeleça uma alíquota de 10% para o ICMS incidente sobre o quilo de açúcar. Se o quilo de açúcar custar $ 10,00, tanto as pessoas com renda mais baixa quanto aquelas com renda mais elevada pagarão, indistintamente, um imposto de $ 1,00 sobre o quilo adquirido de açúcar. Por essa razão, quando o imposto é regressivo, o ônus de seu pagamento recai de forma mais acentuada sobre os mais pobres.

- **Impostos Proporcionais**: são aqueles em que a contribuição é um porcentual constante, qualquer que seja o nível de renda.

- **Impostos Progressivos**: um imposto é considerado progressivo quando o porcentual de contribuição se eleva à medida que aumenta a renda. O ônus desse tipo de imposto recai de forma mais acentuada sobre as pessoas de renda mais elevada. Como exemplo desse tipo de imposto, podemos citar o imposto de renda sobre a pessoa física.

3 CONCEITO E FORMAS DE FINANCIAMENTO DO DÉFICIT PÚBLICO

3.1 Déficit Público

O déficit público acontece quando os gastos do governo são superiores à sua arrecadação. Ocorre o superávit quando a arrecadação do governo supera seus gastos. Veremos, a seguir, que existem vários conceitos de déficit público.

3.2 Déficit Total ou Nominal

O déficit total também é chamado Necessidades de Financiamento do Setor Público Não Financeiro – Conceito Nominal. Esse conceito indica o fluxo de novos financiamentos obtidos pelo setor público não financeiro nas três esferas de governo (União, Estados e municípios), empresas estatais e Previdência Social. Inclui os juros e as correções monetárias e cambiais pagas sobre a dívida pública.

3.3 Déficit Primário (ou Fiscal)

Para se obter o déficit primário, exclui-se do déficit total a correção monetária e cambial e os juros da dívida anteriormente contraída. Na verdade, o déficit primário constitui-se dos gastos públicos menos o total da arrecadação tributária corrente. Esse conceito mostra a condução da política fiscal do governo ao apurar somente a arrecadação de impostos e os gastos correntes e de investimento, independente da dívida pública.

3.4 Déficit Operacional

O déficit operacional também é denominado Necessidades de Financiamento do Setor Público – Conceito Operacional. O déficit operacional constitui-se no déficit nominal menos as correções monetárias e cambiais pagas sobre a dívida pública. Constitui-se, portanto, do déficit primário acrescido dos juros reais da dívida contraída anteriormente.

4 FORMAS DE FINANCIAMENTO DO DÉFICIT PÚBLICO

Quando o governo se defronta com uma situação de déficit público, pode recorrer a medidas de política fiscal para cobrir tal déficit. Essas medidas envolveriam o aumento dos impostos ou a redução dos gastos do governo, ou ambos.

Além das medidas de política fiscal, o governo pode financiar seu déficit das seguintes formas:

- **emissão de moeda**: nesse caso, o governo (Tesouro Nacional) toma dinheiro emprestado ao Banco Central. Isso corresponde a uma emissão monetária, com a expansão da base monetária. Implica colocar em prática uma política monetária expansionista, o que poderia gerar pressões inflacionárias na economia;
- **venda de títulos da dívida pública ao setor privado**: nesse caso, o governo troca títulos por moeda que já está em circulação. Esse tipo de financiamento contribui para aumentar a dívida pública. Além disso, o governo pode ser obrigado a elevar os juros para atrair os interessados na compra de seus títulos, o que acabaria por elevar ainda mais a dívida pública.

Exercícios

Questões

As respostas podem ser encontradas no final do livro.

1) Dados:
$$C_0 = \$ 100$$
$$b = 0{,}75$$
$$I = \$ 100$$

Pede-se para:
a) determinar o nível de equilíbrio da renda;
b) completar a tabela dada a seguir:
c) fazer o gráfico do equilíbrio da renda;

Tabela E-1

Y $	C $	I $	DA$_1$ (C + I) $
0			
100			
200			
300			
400			
500			
600			
700			
800			
900			
1.000			
1.100			
1.200			

d) calcular o consumo de equilíbrio.

2) Suponha que nessa mesma economia a barreira do pleno emprego seja dada por $Y = \$ 1.200$ e que os empresários desejem investir tal que $\Delta I = \$ 100$. Pede-se para:

a) calcular o novo nível de equilíbrio da renda, apontando para o que aconteceu na economia;

b) completar a seguinte tabela:

Tabela E-2

Y $	C $	I $	DA₁ $	ΔI $	DA₂ (C + I + ΔI) $
0					
100					
200					
300					
400					
500					
600					
700					
800					
900					
1.000					
1.100					
1.200					

c) representar graficamente o ocorrido;
d) calcular ΔY;
e) calcular ΔC.

3) O que é Política Fiscal?

4) O que é um hiato deflacionário? Suponha que uma economia se encontre em uma situação desse tipo. Que políticas fiscais poderiam ser adotadas para estimular a demanda agregada e conduzir a economia ao pleno emprego?

Testes de Múltipla Escolha

- *Assinale com um X a resposta certa*
- *As respostas podem ser encontradas no final do livro*

1) Se a renda disponível para consumo de uma pessoa aumenta de $ 40.000 para $ 48.000 e seu consumo aumenta de $ 35.000 para $ 39.000, então sua propensão marginal a consumir ($PMgC$) é de:
   a) 0,8;
   b) 1,0;
   c) 0,4;
   d) 0,5;
   e) 0,2.

2) Se a *PMgC* for de 0,80, o valor do multiplicador do investimento em um modelo a dois setores será de:
   a) 2;
   b) 0,20;
   c) 5;
   d) 4;
   e) nenhuma das alternativas anteriores.

3) Se o nível de renda for de $ 400.000 acima do pleno emprego e a Propensão Marginal a Consumir for de 0,75, em quanto deveria se diminuir a demanda agregada (gastos governamentais – ΔG – por exemplo), a fim de reconduzir a economia ao pleno emprego?
   a) $ 400.000;
   b) $ 200.000;
   c) $ 100.000;
   d) $ 75.000;
   e) nenhuma das alternativas anteriores.

4) O efeito multiplicador do investimento será tanto menor:
   a) quanto maior for a propensão marginal a consumir;
   b) quanto maior for a propensão média a consumir;
   c) quanto maior for a propensão média a poupar;
   d) quanto menor for a propensão marginal a poupar;
   e) nenhuma das alternativas anteriores.

5) Assumindo-se que $S = -\$ 80 + 0{,}25Y$ e $I = \$ 70$, então:
   a) o nível de renda de equilíbrio e a poupança são de $ 600 e $ 70, respectivamente;
   b) as despesas de consumo são de $ 450;
   c) a poupança é de $ 80;
   d) é impossível determinar-se o equilíbrio com apenas essas variáveis;
   e) nenhuma das alternativas anteriores.

Capítulo XII

O PAPEL E A IMPORTÂNCIA DA MOEDA

1 INTRODUÇÃO

Não existe nada mais difícil do que tentar definir algo que todos nós sabemos do que se trata, mas sobre cujo real significado nunca paramos para pensar.

E nesses momentos começam a surgir perguntas das mais variadas, desde a sua origem até o complexo sistema que se criou à sua volta. É o que ocorre com a moeda.

Mas afinal, o que é moeda?

Segundo Wassily Leontieff (economista russo radicado nos Estados Unidos, Prêmio Nobel de Economia em 1973), a moeda é a "mercadoria que serve de equivalente geral para todas as mercadorias".

Ao longo deste capítulo procuraremos desvendar alguns dos mistérios que cercam a moeda, entender o seu real significado e qual a sua importância no contexto da economia, salientando as preocupações do governo em mantê-la sob controle; afinal, se a deixássemos circular livremente, consequências das mais diversas impactariam o sistema econômico.

Nossa abordagem do tema não pretende ser exaustiva, analisando os diversos modelos e as diferentes teorias. Procuraremos, apenas, dar um panorama geral sobre o assunto, de forma que o leitor possa entender o papel desempenhado pela moeda na economia.

2 A ORIGEM E A EVOLUÇÃO DA MOEDA

A origem e a evolução da moeda podem ser seccionadas em seis fases distintas:

- Era da Troca de Mercadorias;
- Era da Mercadoria Moeda;
- Era da Moeda Metálica;

- Era da Moeda-Papel;
- Moeda Fiduciária (ou Papel-Moeda); e
- Moeda Bancária (ou Escritural).

2.1 Era da Troca de Mercadorias

Nos primórdios, o homem vivia em pequenas comunidades de uma única família, e se utilizava da vegetação e da caça disponíveis na região que habitava. Esses recursos eram os únicos com os quais contava para a sua subsistência.

Essas minúsculas comunidades, entretanto, foram crescendo e começaram a se desmembrar em outros núcleos de famílias, cada uma procurando formar a sua própria fronteira, delimitando as suas áreas para o plantio de alimentos e a caça. Esses núcleos, entretanto, não produziam todos os mesmos produtos.

Iniciava-se assim o processo primitivo de divisão do trabalho e especialização. Enquanto uns se dedicavam à caça, outros se dedicavam à produção de tubérculos, outros, ainda, se especializavam no plantio de grãos e assim por diante. Essa racionalização das atividades fez que os núcleos passassem a trocar o excedente resultante da especialização. Assim, uma boa caça era trocada por uma quantidade razoável de grãos, da mesma forma como uma quantidade razoável de grãos poderia ser trocada por um número considerável de frutas, ou, então, por uma produção de tubérculos.

Nas mais primitivas das culturas, portanto, a economia funcionava à base de escambo – a troca pura e simples de mercadorias.

Esse sistema, entretanto, apresentava algumas dificuldades. Samuelson,[1] em seu livro, nos oferece um bom exemplo a respeito dessas questões.

Imaginem um indivíduo que tenha maçãs e queira castanhas. Seria uma coincidência fora do comum encontrar outro indivíduo que tivesse gostos exatamente opostos, ansioso por vender castanhas e comprar maçãs. Ainda que aconteça o fora do comum, não há garantias de que os desejos das duas partes, no que se refere às quantidades e aos termos de troca exatos, coincidam. Da mesma forma, a menos que um alfaiate faminto encontre um fazendeiro nu que tenha alimentos e o desejo de ter um par de calças, nenhum dos dois pode realizar negócio.

Assim, o crescente número de produtos disponíveis nos mercados passou a dificultar a prática rudimentar do escambo, não só pela dificuldade cada vez maior de se estabelecerem relações justas e intercoerentes de troca, como também pela dificuldade de se encontrar parceiros cujos desejos e disponibilidades fossem duplamente coincidentes.

Para se ter uma ideia, a fim de atender os desejos de um indivíduo nos dias de hoje, as operações de troca de mercadorias se tornariam por demais trabalhosas, pois seriam necessárias inúmeras transações para que o indivíduo pudesse ter todas as suas necessidades satisfeitas. A quantificação dessas transações, partindo-se do pressuposto de que hajam desejos duplamente coincidentes, pode ser obtida pela fórmula:

$$TM = \frac{n(n-1)}{2}$$

---

[1] SAMUELSON, Paul A. *Introdução à análise econômica*. 8. ed. Rio de Janeiro: Agir, 1975. 2v.

onde: *"TM"* representa o número de trocas de mercadorias e *"n"* a quantidade de produtos ou itens disponíveis em uma economia.

Desse modo, em uma economia hipotética que tivesse apenas um produto, seria nula a necessidade de relações de troca (isso é óbvio, pois com um único item na economia não haveria necessidade de troca da mercadoria). Se essa mesma economia dispusesse de dois produtos, bastaria apenas uma troca de mercadoria e assim por diante.

No Quadro 1 podemos verificar que, quanto maior o número de produtos para satisfazer um indivíduo, um número significativamente maior de trocas se torna necessário.

QUADRO 1
Relação entre produtos disponíveis e trocas de mercadorias necessárias

Produtos Disponíveis (n)	Troca de Mercadorias (TM)
1	0
2	1
3	3
4	6
5	10
10	45
20	190
30	435
40	780
50	1.225
100	4.950

Imaginem essa necessidade de troca de mercadorias aplicada aos dias de hoje. Os indivíduos despenderiam todo o seu tempo disponível apenas para trocar mercadorias, sem que sobrasse tempo para produzir o bem necessário à realização da troca.

2.2 Era da Mercadoria-Moeda

Com o passar do tempo, a evolução da sociedade impõe a necessidade de se facilitar as trocas. Os indivíduos, então, passam a eleger um único produto como referencial de trocas: uma mercadoria que tivesse algum valor e que fosse aceita por todos. Para que isso ocorresse, a mercadoria eleita como moeda deveria atender a uma necessidade comum e ser rara o bastante para que tivesse valor.

Com a passagem das trocas diretas, de um produto por outro, para as indiretas, intermediadas por algum outro bem aceito por todos, com um certo valor intrínseco, passou-se para a chamada *Era da Mercadoria-Moeda*.

Nesse período, vários tipos de produtos foram utilizados como o referencial das relações de trocas de mercadorias, tais como gado, fumo, azeite de oliva, escravos, sal etc. No Quadro 2 podemos verificar as mais diversas mercadorias utilizadas como moeda, nas diferentes épocas da história da humanidade.

QUADRO 2
Principais mercadorias utilizadas como moeda

Regiões	Mercadorias-Moeda
ANTIGUIDADE (até 410)	
Egito	Cobre
Babilônia, Assíria	Cobre, prata, cevada
Pérsia	Gado
Bretanha	Barras de ferro, escravos
Índia	Animais domésticos, arroz, metais
China	Conchas, seda, sal, cereais
IDADE MÉDIA (410 a 1453)	
Ilhas Britânicas	Moedas de couro, gado, ouro, prata
Alemanha	Gado, cereais, mel
Islândia	Gado, tecidos, bacalhau
Noruega	Gado, escravos, tecidos
Rússia	Gado, prata
China	Arroz, chá, sal, estanho, prata
Japão	Anéis de cobre, pérolas, arroz
IDADE MODERNA (1453 a 1789)	
Estados Unidos	Fumo, cereais, madeira, gado
Austrália	Rum, trigo, carne
Canadá	Peles, cereais
França	Metais preciosos, cereais
Japão	Arroz

Fonte: LOPES, J. C.; ROSSETTI, J. P. *Economia monetária*. 6. ed. São Paulo: Atlas, 1992.

O gado, ao longo do tempo, se mostrou como a mercadoria-moeda mais utilizada, dando origem aos termos atualmente empregados. O Quadro 3 apresenta de uma forma simples essa evolução, mostrando a importância do gado na formação de palavras que representam riqueza.

QUADRO 3
O gado na formação de termos que representam riqueza

Termo em Latim	Termo em Português	Significado
Pecuariu	Pecuária	Relativo a gado
Pecuniariu	Pecuniário	Relativo a dinheiro
Pecúnia	Pecúnia	Dinheiro
Capita	Cabeça	Parte anterior dos animais, onde se situam o encéfalo e os órgãos
Capitale	Capital	Relativo a cabeça, riqueza ou valores disponíveis

Mas que vantagens tinha o gado em relação a outras mercadorias que fizeram que ele se tornasse uma mercadoria-moeda?

A grande vantagem que o gado apresentava era que, enquanto os indivíduos o guardavam como uma poupança, essa "moeda" aumentava por meio da reprodução, ou seja, "rendia juros". Mas, por outro lado, essa mesma "moeda" apresentava uma grande desvantagem: como dividir um boi para comprar arroz, feijão, cebola, sal etc.? Em suma, o gado não podia ser dividido em trocados.

A história nos apresenta um fato que ocorreu no Brasil e que mostra um exemplo típico de mercadoria-moeda.

Charles-Marie de la Condamine (1701-1775), explorador francês responsável pelo envio das primeiras amostras de borracha amazônica à Europa em 1736, relata em seu livro *Relation abrégée d'un voyage fait dans l'interieur de l'Amérique Méridionale* uma passagem que merece ser transcrita:

> *O comércio direto do Pará com Lisboa, donde vem todos anos uma frota mercante, facilita à gente abastada toda a sorte de conforto. Recebe mercadorias da Europa em troca de produtos do país, que são, além de um pouco de ouro trazido do interior das terras do Brasil, os mais variados artigos de utilidade, tanto provenientes dos rios que vêm confundir-se no Amazonas, quanto das margens deste; tais são a casca da árvore do cravo, a salsaparrilha, a baunilha, o açúcar, o café, e, sobretudo, o cacau, que representa o papel-moeda corrente no país e faz a riqueza de seus habitantes.*

Por sua vez, W. Stanley Jevons (1835-1882), economista e pensador inglês, escreveu em seu livro *Money and the mechanism of exchange* (A moeda e o mecanismo de câmbio), primeiro livro-texto sobre a moeda, que

> *Mademoiselle Zélie, cantora do Théâtre Lyrique de Paris (...) deu um recital nas Ilhas Society. Em troca de uma ária de Norma e algumas canções, ela deveria receber um terço da receita. Quando foi feita a conta, a sua cota consistia de três porcos, 23 perus, 44 galinhas, 5.000 cocos, além de uma quantidade considerável de bananas, limões e laranjas (...) Em Paris essa quantidade de animais e frutas poderia ser vendida por 4.000 francos, o que teria sido uma boa remuneração em troca de cinco canções. Nas Ilhas Society, porém, as moedas eram escassas; e como Mademoiselle não podia consumir nenhuma porção considerável da receita, tornou-se necessário, com o tempo, alimentar os porcos e as aves domésticas com as frutas.*[2]

---

[2] SAMUELSON, Paul A., op. cit.

O último exemplo, em especial, nos mostra as dificuldades apresentadas ao se utilizar mercadorias como moeda.

De modo geral, para que uma mercadoria possa ser utilizada como moeda ela deve ter várias qualidades, destacamos:

- durabilidade: ninguém aceitaria como moeda algo que fosse perecível;
- divisibilidade: a mercadoria eleita como moeda deve poder subdividir-se em pequenas partes, de forma que tanto as transações de grande porte quanto as de pequeno porte possam se realizar;
- homogeneidade: qualquer unidade da mercadoria eleita como moeda deve ser rigorosamente igual às outras unidades dessa mercadoria; e
- facilidade de manuseio e transporte: a utilização do bem eleito como moeda não pode ser prejudicada em função de dificuldades de manuseio e transporte.

Ao longo da história da humanidade, um grande número de produtos tem sido utilizado como mercadoria-moeda, cada um deles apresentando vantagens e desvantagens. A cerveja, por exemplo, não melhora com o armazenamento, ao contrário do vinho, que tende a melhorar; o azeite de oliva serve como uma bela moeda líquida que pode ser dividida em partes pequeníssimas, se quisermos; o ferro enferruja; o valor de um diamante não é proporcional ao peso, mas varia com o quadrado de seu tamanho – se for cortado em pedaços, perde valor.

Apesar de as mercadorias-moedas terem facilitado um pouco o dia a dia dos indivíduos, muitas dificuldades ainda persistiam, ressaltando a necessidade de se encontrar uma forma mais simples que facilitasse as transações comerciais. Nesse momento, passamos para a *Era da Moeda Metálica*.

2.3 Era da Moeda Metálica

De maneira geral, pode-se dizer que os metais foram as mercadorias cujas características intrínsecas mais se aproximavam daquelas que se exigem dos instrumentos monetários.

Inicialmente, os metais empregados como instrumentos monetários foram o cobre, o bronze e, em especial, o ferro. Com o passar do tempo, entretanto, esses metais foram deixados de lado, pois não serviam como reserva de valor. Em outras palavras, a existência em abundância desses metais, associada à descoberta de novas jazidas e ao aperfeiçoamento do processo industrial de fundição, fez que tais metais perdessem gradativamente seu valor.

Por essas razões, os metais chamados não nobres foram pouco a pouco substituídos pelos metais nobres, como o ouro e a prata. Esses dois metais são definidos como metais monetários por excelência, uma vez que suas características se ajustam adequadamente àquelas que a moeda deve ter.

A utilização do ouro e da prata nas transações comerciais acabou trazendo grandes vantagens. No tocante às moedas cunhadas com esses metais, elas eram pequenas e fáceis de carregar, além de serem padronizadas e terem um valor intrínseco, ou seja, seu poder de compra era equivalente ao valor do material utilizado na sua fabricação.

As moedas metálicas permitiam ainda às pessoas guardá-las, esperando a melhor oportunidade para trocá-las por alguma mercadoria. Isso era possível, pois tanto o ouro como a prata eram metais suficientemente escassos, e a descoberta de novas jazidas não chegava a afetar o volume que se encontrava em circulação. Esse aspecto fazia que essas moedas mantivessem estável o seu valor ao longo do tempo.

Apesar das grandes vantagens apresentadas pela moeda metálica, existia na época um inconveniente: o transporte a longas distâncias, em função do peso das moedas e dos riscos de assalto a que estavam sujeitos os comerciantes durante suas viagens.

Para contornar esse problema, especialmente após o século XIV, com o crescimento dos fluxos comerciais na Europa, iniciou-se a difusão de um instrumento monetário mais flexível: a *moeda-papel*.

2.4 Era da Moeda-Papel

A *moeda representativa* ou *moeda-papel* veio eliminar, portanto, as dificuldades que os comerciantes enfrentavam em seus deslocamentos pelas regiões europeias, facilitando a efetivação de suas operações comerciais e de crédito, especialmente entre as cidades italianas e a região de Flandres. A sua origem está na solução encontrada para que os comerciantes pudessem realizar os seus empreendimentos comerciais.

Em vez de partirem carregando a moeda metálica, levavam apenas um pedaço de papel denominado *certificado de depósito*, que era emitido por instituições conhecidas como "Casas de Custódia", e onde os comerciantes depositavam as suas moedas metálicas, ou quaisquer outros valores, sob garantia. No seu destino, os comerciantes recorriam às casas de custódia locais, onde trocavam os certificados de depósito por moedas metálicas. O seu uso acabou se generalizando de tal forma que os comerciantes passaram a transferir os direitos dos certificados de depósito diretamente aos comerciantes locais, fazendo que esses certificados tomassem o lugar das moedas metálicas.

Estava assim criada a nova moeda, 100% lastreada e com a garantia de plena conversibilidade, a qualquer momento, pelo seu detentor, e que se tornou, ao longo do tempo, o meio preferencial de troca e de reserva de valor.

2.5 A Moeda Fiduciária (ou Papel-Moeda)

Com o passar do tempo, as "Casas de Custódia", que recebiam o metal e forneciam certificados de depósito (ou moeda-papel) totalmente lastreados, começam a perceber que os detentores desses certificados não faziam a reconversão ao mesmo tempo. Além disso, enquanto alguns faziam a troca de moeda-papel pelo metal, outros faziam novos depósitos em ouro e prata, o que acabava por ensejar novas emissões.

Assim é que, gradativamente, as "Casas de Custódia" passaram a emitir certificados sem lastro em metal, dando origem à *moeda fiduciária* (*baseada na fidúcia, na confiança*) ou *papel-moeda*. Passou-se, então, da moeda-papel (ou moeda representativa) para o papel-moeda (moeda fiduciária).

Em uma primeira etapa, o papel-moeda apresentou as seguintes características:

- Lastro inferior a 100%;
- Menor garantia de conversibilidade; e
- Emissão feita por particulares.

A emissão de papel-moeda por particulares, entretanto, acabou por conduzir esse sistema à ruína. Em decorrência disso, o Estado foi levado a assumir o mecanismo de emissões, passando a controlá-lo. No início, as emissões eram lastreadas em ouro (padrão ouro). De acordo com o mecanismo do padrão ouro, a emissão de moeda estava atrelada à quantidade de ouro existente em cada país. O ouro, entretanto, era um metal com reservas limitadas na natureza. Por essa razão, esse sistema passou a ser um entrave à expansão do comércio internacional e das economias. Com o advento da Primeira Guerra Mundial, a maioria das nações suspendeu a conversibilidade de suas moedas em ouro, e o padrão ouro entrou em colapso. Paulatinamente, passou-se à emissão de *notas inconversíveis*, sendo o padrão ouro abandonado. A emissão de moeda passou a ser feita a critério das autoridades monetárias de cada país. Dessa forma, a moeda passa a denominar-se *moeda de curso forçado*, ou seja, aceita por força de lei, não sendo mais lastreada em metais preciosos. Houve tentativas de restaurar o padrão ouro depois da Primeira Guerra Mundial, da Grande Depressão e da Segunda Guerra Mundial. O acordo de Bretton Woods trouxe a aceitação geral de um padrão ouro fundamentado no dólar dos Estados Unidos. Segundo esse acordo, as principais moedas tinham valor em dólar, sendo o dólar conversível em ouro. Esse acordo acabou em 1971, quando foi suspensa a conversibilidade do dólar em ouro. Hoje, a maioria dos sistemas é fiduciária, apresentando as seguintes características:

- inexistência de lastro metálico;
- inconversibilidade absoluta; e
- monopólio estatal das emissões.

2.6 A Moeda Bancária (ou Escritural)

Com a evolução do sistema bancário, desenvolveu-se outra modalidade de moeda: a moeda bancária, ou escritural. Ela é representada pelos depósitos à vista e em curto prazo nos bancos, que passam a movimentar esses recursos por cheques ou ordens de pagamento. Ela é chamada escritural, uma vez que diz respeito aos lançamentos (débito e crédito) realizados nas contas correntes dos bancos.

3 AS FUNÇÕES DA MOEDA

O conceito de moeda pode ser entendido a partir das funções que ela desempenha. Portanto, é considerado moeda tudo aquilo que exerce simultaneamente as funções de:

- meio ou instrumento de troca;
- medida de valor;
- reserva de valor; e
- padrão de pagamento diferido.

É importante observar que as funções de meio de troca e de medida de valor, nos dias de hoje, são atributos que só a moeda possui.

À medida que a moeda de uma determinada economia começa a perder esses atributos, inicia o processo de perda de seu papel no sistema monetário, levando os governantes à sua substituição. Foi o que aconteceu no Brasil, ao longo das últimas décadas, quando a nossa moeda foi rebatizada diversas vezes, por meio da alteração de sua medida de valor.

3.1 Função de Meio ou Instrumento de Troca

Também denominada intermediária de trocas, essa função é a mais importante que a moeda exerce. Desde os primórdios, as mais variadas formas de moeda vêm desempenhando essa função, mesmo quando as moedas eram as próprias mercadorias utilizadas no escambo.

Atualmente, por exemplo, ao trabalhar para uma empresa, estamos trocando nossa mão de obra por moeda, para podermos trocá-la por bens e serviços de nossa livre escolha, sem termos de nos preocupar com o aspecto de desejos e disponibilidades duplamente coincidentes.

Assim, a moeda, como um meio ou instrumento de troca geralmente aceito pelos indivíduos na realização de suas transações, permitiu que a economia como um todo aumentasse sua eficiência, fazendo que novos produtos e serviços fossem colocados à disposição dos indivíduos. Sem um meio de troca de padrão único, e aceito por todos, as modernas economias, baseadas na divisão e especialização do trabalho, não poderiam existir.

3.2 Função de Medida de Valor

Uma função essencial que a moeda possui é a de medir o valor dos diversos bens e serviços existentes em uma economia. Todos os bens e serviços de uma economia têm um preço, que é expresso em uma unidade monetária comum. Mas para que ela possa desempenhar esse papel, existe a necessidade de ter um valor, isto é, que ela seja também uma mercadoria.

Entre as vantagens que a função de medida de valor apresenta para a economia, podemos destacar a simplificação que ela traz aos registros contábeis, racionalizando e aumentando o número de informações por meio do sistema de preços. Se essa função não existisse, seria praticamente impossível apurarmos a contabilidade social, o nível do produto e da renda, o volume de consumo, poupança e investimento, enfim, analisarmos os agregados macroeconômicos.

Em resumo, como medida de valor, a moeda serve de unidade ou ponto de referência para avaliação dos bens. Se um determinado bem A é vendido a $ 10,00 e o bem B é vendido a $ 20,00, então podemos dizer que o valor de mercado do bem B é duas vezes o valor do bem A. Assim, por meio da moeda, podemos comparar e agregar o valor de diferentes mercadorias.

3.3 Função de Reserva de Valor

A moeda torna-se um elemento de entesouramento, de estoque de riqueza, quando é retirada de circulação. Como a moeda pode ser transformada em bens e serviços, a qualquer momento, pode ser definida como a representante universal da riqueza.

De forma mais ampla, podemos dizer que a moeda exerce a função de reserva de valor a partir do momento em que recebemos moedas até o instante em que as utilizamos para consumo. Pelo fato de podermos guardar moeda em qualquer quantidade, fica claro que somente a moeda que não se deprecia com os efeitos da inflação pode exercer essa função, ou seja, a moeda que representa estoque de riqueza não pode perder o seu poder de compra; tem de ter um valor estável.

3.4 Função-Padrão de Pagamento Diferido

Quando as operações de compra e venda de bens e serviços se fazem a crédito, a moeda intervém como meio de pagamento, ou seja, o produto é entregue ao comprador sem pagamento imediato, deixando expresso o valor do pagamento futuro.

3.5 Interação das Funções da Moeda

O fato de a moeda norte-americana (dólar norte-americano) ser aceita em qualquer parte do mundo ocorre porque ela atende plenamente às quatro funções básicas que uma moeda deve exercer. Uma nota de dólar norte-americano pode ser utilizada tanto como um instrumento de troca, nas mais diferentes transações em que bens e serviços são precificados na moeda norte-americana, quanto também um estoque de riqueza. Esta moeda pode ser utilizada, também, como referencial na postergação de pagamentos.

No caso brasileiro, em especial na década de 1980, temos uma descrição um pouco diferenciada com relação às quatro funções básicas que a moeda tem de possuir. No que diz respeito ao aspecto da moeda brasileira como meio de troca, verificamos que ela chegou a ser rejeitada pelos indivíduos nas transações de compra e venda de veículos automotores, imóveis e equipamentos, pois perdia seu valor diariamente. Isso fazia que as pessoas a trocassem, o mais rapidamente possível, por um bem qualquer, ou principalmente por uma moeda mais forte.

Esse cenário fez que, em função do processo inflacionário que atingia elevadas taxas diárias, muitos bens e serviços passassem a ser cotados em outra moeda, como o dólar norte-americano, a exemplo do que ocorria com nossas dívidas pessoais que, muitas vezes, estavam indexadas por essa moeda. A moeda brasileira, como reserva de valor, se tornava um problema a se destacar, pois se depreciava ao longo do tempo, perdendo continuamente o seu poder de compra.

Essa era a nossa realidade. Tínhamos uma moeda que, por razões diversas, acabou perdendo as suas quatro funções básicas. Segundo alguns economistas, essas são as causas e consequências de um processo inflacionário.

4 AS CARACTERÍSTICAS DA MOEDA

Para que a moeda possa desempenhar suas funções básicas, ela deve possuir um conjunto de características que são:

- *Indestrutibilidade e Inalterabilidade* – A moeda deve resistir às inúmeras relações de troca a que estiver sujeita, exigindo-se, portanto, que ela seja impressa com material de excelente qualidade, para que não perca suas características nem se possa alterá-las. Se o papel utilizado para sua impressão não for de celulose pura, certamente após algumas centenas de operações a cédula estará deteriorada. As técnicas modernas de impressão do papel-moeda, além de darem maior resistência às cédulas, visam a protegê-las contra falsificações.
- *Homogeneidade* – Diferentes unidades monetárias, mas que possuam o mesmo valor de compra, devem ser rigorosamente iguais.
- *Divisibilidade* – A moeda-padrão ou moeda principal de uma economia deve possuir múltiplos e submúltiplos, chamados moedas subsidiárias, para permitir a realização de todos os tipos de transações comerciais.
- *Transferibilidade* – A moeda deve circular na economia sem nenhuma dificuldade, facilitando o processo de troca. A razão principal para esta característica é o curso legal imposto pelo Estado, que emite e garante o papel-moeda em circulação.
- *Facilidade de Manuseio e Transporte* – O papel-moeda de uma economia deve ser impresso de forma a facilitar o seu uso e o seu transporte, para evitar que a sua utilização seja dificultada e que, consequentemente, ela seja descartada.

5 FORMAS DE MOEDA

Define-se por Sistema Monetário o conjunto de moedas utilizadas em um país, por imposição de curso legal, e que compreende, nos dias de hoje, três formas de moeda:

- moeda metálica;
- papel-moeda;
- moeda escritural.

• Moedas Metálicas

Emitidas pelo Banco Central, visam facilitar as operações de pequeno valor; servem também como unidade monetária fracionada, facilitando o troco. Constituem pequena parcela da oferta monetária.

• Papel-Moeda

São cédulas emitidas pelo Banco Central e representam parcela significativa da quantidade de dinheiro em poder do público. Também circulam por força de dispositivo legal, que lhes dá curso forçado no país.

- **Moeda Escritural**

É a moeda dos bancos, representando a contrapartida dos depósitos à vista e em curto prazo; é constituída pelos lançamentos feitos pelos bancos a crédito de seus depositantes ou correntistas, concretizando-se apenas em seus registros. As moedas escriturais circulam sob a forma de cheques e ordens de pagamento.

6 QUASE MOEDAS

As quase moedas compreendem o conjunto de ativos do sistema financeiro não monetário. Esses ativos são constituídos por compromissos assumidos pelas instituições financeiras e pelo governo e se caracterizam pela sua extrema liquidez, além de possuírem muitas propriedades da moeda.

As principais quase moedas que conhecemos são:

- títulos da dívida pública que estejam fora do Banco Central (Letras do Tesouro Nacional, Letras Financeiras do Tesouro e Notas do Tesouro Nacional);
- depósitos de poupança;
- depósitos a prazo (certificados de depósitos bancários, recibos de depósitos bancários).

A razão principal para não chamarmos esses ativos de moedas se deve ao fato de não utilizarmos essas quase moedas para o pagamento de nossas despesas de consumo. Não pagamos contas com esses títulos. Antes, temos de vender esses ativos, transformando-os em moeda para, assim, podermos pagar nossos compromissos.

7 A OFERTA MONETÁRIA

7.1 Introdução

Na seção anterior fizemos algumas considerações a respeito da moeda. A moeda, por sua vez, é um produto institucional, controlado pelas chamadas Autoridades Monetárias – Banco Central do Brasil (Bacen) e Conselho Monetário Nacional (CMN). Vamos, a seguir, caracterizar o instrumento monetário e analisar como as autoridades monetárias controlam a oferta monetária.

7.2 Meios de Pagamento

Entende-se por *meios de pagamento* o total de haveres de perfeita liquidez[3] em poder do setor não bancário e que podem ser imediatamente usados para realizar transações. Os

---

[3] Liquidez é a capacidade de converter rapidamente um ativo em moeda sem que haja perda de valor. O dinheiro (moedas metálicas e papel-moeda) é o mais líquido dos ativos.

meios de pagamento, na sua forma mais *restrita*, são representados pela soma do **papel-moeda** *em poder do público*[4] mais os *depósitos à vista* nos bancos comerciais, públicos e privados, aí incluídos o Banco do Brasil e a carteira comercial da Caixa Econômica.

O papel-moeda em poder do público é constituído das moedas metálicas e das cédulas em mãos da coletividade (famílias e empresas). É chamado de dinheiro ou moeda manual. Já os depósitos à vista são o ativo mais líquido depois do dinheiro, pois é possível fazer retiradas dos depósitos à vista sem demora, bastando para tanto a assinatura de um cheque. Da mesma forma, basta emitir cheques para se fazer pagamentos a terceiros.

Esse é o conceito M_1 de moeda e que compreende, portanto, a moeda que tem liquidez total e que não gera rendimento por si só. Em síntese, os meios de pagamento compreendem a moeda manual em mãos da coletividade somado a quanto a coletividade tem e conta-corrente nos bancos.

Existem, entretanto, conceitos mais abrangentes de moedas, os chamados *meios de pagamento ampliados*. A partir de setembro de 2001 esses conceitos de meios de pagamento passaram por uma reformulação conceitual e metodológica que mudaram (com exceção do M_1) o critério de ordenamento de seus componentes, que deixou de seguir o grau de liquidez, passando os agregados a serem definidos por seus sistemas emissores. Essa mudança reflete recentes tendências internacionais contábeis e de sistematização de dados.

O M_2 é composto pelo M_1 e pelos depósitos de poupança, depósitos especiais remunerados mais as demais emissões de alta liquidez (depósitos a prazo, letras de câmbio, letras imobiliárias e letras hipotecárias) realizadas, primariamente, no mercado interno por instituições depositárias.[5]

O M_3 é o conceito de moeda que, além do M_2, inclui as cotas dos fundos de renda fixa mais as operações compromissadas com títulos federais do restante da economia perante o sistema emissor (sistema financeiro).

O M_4, por sua vez, inclui o M_3 mais o sistema emissor representado pelos governos no que corresponde aos títulos públicos federais (Selic) e títulos estaduais e municipais que não estejam em posse do setor não financeiro.

É, portanto, por meio do conceito M_4, que envolve os ativos monetários (M_1) e não monetários ($M2$, $M3$ e M_4), que o Banco Central procura controlar a oferta total de moeda na economia. A título de ilustração, o Quadro 4 nos mostra os saldos de cada um desses conceitos no período de 2011 a 2014.

---

[4] Para se chegar ao conceito de papel-moeda em poder do público parte-se do conceito de papel-moeda emitido, que corresponde ao total de moeda legalmente existente na economia, cuja emissão foi autorizada pelo Banco Central ou pelo governo. O papel-moeda em poder do público corresponde ao papel-moeda emitido menos o papel-moeda depositado na Caixa Forte do Bacen (reservas que os bancos comerciais e múltiplos mantêm depositadas no Banco Central) menos a Caixa em moeda corrente (encaixes bancários) dos bancos comerciais e múltiplos. Notem que as reservas e o caixa (encaixes) dos bancos comerciais e múltiplos são dinheiro de propriedade dos bancos. Os depósitos à vista, por sua vez, não pertencem aos bancos, mas à coletividade.

[5] As instituições depositárias, no todo, consistem em bancos múltiplos, bancos comerciais, caixa econômica, bancos de investimento, bancos de desenvolvimento, agências de fomento, sociedades de crédito, financiamento e investimento, sociedades de crédito imobiliário, associações de poupança e empréstimo e companhias hipotecárias.

QUADRO 4
Meios de pagamento e haveres financeiros
(Saldos no final do período, em milhões de reais)

Haveres Financeiros	2011	2012	2013	2014
Papel moeda em poder do público	131.741	150.156	164.675	179.148
Depósitos à vista	153.636	174.889	179.833	172.455
M1	285.377	325.045	344.508	351.603
Depósitos de poupança	420.873	497.140	599.826	664.847
Títulos privados	911.229	942.460	1.012.504	1.134.233
M2	1.617.479	1.764.645	1.956.838	2.150.683
Quotas de fundos de renda fixa	1.326.322	1.600.912	1.735.064	1.974.912
Operações compromissadas com títulos públicos	86.479	153.542	130.058	193.889
M3	3.030.280	3.519.099	3.821.960	4.319.484
Títulos federais	519.973	584.664	580.525	673.649
Títulos estaduais e municipais	0	0	0	0
M4	3.550.253	4.103.763	4.402.485	4.993.133

Fonte: Banco Central do Brasil, SGS – Sistema Gerenciador de Séries Temporais.

7.3 O Conceito de Base Monetária

O conceito de Base Monetária está ligado ao total das exigibilidades monetárias líquidas da Autoridade Monetária em posse do público e dos bancos comerciais.

A base monetária é composta por papel-moeda emitido e pelas reservas bancárias. As reservas formadas pelos bancos compõem-se de: a) moeda corrente guardada nos próprios bancos, feitas para compensar o excesso de pagamentos sobre recebimentos em papel-moeda na "boca do caixa". É o caixa dos bancos comerciais, também chamado encaixes bancários; b) reservas voluntárias no Banco Central, feitas para atender o excesso de pagamentos perante os recebimentos na compensação de cheques; e c) reservas compulsórias ou obrigatórias (legais), recolhidas pelo Bacen como proporção dos depósitos à vista e que são utilizadas, para, por exemplo, garantir-se uma segurança mínima ao sistema bancário.

O Quadro 5 nos mostra a evolução da Base Monetária no Brasil, no período de 2011 a 2014.

QUADRO 5
A base monetária no Brasil
(Saldos no final do período, em milhões de reais)

Ano	Papel-Moeda Emitido	Reserva Bancária	Base Monetária
2011	162.770	51.466	214.235
2012	187.435	45.937	233.371
2013	204.052	45.457	249.510
2014	220.854	42.675	263.529

Fonte: Banco Central do Brasil, SGS – Sistema Gerenciador de Séries Temporais.

7.4 A Criação de Moeda

Depois de termos examinado as definições de moeda, vamos agora analisar os aspectos relativos à sua criação.

A moeda escritural possui uma alta participação na composição do meio circulante, e isso pode ser explicado pela capacidade dos bancos em multiplicar os depósitos à vista realizados por seus correntistas. Trata-se, portanto, do mecanismo de criação de moeda pelos bancos.

A preferência do público em utilizar a moeda escritural pode ser justificada por algumas razões simples. Ao efetuarmos um depósito em um banco, estamos, na verdade, buscando uma forma segura de proteger nosso dinheiro contra perdas e roubos; afinal, é mais fácil carregar um talonário de cheques do que um maço de dinheiro no bolso, principalmente quando se trata de vultosas quantias. Por outro lado, ao mantermos nosso dinheiro em um banco, ele nos oferece um conjunto de vantagens (cheques especiais, cartões de crédito, facilidade para a obtenção de empréstimos etc.), além das facilidades para a aplicação de nossos recursos disponíveis.

Outra grande vantagem que os bancos apresentam é que eles simplificam as operações de cunho financeiro dos agentes econômicos.

Agora, vamos ver como os bancos comerciais conseguem criar moeda. Suponhamos que o Banco Central decida expandir a quantidade de dinheiro em circulação na economia, ou seja, a oferta de moeda. Assim, o Banco Central compra no mercado títulos do Tesouro no montante de $ 1.000.000. O vendedor dos títulos recebe o dinheiro ou o cheque dessa transação e o deposita em sua conta em um Banco A. Suponhamos que os depósitos compulsórios dos bancos e os encaixes sejam de 40% dos depósitos. Assim, o Banco A pode emprestar $ 600.000 e reter $ 400.000 como reserva. Quem recebe os $ 600.000 como empréstimo vai depositá-lo no Banco B que, por sua vez, terá condições de emprestar $ 360.000, que o tomador vai depositar em outro banco e assim sucessivamente. Nesse processo, o total de moeda criado pode ser obtido por:

$$\Delta M = \$\ 1.000.000 + 600.000 + 360.000 + ...$$

ou, ainda,[6]

$$\Delta M = \$\ 1.000.000\ [1+ 0,6 + 0,6^2 + ...]$$
$$\Delta M = \$\ 1.000.000 \times \frac{1}{1 - 0,6}$$
$$\Delta M = \$\ 2.500.000$$

Pelo que vimos até agora, podemos então definir a variação na oferta de moeda como:

$$\Delta M = \frac{1}{Z} \times \Delta R$$

onde ΔR representa o aumento inicial das reservas, ou seja, o primeiro depósito à vista, e Z a fração dos depósitos à vista que é destinada aos depósitos compulsórios e aos encaixes bancários. Costuma-se chamar $1/Z$ de multiplicador de depósitos bancários.

---

[6] A expressão entre chaves é a soma dos termos de uma Progressão Geométrica Crescente de razão $(1 - r)$. Essa soma é igual ao termo inicial dividido por 1 menos a razão.

QUADRO 6
Processo de criação de moeda pelo sistema bancário

Etapas	Expansão dos Depósitos à Vista	Empréstimos Concedidos pelo Sistema Bancário	Encaixe Mantido pelos Bancos
Compra de título pelo Bacen (1ª etapa)	1.000.000	–	–
2ª etapa	1.000.000	600.000	400.000
3ª etapa	600.000	360.000	240.000
4ª etapa	360.000	216.000	144.000
5ª etapa	216.000	129.600	86.400
.	.	.	.
.	.	.	.
.	.	.	.
nª etapa	Próximo a zero	Próximo a zero	Próximo a zero
Final do processo	2.500.000	1.500.000	1.000.000

Os valores dos depósitos compulsórios no Brasil, atualmente, em vigência desde 2002, incidem de forma diferente em função dos tipos de depósito realizados em instituições financeiras (bancos múltiplos, bancos de investimentos, bancos comerciais, bancos de desenvolvimento, caixas econômicas, sociedades de crédito, financiamento e investimento, sociedades de crédito imobiliário e associações de poupança e empréstimo), conforme apresentado no Quadro 7. Além desses valores, em fevereiro de 2010, o Banco Central do Brasil determinou o cumprimento de exigibilidades adicionais de recolhimento compulsório e encaixe obrigatório sobre os depósitos captados pelas instituições financeiras, remunerados com base na taxa Selic.

QUADRO 7
Modalidades de Compulsório

Compulsório	Alíquota	Dedução	Remuneração
Recursos à Vista	44%	R$ 44 milhões	Não há
Recursos a Prazo	20%	R$ 30 milhões	Taxa Selic
Depósitos de Poupança	20%	Não há	a) Se a meta da taxa Selic for maior ou igual a 8,5% a.a., TR acrescida de 6,17% a.a. b) Se a meta da taxa Selic for menor que 8,5% a.a., TR acrescida de 70% da meta Selic a.a.
Exigibilidade Adicional	Recurso a Prazo – 11% Poupança – 10%	Varia de zero a três bilhões de reais	Taxa Selic
Garantias Realizadas	45%	R$ 2 milhões	Não há

Fonte: Banco Central do Brasil, Diretoria de Política Econômica. Depósitos Compulsórios.

A partir de junho de 2010 o Banco Central do Brasil passou a adotar um sistema progressivo de aumento da alíquota do depósito compulsório sobre os depósitos à vista, que em junho de 2014 atingiu a alíquota de 45%.

8 DEMANDA DE MOEDA (VERSÃO KEYNESIANA)

Falamos até o momento das diversas funções e características da moeda. Vamos agora analisar por que os indivíduos e firmas mantêm saldos monetários em caixa. Dito de outra forma, analisaremos a demanda de moeda por parte das unidades econômicas individuais.

Existem três fatores que determinam a demanda por moeda:

a) *demanda de moeda por motivo transacional:* decorre do fato de os indivíduos terem a necessidade de utilizar a moeda para o pagamento de suas transações com bens e serviços. Como, via de regra, não existe coincidência entre os fluxos de recebimento e pagamentos (desencaixes), os agentes econômicos são levados a reter moeda (encaixes) para que possam honrar seus compromissos ao longo de um determinado período de tempo. A decisão de manter moeda para transações vai depender do montante de renda recebido e do fluxo de recebimento. Em outras palavras, a demanda transacional será função proporcional da renda, sendo representada por uma parcela t da renda (tY). Assim, temos

$$D_T = f(Y)$$

onde

D_T = demanda transação e Y = renda. Logo,

$$D_T = tY$$

b) *demanda de moeda por motivo precaucional:* além do motivo transação, as pessoas detêm moeda por motivo de precaução, como proteção contra acontecimentos inesperados, tais como desemprego, doença etc. Da mesma forma que a demanda transacional, a demanda precaucional dependerá da renda, sendo proporcional a ela. A demanda por precaução será então uma parcela p da renda (pY). Assim, temos:

$$D_P = f(Y)$$

onde

D_P = demanda precaução e Y = renda. Logo,

$$D_P = pY$$

Como D_T e D_P dependem de Y, podemos juntá-las, representando-as como uma proporção k da renda, onde $k = t + p$. Dessa forma, teremos

$$D_{T+P} = kY$$

Para exemplificar, suponhamos que a demanda transação seja tal que

$$D_T = tY$$

e que

$$t = 7\%$$

Suponhamos, também, que a demanda precaução seja tal que:

$$D_P = pY$$

e que

$$p = 3\%$$

Logo, *a demanda transacional* + *a demanda precaucional* de moeda será dada por

$$D_{T+P} = kY$$

onde

$$k = t + p$$

Logo,

$$D_{T+P} = 10\% \; Y$$

A Figura 1 representa a demanda transação e precaução conjugadas. Se a renda for de $ 500 milhões de unidades monetárias, a demanda transação + precaução será de $ 50 milhões (D_{T+P} = 10% · $ 500 milhões = $ 50 milhões). Se a renda aumentar para $ 1 bilhão, a demanda transação + precaução será de $ 100 milhões de unidades monetárias.

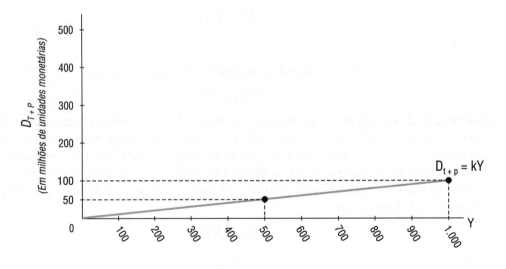

(Em milhões de unidades monetárias)

FIGURA 1
Demanda transação e precaução da moeda

c) *demanda por moeda para especulação*: as pessoas podem reter seus ativos financeiros de várias formas – como ações de companhias, títulos públicos ou privados ou como moeda propriamente dita, no seu conceito M_1. As vantagens de se reter a moeda como ativo, em vez de títulos ou ações, é que ela é o ativo de maior liquidez da economia, podendo imediatamente ser utilizada para comprar bens e serviços. A desvantagem da retenção de moeda como um ativo, quando comparada com a retenção de títulos, é que ela não rende juros. Se uma pessoa retém moeda, incorre em um *custo de oportunidade*, pois a renda que poderia obter com juros é sacrificada. Para exemplificar, vamos imaginar que um título[7] pague 10% ao ano de juros. Se você retiver $ 1.000,00 ou sob a forma de moeda em mãos ou em sua conta bancária (não remunerada), então não adquirir o título custará para você $ 100,00 por ano (ou seja, $ 100,00 é a renda sacrificada).

A quantidade demandada de moeda para fins especulativos depende basicamente da taxa de juros. Uma elevação na taxa de juros aumenta o custo de se reter moeda. Quando for caro reter moeda, as pessoas preferirão comprar títulos que rendem juros, mantendo uma quantidade menor de dinheiro em mãos. Como consequência, a quantidade demandada de moeda diminuirá. Inversamente, uma redução na taxa de juros diminui o custo de oportunidade de reter moeda. Nesse caso, as pessoas preferirão reter uma quantidade maior de moeda, e a quantidade demandada de moeda aumentará.

Existe, portanto, uma relação inversa entre a demanda especulativa e a taxa de juros.

Por essa razão, a curva de demanda especulativa por moeda tem inclinação negativa, como mostra a Figura 2.

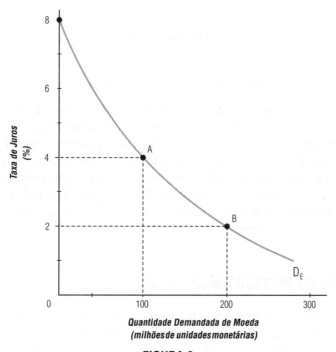

FIGURA 2
Demanda especulativa de moeda

---

[7] Para simplificar, agruparemos todos os ativos diferentes da moeda em uma única categoria, denominada "títulos".

Podemos ver que a demanda especulativa de moeda aumenta à medida que a taxa de juros se reduz. Assim, para uma taxa de juros tal como 4%, a demanda de moeda para fins especulativos é de $ 100 milhões de unidades monetárias (ponto A na curva de demanda de moeda), significando que, a essa taxa de juros, a quantidade de moeda que as pessoas desejam manter é de $ 100 milhões. Se houver uma redução da taxa de juros de 4% para 2%, as pessoas preferirão reter uma quantidade maior de moeda, e a quantidade demandada de moeda aumentará para $ 200 milhões de unidades monetárias (passando do ponto A para o ponto B da curva de demanda de moeda). Assim, quanto mais baixa a taxa de juros, maior deverá ser a quantidade demandada de dinheiro, porque o custo de oportunidade de manter o dinheiro será menor.

Temos, então:

$$D_E = f(i)$$

onde

$$D_E = \text{demanda especulativa}$$

e

$$i = \text{taxa de juros}$$

Juntando os três motivos para reter encaixes monetários, obteremos a demanda total de moeda, que será dada por:

$$D_M = D_{T+P} + D_E$$

ou, ainda,

$$D_M = kY + f(i)$$

onde

$$D_M = \text{demanda total de moeda}$$

Suponhamos, então, que K seja igual a 10%. Nesse caso, podemos observar que, para o nível de renda de $ 1 bilhão, a demanda transação mais precaução é de $ 100 milhões, qualquer que seja o nível da taxa de juros. Suponhamos, também, que para uma taxa de juros de 4% haverá uma demanda especulativa de moeda de $ 100 milhões de unidades monetárias. Nessas condições, ou seja, para uma renda de $ 1 bilhão de unidades monetárias e uma taxa de juros de 4%, a demanda total de moeda será dada pela soma da demanda transação e precaução mais a demanda especulativa, totalizando $ 200 milhões de unidades monetárias.

8.1 O Equilíbrio no Mercado Monetário

Para que haja equilíbrio no mercado monetário, é preciso que a oferta de moeda seja igual à demanda de moeda. Se chamarmos a oferta monetária de O_M e a demanda monetária de D_M (onde $D_M = D_{T+P} + D_E$), o equilíbrio vai requerer

$$O_M = D_M$$

Quando isso ocorrer, estará determinada a taxa de juros de equilíbrio.

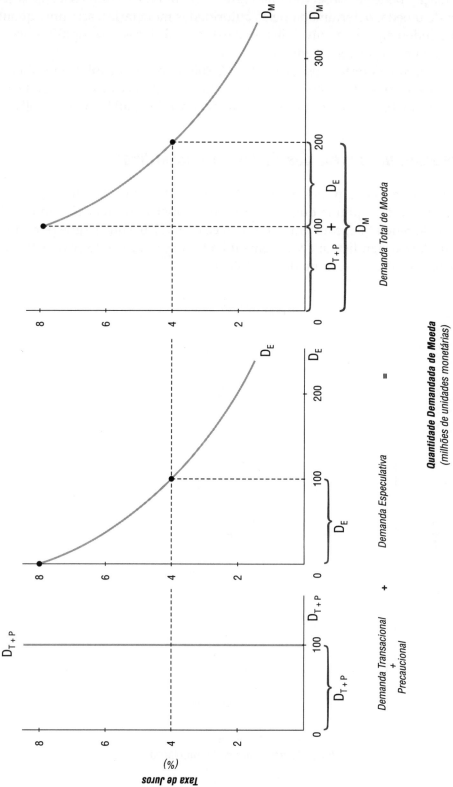

FIGURA 3
Demanda total de moeda

Essa situação pode ser observada na Figura 4. Para tanto, faremos a suposição de que a oferta de moeda, determinada pelas autoridades monetárias, seja uma quantidade fixa, independentemente do nível de renda e da taxa de juros. Isso significa dizer que a curva de oferta monetária será uma reta vertical.

Assim, dada uma oferta monetária O_M = $ 200 milhões, o equilíbrio no mercado monetário ocorrerá no ponto de encontro entre a curva de oferta e de demanda de moeda (ponto E na Figura 4). Nessas condições, a taxa de juros de equilíbrio será de 4%.

8.1.1 A Relação entre o Preço dos Títulos e a Taxa de Juros

A relação entre o preço dos títulos e a taxa de juros pode ser facilmente explicada por meio de um exemplo. Suponha que você compre no mercado financeiro um título de longo prazo e de renda fixa, com um valor de face de $ 1.000 e que pague por ano juros fixos de $ 50,00. Isso significa que você passará a ter um rendimento fixo de $ 50,00 ao ano. Em termos de juros, o retorno desse título será de 5%:

$$\frac{\$\ 50}{\$\ 1.000} = 0,05 \text{ ou } 5\%$$

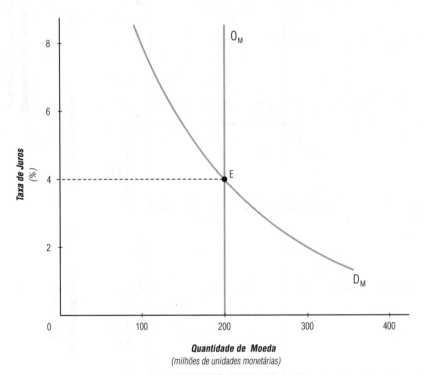

FIGURA 4
O equilíbrio no mercado monetário

Suponha, agora, que você resolva vender esse título no mercado financeiro, e que, em decorrência de um *aumento na oferta de títulos*, o preço do título diminua para $ 625. Em termos de juros, o retorno desse título aumentou para 8%, como mostrado a seguir:

$$\frac{\$\ 50}{\$\ 625} = 0{,}08 \text{ ou } 8\%$$

Podemos concluir que, *quando os preços dos títulos diminuem, as taxas de juros se elevam*.

Façamos, agora, o raciocínio inverso. Suponha que você deseje comprar mais um título semelhante ao que já possui, mas que, em razão de um *aumento na demanda* por títulos, o preço dele tenha aumentado para $ 1.250,00. Em termos de juros, o retorno desse título diminui para 4%:

$$\frac{\$\ 50}{\$\ 1.250} = 0{,}04 \text{ ou } 4\%$$

Podemos concluir que, *quando os preços dos títulos aumentam, as taxas de juros diminuem*.
Conclusão: quando o preço do título diminui, a taxa de juros se eleva; inversamente, quando o preço do título aumenta, a taxa de juros se reduz.

8.1.2 Como a Política Monetária Afeta a Taxa de Juros

Veremos, nesta seção, como a taxa de juros de equilíbrio sofre alterações com aumentos e diminuições na oferta monetária, *a partir de uma demanda por moeda estacionária*. As expansões e contrações da oferta monetária fazem parte da Política Monetária, de responsabilidade do Banco Central do Brasil e que será objeto de análise adiante.

a) Aumento na Oferta de Moeda

A Figura 5 nos mostra um mercado monetário inicialmente em equilíbrio. O ponto E_1 nos mostra que a oferta de moeda de $ 200 milhões é igual à demanda de moeda, sendo a taxa de juros de equilíbrio de $ 4%. Suponhamos que o Banco Central aumente a oferta monetária para $ 300 milhões (de O_{M_1} para O_{M_2}). Com a taxa de juros em 4% a quantidade de moeda que as pessoas desejarão reter ($ 200 milhões) é menor que a quantidade de moeda ofertada pelo Banco Central ($ 300 milhões), gerando excesso de oferta de moeda de $ 100 milhões. As pessoas que mantêm esse excesso de moeda tentarão se livrar dele comprando títulos que rendem juros. A grande procura por títulos acaba por elevar seus preços, ocasionando uma queda na taxa de juros. A taxa de juros cai até atingir um novo equilíbrio, com uma taxa de 2% e uma quantidade demandada de moeda de $ 300 milhões (ponto E_2), quando então $O_{M_2} = D_M$.

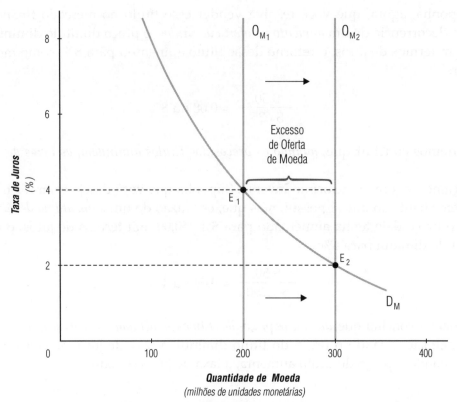

FIGURA 5
Aumento na oferta de moeda e taxa de juros

b) Diminuição na Oferta de Moeda

A Figura 6 apresenta um mercado monetário inicialmente em equilíbrio. O ponto E_1 nos mostra que a oferta de moeda de $ 200 milhões é igual à demanda de moeda e que a taxa de juros de equilíbrio é de $ 4%. Suponha que o Banco Central diminua a oferta monetária para $ 100 milhões (de O_{M_1} para O_{M_2}). Com a taxa de juros em 4%, a quantidade de moeda que as pessoas desejarão reter ($ 200 milhões) é maior que a quantidade de moeda ofertada pelo Banco Central ($ 100 milhões), gerando excesso de demanda de moeda de $ 100 milhões. Como resultado, as pessoas tentam aumentar a quantidade retida de moeda vendendo seus títulos. A grande oferta de títulos acaba por diminuir seus preços, ocasionando uma elevação na taxa de juros. A taxa de juros sobe até atingir uma nova taxa de equilíbrio, com uma taxa de 8% e uma quantidade demandada de moeda de $ 100 milhões (ponto E_2), quando então $O_{M_2} = D_M$.

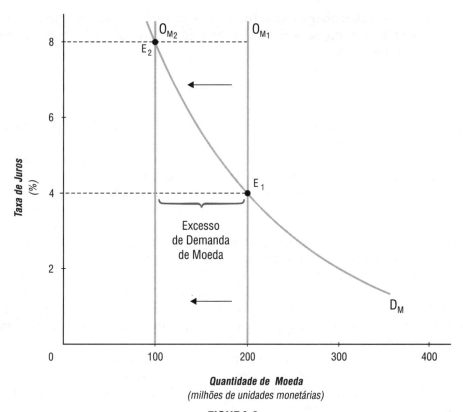

FIGURA 6
Diminuição na oferta de moeda e taxa de juros

8.2 O Investimento e a Taxa de Juros

Até o momento, trabalhamos com a hipótese de que o investimento era constante em relação à renda. O que faremos agora será explorar um pouco mais a natureza da Função Investimento, analisando a relação existente entre investimento e taxa de juros.

8.2.1 *A Decisão de Investir e o Papel da Taxa de Juros*

Dado que a empresa opera objetivando maximizar o lucro, podemos dizer que é a expectativa de lucros que determina a decisão de investir por parte do empresário. Essa expectativa, por sua vez, baseia-se nas relações entre três elementos: *o fluxo de renda esperado advindo da aquisição do bem de capital, o preço de compra desse bem* e *a taxa de juros de mercado*.

Consideremos, para exemplificar, o caso de uma firma que compra uma máquina ao preço de $ 50.000. Suponhamos, também, que a duração dessa máquina seja exatamente de um ano, período durante o qual ela se deprecie totalmente.[8] Suponhamos, finalmente,

---

[8] Essa hipótese simplifica a realidade, uma vez que o bem de capital é mais durável. Entretanto, as conclusões a respeito do comportamento da firma não ficam invalidadas.

que, descontados os custos operacionais (mão de obra, matéria-prima, administração), ela produza uma receita líquida de $ 55.000. A taxa de retorno desse investimento será de 10%, sendo assim calculada:

$$\left(\frac{55.000}{50.000} - 1\right) \times 100 = 10\%$$

A pergunta que se faz é: será essa taxa de retorno alta o bastante para fazer que o empresário realize o investimento?

A resposta a essa pergunta evidenciará a importância da taxa de juros de mercado como instrumento orientador da tomada de decisão do empresário.

Para exemplificar, imaginemos inicialmente uma situação em que a firma disponha de fundos próprios para investir. Se a taxa de juros de mercado for superior a 10%, ela maximizará seu lucro emprestando esses fundos no mercado. Se, por outro lado, a taxa de juros for inferior à taxa de retorno do investimento (que é de 10%), então a compra da máquina será a decisão que maximizará o lucro da firma.

Imaginemos agora uma situação em que a firma não disponha de fundos para efetuar o investimento. Se a taxa de juros de mercado for inferior a 10% (que é a taxa de retorno), a decisão mais correta será tomar emprestado os fundos para comprar a máquina. Assim fazendo, ela conseguirá pagar o principal mais os juros e ainda obter uma determinada quantia de lucro.

Se, por outro lado, a taxa de juros de mercado for superior a taxa de retorno (superior a 10%), a compra da máquina será desaconselhável, uma vez que o pagamento do principal mais os juros ultrapassará a receita esperada do investimento, resultando em uma perda líquida para a empresa.

Como regra geral, podemos dizer que vale a pena investir em um bem de capital sempre que a taxa de retorno desse investimento exceder a taxa de juros de mercado.

8.2.2 A Curva de Demanda de Investimento de uma Firma

Suponhamos, de início, que uma firma qualquer tenha um programa de cinco projetos de investimento, hierarquizado de acordo com sua rentabilidade. O Quadro 8 nos fornece o valor de cada projeto e sua respectiva taxa de retorno.

QUADRO 8
Taxa de juros e investimento

Projeto	Investimento Total no Projeto (em milhões de $)	Taxa de Retorno (%)
A	5	20
B	1	15
C	3	10
D	5	5
E	1	3

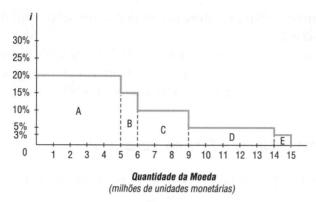

FIGURA 7
Curva de demanda de investimento de uma firma

A Figura 7 representa os valores do Quadro 8. A curva obtida (em degraus) é chamada *Curva de Demanda de Investimento de uma Firma*.

Na seção anterior evidenciamos o fato de que a firma, como maximizadora de lucros, vai levar a efeito todos os investimentos cuja taxa de retorno for maior que a taxa de juros de mercado.

Assim, se a taxa de juros for de 12%, a firma realizará investimentos no valor de $ 6 milhões (projeto *A* + projeto *B*), uma vez que a taxa de retorno desses projetos é superior à taxa de juros de mercado. Se, por acaso, a taxa de juros cair para, digamos, 4%, o investimento da firma totalizará $ 14 milhões (Projetos *A*, *B*, *C* e *D*). Caso a taxa de juros diminua para 3%, será indiferente para a firma investir no projeto *E* ou emprestar esse $ 1 milhão a juros de mercado.

8.2.3 *A Curva de Demanda de Investimento da Economia*

Se somarmos as curvas de demanda de investimento de todas as firmas, a diferentes taxas de juros, obteremos a Curva de Demanda de Investimentos da Economia, que é retratada na Figura 8.

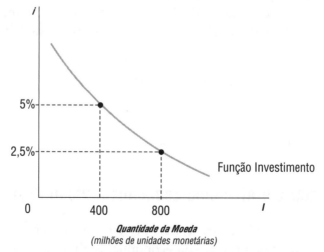

FIGURA 8
Curva de demanda de investimento da economia

Verificamos, então, que o investimento depende (ou é função) da taxa de juros ou, o que é a mesma coisa, $I = f(i)$.

Como podemos observar, existe uma relação inversa entre investimento e taxa de juros. Assim, à taxa de juros 5% corresponde um investimento igual a $ 400. Se a taxa de juros cair para 2,5%, o investimento aumentará até $ 800.

8.2.4 Taxa de Juros Nominal e Taxa de Juros Real

As taxas de juros reais diferem das taxas de juros nominais pelo desconto desta dos efeitos da inflação.

A relação entre a taxa de juros nominal, a taxa de juros real e a inflação é dada pela seguinte fórmula:

$$i_r = \frac{i_n - t}{1 + t}$$

onde:

i_n = taxa nominal de juros;

i_r = taxa real de juros;

t = taxa de inflação.

Essas taxas devem ser expressas em termos centesimais, para correta aplicação da fórmula. Exemplificando: 10% a.a. correspondem a 0,10 na fórmula.

Outra forma equivalente dessa fórmula é:

$$(1 + i_n) = (1 + i_r)(1 + t)$$

Para exemplificar, suponhamos que um indivíduo faça uma aplicação de $ 100.000 por um ano à taxa de juros nominal de 40% a.a. Suponhamos, também, que a taxa de inflação no período tenha sido de 25% a.a. Qual terá sido a taxa de juros real?

Pela fórmula:

$$i_r = \frac{i_n - t}{1 + t} = \frac{0,40 - 0,25}{1 + 0,25} = \frac{0,15}{1,25} = 12\% \text{ a.a.}$$

A taxa de juros real terá sido de 12% a.a.

8.3 Oferta Monetária e Atividade Econômica: Visão Keynesiana

Nesta seção analisaremos a visão keynesiana de como as mudanças na oferta monetária afetam o nível de renda e de produto da economia. Embora a análise keynesiana sugira que a política fiscal é mais efetiva que a política monetária, esta (a política monetária) é considerada como uma maneira de alterar a taxa de juros, modificando, dessa forma, as despesas em investimento.

Como já observamos, no modelo keynesiano a demanda de moeda e a demanda de investimento se relacionam inversamente à taxa de juros. Assim, se o Banco Central aumentar a oferta de moeda, a taxa de juros deverá sofrer uma redução. Com a redução da taxa de juros, o volume das despesas em investimento deverá aumentar, induzindo um dispêndio adicional em consumo e elevando o nível de renda e de emprego da economia.

Teríamos, então, o seguinte esquema:

Mesmo reconhecendo a possível utilidade da política monetária, os economistas keynesianos preferem o uso da política fiscal para a estabilização da economia, uma vez que consideram a política monetária potencialmente mais fraca e/ou menos previsível em seu efeito sobre a renda.

A Figura 9 apresenta um exemplo de como a política monetária afeta o nível de renda de uma economia. Ela nos mostra três relações distintas: na parte superior do lado esquerdo temos o mercado monetário; na parte superior do lado direito temos o gráfico que retrata a demanda por investimento; finalmente, na parte de baixo, temos a determinação no nível de equilíbrio da renda pelo mecanismo $S = I$.

Podemos observar na Parte 1 da Figura 9 que inicialmente o mercado monetário se encontra em equilíbrio à taxa de juros de 4%, determinada pelo encontro entre a curva de oferta de moeda O_{M_1} (de $ 200) e a curva de demanda de moeda D_M (ponto A). A Parte 2 da Figura 9 nos mostra que o nível de investimento compatível com essa taxa de juros é de $ 50 (ponto C na curva de demanda por investimento), como podemos observar no gráfico de Demanda por Investimento. A Parte 3 da Figura 9 nos mostra o nível de equilíbrio da renda de $ 750 (Y_0^e), determinado pelo mecanismo $S = I$ (ponto E_1). Devemos observar que a função poupança dessa economia é $S = 100 + 0{,}20Y$; logo, o multiplicador do investimento é 5. Devemos observar ainda que, para simplificar o exemplo, não consideramos a existência de gastos governamentais.

Suponhamos, então, que haja um aumento da oferta monetária de $ 200 para $ 300. O ponto de equilíbrio no mercado monetário move-se de A para B. Consequentemente, a taxa de juros cai de 4% para 2%. Os efeitos de uma redução na taxa de juros podem ser observados no diagrama de Demanda por Investimentos. Taxas de juros mais baixas estimulam o investimento, aumentando-o de $ 50 para $ 100 (um deslocamento do ponto C para o ponto D, ao longo da curva de demanda por investimento). Uma elevação no investimento ($\Delta I = 50$) provoca, via efeito multiplicador, uma expansão da demanda agregada, da renda e do emprego. O novo nível de equilíbrio da renda será de $ 1.000 (Y_1^e), quando então novamente $S = I$ (ponto E_1 no gráfico 3, de determinação da renda).

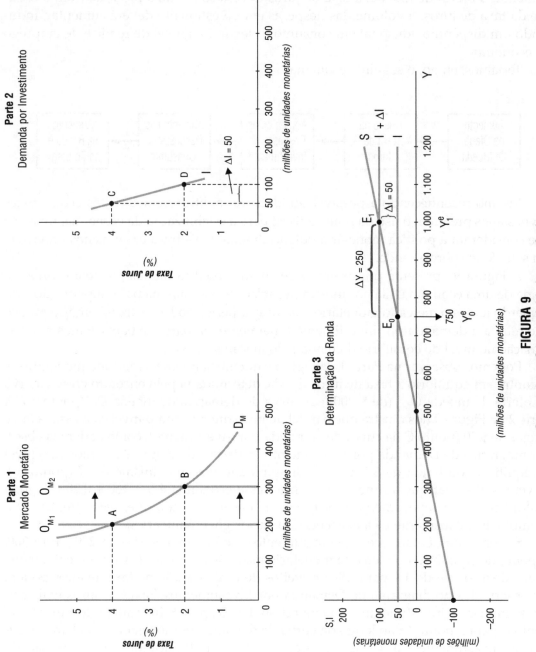

FIGURA 9
Oferta monetária e atividade econômica

Podemos sintetizar a relação entre oferta monetária e atividade econômica da seguinte forma:

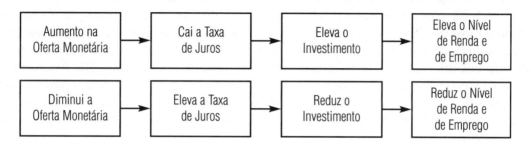

8.4 O Efeito das Mudanças da Oferta de Moeda: Visão Monetarista

Os monetaristas atribuem à moeda fundamental importância, sustentando que a demanda por moeda é insensível à taxa de juros. Consideram que as famílias, responsáveis pelas despesas de consumo, e as firmas, responsáveis pelas despesas de investimento, respondem de forma muito significativa às variações na oferta de moeda, ocasionando um efeito substancial e previsível na demanda do setor privado da economia.

Assim, mudanças na oferta de moeda diretamente provocam mudanças na demanda agregada da economia, determinando mudanças no nível de preços, no nível de renda e no nível de emprego.

Devemos observar que os monetaristas omitem a ligação taxa de juros-investimento observada no modelo keynesiano.

8.4.1 *A Equação de Trocas*

Os monetaristas dão importância central à moeda como um meio de troca. Essa importância é formalizada pela equação de trocas, que pode ser escrita da seguinte forma:

$$M \times V = P \times Q$$

Vamos analisar inicialmente o lado esquerdo dessa equação. M é a oferta de moeda em circulação (M_1) e V, a *velocidade da moeda* (o número médio de vezes em que uma unidade monetária é usada durante o ano para a compra de bens finais e serviços).

Para exemplificar esse conceito, suponhamos a existência de uma economia bastante simples com uma oferta monetária de $ 100. Suponhamos ainda que você esteja de posse dessa quantia e que com ela você compre um terno no valor de $ 100. Suponhamos agora que o dono da loja em que você comprou o terno pegue o dinheiro e gaste os $ 100 no supermercado. Façamos uma nova suposição: a de que o dono do supermercado pegue os $ 100 e os gaste integralmente na compra de CDs. Suponhamos, também, que o dono da loja de CDs, por sua vez, gaste os $ 100 comprando dois pares de sapatos em uma loja de calçados. Por fim, suponhamos que o dono da loja de calçados gaste os $ 100 jantando em um restaurante sofisticado. Verificamos, então, que os $ 100 trocaram de mãos por cinco vezes e compraram bens e serviços no valor de $ 500. Suponhamos, para finalizar, que, durante o período de um ano os $ 100 troquem de mãos dez vezes. Isso significa que a velocidade da moeda é 10, e a equação de trocas pode ser expressa da seguinte forma:

$$\$ 100 \times 10 = \$ 1.000$$

Vamos agora analisar o lado direito da equação. P refere-se a uma média ponderada dos preços do produto final e Q, a quantidade de produto final. $P \times Q$ é também o valor nominal do PIB da economia. Logo, a equação de trocas pode ser escrita da seguinte forma:

$$M \times V = PIB$$

e

$$V = \frac{PIB}{M}$$

Observe que essa versão da equação de trocas se restringe às transações em termos de renda, onde M é a quantidade de moeda e V é a *velocidade-renda* da moeda, o número de vezes em que, na média, a moeda é utilizada em transações que envolvem a produção corrente (renda). Esse conceito inclui apenas bens produzidos no período, excluindo bens produzidos em períodos anteriores e ativos financeiros.

Para exemplificar, suponhamos que o PIB de uma economia (sem setor externo) seja composto de despesas de consumo no valor de $ 1.000, despesas de investimento no valor de $ 400 e gastos governamentais no valor de $ 600. Suponhamos, também, que a oferta de moeda seja de $ 400. Qual seria a velocidade da moeda?

$$PIB = C + I + G$$
$$PIB = \$ 1.000 + \$ 400 + \$ 600$$
$$PIB = \$ 2.000$$

Como $V = PIB/M$

$$V = \$ 2.000/\$ 400$$
$$V = 5$$

A equação de trocas seria dada por:

$$M \times V = PIB$$
$$\$ 400 \times 5 = \$ 2.000$$

Isso significa que a oferta de moeda de $ 400 circulou em média cinco vezes para comprar bens finais e serviços no valor de $ 2.000.

Examinemos agora outro exemplo: suponhamos que a oferta de moeda seja de $ 500 e que o produto da economia (Q) seja de 1.500 unidades a um preço médio de $ 3,00 por unidade.

Nesse caso, $P \times Q$ seria igual a $ 4.500 (1.500 × $ 3,00); V seria igual a 9 ($V = P \times Q/M = $ 4.500/$ 500$). A equação de trocas seria dada por:

$$M \times V = P \times Q$$
$$\$ 500 \times 9 = \$ 3,00 \times 1.500$$
$$\$ 4.500 = \$ 4.500$$

Devemos reparar que a equação é uma identidade, sendo verdadeira por definição. A equação de trocas é um truísmo ou uma tautologia, uma vez que o valor das mercadorias compradas é sempre igual ao valor das mercadorias vendidas.

8.4.2 A Teoria Quantitativa da Moeda

Os economistas clássicos usaram essa equação como base para o desenvolvimento da teoria quantitativa da moeda. Para tanto, algumas hipóteses têm de ser assumidas. Na apresentação rígida da teoria quantitativa, supõe-se que V e Q sejam constantes. Por essa razão, aumentos na oferta de moeda provocam aumentos proporcionais no nível de preços. Teríamos então:

$$M \times \overline{V} = P \times \overline{Q}$$

As barras em cima de V e de Q indicam que tanto a velocidade da moeda quanto o produto permanecerão constantes. Suponhamos, então, que M seja de $ 500, Q seja de 1.000 unidades e P seja de $ 1,50 por unidade. Teríamos então:

$$M \times \overline{V} = P \times \overline{Q}$$
$$\$ 500 \times \overline{V} = \$ 1,50 \times 1.000$$
$$\$ 500 \times \overline{V} = \$ 1.500$$
$$\overline{V} = \$ 1.500 / \$ 500$$
$$\overline{V} = 3$$

Logo,

$$\$ 500 \times 3 = \$ 1,5 \times 1.000$$

Sendo V e Q constantes (para os clássicos, a economia está a pleno emprego e Q não varia), se a oferta de moeda dobrasse de $ 500 para $ 1.000, os preços médios dobrariam de $ 1,50 para $ 3,00. Da mesma forma, se a oferta de moeda fosse reduzida em 50%, os preços cairiam em 50% também. Segundo a versão rígida da teoria quantitativa, se V e Q são constantes, variações na oferta de moeda resultam em variações proporcionais no nível de preços.

A versão mais flexível da teoria quantitativa admite que, no decorrer do tempo, V e Q podem sofrer variações. Isso porque em uma economia em crescimento Q aumenta com o passar do tempo. A velocidade da moeda que, por sua vez, depende dos padrões de pagamentos e recebimentos da economia, também pode sofrer variações com o passar do tempo. Os teóricos quantitativistas assumem que as mudanças na velocidade são previsíveis e argumentam que o crescimento no PIB nominal está estreitamente relacionado com os aumentos na oferta de moeda. Argumentam ainda que um nível de preços relativamente estável pode ser alcançado, bastando para isso que o crescimento na oferta monetária esteja relacionado ao crescimento da capacidade de produção da economia.

Concluindo, se supusermos que V permaneça constante em curto prazo, o efeito de um aumento na oferta monetária sobre a inflação e o emprego dependerá de a economia estar operando ou não com recursos ociosos.

Se a economia estiver com recursos desempregados, uma elevação na oferta de moeda pode aumentar a produção e o emprego na economia, sem necessariamente aumentar os preços. Por outro lado, se a economia estiver com recursos plenamente empregados, um aumento na oferta monetária provocará apenas uma elevação no nível geral de preços da economia.

9 POLÍTICA MONETÁRIA

A política monetária pode ser definida como o conjunto de medidas adotadas pelo governo com o objetivo de controlar a oferta de moeda e as taxas de juros, de forma a assegurar a liquidez ideal da economia do país.

A execução da política monetária, em última instância, tem como objetivo, por meio do controle da oferta de moeda, a elevação do nível de emprego, a estabilidade dos preços, uma taxa de câmbio realista e uma adequada taxa de crescimento econômico.

9.1 Instrumentos da Política Monetária

Para que as Autoridades Monetárias possam executar a Política Monetária, elas se utilizam de alguns instrumentos para influenciar a oferta de moeda e regular a taxa de juros. Essas Autoridades Monetárias não têm condições de interferir diretamente no cotidiano dos agentes econômicos, por exemplo, para aumentar ou reduzir o nível de consumo. Dessa forma, por meio da ação sobre as reservas bancárias e das taxas de juros, indiretamente induzem o público a alterar o perfil de seus gastos.

Os principais instrumentos são:

- controle direto da quantidade de dinheiro em circulação;
- operações no mercado aberto;
- fixação da taxa de reserva;
- fixação da taxa de redesconto;
- controles seletivos de crédito.

- **Controle do dinheiro em circulação**

Relaciona-se diretamente com a questão da emissão de dinheiro e sua circulação por intermédio das Autoridades Monetárias. Normalmente, a emissão de moeda se destina a financiamento de déficits orçamentários do governo, à concessão de empréstimos de liquidez às instituições bancárias e à realização de operações de compra e venda de moeda estrangeira.

- **Operações no mercado aberto**

As operações no mercado aberto consistem na compra e venda de títulos públicos por parte do Banco Central, objetivando regular os fluxos gerais de liquidez da economia. Quando há excesso de oferta monetária, o Banco Central realiza operações de venda de Títulos Públicos. Reduz-se, dessa forma, a quantidade de dinheiro em poder do público e dos bancos, contraindo-se, portanto, os meios de pagamento. Caso a oferta monetária seja insuficiente, o Banco Central entra no mercado de títulos da Dívida Pública, realizando operações de compra desses títulos. Ao comprar títulos ele injeta dinheiro no sistema, provocando, então, uma expansão dos meios de pagamento.

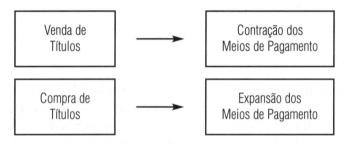

- **Fixação da taxa de reserva**

Este é outro instrumento utilizado pelo governo para controlar a oferta de dinheiro, atuando diretamente sobre bancos. Essas reservas, também conhecidas como depósitos compulsórios, são mantidas pelas instituições bancárias perante o Banco Central, em uma proporção dos depósitos à vista mantidos pelos bancos. Esse instrumento atua diretamente sobre o nível de reservas dos bancos comerciais, sendo, portanto, bastante eficiente, já que mudanças nessa variável influem no multiplicador bancário com reflexos diretos no nível de expansão ou contração dos meios de pagamento.

A elevação na taxa de reserva provocará diminuição dos meios de pagamento, uma vez que reduz as disponibilidades dos bancos para empréstimos.

Inversamente, se o Banco Central reduz a taxa de reserva, as disponibilidades para empréstimo aumentam, provocando uma elevação dos meios de pagamento.

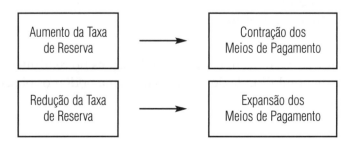

- **Fixação da taxa de redesconto**

O redesconto é um empréstimo que os bancos comerciais recebem do Banco Central para cobrir eventuais problemas de liquidez. A taxa de juros cobrada sobre esses empréstimos é chamada Taxa de Redesconto. Uma elevação na taxa de redesconto induzirá os bancos comerciais a aumentar suas reservas voluntárias. Assim, evitam incorrer em altos custos financeiros decorrentes de dificuldades momentâneas de caixa.

Um aumento nas reservas bancárias faz que o montante de empréstimos concedidos pelos bancos comerciais diminua, reduzindo os meios de pagamento. Claro está que uma redução na taxa de redesconto induzirá à redução das reservas bancárias e à expansão dos meios de pagamento.

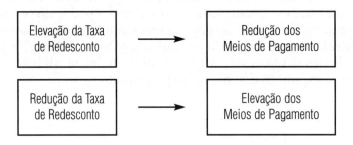

- **Controles seletivos de crédito**

As Autoridades Monetárias geralmente possuem poderes para controlar, de forma direta, o nível de dado ativo ou os termos em que os bancos emprestam. As Autoridades Monetárias têm condições de controlar o volume e a distribuição das linhas de crédito, impor um certo teto às taxas de juros e orientar a finalidade na concessão dos mesmos, determinando prazos, limites e condições.

Além desses instrumentos, o Banco Central utiliza sua autoridade moral e reputação para induzir os bancos a adotarem, voluntariamente, o comportamento considerado apropriado às circunstâncias particulares.

9.2 Efeitos da Política Monetária

As ações da política monetária adotada pelo governo atingem o setor real da economia por intermédio das seguintes variáveis de cunho financeiro:

- taxa de juros;
- custo e disponibilidade de crédito;
- expectativa acerca de futuras taxas de juros; e
- riqueza privada.

Assim, variações na Política Monetária fazem ocorrer modificações no rendimento dos ativos financeiros e no custo e disponibilidade de crédito, conforme podemos observar na Figura 10.

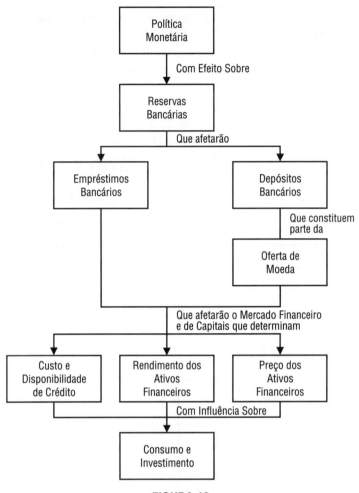

FIGURA 10
Efeitos da política monetária

10 SISTEMAS MONETÁRIOS E FINANCEIROS – A INTERMEDIAÇÃO FINANCEIRA

Todas as economias, atualmente, possuem complexos sistemas financeiros, em que a moeda representa, juntamente com muitos outros, o papel de um ativo financeiro. E a operacionalização do sistema é feita pelo conjunto de instituições financeiras voltadas para a gestão da política monetária do governo por meio de mercados específicos como o de crédito, capitais, monetário e cambial.

10.1 Sistema Monetário

Como já tivemos oportunidade de ver, o sistema monetário abrange o numerário da nação, isto é, todas as moedas metálicas, os papéis-moedas que nele tenham curso legal e a moeda escritural.

No que diz respeito ao papel-moeda de uma economia, ele se constitui de uma moeda fundamental, ou moeda-padrão que serve de unidade de valor, e de moedas subsidiárias, cujos valores são múltiplos ou submúltiplos daquela. No Quadro 9 apresentamos uma relação com as moedas-padrão e subsidiárias utilizadas em alguns países.

QUADRO 9
Moeda-padrão e subsidiárias de alguns países

País	Moeda-padrão	Símbolo	Moeda Subsidiária
Alemanha	Euro	€	100 euro cent
Argentina	Peso argentino	$	100 centavos
Austrália	Dólar australiano	A$	100 cents
Bélgica	Euro	€	100 euro cent
Brasil	Real	R$	100 centavos
Canadá	Dólar canadense	C$	100 cents
Espanha	Euro	€	100 euro cent
Estados Unidos	Dólar americano	$	100 cents
França	Euro	€	100 euro cent
Holanda	Euro	€	100 euro cent
Itália	Euro	€	100 euro cent
Japão	Iene	¥	100 sen
México	Peso mexicano	MEX$	100 centavos
Portugal	Euro	€	100 euro cent
Reino Unido	Libra esterlina	£	100 pence
República da Coreia	Won	₩	100 chun
República Popular da China	Iuan	元	100 fen
Rússia	Rublo	Rbl	100 kopecks
Suíça	Franco suíço	SwFr	100 centimes

10.2 Sistema Financeiro

O sistema financeiro é composto por um conjunto de instituições financeiras que, com a utilização dos instrumentos financeiros, operacionaliza as atividades do sistema, transferindo recursos dos aplicadores (ou poupadores) para aqueles que necessitam de recursos por uma razão qualquer (inclusive investidores). As instituições financeiras são responsáveis, ainda, por criar condições para que os mais diferentes títulos financeiros tenham liquidez no mercado.

Os aplicadores (ou poupadores) são também definidos como ofertadores últimos, ou, ainda, ofertadores finais de recursos. Esses indivíduos são aqueles que se encontram em uma posição privilegiada, na qual o volume de recursos que ele despende em consumo é menor que a sua renda disponível. São os indivíduos que estão, de acordo com o jargão financeiro, com superávit financeiro.

Os indivíduos que necessitam de recursos, também denominados tomadores últimos ou tomadores finais, são aqueles que se encontram em uma situação de déficit financeiro. O perfil de consumo desses indivíduos normalmente e/ou eventualmente é maior que sua renda disponível, e eles necessitam, portanto, da poupança dos outros para atender às suas necessidades ou para executar seus planos.

Via de regra, os ofertadores finais e tomadores finais necessitam de um intermediador para que cada um possa atingir seus objetivos. Assim, surgem instituições que são tomadoras e ofertadoras de recursos, papel este desempenhado pelos chamados intermediários financeiros, que oferecem recursos dos ofertadores últimos aos tomadores últimos. É importante salientar que os intermediários financeiros nunca trabalham com recursos próprios, ou seja, quando eles repassam recursos para os tomadores finais, não estão repassando recursos da instituição, e sim, dos ofertadores últimos.

O desenvolvimento do mercado financeiro nos dias de hoje, juntamente com o surgimento de instituições especializadas em determinados tipos de operações ou produtos, mais bem elaborados e com toques de sofisticação, têm trazido uma série de vantagens à economia como um todo.

Essa evolução é de extrema importância para que:

- as captações das firmas tenham um custo reduzido;
- instituições financeiras especializadas em determinados setores possam atender de forma mais eficiente a determinados e complexos setores da atividade econômica;
- haja diversificação das alternativas de aplicação de poupanças;
- se verifique uma diminuição dos riscos e dos custos das transações com recursos financeiros; e
- se aumente a liquidez dos títulos de crédito existentes no mercado.

Somente um mercado maduro e profissional pode oferecer essas condições.

10.3 Instituições Financeiras

As instituições financeiras que operam no sistema financeiro são classificadas em dois grupos distintos:

- instituições financeiras bancárias;
- instituições financeiras não bancárias.

As instituições financeiras bancárias (ou instituições financeiras monetárias), como o próprio nome diz, têm a faculdade de criar moedas ou meios de pagamento. Como vimos anteriormente, os meios de pagamento são compostos pelo papel-moeda e pelos depósitos à vista nos bancos. De forma simplificada podemos afirmar que a criação dos meios de pagamento é realizada pelo Banco Central, que controla a emissão do papel-moeda, e pelos bancos comerciais, que estão autorizados a receber depósitos à vista. O processo de criação de moeda pelos bancos comerciais pode ser exemplificado da seguinte forma:[9] suponhamos que um indivíduo deposite, em papel-moeda, um determinado

---

[9] O processo de criação de modelo pelos bancos comerciais foi visto com detalhe na Seção 7.5 deste capítulo.

valor em sua conta corrente. Para que isso fosse possível, naturalmente o Banco Central foi responsável por essa emissão de papel-moeda. O banco comercial, ao receber esse depósito, por uma questão de probabilidade, sabe que pode emprestar parte desse dinheiro a um tomador final. Esse, por sua vez, ao receber o dinheiro, vai depositá-lo no mesmo banco ou em qualquer outro banco comercial. O banco que receber esse depósito, da mesma forma que o primeiro, pode emprestar uma parte do montante para outro tomador e assim sucessivamente. Ao final desse processo verificaremos que o montante inicial depositado em papel-moeda se multiplicou dentro da estrutura das instituições financeiras bancárias. É o que chamamos *efeito multiplicador*, pois o primeiro depósito se transformou em vários outros de menor porte. Este é, em essência, o mecanismo básico de criação da moeda escritural. É por esse meio que os bancos comerciais tornam os meios de pagamento várias vezes superiores ao saldo de papel-moeda emitido.

As instituições financeiras não bancárias, ou não monetárias, por sua vez, não possuem a faculdade de criar moeda, pois não têm autorização para acolher depósitos à vista.

10.4 Instrumentos Financeiros

Os instrumentos financeiros são classificados em:

- ativos financeiros monetários;
- ativos financeiros não monetários.

No caso brasileiro, fazem parte dos ativos financeiros monetários o papel-moeda em poder público e os depósitos à vista nos bancos comerciais, tanto públicos como privados, e nas caixas econômicas.

Compreendem os ativos financeiros não monetários todos os demais ativos como depósitos de poupança, letras de câmbio, certificados de depósitos bancários etc.

Ao contrário do que ocorre com as instituições monetárias, Banco Central e bancos comerciais, que podem emitir instrumentos monetários, papel-moeda e moeda escritural respectivamente, os instrumentos não monetários são, via de regra, emitidos por instituições financeiras não monetárias. Um Certificado de Depósito Bancário (CDB), por exemplo, que classificamos como um ativo financeiro não monetário, tanto pode ser emitido por um banco comercial como por um banco de investimento, que é uma instituição financeira não monetária, como veremos adiante.

Portanto, quando nos referimos a ativos financeiros, estamos falando em todos os instrumentos financeiros emitidos diretamente pelos tomadores de recursos ou pelas instituições financeiras que exercem a conexão entre esses tomadores e os ofertadores finais.

10.5 Segmentação dos Mercados Financeiros

As operações do mercado financeiro, de acordo com as suas características, podem ser classificadas em um dos quatro mercados relacionados a seguir:

- mercado de crédito;
- mercado de capitais;
- mercado monetário;
- mercado cambial.

Mercado de Crédito – Classificamos nesse mercado todas as operações de financiamento e empréstimo de curto e médio prazos, para a aquisição de bens de consumo corrente e de bens duráveis, bem como para o capital de giro das empresas. As instituições financeiras que atuam nesse segmento são os bancos comerciais, os bancos de investimentos e as financeiras, que são instituições especializadas no fornecimento de crédito ao consumidor e no financiamento de bens duráveis.

Mercado de Capitais – É onde está concentrada toda a rede de bolsa de valores e instituições financeiras que operam com a compra e venda de ações e títulos de dívida em geral, sempre em longo prazo. Esse mercado atua no financiamento do capital de giro e do capital fixo das sociedades anônimas de capital aberto.

A maior parte das operações das instituições financeiras não monetárias está concentrada neste mercado. O mercado de capitais tem a função de canalizar as poupanças da sociedade para a indústria, o comércio e outras atividades econômicas e até mesmo para o governo.

Mercado Monetário – É nesse mercado que são realizadas as operações financeiras de curto e curtíssimo prazos. Dele fazem parte órgãos financeiros que negociam títulos e valores, concedendo empréstimos a firmas ou particulares em curto e curtíssimo prazos, contra o pagamento de juros. Nele são financiados, também, os desencaixes momentâneos de caixa dos bancos comerciais e do Tesouro Nacional. É nesse mercado que são realizadas as operações de mercado aberto, inclusive as operações de um dia, conhecidas como operações de *overnight*.

Esse mercado serve também como instrumento de política monetária, sobre a qual o Banco Central atua para controlar o nível de liquidez da economia. Quando o governo pretende reduzir a liquidez, ou seja, retirar o dinheiro de circulação, ele vende Títulos Públicos, e quando deseja aumentar a liquidez, compra esses títulos, injetando de volta o dinheiro no sistema econômico.

Mercado Cambial – Nesse mercado realizam-se as operações de compra e venda de moedas estrangeiras cujas transações determinam as cotações diárias dessas moedas. As operações normalmente são em curto prazo e as instituições, que nele atuam, são os bancos comerciais e as firmas em geral, com a intermediação das corretoras de câmbio ou de bancos múltiplos com esse tipo de carteira.

Uma visão completa e resumida desses mercados está no Quadro 10, no qual descrevemos as características gerais de cada um deles.

QUADRO 10
Segmentação do Mercado Financeiro

Mercado	Objetivo	Intermediação	Prazos
Monetário	Controle da liquidez monetária da economia e financiamento do déficit público.	Bancos, corretoras e distribuidoras	Curtíssimo, curto, médio e longo
Crédito	Financiamento do consumo corrente e de bens duráveis das famílias, bem como de capital de giro das empresas.	Bancos	Curtíssimo, curto e médio
Câmbio	Conversão de divisas estrangeiras em moeda nacional e de moeda nacional em divisas estrangeiras.	Bancos, corretoras e distribuidoras	Curtíssimo
Capitais	Canalizar as poupanças para o financiamento de capital fixo e financeiro das empresas.	Corretoras e distribuidoras	Longo

11 SISTEMA FINANCEIRO BRASILEIRO

11.1 Breve Histórico

A primeira instituição financeira criada no País, em outubro de 1808, foi o Banco do Brasil. Seguindo o modelo bancário europeu, realizava operações de desconto de letras de câmbio, captações de recursos para depósitos a prazo, emissões de notas bancárias, operações de câmbio e acolhimento de depósitos de diamantes, metais preciosos e papel-moeda, além de deter a exclusividade das operações financeiras da Coroa.

Naquela época, os bancos se revestiam de uma imagem excessivamente nobre e austera, e essa imagem perdurou até meados do século XX, quando se verificaram grandes transformações. Apesar disso, no período de 1914 a 1945 houve significativos progressos no quadro da intermediação financeira, cabendo destacar o crescimento no volume de intermediação financeira em curto e médio prazos, o disciplinamento das atividades bancárias no Brasil e o início dos estudos visando à criação de um Banco Central.

Foi no período pós-guerra, entretanto, que as atividades bancárias do Brasil se alavancaram, coincidindo com o forte crescimento do País. Apesar de ser considerado um período de transição, as estatísticas mostram que em 1953 o número de matrizes instaladas no Brasil era de 404, totalizando 3.954 agências (oito constituíam-se de matrizes de bancos estrangeiros, contando com 36 agências). Esse forte crescimento no número de estabelecimentos bancários, no entanto, foi acompanhado pela incapacidade empresarial de administrá-los.

Em 1945, por meio do Decreto-lei nº 7.293, foi implantado um órgão normativo, em substituição à Inspetoria Geral dos Bancos criada em 1920, de assessoria, controle e fiscalização do sistema financeiro: a Superintendência da Moeda e do Crédito (Sumoc) cuja atribuição principal era exercer o controle do mercado monetário. Esse mesmo

Decreto criava o depósito compulsório, como forma de controlar o volume de crédito e dos meios de pagamentos.

Em 1951 foi criado o Banco Nacional de Crédito Cooperativo (BNCC) e, em 1952, o Banco Nacional de Desenvolvimento Econômico e Social (BNDES). Entretanto, a grande alavancagem do sistema financeiro ocorreu com a reforma bancária de 1964, por meio da Lei nº 4.595, de 31 de dezembro desse mesmo ano, e a reforma do mercado de capitais, pela Lei nº 4.728, de 14 de julho de 1965. Em 1964, ainda, foi criado o Banco Nacional de Habitação (BNH).

Essas reformas ocorridas nos anos de 1964 e 1965 é que definiram a estrutura atual do sistema financeiro e, também, criaram as chamadas "Autoridades Monetárias" – o Conselho Monetário Nacional e o Banco Central do Brasil – e regulamentaram as diversas instituições de intermediação.

Em 22 de setembro de 1988, por meio da Resolução nº 1.524/1988, foi dada às instituições financeiras a possibilidade de se organizarem como uma única instituição com personalidade jurídica própria: os chamados Bancos Múltiplos.

11.2 A Composição Atual[10]

Atualmente, o Sistema Financeiro atual apresenta a seguinte composição:

11.2.1 *Órgãos Normativos*

a) Conselho Monetário Nacional (CMN)

O Conselho Monetário Nacional (CMN), que foi instituído pela Lei nº 4.595, de 31 de dezembro de 1964, é o órgão responsável por expedir diretrizes gerais para o bom funcionamento do Sistema Financeiro Nacional (SFN). Integram o CMN o ministro da Fazenda (presidente), o ministro do Planejamento, Orçamento e Gestão e o presidente do Banco Central do Brasil. Entre suas funções estão:

- adaptar o volume dos meios de pagamento às reais necessidades da economia;
- regular o valor interno e externo da moeda e o equilíbrio do balanço de pagamentos;
- orientar a aplicação dos recursos das instituições financeiras;
- propiciar o aperfeiçoamento das instituições e dos instrumentos financeiros;
- zelar pela liquidez e solvência das instituições financeiras;
- coordenar as políticas monetária, creditícia, orçamentária e da dívida pública interna e externa.

Com base nessas funções, são de responsabilidade do Conselho Monetário Nacional as seguintes atribuições:

- autorizar as emissões de papel-moeda;
- aprovar os orçamentos monetários preparados pelo Banco Central;
- fixar diretrizes e normas da política cambial;

---

[10] **Fonte:** Banco Central do Brasil.

- disciplinar o crédito em suas modalidades e as formas das operações creditícias;
- estabelecer limites para a remuneração das operações e serviços bancários ou financeiros;
- determinar as taxas do recolhimento compulsório das instituições financeiras;
- regulamentar as operações de redesconto de liquidez;
- outorgar ao Banco Central o monopólio de operações de câmbio quando o balanço de pagamentos o exigir;
- estabelecer normas a serem seguidas pelo Banco Central nas transações com títulos públicos;
- regular a constituição, o funcionamento e a fiscalização de todas as instituições financeiras que operam no País.

b) Conselho Nacional de Seguros Privados (CNSP)

O Conselho Nacional de Seguros Privados (CNSP) é o órgão responsável por fixar as diretrizes e normas da política de seguros privados; é composto pelo ministro da Fazenda (presidente), pelo representante do Ministério da Justiça, pelo representante do Ministério da Previdência Social, pelo superintendente da Superintendência de Seguros Privados, pelo representante do Banco Central do Brasil e pelo representante da Comissão de Valores Mobiliários. Entre as funções do CNSP estão:

- regular a constituição, organização, funcionamento e fiscalização dos que exercem atividades subordinadas ao SNSP, bem como a aplicação das penalidades previstas;
- fixar as características gerais dos contratos de seguro, previdência privada aberta, capitalização e resseguro;
- estabelecer as diretrizes gerais das operações de resseguro;
- prescrever os critérios de constituição das Sociedades Seguradoras, de Capitalização, Entidades de Previdência Privada Aberta e Resseguradoras, com fixação dos limites legais e técnicos das respectivas operações;
- disciplinar a corretagem de seguros e a profissão de corretor.

c) Conselho Nacional de Previdência Complementar (CNPC)

Conselho Nacional de Previdência Complementar (CNPC) é um órgão colegiado que integra a estrutura do Ministério da Previdência Social e cuja competência é regular o regime de previdência complementar operado pelas entidades fechadas de previdência complementar (fundos de pensão).

11.2.2 Entidades Supervisoras

a) Banco Central do Brasil

O Banco Central do Brasil (Bacen) é uma autarquia vinculada ao Ministério da Fazenda, que também foi criada pela Lei nº 4.595, de 31 de dezembro de 1964. É o principal executor das orientações do Conselho Monetário Nacional e responsável por garantir o poder de compra da moeda nacional, tendo por objetivos:

- zelar pela adequada liquidez da economia;
- manter as reservas internacionais em nível adequado;
- estimular a formação de poupança;
- zelar pela estabilidade e promover o permanente aperfeiçoamento do sistema financeiro.

Entre suas atribuições estão:

- emitir papel-moeda e moeda metálica;
- executar os serviços do meio circulante;
- receber recolhimentos compulsórios e voluntários das instituições financeiras e bancárias;
- realizar operações de redesconto e empréstimo às instituições financeiras;
- regular a execução dos serviços de compensação de cheques e outros papéis;
- efetuar operações de compra e venda de títulos públicos federais;
- exercer o controle de crédito;
- exercer a fiscalização das instituições financeiras;
- autorizar o funcionamento das instituições financeiras;
- estabelecer as condições para o exercício de quaisquer cargos de direção nas instituições financeiras;
- vigiar a interferência de outras empresas nos mercados financeiros e de capitais;
- controlar o fluxo de capitais estrangeiros no País.

Dessa forma, o Bacen pode ser considerado como:

- Banco dos bancos, pois recebe os recolhimentos compulsórios e realiza as operações de redesconto de liquidez para os bancos comerciais;
- Gestor do Sistema Financeiro Nacional, porque emite normas, fiscaliza e controla as atividades das instituições financeiras, podendo ainda decretar a sua intervenção ou liquidação extrajudicial;
- Executor da Política Monetária, visto que possui o controle sobre os meios de pagamento, regulando a sua expansão e elaborando o orçamento monetário;
- Banco emissor, pois tem a responsabilidade sobre a emissão do meio circulante e a execução dos serviços de saneamento do meio circulante; e
- Banqueiro do governo, pois tem como atribuições o financiamento ao Tesouro Nacional, pela emissão de títulos, a administração da dívida pública interna e externa, a gestão das reservas internacionais do País, além de ser representante do governo perante as instituições financeiras internacionais.

Sua sede fica em Brasília, capital do País, e tem representações nas capitais dos Estados do Rio Grande do Sul, Paraná, São Paulo, Rio de Janeiro, Minas Gerais, Bahia, Pernambuco, Ceará e Pará.

b) Comissão de Valores Mobiliários (CVM)

A Comissão de Valores Mobiliários (CVM) também é uma autarquia vinculada ao Ministério da Fazenda, instituída pela Lei nº 6.385, de 7 de dezembro de 1976. É responsável por regulamentar, desenvolver, controlar e fiscalizar o mercado de valores mobiliários do País. Para esse fim, exerce as seguintes funções:

- assegurar o funcionamento eficiente e regular dos mercados de bolsa e de balcão;
- proteger os titulares de valores mobiliários;
- evitar ou coibir modalidades de fraude ou manipulação no mercado;
- garantir o acesso do público a informações sobre valores mobiliários negociados e sobre as companhias que os tenham emitido;
- assegurar a observância de práticas comerciais equitativas no mercado de valores mobiliários;

- estimular a formação de poupança e sua aplicação em valores mobiliários;
- promover a expansão e o funcionamento eficiente e regular do mercado de ações;
- estimular as aplicações permanentes em ações do capital social das companhias abertas.

c) Superintendência de Seguros Privados (SUSEP)

A Superintendência de Seguros Privados (SUSEP), autarquia vinculada ao Ministério da Fazenda, é responsável pelo controle e fiscalização do mercado de seguro, previdência privada aberta e capitalização. Entre suas atribuições estão:

- fiscalizar a constituição, organização, funcionamento e operação das Sociedades Seguradoras, de Capitalização, Entidades de Previdência Privada Aberta e Resseguradoras, na qualidade de executora da política traçada pelo CNSP;
- atuar no sentido de proteger a captação de poupança popular que se efetua por meio das operações de seguro, previdência privada aberta, de capitalização e resseguro;
- zelar pela defesa dos interesses dos consumidores dos mercados supervisionados;
- promover o aperfeiçoamento das instituições e dos instrumentos operacionais a eles vinculados; promover a estabilidade dos mercados sob sua jurisdição;
- zelar pela liquidez e solvência das sociedades que integram o mercado;
- disciplinar e acompanhar os investimentos daquelas entidades, em especial os efetuados em bens garantidores de provisões técnicas;
- cumprir e fazer cumprir as deliberações do CNSP e exercer as atividades que por este forem delegadas;
- prover os serviços de Secretaria Executiva do CNSP.

d) Superintendência Nacional de Previdência Complementar (PREVIC)

A Superintendência Nacional de Previdência Complementar (PREVIC) é uma autarquia vinculada ao Ministério da Previdência Social, responsável por fiscalizar as atividades das entidades fechadas de previdência complementar (fundos de pensão). A Previc atua como entidade de fiscalização e de supervisão das atividades das entidades fechadas de previdência complementar e de execução das políticas para o regime de previdência complementar operado pelas entidades fechadas de previdência complementar, observando, inclusive, as diretrizes estabelecidas pelo Conselho Monetário Nacional e pelo Conselho Nacional de Previdência Complementar.

11.2.3 Operadores

a) Instituições Financeiras Captadoras de Depósitos à Vista

a.1) Bancos Múltiplos (BM)

Os bancos múltiplos são instituições financeiras privadas ou públicas que realizam as operações ativas, passivas e acessórias das diversas instituições financeiras, por intermédio das seguintes carteiras:

- comercial;
- investimento e/ou de desenvolvimento;
- crédito imobiliário;

- arrendamento mercantil; e
- crédito, financiamento e investimento.

Essas operações estão sujeitas às mesmas normas legais e regulamentares aplicáveis às instituições singulares correspondentes às suas carteiras. A carteira de desenvolvimento somente poderá ser operada por banco público. O banco múltiplo deve ser constituído com, no mínimo, duas carteiras, sendo uma delas, obrigatoriamente, comercial ou de investimento, e ser organizado sob a forma de sociedade anônima. As instituições com carteira comercial podem captar depósitos à vista. Na sua denominação social deve constar a expressão "Banco" (Resolução do CMN nº 2.099, de 1994).

a.2) *Bancos Comerciais (BC)*

Os bancos comerciais são instituições financeiras privadas ou públicas que têm como objetivo principal proporcionar suprimento de recursos necessários para financiar, em curto e médio prazos, o comércio, a indústria, as empresas prestadoras de serviços, as pessoas físicas e terceiros em geral. A captação de depósitos à vista, livremente movimentáveis, é atividade típica do banco comercial, o qual pode também captar depósitos a prazo.

Para atingir tais objetivos, os bancos comerciais podem:

- descontar títulos;
- realizar operações de abertura de crédito, simples ou em conta-corrente;
- realizar operações essenciais, inclusive de crédito rural, de câmbio e comércio internacional;
- captar depósitos à vista e em prazo fixo;
- obter recursos no exterior, para repasse;
- obter recursos em instituições oficiais para repasse aos clientes;
- efetuar a prestação de serviços, inclusive mediante convênio com outras instituições.

Deve ser constituído sob a forma de sociedade anônima e na sua denominação social deve constar a expressão "Banco" (Resolução do CMN nº 2.099, de 1994).

a.3) *Caixa Econômica Federal (CEF)*

A Caixa Econômica Federal, criada em 1861, está regulada pelo Decreto-Lei nº 759, de 12 de agosto de 1969, como empresa pública vinculada ao Ministério da Fazenda. Trata-se de instituição assemelhada aos bancos comerciais, podendo captar depósitos à vista, realizar operações ativas e efetuar prestação de serviços. Uma característica distintiva da Caixa é que ela prioriza a concessão de empréstimos e financiamentos a programas e projetos nas áreas de assistência social, saúde, educação, trabalho, transportes urbanos e esporte. Pode operar com crédito direto ao consumidor, financiando bens de consumo duráveis, emprestar sob garantia de penhor industrial e caução de títulos, bem como tem o monopólio do empréstimo sob penhor de bens pessoais e sob consignação e tem o monopólio da venda de bilhetes de loteria federal. Além de centralizar o recolhimento e posterior aplicação de todos os recursos oriundos do Fundo de Garantia do Tempo de Serviço (FGTS), integra o Sistema Brasileiro de Poupança e Empréstimo (SBPE) e o Sistema Financeiro da Habitação (SFH).

a.4) Cooperativas de Créditos (CC)

As cooperativas de crédito se dividem em: singulares, que prestam serviços financeiros de captação e de crédito apenas aos respectivos associados, podendo receber repasses de outras instituições financeiras e realizar aplicações no mercado financeiro; centrais, que prestam serviços às singulares filiadas, e são, também, responsáveis auxiliares por sua supervisão; e confederações de cooperativas centrais, que prestam serviços a centrais e suas filiadas. Observam, além da legislação e normas gerais aplicáveis ao sistema financeiro: a Lei Complementar nº 130, de 17 de abril de 2009, que institui o Sistema Nacional de Crédito Cooperativo; a Lei nº 5.764, de 16 de dezembro de 1971, que institui o regime jurídico das sociedades cooperativas; e a Resolução nº 3.859, de 27 de maio de 2010, que disciplina sua constituição e funcionamento. As regras prudenciais são mais estritas para as cooperativas cujo quadro social é mais heterogêneo, como as cooperativas de livre admissão.

b) Demais Instituições Financeiras

b.1) Agências de Fomento (AF)

As agências de fomento têm como objeto social a concessão de financiamento de capital fixo e de giro associado a projetos na Unidade da Federação onde tenham sede. Devem ser constituídas sob a forma de sociedade anônima de capital fechado e estar sob o controle de Unidade da Federação, e cada Unidade só pode constituir uma agência. Tais entidades têm *status* de instituição financeira, mas não podem captar recursos do público, recorrer ao redesconto, ter conta de reserva no Banco Central, contratar depósitos interfinanceiros na qualidade de depositante ou de depositária e nem ter participação societária em outras instituições financeiras. De sua denominação social deve constar a expressão "Agência de Fomento" acrescida da indicação da Unidade da Federação Controladora. É vedada a sua transformação em qualquer outro tipo de instituição integrante do Sistema Financeiro Nacional. As agências de fomento devem constituir e manter, permanentemente, fundo de liquidez equivalente, no mínimo, a 10% do valor de suas obrigações, a ser integralmente aplicado em títulos públicos federais (Resolução do CMN nº 2.828, de 2001).

b.2) Associações de Poupança e Empréstimo (APE)

As associações de poupança e empréstimo são constituídas sob a forma de sociedade civil, sendo de propriedade comum de seus associados. Suas operações ativas são, basicamente, direcionadas ao mercado imobiliário e ao Sistema Financeiro da Habitação (SFH). As operações passivas são constituídas de emissão de letras e cédulas hipotecárias, depósitos de cadernetas de poupança, depósitos interfinanceiros e empréstimos externos. Os depositantes dessas entidades são considerados acionistas da associação e, por isso, não recebem rendimentos, mas dividendos. Os recursos dos depositantes são, assim, classificados no patrimônio líquido da associação e não no passivo exigível (Resolução do CMN nº 52, de 1967).

b.3) Bancos de Câmbio

Os bancos de câmbio são instituições financeiras autorizadas a realizar, sem restrições, operações de câmbio e operações de crédito vinculadas às de câmbio, como financiamentos à exportação e importação e adiantamentos sobre contratos de câmbio, e ainda a receber depósitos em contas sem remuneração, não movimentáveis por cheque ou por meio eletrônico pelo titular, cujos recursos sejam destinados à realização das operações citadas. Na denominação dessas instituições deve constar a expressão "Banco de Câmbio" (Resolução do CMN nº 3.426, de 2006).

b.4) *Bancos de Desenvolvimento (BD)*

Os bancos de desenvolvimento são instituições financeiras controladas pelos governos estaduais, e têm como objetivo precípuo proporcionar o suprimento oportuno e adequado dos recursos necessários ao financiamento, em médio e longo prazos, de programas e projetos que visem promover o desenvolvimento econômico e social do respectivo Estado. As operações passivas são depósitos a prazo, empréstimos externos, emissão ou endosso de cédulas hipotecárias, emissão de cédulas pignoratícias de debêntures e de Títulos de Desenvolvimento Econômico. As operações ativas são empréstimos e financiamentos, dirigidos prioritariamente ao setor privado. Devem ser constituídos sob a forma de sociedade anônima, com sede na capital do Estado que detiver seu controle acionário, devendo adotar, obrigatória e privativamente, em sua denominação social, a expressão "Banco de Desenvolvimento", seguida do nome do Estado em que tenha sede (Resolução do CMN 394, nº de 1976).

b.5) *Bancos de Investimento (BI)*

Os bancos de investimento são instituições financeiras privadas especializadas em operações de participação societária de caráter temporário, de financiamento da atividade produtiva para suprimento de capital fixo e de giro e de administração de recursos de terceiros. Devem ser constituídos sob a forma de sociedade anônima e adotar, obrigatoriamente, em sua denominação social, a expressão "Banco de Investimento". Não possuem contas-correntes e captam recursos pela emissão de CDB e RDB, captação e repasse de recursos de origem externa e interna pela venda de quotas de fundos de investimento por eles administrados. As principais operações ativas são financiamento de capital de giro e capital fixo, subscrição ou aquisição de títulos e valores mobiliários, depósitos interfinanceiros e repasses de empréstimos externos (Resolução do CMN nº 2.624, de 1999).

b.6) *Banco Nacional de Desenvolvimento Econômico e Social (BNDES)*

O Banco Nacional de Desenvolvimento Econômico e Social (BNDES), criado em 1952 como autarquia federal, foi enquadrado como uma empresa pública federal, com personalidade jurídica de direito privado e patrimônio próprio, pela Lei nº 5.662, de 21 de junho de 1971. O BNDES é um órgão vinculado ao Ministério do Desenvolvimento, Indústria e Comércio Exterior e tem como objetivo apoiar empreendimentos que contribuam para o desenvolvimento do país. Suas linhas de apoio contemplam financiamentos em longo prazo e custos competitivos, para o desenvolvimento de projetos de investimentos e para a comercialização de máquinas e equipamentos novos, fabricados no país, bem como para o incremento das exportações brasileiras. Contribui, também, para o fortalecimento da estrutura de capital das empresas privadas e desenvolvimento do mercado de capitais. A BNDESPAR, subsidiária integral, investe em empresas nacionais através da subscrição de ações e debêntures conversíveis. O BNDES considera ser de fundamental importância, na execução de sua política de apoio, a observância de princípios ético-ambientais e assume o compromisso com os princípios do desenvolvimento sustentável. As linhas de apoio financeiro e os programas do BNDES atendem às necessidades de investimentos das empresas de qualquer porte e setor, estabelecidas no país. A parceria com instituições financeiras com agências estabelecidas em todo o país permite a disseminação do crédito, possibilitando um maior acesso aos recursos do BNDES.

b.7) *Companhias Hipotecárias (CH)*

As companhias hipotecárias são instituições financeiras constituídas sob a forma de sociedade anônima, que têm por objeto social conceder financiamentos destinados à produção, reforma ou comercialização de imóveis residenciais ou comerciais aos quais não se aplicam as normas do Sistema Financeiro da Habitação (SFH). Suas principais operações passivas são: letras hipotecárias, debêntures, empréstimos e financiamentos no País e no Exterior. Suas principais operações ativas são: financiamentos imobiliários residenciais ou comerciais, aquisição de créditos hipotecários, refinanciamentos de créditos hipotecários e repasses de recursos para financiamentos imobiliários. Tais entidades têm como operações especiais a administração de créditos hipotecários de terceiros e de fundos de investimento imobiliário (Resolução do CMN nº 2.122, de 1994).

b.8) *Cooperativas Centrais de Crédito (CCC)*

As cooperativas centrais de crédito, formadas por cooperativas singulares, organizam em maior escala as estruturas de administração e suporte de interesse comum das cooperativas singulares filiadas, exercendo sobre elas, entre outras funções, supervisão de funcionamento, capacitação de administradores, gerentes e associados, e auditoria de demonstrações financeiras (Resolução do CMN nº 3.106, de 2003).

b.9) *Sociedades de Créditos, Financiamento e Investimento (Financeiras)*

As sociedades de crédito, financiamento e investimento, também conhecidas por financeiras, foram instituídas pela Portaria nº 309 do Ministério da Fazenda, de 30 de novembro de 1959. São instituições financeiras privadas que têm como objetivo básico a realização de financiamento para a aquisição de bens, serviços e capital de giro. Devem ser constituídas sob a forma de sociedade anônima e na sua denominação social deve constar a expressão "Crédito, Financiamento e Investimento". Tais entidades captam recursos por meio de aceite e colocação de Letras de Câmbio (Resolução do CMN nº 45, de 1966) e Recibos de Depósitos Bancários (Resolução do CMN nº 3454, de 2007).

b.10) *Sociedades de Crédito Imobiliário (SCI)*

As sociedades de crédito imobiliário são instituições financeiras criadas pela Lei nº 4.380, de 21 de agosto de 1964, para atuar no financiamento habitacional. A Resolução nº 2.735, de 28 de junho de 2000, estabeleceu que as sociedades de crédito imobiliário são instituições integrantes do Sistema Financeiro Nacional, especializadas em operações de financiamento imobiliário e constituídas sob a forma de sociedade anônima adotando obrigatoriamente em sua denominação social a expressão "Crédito Imobiliário" (Resolução do CMN nº 2.735, de 2000).

Constituem operações passivas dessas instituições:

- os depósitos de poupança;
- a emissão de letras e cédulas hipotecárias; e
- depósitos interfinanceiros.

Suas operações ativas são:

- financiamento para construção de habitações;
- abertura de crédito para compra ou construção de casa própria;
- financiamento de capital de giro a empresas incorporadoras, produtoras e distribuidoras de material de construção.

b.11) *Sociedades de Crédito ao Microempreendedor (SCM)*

As sociedades de crédito ao microempreendedor, criadas pela Lei nº 10.194, de 14 de fevereiro de 2001, são entidades que têm por objeto social exclusivo a concessão de financiamentos e a prestação de garantias a pessoas físicas, bem como a pessoas jurídicas classificadas como microempresas, com vistas a viabilizar empreendimentos de natureza profissional, comercial ou industrial de pequeno porte. São impedidas de captar, sob qualquer forma, recursos do público, bem como emitir títulos e valores mobiliários destinados à colocação e oferta públicas. Devem ser constituídas sob a forma de companhia fechada ou de sociedade por quotas de responsabilidade limitada, adotando obrigatoriamente em sua denominação social a expressão "Sociedade de Crédito ao Microempreendedor", vedada a utilização da palavra "Banco" (Resolução do CMN nº 2.874, de 2001).

c) Outros Intermediários Financeiros e Administradores de Recursos de Terceiros

c.1) *Administradoras de Consórcio (AC)*

As administradoras de consórcio são empresas responsáveis pela formação e administração de grupos de consórcio, atuando como mandatárias de seus interesses e direitos. O grupo de consórcio é uma sociedade não personificada, com prazo de duração e número de cotas previamente determinados, e que visa a coleta de poupança para permitir aos consorciados a aquisição de bens ou serviços. As atividades do sistema de consórcio são reguladas pela Lei nº 11.795, de 8 de outubro de 2008, bem como pela Circular nº 3.432, de 3 de fevereiro de 2009, supervisionadas pelo Banco Central.

c.2) *Sociedades de Arrendamento Mercantil* **(Leasing)**

As sociedades de arrendamento mercantil são constituídas sob a forma de sociedade anônima, devendo constar obrigatoriamente na sua denominação social a expressão "Arrendamento Mercantil". As operações passivas dessas sociedades são emissão de debêntures, dívida externa, empréstimos e financiamentos de instituições financeiras. Suas operações ativas são constituídas por títulos da dívida pública, cessão de direitos creditórios e, principalmente, por operações de arrendamento mercantil de bens móveis, de produção nacional ou estrangeira, e bens imóveis adquiridos pela entidade arrendadora para fins de uso próprio do arrendatário. São supervisionadas pelo Banco Central do Brasil (Resolução do CMN nº 2.309, de 1996).

c.3) *Sociedade Corretoras de Câmbio (SCC)*

As sociedades corretoras de câmbio são constituídas sob a forma de sociedade anônima ou por quotas de responsabilidade limitada, devendo constar na sua denominação social a expressão "Corretora de Câmbio". Têm por objeto social exclusivo a intermediação em operações de câmbio e a prática de operações no mercado de câmbio de taxas flutuantes. São supervisionadas pelo Banco Central do Brasil (Resolução do CMN nº 1.770, de 1990).

c.4) Sociedades Corretoras de Títulos e Valores Mobiliários (CCVM)

As sociedades corretoras de títulos e valores mobiliários são constituídas sob a forma de sociedade anônima ou por quotas de responsabilidade limitada. Entre seus objetivos estão:

- operar em bolsas de valores, subscrever emissões de títulos e valores mobiliários no mercado;
- comprar e vender títulos e valores mobiliários por conta própria e de terceiros;
- encarregar-se da administração de carteiras e da custódia de títulos e valores mobiliários;
- exercer funções de agente fiduciário;
- instituir, organizar e administrar fundos e clubes de investimento;
- emitir certificados de depósito de ações e cédulas pignoratícias de debêntures;
- intermediar operações de câmbio;
- praticar operações no mercado de câmbio de taxas flutuantes;
- praticar operações de conta margem;
- realizar operações compromissadas;
- praticar operações de compra e venda de metais preciosos, no mercado físico, por conta própria e de terceiros;
- operar em bolsas de mercadorias e de futuros por conta própria e de terceiros.

São supervisionadas pelo Banco Central do Brasil (Resolução do CMN nº 1.655, de 1989).

c.4.1) Fundos de Investimento

Administrados por corretoras ou outros intermediários financeiros, são constituídos sob forma de condomínio e representam a reunião de recursos para a aplicação em carteira diversificada de títulos e valores mobiliários, com o objetivo de propiciar aos condôminos valorização de quotas, a um custo global mais baixo. A normatização, concessão de autorização, registro e a supervisão dos fundos de investimento são de competência da Comissão de Valores Mobiliários.

c.5) Sociedades Distribuidoras de Títulos e Valores Mobiliários (DTVM)

As sociedades distribuidoras de títulos e valores mobiliários são constituídas sob a forma de sociedade anônima ou por quotas de responsabilidade limitada, devendo constar na sua denominação social a expressão "Distribuidora de Títulos e Valores Mobiliários". Suas atividades constituem-se por:

- intermediar a oferta pública e distribuição de títulos e valores mobiliários no mercado;
- administrar e custodiar as carteiras de títulos e valores mobiliários;
- instituir, organizar e administrar fundos e clubes de investimento;
- operar no mercado acionário, comprando, vendendo e distribuindo títulos e valores mobiliários, inclusive ouro financeiro, por conta de terceiros;
- fazer a intermediação com as bolsas de valores e de mercadorias;
- efetuar lançamentos públicos de ações;
- operar no mercado aberto; e
- intermediar operações de câmbio.

São supervisionadas pelo Banco Central do Brasil (Resolução do CMN nº 1.120, de 1986).

d) Bancos de Câmbio

Os bancos de câmbio são instituições financeiras autorizadas a realizar, sem restrições, operações de câmbio e operações de crédito vinculadas às de câmbio, como financiamentos à exportação e importação e adiantamentos sobre contratos de câmbio, e ainda a receber depósitos em contas sem remuneração, não movimentáveis por cheque ou por meio eletrônico pelo titular, cujos recursos sejam destinados à realização das operações citadas. Na denominação dessas instituições deve constar a expressão "Banco de Câmbio" (Resolução do CMN nº 3.426, de 2006).

e) Bolsas de Mercadorias e Futuros

As bolsas de mercadorias e futuros são associações privadas civis, com objetivo de efetuar o registro, a compensação e a liquidação, física e financeira, das operações realizadas em pregão ou em sistema eletrônico. Para tanto, devem desenvolver, organizar e operacionalizar um mercado de derivativos livre e transparente, que proporcione aos agentes econômicos a oportunidade de efetuarem operações de *hedging* (proteção) ante a flutuações de preço de *commodities* agropecuárias, índices, taxas de juro, moedas e metais, bem como de todo e qualquer instrumento ou variável macroeconômica cuja incerteza de preço no futuro possa influenciar negativamente suas atividades. Possuem autonomia financeira, patrimonial e administrativa e são fiscalizadas pela Comissão de Valores Mobiliários.

f) Bolsas de Valores

As bolsas de valores são sociedades anônimas ou associações civis, com o objetivo de manter local ou sistema adequado ao encontro de seus membros e à realização entre eles de transações de compra e venda de títulos e valores mobiliários, em mercado livre e aberto, especialmente organizado e fiscalizado por seus membros e pela Comissão de Valores Mobiliários. Possuem autonomia financeira, patrimonial e administrativa (Resolução do CMN nº 2.690, de 2000).

g) Resseguradores

Entidades, constituídas sob a forma de sociedades anônimas, que têm por objeto exclusivo a realização de operações de resseguro e retrocessão. O Instituto de Resseguros do Brasil (IRB) é empresa resseguradora vinculada ao Ministério da Fazenda.

h) Sociedades Seguradoras

As sociedades seguradoras são entidades, constituídas sob a forma de sociedades anônimas, especializadas em pactuar contrato, por meio do qual assumem a obrigação de pagar ao contratante (segurado), ou a quem este designar, uma indenização, no caso em que advenha o risco indicado e temido, recebendo, para isso, o prêmio estabelecido.

i) Sociedades de Capitalização

As sociedades de capitalização são entidades, constituídas sob a forma de sociedades anônimas, que negociam contratos (títulos de capitalização) que têm por objeto o depósito periódico de prestações pecuniárias pelo contratante, o qual terá, depois de cumprido o prazo contratado, o direito de resgatar parte dos valores depositados corrigidos por uma taxa de juros estabelecida contratualmente; conferindo, ainda, quando previsto, o direito de concorrer a sorteios de prêmios em dinheiro.

j) Entidades Abertas de Previdência Complementar

As entidades abertas de previdência complementar são entidades constituídas unicamente sob a forma de sociedades anônimas e têm por objetivo instituir e operar planos de benefícios de caráter previdenciário concedidos em forma de renda continuada ou pagamento único, acessíveis a quaisquer pessoas físicas. São regidas pelo Decreto-lei nº 73, de 21 de novembro de 1966, e pela Lei Complementar nº 109, de 29 de maio de 2001. As funções dos órgãos regulador e fiscalizador são exercidas pelo Ministério da Fazenda, por intermédio do Conselho Nacional de Seguros Privados (CNSP) e da Superintendência de Seguros Privados (Susep).

k) Entidades Fechadas de Previdência Complementar (Fundos de Pensão)

As entidades fechadas de previdência complementar (fundos de pensão) são organizadas sob a forma de fundação ou sociedade civil, sem fins lucrativos, e são acessíveis, exclusivamente, aos empregados de uma empresa ou grupo de empresas ou aos servidores da União, dos estados, do Distrito Federal e dos municípios, entes denominados patrocinadores ou aos associados ou membros de pessoas jurídicas de caráter profissional, classista ou setorial, denominadas instituidores. As entidades de previdência fechada devem seguir as diretrizes estabelecidas pelo Conselho Monetário Nacional, por meio da Resolução nº 3.121, de 25 de setembro de 2003, no que tange à aplicação dos recursos dos planos de benefícios. Também são regidas pela Lei Complementar nº 109, de 29 de maio de 2001.

A Figura 11, disposta adiante, nos mostra o conjunto de instituições que se dedicam, no Brasil, à atividade de propiciar condições satisfatórias para a manutenção de um fluxo de recursos entre poupadores e investidores. Essas instituições são apresentadas como Órgãos Normativos, Entidades Supervisoras e Operadoras.

12 SISTEMA FINANCEIRO DA HABITAÇÃO (SFH) E SISTEMA BRASILEIRO DE POUPANÇA E EMPRÉSTIMO (SBPE)

O Sistema Financeiro da Habitação (SFH) é um segmento especializado do Sistema Financeiro Nacional, criado pela Lei nº 4380, de 1964, no contexto das reformas bancária e de mercado de capitais. Por essa lei foi instituída correção monetária e o Banco Nacional da Habitação, que se tornou o órgão central orientando e disciplinando a habitação no país. Em seguida, a Lei nº 5107, de 1966 criou o FGTS. O sistema previa desde a arrecadação de recursos, o empréstimo para a compra de imóveis, o retorno desse empréstimo, até a reaplicação desse dinheiro. Tudo com atualização monetária por índices idênticos.

Na montagem do SFH, observou-se ainda que havia necessidade de subsídios às famílias de renda mais baixa, o que foi realizado de maneira a não recorrer a recursos do Tesouro Nacional. Foi estabelecido, então, um subsídio cruzado, interno ao sistema, que consistia em cobrar taxas de juros diferenciadas e crescentes, de acordo com o valor do financiamento, formando uma combinação que, mesmo utilizando taxas inferiores ao custo de captação de recursos nos financiamentos menores, produzia uma taxa média capaz de remunerar os recursos e os agentes que atuavam no sistema. A partir de 1971, adotou-se um mecanismo de subsídio via imposto de renda. De 1971 até 1981, havia um critério seletivo para concessão de subsídios. Os mutuários de maior renda pagavam integralmente as suas prestações. Conforme fosse decrescendo o salário, o Governo Federal assumia uma parte da prestação via redução de Imposto de Renda.

A partir de 1983, o princípio da identidade de índices foi quebrado. Diante da queda dos níveis salariais e da inadimplência que ameaçava o sistema, o governo aplicou aumento nas prestações de 80% do reajuste do salário mínimo. Em 1984, o subsídio foi repetido. Em 1985, houve novamente um subdimensionamento do índice de reajuste das prestações dos contratos.

Em 1986, o SFH passou por uma profunda reestruturação com a edição do Decreto-Lei nº 2.291, de 1986, que extinguiu o BNH e distribui suas atribuições entre o então Minis-tério de Desenvolvimento Urbano e Meio Ambiente (MDU), o Conselho Monetário Na-cional (CMN), o Banco Central do Brasil (Bacen) e a Caixa Econômica Federal (CEF). Ao MDU coube a competência para a formulação de propostas de política habitacional e de desenvolvimento urbano; ao CMN coube exercer as funções de órgão central do Sistema, orientando, disciplinando e controlando o SFH; ao Bacen foram transferidas as atividades de fiscalização das instituições financeiras que integravam o SFH e a elaboração de normas pertinentes aos depósitos de poupança, e à CEF coube a administração do passivo, do ativo, do pessoal e dos bens móveis e imóveis do BNH, bem como a gestão do FGTS.

As atribuições inicialmente transferidas para o então MDU foram posteriormente repassadas ao Ministério do Bem-Estar Social, seguindo depois para o Ministério do Pla-nejamento, Orçamento e Gestão e, finalmente, a partir de 1999 até os dias atuais, alçadas à Secretaria Especial de Desenvolvimento Urbano da Presidência da República (SEDU/PR).

Da criação do SFH até os dias atuais, o sistema foi responsável por uma oferta de cerca de seis milhões de financiamentos e pela captação de uma quarta parte dos ativos financeiros. O sistema passou a apresentar queda nos financiamentos concedidos a partir de uma sucessão de políticas de subsídios que reduziram substancialmente os recursos disponíveis.

O SFH possui, desde a sua criação, como fonte de recursos principais, a poupança voluntária proveniente dos depósitos de poupança do denominado Sistema Brasileiro de Poupança e Empréstimo (SBPE), constituído pelas instituições que captam essa modalidade de aplicação financeira, com diretrizes de direcionamento de recursos estabelecidas pelo CMN e acompanhados pelo Bacen, bem como a poupança compulsória proveniente dos recursos do Fundo de Garantia do Tempo de Serviço (FGTS), regidos segundo normas e diretrizes estabelecidas por um Conselho Curador, com gestão da aplicação efetuada pelo Ministério do Planejamento, Orçamento e Gestão (MPOG), cabendo a CEF o papel de agente operador.

Atualmente, as normas do CMN (Resoluções nº 1.980, de 30 de abril de 1993 e nº 3.005, de 30 de julho de 2002), disciplinam as regras para o direcionamento dos recursos captados em depósitos de poupança pelas instituições integrantes do SBPE, estabelecendo que 65%, no mínimo, devem ser aplicados em operações de financiamentos imobiliários, sendo que 80% do montante anterior em operações de financiamento habitacional no âmbito do SFH e o restante em operações a taxas de mercado, desde que a metade, no mínimo, em operações de financiamento habitacional, bem como 20% do total de recursos em encaixe obrigatório no Bacen e os recursos remanescentes em disponibilidades financeiras e operações de faixa livre.

Órgãos normativos
Conselho Monetário Nacional (CMN)
Conselho Nacional de Seguros Privados (CNSP)
Conselho Nacional de Previdência Complementar (CNPC)

Entidades supervisoras
Banco Central do Brasil (Bacen)
Comissão de Valores Mobiliários (CVM)
Superintendência de Seguros Privados (Susep)
Superintendência Nacional de Previdência Complementar (PREVIC)

Operadores
Instituições financeiras captadoras de depósitos à vista
- Bancos Múltiplos (BM)
- Bancos Comerciais (BC)
- Caixa Econômica Federal (CEF)
- Cooperativas de Créditos (CC)

Demais instituições financeiras
- Agências de Fomento (AF)
- Associações de Poupança e Empréstimo (APE)
- Bancos de Câmbio (BCa)
- Bancos de Desenvolvimento (BD)
- Bancos de Investimento (BI)
- Banco Nacional de Desenvolvimento Econômico e Social (BNDES)
- Companhias Hipotecárias (CH)
- Cooperativas Centrais de Crédito (CCC)
- Sociedades de Créditos, Financiamento e Investimento (Financeiras)
- Sociedades de Crédito Imobiliário (SCI)
- Sociedades de Crédito ao Microempreendedor (SCM)

Outros intermediários financeiros e administradores de recursos de terceiros
- Administradoras de Consórcio (AC)
- Sociedades de Arrendamento Mercantil (*Leasing*)
- Sociedades Corretoras de Câmbio (SCC)
- Sociedades Corretoras de Títulos e Valores Mobiliários (CCVM)
- Sociedades Distribuidoras de Títulos e Valores Mobiliários (DTVM)

Bancos de Câmbio
Bolsas de mercadorias e futuros
Bolsas de valores
Resseguradoras
Sociedades seguradoras
Sociedades de capitalização
Entidades abertas de previdência complementar
Entidades fechadas de previdência complementar (fundos de pensão)

FIGURA 11
Composição do sistema financeiro brasileiro

Fonte: Banco Central do Brasil.

Exercícios

Questões

As respostas podem ser encontradas no final do livro.

1) Quais são as características que a moeda deve apresentar para desempenhar suas funções básicas?

2) Os cartões de crédito são considerados como moeda?

3) Qual é a versão mais convencional de meios de pagamento?

4) Suponha que $Z = 0,40$. Complete o seguinte Quadro E-1:

QUADRO E-1

Etapas	Expansão dos Depósitos à Vista	Empréstimos Concedidos pelo Sistema Bancário	Encaixe Mantido pelos Bancos
Depósito adicional inicial (1ª etapa)	400.000	–	–
2ª etapa			
3ª etapa			
4ª etapa			
5ª etapa			
–			
–			
–			
–			
nª etapa			
Final do Processo			

5) O que acontece com o nível de renda da economia quando ocorre uma expansão da oferta monetária?

Testes de Múltipla Escolha

- *Assinale com um X a resposta certa*
- *As respostas podem ser encontradas no final do livro*

1) Suponha que, em uma economia fechada, o PIB seja composto por despesas de consumo de $ 3 bilhões, despesas de investimento de $ 2 bilhões e gastos governamentais

de $ 1 bilhão. Se a oferta monetária nessa economia é de $ 2 bilhões, então a velocidade-renda da moeda é de:
a) 3;
b) 2;
c) 6;
d) 3,5;
e) 4.

2) A teoria quantitativa da moeda dos economistas clássicos diz que uma mudança na oferta de moeda vai ocasionar:
a) uma mudança mais que proporcional no nível de preços;
b) uma mudança proporcional no nível de preços;
c) um aumento na velocidade-renda da moeda;
d) uma mudança menos que proporcional no nível de preços;
e) nenhuma das alternativas anteriores.

3) Suponha que ΔR (o primeiro depósito à vista) seja de $ 2.000 e que ΔM seja igual a $ 20.000. Nesse caso, Z (fração dos depósitos à vista destinada aos depósitos compulsórios e aos encaixes bancários) seria de:
a) 0,50;
b) 0,10;
c) 0,20;
d) 1,00;
e) nenhuma das alternativas anteriores.

4) A demanda especulativa da moeda:
a) não depende da taxa de juros;
b) está relacionada com a renda;
c) relaciona-se diretamente com a taxa de juros;
d) relaciona-se inversamente com a taxa de juros;
e) nenhuma das alternativas anteriores.

5) Suponha que o Banco Central diminua a oferta de moeda e que a curva de demanda de moeda permaneça fixa. Nesse caso, pode-se dizer que:
a) haverá aumento na taxa de juros e nos investimentos;
b) haverá diminuição na taxa de juros e nos investimentos;
c) haverá diminuição na taxa de juros e aumento nos investimentos;
d) haverá aumento na taxa de juros e diminuição nos investimentos;
e) nenhuma das alternativas anteriores.

6) Suponha que um indivíduo tenha feito uma aplicação de $ 200.000 por um ano a uma taxa de juros nominal de 30% a.a. Suponha também que nesse período a inflação foi de 10%. Qual terá sido a taxa de juros real que esse indivíduo recebeu pela aplicação?
a) 27% a.a.;
b) 14,5% a.a.;
c) 19,5% a.a.;
d) 18,18% a.a.;
e) nenhuma das alternativas anteriores.

Capítulo XIII

INFLAÇÃO E DESEMPREGO

1 INTRODUÇÃO

Neste capítulo, apresentaremos o conceito de inflação, seus efeitos sobre a economia e os tipos de inflação existentes. Apresentaremos, também, o conceito de desemprego e as relações existentes entre os fenômenos da inflação e do desemprego.

2 CONCEITO

O fenômeno macroeconômico inflação pode ser definido como o processo persistente de aumento do nível geral de preços, o que resulta em perda do poder aquisitivo da moeda. A inflação é considerada um fenômeno generalizado, pois os aumentos dos preços não ocorrem apenas sobre um pequeno conjunto de preços ou sobre um setor específico da economia. Por essa razão, altas esporádicas de preço devido, por exemplo, a flutuações sazonais não podem ser confundidas com inflação. A inflação significa aumento simultâneo de um grande número de preços.

O problema inflacionário não ocorre apenas em economias em desenvolvimento, como a brasileira. Atualmente, a inflação é um fenômeno universal, que traz grandes consequências políticas, econômicas e sociais.

3 EFEITOS DA INFLAÇÃO

3.1 Efeito sobre a Distribuição de Renda

A inflação provoca redução do poder aquisitivo dos segmentos da população que dependem de rendimentos fixos, com prazo legal de reajuste. Como exemplo podemos citar o dos assalariados que, até a chegada de um novo reajuste, ficam com seu poder de compra cada vez mais reduzido.

Os proprietários de imóveis alugados também são prejudicados, apesar de em processos inflacionários os imóveis tenderem a se valorizar, normalmente mais que a inflação. Por outro lado, aqueles que têm renda livre, como as firmas e os especuladores, são favorecidos pelo processo inflacionário.

Todos esses fatos contribuem para tornar injusta a repartição de renda na economia.

3.2 Efeito sobre a Alocação de Recursos

No tocante à alocação de recursos, verificamos que o processo inflacionário costuma modificar o perfil de investimentos dos agentes econômicos, podendo trazer sérias implicações de cunho social. Isso ocorre em função da resistência que os investidores têm em alocar seus recursos em projetos de longa maturação, preferindo os de curto prazo e, até mesmo, os especulativos.

3.3 Efeito sobre o Balanço de Pagamentos

Se a elevação dos preços internos se dá em um ritmo superior ao do aumento de preços internacionais, os produtos produzidos internamente podem ficar mais caros que os bens produzidos externamente.

Isso pode dificultar as exportações e estimular as importações, diminuindo o saldo da balança comercial (exportações menos importações).

O governo pode, então, promover desvalorizações cambiais, objetivando aumentar as exportações e reduzir as importações. Esse procedimento, entretanto, pode encarecer importações de produtos essenciais, como o petróleo. O encarecimento desses produtos acaba por elevar os custos de produção, podendo essa elevação de custos ser repassada para os preços.

4 TIPOS DE INFLAÇÃO

4.1 Inflação de Demanda

A *inflação de demanda* diz respeito ao *excesso de demanda agregada em relação à produção disponível de bens e serviços (oferta agregada)*. Ela pode ser entendida como "dinheiro demais à procura de poucos bens".

Estudos admitem que o governo, ao financiar seus déficits mediante a emissão de moeda, origina o processo inflacionário. Essa é a visão monetarista da inflação. A inflação de demanda pode ser mais bem entendida por meio da Figura 1, com a utilização do modelo de uma economia a três setores. Nessa economia, a demanda agregada é dada por:

$$DA = C + I + G$$

Nesse modelo, a oferta agregada (OA) é dada por Y, que mede o nível de renda ou de produto da economia. Logo, para que a economia esteja em equilíbrio, é preciso que a oferta agregada seja igual à demanda agregada ou:

$$OA = DA,$$

logo,

$$Y = C + I + G$$

Suponhamos, então, que a economia esteja operando em equilíbrio com desemprego. Na Parte 1 da Figura 1, esse equilíbrio é dado pela intersecção da curva de demanda agregada DA_0 com a reta referencial (ponto A), com um nível de renda e de produto Y_0^e, abaixo do pleno emprego, dado por Ype. Nessa fase não há inflação. Isso pode ser observado na Parte 2 da Figura 1, que relaciona o Nível Geral de Preços (eixo vertical) com o nível de produto e emprego (eixo horizontal).

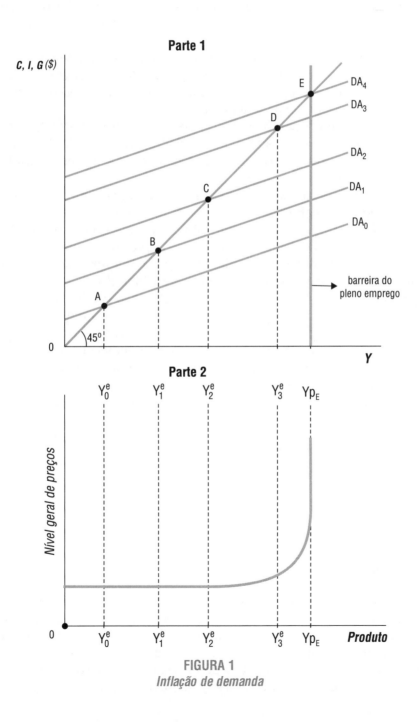

FIGURA 1
Inflação de demanda

Presume-se aqui que, se houver desemprego em larga escala na economia, aumento da demanda agregada deverá corresponder a aumento na produção agregada de bens e serviços, sem que haja correspondente aumento de preços. Essa é a fase não inflacionária.

Façamos, então, a suposição de que haja aumento da demanda agregada de DA_0 para DA_1. O novo nível de equilíbrio da renda será Y_1^e (ponto B na reta referencial). Nesse ponto continuamos a não ter nenhuma pressão inflacionária (o nível geral de preços se mantém constante).

Suponhamos, então, que haja aumento na demanda agregada para DA_2. O novo nível de renda de equilíbrio será Y_2^e (ponto C na reta referencial). Como podemos ver na Parte 2 da Figura 1, ainda não há inflação.

Façamos, então, a suposição de que a demanda agregada aumente ainda mais, passando para DA_3. Observamos que, com a expansão da demanda agregada, o nível geral de preços começa a se elevar a partir de Y_2^e (Parte 2 da Figura 1). O novo nível de equilíbrio da renda será Y_3^e (ponto D na reta referencial).

Verificamos então que, quanto mais a economia se aproxima do pleno emprego, ou seja, à medida que se aproxima da fase de plena utilização da mão de obra e de outros fatores produtivos, menores serão as possibilidades de uma expansão rápida na produção. Inicia-se, então, a fase inflacionária.

Assim, à medida que os fatores produtivos vão escasseando, a pressão sobre os preços torna-se cada vez maior.

Suponhamos, então, que haja novo aumento da demanda agregada, de DA_3 para DA_4.

Com esse aumento da demanda agregada, o produto atinge o pleno emprego (ponto E na reta referencial). Uma vez atingido o pleno emprego, já não são mais possíveis aumentos adicionais de produto no período considerado.

Qualquer aumento adicional da demanda agregada provocará apenas aumentos de preços, uma vez que a demanda agregada estará além do que a oferta possa satisfazer.

Para combater a inflação, a demanda agregada por bens e serviços deverá ser reduzida, uma vez que, em curto prazo, ela se mostra mais sensível a alterações de política econômica que a oferta agregada cujos ajustes se dão em longo prazo.

Mas, como comprimir a demanda agregada?

A demanda agregada pode ser reduzida, entre outras, das seguintes maneiras:

- aumento da carga tributária;
- redução dos gastos do governo;
- elevação das taxas de juros;
- controle de crédito;
- arrocho salarial.

4.2 Inflação de Custos

A inflação de custos, que tem como causa os fatores não monetários, comparativamente à inflação de demanda, é bem mais simples de ser entendida. Ela surge por decisão e ação dos agentes autônomos da economia, sem a intervenção do mecanismo de mercado, como ocorre na inflação com características monetárias. Ela pode ser associada a uma inflação tipicamente de oferta. O nível de demanda permanece o mesmo, mas os custos de certos fatores de produção importantes aumentam.

Existem, basicamente, quatro fatores geradores desse tipo de inflação: quedas de produção, aumento nos preços de produtos importados, aumentos excessivos de salários e atuação dos oligopólios.

As quedas de produção, também conhecidas como choques de oferta, ocorrem quando as empresas reduzem, significativamente, seus volumes de produção.

Essas quedas de produção são decorrentes de greves de trabalhadores da indústria, da falta de matérias-primas ou de quebras de safras agrícolas. Aumentos nos preços de produtos agrícolas que servem de insumos para outras indústrias, devido a geadas, secas etc., também caracterizam uma inflação de custos, quando tais aumentos são repassados ao preço do produto final. Essa redução súbita na oferta desses bens, mantida a demanda constante, levará a uma inevitável elevação de preços.

Uma economia altamente dependente de determinados produtos importados, como matérias-primas e certos insumos básicos (tal como o petróleo e seus derivados), sofrerá as consequências, em curto prazo, de uma elevação no preço desses produtos no mercado internacional. Essa elevação de preços fará que os custos de produção das empresas aumentem, e elas, por sua vez, repassarão essa elevação ao preço do produto final.

Um aumento real de salários, além da inflação e dos índices reais de produtividade, tanto por iniciativa do governo como pela capacidade de negociação dos sindicatos dos trabalhadores, poderá elevar os custos de produção das empresas. A exemplo do caso anterior, essa atitude criará uma pressão altista de preços, fomentando a inflação.

As firmas monopolistas ou oligopólios também podem contribuir para o aumento de preços, mediante a "inflação administrada". Esse fato pode ocorrer quando essas firmas decidem aumentar seus preços com o único objetivo de auferir um lucro maior. Se as firmas atuam na produção de bens que servirão de insumo ou matéria-prima para outras indústrias, o repasse dos custos será em cadeia, acarretando a chamada "espiral inflacionária".

Para se conter a inflação de custos sugere-se:

- políticas de controle sobre os lucros das empresas;
- políticas de controle direto sobre preços; e
- política salarial mais rígida.

4.3 Inflação Inercial

Se, em uma economia, em um dado momento, os agentes econômicos adaptam as suas expectativas a determinada taxa de inflação, a taxa de inflação esperada passa a ser denominada "Taxa de Inflação pela Inércia".

Uma vez incorporada ao comportamento dos agentes econômicos, ela passa a ser integrada nos contratos e acordos informais e pode persistir durante muito tempo.

Assim, se os preços vêm aumentando a uma taxa de 10% durante algum tempo, os agentes econômicos formam suas expectativas em torno dessa taxa, passando ela a ser incorporada por diferentes instituições no desenvolver de suas atividades.

5 A INTERAÇÃO ENTRE INFLAÇÃO DE DEMANDA E INFLAÇÃO DE CUSTOS

Devemos observar que, na realidade, é muito difícil dissociar a causa principal de pressões inflacionárias, se provocadas por um aumento inadequado da demanda agregada, ou se impulsionada por elevações nos custos de produção.

Para o entendimento adequado da questão, vamos dar um exemplo.

Imaginemos, inicialmente, uma economia operando no pleno emprego. Façamos, então, a suposição de que o governo resolva aumentar seus gastos. Como já sabemos, isso vai causar pressões inflacionárias, em função de um nível de demanda agregada superior à oferta agregada da economia. Teríamos, então, uma *inflação de demanda*.

Em decorrência da elevação de preços, os sindicatos dos trabalhadores, em função de sua força política, reivindicarão aumentos salariais, com vistas a repor a perda de poder aquisitivo dos trabalhadores.

Em havendo tal reposição, ocorrerá, como decorrência, aumento nos custos de produção. Se esses aumentos de custos forem repassados aos preços finais dos produtos, teremos aquilo que se denomina *inflação de custos*.

Algumas firmas, valendo-se do seu poder monopolista no mercado e, também, do fato de que seus custos aumentaram, poderão elevar seus preços além dos aumentos de custos ocorridos, com a finalidade de auferir taxas de lucro mais altas. Surge, assim, nova pressão inflacionária (*inflação administrada*).

Em decorrência das elevações de preços ocorridas, poderá haver expectativa por parte dos agentes econômicos de que os preços aumentem no futuro. Isso poderá induzir os consumidores a aumentar as compras de bens de consumo. Poderá, também, induzir as empresas a aumentar seus estoques, fugindo, assim, dos aumentos de preços futuros. Esse aumento da demanda agregada acabará por gerar novas pressões inflacionárias.

6 A VISÃO MONETARISTA

Os monetaristas explicam a causa da inflação no desequilíbrio da política do governo de financiar seus déficits no orçamento pela emissão de papel-moeda.

Para eles, o aumento na oferta de moeda poderá provocar excesso de demanda por parte dos consumidores e empresários que se defrontarão com uma oferta de bens e serviços relativamente fixa em curto prazo. Haverá, então, pressão da demanda sobre a oferta, desencadeando um processo de aumento de preços.

7 FORMAS DE COMBATE À INFLAÇÃO

Como a inflação é um problema macroeconômico e que afeta o bem-estar da sociedade como um todo, o seu controle torna-se preocupação primordial do próprio governo. Teoricamente, duas são as soluções para o problema: contração da demanda e controle de preços e salários.

A contração da demanda pode ser obtida por meio de políticas monetária e fiscal contracionista, reduzindo assim o nível de produção e de emprego na economia.

O controle de preços e salários pode trazer resultados favoráveis em curto prazo, mas em longo prazo a tendência é que se crie uma inflação reprimida.

8 SISTEMA DE METAS INFLACIONÁRIAS

8.1 O Que Significa

A partir do segundo semestre de 1999, foi estabelecida como diretriz para fixação do regime de política monetária a sistemática de "metas para inflação". As metas de inflação são definidas pelo Conselho Monetário Nacional (CMN) mediante proposta do ministro de Estado da Fazenda.

8.2 Como Funciona

As metas são públicas e ao Banco Central do Brasil compete executar as políticas necessárias para cumprimento das metas fixadas e prestar regularmente informações sobre as medidas tomadas para atingi-las. Tais metas devem ser atingidas principalmente pela política de juros. Quando a inflação ameaça passar da meta, os juros sobem.

O índice escolhido para referência de inflação é o Índice de Preços ao Consumidor Amplo (IPC-A) do Instituto Brasileiro de Geografia e Estatística (IBGE), sem nenhum tipo de expurgo. Caso a meta não seja cumprida, o presidente do Banco Central do Brasil divulgará publicamente as razões de seu descumprimento, por meio de carta aberta ao ministro de Estado da Fazenda, a qual deve conter:

- descrição detalhada das causas do descumprimento;
- providências para assegurar o retorno da inflação aos limites estabelecidos; e
- o prazo no qual se espera que as providências produzam efeito.

Além disso, o Banco Central do Brasil deve, até o último dia de cada trimestre civil, enviar Relatório de Inflação abordando o desempenho do regime de "metas para a inflação", os resultados das decisões passadas de política monetária e a avaliação prospectiva da inflação.

Em 2005, o Conselho Monetário Nacional estabeleceu uma meta de 4,5%, com tolerância de 2,5 pontos porcentuais. Em 2010, o CMN manteve a meta inflacionária de 4,5%, mas abaixou o nível de tolerância para 2,0 pontos porcentuais para cima ou para baixo. E esta meta da inflação é mantida até os dias de hoje (junho de 2015).

O Sistema de Metas Inflacionárias é seguido por vários países, como, por exemplo, África do Sul, Austrália, Canadá, Chile, Colômbia, Coreia do Sul, Finlândia, Israel, Grã-Bretanha, Inglaterra, México, Nova Zelândia, Peru, Polônia, República Tcheca, Suécia, Suíça e Tailândia.

8.3 Principais Índices de Preços

a) IPC-Fipe: Índice de Preços ao Consumidor da Fipe

O índice de preços ao consumidor é medido na cidade de São Paulo com o universo de pessoas que ganham de 1 a 20 salários mínimos. A composição dos grupos de despesa para o cálculo do índice é a seguinte: habitação (32,7925%), alimentação (22,7305%), transportes (16,0309%), despesas pessoais (12,2985%), saúde (7,0756%), vestuário

(5,2893%), educação (3,7827%). O índice é calculado pela Fipe – instituição de pesquisa ligada à Faculdade de Economia e Administração da Universidade de São Paulo (USP).

O período de coleta vai do primeiro ao último dia de cada mês. Semanalmente ocorrem divulgações prévias, chamadas quadrissemanais. O IPC mensal corresponde ao resultado apurado para a 4ª quadrissemana do mês-calendário de referência. A sua divulgação se dá até o dia 6 do mês posterior ao de referência.

b) IGP-DI (Índice Geral de Preços – Disponibilidade Interna) – FGV

Este índice foi instituído em 1944 com a finalidade de medir o comportamento geral dos preços da economia brasileira. Medido pela Fundação Getulio Vargas, esse índice se refere ao mês "cheio", ou seja, o período de coleta vai do primeiro ao último dia do mês de referência e a divulgação ocorre próxima ao dia 10 do mês posterior. O Índice Geral de Preços (IGP) é calculado em dois conceitos: *oferta global* e *disponibilidade interna*. No conceito oferta global, consideram-se a produção interna e as importações; já no conceito disponibilidade interna, excluem-se as exportações da oferta global. O IGP-DI foi criado com o objetivo de balizar o comportamento de preços em geral na economia. É composto por:

- Índice de Preços por Atacado (IPA) – no qual entram preços praticados do mercado atacadista. Representa 60% do IGP-DI.
- Índice de Preços ao Consumidor (IPC) – a coleta de dados ocorre nas cidades de São Paulo e Rio de Janeiro entre as famílias que têm uma renda de 1 a 33 salários mínimos. Representa 30% do IGP-DI.
- Índice Nacional de Custo de Construção (INCC) – no qual são avaliados os preços no setor de construção civil, não só de materiais, como também de mão de obra. Representa 10% do IGP-DI.

c) IGP-M (Índice Geral de Preços do Mercado) – FGV

Também calculada pela Fundação Getulio Vargas, a coleta do IGP-M é efetuada entre os dias 21 do mês anterior e 20 do mês de referência. A cada decêndio do período de coleta ocorrem divulgações de prévias. O IGP-M foi criado com o objetivo de se possuir um indicador confiável para balizar as correções de alguns títulos emitidos pelo Tesouro Nacional e Depósitos Bancários, bem como para outras operações financeiras, especialmente as de longo prazo. Da mesma forma que o IGP-DI, é composto pelo IPA-M, IPC-M, INCC-M, tendo esses índices os mesmos pesos tanto para o IGP-M quanto para o IGP-DI, e é divulgado no final de cada mês de referência.

d) INPC (Índice Nacional de Preços ao Consumidor Restrito) – IBGE

Índice calculado pelo Instituto Brasileiro de Geografia e Estatística (IBGE), tem por finalidade constituir-se no indexador oficial de salários. O universo de pesquisa é composto por pessoas que ganham de 1 a 8 salários mínimos nas regiões metropolitanas do Rio de Janeiro, Porto Alegre, Belo Horizonte, Recife, São Paulo, Belém, Fortaleza, Salvador e Curitiba, além do Distrito Federal e do Município de Goiânia. O período de coleta vai do primeiro ao último dia do mês de referência, e a divulgação ocorre por volta do quinto dia útil do mês posterior.

e) IPCA (Índice de Preços ao Consumidor Ampliado) – IBGE

Esse índice é calculado pelo Instituto Brasileiro de Geografia e Estatística (IBGE), com base em uma cesta de itens representativos do consumo de famílias, com renda entre

1 e 40 salários mínimos, nas regiões metropolitanas do Rio de Janeiro, Porto Alegre, Belo Horizonte, Recife, São Paulo, Belém, Fortaleza, Salvador e Curitiba, além do Distrito Federal e do município de Goiânia. O período de coleta vai do primeiro ao último dia do mês de referência e a divulgação ocorre por volta do quinto dia útil do mês posterior. O IPCA foi, em 11 de junho de 1999, selecionado para ser o índice oficial de acompanhamento da inflação do País, dentro do sistema de Metas de Inflação.

f) ICV-Dieese (Índice de Custo de Vida)

Esse índice, calculado pelo Departamento Intersindical de Estatística e Estudos Socioeconômicos (Dieese), tem por objetivo atender às necessidades de vários sindicatos de auferir o custo de vida no Município de São Paulo. O universo de pesquisa é de pessoas que ganham de 1 a 30 salários mínimos. O período de coleta vai do primeiro ao último dia do mês civil, e a divulgação ocorre próximo ao dia 10 do mês posterior ao de referência.

9 A QUESTÃO DO DESEMPREGO

9.1 Introdução

Imagine que, após longos anos de estudos árduos, você finalmente consiga se formar na faculdade. Agora, sim, você está pronto para dar início a uma brilhante carreira. Mas, será que existirão vagas na área em que você deseja trabalhar? Será que pagarão bem pelos serviços de um jovem recém-formado? Ou será que a economia passa por uma fase recessiva, com desemprego acentuado, e você será obrigado a aceitar um trabalho que, além de não lhe pagar a remuneração dos seus "sonhos", também não vai aproveitar seu preparo, adquirido em incontáveis horas de aula e de estudo ao longo de anos? As respostas a essas questões não são simples e dependerão, em grande parte, do número de vagas disponíveis e da taxa de desemprego da economia.

9.2 O Conceito de Desemprego

Para se entender a questão do desemprego, é preciso, antes de mais nada, conceituar o que se entende por *Mercado de Trabalho* e por *Força de Trabalho*.

O *Mercado de Trabalho*, de maneira geral, pode ser entendido como o mercado no qual se processa a compra e venda de serviços de mão de obra. Nesse mercado, os trabalhadores (o lado da oferta de mão de obra) se defrontam com as empresas (o lado da demanda por mão de obra) para, em processos de negociação, determinar os níveis salariais, as condições de trabalho e outras questões pertinentes à relação capital-trabalho.

Já a *Força de Trabalho*, denominada também *População Economicamente Ativa* **(PEA)**, diz respeito aos indivíduos que vão constituir o mercado de trabalho, mercado este que abastece as firmas em termos de necessidade de mão de obra.

Assim, se da *População Total* de um país subtrairmos a *População em Idade Não Ativa*, ou seja, aqueles que são muito jovens ou muito idosos, chegaremos ao conceito de *População em Idade Ativa* **(PIA)**. No Brasil, adota-se o critério de dez anos como limite mínimo para a idade ativa.

Se da *População em Idade Ativa* excluirmos estudantes, inválidos, indivíduos em tarefas domésticas não remuneradas (donas de casa, por exemplo), chegaremos ao conceito de *População Economicamente Ativa* **(PEA)**, que é constituída por ocupados e desocupados. De acordo com o IBGE, em sua *Pesquisa Mensal de Emprego* **(PME)** e que abrange atualmente seis regiões metropolitanas, a PEA na semana de referência[1] é constituída pelas *populações ocupada* e *desocupada* nesse período.

Por desempregado, entende-se, fundamentalmente, as pessoas que procuram por um emprego. Segundo o IBGE, isso corresponde à população desocupada por um determinado período de referência.

Assim,

> **população desocupada** *na semana de referência compreende as pessoas sem trabalho na semana de referência, mas que estavam disponíveis para assumir um trabalho nessa semana e que tomaram alguma providência efetiva para conseguir trabalho no período de referência de 30 dias, sem terem tido qualquer trabalho ou após terem saído do último trabalho que tiveram nesse período.*[2]

Já a

> **população ocupada** *na semana de referência compreende as pessoas que exerceram trabalho, remunerado ou sem remuneração, durante pelo menos uma hora completa na semana de referência, ou que tinham trabalho remunerado do qual estavam temporariamente afastadas nessa semana.*[3]

9.3 Taxa de Desemprego

É o porcentual de pessoas desocupadas (desempregadas) na semana de referência da pesquisa com procura de trabalho no período de referência de 30 dias em relação à população economicamente ativa (PEA) na semana de referência. A taxa de desemprego mostra a falta de capacidade da economia em fornecer emprego para todas as pessoas que desejam trabalhar. Ela é a relação entre o número de desocupados e o total da força de trabalho (PEA), ou seja:

$$Td = \frac{\text{População Desocupada}}{PEA \text{ (Força de Trabalho)}} \times 100$$

ou

$$Td = \frac{\text{População Desocupada}}{\text{População Ocupada} + \text{População Desocupada}} \times 100$$

---

[1] A semana de referência, de domingo a sábado, é aquela que precede a semana definida como de entrevista para a unidade domiciliar.
[2] **Fonte:** IBGE.
[3] Ibid.

Essa taxa indica a porcentagem de indivíduos que estão buscando trabalho, mas que não encontram ocupação aos salários vigentes na economia. Essa taxa inclui o "desemprego aberto", que envolve as pessoas que procuraram trabalho de maneira efetiva nos últimos 30 dias que antecederam a entrevista e não exerceram nenhum trabalho nos últimos sete dias.

Apresentamos no Quadro 1, a seguir, as estatísticas sobre a evolução do desemprego no Brasil de 2011 a 2014.

QUADRO 1
Taxa de desocupação aberto (por região metropolitana em %)

Período	Total	Recife	Salvador	Belo Horizonte	Rio de Janeiro	São Paulo	Porto Alegre
JAN 2011	6,1	7,1	10,7	5,3	5,1	6,0	4,2
FEV 2011	6,4	7,8	10,3	6,3	4,9	6,6	4,4
MAR 2011	6,5	7,6	10,5	5,3	4,9	6,9	5,0
ABR 2011	6,4	7,5	10,2	5,3	4,8	7,1	4,6
MAI 2011	6,4	6,8	10,5	4,7	5,4	6,7	5,1
JUN 2011	6,2	6,1	10,2	4,6	5,3	6,6	4,8
JUL 2011	6,0	6,3	9,8	4,7	5,0	6,5	4,7
AGO 2011	6,0	6,7	8,9	4,8	5,1	6,3	5,2
SET 2011	6,0	6,4	9,0	5,0	5,7	6,1	4,8
OUT 2011	5,8	6,0	9,4	4,5	5,7	5,6	4,4
NOV 2011	5,2	5,5	8,4	4,2	5,5	5,0	3,6
DEZ 2011	4,7	4,7	7,7	3,8	4,9	4,7	3,1
JAN 2012	5,5	5,7	8,3	4,5	5,6	5,5	3,9
FEV 2012	5,7	5,1	7,8	4,7	5,7	6,1	4,1
MAR 2012	6,2	6,2	8,1	5,1	5,9	6,5	5,2
ABR 2012	6,0	5,6	8,3	5,0	5,6	6,5	4,7
MAI 2012	5,8	5,9	8,0	5,1	5,2	6,2	4,5
JUN 2012	5,9	6,3	7,9	4,5	5,2	6,5	4,0
JUL 2012	5,4	6,5	6,7	4,4	5,0	5,7	3,8
AGO 2012	5,3	6,7	6,4	4,3	4,7	5,8	3,5
SET 2012	5,4	5,7	6,2	4,0	4,4	6,5	3,6
OUT 2012	5,3	6,7	7,0	3,9	4,6	5,9	3,9
NOV 2012	4,9	5,7	6,5	3,9	4,1	5,5	3,5
DEZ 2012	4,6	5,6	5,7	3,5	4,0	5,2	3,0
JAN 2013	5,4	6,3	6,3	4,2	4,3	6,4	3,5
FEV 2013	5,6	6,5	6,2	4,2	4,6	6,5	3,9
MAR 2013	5,7	6,8	6,9	4,6	4,7	6,3	4,0
ABR 2013	5,8	6,4	7,7	4,2	4,8	6,7	4,0
MAI 2013	5,8	6,1	8,4	4,3	5,2	6,3	3,9
JUN 2013	6,0	6,5	8,8	4,1	5,3	6,6	3,9
JUL 2013	5,6	7,6	9,3	4,3	4,7	5,8	3,7

QUADRO 1 (continuação)
Taxa de desocupação aberto (por região metropolitana em %)

Período	Total	Recife	Salvador	Belo Horizonte	Rio de Janeiro	São Paulo	Porto Alegre
AGO 2013	5,3	6,2	9,4	4,3	4,5	5,4	3,4
SET 2013	5,4	5,8	9,3	4,5	4,4	5,8	3,4
OUT 2013	5,2	6,1	9,1	4,1	4,1	5,6	3,0
NOV 2013	4,6	6,5	8,2	3,9	3,8	4,7	2,6
DEZ 2013	4,3	5,9	7,7	3,4	3,7	4,4	2,6
JAN 2014	4,8	7,4	8,0	3,8	3,6	5,0	2,8
FEV 2014	5,1	6,4	9,0	3,9	3,9	5,5	3,3
MAR 2014	5,0	5,5	9,2	3,6	3,5	5,7	3,2
ABR 2014	4,9	6,3	9,1	3,6	3,5	5,2	3,2
MAI 2014	4,9	7,2	9,2	3,8	3,4	5,1	3,0
JUN 2014	4,8	6,2	9,0	3,9	3,2	5,1	3,7
JUL 2014	4,9	6,6	8,9	4,1	3,6	4,9	4,3
AGO 2014	5,0	7,1	9,3	4,2	3,0	5,1	4,8
SET 2014	4,9	6,7	10,3	3,8	3,4	4,5	4,9
OUT 2014	4,7	6,7	8,5	3,5	3,8	4,4	4,6
NOV 2014	4,8	6,8	9,6	3,7	3,6	4,7	4,2
DEZ 2014	4,3	5,5	8,1	2,9	3,5	4,4	3,6

Fonte: IBGE, Diretoria de Pesquisa, Coordenação de Trabalho e Rendimento, Pesquisa Mensal de Emprego.

Esses dados referem-se a pesquisas de desemprego divulgadas pelo Instituto Brasileiro de Geografia e Estatística (IBGE). As estatísticas do IBGE e da Fundação Seade/Dieese costumam apresentar divergências em razão de diferentes metodologias de cálculo.[4]

9.4 Tipos de Desemprego

9.4.1 Desemprego Friccional (ou Desemprego Natural)

O desemprego friccional (ou natural) consiste em indivíduos desempregados temporariamente, e é vivenciado por pessoas ou que estão no processo de mudança voluntária

---

[4] A principal divergência é que a Pesquisa Mensal de Emprego (PME) do IBGE mede apenas o desemprego aberto, ou seja, quem procurou emprego nos 30 dias anteriores à pesquisa e não exerceu nenhum tipo de trabalho – remunerado ou não – nos últimos sete dias.
Quem não procurou emprego ou fez algum "bico" na semana anterior à pesquisa não conta como desempregado na PME. Já a Pesquisa de Emprego e Desemprego (PED) da Fundação Seade/Dieese também considera o desemprego oculto pelo trabalho precário (pessoas que realizaram algum tipo de atividade nos 30 dias anteriores à pesquisa e buscaram emprego nos últimos 12 meses) e desemprego oculto pelo desalento (quem não trabalhou nem procurou trabalho nos últimos 30 dias, mas tentou nos últimos 12 meses).

de emprego, ou que foram despedidas e estão procurando um novo trabalho, ou que estão no mercado de trabalho buscando emprego pela primeira vez. Esse tipo de desemprego é chamado friccional, porque o mercado de trabalho opera com "atrito", não combinando de forma rápida e suave trabalhadores e empregos. A taxa de desemprego friccional nunca é nula, uma vez que as pessoas sempre entram e saindo da lista de desempregados. Afinal, novos trabalhadores sempre entram na força de trabalho e os trabalhadores existentes frequentemente saem de um emprego e procuram outro. Em economias como a nossa, o desemprego friccional é um *fenômeno permanente* e, por definição, de curto prazo. Além disso, tanto a duração do período de desemprego friccional quanto o seu volume vão depender, em parte, dos benefícios dados aos desempregados. O seguro-desemprego reduz o ônus de a pessoa permanecer desempregada. Assim, quanto mais generoso for o seguro-desemprego, maior será o tempo que, em média, um trabalhador levará para encontrar emprego. Da mesma forma, maior será o volume de desemprego friccional.

9.4.2 Desemprego Estrutural

O desemprego estrutural decorre de mudanças estruturais na economia, tais como mudanças na tecnologia de produção (aumento da mecanização e automação) ou nos padrões de demanda dos consumidores (tornando obsoletas certas indústrias e profissões). Essas variações da tecnologia e da demanda ao longo do tempo acabam por alterar a estrutura da demanda total por trabalho em termos de qualificação, já que avanços tecnológicos alteram as qualificações necessárias para o desempenho de determinadas funções. Essas mudanças eliminam algumas oportunidades de trabalho, ao mesmo tempo em que criam outras, para as quais os desempregados não têm qualificação.

Assim, a mão de obra é classificada como *estruturalmente desempregada* quando não possui qualificações necessárias para se candidatar às oportunidades de emprego que surgem.

O desemprego estrutural geralmente é um problema mais duradouro, e pode permanecer inclusive por vários anos. Isso porque **leva tempo para que os desempregados se capacitem, adquiram novas habilidades e encontrem trabalho**. Por ser considerado mais duradouro, o desemprego estrutural é tido como mais sério que o desemprego friccional.

9.4.3 Desemprego Sazonal

O desempenho sazonal ocorre em função da sazonalidade de determinados tipos de atividade econômica, tais como a agricultura e o turismo, e que acabam causando variações na demanda de trabalho em diferentes épocas do ano.

9.4.4 Desemprego Cíclico (ou Involuntário)

O desemprego cíclico é assim denominado porque ocorre na fase de recessão do ciclo econômico. Ele é causado por uma deficiência nos gastos totais da economia (consumo, investimento, gastos governamentais). A demanda agregada por bens e serviços diminui, reduzindo a produção e aumentando o desemprego. É também denominado desemprego involuntário. Ele ocorre quando as pessoas que desejam trabalhar ao salário real vigente não encontram emprego.

9.5 O Significado do "Pleno Emprego"

Dos tipos de desemprego analisados até o momento, três deles – o desemprego friccional, o estrutural e o sazonal – têm origem em causas *microeconômicas*, tais como alterações na oferta e na procura de mão de obra em mercados de trabalho e indústrias específicas. Notem que o desemprego que se enquadra nessas classificações dificilmente deixará de existir, uma vez que em uma economia dinâmica sempre haverá trabalhadores desempregados *friccionalmente* à procura de um emprego. Além disso, sempre decorre um período até que os trabalhadores desempregados *estruturalmente* consigam obter qualificação para serem contratados para o desempenho de novas funções. Da mesma forma, os desempregados sazonalmente sempre existirão porque em uma economia sempre haverá indústrias sazonais.

Por outro lado, os economistas, ao utilizarem o termo "pleno emprego", não estão querendo dizer que o desemprego seja zero. Na verdade, haverá sempre uma taxa de desemprego, mesmo que haja pleno emprego da força de trabalho. Essa *taxa de desemprego de pleno emprego* é dada pela soma dos desempregos friccional, estrutural e sazonal. Denomina-se também *taxa natural de desemprego*.

Os economistas dizem que o *pleno emprego* foi atingido quando o *desemprego cíclico for zero*, e a *taxa natural de desemprego* (TND) *for maior que zero*, pois existem os desempregos friccional, estrutural e sazonal.

9.6 Os Custos do Desemprego: Uma Nota Triste

O desemprego é um problema extremamente grave, não só do ponto de vista econômico, mas também do ponto de vista social e pessoal.

O principal custo econômico do desemprego é a *perda de produção e da renda*, ou seja, os bens e serviços que os desempregados poderiam produzir (e a renda que poderiam ganhar) se estivessem trabalhando, mas que não produzem porque não conseguem encontrar emprego. Essa perda de produto e de renda não poderá jamais ser recuperada em períodos futuros. Outro custo econômico relevante diz respeito à diminuição da capacidade produtiva da economia em razão da perda de capital humano. Isso ocorre porque as habilidades da mão de obra se deterioram quando ela se encontra desempregada.

Outra característica do desemprego é que ele se **distribui de forma desigual** por toda a sociedade. Os maiores ônus recaem sobre as minorias, as mulheres e os jovens, e tendem a se concentrar nos setores mais pobres da população.

Do ponto de vista individual, o desemprego é um fardo pesado e triste. Ele significa perda de renda e, portanto, deterioração do padrão de vida, envolvendo também graves problemas psicológicos e físicos.

Alguns estudos identificaram que elevações do desemprego causam aumento sensível do número de mortes provocadas por ataques cardíacos, dos suicídios e do número de internações em prisões e hospitais psiquiátricos. Os desempregados têm mais chances de sofrer de diversos problemas de saúde como pressão alta, doenças cardíacas, distúrbios do sono e dores nas costas. Pode haver outros problemas – como violência doméstica, depressão e alcoolismo – que são mais difíceis de documentar.[5]

10 A CURVA DE PHILLIPS

De todas as questões abordadas até este ponto, a mais relevante se prende à relação entre inflação e emprego. Esses dois assuntos são de extrema importância para a macroeconomia e os mais preocupantes das sociedades modernas.

A teoria macroeconômica preocupa-se sempre com a manutenção do pleno emprego e a estabilidade dos níveis de preços. Por outro lado, a constante busca da estabilidade dos preços, em curto prazo, conflita com a manutenção das atividades operacionais próximas ao pleno emprego.

Estudos sobre os fenômenos inflacionários têm mostrado que, em períodos de prosperidade, quando o produto nacional é elevado, o nível de emprego da economia tende a aumentar, ao contrário do que se verifica em épocas de baixa atividade econômica ou recessiva, quando as empresas, ao constatarem uma redução nas vendas, tendem a reduzir o quadro de funcionários, fazendo que o nível de desemprego cresça.

Todas essas relações foram analisadas pelo economista inglês A. W. H. Phillips, ao estudar a economia inglesa entre 1861 e 1957. Ele observou a existência de uma relação inversa não linear entre os níveis de emprego e as taxas de inflação. Essa relação passou a ser descrita pelas chamadas Curvas de Phillips.

A Figura 2 reproduz uma dessas curvas. Nela, podemos verificar que o eixo horizontal representa o nível de desemprego, enquanto o eixo vertical representa a taxa de inflação.

A *Curva de Phillips* cruza com o eixo horizontal em um determinado ponto (h_0) que representa o nível de desemprego natural da economia, também conhecido como desemprego friccional, que ocorre por desajuste ou falta de mobilidade entre a oferta e a demanda de mão de obra.

Na parte superior da curva, acima de h_0, temos que as tentativas de reduzir o nível de desemprego provocam elevações cada vez mais acentuadas nos níveis de inflação, visto que as empresas cada vez mais se encontram próximas ao limite de sua capacidade de produção.

---

[5] HALL, Robert E.; LIEBERMAN, Marc. *Macroeconomia*: princípios e aplicações. São Paulo: Pioneira Thomson Learning, 2003. p. 131.

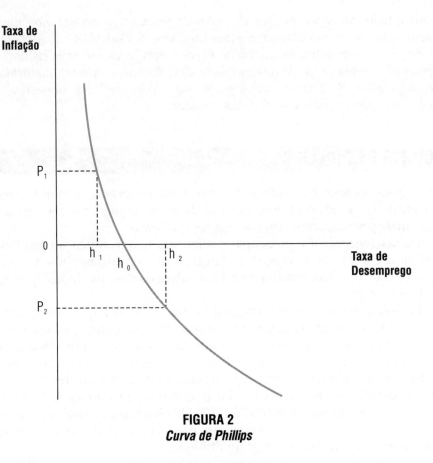

FIGURA 2
Curva de Phillips

Assim, a redução do desemprego de h_0 para h_1 provoca elevação da taxa de inflação de 0 para P_1.

De modo inverso, a redução na taxa de inflação de 0 para P_2 será obtida ao custo de uma ampliação da taxa de desemprego de h_0 para h_2.

Exercícios

Questões

As respostas podem ser encontradas no final do livro.

1) Quais políticas podem ser adotadas caso uma economia apresente uma inflação de demanda?
2) Que efeitos a inflação provoca sobre pessoas que tenham renda fixa?
3) Suponha que uma mercadoria apresente elevação de preço. Isso significa dizer que a taxa de inflação está aumentando?
4) Quando ocorre o desemprego involuntário?

Testes de Múltipla Escolha

- *Assinale com um X a resposta certa*
- *As respostas podem ser encontradas no final do livro*

1) Uma inflação de custos pode ser provocada:
   a) por uma elevação dos gastos do governo;
   b) pela redução do poder de compra da população;
   c) por uma redução dos impostos por parte do governo;
   d) por aumentos reais de salários, acima da inflação e dos aumentos de produtividade, como resultado de pressão de sindicatos trabalhistas fortes;
   e) nenhuma das alternativas anteriores.

2) A Curva de Phillips mostra que:
   a) tentativas de reduzir os níveis de inflação provocam elevação nos níveis de emprego;
   b) tentativas de reduzir o nível de desemprego provocam elevações nos níveis de inflação;
   c) que a taxa de inflação está positivamente correlacionada com a taxa de desemprego;
   d) que grandes aumentos nas taxas salariais estão associados a altas taxas de desemprego;
   e) nenhuma das alternativas anteriores.

3) Se a economia estiver operando a pleno emprego, um aumento na demanda agregada:
   a) não provocará aumento no nível de produção da economia, mas ocasionará aumento de preços;
   b) não terá efeito sobre os preços, mas provocará aumento na produção da economia;
   c) não terá reflexos nem sobre o nível de preços, nem sobre o nível de produção da economia;
   d) provocará aumentos de preços e aumento da produção da economia;
   e) nenhuma das alternativas anteriores.

Capítulo XIV

RELAÇÕES INTERNACIONAIS

1 INTRODUÇÃO

Por alguns momentos, gostaríamos que o leitor imaginasse ser totalmente autossuficiente. Assim, teria de fazer suas próprias roupas, produzir seus próprios alimentos, construir sua própria casa, enfim, teria de ter condições de sozinho tentar satisfazer a todas as suas necessidades e desejos.

Caro leitor, o seu padrão de vida por certo cairia muito, uma vez que faltariam os recursos materiais, habilidade e tempo para você fazer muitas dessas coisas.

Um fato é certo: não participamos diretamente da produção de tudo aquilo que consumimos.

Mas, como resolver esse problema?

Uma possibilidade seria você se *especializar*, isto é, passar a trabalhar apenas nas coisas que faz melhor. Dessa maneira, poderia produzir uma quantidade maior do que o necessário ao seu autoabastecimento e vender ou trocar o excedente por outras coisas que porventura desejasse.

Na realidade, isso é o que a maioria das pessoas procura fazer. Um médico, um economista, um professor, um pedreiro, cada um procura tirar vantagens *especializando-se naquilo que faz melhor* e ganhando o suficiente para poder comprar os bens e serviços que não produz.

O fenômeno da *especialização* também ocorre entre os países, uma vez que os recursos existentes são distribuídos desigualmente. Enquanto alguns países são mais bem dotados de terra, outros são mais bem dotados de mão de obra especializada; outros, ainda, são mais bem dotados de capital. Dessa forma, tendem a ser ricos ou pobres com relação a determinado fator de produção. Por causa dessas diferenças, os custos de produção variam de país para país. Algumas mercadorias podem ser obtidas a custos menores do que se fossem produzidas internamente, por meio do comércio internacional.

O fato é que a existência do comércio internacional faculta aos países o aproveitamento de suas aptidões, empregando seus recursos na produção daqueles bens de custos relativamente mais baixos e trocando-os por bens de custos relativamente mais altos.

Assim, os países produzem e trocam entre si maior variedade e quantidade de bens que seriam menores e teriam custo mais elevado, caso cada país tentasse ser autossuficiente.

Vamos, portanto, neste capítulo, proceder ao estudo não só do comércio internacional, mas das relações econômicas internacionais. Tal estudo justifica-se pelo fato de que não só as trocas de bens e serviços e de fatores de produção, mas também as intermediações de recursos financeiros, não se processam apenas no interior de um país; essas trocas e intermediações tendem a se processar também com outras economias, tendo em vista as muitas vantagens decorrentes da divisão do trabalho e da especialização.

2 TEORIAS DO COMÉRCIO INTERNACIONAL

Por diversas questões que envolvem desde a sobrevivência de uma nação até a satisfação de necessidades menos vitais, fortes razões induzem os países ao comércio exterior de bens e serviços.

Entre essas razões podemos citar:

- as desigualdades entre as nações no tocante às reservas não reprodutíveis (recursos naturais);
- diferenças internacionais no tocante a fatores climáticos (que são determinados por fatores relativamente estáticos como altitude, latitude, topografia e tipo de superfície) e a fatores edáficos (natureza e distribuição de solos);
- desigualdades nas disponibilidades estruturais de capital e trabalho; e
- diferenças nos estágios de desenvolvimento tecnológico.

É a partir da combinação desses quatro fatores que surge a divisão internacional do trabalho, a especialização das nações. Por decorrência, o comércio externo tem contribuído, contínua e persistentemente, para a internacionalização dos processos econômicos e, é inegável, para o gradativo aumento das taxas de dependência de cada economia com relação ao resto do mundo.

Apenas para ilustrar, apresentamos a seguir alguns países altamente dependentes da exportação juntamente com o principal produto por eles exportado. É com a receita da exportação desse produto principal que cada país consegue recursos para importar bens e serviços com a finalidade de atender às necessidades de sua população (veja o Quadro 1).

QUADRO 1
Países altamente dependentes de exportações

País	Produto
Arábia Saudita	Petróleo
Burundi	Café
Sri Lanka	Chá
México	Petróleo
Jamaica	Alumínio
Serra Leoa	Diamantes
Gâmbia	Amendoim
Islândia	Pescado
Chile	Cobre
Bolívia	Estanho
Honduras	Banana

Forneceremos, a seguir, uma visão geral a respeito das principais teorias que procuram explicar a existência do comércio internacional.

2.1 A Teoria da Vantagem Absoluta

Em 1776, Adam Smith publicou seu tratado *A riqueza das nações*, quando, então, atacou o ponto de vista mercantilista[1] a respeito do comércio, defendendo o livre comércio como a melhor alternativa para todas as nações.

O argumento de Adam Smith residia no fato de que cada nação poderia especialzar-se na produção de mercadorias que ela produzisse com maior eficiência que as demais nações, ou seja, em que tivesse vantagem absoluta, e importar as mercadorias em que tivesse desvantagem absoluta (ou produzisse menos eficientemente).

Essa especialização de fatores de produção e o comércio permitiriam um aumento da produção e do consumo, beneficiando as nações que comerciavam entre si.

O Quadro 2 nos mostra um exemplo de vantagens absolutas. Nesse exemplo estamos fazendo a suposição de que existam dois países – Estados Unidos e Brasil – e que produzam apenas duas mercadorias: milho e tecido. A mão de obra é o único fator de produção e ela está habilitada tanto a trabalhar na produção de milho quanto na de tecido. Nesse exemplo, os Estados Unidos têm vantagem absoluta sobre o Brasil na produção de milho, e o Brasil tem vantagem absoluta sobre os Estados Unidos na produção de tecido.

---

[1] Segundo o ponto de vista mercantilista, que vigorou do século XVI até meados do século XVIII em países como Grã-Bretanha, Espanha, França e Holanda, quanto mais uma nação possuísse ouro, mais rica e poderosa seria. A maneira de isso acontecer era exportar mais do que importar, uma vez que a diferença seria paga principalmente com ouro. Por essa razão, procurava-se estimular as exportações e desestimular as importações.

QUADRO 2
Exemplo de vantagem absoluta

Países	Fator de Produção	Produtos	
		Milho	Tecido
Estados Unidos	1/trabalhador/ano produz	1.200 kg ou	400 m
Brasil	1/trabalhador/ano produz	600 kg ou	800 m

O exemplo nos mostra claramente que um trabalhador nos Estados Unidos produz mais milho (1.200 kg) que um trabalhador no Brasil (600 kg), ao passo que um trabalhador no Brasil produz mais tecido (800 m) do que um trabalhador nos Estados Unidos (400 m).

Para exemplificar as vantagens do livre comércio, pensemos agora nas seguintes hipóteses:

- cada país possui apenas um trabalhador (é uma hipótese simplificadora);
- não há especialização na produção;
- não há comércio entre os dois países; e
- na primeira metade do ano tanto os Estados Unidos quanto o Brasil só produzem milho, e na outra metade do ano só produzem tecidos.

Se isso acontecesse, nos primeiros seis meses os Estados Unidos produziriam 600 kg de milho (observe que, se no período de um ano o trabalhador produz 1.200 kg de milho, em seis meses ele só poderá produzir metade do que produz em um ano). Já na segunda metade do ano produziriam 200 m de tecido.

O Brasil, se fizesse a mesma coisa, conseguiria produzir 300 kg de milho no primeiro semestre e 400 m de tecido no segundo semestre do ano.

O Quadro 3 mostra como ficaria essa situação.

QUADRO 3
Os dois países sem especialização e sem comércio

Produção \ Países	Brasil	Estados Unidos	Produção Total
Produção Anual de Milho (kg)	300	600	900
Produção Anual de Tecido (m)	400	200	600

De acordo com nosso quadro, portanto, a produção total, sem a especialização, seria de 900 kg de milho e 600 m de tecido.

Vejamos como ficaria a situação caso os Estados Unidos resolvessem produzir apenas milho (durante o ano inteiro) e o Brasil fizesse o mesmo em relação ao tecido. O Quadro 4 apresenta os resultados que seriam alcançados.

QUADRO 4
Os Estados Unidos produzindo somente milho e o Brasil somente tecido

Países / Produção	Brasil	Estados Unidos	Produção Total	Ganho Líquido
Produção Anual de Milho (kg)	0	1.200	1.200	300
Produção Anual de Tecido (m)	800	0	800	200

Com a especialização de cada país na produção daquele bem em relação ao qual tem vantagem absoluta, haveria um ganho líquido de 300 kg de milho e de 200 m de tecido.

Assim, se os Estados Unidos se especializassem na produção de milho e o Brasil na de tecido, a produção conjunta de milho e tecido seria maior e os dois países partilhariam desse aumento por intermédio das trocas.

2.2 A Teoria da Vantagem Comparativa

A teoria de Adam Smith quanto à vantagem absoluta é correta. Entretanto, explica apenas uma parte do comércio internacional. Coube a David Ricardo, no início do século XIX, explicar a maior parte do comércio mundial, com sua Teoria da Vantagem Comparativa.

Ricardo mostrou com sua teoria que não é necessária a existência da vantagem absoluta para que a especialização e o comércio sejam vantajosos. Ricardo afirmou que, ainda que uma nação apresentasse desvantagem absoluta na produção de ambas as mercadorias em relação à outra nação, o comércio seria vantajoso, desde que ela se especializasse na produção e exportação do bem em que sua vantagem absoluta fosse maior. Além disso, deveria importar a mercadoria em que sua vantagem absoluta fosse menor.

Como podemos observar no Quadro 5, os Estados Unidos superam o Brasil tanto na produção de milho quanto na produção de tecidos. Mesmo assim, valerá a pena para os Estados Unidos se concentrar apenas na produção de milho. Vamos entender o porquê desse fato.

QUADRO 5
Um exemplo de vantagem comparativa

Países	Fator de Produção	Produtos		
		Milho		Tecido
Estados Unidos	1/trabalhador/ano produz	1.200 kg	ou	600 m
Brasil	1/trabalhador/ano produz	400 kg	ou	400 m

Nos Estados Unidos, para se obter 1 kg de milho teríamos de deixar de produzir 0,5 m de tecido. Já no Brasil, o custo é de 1 para 1, pois para se obter 1 kg de milho apenas 1 m de tecido deixará de ser produzido.

Por outro lado, 1 m de tecido custa 2 kg de milho nos Estados Unidos, ao passo que no Brasil para se obter 1 m de tecido precisamos abandonar 1 kg de milho.

Para que se estabeleça o comércio entre eles, os Estados Unidos deverão se especializar na produção de milho, ao passo que o Brasil deverá se especializar na produção de tecidos.

E qual será a relação de troca entre os dois produtos?

Para os Estados Unidos, qualquer quantidade de tecido superior a 0,5 m que recebam em troca de 1 kg de milho será vantajosa. Já para o Brasil, qualquer quantidade de milho que seja superior a 1 m de tecido também será vantajosa.

Suponhamos, então, que se estabeleça uma relação de troca tal que 1 m de tecido será trocado por 1,5 kg de milho. Teríamos a situação a seguir:

Na ausência de comércio internacional, nos Estados Unidos, para se obter 1 m de tecido, 2 kg de milho teriam de deixar de ser produzidos. Com o comércio, o mesmo 1 m de tecido será obtido em troca de apenas 1,5 kg de milho.

Já no Brasil, na ausência de comércio internacional, para se obter 1 kg de milho, 1 m de tecido deixaria de ser produzido. Havendo comércio, com o mesmo 1 m de tecido se obtém agora 1,5 kg de milho.

Concluindo, podemos dizer que a Teoria da Vantagem Absoluta e a Teoria da Vantagem Comparativa procuram mostrar que a especialização da produção estimula o comércio internacional e favorece o consumidor.

3 POLÍTICA COMERCIAL INTERNACIONAL

A existência do comércio internacional, nos moldes que relatamos na Teoria da Vantagem Comparativa, que na terminologia técnica seria o *Livre Comércio*, sofre interferências governamentais por meio do instrumento denominado *Política Comercial Internacional*, em que são introduzidas ações artificiais que possibilitam ou o incremento das exportações, ou a redução nas importações, ou ambos.

O comércio interno de um país tem influência significativa na geração de recursos aos governos, por meio das taxas e impostos. O mesmo raciocínio se aplica ao comércio internacional, apenas mudando o fato gerador do imposto.

Nas operações de comércio internacional é praxe eliminarem-se os impostos internos de um país, ou seja, não se exportam impostos, mas, em contrapartida, cria-se o imposto alfandegário, significando que para uma mercadoria entrar no país ela será taxada de acordo com a política econômica do país que está importando.

É nesse estágio que voltamos ao ponto a que nos referíamos como Política Comercial Internacional, uma vez que os governos, mediante a política alfandegária, poderão distorcer os princípios do chamado livre comércio (em que a Teoria das Vantagens ou Custos Comparativos explica a existência dos fluxos comerciais), interferindo no comércio internacional.

3.1 Intervenção Governamental no Comércio Internacional

3.1.1 *O Porquê de Medidas Protecionistas*

Mesmo com as vantagens existentes advindas do livre comércio, em certos casos se aconselha a intervenção do Estado com a finalidade de restringir a entrada de determinados produtos no país – são as chamadas "medidas protecionistas" cujas justificativas são dadas a seguir.

- *Argumento da Indústria Nascente*

Uma indústria nascente pode não estar em condições de sobreviver à competição externa. O argumento da indústria nascente sustenta que tais indústrias deveriam ser protegidas, ao menos temporariamente, por altas tarifas ou cotas até que conseguissem desenvolver eficiência tecnológica e economias de escala que lhes possibilitassem competir com as indústrias estrangeiras.

- *Argumento da Segurança Nacional*

Deve-se procurar proteger indústrias consideradas estratégicas do ponto de vista de segurança nacional.

- *Argumento da Proteção ao Emprego*

Deve-se promover a substituição das importações por bens fabricados no próprio país. Dessa forma, estimula-se a criação de novas indústrias e a geração de novos empregos.

- *Argumento do Combate aos Déficits Comerciais*

Nesse caso, deve-se procurar combater os déficits entre importações e exportações.

3.1.2 *Restrições ao Livre Comércio*

O governo pode criar restrições ao comércio internacional, entre as quais destacamos:

- *Barreira Tarifária*

O governo pode aplicar uma barreira tarifária, isto é, um imposto que, adicionado ao preço internacional do produto, poderá fazer que o preço da mercadoria produzida internamente se torne competitivo; dessa forma, o governo protege os produtos nacionais a fim de que não sofram a concorrência de produtos importados mais baratos.

- *Barreira Não Tarifária*

Nesse caso, assim como no caso da barreira tarifária, o governo visa dar maior competitividade ao produto nacional. A diferença básica é que não se aplica um imposto, mas sim *obstáculos quantitativos ou burocráticos* que oneram ou inviabilizam as importações. Como restrições burocráticas podemos citar os certificados de origem e vistos consulares. Como restrições quantitativas temos a fixação de cotas (volume máximo a ser importado).

3.1.3 Incentivos

O incentivo à ampliação do comércio internacional é a forma adotada pelo governo para fazer que, artificialmente, o preço do produto nacional, no exterior, se torne mais barato do que o preço do produto equivalente. Para tanto ele se utiliza dos incentivos fiscais às exportações ou, ainda, de incentivos creditícios (o produtor nacional consegue financiamentos a juros subsidiados). Utiliza-se, também, de incentivos burocráticos, com a eliminação de uma série de passos burocráticos que deveriam ser observados em uma exportação.

3.1.4 Conclusão

A forma a que nos referimos nos itens anteriores, barreiras ou incentivos, é a maneira mais usual de o governo intervir no Comércio Internacional. No entanto, em condições especiais da economia de um país, a aplicação das políticas adotadas poderá ser exatamente inversa, ou seja, incentivar as importações e desestimular as exportações.

4 BALANÇO DE PAGAMENTOS

O campo das relações econômicas internacionais não se restringe apenas ao fluxo de comércio, serviços e rendas, mas sim a uma série de outras transações econômicas, tais como empréstimos, financiamentos, investimentos, donativos etc. E todos estes aspectos estão retratados no Balanço de Pagamentos de um país.

Tradicionalmente, o Balanço de Pagamentos de um país é definido como o registro sistemático das transações econômicas, ocorridas em um certo período de tempo, entre residentes e não residentes.

Por registro sistemático entende-se a escrituração das transações econômicas de um país com o resto do mundo. Isso é viabilizado por um sistema contábil, pelo método das partidas dobradas (débito e crédito), e obedecendo a um determinado plano de contas.

Os dados do balanço de pagamentos são normalmente divulgados em dólares norte-americanos, a valores correntes, sem ajustamento sazonal. Compreendem as transações realizadas por todo o país com o resto do mundo, e estão compilados de acordo com os critérios estabelecidos na sexta edição do Manual de Balanço de Pagamentos e Posição de Investimento Internacional (BPM6) do Fundo Monetário Internacional.

As transações econômicas podem ser agrupadas em três grandes itens:

- *Transações correntes:* exportações, importações e saldo da balança comercial; receita, despesa e saldo de serviços e rendas; receita, despesa e saldo de serviços totais e os relacionados a transportes, viagens internacionais, seguros, financeiros, computação e informação, *royalties* e licenças, aluguel de equipamentos governamentais e outros serviços; receita, despesa e saldo de rendas, incluídos salários e ordenados, renda de investimento direto (lucros e dividendos e juros de empréstimos intercompanhia), renda de investimentos em carteira (lucros e dividendos e juros de títulos de dívida) e renda de outros investimentos (inclui juros de empréstimos, financiamentos, depósitos e outros ativos e passivos); saldo de transferências correntes; e saldo de transações unilaterais correntes;

- *Conta de capital:* saldo da conta capital (inclui transferências de patrimônio e compra e venda de ativos não produzidos/não financeiros);

- **Conta financeira:** total da conta financeira, que engloba a receita, a despesa e o saldo dos investimentos diretos; receita, despesa e saldo de investimentos em carteira; total de operações com derivativos, ativos e passivos; e outros investimentos (que inclui, entre outros, créditos comerciais, empréstimos, moeda e depósitos, outros ativos e passivos e operações de regularização).

4.1 Plano de Contas

O plano de contas do Balanço de Pagamentos será tão analítico quanto as autoridades monetárias do país desejarem. Mas se o país for membro do Fundo Monetário Internacional (FMI), deverá incorporar, pelo menos, as contas definidas por aquele órgão. O Quadro 6 nos mostra a estrutura geral desse demonstrativo.

4.2 Detalhamento do Grupo de Contas

Detalhando, para efeito de entendimento do grupo de contas, temos:

- **Balança Comercial**

Neste grupo de contas são registradas as exportações e importações de mercadorias, sendo as primeiras computadas com um sinal positivo (crédito) e as segundas com um sinal negativo (débito). Elas são computadas pelo valor FOB (*free on board*),[2] ou seja, pelo valor de embarque, não inclusos os valores referentes aos seguros e aos fretes.

- **Serviços**

Neste grupo de contas são registradas as receitas e as despesas de divisas oriundas de transações de bens intangíveis, tais como recebimentos e pagamentos de viagens de residentes ao exterior e de não residentes no país, fretes, seguros etc. Registra também os serviços financeiros que compreendem as intermediações bancárias, tais como corretagens, comissões, garantias e fianças, e outros encargos acessórios sobre o endividamento externo. Em outros serviços estão consolidadas as informações referentes a serviços de corretagens e comissões mercantis, serviços técnico-profissionais, pessoais, culturais e de recreação.

- **Rendas**

Aqui estão registradas as remunerações do trabalho assalariado e as rendas de investimentos, que correspondem à remuneração das modalidades de aplicação detalhadas na conta financeira. Assim, as rendas de investimento direto abrangem lucros e dividendos

---

[2] A condição FOB indica que correm por conta do vendedor, ao preço contratado, todas as despesas e riscos por perdas e danos, até a colocação da mercadoria a bordo do veículo que a transportará ao país de destino.

QUADRO 6
Estrutura geral do balanço de pagamentos

Discriminação
Transações correntes
Balança comercial
Exportações
Importações
Serviços
Viagens
Transportes
Aluguel de equipamentos
Demais serviços
Renda primária
Salários
Juros
Lucros e dividendos
Renda secundária
Conta capital
Conta financeira
Investimentos – ativos
Investimento direto no exterior
Ativos de bancos
Demais ativos[1]
Investimentos – passivos
Investimento direto no país
Ações totais[2]
Títulos negociados no mercado doméstico
Empréstimos e títulos de LP negociados no mercado externo
Ingressos
Títulos públicos
Títulos privados
Empréstimos diretos
Demais empréstimos[3]
Amortizações
Títulos públicos
Títulos privados
Empréstimos diretos
Demais empréstimos[3]
Empréstimos e títulos de CP negociados no mercado externo
Demais passivos[1]
Derivativos
Ativos de reserva
Erros e omissões

[1] Inclui créditos comerciais.
[2] Inclui ações negociadas em bolsas de valores do Brasil e do exterior.
[3] Inclui créditos de agências e organismos.
Fonte: Banco Central do Brasil.

relativos a participações no capital de empresa e os juros correspondentes aos empréstimos intercompanhias nas modalidades de empréstimos diretos a título de qualquer prazo, não se incluindo os ganhos de capital, classificados como investimento direto na conta financeira.

As rendas de investimento em carteira englobam os lucros, dividendos e bonificações relativos às aplicações em ações e os juros correspondentes às aplicações em títulos da dívida de emissão doméstica (títulos da dívida interna pública, debêntures e outros títulos privados) e no exterior (bônus, *notes* e *commercial papers*) de qualquer prazo. Excluem-se desse cálculo os juros relativos à colocação de papéis entre empresas ligadas, alocados em rendas de investimento direto, assim como os ganhos de capital relativos a investimentos em carteira, contabilizados na conta financeira.

As rendas de outros investimentos registram os demais juros de empréstimos, financiamentos, créditos comerciais, depósitos e outros ativos e passivos. Abrangem, portanto, os juros relativos aos financiamentos de exportações e importações, tais como os créditos de compradores e de fornecedores, agências governamentais, organismos internacionais e bancos e, também, os juros de empréstimos diretos, excetuando-se os relativos a empréstimos intercompanhias, alocados em rendas de investimento direto.

- **Transferências Correntes**

São registradas nesta rubrica as receitas e despesas de divisas decorrentes de donativos, manutenção de estudantes no exterior, aposentadorias. Corresponde às transferências unilaterais, na forma de bens e moeda para consumo. Excluem-se as transferências relativas a patrimônio de migrantes internacionais, alocadas na conta capital.

- **Transações Correntes**

É o resultado do somatório dos saldos da Balança Comercial, de Serviços, de Rendas e de Transferências Correntes. O Saldo em Transações Correntes indica se houve poupança externa negativa ou positiva.

Se o Saldo em Transações Correntes for deficitário, significa que o país comprou mais bens e serviços do exterior do que vendeu, indicando ter havido uma poupança externa positiva. Em outras palavras, é um montante de renda que não foi consumido no "resto do mundo", isto é, foi poupado, e transferido para o país que apresentou o déficit em transações correntes. A poupança externa positiva é chamada Passivo Externo Líquido, uma vez que aumenta as obrigações financeiras com o exterior.

Caso o Saldo em Transações Correntes seja superavitário, significará que o país vendeu mais bens e serviços ao exterior do que comprou. Nesse caso, haverá uma Poupança Externa Negativa, também denominada Ativo Externo Líquido.

- **Conta Capital**

Esta conta registra as transferências de capital relacionadas com o patrimônio dos migrantes e a aquisição/alienação de bens não financeiros não produzidos, tais como cessão de patentes e marcas.

- **Conta Financeira**

Os quatro itens desta conta são desdobrados em ativos e passivos, ou seja, há um item destinado a registrar fluxos envolvendo ativos externos detidos por residentes no Brasil e outro para registrar a emissão de passivos por residentes cujo credor é não residente. Essas contas de ativos e passivos são, em seguida, novamente desdobradas para evidenciar detalhes específicos de cada conta.

A conta Investimentos Diretos registra os ativos externos detidos por residentes no Brasil sob a forma de investimento direto, bem como representa a conta de passivo do grupo de investidores direto. Estão divididas em duas modalidades: participação no capital e empréstimos intercompanhias.

A rubrica Investimentos em Carteira registra o fluxo de ativos e passivos constituídos pela emissão de títulos de crédito comumente negociados em mercados secundários de papéis. Compõem esses ativos os títulos de renda variável negociados no país ou no exterior, títulos de renda fixa. Os passivos de investimento em carteira registram as aquisições por não residentes de títulos de renda variável (ações) e de renda fixa (títulos da dívida) de emissão brasileira.

A conta Derivativos Financeiros registra os fluxos financeiros relativos à liquidação de haveres e obrigações decorrentes de operações de *swap*, opções e futuros e os fluxos relativos aos prêmios de opções.

A conta Outros Investimentos, por sua vez, compreende os empréstimos e financiamentos de curto e longo prazos, a movimentação de depósitos mantidos no exterior na forma de disponibilidades, cauções, depósitos judiciais e, ainda, as garantias para os empréstimos vinculados a exportações, bem como a variação dos depósitos no exterior dos bancos comerciais.

- **Erros e Omissões**

Os lançamentos a crédito e a débito efetuados no balanço de pagamentos provêm de diferentes fontes de informações, gerando, na prática, um total líquido diferente de zero, apesar de esse fluxo ser contabilizado pelo método das partidas dobradas. A principal razão está nas discrepâncias temporais das diversas origens dos dados utilizados. Com isso, torna-se necessário o lançamento de partida que permita o balanceamento das contas. Essa rubrica serve, portanto, para compensar toda superestimação ou subestimação dos componentes registrados.

- **Saldo do Balanço de Pagamentos**

Equivale à soma algébrica das contas de transações correntes, capital, financeira e erros e omissões.

O resultado do balanço de pagamentos representa a variação das reservas internacionais do país, detidas pelo Banco Central, no conceito de liquidez internacional, deduzidos os ajustes relativos a valorizações ou desvalorizações das moedas estrangeiras e do ouro em relação ao dólar norte-americano e os ganhos ou perdas relativos a flutuações nos preços dos títulos e da cotação do ouro.

O Quadro 7, mostrado a seguir, apresenta os saldos do balanço de pagamentos do Brasil para os anos de 2011 a 2014, de acordo com a metodologia antiga, ou seja, segundo critérios estabelecidos na quinta edição do Manual de Balanço de Pagamentos do Fundo Monetário Internacional (BPM5). Neles se pode observar a mudança do perfil de comércio internacional ao longo da década, bem como a importância da conta capital e financeira para manter o saldo do balanço de pagamentos superavitário.

QUADRO 7
O balanço de pagamentos do Brasil
(em US$ milhões)

Discriminação	2011	2012	2013	2014
Balança comercial (FOB)	**25.793**	**19.395**	**2.286**	**-3.959**
Exportações	256.040	242.578	242.034	225.101
Importações	-226.247	-223.184	-239.748	-229.060
Serviços	**-37.932**	**-41.042**	**-47.101**	**-48.928**
Receitas	38.209	39.864	39.127	40.764
Despesas	-76.141	-80.905	-86.229	-89.692
Rendas	**-47.319**	**-35.448**	**-39.778**	**-40.323**
Receitas	10.753	10.888	10.071	6.327
Despesas	-58.072	-46.335	-49.848	-46.650
Transferências unilaterais correntes	**2.984**	**2.846**	**3.366**	**1.922**
Receitas	4.915	4.626	5.480	4.261
Despesas	-1.931	-1.780	-2.114	-2.339
Transações correntes	**-52.474**	**-54.249**	**-81.227**	**-91.288**
Conta capital e financeira	**112.381**	**70.010**	**74.352**	**99.069**
Conta capital	1.573	-1.877	1.193	590
Conta financeira	110.808	71.887	73.159	98.479
Investimento direto (líquido)	67.689	68.093	67.491	66.035
Investimento brasileiro direto	1.029	2.821	3.495	3.540
Investimento estrangeiro direto	66.660	65.272	63.996	62.495
Investimentos em carteira	35.311	8.770	25.689	30.227
Derivativos	3	25	110	-1.568
Outros investimentos	7.805	-5.002	-20.131	3.785
Erros e omissões	**-1.271**	**3.138**	**947**	**3.052**
Resultado do balanço	**58.637**	**18.900**	**-5.927**	**10.833**
Memo				
Transações correntes/PIB	-2,12	-2,41	-3,62	-4,19
Balança comercial/PIB	1,20	0,86	0,10	-0,18
Dívida bruta	256.804	298.204	312.898	308.625

Fonte: Banco Central do Brasil. Informações Econômicas.

5 VARIÁVEIS DETERMINANTES DAS IMPORTAÇÕES E DAS EXPORTAÇÕES

Os elementos que mais influenciam as importações e as exportações são:

5.1 Importações

- **Renda Nacional**

Um aumento da produção e da renda nacional significa que o país está crescendo e que demandará mais produtos importados, na forma de bens de consumo, de matérias-primas e de bens de capital. Nesse caso, existe uma relação direta entre renda nacional e importações.

- **Taxa de Câmbio (R$/US$)**

Uma desvalorização cambial fará que os importadores paguem mais pelos mesmos produtos antes importados, acabando por desestimular as importações que, apesar de manter seus preços em dólares, exigirão mais reais por dólar de produto importado. Nesse caso, existe uma relação inversa entre desvalorização cambial e importações.

- **Preços Externos (US$)**

A elevação dos preços (em dólares) dos produtos importados provavelmente provocará uma diminuição das importações brasileiras. Nesse caso, existe uma relação inversa entre o preço (em dólares) dos produtos importados e as importações.

- **Preços dos Produtos Produzidos Internamente (R$)**

Uma elevação dos preços dos produtos produzidos internamente estimulará a substituição desses produtos por produtos similares produzidos externamente, elevando as importações. Nesse caso, existe uma relação direta entre os preços internos e as importações.

- **Barreiras Tarifárias e Não Tarifárias às Importações**

A imposição de barreiras tarifárias e não tarifárias às importações pode ocasionar uma diminuição de produtos importados. Nesse caso, existe uma relação inversa entre a imposição de barreiras tarifárias e não tarifárias e as importações.

5.2 Exportações

- **Renda Mundial**

Um aumento na renda mundial deverá estimular o comércio internacional. Em consequência, as exportações nacionais também deverão aumentar. Nesse caso, existe uma relação direta entre a renda mundial e as exportações.

- **Taxa de Câmbio (R$/US$)**

Uma desvalorização cambial deve estimular as exportações, uma vez que os exportadores receberão mais reais por dólar de mercadoria exportada. Além disso, os importadores poderão comprar mais mercadorias produzidas internamente pela mesma quantidade de dólares. Nesse caso, existe uma relação direta entre desvalorização cambial e exportações.

- **Preços Externos (US$)**

Uma elevação nos preços externos dos produtos por nós exportados deverá elevar as exportações. Nesse caso, existe uma relação direta entre os preços externos dos produtos produzidos nacionalmente e as exportações.

- **Preços Internos (R$)**

Um aumento nos preços internos dos produtos exportáveis poderá estimular o aumento das vendas no mercado interno, diminuindo as importações. Nesse caso, existe uma relação inversa entre preços internos e exportações.

- **Incentivos às Exportações**

Incentivos às exportações, sejam de ordem fiscal (isenções de impostos), creditícios (o produtor nacional consegue financiamento a juros subsidiados), ou de natureza burocrática, podem estimular as exportações. Existe, então, uma relação direta entre aumento de incentivos e exportações.

6 TAXAS DE CÂMBIO

6.1 Introdução

A taxa de câmbio é o preço, em moeda nacional, de uma unidade de moeda estrangeira. Em outras palavras, a taxa de câmbio é o preço de uma moeda em termos de outra. Obviamente há pelo menos tantas taxas de câmbio quanto moedas estrangeiras. Contudo, a expressão *Taxa de Câmbio* geralmente indica o preço de uma moeda internacional de referência que, no caso brasileiro, é o dólar norte-americano.

Assim, quando falamos que um dólar norte-americano vale, por exemplo, R$ 2,00, já estamos expressando a taxa de câmbio entre as duas moedas:

$$US\$ \ 1,00 = R\$ \ 2,00$$

No Brasil, as divisas são monopólio do Estado, que é representado pelo Banco Central. As operações de câmbio, por sua vez, só podem ser conduzidas por meio de estabelecimento bancário autorizado a operar em câmbio pelo Banco Central.

Sendo a taxa de câmbio um preço, ela também será influenciada pela oferta e demanda, no caso, de divisas, ou seja, pela oferta e demanda de moeda estrangeira em um determinado país.

A oferta de divisas depende:

- *do volume de exportações*, uma vez que as moedas estrangeiras recebidas pelas vendas externas têm de ser trocadas por moeda nacional; e
- *da entrada de capitais externos*, que também precisam ser trocados por moeda nacional.

Assim, quando um exportador vende sua mercadoria no mercado internacional, o importador estrangeiro dessa mercadoria remete divisas – dólares, por exemplo – ao Banco Central, que fica com os dólares, pagando ao exportador nacional a quantia equivalente em reais.

A demanda de divisas, por sua vez, depende:

- *do volume de importações*, uma vez que os importadores nacionais necessitam de moeda estrangeira para pagar suas compras realizadas em outros países, já que a moeda nacional não é aceita; e
- *da saída de capitais externos*, sob a forma de amortizações de empréstimos, pagamentos de juros etc.

6.2 Regimes Cambiais

6.2.1 *Regime de Câmbio Fixo*

No regime de câmbio fixo, a taxa de câmbio é fixa, sendo determinada pelo Banco Central, ou seja, o Banco Central se compromete a comprar e a vender divisas a um preço fixado por ele. Em geral, há um pequeno diferencial entre as taxas de compra e venda para cobrir os custos da transação. Nesse caso, o país fixa sua taxa de câmbio, porém reserva-se ao direito de alterá-la caso enfrente um desequilíbrio fundamental em seu balanço de pagamentos. A vantagem desse sistema é facilitar a tomada de decisões dos diversos agentes econômicos. Devemos notar, entretanto, que nesse regime cambial o Banco Central deve possuir moeda estrangeira em volume suficiente para fazer face a uma situação de excesso de demanda pela moeda estrangeira à taxa estabelecida – quando houver uma situação de déficit no Balanço de Pagamentos. Deve também estar preparado para adquirir qualquer excesso de moeda estrangeira – superávit no balanço de pagamentos –, aceitando, assim, a perda de graus de liberdade na condução da política monetária.

6.2.2 *Regime de Taxas Flutuantes (ou Flexíveis) de Câmbio*

No regime de taxas de câmbio flutuantes, o valor da taxa de câmbio é determinado livremente no mercado, mediante a oferta e a procura por divisas, sem nenhuma intervenção do Banco Central.

A característica básica desse regime cambial é que a taxa de câmbio deve se ajustar de modo a equilibrar o mercado de divisas. Assim, se houver excesso de oferta de moeda estrangeira, seu preço cairá, ou seja, a moeda nacional se valorizará. Da mesma forma, se houver excesso de demanda pela moeda estrangeira, o seu preço se valorizará, isto é, a moeda nacional se desvalorizará.

6.2.3 *Flutuação Suja* (Dirty Floating)

No Brasil, utiliza-se hoje um sistema misto, denominado *dirty floating* (flutuação suja). Nesse tipo de sistema a taxa de câmbio continua sendo determinada pelo mercado. Entretanto, o Banco Central intervém, tentando balizar os movimentos desejados da taxa de câmbio, procurando limitar sua instabilidade.

6.2.4 *Regime de Bandas*

Nesse tipo de sistema, a taxa de câmbio flutua dentro de um intervalo com limites máximos e mínimos, também chamado "banda".

Se a taxa se aproxima do limite máximo, o Banco Central entra no mercado vendendo divisas. Um aumento da oferta de divisas provoca diminuição da taxa de câmbio.

Caso a taxa de câmbio se aproxime do limite mínimo, ameaçando rompê-lo, o Banco Central entra no mercado comprando divisas, elevando, assim, a taxa de câmbio.

6.3 A Determinação da Taxa de Câmbio em Sistema de Taxa de Câmbio Flexível

Normalmente, quanto mais alta a taxa de câmbio, maior deverá ser a quantidade que as firmas desejarão exportar. Da mesma forma, quanto menor for a taxa de câmbio, menos as firmas desejarão exportar.

Vejamos um exemplo:

QUADRO 8
Taxa de câmbio e exportação

Taxa de Câmbio (R$/US$)	Preço do Bem X (em US$)	Preço do Bem X (em R$)	Exportadores
2,00	50,00	100,00	Querem exportar mais
1,50	50,00	75,00	Querem exportar menos

Observemos o exemplo do Quadro 8. Se a taxa de câmbio fosse de R$ 2,00 por dólar, taxa esta considerada alta pelo mercado, e se o preço do bem a ser exportado fosse de US$ 50,00, o exportador receberia R$ 100,00 por unidade exportada. Nesse caso ele se sentiria *estimulado a exportar*.

Se a taxa de câmbio fosse *menor*, por exemplo, de R$ 1,50 por dólar, pela mesma unidade exportada o exportador receberia apenas R$ 75,00. Nesse caso, ele se sentiria *desestimulado a exportar*.

Assim, quanto maior for a taxa de câmbio, maior o volume exportado e maior a oferta de divisas; quanto menor a taxa de câmbio, menor o volume exportado e menor a oferta de divisas.

Podemos, então, desenhar uma curva de oferta de divisas positivamente inclinada, indicando que ela é crescente em relação à taxa de câmbio. A Figura 1 nos mostra uma curva de oferta de divisas com essas características. Assim, se a taxa de câmbio for P_1, a quantidade ofertada de divisas será Qo_1. Se a taxa de câmbio se elevar para P_2, a quantidade ofertada de divisas vai se elevar para Qo_2.

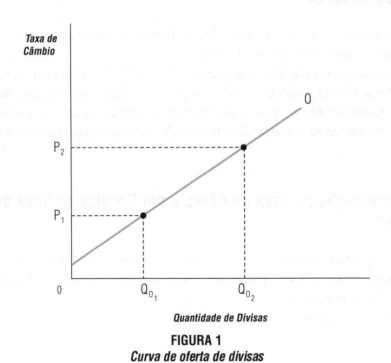

FIGURA 1
Curva de oferta de divisas

Vamos observar agora o lado das importações. Normalmente, quanto mais alta a taxa de câmbio, menor deverá ser a quantidade que as empresas desejarão importar. Da mesma forma, quanto menor for a taxa de câmbio, mais as empresas desejarão importar.

Vejamos, então, um exemplo:

QUADRO 9
Taxa de câmbio e importação

Taxa de Câmbio (R$/US$)	Preço do Bem Y (em US$)	Preço do Bem Y (em R$)	Importadores
2,00	30,00	60,00	Querem importar menos
1,50	30,00	45,00	Querem importar mais

Observemos, agora, o exemplo do Quadro 9. Se a taxa de câmbio fosse de R$ 2,00 por dólar, taxa esta considerada alta pelo mercado, e se o preço do bem a ser importado fosse de US$ 30,00, o importador pagaria R$ 60,00 por unidade importada. Nesse caso, ele se sentiria *desestimulado a importar* o produto.

Se a taxa de câmbio fosse *menor*, por exemplo, de R$ 1,50 por dólar pela mesma unidade importada, o importador pagaria uma quantia menor em reais, mais precisamente R$ 45,00. Nesse caso, ele se sentiria *estimulado a importar mais mercadoria*.

Assim, quanto maior for a taxa de câmbio, menor o volume importado e menor a demanda de divisas; quanto menor a taxa de câmbio, maior o volume importado e maior a demanda de divisas.

Podemos, então, desenhar uma curva de demanda de divisas negativamente inclinada, indicando que ela é decrescente em relação à taxa de câmbio. A Figura 2 nos mostra uma curva de demanda de divisas com essas características. Assim, se a taxa de câmbio for P_1, a quantidade demandada de divisas será Qd_1. Se a taxa de câmbio diminuir para P_2, a quantidade demandada de divisas vai se elevar para Qd_2.

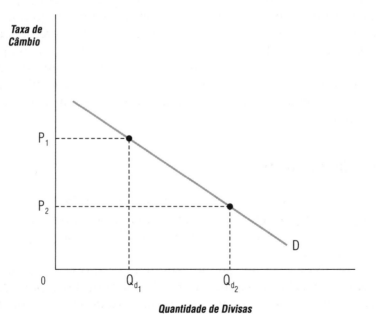

FIGURA 2
Curva de demanda de divisas

Estamos aptos, agora, a juntar os dois lados do mercado e tentar estabelecer a taxa de câmbio de equilíbrio.

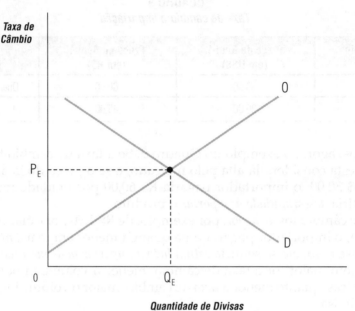

FIGURA 3
A determinação do equilíbrio no mercado de divisas

A Figura 3 nos mostra as curvas de oferta e de demanda de divisas. A taxa de câmbio de equilíbrio será P_e, ao passo que a quantidade de equilíbrio será Q_e, quando então a oferta de divisas será igual à demanda de divisas. Graficamente, o equilíbrio será determinado da maneira usual, isto é, na intersecção entre as curvas de oferta e de demanda, quando então a quantidade de divisas que os importadores desejam comprar é exatamente igual à quantidade de divisas que os exportadores desejam vender. Devemos observar, finalmente, que quanto mais elevada estiver a taxa de câmbio, mais desvalorizada estará a moeda nacional; e que quanto mais baixa estiver a taxa de câmbio, mais valorizada estará a moeda nacional.

6.4 Desvalorização Cambial

A um aumento no preço da moeda estrangeira dá-se o nome de *desvalorização cambial*. Assim, o termo desvalorização significa que a moeda nacional passa a valer menos em termos de moeda estrangeira. Reciprocamente, uma diminuição no preço da moeda estrangeira denomina-se *valorização cambial*.

Uma desvalorização da taxa de câmbio estimula as exportações, uma vez que os exportadores passarão a receber mais reais por dólar de produto exportado; por outro lado, desestimula as importações, uma vez que os importadores receberão menos reais por dólar de produto importado. Isso faz aumentar o saldo comercial e de serviços, sendo por isso considerado um eficaz mecanismo de correção dos déficits em conta-corrente do Balanço de Pagamentos.

Por outro lado, os impactos inflacionários de uma desvalorização cambial não podem ser esquecidos, uma vez que ela aumenta o custo dos produtos importados. No caso de fatores de produção importados, uma desvalorização significa aumento nos custos de produção. Se as firmas repassarem esses aumentos de custo para os preços dos produtos, os preços internos acabam por se elevar.

Finalmente, não podemos nos esquecer do efeito das desvalorizações cambiais sobre a dívida externa do país, uma vez que ela aumenta o estoque da dívida externa em reais (o saldo em dólares não é afetado).

6.4.1 Desvalorização Real da Taxa de Câmbio

Quando a economia sofre os efeitos da inflação, os custos e os preços dos produtos produzidos internamente crescem. Quando isso ocorre, surge a necessidade de se alterar a taxa de câmbio, com o objetivo de manter a competitividade dos produtos exportáveis no mercado internacional. A alteração na taxa de câmbio possibilita o reajuste dos preços internos aos externos, após compensado o desconto da inflação externa. Como no Brasil o dólar é a moeda de referência em nossas transações externas, os ajustes são feitos sempre em relação a essa moeda.

Para que ocorra a desvalorização real, não basta a desvalorização nominal ser superior à taxa de inflação interna. É preciso que a inflação interna seja superior à inflação externa.

Como exemplo, suponhamos que em determinado período a inflação interna tenha sido de 50%, ao passo que a inflação externa tenha sido, no mesmo período, de 10%. Suponhamos, também, que no início do período a cotação fosse de US$ 1,00 = R$ 1,00.

A inflação líquida foi de 36,36%, resultado da operação a seguir.

Partindo da base 100, temos:

$$DR = \left(\frac{150}{110} - 1 \right) \times 100 = 36,36$$

Para que seja mantida a equivalência do custo interno ao externo, o real terá de ser desvalorizado em 36%.[3] Assim, teremos:

$$US\$\ 1,00 = R\$\ 1,36$$

6.5 O Setor Externo e o Nível de Equilíbrio da Renda

Vimos no Capítulo XI, quando analisamos uma economia fechada, que o nível de equilíbrio da renda ocorreria quando a Oferta Agregada (OA) fosse igual à Demanda Agregada (DA) da economia.

Introduziremos, agora, no nosso modelo, as variáveis do setor externo, quais sejam, as exportações, que denominaremos X, e as importações, que denominaremos M. Vamos, então, verificar como elas afetam o nível de renda da economia.

Sabemos que as exportações têm efeitos positivos sobre o nível de renda da economia, uma vez que para atender a demanda externa os empresários se utilizam dos

---

[3] Valor arredondado.

fatores de produção disponíveis no país. Assim, aumentos nas exportações geram aumentos no nível de emprego e de renda, já que o mercado externo remunera os nossos exportadores pelo produto adquirido.

Por outro lado, as importações representam uma saída de recursos do país, uma vez que temos de pagar pelos produtos que compramos externamente. Além disso, ao importarmos produtos do exterior, acabamos gerando emprego e renda nos países dos quais importamos.

Assim, um saldo positivo em $(X - M)$, ou seja, exportações maiores que as importações, repercutirá positivamente na economia, fazendo crescer o nível de emprego e de renda, da mesma forma que um aumento nos investimentos ou nos gastos governamentais o faria.

Por outro lado, um saldo negativo em $(X - M)$, ou seja, importações maiores que as exportações, provocaria queda no nível de emprego e de renda da economia.

Para exemplificar, faremos a determinação do nível de renda da economia em duas etapas: a primeira, sem o setor externo, e a segunda com a introdução das exportações e importações. Para simplificar ainda mais, trabalharemos com a hipótese de que não há tributação nessa economia. Teremos, então, em termos algébricos:

Condição de Equilíbrio: $OA = DA$
Oferta Agregada: $OA = Y$
Demanda Agregada $= C + I + G$
Equilíbrio: $Y = C + I + G$ (1)
Função Consumo: $C = C_0 + bY$ (2)

Fazendo a devida substituição, obtemos:

$$Y = C_0 + bY + I + G$$
$$Y - bY = C_0 + I + G$$
$$Y(1 - b) = C_0 + I + G$$

e, finalmente,

$$Y_0^e = \frac{1}{1 - b} \times C_0 + I + G$$

onde Y_0^e é o nível de renda de equilíbrio.

Logo, o produto é igual ao consumo, mais os investimentos, mais os gastos do governo.

Para exemplificar, vamos analisar as seguintes hipóteses:

$C = C_0 + bY$, onde
$C_0 = 200$

e

$b = 0,75$
$I = 200$ e
$G = 100$

O nível de renda de equilíbrio será dado por:

$$Y_0^e = \frac{1}{1 - b} \times C_0 + I + G$$

Fazendo as devidas substituições, obtemos:

$$Y_0^e = \frac{1}{(1-0,75)} \times (200 + 200 + 100)$$

$$Y_0^e = \frac{1}{(0,25)} \times (500)$$

$$Y_0^e = 4 \times (500)$$

e

$$Y_0^e = 2.000$$

A Figura 4 nos mostra a situação de equilíbrio nessa economia.

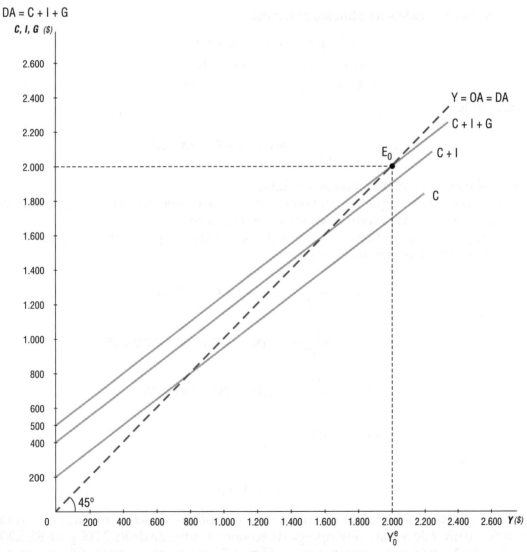

FIGURA 4
O equilíbrio em uma economia sem setor externo

Vamos, agora, introduzir o setor externo em nosso modelo. Para tornar simples a determinação do nível de equilíbrio da renda, trabalharemos com a hipótese de que tanto importações quanto exportações são autônomas.

Suponhamos, então, que as exportações totalizem R$ 400, enquanto as despesas com importações fiquem em R$ 350. O saldo de $(X - M)$ é, portanto, de R$ 50.

Vejamos, pois, como esse saldo repercute sobre o nível de renda.

Condição de Equilíbrio: $OA = DA$
Oferta Agregada: $OA = Y$
Demanda Agregada $= C + I + G + (X - M)$
Equilíbrio: $Y = C + I + G + (X - M)$
Função Consumo: $C = C_0 + bY$

Fazendo a devida substituição, obtemos:

$$Y = C_0 + bY + I + G + (X - M)$$
$$Y - bY = C_0 + I + G + (X - M)$$
$$Y(1 - b) = C_0 + I + G + (X - M)$$

e, finalmente,

$$Y_1^e = \frac{1}{1 - b} \times C_0 + I + G + (X - M)$$

onde Y_1^e é o novo nível de renda de equilíbrio.

Logo, o produto é igual ao consumo, mais os investimentos, mais os gastos do governo, mais o saldo das exportações menos importações.

Vamos, agora, introduzir os valores de cada variável para verificar o que ocorre com a renda. Sabemos que no equilíbrio

$$Y_1^e = \frac{1}{1 - b} \times C_0 + I + G + (X - M)$$

$$Y_1^e = \frac{1}{1 - 0{,}75} \times 200 + 200 + 100 + (400 - 350)$$

$$Y_1^e = \frac{1}{0{,}25} \times 200 + 200 + 100 + 50$$

$$Y_1^e = 4 \times 550$$

e, finalmente,

$$Y_1^e = 2.200$$

Com a introdução do setor externo e com as exportações sendo maiores que as importações, o nível de renda e de emprego da economia aumenta de R$ 2.000 para R$ 2.200.

A solução gráfica é apresentada na Figura 5, mostrada a seguir. Observem que houve um aumento da demanda agregada da economia e que agora o equilíbrio se dá em R$ 2.200, um nível de renda mais elevado.

Note que o nível de renda cresceu em um múltiplo do valor inicial do saldo de (X − M). Isso ocorre em razão do efeito multiplicador, que atua da mesma forma para investimentos, gastos do governo e o saldo das exportações menos as importações. Assim, se o *saldo* aumentar, a renda crescerá em um múltiplo desse aumento.

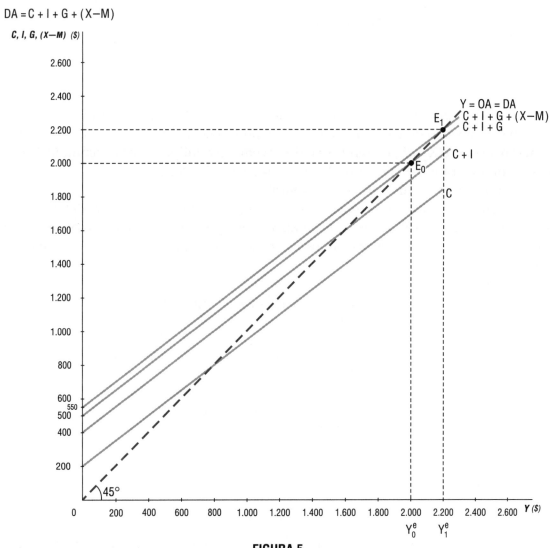

FIGURA 5
O equilíbrio com a introdução do setor externo

Apenas a título de exemplo, vejamos o que ocorre com a renda caso haja uma diminuição nesse saldo, ou seja, que ele passe de R$ 50 para R$ 10. Para tanto, imaginemos que as importações aumentem de R$ 350 para R$ 390, enquanto as exportações se mantêm no mesmo nível. Nessas condições, teremos:

$$Y_3^e = \frac{1}{1-b} \times C_0 + I + G + (X - M)$$

$$Y_3^e = \frac{1}{1-0,75} \times 200 + 200 + 100 + (400 - 390)$$

$$Y_3^e = \frac{1}{0,25} \times 200 + 200 + 100 + 10$$

$$Y_3^e = 4 \times 510$$

e, finalmente,

$$Y_3^e = 2.040$$

Como podemos observar, o nível de renda caiu de R$ 2.200 para R$ 2.040, mostrando que, no caso de haver aumento das importações de R$ 350 para R$ 390, haverá redução no saldo $(X - M)$, e a renda se reduzirá em um múltiplo dessa diminuição. Nesse caso, o multiplicador atua no sentido de reduzir o emprego e a renda.

Vamos, agora, analisar um novo exemplo.

Suponhamos, então, que uma economia esteja em desemprego e com déficit na balança comercial de R$ 50, decorrente de R$ 500 de importações e R$ 450 de exportações (os valores de I, G e b permanecem os mesmos). Calculemos, inicialmente, o nível de equilíbrio:

$$Y_0^e = \frac{1}{1-b} \times C_0 + I + G + (X - M)$$

$$Y_0^e = \frac{1}{1-0,75} \times 200 + 200 + 100 + (450 - 500)$$

$$Y_0^e = \frac{1}{0,25} \times 200 + 200 + 100 - 50$$

$$Y_0^e = 4 \times 450$$

e, finalmente,

$$Y_0^e = 1.800$$

Imaginemos, agora, que o governo deseje aumentar o nível de emprego e de renda, e que para tanto promova uma desvalorização cambial. Com isso consegue estimular as exportações e diminuir as importações. Os novos dados são:

Exportações: R$ 530
Importações: R$ 490

Calculemos, então, o novo equilíbrio:

$$Y_1^e = \frac{1}{1-b} \times C_0 + I + G + (X - M)$$

$$Y_1^e = \frac{1}{1-0{,}75} \times 200 + 200 + 100 + (530 - 490)$$

$$Y_1^e = \frac{1}{0{,}25} \times 200 + 200 + 100 + 40$$

$$Y_1^e = 4 \times 540$$

e, finalmente,

$$Y_1^e = 2.160$$

Como podemos verificar, a renda de equilíbrio aumentou de R$ 1.800 para R$ 2.160. Fica como sugestão para o leitor fazer o gráfico desse exemplo.

Exercícios

Questões

As respostas podem ser encontradas no final do livro.

1) O que a "Teoria da Vantagem Absoluta" preconizava?

2) Entre os argumentos que justificam a adoção de "Medidas Protecionistas", destaca-se o argumento da indústria nascente. O que enuncia tal argumento?

3) Quais medidas corretivas podem ser adotadas caso um país apresente déficits crônicos em seu Balanço de Pagamentos?

4) Como é determinado o valor da taxa de câmbio no regime de taxas flutuantes?

Testes de Múltipla Escolha

- *Assinale com um X a resposta certa*
- *As respostas podem ser encontradas no final do livro*

1) Entre as razões que induzem os países ao comércio exterior de bens e serviços destacam-se:
   a) as diferenças nos estágios de desenvolvimento tecnológico;
   b) as semelhanças nas disponibilidades estruturais de capital e trabalho;
   c) as semelhanças entre nações no tocante às reservas não reprodutíveis;
   d) as semelhanças internacionais quanto aos fatores climáticos e fatores edáficos;
   e) nenhuma das alternativas anteriores.

2) Qual dos itens a seguir não se acha colocado na seção de contas-correntes do balanço de pagamentos?
   a) o investimento direto;
   b) as importações de bens e serviços;
   c) as transferências unilaterais;
   d) as exportações de bens e serviços;
   e) nenhuma das alternativas anteriores.

3) Para um país, um saldo deficitário em transações correntes indica:
   a) que o país vendeu ao exterior mais bens e serviços do que comprou;
   b) que está havendo uma poupança externa negativa;
   c) que o país comprou mais bens e serviços do exterior do que vendeu;
   d) que está havendo uma transferência de renda do país que apresentou o déficit para o "resto do mundo";
   e) nenhuma das alternativas anteriores.

4) A taxa de câmbio:
   a) é o preço do ouro em moeda estrangeira;
   b) é o preço, em moeda nacional, de uma unidade de moeda estrangeira;
   c) é o preço, em moeda estrangeira, de uma unidade de moeda nacional;
   d) é o preço, em divisas, de uma unidade em moeda estrangeira;
   e) nenhuma das alternativas anteriores.

5) Suponha a existência de um país que apresente déficit no balanço de pagamentos e que esteja sob um sistema de taxas de câmbio flexíveis. Nessas condições, esse déficit pode ser corrigido:
   a) por uma desvalorização da moeda nacional;
   b) por uma desvalorização da moeda estrangeira;
   c) por uma valorização da moeda nacional;
   d) por uma diminuição no preço de divisas em moeda nacional;
   e) nenhuma das alternativas anteriores.

6) Suponha que em determinado período a inflação interna tenha sido de 30%, ao passo que a inflação externa tenha sido, no mesmo período, de 15%. Suponha, também, que no início do período a cotação do dólar fosse US$ 1,00 = R$ 1,00. Para que seja mantida a equivalência do custo interno ao externo, o real deverá ter uma desvalorização de:
   a) 15%;
   b) 45%;
   c) 13%;
   d) 11%;
   e) 20%.

Capítulo XV

CRESCIMENTO E DESENVOLVIMENTO ECONÔMICO

1 INTRODUÇÃO

As definições de desenvolvimento e crescimento suscitam, muitas vezes, confusões conceituais. Em geral, são dois termos que se combinam no progresso das nações, mas nunca poderemos defini-los como palavras sinônimas. Quando o processo de crescimento ocorre de forma isolada, poderá acarretar desequilíbrios estruturais em uma economia, trazendo sérias dificuldades a seus governantes. O processo de desenvolvimento, por sua vez e via de regra, traz consigo o crescimento.

Assim, por crescimento podemos entender o ato ou efeito de crescer, enquanto por desenvolvimento entendemos o ato ou efeito de desenvolver. Em outras palavras, o crescimento econômico pode ocorrer pelo aumento contínuo do Produto Nacional Bruto (PNB), tanto em termos globais como *per capita*, ao longo do tempo, enquanto o desenvolvimento econômico refere-se a um estágio econômico, social e político de uma sociedade, caracterizado pela constante melhoria nos índices de produtividade dos fatores de produção (aproveitamento da busca da eficácia dos recursos naturais, capital e trabalho).

2 CRESCIMENTO ECONÔMICO

É certo que o crescimento econômico não se processa simplesmente pelo aumento do PNB. Muitas vezes, para que isso ocorra, todo um conjunto de fatores são fundamentais para que uma economia obtenha resultados positivos. Essas mudanças de cunho quantitativo, nos níveis do produto (Y), podem estar associadas ao estoque de capital (K), à força de trabalho (N) e ao próprio período de tempo (t). Segundo a teoria macroeconômica, podemos expressar esse modelo por:

$$Y = f(K, N, t)$$

Atualmente, entretanto, sabemos que não bastam apenas essas variáveis para explicar o fenômeno do crescimento. A elas pode-se associar a questão da melhoria na qualidade da mão de obra (obtida pela melhoria nos níveis educacionais, de treinamento e de especialização), na melhoria tecnológica (por meio do aumento da eficiência na utilização do estoque de capital) e na eficiência organizacional (maximização na utilização dos recursos disponíveis).

Finalizando, podemos conceituar o crescimento econômico como o processo de crescimento do PNB *per capita*, em função da melhoria no padrão de vida da sociedade e pelas alterações essenciais que possam ocorrer na estrutura da atividade econômica.

Do ponto de vista técnico, podemos associar a questão do crescimento econômico a um conjunto de fatores que não deixam de ser primordiais para o perfeito entendimento dessa conceituação, quais sejam: a questão do crescimento populacional, a capacidade de acumulação de capital e o grau de desenvolvimento tecnológico.

2.1 Crescimento Populacional

Quando abordamos a questão do crescimento populacional, não estamos apenas nos referindo a uma medida meramente quantitativa, pois a ela está associada toda a influência da estrutura social dessa economia. Se nos concentrarmos apenas no conceito estrito de crescimento populacional, estamos falando de um dos mais importantes, se não o mais importante, fator de produção disponível dentro de uma economia. Assim, um eventual aumento no contingente populacional implica deslocamento positivo da curva de possibilidades de produção da sociedade.

A forma tradicional para se medir o crescimento econômico envolve o conceito de produto *per capita* da economia, ou seja, é a relação entre o PN de determinado período de tempo e o total da população.

Dessa forma, um aumento do PN maior que o aumento do contingente populacional, em termos proporcionais, implica crescimento do produto *per capita*, ou seja, constata-se um crescimento da economia. No sentido contrário, se esse aumento do produto for proporcionalmente menor que o aumento da população, haverá redução no produto *per capita* e, consequentemente, redução na taxa de crescimento.

2.2 Acumulação de Capital

Outro elemento importante para que uma economia possa crescer é a existência de outros fatores de produção, além do fator mão de obra. Há a necessidade de que existam máquinas, equipamentos, instrumentos, edificações, que no seu agregado são classificados como estoques de capitais. Esses elementos serão importantes para que a economia possa produzir bens e serviços em quantidade necessária e suficiente para atender a demanda da sociedade como um todo.

2.3 Progresso Tecnológico

Ao conceito tradicional de fatores de produção podemos incorporar um novo elemento denominado conhecimento, ou tecnologia. A tecnologia, incorporada aos fatores de produção, é que permitiu a transformação dos processos e técnicas de produção tradicionais.

E é o progresso tecnológico que tem permitido significativas mudanças na forma e na quantidade de utilização dos fatores tradicionais de produção, trazendo para o campo da economia um novo elemento classificado como produtividade do trabalho. Entretanto, esse progresso tecnológico é resultado de todo outro conjunto de fatores, comumente utilizado para a conceituação do desenvolvimento econômico, ou seja, a educação, o volume de recursos alocados para a pesquisa, o grau de aptidão e qualificação da mão de obra, entre outros.

3 DESENVOLVIMENTO ECONÔMICO

O desenvolvimento econômico implica, além de aumento na quantidade de bens e serviços produzidos por uma economia, determinado período de tempo e, em termos *per capita*, mudanças de caráter qualitativo. Por essa razão, o desenvolvimento econômico não deve ser analisado tomando-se por base os indicadores tais como o crescimento do produto global ou o crescimento do produto *per capita*, e sim por outros indicadores que reflitam mudanças na qualidade de vida da população de uma economia.

O estudo do desenvolvimento, no âmbito econômico e social, se faz presente em vista da forte discrepância existente entre as economias de renda alta, também conhecidas como *industrializadas*, cujas populações gozam de elevado nível de bem-estar material, e as economias de baixa renda e renda média, denominadas respectivamente *subdesenvolvidas* e *em desenvolvimento*, que apresentam acentuados desníveis sociais; nos dias de hoje essas economias recebem, no meio financeiro, a designação de *mercados emergentes*, termo este introduzido pelos executivos da *International Finance Corporation* (Corporação Financeira Internacional) do Banco Mundial.

Até o início do século XX verificamos que alguns países – como Grã-Bretanha, França, Alemanha, Portugal, Estados Unidos, Holanda, Espanha, Itália e Bélgica – tiveram o predomínio sobre o comércio e forte influência política sobre suas colônias. Como descreve Sandroni,[1] "durante o século XIX, a industrialização de muitos países da Europa e da América do Norte reduziu os demais países à condição de colônias políticas e/ou econômicas dos primeiros. A guinada para o desenvolvimento, ocorrido a partir da Segunda Guerra Mundial, foi quase sempre precedida por mudanças políticas profundas (especialmente a conquista da independência política e a formação de governos que colocavam o desenvolvimento nacional como objetivo principal); a partir daí fortaleceu-se a ideia de *desenvolvimento*, um processo de transformação estrutural com o objetivo de superar o atraso histórico em que se encontravam esses países e alcançar, no prazo mais curto possível, o nível de bem-estar dos países considerados *desenvolvidos*".

Entretanto, o desenvolvimento não é um fenômeno que ocorre de forma isolada. Normalmente existem determinadas precondições importantes que desempenham

---

[1] SANDRONI, Paulo et al. *Novíssimo dicionário de economia*. 6. ed. São Paulo: Best Seller, 2001.

papel fundamental nesse processo. A distribuição geográfica das nações, por exemplo, determinará os fatores edáficos (disponibilidade de solos aráveis), as condições climáticas, os recursos hídricos utilizáveis e os recursos naturais disponíveis (depósitos de petróleo e minérios, por exemplo). Importante salientar que, nos dias de hoje, eventuais deficiências podem ser eliminadas ou compensadas pela intensificação do comércio, que se torna cada vez mais possível, especialmente com a formação dos blocos econômicos.

Ao longo de décadas os economistas têm estudado a questão do desenvolvimento, e cada vez mais surgem novas teorias para explicar esse processo tão almejado pelos mais diferentes países. Cada um elabora sua estratégia para alcançar este *status*, mas segundo Adam Smith, em sua obra *A riqueza das nações*, é de esperar, antes de mais nada, o fenômeno dos rendimentos crescentes, que hoje conhecemos como produtividade, ou seja, a alocação eficiente dos recursos. A esse processo não podemos deixar de agregar, também, a grande questão industrialização *versus* agricultura, o que implica, em última instância, o processo de substituição das importações.

A constante busca por uma autonomia econômica é o vértice daqueles países que buscam sua independência econômica – principalmente nos dias de hoje, em que ideologias são derrubadas pela disseminação das comunicações de massa.

Devemos observar, portanto, que o conceito de crescimento econômico difere do conceito de desenvolvimento econômico já que este implica, além de um aumento da quantidade de bens e serviços *per capita*, mudanças de caráter qualitativo. Por essa razão, o desenvolvimento econômico não deve ser analisado tomando-se por base os indicadores tais como o crescimento do produto global ou o crescimento do produto *per capita*. Outros indicadores, que reflitam mudanças na qualidade de vida, devem ser levados em conta. Como exemplo podemos citar:

- renda *per capita*;
- nível de estoque de capital *per capita*;
- taxas de natalidade e de mortalidade;
- taxa de mortalidade infantil;
- esperança de vida ao nascer;
- índice de analfabetismo e padrões educacionais;
- taxa de desemprego e produtividade da mão de obra;
- distribuição da renda;
- participação do setor primário no produto nacional;
- porcentual da população atuando na agricultura;
- potencial científico e tecnológico;
- grau de dependência externa;
- condições sanitárias;
- taxas de poupança *per capita*.

As dificuldades que os países emergentes têm enfrentado nos últimos anos não são pequenas, principalmente quando levamos em consideração o aspecto desenvolvimentista. A extensão territorial de muitos países, por exemplo, tem-se apresentado como um dos grandes obstáculos, especialmente pela falta de estradas em condições adequadas de tráfego e de sistemas eficientes de transporte que interliguem as regiões (Rússia e China). Outro importante aspecto tem relação com a questão do isolamento social, cultural e econômico, representado por barreiras religiosas entre diversos setores da população, bem como por barreiras linguísticas (Índia).

Segundo Sandroni (1999, p. 169-170), entre os vários fatores que retardam ou prejudicam o processo de desenvolvimento das mais diferentes economias estão:

- a dificuldade de se integrar toda a população na economia nacional (entre outros fatores, por inexistência de um sistema de transporte eficiente que interligue, de fato, as regiões do país);
- o isolamento social, cultural ou econômico, representado por barreiras linguísticas e religiosas entre diferentes setores da população e por subsistemas econômicos alienados do conjunto da economia nacional (empresas estrangeiras, latifúndios etc.);
- a dificuldade de encaminhamento do excedente potencial da economia para os setores primários (indústria de base, transporte, energia etc.) cujo crescimento depende de todo o processo;
- o desperdício de recursos (sob a forma de exportação de capitais, consumo supérfluo, gastos militares excessivos, especulação financeira) que, investidos, poderiam se reproduzir e se ampliar.

Outros países, por sua vez, vivem o problema da chamada escassez de capital para a importação de bens e serviços que seriam essenciais para o desenvolvimento de suas economias; é o chamado *estrangulamento externo* da economia. Essa escassez de capital se deve à baixa capacidade de acumulação de renda da sociedade, fruto de um baixo nível de renda.

Diante dessa necessidade de recursos, que permite que uma nação *mude de grandeza*, é que surge o capital estrangeiro, que normalmente se desloca de um país para outro, para aquisição de empresas, equipamentos, instalações e/ou explorar serviços, sempre tendo em vista as oportunidades por ele apresentadas. Esse capital estrangeiro pode ser classificado como *direto* – quando é utilizado para a criação de novas empresas ou para a participação societária em outras empresas já existentes – e *indireto* – quando se dirige a um país sob a forma de empréstimos e financiamentos de longo prazo.[2]

4 INDICADORES TRADICIONAIS

O grau de desenvolvimento de uma nação é percebido pela análise de certos indicadores que se relacionam em termos de estrutura. Esses indicadores compreendem três grandes grupos cujos conceitos seguem as definições estabelecidas pelo Banco Mundial (2000, p. 275).

- **Vitais**

    a) *Esperança de vida ao nascer:* indica o número de anos que um recém-nascido viveria, considerando-se os padrões de mortalidade vigentes à época do seu nascimento.

---

[2] NOGAMI, Otto. *O crescimento econômico do Brasil (1808-1945):* a contribuição do capital estrangeiro. São Paulo, 2000. Dissertação (Mestrado) – Universidade Mackenzie.

b) *Taxa de mortalidade infantil:* representa o número de crianças que morrem antes de completar 1 ano, em um grupo de mil nascidos vivos, em determinado período de tempo.

c) *Estrutura etária da população:* mostra-nos a proporção da população total entre as idades de 15 e 64 anos, que representam a chamada população economicamente ativa; em muitos países em desenvolvimento, entretanto, crianças com menos de 15 anos trabalham em período integral ou parcial, enquanto em economias de alta renda muitos trabalhadores postergam a sua aposentadoria para depois dos 65 anos.

d) *Taxa média anual de crescimento populacional:* calculada pelo método exponencial entre os extremos de determinado período de tempo.

- **Econômicos**

a) *Estruturais:* ou de infraestrutura, relacionam-se ao conjunto de elementos que formam a base econômica da sociedade. Entre eles podemos citar:
  - força de trabalho;
  - recursos naturais;
  - capital;
  - estrutura da produção;
  - estrutura da distribuição da renda.

b) *Disponibilidade de bens e serviços:* conjunto de elementos que permitem o bem-estar da sociedade:
  - renda *per capita*;
  - bens básicos de consumo (alimentos, gasolina, móveis, eletrodomésticos etc.);
  - bens produtivos e insumos (aço, energia etc.);
  - serviços básicos (transportes, estradas etc.);
  - serviços sociais (educação, saúde etc.).

- **Sociais**

a) *Estrutura social:* interação entre indivíduos, grupos e classes sociais, e o conjunto de normas, valores e padrões de comportamento que regem estas relações.

b) *Mobilidade social:* possibilidade ou facilidade de os indivíduos de uma sociedade se movimentarem de uma para outra camada da hierarquia social.

c) *Representação no sistema político:* nível de representatividade da população nos Poderes Executivo, Legislativo e Judiciário.

d) *Participação social:* forma como a população se articula, de acordo com um conjunto de valores que definem seus padrões de comportamento.

e) *Sistema de concentração da propriedade:* avaliação da proporção de empresas que detêm parte significativa do capital, investimentos, vendas, força de trabalho etc.

5 NOVOS INDICADORES

A preocupação crescente com a defesa dos direitos humanos e a conscientização cada vez maior da importância do homem dentro do contexto econômico tornaram possível o surgimento de formas mais elaboradas para se medir o grande desenvolvimento.

Assim, temos dois novos indicadores importantes:
- Índice de Desenvolvimento Humano (IDH); e
- Índice de Corrupção Percebida (ICP).

5.1 Índice de Desenvolvimento Humano (IDH)

A Organização das Nações Unidas, em 1990, começou a divulgar esse indicador na tentativa de se reduzir a pobreza, estimular a implantação de governos democráticos, estabelecer mecanismos de prevenção a crises, despertar a atenção mundial no que diz respeito à energia e ao meio ambiente, tudo isso dentro de um contexto que podemos definir como a revolução das comunicações.

Criado por Mahhub ul Haq com a colaboração de Amartya Sen, economista indiano e ganhador do Prêmio Nobel de Economia de 1998, este índice é reconhecido como uma medida geral e sintética de desenvolvimento humano. Como o próprio Programa das Nações Unidas para o Desenvolvimento, da ONU, reconhece, o IDH não abrange todos os aspectos de desenvolvimento e não é uma representação da "felicidade" das pessoas, nem indica "o melhor lugar no mundo para se viver".

Esse indicador tem o objetivo específico de monitorar o desenvolvimento humano, aumentando as opções das pessoas para que possam ter uma vida longa e saudável, se educar e agregar conhecimentos, ter acesso aos recursos necessários para um padrão de vida decente, defendendo a igualdade entre homens e mulheres, preservando as gerações futuras e garantindo um bem-estar geral da humanidade.

A sua metodologia de cálculo procura cobrir todos os aspectos relacionados à vida humana, de todas as pessoas, sejam elas residentes em países economicamente mais avançados ou não. Ele enfatiza a necessidade de se colocar as pessoas – suas necessidades, suas aspirações e suas capacidades – no centro do esforço para o desenvolvimento mundial, rejeitando qualquer tipo de discriminação, seja de classes sociais, sexo, raça, nacionalidade, religião ou geração.

Desenvolvimento humano é um processo que visa aumentar as opções das pessoas, não apenas entre diferentes bens materiais ou de consumo, mas entre as opções criadas para aumentar a capacidade ou condição humana.

> Devo reconhecer que não via no início muito mérito no IDH em si, embora tivesse tido o privilégio de ajudar a idealizá-lo. A princípio, demonstrei bastante ceticismo ao criador do Relatório de Desenvolvimento Humano, Mahbub ul Haq, sobre a tentativa de focalizar, em um índice bruto deste tipo – apenas um número –, a realidade complexa do desenvolvimento e da privação humanos. (...) Mas, após a primeira hesitação, Mahbub convenceu-se de que a hegemonia do PIB (índice demasiadamente utilizado e valorizado que ele queria suplantar) não seria quebrada por nenhum conjunto de tabelas. As pessoas olhariam para elas com respeito, disse ele, mas quando chegasse a hora de utilizar uma medida sucinta de desenvolvimento, recorreriam ao pouco atraente PIB, pois apesar de bruto era conveniente. (...) Devo admitir que Mahbub entendeu isso muito bem. E estou muito contente por não termos conseguido desviá-lo de sua busca por uma medida crua. Mediante a utilização habilidosa do poder de atração do IDH, Mahbub conseguiu que os leitores se interessassem

pela grande categoria de tabelas sistemáticas e pelas análises críticas detalhadas que fazem parte do Relatório de Desenvolvimento Humano.

Amartya Sen, Prêmio Nobel da Economia em 1998,
no prefácio do *Relatório de Desenvolvimento Humano* (RDH) de 1999.

5.2 Índice de Corrupção Percebida (ICP)

Muito se tem debatido a respeito da presença da corrupção nos mais diferentes níveis de uma economia, do escalão governamental até o cotidiano das pessoas, passando inclusive pelas empresas da iniciativa privada. E muito se tem falado também da correlação existente entre o grau de desenvolvimento econômico e grau de corrupção – em geral, quanto mais evoluída é uma economia, mais distante ela estará desse tipo de comportamento. Dentro desse contexto, o Índice de Corrupção Percebida tem assumido um papel de destaque nas discussões realizadas em torno do assunto.

Idealizado e desenvolvido pelo pesquisador alemão Johann Graf Lambsdorff, da Universidade de Göttingen, esse índice é o resultado de uma pesquisa de abrangência mundial, em que se procura identificar, por exemplo, o mau uso da máquina estatal para benefícios privados.

Calculado, a partir de 1993, pela Transparência Internacional (TI), que tem sede em Berlim.

A Transparência Internacional é uma organização não governamental, e tem como principal objetivo a luta contra a corrupção. Através de mais de 90 seções espalhadas pelo mundo, a TI coleta dados com representantes da iniciativa privada sobre suas opiniões sobre o grau de corrupção em cada país.

ANEXOS

ANEXO I
Produto Interno Bruto dos Países – 2013

Economia	Produto Interno Bruto (US$)	PIB per capita (US$)	População (habitantes)
Afeganistão	20.309.671.015	665	30.551.674
África do Sul	366.057.913.367	6.886	53.157.490
Albânia	12.923.240.278	4.460	2.897.366
Alemanha	3.730.260.571.357	46.251	80.651.873
Andorra			79.218
Angola	124.178.241.816	5.783	21.471.618
Antígua e Barbuda	1.200.587.519	13.342	89.985
Arábia Saudita	748.449.600.000	25.962	28.828.870
Argélia	210.183.410.526	5.361	39.208.194
Argentina	609.888.971.036	14.715	41.446.246
Armênia	10.432.169.571	3.505	2.976.566
Aruba			102.911
Austrália	1.560.372.473.125	67.463	23.129.300
Áustria	428.321.897.648	50.511	8.479.823
Azerbaijão	73.560.484.385	7.812	9.416.801
Bahamas	8.420.000.000	22.312	377.374
Bahrein	32.890.110.533	24.689	1.332.171
Bangladesh	149.990.454.541	958	156.594.962
Barbados			284.644
Bélgica	524.805.525.215	46.930	11.182.817
Belize	1.624.294.250	4.894	331.900
Benin	8.307.222.087	805	10.323.474
Bermuda			65.024
Bielorrússia	71.709.513.654	7.575	9.466.000
Bolívia	30.601.157.742	2.868	10.671.200
Bósnia e Herzegovina	17.851.326.454	4.662	3.829.307
Botsuana	14.784.707.345	7.315	2.021.144
Brasil	2.245.673.032.354	11.208	200.361.925
Brunei	16.111.135.789	38.563	417.784
Bulgária	54.479.873.100	7.499	7.265.115
Burkina Faso	12.884.922.231	761	16.934.839
Burundi	2.714.507.031	267	10.162.532
Butão	1.781.261.413	2.363	753.947
Cabo Verde	1.879.402.554	3.767	498.897
Camboja	15.238.689.686	1.007	15.135.169
Canadá	1.826.768.562.832	51.964	35.154.279

(continuação)

Economia	Produto Interno Bruto (US$)	PIB per capita (US$)	População (habitantes)
Catar	203.235.158.978	93.714	2.168.673
Cazaquistão	231.876.282.134	13.612	17.035.275
Chade	13.513.552.425	1.054	12.825.314
Chile	277.198.774.857	15.732	17.619.708
China	9.240.270.452.047	6.807	1.357.380.000
Chipre	21.911.444.503	25.249	1.141.166
Cingapura	297.941.261.088	55.182	5.399.200
Cisjordânia e Gaza			4.169.506
Colômbia	378.415.326.790	7.831	48.321.405
Comores	598.925.863	815	734.917
Coreia do Norte			24.895.480
Coreia do Sul	1.304.553.972.502	25.977	50.219.669
Costa do Marfim	31.062.026.533	1.529	20.316.086
Costa Rica	49.621.089.476	10.185	4.872.166
Croácia	57.868.674.298	13.598	4.255.700
Cuba			11.265.629
Curaçao			153.817
Dinamarca	335.877.548.364	59.819	5.614.932
Dominica	516.666.667	7.176	72.003
El Salvador	24.259.100.000	3.826	6.340.454
Emirados Árabes Unidos	402.340.106.796	43.049	9.346.129
Equador	94.472.679.000	6.003	15.737.878
Eritrea	3.444.097.561	544	6.333.135
Eslovênia	47.987.303.638	23.295	2.059.953
Espanha	1.393.040.177.014	29.882	46.617.825
Estados Unidos	16.768.100.000.000	53.042	316.128.839
Estônia	24.880.264.958	18.877	1.317.997
Etiópia	47.525.186.490	505	94.100.756
República Arábica do Egito	271.972.822.883	3.314	82.056.378
República Centro-Africana	1.538.175.744	333	4.616.417
República Checa	208.796.024.646	19.858	10.514.272
República Democrática do Congo	32.690.896.873	484	67.513.677
República do Congo	14.085.852.120	3.167	4.447.632
República Dominicana	61.163.676.805	5.879	10.403.761
República dos Camarões	29.567.504.655	1.329	22.253.959
República Eslováquia	97.707.323.420	18.049	5.413.393

(continuação)

Economia	Produto Interno Bruto (US$)	PIB per capita (US$)	População (habitantes)
Euro, Zona do	**13.193.988.283.208**	**39.116**	**337.301.537**
Fiji	3.855.017.107	4.375	881.065
Filipinas	272.066.554.886	2.765	98.393.574
Finlândia	267.328.613.728	49.151	5.438.972
França	2.806.427.978.234	42.560	65.939.866
Gabão	19.343.506.599	11.571	1.671.711
Gâmbia	903.497.026	489	1.849.285
Gana	48.137.027.487	1.858	25.904.598
Geórgia	16.140.047.012	3.597	4.487.200
Grécia	242.230.333.769	21.966	11.027.549
Grenada	835.581.689	7.891	105.897
Groelândia			56.483
Guão			165.124
Guatemala	53.796.709.475	3.478	15.468.203
Guiana	2.990.128.821	3.739	799.613
Guiné	6.144.131.903	523	11.745.189
Guiné Equatorial	15.580.563.836	20.582	757.014
Guiné-Bissau	960.778.479	564	1.704.255
Haiti	8.459.326.660	820	10.317.461
Holanda	853.539.351.964	50.793	16.804.432
Honduras	18.550.026.035	2.291	8.097.688
Hong Kong (China)	274.012.815.224	38.124	7.187.500
Hungria	133.423.898.612	13.485	9.893.899
Iêmen	35.954.502.304	1.473	24.407.381
Ilha de Man			85.888
Ilhas Caimã			58.435
Ilhas do Canal			162.018
Ilhas Faroé			49.469
Ilhas Maldivas	2.299.843.167	6.666	345.023
Ilhas Marianas do Norte			53.855
Ilhas Marshall	190.914.600	3.627	52.634
Ilhas Maurício	11.929.250.814	9.478	1.258.653
Ilhas Salomão	1.096.396.927	1.954	561.231
Ilhas Turcas e Caicos			33.098
Ilhas Virgens (EUA)			104.737
Índia	1.875.141.481.991	1.498	1.252.139.596
Indonésia	868.345.652.475	3.475	249.865.631

(continuação)

Economia	Produto Interno Bruto (US$)	PIB per capita (US$)	População (habitantes)
República Islâmica do Irã	368.904.351.627	4.763	77.447.168
Iraque	229.327.284.734	6.862	33.417.476
Irlanda	232.077.419.240	50.478	4.597.558
Islândia	15.330.057.867	47.349	323.764
Israel	290.550.599.943	36.051	8.059.500
Itália	2.149.484.516.712	35.686	60.233.948
Jamaica	14.362.262.585	5.290	2.714.734
Japão	4.919.563.108.373	38.634	127.338.621
Jibuti	1.456.344.495	1.668	872.932
Jordânia	33.678.500.148	5.213	6.460.000
Quênia	55.243.056.201	1.246	44.353.691
Kosovo	7.071.959.241	3.877	1.824.000
Kuwait	175.830.502.498	52.197	3.368.572
Quirguistão	7.226.303.261	1.263	5.719.600
Laos	11.242.526.454	1.661	6.769.727
Lesoto	2.334.989.648	1.126	2.074.465
Letônia	30.956.691.628	15.381	2.012.647
Líbano	44.352.418.120	9.928	4.467.390
Libéria	1.950.960.138	454	4.294.077
Líbia	74.199.528.672	11.965	6.201.521
Liechtenstein			36.925
Lituânia	45.931.968.474	15.530	2.957.689
Luxemburgo	60.130.847.624	110.665	543.360
Macau (China)	51.753.094.764	91.376	566.375
Macedônia	10.195.404.131	4.838	2.107.158
Madagascar	10.613.494.031	463	22.924.851
Malásia	313.159.097.401	10.538	29.716.965
Malawi	3.705.386.790	226	16.362.567
Mali	10.942.727.310	715	15.301.650
Malta	9.642.326.075	22.775	423.374
Marrocos	103.835.702.814	3.093	33.008.150
Mauritânia	4.158.182.904	1.069	3.889.880
México	1.260.914.660.977	10.307	122.332.399
Mianmar			53.259.018
Micronésia	316.245.700	3.054	103.549
Moçambique	15.630.302.814	605	25.833.752
Moldávia	7.969.618.966	2.240	3.558.566
Mônaco			37.831

(continuação)

Economia	Produto Interno Bruto (US$)	PIB per capita (US$)	População (habitantes)
Mongólia	11.516.409.581	4.056	2.839.073
Montenegro	4.416.083.090	7.107	621.383
Namíbia	13.113.069.777	5.693	2.303.315
Nepal	19.294.348.174	694	27.797.457
Nicarágua	11.255.608.410	1.851	6.080.478
Níger	7.407.418.428	415	17.831.270
Nigéria	521.803.314.654	3.006	173.615.345
Noruega	512.580.425.532	100.898	5.080.166
Nova Caledônia			262.000
Nova Zelândia	185.787.824.483	41.824	4.442.100
Omã	79.655.917.417	21.929	3.632.444
Palau	247.043.400	11.810	20.918
Panamá	42.648.100.000	11.037	3.864.170
Papua-Nova Guiné	15.413.232.346	2.105	7.321.262
Paquistão	232.286.781.111	1.275	182.142.594
Paraguai	29.009.411.738	4.265	6.802.295
Peru	202.349.846.974	6.662	30.375.603
Polinésia Francesa			276.831
Polônia	525.865.974.815	13.654	38.514.479
Porto Rico	103.134.778.000	28.529	3.615.086
Portugal	227.323.728.007	21.738	10.457.295
Quiribáti	168.951.535	1.651	102.351
Reino Unido	2.678.454.886.797	41.781	64.106.779
Romênia	189.638.162.013	9.491	19.981.358
Ruanda	7.521.261.791	639	11.776.522
Rússia	2.096.777.030.571	14.612	143.499.861
Samoa	801.916.058	4.212	190.372
Samoa Americana			55.165
San Marino			31.448
Santa Lúcia	1.335.764.111	7.328	182.273
São Cristovão e Névis	765.870.667	14.133	54.191
Sao Tomé e Príncipe	310.684.636	1.610	192.993
São Vicente e Grenadinas	709.358.185	6.486	109.373
Senegal	14.791.699.009	1.047	14.133.280
Serra Leoa	4.136.280.752	679	6.092.075
Sérvia	45.519.650.911	6.354	7.164.132
República das Seicheles	1.443.345.214	16.186	89.173
Sint Maarten (parte holandesa)			39.689

(continuação)

Economia	Produto Interno Bruto (US$)	PIB per capita (US$)	População (habitantes)
Síria			22.845.550
Somália			10.495.583
Sri Lanka	67.182.015.336	3.280	20.483.000
St. Martin (parte francesa)			31.264
Suazilândia	3.791.304.348	3.034	1.249.514
Sudão	66.565.889.417	1.753	37.964.306
Sudão do Sul	11.804.446.137	1.045	11.296.173
Suécia	579.679.985.303	60.381	9.600.379
Suíça	685.434.185.074	84.748	8.087.875
Suriname	5.298.787.879	9.826	539.276
Tailândia	387.252.164.291	5.779	67.010.502
Tajiquistão	8.508.103.456	1.037	8.207.834
Tanzânia	43.646.747.145	913	49.253.126
Timor-Leste			1.180.069
Togo	4.338.575.824	636	6.816.982
Tonga	466.259.084	4.427	105.323
Trinidad e Tobago	24.640.839.008	18.373	1.341.151
Tunísia	46.993.598.818	4.317	10.886.500
Turcomenistão	41.850.877.193	7.987	5.240.072
Turquia	822.135.183.160	10.972	74.932.641
Tuvalu	38.322.360	3.880	9.876
Ucrânia	177.430.609.756	3.900	45.489.600
Uganda	24.703.250.651	657	37.578.876
União Europeia	17.958.073.311.155	35.417	507.048.450
Uruguai	55.707.944.622	16.351	3.407.062
Uzbequistão	56.795.656.325	1.878	30.243.200
Vanuatu	828.237.181	3.277	252.763
Venezuela	438.283.564.815	14.415	30.405.207
Vietnã	171.390.003.299	1.911	89.708.900
Zâmbia	26.820.870.559	1.845	14.538.640
Zimbábue	13.490.000.000	953	14.149.648
Mundo	75.621.858.322.843	10.613	7.125.096.708

Fonte: The World Bank, Indicators.

ANEXO II
Índice de Desenvolvimento Humano (IDH), 2010-2013

Rank 2013	País	2011	2012	2013	2014	Média anual de crescimento (%)		
						1980/90	1990/2000	2000/13
Índice de desenvolvimento muito alto								
1	Noruega	0,939	0,941	0,943	0,944	0,59	0,80	0,28
2	Austrália	0,926	0,928	0,931	0,933	0,29	0,37	0,29
3	Suíça	0,915	0,914	0,916	0,917	0,29	0,66	0,27
4	Holanda	0,904	0,914	0,915	0,915	0,53	0,57	0,35
5	Estados Unidos	0,908	0,911	0,912	0,914	0,39	0,29	0,26
6	Alemanha	0,904	0,908	0,911	0,911	0,57	0,89	0,51
7	Nova Zelândia	0,903	0,904	0,908	0,910	0,35	0,62	0,32
8	Canadá	0,896	0,900	0,901	0,902	0,48	0,21	0,31
9	Cingapura	0,894	0,896	0,899	0,901	..	0,72	0,92
10	Dinamarca	0,898	0,899	0,900	0,900	0,31	0,63	0,37
11	Irlanda	0,899	0,900	0,901	0,899	0,54	1,08	0,32
12	Suécia	0,895	0,896	0,897	0,898	0,38	0,98	0,08
13	Islândia	0,886	0,890	0,893	0,895	0,59	0,70	0,32
14	Reino Unido	0,895	0,891	0,890	0,892	0,45	1,18	0,25
15	Hong Kong, China	0,882	0,886	0,889	0,891	1,06	0,43	0,74
15	Coreia (República da)	0,882	0,886	0,888	0,891	1,52	1,14	0,65
17	Japão	0,884	0,887	0,888	0,890	0,57	0,48	0,28
18	Liechtenstein	0,882	0,887	0,888	0,889	..	..	..
19	Israel	0,881	0,885	0,886	0,888	0,48	0,78	0,34
20	França	0,879	0,882	0,884	0,884	0,76	0,85	0,33
21	Áustria	0,877	0,879	0,880	0,881	0,67	0,61	0,41
21	Bélgica	0,877	0,880	0,880	0,881	0,68	0,81	0,07
21	Luxemburgo	0,881	0,881	0,880	0,881	0,75	0,98	0,13
24	Finlândia	0,877	0,879	0,879	0,879	0,52	0,60	0,34
25	Eslovênia	0,873	0,874	0,874	0,874	..	0,66	0,48
26	Itália	0,869	0,872	0,872	0,872	0,60	0,78	0,43
27	Espanha	0,864	0,868	0,869	0,869	0,74	0,90	0,39
28	República Checa	0,858	0,861	0,861	0,861	..	0,56	0,52
29	Grécia	0,856	0,854	0,854	0,853	0,49	0,64	0,51
30	Brunei	0,844	0,846	0,852	0,852	0,60	0,46	0,27
31	Catar	0,847	0,843	0,850	0,851	0,35	0,71	0,37
32	Chipre	0,848	0,850	0,848	0,845	0,95	0,96	0,43
33	Estônia	0,830	0,836	0,839	0,840	..	0,61	0,61
34	Arábia Saudita	0,815	0,825	0,833	0,836	1,28	1,17	0,90
35	Lituânia	0,829	0,828	0,831	0,834	..	0,28	0,75
35	Polônia	0,826	0,830	0,833	0,834	0,38	0,94	0,48
37	Andorra	0,832	0,831	0,830	0,830	..	..	..
37	Eslováquia	0,826	0,827	0,829	0,830	..	0,39	0,51

(continuação)

Rank 2013	País	2011	2012	2013	2014	Média anual de crescimento (%)		
						1980/90	1990/2000	2000/13
Índice de desenvolvimento muito alto								
39	Malta	0,821	0,823	0,827	0,829	0,36	0,53	0,57
40	Emirados Árabes	0,824	0,824	0,825	0,827	1,25	0,95	0,28
41	Chile	0,808	0,815	0,819	0,822	0,96	0,67	0,68
41	Portugal	0,816	0,819	0,822	0,822	0,96	0,97	0,41
43	Hungria	0,817	0,817	0,817	0,818	0,08	0,99	0,43
44	Bahraen	0,812	0,812	0,813	0,815	0,75	0,72	0,30
44	Cuba	0,824	0,819	0,813	0,815	0,68	0,17	0,73
46	Kuwait	0,807	0,810	0,813	0,814	0,29	1,08	0,09
47	Croácia	0,806	0,812	0,812	0,812	..	0,82	0,64
48	Letônia	0,809	0,804	0,808	0,810	..	0,26	0,82
49	Argentina	0,799	0,804	0,806	0,808	0,43	0,81	0,55
Índice de desenvolvimento alto								
50	Uruguai	0,779	0,783	0,787	0,790	0,49	0,69	0,50
51	Bahamas	0,788	0,789	0,788	0,789	..	..	0,23
51	Montenegro	0,784	0,787	0,787	0,789	..	..	..
53	Bielorrúsia	0,779	0,784	0,785	0,786	..	..	..
54	Romênia	0,779	0,782	0,782	0,785	0,25	0,05	0,82
55	Líbia	0,799	0,753	0,789	0,784	0,65	0,85	0,40
56	Oman	0,780	0,781	0,781	0,783	..	..	..
57	Rússia	0,773	0,775	0,777	0,778	..	-0,17	0,64
58	Bulgária	0,773	0,774	0,776	0,777	0,57	0,25	0,66
59	Barbados	0,779	0,780	0,776	0,776	0,71	0,54	0,31
60	Palau	0,768	0,770	0,773	0,775	..	..	0,34
61	Antigua e Barbuda	0,778	0,772	0,773	0,774	..	..	..
62	Malásia	0,766	0,768	0,770	0,773	1,05	1,12	0,58
63	Ilhas Maurício	0,753	0,759	0,769	0,771	1,07	1,01	0,90
64	Trinidad e Tobago	0,764	0,764	0,765	0,766	0,00	0,58	0,73
65	Líbano	0,759	0,764	0,764	0,765	..	..	..
65	Panamá	0,759	0,757	0,761	0,765	0,38	0,85	0,59
67	Venezuela	0,759	0,761	0,763	0,764	0,08	0,50	0,93
68	Costa Rica	0,750	0,758	0,761	0,763	0,76	0,79	0,60
69	Turquia	0,738	0,752	0,756	0,759	1,50	1,27	1,16
70	Cazaquistão	0,747	0,750	0,755	0,757	..	-0,09	0,84
71	México	0,748	0,752	0,755	0,756	0,84	0,78	0,60
71	República das Seicheles	0,763	0,749	0,755	0,756	..	..	0,14
73	São Cristóvão e Nevis	0,747	0,745	0,749	0,750	..	..	..
73	Sri Lanka	0,736	0,740	0,745	0,750	0,87	0,91	0,77
75	Irã	0,725	0,733	0,749	0,749	1,19	1,69	1,07

(continuação)

Rank 2013	País	2011	2012	2013	2014	Média anual de crescimento (%)		
						1980/90	1990/2000	2000/13
Índice de desenvolvimento alto								
76	Azerbaijão	0,743	0,743	0,745	0,747	..	..	1,21
77	Jordânia	0,744	0,744	0,744	0,745	0,58	1,26	0,43
77	Sérvia	0,743	0,744	0,743	0,745	..	-0,19	0,34
79	Brasil	0,739	0,740	0,742	0,744	1,16	1,10	0,67
79	Geórgia	0,733	0,736	0,741	0,744	..	..	..
79	Grenada	0,746	0,747	0,743	0,744	..	..	..
82	Peru	0,722	0,727	0,734	0,737	0,34	1,03	0,60
83	Ucrânia	0,726	0,730	0,733	0,734	..	-0,54	0,73
84	Belize	0,714	0,717	0,731	0,732	0,33	0,53	0,63
84	Macedônia	0,728	0,730	0,730	0,732	..	..	..
86	Bósnia e Herzegovina	0,726	0,729	0,729	0,731	..	..	..
87	Armênia	0,720	0,724	0,728	0,730	..	0,26	0,92
88	Ilhas Fiji	0,721	0,722	0,722	0,724	0,53	0,86	0,55
89	Tailândia	0,715	0,716	0,720	0,722	1,28	1,27	0,83
90	Tunísia	0,715	0,716	0,719	0,721	1,60	1,42	0,77
91	China	0,701	0,710	0,715	0,719	1,72	1,66	1,52
91	São Vicente e Granadinas	0,717	0,715	0,717	0,719	..	..	..
93	Argélia	0,709	0,715	0,715	0,717	1,25	0,96	0,95
93	Dominica	0,717	0,718	0,716	0,717	..	..	0,29
95	Albânia	0,708	0,714	0,714	0,716	0,10	0,74	0,69
96	Jamaica	0,712	0,714	0,715	0,715	0,38	0,51	0,49
97	Santa Lúcia	0,717	0,718	0,715	0,714	..	..	..
98	Colômbia	0,706	0,710	0,708	0,711	0,68	0,94	0,63
98	Equador	0,701	0,705	0,708	0,711	0,61	0,24	0,59
100	Suriname	0,698	0,701	0,702	0,705	..	..	..
100	Tonga	0,701	0,702	0,704	0,705	0,49	0,62	0,37
102	República Dominicana	0,691	0,695	0,698	0,700	1,12	0,91	0,63
Índice de desenvolvimento médio								
103	Ilhas Maldivas	0,688	0,692	0,695	0,698	..	..	1,19
103	Mongólia	0,671	0,682	0,692	0,698	0,71	0,50	1,43
103	Turcomenistão	0,687	0,690	0,693	0,698	..	..	..
106	Samoa	0,688	0,690	0,693	0,694	..	..	0,45
107	Estado da Palestina	0,671	0,679	0,683	0,686	..	..	..
108	Indonésia	0,671	0,678	0,681	0,684	1,16	1,44	0,90
109	Botsuana	0,672	0,678	0,681	0,683	2,18	-0,40	1,54
110	Egito	0,678	0,679	0,681	0,682	1,91	1,30	0,72
111	Paraguai	0,669	0,672	0,670	0,676	0,55	0,73	0,61
112	Gabão	0,662	0,666	0,670	0,674	1,37	0,21	0,50

(continuação)

Rank 2013	País	2011	2012	2013	2014	Média anual de crescimento (%)		
						1980/90	1990/2000	2000/13
Índice de desenvolvimento médio								
113	Bolívia	0,658	0,661	0,663	0,667	1,17	1,04	0,63
114	Moldávia	0,652	0,656	0,657	0,663	..	-0,76	0,80
115	El Salvador	0,652	0,657	0,660	0,662	0,22	1,38	0,67
116	Uzbequistão	0,648	0,653	0,657	0,661	..	..	..
117	Filipinas	0,651	0,652	0,656	0,660	0,45	0,46	0,49
118	África do Sul	0,638	0,646	0,654	0,658	0,86	0,14	0,36
118	Síria	0,662	0,662	0,662	0,658	0,76	0,60	0,65
120	Iraque	0,638	0,639	0,641	0,642	0,17	1,77	0,45
121	Guiana	0,626	0,632	0,635	0,638	-0,22	1,22	0,87
121	Vietnã	0,629	0,632	0,635	0,638	0,28	1,70	0,96
123	Cabo Verde	0,622	0,631	0,635	0,636	..	..	0,81
124	Micronésia	0,627	0,627	0,629	0,630	..	..	..
125	Guatemala	0,613	0,620	0,626	0,628	0,82	1,34	1,01
125	Quirguistão	0,614	0,618	0,621	0,628	..	-0,34	0,52
127	Namíbia	0,610	0,616	0,620	0,624	0,48	-0,36	0,89
128	Timor-Leste	0,606	0,606	0,616	0,620	..	..	2,25
129	Honduras	0,612	0,615	0,616	0,617	0,95	0,96	0,78
129	Marrocos	0,603	0,612	0,614	0,617	1,41	1,37	1,23
131	Vanuatu	0,617	0,618	0,617	0,616	..	..	..
132	Nicaragua	0,604	0,608	0,611	0,614	0,17	1,22	0,79
133	Kiribati	0,599	0,599	0,606	0,607	..	..	..
133	Tajiquistão	0,596	0,600	0,603	0,607	..	-1,42	1,07
135	Índia	0,570	0,581	0,583	0,586	1,58	1,15	1,49
136	Butão	0,569	0,579	0,580	0,584	..	..	..
136	Camboja	0,571	0,575	0,579	0,584	4,83	1,47	1,75
138	Gana	0,556	0,566	0,571	0,573	1,73	-0,30	1,26
139	Laos	0,549	0,560	0,565	0,569	1,51	1,83	1,44
140	Congo	0,565	0,549	0,561	0,564	0,19	-0,98	0,92
141	Zâmbia	0,530	0,543	0,554	0,561	-0,37	0,39	2,19
142	Bangladesh	0,539	0,549	0,554	0,558	1,29	1,71	1,62
142	São Tomé e Príncipe	0,543	0,548	0,556	0,558	..	..	0,92
144	Guiné Equatorial	0,559	0,553	0,556	0,556	..	..	1,21

(continuação)

Rank 2013	País	2011	2012	2013	2014	Média anual de crescimento (%)		
						1980/90	1990/2000	2000/13
Índice de desenvolvimento baixo								
145	Nepal	0,527	0,533	0,537	0,540	3,09	1,47	1,42
146	Paquistão	0,526	0,531	0,535	0,537	1,22	1,21	1,30
147	Quênia	0,522	0,527	0,531	0,535	0,55	-0,34	1,25
148	Suazilândia	0,527	0,530	0,529	0,530	1,20	-0,77	0,48
149	Angola	0,504	0,521	0,524	0,526	..	..	2,60
150	Mianmar	0,514	0,517	0,520	0,524	0,59	1,94	1,69
151	Ruanda	0,453	0,463	0,502	0,506	-2,01	3,31	3,35
152	Camarões	0,493	0,498	0,501	0,504	1,19	-0,15	1,18
152	Nigéria	0,492	0,496	0,500	0,504	..	..	..
154	Iemem	0,484	0,497	0,499	0,500	..	0,90	1,22
155	Madagascar	0,494	0,495	0,496	0,498	..	..	0,73
156	Zimbábue	0,459	0,473	0,484	0,492	1,12	-1,30	1,08
157	Papua-Nova Guiné	0,479	0,484	0,490	0,491	1,19	1,53	1,17
157	Ilhas Salomão	0,489	0,494	0,489	0,491	..	..	0,25
159	Comores	0,479	0,483	0,486	0,488	..	..	..
159	Tanzânia	0,464	0,478	0,484	0,488	-0,64	0,59	2,04
161	Mauritânia	0,475	0,475	0,485	0,487	0,55	1,67	0,91
162	Lesoto	0,472	0,476	0,481	0,486	1,06	-1,06	0,72
163	Senegal	0,483	0,483	0,484	0,485	1,44	0,72	1,25
164	Uganda	0,472	0,477	0,480	0,484	0,55	2,38	1,63
165	Benin	0,467	0,471	0,473	0,476	1,78	1,33	1,52
166	Sudão	0,463	0,468	0,472	0,473	0,33	1,20	1,59
166	Togo	0,460	0,467	0,470	0,473	-0,03	0,63	0,74
168	Haiti	0,462	0,466	0,469	0,471	1,61	0,46	0,66
169	Afeganistão	0,453	0,458	0,466	0,468	2,56	1,42	2,46
170	Dijibouti	0,452	0,461	0,465	0,467	..	..	..
171	Costa do Marfim	0,439	0,443	0,448	0,452	0,10	0,33	1,08
172	Gâmbia	0,440	0,436	0,438	0,441	1,08	1,37	1,08
173	Etiópia	0,409	0,422	0,429	0,435	..	..	3,35
174	Malawi	0,406	0,411	0,411	0,414	0,46	1,88	1,50
175	Libéria	0,393	0,402	0,407	0,412	..	..	1,52
176	Mali	0,398	0,405	0,406	0,407	1,14	2,89	2,13
177	Guiné-Bissau	0,401	0,402	0,396	0,396	..	..	..
178	Moçambique	0,380	0,384	0,389	0,393	-1,31	2,84	2,49
179	Guiné	0,380	0,387	0,391	0,392	..	..	..
180	Burundi	0,381	0,384	0,386	0,389	2,37	-0,03	2,29
181	Burquina Faso	0,367	0,376	0,385	0,388	..	..	..
182	Eritreia	0,373	0,377	0,380	0,381	..	..	..

(continuação)

Rank 2013	País	2011	2012	2013	2014	Média anual de crescimento (%)		
						1980/90	1990/2000	2000/13
Índice de desenvolvimento baixo								
183	Serra Leoa	0,353	0,360	0,368	0,374	-0,49	1,23	1,79
184	Chade	0,349	0,365	0,370	0,372	..	..	1,66
185	República Centro-Africana	0,355	0,361	0,365	0,341	0,50	0,13	0,61
186	República Democratica do Congo	0,319	0,323	0,333	0,338	-0,53	-1,52	1,64
187	Níger	0,323	0,328	0,335	0,337	1,34	1,86	1,95
Outros países e territórios								
	República Democrática da Coreia	..	..	..	..	..	..	..
	Ilhas Marshal	..	..	..	..	..	..	..
	Mônaco	..	..	..	..	..	..	..
	Nauru	..	..	..	..	..	..	..
	São Marino	..	..	..	..	..	..	..
	Somália	..	..	..	..	..	..	..
	Sudão do Sul	..	..	..	..	..	..	..
	Tuvalu	..	..	..	..	..	..	..

Fonte: United Nations Development Programme, Human Development Reports.
Disponível em: <http://hdr.undp.org/en/content/table-2-human-development-index- trends-1980-2013>. Acesso em: 23 nov. 2015

ANEXO III
Índice de Corrupção Percebida

Rank 2014	País	2012	2013	2014
1	Dinamarca	90	91	92
2	Nova Zelândia	90	91	91
3	Finlândia	90	89	89
4	Suécia	88	89	87
5	Noruega	85	86	86
5	Suíça	86	85	86
7	Cingapura	87	86	84
8	Países Baixos	84	83	83
9	Luxemburgo	80	80	82
10	Canadá	84	81	81
11	Austrália	85	81	80
12	Alemanha	79	78	79
12	Islândia	82	78	79
14	Reino Unido	74	76	78
15	Bélgica	75	75	76
15	Japão	74	74	76
17	Barbados	76	75	74
17	Hong Kong	77	75	74
17	Irlanda	69	72	74
17	Estados Unidos	73	73	74
21	Chile	72	71	73
21	Uruguai	72	73	73
23	Áustria	69	69	72
24	Bahamas	71	71	71
25	Emirados Árabes Unidos	68	69	70
26	Estónia	64	68	69
26	França	71	71	69
26	Catar	68	68	69
29	São Vicente e Granadinas	62	62	67
30	Butão	63	63	65
31	Botsuana	65	64	63
31	Chipre	66	63	63
31	Portugal	63	62	63
31	Porto Rico	63	62	63
35	Polônia	58	60	61
35	Taiwan	61	61	61
37	Israel	60	61	60
37	Espanha	65	59	60
39	Dominica	58	58	58

(continuação)

Rank 2014	País	2012	2013	2014
39	Lituânia	54	57	58
39	Eslovênia	61	57	58
42	Cabo Verde	60	58	57
43	Coreia do Sul	56	55	55
43	Letônia	49	53	55
43	Malta	57	56	55
43	Seicheles	52	54	55
47	Costa Rica	54	53	54
47	Hungria	55	54	54
47	Ilhas Maurício	57	52	54
50	Geórgia	52	49	52
50	Malásia	49	50	52
50	Samoa	...	...	52
53	República Checa	49	48	51
54	Eslováquia	46	47	50
55	Bahrein	51	48	49
55	Jordânia	48	45	49
55	Lesoto	45	49	49
55	Namíbia	48	48	49
55	Ruanda	53	53	49
55	Arábia Saudita	44	46	49
61	Croácia	46	48	48
61	Gana	45	46	48
63	Cuba	48	46	46
64	Omã	47	47	45
64	Macedônia	43	44	45
64	Turquia	49	50	45
67	Kuwait	44	43	44
67	África do Sul	43	42	44
69	Brasil	43	42	43
69	Bulgária	41	41	43
69	Grécia	36	40	43
69	Itália	42	43	43
69	Romênia	44	43	43
69	Senegal	36	41	43
69	Suazilândia	37	39	43
76	Montenegro	41	44	42
76	São Tomé e Príncipe	42	42	42
78	Sérvia	39	42	41
79	Tunísia	41	41	40
80	Benim	36	36	39
80	Bósnia e Herzegovina	42	42	39
80	El Salvador	38	38	39
80	Mongólia	36	38	39

(continuação)

Rank 2014	País	2012	2013	2014
80	Marrocos	37	37	39
85	Burkina Faso	38	38	38
85	Índia	36	36	38
85	Jamaica	38	38	38
85	Peru	38	38	38
85	Filipinas	34	36	38
85	Sri Lanka	40	37	38
85	Tailândia	37	35	38
85	Trinidad e Tobago	39	38	38
85	Zâmbia	37	38	38
94	Armênia	34	36	37
94	Colômbia	36	36	37
94	Egito	32	32	37
94	Gabão	35	34	37
94	Libéria	41	38	37
94	Panamá	38	35	37
100	Argélia	34	36	36
100	China	39	40	36
100	Suriname	37	36	36
103	Bolívia	34	34	35
103	México	34	34	35
103	Moldávia	36	35	35
103	Níger	33	34	35
107	Argentina	35	34	34
107	Djibouti	36	36	34
107	Indonésia	32	32	34
110	Albânia	33	31	33
110	Equador	32	35	33
110	Etiópia	33	33	33
110	Kosovo	34	33	33
110	Malawi	37	37	33
115	Costa do Marfim	29	27	32
115	República Dominicana	32	29	32
115	Guatemala	33	29	32
115	Mali	34	28	32
119	Bielorrússia	31	29	31
119	Moçambique	31	30	31
119	Serra Leoa	31	30	31
119	Tanzânia	35	33	31
119	Vietname	31	31	31
124	Guiana	28	27	30
124	Mauritânia	31	30	30
126	Azerbaijão	27	28	29
126	Gâmbia	34	28	29

(continuação)

Rank 2014	País	2012	2013	2014
126	Honduras	28	26	29
126	Cazaquistão	28	26	29
126	Nepal	27	31	29
126	Paquistão	27	28	29
126	Togo	30	29	29
133	Madagáscar	32	28	28
133	Nicarágua	29	28	28
133	Timor-Leste	33	30	28
136	Camarões	26	25	27
136	Irão	28	25	27
136	Quirguistão	24	24	27
136	Líbano	30	28	27
136	Nigéria	27	25	27
136	Rússia	28	28	27
142	Comores	28	28	26
142	Uganda	29	26	26
142	Ucrânia	26	25	26
145	Bangladesh	26	27	25
145	Guiné	24	24	25
145	Quênia	27	27	25
145	Laos	21	26	25
145	Papua-Nova Guiné	25	25	25
150	República Centro-Africana	26	25	24
150	Paraguai	25	24	24
152	República do Congo	26	22	23
152	Tajiquistão	22	22	23
154	Chade	19	19	22
154	República Democrática do Congo	21	22	22
156	Camboja	22	20	21
156	Myanmar	15	21	21
156	Zimbabwe	20	21	21
159	Burundi	19	21	20
159	Síria	26	17	20
161	Angola	22	23	19
161	Guiné-Bissau	25	19	19
161	Haiti	19	19	19
161	Venezuela	19	20	19
161	Iémen/Iêmen	23	18	19
166	Eritreia	25	20	18
166	Líbia	21	15	18
166	Uzbequistão	17	17	18
169	Turquemenistão	17	17	17

(continuação)

Rank 2014	País	2012	2013	2014
170	Iraque	18	16	16
171	Sudão do Sul	...	14	15
172	Afeganistão	8	8	12
173	Sudão	13	11	11
174	Coreia do Norte	8	8	8
174	Somália	8	8	8

Fonte: Transparency International, Corruption Perception Index. Disponível em: <http://www.transparency.org/research/cpi/overview>. Acesso em: 23 nov. 2015.

Exercícios

Questões

As respostas podem ser encontradas no final do livro.

1) O que se entende por crescimento econômico?

2) Por que o conceito de desenvolvimento econômico é considerado mais abrangente que o conceito de crescimento econômico?

3) Aponte cinco características dos chamados mercados emergentes.

4) O que se entende por indicadores vitais de uma economia?

Respostas dos Exercícios

Capítulo I

1) Não, o conceito de escassez difere do conceito de pobreza. Escassez significa a existência de mais desejos do que bens para satisfazer tais desejos; pobreza, por sua vez, significa ter poucos bens.

2) A Economia é considerada uma ciência social porque as ciências sociais estudam a organização e o funcionamento da sociedade. O Direito, a Sociologia, a Antropologia e a Psicologia são ciências sociais, uma vez que cada qual estuda o funcionamento da sociedade a partir de determinado ponto de vista. A Economia é tida como uma ciência social, pois se ocupa do comportamento humano e estuda como as pessoas e as organizações na sociedade se empenham na produção, troca e consumo de bens e serviços.

3) Entende-se por mercado um local ou contexto em que compradores (o lado da procura) e vendedores (o lado da oferta) de bens, serviços ou recursos estabelecem contato e realizam transações.
O lado dos compradores é constituído tanto de consumidores, que são compradores de bens e serviços, quanto de firmas, que são compradoras de recursos (trabalho, terra, capital e capacidade empresarial) utilizados na produção de bens e serviços.
O lado dos vendedores, por sua vez, é composto pelas firmas, que vendem bens e serviços aos consumidores, e pelos proprietários de recursos (trabalho, terra, capital e capacidade empresarial), que os vendem (ou arrendam) para as firmas em troca de remuneração (salários, aluguéis etc.).

4) Bens livres são aqueles que existem em quantidade ilimitada e podem ser obtidos com pouco ou nenhum esforço humano. Sua principal característica é a de que não possuem preço (têm preço zero). Como exemplo podemos citar a luz solar, o ar, o mar, que são bens porque satisfazem necessidades, mas cuja utilização não implica relações de ordem econômica. Já os bens econômicos são relativamente escassos e supõem a ocorrência de esforço humano na sua obtenção. Tais bens apresentam como característica básica o fato de terem preço. Como exemplo podemos citar o de alimentos, roupas, os serviços de um médico, de um advogado etc.

5) Os recursos produtivos são:
   a) Terra (ou recursos naturais), tais como florestas, recursos minerais, hídricos, energia solar, eólica etc., utilizados na produção de bens econômicos. Compreendem não só o solo utilizado para fins agrícolas, como também o solo usado na construção de casas, estradas etc. Denomina-se aluguel a remuneração paga aos proprietários desse tipo de recurso.

b) Trabalho, que denota todo esforço humano, físico ou mental, despendido na produção de bens ou serviços. Denomina-se genericamente salário a remuneração paga aos trabalhadores, que são os proprietários desse tipo de recurso.
c) Capital, que é definido como o conjunto de bens fabricados pelo homem e que não se destinam à satisfação das necessidades de consumo, mas que são utilizados no processo de produção de outros bens. Denominam-se juros a remuneração paga aos proprietários do fator capital.
d) Capacidade empresarial, que é uma classe especial do fator trabalho. Denomina-se lucro a remuneração dos proprietários desse fator de produção.

Testes de Múltipla Escolha

1) d

2) c

3) c

4) d

5) d

Capítulo II

1) A questão "o que e quanto " produzir diz respeito aos bens e serviços e à quantidade de cada um que a economia deve produzir. Entretanto, qualquer que seja a sociedade e sua forma de organização política, não existem recursos produtivos (terra, trabalho, capital e capacidade empresarial) em quantidade suficiente para produzir a quantidade de cada bem e de cada serviço desejada por todos os membros da sociedade. Como não se pode produzir a quantidade de cada bem e serviço desejada pela sociedade, escolher mais de um bem ou serviço significa menos de outros. Por essa razão, cada sociedade deve escolher quais bens e serviços serão produzidos e em que quantidades.

2) Uma "Curva de Possibilidades de Produção" é um exemplo teórico da realidade da escassez e do problema dela decorrente, que é o problema da escolha. Ela mostra as combinações máximas de dois bens que a sociedade pode produzir com o pleno emprego de todos os seus recursos e com determinada tecnologia, supondo-se que a quantidade de recursos e a tecnologia permanecerão constantes. Ela também mostra em que situações se deve desistir de um bem a fim de liberar recursos suficientes para se produzir uma quantidade adicional de outro.

3) a) Gráfico

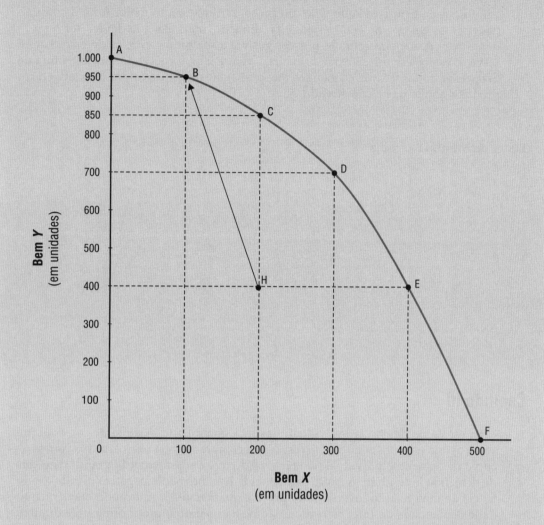

b) O custo de oportunidade de se passar do ponto C para o ponto D é de 150 unidades do bem Y.

4) Eficiência produtiva significa que aumentos na produção de um bem *só serão possíveis* mediante a redução na produção de outro. O ponto H não se enquadra nessa conceituação. Podemos nos mover de H para C, D ou E – todos esses movimentos são possíveis – e obter ganhos na produção do bem X *sem que haja perda* na produção do bem Y. Segue-se daí que o ponto H é um ponto de *ineficiência produtiva* e de *desemprego*. O fato de que o movimento de H para B traz ganhos na produção do bem Y e perdas na produção do bem X não implica necessariamente a obtenção dos mesmos resultados se nos movermos de H para outros pontos.

5) Em uma economia de mercado caracterizada pela presença de grande número de compradores e de vendedores, os preços refletem as quantidades que os vendedores desejam oferecer e a quantidade que os compradores desejam comprar de determinado

bem. Em uma economia de mercado, os bens e serviços têm seus preços e quantidades determinados pelo livre jogo da oferta e da procura. Nesse tipo de economia, o valor de cada bem é medido pelo seu preço. Assim, quanto maior for a disposição das pessoas em apoiar seus desejos com dinheiro, mais elevado deverá ser o preço desse bem. A maneira como as pessoas gastam a sua renda entre os diversos bens e serviços estabelece um sistema de avaliação entre eles, fornecendo uma estrutura de preços dentro do sistema econômico que possibilita às empresas que buscam o lucro produzir aquilo que as pessoas desejam.

Testes de Múltipla Escolha

1) c

2) b

3) b

4) a

5) c

6) c

Capítulo III

1) Uma escala de demanda individual mostra a quantidade máxima de um bem (ou serviço) que um consumidor está disposto a comprar a cada preço, *coeteris paribus*. A curva de demanda individual nada mais é do que a representação gráfica da escala de demanda individual. A curva de demanda tem inclinação negativa devido à existência de uma relação inversa entre preço e quantidade, significando que a quantidade demandada de uma mercadoria aumenta quando o preço diminui (e diminui quando o preço aumenta). Para encontrarmos a demanda de mercado devemos somar as quantidades demandadas pelos consumidores individuais a cada preço. A curva de demanda de mercado será dada pela representação gráfica da escala de demanda de mercado.

2) Uma escala de oferta de um produtor individual mostra a quantidade de um bem ou serviço que esse produtor estará disposto a oferecer a diferentes preços possíveis, *coeteris paribus*. A curva de oferta individual nada mais é do que a representação gráfica da escala de oferta. Geralmente a curva de oferta tem inclinação positiva em razão da existência de uma relação direta entre preço e quantidade, ou seja, a quantidade ofertada de um bem oferecido à venda aumenta quando o preço aumenta, e diminui quando o preço cai. Isso ocorre porque o produtor, ao conseguir obter um preço mais alto por sua mercadoria, se sente estimulado a aumentar a produção desse bem. Além disso, aumentos na produção implicam aumentos nos custos, decorrentes de despesas adicionais com matérias-primas, horas extras etc. Tudo isso acaba por

fazer que o produtor somente aumente a quantidade ofertada se a ele for oferecido um preço mais elevado pela mercadoria. Para encontrarmos a oferta de mercado, devemos somar as quantidades ofertadas pelos produtores individuais a cada preço. A curva de oferta de mercado será dada pela representação gráfica da escala de oferta de mercado.

3) O equilíbrio de mercado em um mercado competitivo é determinado pelo ponto de intersecção das curvas de demanda e de oferta. Um preço de equilíbrio é o preço que faz que a quantidade demandada seja exatamente igual à quantidade ofertada. Quantidade de equilíbrio é a quantidade correspondente ao preço de equilíbrio. Esse preço emerge espontaneamente em um mercado competitivo, em que a oferta e a demanda se confrontam. O preço de equilíbrio é aquele que, uma vez atingido, tende a persistir.

4) Estará ocorrendo excesso de oferta. Nesse caso, o preço do bem em questão deverá diminuir até atingir o equilíbrio. Com a diminuição no preço do produto, a quantidade demandada deverá aumentar, ao passo que a quantidade ofertada deverá diminuir, até que o equilíbrio seja atingido.

5) a) Gráfico

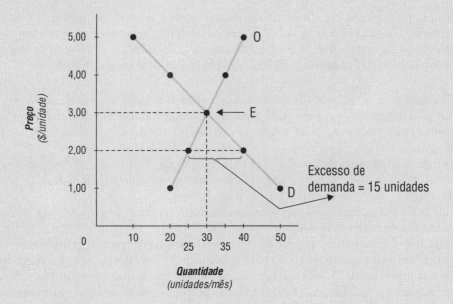

b) O preço de equilíbrio é de $ 3,00 por unidade do bem X. A quantidade de equilíbrio é de 30 unidades do bem X por mês.

c) Se o preço for fixado em $ 2,00/unidade, haverá um excesso de demanda de 15 unidades/mês, uma vez que a esse preço os consumidores demandarão 40 unidades do bem X, ao passo que os produtores, a esse preço, desejarão oferecer apenas 25 unidades desse bem. Existem várias possibilidades por meio das quais o produto pode ser distribuído: vendas com a formação de *filas*, vendas *por baixo do pano*, e até mesmo *vendas ilegais*, no mercado negro, quando então o preço fixado é ilegalmente abandonado, sendo substituído por preços acima do preço máximo estabelecido.

Testes de Múltipla Escolha

1) b

2) e

3) d

4) d

5) a

Capítulo IV

1) Se a renda da população aumentar e o bem em questão for um bem normal, a curva de demanda desse bem aumentará, ou seja, vai se deslocar para a direita.

2) Se os preços dos fatores de produção aumentarem, a curva de oferta do bem em questão diminuirá (vai se deslocar para a esquerda).

3) Quando o preço do substituto de um bem aumenta, a curva de demanda desse bem aumenta (desloca-se para a direita), *coeteris paribus*. Como exemplo podemos citar a manteiga e a margarina. Se o preço da manteiga aumentar, a curva de demanda de margarina deverá aumentar, ou seja, deverá se deslocar para a direita.

4) Um aumento na quantidade demandada de determinado bem resulta de uma diminuição no preço desse bem. Um aumento na quantidade demandada é um movimento entre dois pontos ao longo de uma curva de demanda estacionária, *coeteris paribus*.
Podemos dizer que, de acordo com a Lei da Demanda, um decréscimo no preço ao longo do eixo vertical vai provocar acréscimo na quantidade demandada, medida ao longo do eixo horizontal.
Um aumento na demanda significa um deslocamento por inteiro de toda a curva de demanda do bem em questão para a direita devido a: 1) aumento na renda dos consumidores; 2) aumento no gosto ou preferência dos consumidores pelo bem em questão; 3) um aumento no preço do bem substituto; 4) uma diminuição no preço de um bem complementar; 5) existência de expectativas: a) de que a renda futura dos consumidores vai aumentar; b) expectativas de que o preço do bem vai aumentar no futuro; c) de que o produto não estará disponível no futuro; e 6) aumento no número de consumidores. Todos esses eventos fazem que uma quantidade maior seja demandada a cada preço. Em outras palavras, se a hipótese do *coeteris paribus* não é aplicada, quando um dos fatores que não o preço do próprio produto muda, a curva de demanda muda de posição.

5) A curva de oferta desloca-se para a esquerda (ocorre diminuição da curva de oferta), provocando aumento no preço de equilíbrio e redução na quantidade de equilíbrio.

Testes de Múltipla Escolha

1) b

2) e

3) c

4) a

5) c

Capítulo V

1) Sabemos que:

$$Ed = \frac{\text{Variação Porcentual da Quantidade Demandada}}{\text{Variação Porcentual do Preço}}$$

logo,

$$2 = \frac{\text{Variação Porcentual da Quantidade Demandada}}{5\%}$$

então,

Variação Porcentual da Quantidade Demandada = 5% × 2 = 10%

Conclusão: se o preço das passagens aéreas aumentar em 5%, a quantidade demandada vai cair em 10%.

2)
$$Ed = \frac{\frac{Q_{d2} - Q_{d1}}{Q_{d2} + Q_{d1}}}{\frac{P_2 - P_1}{P_2 + P_1}} = \frac{\frac{150 - 200}{150 + 200}}{\frac{2.000 - 1.700}{2.000 + 1.700}} = 1,76$$

A elasticidade-preço da demanda por computadores é elástica.

3) a) a receita total aumenta;
   b) a receita total aumenta;
   c) a receita total diminui;
   d) a receita total diminui;
   e) a receita total permanece constante;
   f) a receita total permanece constante.

4)
$$E_R = \frac{\text{Variação Porcentual da Quantidade}}{\text{Variação Porcentual da Renda}} = -2$$

$$-2 = \frac{\text{Variação Porcentual da Quantidade}}{+10\%}$$

Variação Porcentual da Quantidade = $-2 \times 10\% = -20\%$

A quantidade demandada desse bem cairia em 20%, e ele seria classificado como um bem inferior.

5) a)

$$Eo = \frac{\text{Variação Porcentual da Quantidade Ofertada}}{\text{Variação Porcentual do Preço}} = 0$$

então:

$$Eo = \frac{0}{10\%} = 0$$

b) Nesse caso, o coeficiente de elasticidade será nulo, isto é, a quantidade ofertada desse bem permanecerá constante, independentemente das variações que possam ocorrer nos preços. Esse bem seria classificado como tendo oferta perfeitamente inelástica, rígida ou anelástica.

Testes de Múltipla Escolha

1) a

2) d

3) c

4) a

5) c

Capítulo VI

1) Função de produção é a relação (que pode ser uma equação, um gráfico ou uma tabela) que indica a quantidade máxima que se pode obter de um produto, por unidade de tempo, a partir da utilização de determinada quantidade de fatores de produção e mediante a escolha do processo de produção mais adequado.

2) Fatores de produção fixos são aqueles cuja quantidade não pode mudar quando se deseja rápida variação na produção de uma firma. Como exemplo podemos citar o do prédio onde está instalada uma firma, certos tipos de máquinas e equipamentos etc. Fatores de produção variáveis são aqueles cuja quantidade pode variar facilmente quando se deseja aumento ou diminuição na produção. Como exemplo podemos citar o de certos tipos de mão de obra, matérias-primas, energia elétrica etc.

3) a)

QUADRO 1

(1) Quantidade de Terra Utilizada T	(2) Unidades de Mão de obra Empregadas L	(3) Produto Total Q	(4) Produto Médio $Pme = Q/L$	(5) Produto Marginal $Pmg = \Delta Q/\Delta L$
1	0	0	–	–
1	1	2	2	2
1	2	5	2,5	3
1	3	9	3	4
1	4	12	3	3
1	5	14	2,8	2
1	6	15	2,5	1
1	7	15	2,14	0
1	8	14	1,75	–1
1	9	12	1,33	–2

b) Gráfico

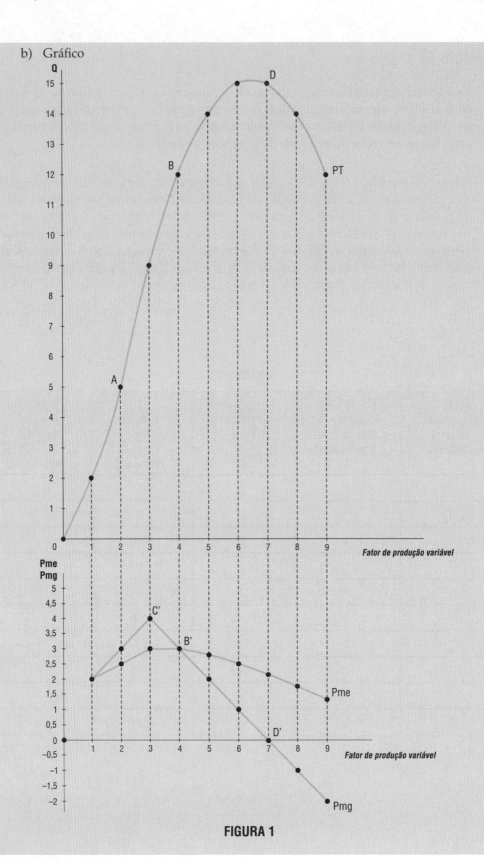

FIGURA 1

4) Os períodos de tempo relevantes para uma firma são o curto e o longo prazos. O curto prazo é o período de tempo em que pelo menos um dos fatores empregados na produção é fixo. Em curto prazo a produção só poderá aumentar (diminuir) mediante a maior (menor) utilização dos fatores de produção variáveis. O longo prazo é definido como o período de tempo em que todos os fatores de produção são variáveis. Em longo prazo o tamanho da firma pode variar (pode tanto aumentar como diminuir sua capacidade).

5) A Lei dos Rendimentos Decrescentes nos mostra a taxa de mudança na produção de uma firma quando se varia a quantidade de apenas um fator de produção, mantendo a quantidade dos demais fatores fixos. Ela pode ser assim enunciada:

"Aumentando-se a quantidade de um fator de produção em iguais incrementos por unidade de tempo, enquanto a quantidade dos demais fatores permanece fixa, a produção aumentará, mas a partir de certo ponto os acréscimos resultantes do produto se tornarão cada vez menores. Continuando o aumento na quantidade utilizada do fator variável, a produção alcançará um máximo, podendo, então, decrescer".

Testes de Múltipla Escolha

1) c
2) c
3) d
4) c
5) b

Capítulo VII

1) a) Os custos variáveis dizem respeito aos pagamentos que a firma terá de efetuar pela utilização dos fatores de produção variáveis. Os custos variáveis mudam de acordo com o volume de produção da empresa e serão zero quando não houver produção. Como exemplo de custos variáveis podemos citar os de custos com matérias-primas, energia elétrica, combustível, mão de obra etc.
   b) Os custos fixos são os custos de produção associados aos fatores de produção fixos. Eles estão vinculados às despesas que a firma terá que realizar, quer ela produza ou não, e serão sempre iguais, qualquer que seja o nível de produção. Como exemplo podemos citar o de aluguel de prédios, pagamentos de juros, a depreciação, certos tipos de impostos etc.
   c) O custo total resulta da soma do custo fixo e do custo variável ($CT = CF + CV$).

2) a) custo explícito; b) custo implícito; c) custo explícito; d) custo implícito; e) custo explícito.

3) a)

QUADRO 2
Custos de uma Empresa em Curto Prazo

Q	CF ($)	CV ($)	CT ($)	CFme ($)	CVme ($)	Cme ($)	Cmg ($)
0	60,00	0	60,00	–	–	–	–
1	60,00	30,00	90,00	60,00	30,00	90,00	30,00
2	60,00	40,00	100,00	30,00	20,00	50,00	10,00
3	60,00	45,00	105,00	20,00	15,00	35,00	5,00
4	60,00	55,00	115,00	15,00	13,75	28,75	10,00
5	60,00	75,00	135,00	12,00	15,00	27,00	20,00
6	60,00	120,00	180,00	10,00	20,00	30,00	45,00

b) Gráfico

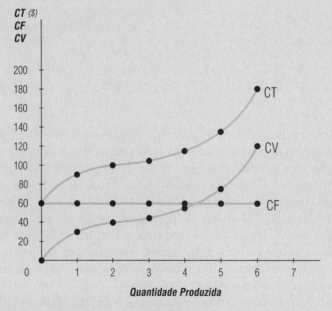

FIGURA 1

c) Gráfico

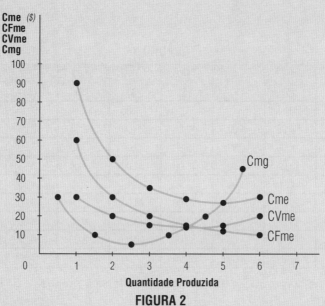

FIGURA 2

4) c) $CT = Q \times Cme$
   d) $CV = Q \times CVme$
   c) $CT = CF + CV$
   d) $CMe = CFme + CVme$
   e) $CFme = CF / Q$
   f) $Cmg = \Delta CT / \Delta Q$ ou $\Delta CV / \Delta Q$
   g) $Cme = CV / Q + CF / Q$

5) O longo prazo é definido como um período de tempo em que todos os fatores de produção são variáveis.
   Na realidade, o longo prazo é visto como um horizonte de planejamento, ou seja, o período de tempo para o qual a empresa planeja suas instalações do tamanho mais adequado em relação a um planejado nível de produção. Assim, dado o nível de produção planejado, o empresário escolherá o tamanho da fábrica capaz de produzir a quantidade desejada de produto ao menor custo médio possível.
   Uma vez concluídas as novas instalações, a empresa passa a operar em curto prazo, que é, de fato, o período em que a produção se realiza. *Dizemos então que a empresa opera em curto prazo e planeja em longo prazo.*

Testes de Múltipla Escolha

1) c
2) c
3) d
4) d
5) d
6) a

Capítulo VIII

1) a)

QUADRO 1

Q	P ($)	RT ($)	Rmg ($)	CV ($)	CT ($)	Cmg ($)	CVme ($)	Cme ($)	LT ($)
0	4,00	0	–	0	8,00	–	–	–	–4,00
1	4,00	4,00	4,00	12,00	20,00	12,00	12,00	20,00	–16,00
2	4,00	8,00	4,00	15,00	23,00	3,00	7,50	11,50	–15,00
3	4,00	12,00	4,00	16,00	24,00	1,00	5,33	8,00	–12,00
4	4,00	16,00	4,00	17,40	25,40	1,40	4,35	6,35	–9,40
5	4,00	20,00	4,00	20,00	28,00	2,60	4,00	5,60	–8,00
6	4,00	24,00	4,00	24,00	32,00	4,00	4,00	5,33	–8,00
7	4,00	28,00	4,00	32,00	40,00	8,00	4,57	5,71	–12,00
8	4,00	32,00	4,00	56,00	64,00	24,00	7,00	8,00	–32,00

b) O volume de produção que, no caso, minimiza o prejuízo é de 6 unidades.
c) Gráfico.

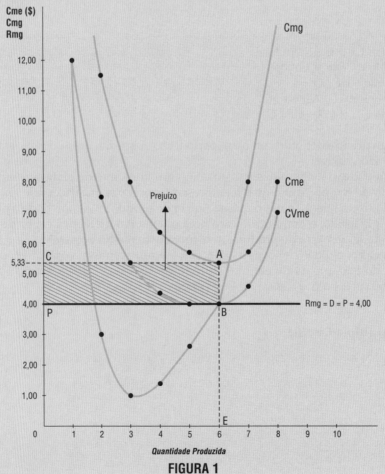

FIGURA 1

2) O monopolista é o único vendedor de uma mercadoria para a qual não existem substitutos próximos. A firma monopolista é a própria indústria. Logo, a curva de demanda que ela enfrenta é a curva de demanda de mercado e tem, como já foi estudado, inclinação negativa. A curva de demanda de mercado para uma firma competitiva também tem inclinação negativa. Entretanto, pelo fato de existirem muitas empresas no mercado, uma firma oferece apenas uma fração da oferta de mercado. Dessa forma, isoladamente ela é obrigada a aceitar o preço estabelecido pelo mercado (ela é uma tomadora de preço), não tendo capacidade para alterá-lo. Portanto, essa firma vai vender a quantidade que puder ao preço de mercado. Assim, a relação preço-quantidade que determina a curva de demanda para uma firma tem apenas um preço para as várias quantidades que o concorrente perfeito desejar vender, ou seja, a sua curva de demanda de mercado será infinitamente elástica (paralela ao eixo da quantidade) ao preço estabelecido.

3) a)

QUADRO 2

Q	P ($)	RT ($)	Rmg ($)	CT ($)	Cme ($)	Cmg ($)	LT ($)
0	8,00	0	–	6,00	–	–	–6,00
1	7,00	7,00	7,00	8,00	8,00	2,00	–1,00
2	6,00	12,00	5,00	9,00	4,50	1,00	3,00
3	5,00	15,00	3,00	12,00	4,00	3,00	3,00
4	4,00	16,00	1,00	20,00	5,00	8,00	–4,00
5	3,00	15,00	–1,00	35,00	7,00	15,00	–20,00

b) O volume de produção que maximiza o lucro da empresa é de 3 unidades.

c) Gráfico

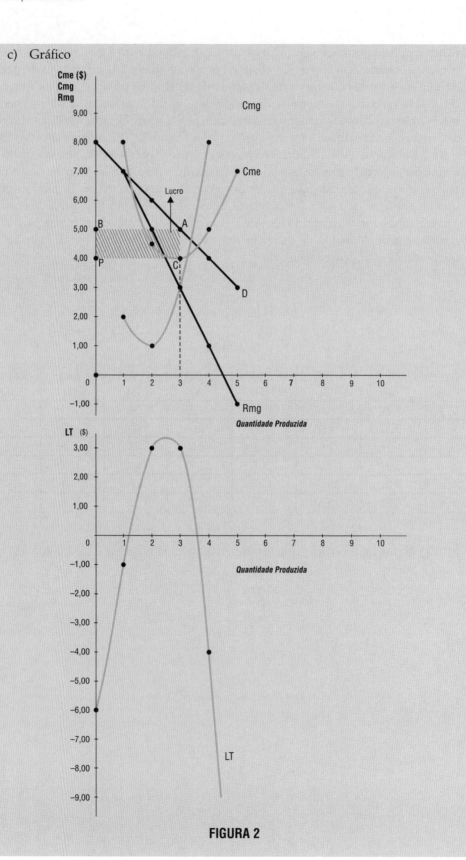

FIGURA 2

4) Uma empresa que opera em um mercado de concorrência monopolista não poderá obter lucro extraordinário em longo prazo. Da mesma forma que, no mercado de concorrência perfeita, vai ter, em longo prazo, lucro econômico normal (ou seja, lucro econômico igual a zero). Em um mercado de concorrência monopolista, uma empresa pode obter lucro extraordinário em curto prazo. Em longo prazo, entretanto, a livre entrada e saída de empresas na indústria vai fazer que a demanda pelo produto de cada empresa se reduza. Em decorrência da competição, o lucro econômico cairá para zero em longo prazo (lucro normal). Quando o equilíbrio de longo prazo for atingido, não haverá nenhum incentivo para novas empresas entrarem ou saírem da indústria.

5) O oligopólio é uma estrutura de mercado que se situa entre a concorrência monopolista e o monopólio. Nessa estrutura de mercado existem poucos produtores de uma mercadoria. O oligopólio pode ser puro ou diferenciado. Ele será considerado puro caso os concorrentes ofereçam um produto homogêneo (substitutos perfeitos entre si). Exemplos de oligopólios puros podem ser encontrados na indústria de cimento, de alumínio, cobre, aço etc. Caso os produtos não sejam homogêneos, o oligopólio será considerado diferenciado. Como exemplo, podemos citar a indústria automobilística e de cigarros cujos produtos, embora semelhantes, não são idênticos (o carro da marca Vectra é diferente do Gol, o cigarro Marlboro é diferente do Free e assim por diante). Da mesma forma que a concorrência monopolista, o oligopólio corresponde às indústrias existentes no mundo real. Um cartel é uma organização formal de produtores de um setor. Essa organização formal determina as políticas para todas as empresas do cartel. Tais políticas podem assumir a forma de estabelecimento de preços, e/ou divisão do mercado e/ou bloqueio ao ingresso de novas firmas, objetivando aumentar os lucros totais das que compõem o cartel.
Na verdade, existem muitos tipos de cartéis. Em sua forma mais perfeita temos o *Cartel Centralizado*, que determina todas as decisões para todas as empresas-membro (ou países-membro). Por meio de uma agência coordenadora, organizam-se as empresas de forma que elas ajam como se participassem de um grande conglomerado monopolista, possuidor de várias fábricas. Por essa razão, tal forma de conluio perfeito leva à solução de monopólio. A Organização dos Países Exportadores de Petróleo (Opep) pode ser considerada um exemplo claro de cartel centralizado.
Muitas vezes, os acordos entre as empresas concorrentes se tornam públicos; em outras, a prática da cartelização ocorre sem que haja qualquer documento explicitando o comportamento do cartel; existe, ainda, a concretização do cartel de forma disfarçada por intermédio de sindicatos, associações e clubes.

Testes de Múltipla Escolha

1) e
2) e
3) e
4) a
5) e

Capítulo IX

1) A Teoria Macroeconômica estuda as atividades econômicas globais de uma sociedade. Analisa o comportamento agregado dos agentes econômicos, a partir do estudo dos fatores que determinam o comportamento de variáveis como: renda, produção total de bens e serviços e crescimento do produto, consumo, poupança, investimento, importação, exportação, gastos do governo, nível geral de preços e salários, nível de emprego, balanço de pagamentos e câmbio; variáveis estas tomadas isoladamente ou em suas relações umas com as outras. A fim de estudar o desempenho geral da economia, a macroeconomia focaliza as políticas econômicas e as variáveis da política que afetam o desempenho da economia: as políticas monetárias e fiscal, o estoque de moeda e a taxa de juros, a dívida pública e o orçamento do governo federal. A observação e a análise das variáveis agregadas permitem uma avaliação do comportamento da economia como um todo, criando condições necessárias para a prática de ações, por parte dos governantes, visando à adoção de políticas que busquem o equilíbrio da sociedade por eles dirigida.

2) Na teoria macroeconômica existem três níveis de análise, quais sejam:

   a) Explicação

   Com base em dados estatísticos, a macroeconomia permite, associada a técnicas econométricas, encontrar justificativas para os fenômenos ocorridos no passado. É por meio dela que se pode verificar se os agentes econômicos se comportaram conforme o previsto ou, ao contrário, por que apresentaram disfunções e as razões para que isso ocorresse.

   b) Previsão

   A Previsão permite aos economistas, também por meio de técnicas econométricas, simular o comportamento das variáveis agregadas para o futuro, sempre em função das observações ocorridas no passado. Com a utilização de duas ou mais variáveis agregadas, a análise de previsão mostrará os caminhos que a economia poderá percorrer em busca do seu equilíbrio.

   c) Ação Política

   A Ação Política, que via de regra está nas mãos dos governantes, calca-se nas simulações da Previsão. A forma de como interpretar os dados e resultados é que torna a própria teoria macroeconômica, especulativa ou pura, carregada de juízos de valor e desperta grandes controvérsias. Dependendo da corrente em que cada economista esteja engajado, ele poderá enxergar a conjuntura econômica de uma sociedade de forma completamente diferente de outro economista que tenha visão diferente da sua, apesar de trabalharem sobre um mesmo conjunto de dados.

3) Para responder a essa questão, é preciso voltar à época anterior à Grande Depressão (1930). Antes da Grande Depressão, o grupo de economistas conhecidos como economistas clássicos dominava o pensamento econômico. Eles demonstravam preocupações com o comportamento da economia como um todo, mas acreditavam que as economias de mercado se autorregulavam. Isso significa que, sem a necessidade de interferência governamental, as economias de mercado conseguiam utilizar eficientemente os recursos disponíveis, de forma a promover automaticamente o nível de pleno emprego.

Para esses economistas, a tendência normal de uma economia era a de operar a pleno emprego. Poderiam ocorrer desvios temporários, provocados por fatores tais como restrições monopolistas, sindicatos de trabalhadores, intervenção governamental na economia etc., mas sempre a economia voltaria a operar no pleno emprego.

Os clássicos sustentavam que a produção, que cria a oferta, gera renda, criando então uma demanda equivalente. E desde que toda a renda é gasta, a oferta e a demanda são sempre iguais (Lei de Say).

Se a oferta cria a própria demanda, então todas as mercadorias oferecidas para venda devem ser compradas. De acordo com o pensamento clássico, portanto, não haveria razão para a economia não operar a pleno emprego.

O pensamento clássico foi aceito até a Grande Depressão de 1930. A partir daí, passa a surgir uma grande insatisfação com os pressupostos da teoria clássica, ou seja, de que havia uma tendência automática ao pleno emprego, com inexistência de desemprego e de capacidade ociosa. De fato, a teoria clássica já não podia explicar ou oferecer caminhos para sair da continuada depressão.

Foi nesse ambiente que surgiu a obra de Keynes, que sustentava que uma economia poderia atingir o equilíbrio, mesmo apresentando significativos níveis de desemprego de trabalhadores e de outros fatores de produção. Sustentava, também, que as economias capitalistas não tinham capacidade de promover automaticamente o pleno emprego e defendia a necessidade da intervenção do governo para direcionar a economia ao pleno emprego.

Keynes chamou a atenção para o poder dos sindicatos, que fazia que os salários monetários fossem rígidos. Essa rigidez salarial levaria ao desemprego involuntário, quando trabalhadores dispostos a trabalhar não encontrassem trabalho. Nessas condições, a economia operaria abaixo do pleno emprego.

Segundo Keynes, o valor do produto total e, por decorrência, o valor total da renda e o nível de emprego são determinados pela demanda agregada da economia (demanda dos consumidores, das empresas, do governo e demanda externa) por bens e serviços. Ao destacar o papel da demanda agregada na determinação do nível de produto e de emprego, Keynes refuta a Lei de Say, de que "a oferta cria a sua própria procura".

Para Keynes, se a crise é de insuficiência de demanda, e como não existem forças que promovam automaticamente o pleno emprego, torna-se necessária a intervenção do Estado por meio das políticas de gastos públicos, fiscal e monetária, o que significa o fim do não intervencionismo na economia da era clássica. O argumento de que o governo pode implantar políticas de estabilização para prevenir ou atacar recessões econômicas foi tão aceito que o conjunto de suas ideias ficou conhecido como "revolução keynesiana".

4) Não. A microeconomia e a macroeconomia andam juntas; a sua separação prejudica o correto entendimento da teoria econômica. A microeconomia e a macroeconomia diferenciam-se de acordo com o nível de agregação das variáveis econômicas. Enquanto a microeconomia se preocupa em estudar o comportamento econômico das unidades individuais de decisão representadas pelos consumidores, firmas e proprietários de recursos produtivos, e a maneira pela qual preços e produção são determinados em mercados específicos, a macroeconomia estuda a economia como um todo, por exemplo, como se comportam as variáveis como produção total de bens e serviços, as taxas de inflação etc.

Testes de Múltipla Escolha

1) c

2) e

3) c

Capítulo X

1) O Fluxo Circular da Atividade Econômica mostra, de forma simplificada, a maneira pela qual indivíduos e empresas interagem na economia, cada qual buscando atingir objetivos diferentes: os indivíduos procurando maximizar a satisfação de seus desejos e necessidades e as empresas procurando maximizar seus lucros. Os indivíduos, no papel de consumidores, adquirem os mais diversos tipos de bens e serviços, tendo em vista o atendimento de suas necessidades de consumo. Por outro lado, fornecem às empresas diversos fatores de produção: Trabalho, Terra, Capital e Capacidade Empresarial. Como pagamento recebem salários, aluguéis, juros e lucro e é com essa renda que compram os bens e serviços oferecidos pelas empresas. As empresas produzem e/ou comercializam bens e serviços. A produção é realizada por meio da combinação dos fatores produtivos adquiridos perante as famílias. As decisões das firmas são guiadas pelo objetivo de se conseguir o máximo lucro.

2) PNB = (P camisa × Q camisas) + (P cerveja × Q cerveja) + (P serviço médico × Q horas trabalhadas) + (P laranja × Q laranja) + (P casa × Q casa) + (P batata × Q batatas).

Substituindo as siglas da expressão por seus respectivos valores, temos:

PNB = ($ 40,00 × 50.000) + ($ 2,00 × 40.000) + ($ 50,00 × 100.000) + ($ 1,00 × 20.000) + ($ 50.000,00 × 10) + ($ 1,00 × 40.000)

PNB = $ 2.000.000,00 + $ 80.000,00 + $ 5.000.000,00 + $ 20.000 + $ 500.000,00 + $ 40.000

PNB = $ 7.640.000,00

3)

QUADRO 1

Bens Finais	Salários ($)	Juros ($)	Aluguéis ($)	Lucro ($)	Preço de Mercado ($/unidade)	Produção Anual (unidades)	Despesas ($)
A	60,00	6,00	30,00	14,00	2,20	50	110,00
B	30,00	4,00	20,00	8,00	3,10	20	62,00
C	40,00	5,00	25,00	11,00	2,70	30	81,00
D	20,00	1,00	17,00	12,00	2,00	25	50,00
Total	150,00	16,00	92,00	45,00			303,00

Renda = $ 303,00   **Valor da Produção**

Do lado da produção, os recursos econômicos (Terra, Trabalho, Capital e Capacidade Empresarial) recebem como remuneração (renda) para produzir bens e serviços aluguel, salários, juros e lucro. O lucro é incluído como um custo, já que está embutido no preço de venda do produto final e é um pagamento feito a um fator de produção. Dessa forma, os custos de produção serão sempre iguais ao valor das vendas. A abordagem da despesa usa o valor das vendas finais como sua medida (lembrar que a venda de um bem só ocorre se alguém paga por esse bem, ou seja, efetua uma *despesa* para adquiri-lo), ao passo que a abordagem da renda usa os custos de produção como medida. As abordagens da renda e da despesa tornam-se maneiras alternadas de se medir o valor da produção.

4) a) um serviço final;
    b) um bem intermediário;
    c) um bem final;
    d) um bem intermediário.

5) Encaminhamento da questão:

$$PNB = C + I + G + (X - M)$$

a) $ 120 bilhões = C + $ 18 bilhões + $ 15 bilhões + $ 10 bilhões
   $ 120 bilhões − $ 18 bilhões − $ 15 bilhões − $ 10 bilhões = C

então:

C = $ 77 bilhões

b) PNL = PNB − depreciação
   PNL = 120 bilhões − $ 8 bilhões

PNL = $ 112 bilhões

Testes de Múltipla Escolha

1) e
2) b
3) c
4) e
5) c

Capítulo XI

1) a)

    Condição de Equilíbrio: $OA = DA$

    Oferta Agregada: $OA = Y$

    Demanda Agregada: $DA = C + I$

    Equilíbrio: $Y = C + I$ (1)

    Função Consumo: $C = Co + bY$ (2)

Fazendo as substituições necessárias, obtemos:

$$Y = C_0 + bY + I$$
$$Y - bY = C_0 + I$$
$$Y(1-b) = C_0 + I$$

$$Y_0^e = \frac{1}{1-b} \times (C_0 + I)$$

Fazendo as devidas substituições, temos:

$$Y_0^e = \frac{1}{1-0{,}75} \times (100 + 100)$$

$$Y_0^e = \frac{1}{1-0{,}75} \times 200$$

$$Y_0^e = 800$$

b)

QUADRO 1

Y $	C $	I $	DA₁ (C + I) $
0	100	100	200
100	175	100	275
200	250	100	350
300	325	100	425
400	400	100	500
500	475	100	575
600	550	100	650
700	625	100	725
800	**700**	**100**	**800**
900	775	100	875
1.000	850	100	950
1.100	925	100	1.025
1.200	1.000	100	1.100

c) Gráfico

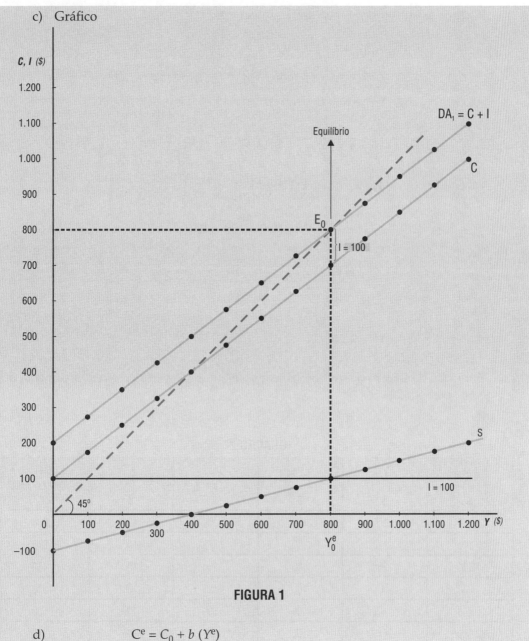

FIGURA 1

d) $C^e = C_0 + b\,(Y^e)$
$C^e = 100 + 0{,}75\,(Y^e)$
$C^e = 100 + 0{,}75 \times 800$
$C^e = 700$

2) a) Condição de Equilíbrio: $OA = DA$
Oferta Agregada: $OA = Y$
Demanda Agregada: $DA = C + I + \Delta I$
Equilíbrio: $Y = C + I + \Delta I$ (1)
Função Consumo: $C = C_0 + bY$ (2)

Fazendo as substituições necessárias, obtemos:

$$Y = C_0 + bY + I + \Delta I$$

$$Y - bY = C_0 + I + \Delta I$$

$$Y(1-b) = C_0 + I + \Delta I$$

$$Y_1^e = \frac{1}{1-b} \times (C_0 + I + \Delta I)$$

Fazendo as devidas substituições, obtemos:

$$Y_1^e = \frac{1}{1-0{,}75} \times (100 + 100 + 100)$$

$$Y_1^e = \frac{1}{1-0{,}75}$$

$$Y_1^e = 1.200$$

Em razão da injeção de investimento e do efeito multiplicador, a renda aumenta de $ 800 para $ 1.200.

b)

QUADRO 2

Y	C	I	DA_1	ΔI	DA_2
$	$	$	$	$	$(C + I + \Delta I)$ $
0	100	100	200	100	300
100	175	100	275	100	375
200	250	100	350	100	450
300	325	100	425	100	525
400	400	100	500	100	600
500	475	100	575	100	675
600	550	100	650	100	750
700	625	100	725	100	825
800	700	100	800	100	900
900	775	100	875	100	975
1.000	850	100	950	100	1.050
1.100	925	100	1.025	100	1.125
1.200	**1.000**	**100**	**1.100**	**100**	**1.200**

c)

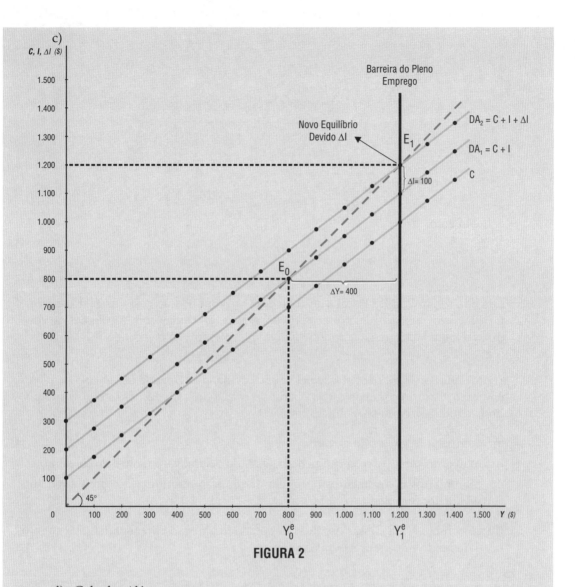

FIGURA 2

d) Calcular ΔY:

$$\frac{\Delta Y}{\Delta I} = \frac{1}{1-b}$$

logo,

$$\frac{\Delta Y}{100} = \frac{1}{1-0,75}$$

$$\Delta Y = \frac{100}{0,25}$$

$$\Delta Y = 400$$

e)

$$\frac{\Delta C}{\Delta Y} = b$$

logo,

$\Delta C = b \times \Delta Y$

$\Delta C = 0{,}75 \times 400$

e, finalmente,

$\Delta C = \$\ 300$

3) Entende-se por Política Fiscal a ação do governo com relação aos seus gastos e receitas (impostos e taxas). As políticas fiscais seriam utilizadas com o objetivo de conduzir a demanda agregada para o nível de pleno emprego da economia.

4) Hiato deflacionário é o montante pelo qual a demanda agregada fica abaixo do pleno emprego. Caso a economia esteja operando com déficit de despesas, o governo poderia adotar as seguintes políticas fiscais:

a) aumentar os gastos do governo;
b) reduzir os tributos, o que aumentaria a renda disponível e o nível de consumo;
c) estimular os investimentos por meio da redução na tributação sobre a rentabilidade dos mesmos.

Como consequência dessas medidas, a demanda agregada aumentaria, elevando o nível de renda e de emprego da economia.

Testes de Múltipla Escolha

1) d
2) c
3) c
4) e
5) a

Capítulo XII

1) Para que a moeda possa desempenhar suas funções básicas, deve apresentar as seguintes características:

    - indestrutibilidade e inalterabilidade;
    - homogeneidade;
    - divisibilidade;
    - transferibilidade; e
    - facilidade de manuseio e transporte.

2) Não, os cartões de crédito não são considerados moeda. Eles representam um empréstimo de curto prazo, e sempre dentro de certos limites. Se os cartões de crédito fossem moeda, as pessoas ficariam indiferentes entre receber $ 5.000,00 em dinheiro vivo ou receber um limite igual em seu cartão de crédito.

3) A versão mais convencional de meio de pagamento é M_1, que compreende o total de haveres de perfeita liquidez, que não geram rendimentos por si só e que estão em poder do setor não bancário. É representado pelo Papel-Moeda em Poder do Público, também chamado moeda manual (papel-moeda e moedas metálicas) mais os depósitos à vista nos bancos comerciais, públicos e privados, aí incluídos o Banco do Brasil e a carteira comercial da Caixa Econômica.

4)

QUADRO 1

Etapas	Expansão dos Depósitos à Vista	Empréstimos Concedidos pelo Sistema Bancário	Encaixe Mantido pelos Bancos
Depósito adicional inicial (1ª etapa)	400.000,00	–	–
2ª etapa	400.000,00	240.000,00	160.000,00
3ª etapa	240.000,00	144.000,00	96.000,00
4ª etapa	144.000,00	86.400,00	57.600,00
5ª etapa	86.400,00	51.840,00	34.560,00
.	.	.	.
.	.	.	.
.	.	.	.
.	.	.	.
nª etapa	Próxima de zero	Próxima de zero	Próxima de zero
Final do Processo	1.000.000,00	600.000,00	400.000,00

5) Um aumento na oferta monetária provoca queda na taxa de juros. A queda na taxa de juros, por sua vez, eleva o nível de investimento. Um aumento no investimento provoca elevação no nível de renda e de emprego na economia.

Testes de Múltipla Escolha

1) a
2) b
3) b
4) d
5) d
6) d

Capítulo XIII

1) Caso uma economia apresente inflação de demanda, para reduzir a demanda agregada, podem ser adotadas, entre outras, as seguintes medidas:
   a) aumento da carga tributária;
   b) redução dos gastos do governo;
   c) elevação das taxas de juros;
   d) controle de crédito;
   e) arrocho salarial.

2) A inflação provoca redução do poder aquisitivo dos segmentos da população que dependem de rendimentos fixos, com prazo legal de reajuste. Como exemplo, podemos citar os assalariados, que até a chegada de um novo reajuste vão ficando com seu poder de compra cada vez mais reduzido. Devemos lembrar também que os proprietários de imóveis alugados também são prejudicados pela inflação.

3) Não. A inflação é considerada fenômeno generalizado, significando um aumento simultâneo de grande número de preços. Pode, inclusive, ocorrer elevação no preço de uma mercadoria e a taxa de inflação estar diminuindo.

4) O desemprego involuntário ocorre quando as pessoas que desejam trabalhar ao salário real vigente não encontram emprego. Ele resulta de recessões e de depressões econômicas, quando a demanda agregada está abaixo do nível do pleno emprego. É também chamado desemprego cíclico ou conjuntural.

Testes de Múltipla Escolha

1) d
2) b
3) a

Capítulo XIV

1) A "Teoria da Vantagem Absoluta" preconizava que cada nação poderia se especializar na produção de mercadorias que produzisse com maior eficiência que as outras nações, ou seja, em que tivesse vantagem absoluta, e importar as mercadorias em que tivesse desvantagem absoluta. Essa especialização permitiria um aumento na produção e no consumo, beneficiando as nações que comerciavam entre si.

2) Segundo esse argumento, uma indústria nascente pode não ter condições de sobreviver à competição externa. Tais indústrias deveriam ser protegidas por altas tarifas ou cotas até que conseguissem desenvolver eficiência tecnológica e economias de escala que lhes permitisse competir com as indústrias estrangeiras.

3) As medidas corretivas que podem ser adotadas caso um país apresente déficits crônicos em seu Balanço de Pagamentos são:
   a) desvalorizações reais da taxa de câmbio;
   b) redução do nível de atividade econômica;
   c) restrições tarifárias ou quantitativas às importações;
   d) subsídios às exportações;
   e) aumento da taxa interna de juros; e
   f) controle da saída de capitais e de rendimentos para o exterior.

4) No regime de taxas de câmbio flutuantes, o valor da taxa de câmbio é determinado livremente no mercado, por meio da oferta e da procura por divisas, sem nenhuma intervenção do Banco Central.
   A característica básica desse regime cambial é que a taxa de câmbio deve se ajustar de modo a equilibrar o mercado de divisas. Assim, se houver excesso de oferta de moeda estrangeira, seu preço cairá, ou seja, a moeda nacional se valorizará. Da mesma forma, se houver um excesso de demanda pela moeda estrangeira, seu preço se valorizará, isto é, a moeda nacional se desvalorizará.

Testes de Múltipla Escolha

1) a
2) a
3) c
4) b
5) a
6) c

Capítulo XV

1) Entende-se por crescimento econômico um aumento da capacidade produtiva da economia e, portanto, da produção de bens e serviços de determinado país ou área econômica.

2) Pois contempla, além do crescimento econômico (aumento do PNB *per capita*), a melhoria do padrão de vida da população e alterações na estrutura econômica do país.

3) a) Baixa renda *per capita*;
   b) Baixo nível de estoque de capital *per capita*;
   c) Altas taxas de natalidade e mortalidade;
   d) Grandes desigualdades na distribuição da renda;
   e) Baixa taxa de poupança *per capita*.

4) São os indicadores que apresentam informações referentes à população de uma economia, tais como, esperança de vida ao nascer, taxa de mortalidade infantil, estrutura etária da população, taxa média de crescimento populacional.

Dados Estatísticos Referentes à Economia Brasileira

Nas páginas seguintes apresentamos um conjunto de dados estatísticos que retratam a economia brasileira desde a implantação do Plano Real em 1994, especialmente daqueles que constituem o chamado Tripé Macroeconômico: inflação, resultado fiscal e taxa de câmbio. Selecionamos as estatísticas que melhor retratam a conjuntura do Brasil e que permitem a realização de análises de comportamento e tendência utilizando-se dos fundamentos apresentados neste livro.

Dada às constantes mudanças metodológicas na apuração da atividade econômica, bem como as modificações na disponibilização de alguns dados, poderão surgir algumas divergências entre os números aqui publicados e os divulgados, apesar de terem sido obtidos das três principais instituições governamentais, Banco Central do Brasil (BCB), Secretaria do Tesouro Nacional do Ministério da Fazenda (STN) e Instituto Brasileiro de Geografia e Estatística (IBGE), que periodicamente realizam ajustes nos dados já divulgados.

A descontinuidade de algumas séries históricas também contribui para algumas divergências entre os dados apresentados neste livro. Nesse sentido, na elaboração de trabalhos científicos de maior profundidade, recomendamos checar os dados com os mais atualizados divulgados pelas instituições citadas anteriormente.

Tabela I
Produto Interno Bruto a Preços de Mercado

Ano	A preços corrrentes (R$ milhões)	Variação real (%)	Deflator implícito (%)	A preços correntes (US$ milhões)[1]	PIB per capita A preços de 2014[2] (R$)	Variação real[2] (%)	A preços correntes[1,2] (US$)
1994	349.205	5,9	2.240,17	543.087	16.540	4,2	3.472
1995	705.641	4,2	93,88	770.350	16.973	2,6	4.849
1996	857.857	4,1	16,8	854.099	17.075	0,6	5.209
1997	955.464	3,4	7,73	886.413	17.386	1,8	5.320
1998	1.005.986	0,4	4,91	867.005	17.134	−1,5	5.077
1999	1.092.276	0,5	8,05	601.805	16.923	−1,2	3.477
2000	1.202.377	4,4	5,46	657.504	20.445	2,8	3.791
2001	1.316.318	1,3	8,1	559.802	20.419	−0,1	3.183
2002	1.491.183	3,1	9,9	508.919	20.765	1,7	2.855
2003	1.720.069	1,2	13,96	560.155	20.746	−0,1	3.101
2004	1.958.705	5,7	7,77	669.666	21.646	4,3	3.661
2005	2.171.736	3,2	7,49	892.506	22.057	1,9	4.820
2006	2.409.803	4,0	6,69	1.107.293	22.672	2,8	5.911
2007	2.718.032	6,0	6,4	1.395.652	23.764	4,8	7.366
2008	3.107.531	5,0	8,87	1.691.910	24.687	3,9	8.834
2009	3.328.174	−0,2	7,35	1.670.183	24.373	−1,3	8.629
2010	3.886.835	7,6	8,57	2.210.313	25.956	6,5	11.306
2011	4.374.765	3,9	8,31	2.613.516	26.713	2,9	13.240
2012	4.713.096	1,8	5,87	2.411.531	26.932	0,8	12.103
2013	5.157.569	2,7	6,51	2.387.874	27.424	1,8	11.878
2014	5.521.256	0,2	6,9	2.345.379	27.229	−0,7	11.567

Fonte: Banco Central do Brasil: SGS – Sistema Gerenciador de Séries Temporais; Indicadores Econômicos Consolidados
[1] Estimativa do Banco Central do Brasil.
[2] De 1994 a 1999 os dados foram extraídos do Boletim do Banco Central do Brasil, Relatório 2012. Preços a valores de 2012.

Tabela II
PIB Sob a Ótica do Produto[1]
(Taxas reais de variação)

| Ano | Setor Agropecuário | Setor Industrial ||||| Setor Serviços |||||||| Valor Agregado | Imposto | PIB |
		Extrativa mineral	Transformação	Construção	Produção e distribuição de eletricidade, gás e água	Total	Comércio	Transporte, armazenagem e correio	Serviços de informação	Interm. financeira e seguros	Outros Serv.	Serviços imobiliários e aluguel	APU, educação pública e saúde pública	Total			
1996	3,0	2,4	0,1	2,2	3,1	1,0	1,8	5,6	6,0	0,9	0,0	2,4	4,3	2,3	2,0	3,7	**2,2**
1997	0,8	5,0	2,5	7,6	5,9	4,4	3,9	6,1	5,2	3,3	2,8	2,5	0,0	2,5	2,9	6,8	**3,4**
1998	3,4	3,6	-4,8	1,6	1,2	-2,1	-1,9	0,7	7,9	-1,5	1,1	2,6	2,9	1,4	0,6	-1,7	**0,4**
1999	6,5	-4,4	-1,9	-4,9	0,5	-2,6	-2,2	-4,0	13,0	0,3	1,2	2,3	3,3	1,8	1,0	-3,1	**0,5**
2000	2,7	9,1	5,7	1,4	4,2	4,4	4,5	5,7	16,6	2,2	3,3	4,0	1,7	3,8	3,9	7,4	**4,4**
2001	5,3	5,0	0,6	-1,6	-7,9	-0,8	1,5	0,1	6,2	1,1	-0,6	3,2	3,6	1,9	1,4	0,6	**1,3**
2002	8,0	15,1	2,2	4,7	4,4	3,9	-2,2	4,3	6,2	3,7	4,2	3,9	2,7	3,1	3,6	0,0	**3,1**
2003	8,1	4,5	2,4	-8,9	3,9	0,0	0,3	-2,2	3,5	-3,1	0,0	3,9	3,2	1,2	1,3	0,6	**1,2**
2004	2,0	-0,5	8,7	11,0	5,9	8,0	9,1	5,5	3,9	3,8	3,7	5,5	4,1	4,9	5,5	6,4	**5,7**
2005	0,7	7,1	2,3	-2,2	3,2	2,0	3,0	3,8	5,6	5,8	4,6	4,2	1,0	3,6	3,0	4,3	**3,1**
2006	4,8	6,5	1,6	-1,0	4,1	2,0	5,0	2,7	0,6	8,3	4,0	4,8	3,9	4,4	3,7	5,5	**4,0**
2007	3,2	2,9	5,8	9,1	6,0	6,0	8,2	4,7	6,3	15,0	3,7	6,0	2,1	5,8	5,7	7,6	**6,0**
2008	5,5	4,0	3,8	4,8	2,6	3,9	5,4	7,3	9,9	13,2	4,6	1,4	0,6	4,8	4,6	7,5	**5,0**

Tabela II
PIB Sob a Ótica do Produto[1]
(Taxas reais de variação)

(continuação)

Ano	Setor Agropecuário	Setor Industrial					Setor Serviços								Valor Agregado	Imposto	PIB
		Extrativa mineral	Transformação	Construção	Produção e distribuição de eletricidade, gás e água	Total	Comércio	Transporte, armazenagem e correio	Serviços de informação	Interm. finaceira e seguros	Outros Serv.	Serviços imobiliários e aluguel	APU, educação pública e saúde pública	Total			
2009	-3,8	-2,3	-9,4	7,5	0,1	-4,8	-2,4	-4,9	-0,4	8,4	2,8	2,9	3,4	1,9	-0,2	-0,3	**-0,2**
2010	6,8	14,8	9,5	13,1	6,5	10,4	11,1	11,4	5,6	9,4	3,3	4,9	2,2	5,8	7,0	10	**7,6**
2011	5,6	3,3	2,2	8,3	5,6	4,1	2,3	4,3	6,5	5,3	4,7	1,8	1,9	3,4	3,7	5,3	**3,9**
2012	-2,5	-0,8	-0,9	2,8	0,4	0,1	1,6	1,2	5,4	2,2	3,1	4,4	1,0	2,4	1,5	3,2	**1,8**
2013	7,9	-2,5	2,0	4,7	0,4	1,8	3,5	5,8	6,5	1,7	0,0	4,5	1,8	2,5	2,6	3,4	**2,7**
2014	0,4	8,7	-3,8	-2,6	-2,6	-1,2	-1,8	2,0	4,6	0,4	0,1	3,3	0,5	0,7	0,2	-0,3	**0,1**

Fonte: IBGE, Contas Nacionais
[1] Dados ajustados de acordo com o novo Sistema de Contas Nacionais – Referência 2010 (SCN-10).

Tabela III
PIB Sob a Ótica da Despesa[1]
(Taxas reais de variação)

Ano	Consumo das Famílias	Consumo da APU	Formação Bruta de Capital Fixo	Exportação	Importação	PIB
1996	3,2	−1,8	1,2	−0,4	5,6	2,2
1997	3,0	1,2	8,4	11,0	14,6	3,4
1998	−0,7	3,2	−0,2	4,9	−0,1	0,4
1999	0,4	1,7	−8,9	5,7	−15,1	0,5
2000	4,0	−0,2	4,8	12,9	10,8	4,4
2001	0,7	2,6	1,1	9,2	3,3	1,3
2002	1,2	3,8	−1,5	6,5	−13,3	3,1
2003	−0,7	1,6	−3,9	11,0	−0,5	1,2
2004	3,9	3,9	8,4	14,5	10,4	5,7
2005	4,3	2,0	2,3	9,6	7,5	3,1
2006	5,4	3,6	6,1	4,8	17,8	4,0
2007	6,3	4,1	12,0	6,2	19,6	6,0
2008	6,4	2,1	12,7	0,4	17,0	5,0
2009	4,2	2,9	−1,9	−9,2	−7,6	−0,2
2010	6,4	3,9	17,8	11,7	33,6	7,6
2011	4,8	2,2	6,6	4,8	9,4	3,9
2012	3,9	3,2	−0,6	0,5	0,7	1,8
2013	2,9	2,2	6,1	2,1	7,6	2,7
2014	0,9	1,3	−4,4	−1,1	−1,0	0,1

Fonte: IBGE, Contas Nacionais.
[1] Dados ajustados de acordo com o novo Sistema de Contas Nacionais – Referência 2010 (SCN-10).

Tabela IV
PIB Sob a Ótica da Renda[1]
(Valores correntes em R$ milhões)

Ano	Produto Interno Bruto – PIB	(+) Ordenados e salários (líquidos recebidos do exterior)	(+) Rendas de propriedade (líquidas recebidas do exterior)	(=) Renda nacional bruta	(+) Outras transferências correntes (líquidas recebidas do exterior)	(=) Renda nacional disponível bruta	(−) Despesa de consumo final	(=) Poupança bruta	(−) Formação bruta de capital	(+) Transferências de capital (líquidas a receber)	(=) Capacidade /necessidade líquida de financiamento
2000	1.179.482	145	-32.734	1.146.893	2.790	1.149.683	985.026	164.657	215.257	499	-50.101
2001	1.302.136	219	-45.723	1.256.632	3.867	1.260.499	1.084.511	175.988	234.754	-89	-58.855
2002	1.477.822	328	-52.264	1.425.886	7.265	1.433.151	1.216.102	217.049	239.351	1.308	-20.994
2003	1.699.948	333	-55.475	1.644.806	8.751	1.653.557	1.382.355	271.202	268.095	1.515	4.622
2004	1.941.498	528	-59.009	1.883.017	9.563	1.892.580	1.533.895	358.685	332.333	968	27.321
2005	2.147.239	532	-62.118	2.085.653	8.635	2.094.288	1.721.783	372.505	347.976	1.630	26.158
2006	2.369.484	389	-58.975	2.310.899	9.366	2.320.265	1.903.679	416.586	397.027	1.891	21.450
2007	2.661.344	875	-55.684	2.606.535	7.830	2.614.364	2.133.128	481.236	487.761	1.480	-5.045
2008	3.032.203	1.041	-72.815	2.960.429	7.915	2.968.345	2.398.945	569.400	627.497	1.968	-56.129
2009	3.239.404	1.218	-65.295	3.175.327	6.683	3.182.010	2.666.752	515.258	577.846	2.256	-60.332
2010	3.886.835	878	-65.382	3.822.332	4.694	3.827.026	3.080.121	746.905	847.166	1.967	-98.294
2011	4.374.765	948	-74.940	4.300.773	4.452	4.305.225	3.454.377	850.848	954.059	2.649	-100.563
2012	4.713.096	1.001	-64.672	4.649.426	4.911	4.654.336	3.818.023	836.313	958.804	-3.922	-126.413
2013	5.157.569	1.106	-78.845	5.079.831	6.509	5.086.339	4.211.091	875.248	1.066.989	2.570	-189.170
2014	5.521.256	839	-87.309	5.434.786	3.729	5.438.515	4.564.708	873.807	1.108.765	1.398	-233.560

Fonte: IBGE, Contas Nacionais
[1] Dados de 2010 a 2014 ajustados de acordo com o novo Sistema de Contas Nacionais – Referência 2010 (SCN-10).

Tabela V
Indicadores da Produção
(Base: 2012 = 100)

Fim do período	Geral	Extrativa mineral	Indústria de transformação	Bens de capital	Bens intermediários	Bens de consumo	Bens de consumo duráveis	Semiduráveis e não duráveis	Insumos da construção civil
2002	74,6	63,9	75,3	52,0	78,4	75,2	53,7	81,8	-
2003	77,9	70,5	78,3	59,6	81,5	77,4	61,8	82,2	-
2004	84,7	75,2	85,3	68,5	87,0	85,8	69,9	90,7	-
2005	86,6	82,4	86,9	71,7	87,2	90,0	78,3	93,6	-
2006	87,0	89,0	86,8	76,9	88,1	88,1	72,8	92,9	-
2007	92,6	98,6	92,3	90,6	93,8	91,5	79,6	95,1	-
2008	79,1	77,5	79,2	80,1	77,6	81,2	48,5	91,2	-
2009	94,1	92,4	94,2	99,1	92,9	94,4	88,6	96,2	-
2010	96,6	102,0	96,2	105,3	95,1	96,5	94,3	97,1	-
2011	95,7	104,2	95,1	108,3	94,1	94,5	88,9	96,2	-
2012	92,2	103,5	90,8	88,9	92,5	92,4	85,4	94,6	90,9
2013	90,1	99,9	88,9	85,0	90,1	91,3	83,1	93,9	86,8
2014	87,5	109,1	84,8	74,7	88,6	88,6	75,3	92,7	81,0

Fonte: Banco Central do Brasil. Sistema Gerenciador de Séries Temporais (SGS).

Tabela VI
Área Colhida da Lavoura das Principais Culturas
(Em hectares)

Período	Arroz	Cacau em amêndoas	Café em coco	Cana-de--açúcar	Feijão	Laranja	Mandioca	Milho	Soja	Trigo
1994	4.414.803	698.634	2.097.650	4.345.260	5.471.322	897.985	1.850.932	13.748.813	11.525.410	1.348.853
1995	4.373.538	738.536	1.869.984	4.559.062	5.006.403	856.419	1.946.163	13.946.320	11.675.005	994.734
1996	3.255.477	661.923	1.920.253	4.750.296	4.300.513	964.373	1.508.918	11.975.811	10.299.470	1.796.005
1997	3.058.127	715.671	1.988.186	4.814.084	4.401.770	985.521	1.551.971	12.562.130	11.486.478	1.521.545
1998	3.062.195	709.798	2.070.409	4.985.819	3.313.621	1.018.576	1.578.879	10.585.498	13.303.656	1.408.852
1999	3.813.266	681.120	2.222.925	4.898.844	4.154.194	1.027.079	1.571.167	11.611.483	13.061.410	1.249.764
2000	3.664.804	705.965	2.267.968	4.804.511	4.332.545	856.422	1.709.315	11.890.376	13.656.771	1.138.687
2001	3.142.826	665.809	2.336.031	4.957.897	3.450.347	824.693	1.667.453	12.335.175	13.985.099	1.728.492
2002	3.142.051	582.315	2.370.891	5.100.405	4.140.528	828.843	1.678.029	11.760.965	16.359.441	2.104.902
2003	3.180.859	590.945	2.395.501	5.371.020	4.090.568	836.041	1.633.568	12.965.678	18.524.769	2.560.231
2004	3.733.148	638.825	2.368.040	5.631.741	3.978.660	823.220	1.754.875	12.410.677	21.538.990	2.807.224
2005	3.915.855	625.384	2.325.920	5.805.518	3.748.656	805.665	1.901.535	11.549.425	22.948.874	2.360.696
2006	2.970.918	647.135	2.312.154	6.355.498	4.034.383	805.903	1.896.509	12.613.094	22.047.349	1.560.175
2007	2.890.926	628.928	2.264.129	7.080.920	3.788.279	821.244	1.894.458	13.767.431	20.565.279	1.853.224
2008	2.850.678	641.337	2.222.224	8.140.089	3.781.908	836.602	1.888.859	14.444.582	21.246.302	2.363.893
2009	2.872.036	635.975	2.135.508	8.617.555	4.099.991	787.250	1.760.578	13.654.715	21.750.468	2.430.253
2010	2.722.459	660.711	2.159.785	9.076.706	3.423.646	792.753	1.789.769	12.678.875	23.327.296	2.181.567
2011	2.752.891	680.484	2.148.775	9.601.316	3.673.162	817.292	1.733.541	13.218.892	23.968.663	2.138.916
2012	2.413.288	684.333	2.120.080	9.705.388	2.709.485	729.583	1.692.986	14.198.496	24.975.258	1.912.711
2013										
2014										
2015										

Fonte: Banco Central do Brasil. Sistema Gerenciador de Séries Temporais (SGS).

Tabela VII
Índices de Preços (% ao ano)

Período	Índice de Preços ao Consumidor Amplo (IPCA)	Índice Nacional de Preços ao Consumidor (INPC)	Índice Geral de Preços – Disponibilidade Interna (IGP-DI)	Índice Geral de Preços do Mercado (IGP-M)
1994	916.43	929.32	909.67	869.74
1995	22.41	21.98	14.77	15.24
1996	9.56	9.12	9.33	9.19
1997	5.22	4.34	7.48	7.74
1998	1.66	2.49	1.71	1.79
1999	8.94	8.43	19.99	20.10
2000	5.97	5.27	9.80	9.95
2001	7.67	9.44	10.40	10.37
2002	12.53	14.74	26.41	25.30
2003	9.30	10.38	7.66	8.69
2004	7.60	6.13	12.13	12.42
2005	5.69	5.05	1.23	1.20
2006	3.14	2.81	3.80	3.85
2007	4.46	5.16	7.90	7.75
2008	5.90	6.48	9.11	9.81
2009	4.31	4.11	−1.44	-1.71
2010	6.42	6.47	11.31	11.32
2011	6,50	6,08	5,01	5,10
2012	5,84	6,20	8,11	7,81
2013	5,91	5,56	5,53	5,53
2014	6,41	6,23	3,78	3,67

Fonte: Banco Central do Brasil. Sistema Gerenciador de Séries Temporais (SGS).

Tabela VIII
Contas Públicas

Período	Resultado Primário (R$ milhões)	Juros da Dívida Interna (R$ milhões)	Resultado Nominal (R$ milhões)	Dívida Bruta do Governo Geral (R$ milhões)	Dívida Bruta do Governo Geral (% do PIB)
1997	-2.376	-18.932	-21.307		
1998	5.042	-50.142	-45.100		
1999	22.672	-49.008	-26.336		
2000	20.431	-45.447	-25.016		
2001	21.980	-47.253	-25.273		
2002	31.919	-41.948	-10.029		
2003	38.744	-100.896	-62.153		
2004	52.385	-79.419	-27.033		
2005	55.741	-129.025	-73.284		
2006	51.352	-125.827	-74.475	1.336.645	55,5
2007	59.439	-119.046	-59.607	1.542.852	56,8
2008	71.308	-96.199	-24.891	1.740.888	56,0
2009	42.443	-149.806	-107.363	1.973.424	59,3
2010	78.723	-124.509	-45.785	2.011.522	51,8
2011	93.035	-180.553	-87.518	2.243.604	51,3
2012	86.086	-147.268	-61.182	2.583.946	54,8
2013	75.291	-185.846	-110.555	2.747.997	53,3
2014	-20.472	-251.070	-271.542	3.252.449	58,9

Fonte: Ministério da Fazenda, Secretaria do Tesouro Nacional. Resultado Fiscal do Governo Central. Disponível em: <http://www.tesouro.fazenda.gov.br/resultado-do-tesouro-nacional>. Acesso em: 1º set. 2015.

Tabela IX
Taxa de Câmbio Livre (Venda) – Dólar Norte-Americano

Período	Fim do período (R$/US$)	Média do período (R$/US$)
1994	0,8460	0,6453
1995	0,9725	0,9177
1996	1,0394	1,0052
1997	1,1164	1,0787
1998	1,2087	1,1611
1999	1,7890	1,8158
2000	1,9554	1,8295
2001	2,3204	2,3522
2002	3,5333	2,9309
2003	2,8892	3,0715
2004	2,6544	2,9257
2005	2,3407	2,4341
2006	2,1380	2,1771
2007	1,7713	1,9483
2008	2,3370	1,8375
2009	1,7412	1,9935
2010	1,6662	1,7593
2011	1,8758	1,6746
2012	2,0435	1,9550
2013	2,3426	2,1605
2014	2,6562	2,3547

Fonte: Banco Central do Brasil. Sistema Gerenciador de Séries Temporais (SGS).

Tabela X
Cotações de Moedas e Cotação do Dólar em Reais

Final do período	Euro[1] (€/US$)	Iene japonês(¥/US$)	Libra esterlina (US$/£)	Direitos Especiais de Saque (US$/DES)	Iuan chinês (¥/US$)	Dólar americano (R$/US$)
1994	0,81	99,7407	1,5625	1,4599	8,446	0,8460
1995	0,76	102,8278	1,5500	1,4865	8,317	0,9725
1996	0,80	115,9958	1,6980	1,4380	8,298	1,0394
1997	0,91	129,9545	1,6538	1,3493	8,280	1,1164
1998	0,86	115,5936	1,6635	1,4080	8,279	1,2087
1999	1,00	102,1972	1,6164	1,3725	8,279	1,7890
2000	1,07	114,9029	1,4922	1,3029	8,277	1,9554
2001	1,13	131,8044	1,4504	1,2567	8,277	2,3204
2002	0,95	119,9041	1,6118	1,3595	8,277	3,5333
2003	0,79	107,1008	1,7847	1,4860	8,277	2,8892
2004	0,73	104,1233	1,9314	1,5530	8,276	2,6544
2005	0,85	117,9663	1,7219	1,4293	8,070	2,3407
2006	0,76	118,9485	1,9630	1,5044	7,809	2,1380
2007	0,68	113,9991	2,0034	1,5802	7,305	1,7713
2008	0,7185	90,7523	1,4578	1,5403	6,835	2,3370
2009	0,6942	92,0641	1,6195	1,5677	6,828	1,7412
2010	0,7484	81,4531	1,5655	1,5400	6,623	1,6662
2011	0,7729	77,7200	1,5461	1,5353	6,301	1,8758
2012	0,7579	86,5500	1,5780	1,5369	6,290	2,0435
2013	0,7251	105,3000	1,6468	1,5400	6,102	2,3426
2014	0,8237	120,6400	1,5608	1,4488	6,119	2,6562

[1] A cotação até 2000 refere-se à ECU.
Fonte: Banco Central do Brasil. Sistema Gerenciador de Séries Temporais (SGS).

Tabela XI
Taxa de Juros Referencial[1] (Selic) e do Mercado Financeiro[1]

Período	Selic Meta (% a.a.)	CDI (% a.a.)	TR (% a.a.)	TJLP (% a.a.)	TBF (% a.a.)
1994	–	53,92	38,33	26,01	–
1995	–	40,34	18,26	17,72	39,16
1996	–	23,74	10,98	11,02	22,84
1997	–	38,98	16,06	9,89	37,17
1998	–	30,89	8,85	18,06	28,37
1999	19,00	18,77	3,33	12,50	18,40
2000	15,75	16,13	1,26	9,75	15,64
2001	19,00	19,05	2,53	10,00	17,28
2002	25,00	22,91	4,42	10,00	21,78
2003	16,50	16,81	2,20	11,00	16,37
2004	17,75	17,46	2,66	9,75	16,87
2005	18,00	18,15	2,63	9,75	17,39
2006	13,25	13,14	1,93	6,85	12,84
2007	11,25	11,11	0,81	6,25	10,90
2008	13,75	13,49	2,49	6,25	12,80
2009	8,75	8,61	0,61	6,00	8,49
2010	10,75	10,64	1,55	6,00	9,98
2011	11,00	10,87	1,08	6,00	10,24
2012	7,25	6,94	0,00	5,50	6,60
2013	10,00	9,78	0,59	5,00	8,99
2014	11,75	11,51	1,21	5,00	10,76

[1] Em 31 de dezembro.

Tabela XII
Taxas de Juros Oficiais (Países Selecionados)
(Países Selecionados – % ao ano)

No final do período	Austrália	Canadá	China	Área do Euro	Índia	Indonésia	Japão	México	Rússia	África do Sul	Turquia	Reino Unido	Estados Unidos
2000	6,25	–	5,85	4,75	–	–	0,25	–	25,00	–	–	6,00	6,50
2001	4,50	2,25	5,85	3,25	–	–	0,00	–	25,00	9,50	–	4,00	2,00
2002	4,75	2,75	5,31	3,25	–	–	0,00	–	21,00	13,50	44,00	4,00	1,25
2003	5,00	2,75	5,31	2,00	–	–	0,00	–	16,00	8,00	26,00	3,75	1,00
2004	5,25	2,50	5,58	2,00	6,00	–	0,00	–	13,00	7,50	18,00	4,75	2,00
2005	5,50	3,00	5,58	2,00	6,25	12,25	0,00	–	13,00	7,00	13,50	4,50	4,00
2006	6,25	4,25	6,12	3,25	7,25	10,25	0,25	–	11,00	8,50	17,50	5,00	5,25
2007	6,75	4,50	7,29	4,00	7,75	8,25	0,50	–	10,00	10,50	15,75	5,75	4,50
2008	5,25	2,25	5,58	3,25	7,50	9,50	0,30	8,25	13,00	12,00	15,00	3,00	1,00
2009	3,50	0,25	5,31	1,00	4,75	6,50	0,10	4,50	9,00	7,00	6,50	0,50	0,25
2010	4,75	1,00	5,56	1,00	6,25	6,50	0,10	4,50	7,75	5,50	7,00	0,50	0,25
2011	4,50	1,00	6,56	1,25	8,50	6,00	0,10	4,50	8,25	5,50	5,75	0,50	0,25
2012	3,25	1,00	6,00	0,75	8,00	5,75	0,10	4,50	8,25	5,00	5,75	0,50	0,25
2013	2,50	1,00	6,00	0,25	7,75	7,50	0,10	3,50	8,25	5,00	4,50	0,50	0,25
2014	2,50	1,00	5,60	0,05	8,00	7,75	0,10	3,00	8,25	5,75	8,25	0,50	0,25

Fonte: Banco Central do Brasil. Sistema Gerenciador de Séries Temporais (SGS).

Tabela XIII
Rendimentos Nominais Brutos das Principais Ativos Monetários e Financeiros (% a.a.)

Período	Caderneta de Poupança	CDB	Ouro	Dólar Comercial	Ibovespa	Fundo de Renda Fixa
1995	39,74	51,85	15,17	14,97	-1,26	
1996	16,36	26,40	2,21	6,88	63,74	
1997	16,56	24,19	-14,50	7,41	43,99	
1998	14,44	27,40	3,68	8,27	-33,46	
1999	12,25	25,28	52,73	48,07	151,93	
2000	8,40	17,03	7,05	9,30	-10,67	
2001	8,60	17,72	19,47	18,66	-11,47	
2002	9,16	19,09	80,26	52,25	-16,59	
2003	11,10	21,61	-0,77	-18,23	97,33	
2004	8,12	15,41	-2,84	-8,12	17,82	
2005	9,17	17,55	2,93	-11,82	27,73	16,12
2006	8,21	13,77	12,70	-8,66	32,92	11,66
2007	7,63	10,49	11,27	-17,15	43,65	8,91
2008	7,88	11,82	32,13	31,94	-41,22	11,62
2009	6,92	9,14	-3,05	-25,49	82,66	9,55
2010	6,90	8,81	32,26	-4,31	1,04	11,57
2011	7,43	11,59	16,46	12,48	-18,43	12,34
2012	6,47	8,43	15,27	9,40	7,38	12,15
2013	6,37	7,66	-16,88	14,49	-15,90	6,98
2014	7,09	9,88	14,02	14,86	-2,91	11,49

Fonte: Nogami Participações. Boletim mensal de análise da conjuntura.

Tabela XIV
Indicadores do Mercado de Capitais

Final do período	Ibovespa		Dow Jones		Nasdaq	
	Índice	Variação % no ano	Índice	Variação % no ano	Índice	Variação % no ano
1994	4.354	1.059,7	3.834	3,2	752	−3,2
1995	4.299	−1,3	5.117	33,5	1.052	39,9
1996	7.040	63,8	6.448	26,0	1.291	22,7
1997	10.196	44,8	7.916	22,8	1.570	21,6
1998	6.784	−33,5	9.275	17,2	2.193	39,7
1999	17.091	151,9	11.497	24,0	4.069	85,5
2000	15.259	−10,7	10.787	−6,2	2.471	−39,3
2001	13.509	−11,5	10.137	−6,0	1.987	−19,6
2002	11.268	−16,6	8.342	−17,7	1.336	−32,8
2003	22.236	97,3	10.454	25,3	2.003	49,9
2004	26.196	17,8	10.800	3,3	2.178	8,7
2005	33.455	27,7	10.718	−0,8	2.205	1,2
2006	44.473	32,9	12.463	16,3	2.415	9,5
2007	63.886	43,7	13.265	6,4	2.652	9,8
2008	37.550	−41,2	8.776	−33,8	1.577	−40,5
2009	68.588	82,7	10.428	18,8	2.269	43,9
2010	69.304	1,0	11.578	11,0	2.653	16,9
2011	56.754	−18,1	12.218	5,5	2.605	−1,8
2012	60.952	7,4	13.104	7,3	3.020	15,9
2013	51.507	−15,5	16.577	26,5	4.177	38,3
2014	50.007	−2,9	17.823	7,5	4.736	13,4

Fonte: Banco Central do Brasil. Sistema Gerenciador de Séries Temporais (SGS).

Tabela XV
Base Monetária e Componentes
(Saldos em final de período)

Período	Papel moeda emitido (R$ mil)	Reservas bancárias (R$ mil)	Base monetária restrita (R$ mil)
1994	10.045.617	7.638.934	17.684.551
1995	13.770.097	7.911.494	21.681.591
1996	17.187.949	2.607.748	19.795.697
1997	20.250.732	11.577.600	31.828.332
1998	24.166.790	15.017.588	39.184.378
1999	29.837.941	18.592.216	48.430.157
2000	32.633.056	15.053.157	47.686.213
2001	37.668.836	15.587.135	53.255.971
2002	49.931.066	23.371.206	73.302.272
2003	51.363.863	21.855.273	73.219.136
2004	61.935.635	26.797.042	88.732.677
2005	70.033.641	31.213.594	101.247.235
2006	85.824.753	35.277.248	121.102.001
2007	102.885.047	43.731.820	146.616.867
2008	115.590.704	31.959.001	147.549.705
2009	131.861.185	34.211.650	166.072.835
2010	151.145.368	55.707.954	206.853.322
2011	162.769.670	51.465.641	214.235.311
2012	187.434.736	45.936.716	233.371.452
2013	204.052.420	45.457.358	249.509.778
2014	220.853.706	42.674.811	263.528.517

Fonte: Banco Central do Brasil. Sistema Gerenciador de Séries Temporais (SGS).

Tabela XVI
Meios de Pagamento Ampliados (Saldo em R$ mil no final de período)

Período	Papel moeda em poder do público	Depósitos à vista	M1	Depósito de Poupança	Títulos Privados em Poder do Público	Depósitos para investimentos	M2	Quotas de fundos de renda fixa	Operações compromissadas /Selic	M3	Títulos federais em poder do público/ Selic	Títulos estaduais e municipais em poder do público	M4
1994	8.699.882	14.072.782	22.772.664	45.752.143	60.577.894	–	132.560.545	21.983.533	–	154.544.078	18.217.380	3.688.848	176.450.306
1995	12.367.123	16.125.780	28.492.903	64.266.654	85.991.772	–	178.751.575	46.248.975	–	225.000.550	30.893.184	5.276.578	261.170.312
1996	15.316.680	14.490.803	29.807.483	72.652.001	86.274.885	–	188.734.369	97.207.118	–	285.941.487	45.760.159	4.453.606	336.155.252
1997	18.078.732	29.283.990	47.362.722	98.211.258	94.201.227	–	239.775.207	100.432.582	–	340.207.789	62.018.554	3.715.781	405.942.124
1998	21.185.297	29.521.969	50.707.266	108.442.384	95.815.480	–	254.965.130	121.049.424	–	376.014.554	80.987.160	2.305.965	459.307.679
1999	25.950.871	36.793.570	62.744.441	111.406.674	100.618.623	–	274.769.738	184.381.380	9.577.361	468.728.479	80.818.541	1.545.456	551.092.476
2000	28.640.921	45.711.547	74.352.468	111.936.098	97.496.243	–	283.784.809	253.831.660	18.960.576	556.577.046	93.623.514	1.892.276	652.092.835
2001	32.627.771	51.078.932	83.706.703	120.030.423	117.875.043	–	321.612.169	285.329.432	18.115.457	625.057.058	128.568.939	2.555.321	756.181.318
2002	42.351.422	65.494.518	107.845.940	140.895.698	148.761.312	–	397.502.950	279.560.334	11.205.493	688.268.777	117.331.894	1.922.018	807.522.689
2003	43.064.319	66.584.069	109.648.388	144.118.433	159.127.885	–	412.894.706	408.096.448	17.394.422	838.385.576	119.373.154	712.494	958.471.224
2004	52.019.416	75.926.985	127.946.401	159.588.786	205.587.827	373.731	493.496.745	474.817.042	20.307.818	988.621.605	120.068.888	828.404	1.109.518.898
2005	58.272.223	86.505.942	144.778.165	169.322.667	267.194.972	1.167.777	582.463.581	559.139.932	24.898.539	1.166.502.052	144.913.615	983.345	1.312.399.012
2006	68.924.745	105.420.550	174.345.295	187.863.935	295.558.950	3.731.465	661.499.645	684.081.828	32.122.589	1.377.704.062	180.887.270	22.086	1.558.613.418
2007	82.250.763	149.179.036	231.429.799	234.671.897	310.924.224	4.254.129	781.280.049	793.808.189	42.529.053	1.617.617.291	267.204.979	23.713	1.884.845.983
2008	92.378.463	131.061.475	223.439.938	271.191.513	575.061.346	3.293.269	1.072.986.066	772.540.496	60.087.187	1.905.613.750	333.939.327	0	2.239.553.076
2009	105.801.087	144.433.188	250.234.275	319.631.931	594.374.184	3.183.907	1.167.424.297	930.458.446	108.436.458	2.206.319.201	399.383.280	0	2.605.702.481
2010	121.981.240	159.894.657	281.875.897	379.604.273	697.657.914	3.250.629	1.362.388.713	1.116.779.423	70.571.027	2.549.739.163	490.755.705	0	3.040.494.868
2011	131.741.215	153.635.687	285.376.902	420.872.649	911.228.728	1.278	1.617.479.557	1.326.321.503	86.479.173	3.030.280.233	519.973.073	0	3.550.253.306
2012	150.156.132	174.889.290	325.045.422	497.139.073	942.460.245	0	1.764.644.740	1.600.911.697	153.542.176	3.519.098.613	584.664.259	0	4.103.762.871
2013	164.675.392	179.832.523	344.507.915	599.825.987	1.012.504.173	0	1.956.838.075	1.735.064.153	130.057.455	3.821.959.683	580.525.202	0	4.402.484.885
2014	179.147.554	172.455.400	351.602.954	664.847.260	1.134.233.418	0	2.150.683.632	1.974.911.917	193.888.763	4.319.484.312	673.648.653	0	4.993.132.965

Fonte: Banco Central do Brasil. Sistema Gerenciador de Séries Temporais (SGS).

Tabela XVII
Balanço de Pagamentos – Transações Correntes
(US$ milhões, em conformidade com o Manual de Balanço de Pagamentos – BPM5)

Período	Balança Comercial			Serviços (líquido)	Rendas (líquido)	Transferências Unilaterais (líquido)	Transações Correntes
	Exportações	Importações	Saldo				
1994	43.545,20	-33.078,70	10.466,50	-5.657,30	-9.034,50	2.414,10	-1.811,20
1995	46.506,30	-49.971,90	-3.465,60	-7.483,00	-11.057,60	3.622,40	-18.383,70
1996	47.746,70	-53.345,80	-5.599,00	-8.681,10	-11.668,40	2.446,50	-23.502,10
1997	52.994,30	-59.747,20	-6.752,90	-10.646,00	-14.876,20	1.822,90	-30.452,30
1998	51.139,90	-57.714,40	-6.574,50	-10.110,50	-18.188,90	1.458,00	-33.415,90
1999	48.011,40	-49.210,30	-1.198,90	-6.976,90	-18.848,40	1.689,40	-25.334,80
2000	55.085,60	-55.783,30	-697,7	-7.162,00	-17.885,80	1.521,10	-24.224,50
2001	58.222,60	-55.572,20	2.650,50	-7.759,30	-19.743,20	1.637,50	-23.214,50
2002	60.361,80	-47.240,50	13.121,30	-4.957,20	-18.190,60	2.389,80	-7.636,60
2003	73.084,10	-48.290,20	24.793,90	-4.931,10	-18.552,10	2.866,60	4.177,30
2004	96.475,20	-62.834,70	33.640,50	-4.677,70	-20.520,10	3.236,30	11.679,10
2005	118.308,40	-73.605,50	44.702,90	-8.308,60	-25.967,40	3.557,80	13.984,70
2006	137.807,50	-91.350,80	46.456,60	-9.640,40	-27.480,00	4.306,30	13.642,60
2007	160.649,10	-120.617,40	40.031,60	-13.218,70	-29.291,20	4.029,00	1.550,70
2008	197.942,40	-173.106,70	24.835,80	-16.689,90	-40.561,80	4.223,90	-28.192,00
2009	152.994,70	-127.704,90	25.289,80	-19.245,40	-33.684,20	3.337,50	-24.302,30
2010	201.915,30	-181.768,40	20.146,90	-30.835,10	-39.486,40	2.901,60	-47.273,10
2011	256.039,60	-226.246,80	29.792,80	-37.931,60	-47.318,90	2.984,20	-52.473,50
2012	242.578,00	-223.183,50	19.394,50	-41.041,60	-35.447,60	2.845,90	-54.248,70
2013	242.033,60	-239.747,50	2.286,10	-47.101,30	-39.777,70	3.366,40	-81.226,60
2014	225.100,90	-229.060,10	-3.959,20	-48.928,40	-40.323,10	1.922,30	-91.288,30

Fonte: Banco Central do Brasil. Sistema Gerenciador de Séries Temporais (SGS).

Tabela XVIII
Balanço de Pagamentos – Conta Capital, Financeira e Resultado Final
(US$ milhões, em conformidade com o Manual de Balanço de Pagamentos – BPM5)

Período	Transações Correntes	Conta Capital	Conta Financeira							Erros e Omissões	Resultado o Balanço de Pagamentos
			Investimento Direto Total		Investimento em Carteira Total		Derivativos	Outros Investimentos		
			Brasileiro	Estrangeiro	Brasileiro	Estrangeiro				
1994	-1.811,20	173,9	-689,9	2.149,90	-3.404,60	54.046,80	-27,4	-43.556,50	334,2	7.215,20
1995	-18.383,70	351,7	-1.095,60	4.405,10	-1.155,40	10.372,20	17,5	16.200,00	2.207,20	12.918,90
1996	-23.502,10	453,8	469,1	10.791,70	-402,8	22.021,70	-38,3	673	-1.799,90	8.666,10
1997	-30.452,30	392,6	-1.115,60	18.992,90	1.707,60	10.907,90	-252,6	-4.832,60	-3.255,20	-7.907,20
1998	-33.415,90	320,4	-2.854,00	28.855,60	-457,2	18.582,20	-459,8	-14.285,50	-4.256,00	-7.970,20
1999	-25.334,80	337,7	-1.690,40	28.578,40	259,2	3.542,40	-88,1	-13.620,00	193,6	-7.822,00
2000	-24.224,50	272,5	-2.281,60	32.779,20	-1.695,70	8.650,80	-197,4	-18.202,00	2.637,10	-2.261,70
2001	-23.214,50	-36	2.257,60	22.457,40	-795,1	872,1	-471	2.767,20	-531	3.306,60
2002	-7.636,60	433	-2.482,10	16.590,20	-321,1	-4.797,40	-356,2	-1.061,90	-65,7	302,1
2003	4.177,30	498,2	-249,3	10.143,50	178,8	5.128,80	-151	-10.438,00	-792,6	8.495,70
2004	11.679,10	371,3	-9.807,00	18.145,90	-754,6	-3.995,60	-677,4	-10.806,00	-1.911,80	2.244,00
2005	13.984,70	662,8	-2.516,70	15.066,30	-1.770,80	6.655,30	-40	-27.521,00	-201,1	4.319,50
2006	13.642,60	869	-28.202,50	18.822,20	5,6	9.075,60	40,8	15.688,10	627,7	30.569,10
2007	1.550,70	755,9	-7.066,70	34.584,90	286,1	48.104,30	-710,3	13.131,40	-3.152,10	87.484,20
2008	-28.192,00	1.055,10	-20.457,10	45.058,20	1.900,00	-766,9	-312,4	2.874,70	1.809,40	2.969,10
2009	-24.302,30	1.128,50	10.084,20	25.948,60	4.124,50	46.158,50	156,2	-16.300,00	-347,4	46.651,00
2010	-47.273,10	1.118,50	-11.587,60	48.506,50	-4.783,90	67.794,90	-112,1	-1.024,50	-3.538,20	49.100,50
2011	-52.473,50	1.573,20	1.029,00	66.660,10	16.858,30	18.452,60	2,8	7.804,90	-1.270,70	58.636,80
2012	-54.248,70	-1.876,70	2.821,40	65.271,90	-7.763,80	16.533,90	24,6	-5.001,50	3.138,40	18.899,60
2013	-81.226,60	1.193,40	3.495,10	63.995,90	-8.975,40	34.664,40	110,3	-20.131,00	947,3	-5.926,50
2014	-91.288,30	589,7	3.540,10	62.494,80	-3.303,90	33.531,20	-1.568,20	3.785,00	3.052,40	10.832,70

Fonte: Banco Central do Brasil. Sistema Gerenciador de Séries Temporais (SGS).

Tabela XIX
Exportação Brasileira por Fator Agregado

Período	Exportações						
	Produtos básicos		Semimanufaturados		Manufaturados		Total
	US$ milhões	% do total de exportações	US$ milhões	% do total de exportações	US$ milhões	% do total de exportações	US$ milhões
1994	10.835,41	24,9	7.069,85	16,2	25.004,66	57,4	43.545,15
1995	10.512,34	22,6	9.565,07	20,6	25.602,54	55,1	46.506,28
1996	11.898,77	24,9	8.614,51	18,0	26.411,25	55,3	47.746,73
1997	14.468,63	27,3	8.477,61	16,0	29.192,67	55,1	52.982,73
1998	12.976,63	25,4	8.120,09	15,9	29.386,76	57,5	51.139,86
1999	11.827,71	24,6	7.981,82	16,6	27.331,12	56,9	48.012,79
2000	12.565,21	22,8	8.499,14	15,4	32.558,81	59,1	55.118,92
2001	15.349,16	26,3	8.243,72	14,1	32.957,23	56,5	58.286,59
2002	16.959,14	28,1	8.965,47	14,8	33.068,45	54,7	60.438,65
2003	21.186,28	28,9	10.944,95	15,0	39.763,70	54,3	73.203,22
2004	28.528,57	29,5	13.432,83	13,9	53.137,45	55,0	96.677,50
2005	34.731,57	29,3	15.962,53	13,5	65.352,81	55,1	118.529,18
2006	40.285,13	29,2	19.522,66	14,2	75.018,31	54,4	137.807,47
2007	51.595,63	32,1	21.799,87	13,6	83.942,89	52,3	160.649,07
2008	73.027,66	36,9	27.073,16	13,7	92.682,61	46,8	197.942,44
2009	61.957,45	40,5	20.499,19	13,4	67.349,06	44,0	152.994,74
2010	90.009,98	44,6	28.207,37	14,0	79.562,64	39,4	201.915,29
2011	122.456,86	47,8	36.026,48	14,1	92.290,87	36,0	256.039,57
2012	113.454,24	46,8	33.042,05	13,6	90.707,18	37,4	242.578,01
2013	113.023,34	46,7	30.525,50	12,6	92.945,14	38,4	242.033,57
2014	109.556,37	48,7	29.065,36	12,9	80.211,03	35,6	225.100,88

Fonte: Banco Central do Brasil. Sistema Gerenciador de Séries Temporais (SGS).

Tabela XX
Importação Brasileira por Categoria de Uso

Período	Bens de consumo duráveis		Bens de consumo não duráveis		Matérias-primas e produtos intermediários		Bens de Capital		Combustíveis e lubrificantes		Total
	US$ milhões	% do total de exportações	US$ milhões	% do total de exportações	US$ milhões	% do total de exportações	US$ milhões	% do total de exportações	US$ milhões	% do total de exportações	US$ milhões
1994	3.113,06	9,4	2.428,43	7,3	15.964,49	48,3	7.585,26	22,9	3.987,45	12,1	33.078,69
1995	6.097,68	12,2	4.875,93	9,8	22.827,70	45,7	11.486,13	23,0	4.684,45	9,4	49.971,90
1996	4.585,64	8,6	5.171,58	9,7	24.741,75	46,4	12.918,02	24,2	5.928,78	11,1	53.345,77
1997	5.648,38	9,5	5.486,00	9,2	26.918,09	45,1	16.097,79	26,9	5.596,96	9,4	59.747,23
1998	5.268,35	9,1	5.469,84	9,5	26.822,77	46,5	16.102,12	27,9	4.100,39	7,1	57.703,48
1999	3.171,87	6,4	4.174,56	8,5	24.119,13	48,9	13.577,87	27,5	4.258,13	8,6	49.301,56
2000	3.381,02	6,1	3.934,76	7,0	28.564,82	51,1	13.612,51	24,4	6.357,54	11,4	55.850,66
2001	3.517,40	6,3	3.592,31	6,5	27.386,05	49,3	14.829,08	26,7	6.276,91	11,3	55.601,76
2002	2.507,62	5,3	3.384,75	7,2	23.464,93	49,7	11.644,87	24,6	6.240,48	13,2	47.242,65
2003	2.417,79	5,0	3.111,42	6,4	25.840,22	53,5	10.355,85	21,4	6.600,29	13,7	48.325,57
2004	3.188,87	5,1	3.662,78	5,8	35.520,04	56,5	12.148,55	19,3	10.315,37	16,4	62.835,62
2005	3.926,24	5,3	4.539,57	6,2	37.817,47	51,4	15.391,77	20,9	11.925,33	16,2	73.600,38
2006	6.075,62	6,7	5.879,26	6,4	45.274,43	49,6	18.924,40	20,7	15.197,13	16,6	91.350,84
2007	8.250,82	6,8	7.775,83	6,4	59.380,73	49,2	25.125,08	20,8	20.084,98	16,7	120.617,45
2008	12.709,91	7,3	9.816,65	5,7	83.056,07	48,0	35.932,90	20,8	31.469,24	18,2	172.984,77
2009	11.613,70	9,1	9.910,26	7,8	59.753,73	46,8	29.698,36	23,3	16.746,29	13,1	127.722,34
2010	18.580,00	10,2	12.847,79	7,1	83.991,71	46,2	41.008,28	22,6	25.340,64	13,9	181.768,43
2011	24.096,98	10,7	15.991,37	7,1	102.075,95	45,1	47.908,83	21,2	36.173,62	16,0	226.246,76
2012	22.225,28	10,0	17.150,32	7,7	99.857,82	44,7	48.633,54	21,8	35.316,52	15,8	223.183,98
2013	22.229,45	9,3	18.736,73	7,8	106.503,27	44,4	51.661,88	21,5	40.616,19	16,9	239.747,52
2014	20.771,06	9,1	18.555,46	8,1	102.998,23	45,0	47.767,68	20,8	39.544,64	17,3	229.137,07

Fonte: Banco Central do Brasil. Sistema Gerenciador de Séries Temporais (SGS).

Tabela XXI
Exportação por Fator Agregado e Região – FOB
(Em US$ milhões)

Produto	2011	2012	2013 Valor	2013 Participação % Na categoria	2013 Participação % No bloco
Total	256.040	242.578	242.179	100,0	-
Básicos	122.457	113.454	113.023	46,7	-
Semimanufaturados	36.026	33.042	30.526	12,6	-
Manufaturados	92.291	90.707	93.090	38,4	-
Operações especiais	5.265	5.375	5.540	2,3	-
América Latina e Caribe (com Mercosul)	57.156	50.447	53.700	22,2	100,0
Básicos	11.211	8.064	7.379	6,5	13,7
Semimanufaturados	2.193	1.934	1.631	5,3	3,0
Manufaturados	43.658	40.377	44.582	47,9	83,0
Operações especiais	93	72	109	2,0	0,2
Mercosul	27.853	22.802	24.683	10,2	100,0
Básicos	2.117	1.607	1.821	1,6	7,4
Semimanufaturados	643	596	502	1,6	2,0
Manufaturados	25.036	20.564	22.327	24,0	90,5
Operações especiais	56	35	34	0,6	0,1
Estados Unidos	25.942	26.849	24.856	10,3	100,0
Básicos	8.734	7.970	6.037	5,3	24,3
Semimanufaturados	5.259	5.144	4.707	15,4	18,9
Manufaturados	11.810	13.570	13.247	14,2	53,3
Operações especiais	139	166	865	15,6	3,5
União Europeia	52.946	48.860	47.541	19,6	100,0
Básicos	27.432	24.346	23.675	20,9	49,8
Semimanufaturados	8.243	6.866	6.062	19,9	12,8
Manufaturados	17.165	17.513	17.519	18,8	36,9
Operações especiais	106	134	285	5,1	0,6
Ásia	76.697	75.325	77.657	32,1	100,0
Básicos	57.940	56.044	60.241	53,3	77,6
Semimanufaturados	10.981	11.097	11.078	36,3	14,3
Manufaturados	7.702	8.091	6.256	6,7	8,1
Operações especiais	74	93	83	1,5	0,1
Demais países	43.299	41.099	38.424	15,9	100,0
Básicos	17.141	17.032	15.691	13,9	40,8
Semimanufaturados	9.351	8.002	7.048	23,1	18,3
Manufaturados	11.955	11.155	11.487	12,3	29,9
Operações especiais	4.852	4.910	4.198	75,8	10,9

Fonte: Banco Central do Brasil. Boletim do Banco Central do Brasil – Relatório Anual (de 2013, 2012, 2011 e 2010).

Tabela XXII
Importação por Categoria de Uso e Região – FOB
(Em US$ milhões)

Produto	2011	2012	2013 Valor	2013 Participação % Na categoria	2013 Participação % No bloco
Total	**226.247**	**223.183**	**239.621**	**100,0**	**-**
Bens de capital	47.909	48.634	51.653	21,6	-
Bens de consumo duráveis	24.097	22.225	22.228	9,3	-
Bens de consumo não duráveis	15.991	17.150	18.735	7,8	-
Combustíveis e lubrificantes	36.174	35.317	40.502	16,9	-
Matérias-primas e produtos intermediários	102.076	99.858	106.502	44,4	-
América Latina e Caribe (com Mercosul)	**37.783**	**38.720**	**40.783**	**17,0**	**100,0**
Bens de capital	3.340	4.004	4.617	8,9	11,3
Bens de consumo duráveis	6.983	7.101	6.657	29,9	16,3
Bens de consumo não duráveis	3.834	3.987	4.446	23,7	10,9
Combustíveis e lubrificantes	4.846	5.544	6.857	16,9	16,8
Matérias-primas e produtos intermediários	18.780	18.083	18.205	17,1	44,6
Mercosul	**19.376**	**19.250**	**19.270**	**8,0**	**100,0**
Bens de capital	2.452	3.017	3.604	7,0	18,7
Bens de consumo duráveis	4.717	4.292	4.443	20,0	23,1
Bens de consumo não duráveis	2.720	2.687	2.806	15,0	14,6
Combustíveis e lubrificantes	495	537	360	0,9	1,9
Matérias-primas e produtos intermediários	8.992	8.717	8.057	7,6	41,8
Estados Unidos	**34.233**	**32.609**	**36.280**	**15,1**	**100,0**
Bens de capital	8.342	8.590	9.116	17,6	25,1
Bens de consumo duráveis	1.138	1.099	1.251	5,6	3,4
Bens de consumo não duráveis	1.765	1.663	1.823	9,7	5,0
Combustíveis e lubrificantes	6.225	5.796	6.190	15,3	17,1
Matérias-primas e produtos intermediários	16.762	15.461	17.900	16,8	49,3
União Europeia	**46.426**	**47.675**	**50.709**	**21,2**	**100,0**
Bens de capital	14.602	13.938	14.938	28,9	29,5
Bens de consumo duráveis	3.392	2.777	3.572	16,1	7,0
Bens de consumo não duráveis	4.588	4.969	5.407	28,9	10,7
Combustíveis e lubrificantes	1.673	3.235	2.127	5,3	4,2
Matérias-primas e produtos intermediários	22.170	22.756	24.665	23,2	48,6
Ásia	**70.080**	**68.872**	**73.229**	**30,6**	**100,0**
Bens de capital	18.845	19.934	20.558	39,8	28,1
Bens de consumo duráveis	12.076	10.759	10.304	46,4	14,1
Bens de consumo não duráveis	4.490	5.130	5.546	29,6	7,6
Combustíveis e lubrificantes	5.824	3.698	4.899	12,1	6,7
Matérias-primas e produtos intermediários	28.845	29.350	31.923	30,0	43,6

Tabela XXII
Importação por Categoria de Uso e Região – FOB
(Em US$ milhões)

(continuação)

Produto	2011	2012	2013		
			Valor	Participação %	
				Na categoria	No bloco
Demais países	**37.725**	**35.308**	**38.621**	**16,1**	**100,0**
Bens de capital	2.779	2.167	2.424	4,7	6,3
Bens de consumo duráveis	508	489	444	2,0	1,1
Bens de consumo não duráveis	1.314	1.401	1.514	8,1	3,9
Combustíveis e lubrificantes	17.606	17.044	20.430	50,4	52,9
Matérias-primas e produtos intermediários	15.519	14.208	13.809	13,0	35,8

Fonte: Banco Central do Brasil. Boletim do Banco Central do Brasil – Relatório Anual (de 2013 e 2012).

Tabela XXIII
Saldo em Transações Correntes – Rendas
(Valores em US$ milhões)

Data	Rendas Total (líquido)	Salário e ordenado (líquido)	Lucros e dividendos (líquido)	Juros (líquido)
1994	−9.034,50	-131,2	−2.565,90	−6.337,40
1995	−11.057,60	-160	−2.951,20	−7.946,40
1996	−11.668,40	-59,6	−2.830,50	−8.778,30
1997	−14.876,20	49,9	−5.443,10	−9.483,00
1998	−18.188,90	103,2	−6.855,40	−11.436,70
1999	−18.848,40	142	−4.114,60	−14.875,90
2000	−17.885,80	79,2	−3.316,20	−14.648,80
2001	−19.743,20	95,1	−4.961,00	−14.877,30
2002	−18.190,60	101,8	−5.161,80	−13.130,50
2003	−18.552,10	108,6	−5.640,40	−13.020,20
2004	−20.520,10	181	−7.337,50	−13.363,60
2005	−25.967,40	214	−12.685,80	−13.495,60
2006	−27.480,00	177,3	−16.368,60	−11.288,60
2007	−29.291,20	448,4	−22.434,90	−7.304,60
2008	−40.561,80	545	−33.874,90	−7.231,90
2009	−33.684,20	603,1	−25.217,80	−9.069,50
2010	−39.486,40	498,5	−30.374,80	−9.610,10
2011	−47.318,90	566,6	−38.166,30	−9.719,20
2012	−35.447,60	511,3	−24.112,20	−11.846,70
2013	−39.777,70	510,9	−26.044,50	−14.244,00
2014	−40.323,10	354,2	−26.523,20	−14.154,10

Fonte: Banco Central do Brasil. Sistema Gerenciador de Séries Temporais (SGS).

Tabela XXIV
Saldo em Transações Correntes – Serviços
(Valores em US$ milhões)

Data	Serviços (líquido)	Viagens internacionais (líquido)	Seguros (líquido)	Serviços financeiros (líquido)	Computação e informação (líquido)	Royalties e licenças (líquido)	Aluguel de equipamentos (líquido)	Serviços empresariais, profissionais e técnicos (líquido)	Serviços governamentais (líquido)	Serviços de comunicações (líquido)	Serviços de construção (líquido)	Serviços relativos ao comércio (líquido)	Serviços pessoais, culturais e recreação (líquido)	Transportes (líquido)
1994	-5.657,30	-1.181,10	-132,1	46,5	-149,4	-219,7	-939,5	22,9	-326,7	24,8	32,4	-198,9	-195,6	-2.440,90
1995	-7.483,00	-2.419,70	-121,6	-152,3	-248,6	-497,3	-769,1	371,7	-338,9	-10	5,5	-90,1	-201,7	-3.010,90
1996	-8.681,10	-3.598,50	-62,7	-215	-378,7	-753,5	-655,8	347,8	-303,3	-44	0,6	-35,6	-265,5	-2.717,10
1997	-10.646,00	-4.376,90	73,9	-884,7	-589,3	-847,6	-1.048,10	885,5	-350,1	9,4	10,1	-160,2	-206,5	-3.161,70
1998	-10.110,50	-4.146,10	81,4	-526,6	-789,5	-1.328,90	-634,3	1.071,40	-385,4	80,9	51,6	-31,3	-292,3	-3.261,40
1999	-6.976,90	-1.457,10	-127,9	-269,4	-1.010,20	-1.149,70	-599,1	1.258,50	-497,6	14,4	16,1	251,4	-335,2	-3.071,20
2000	-7.162,00	-2.084,20	-4,3	-293,7	-1.111,40	-1.289,40	-1.310,80	2.251,00	-549,5	3,7	227,4	194,4	-299,7	-2.895,60
2001	-7.759,30	-1.468,00	-275,2	-307,4	-1.106,40	-1.132,20	-1.867,40	2.299,80	-651,9	28,9	17,1	-22,6	-307,4	-2.966,40
2002	-4.957,20	-397,8	-420,1	-232,4	-1.118,10	-1.128,50	-1.672,30	2.460,00	-251,7	13,6	11,7	-11,9	-250,9	-1.958,60
2003	-4.931,10	217,6	-436	-382,7	-1.033,70	-1.119,80	-2.312,30	2.157,70	-151	83,5	10	-91,6	-283	-1.589,80
2004	-4.677,70	350,8	-544,2	-76,7	-1.227,90	-792,3	-2.166,10	2.378,20	-191,7	173,7	1,1	-234,6	-362,3	-1.985,90
2005	-8.308,60	-858,4	-567,7	-229,6	-1.625,50	-1.302,80	-4.129,90	3.650,60	-755,4	127,3	7,9	-279	-395,6	-1.950,30
2006	-9.640,40	-1.447,80	-430,2	-109,6	-1.903,40	-1.513,40	-4.886,70	4.556,20	-450,1	103,7	18,2	0,7	-451,9	-3.126,00
2007	-13.218,70	-3.258,20	-765,5	283,1	-2.111,50	-1.940,00	-5.770,80	6.230,20	-1.133,70	179,8	12,2	18,4	-578,1	-4.384,50

Tabela XXIV
Saldo em Transações Correntes – Serviços
(Valores em US$ milhões)

Data	Serviços (líquido)	Viagens internacionais (líquido)	Seguros (líquido)	Serviços financeiros (líquido)	Computação e informação (líquido)	Royalties e licenças (líquido)	Aluguel de equipamentos (líquido)	Serviços empresariais, profissionais e técnicos (líquido)	Serviços governamentais (líquido)	Serviços de comunicações (líquido)	Serviços de construção (líquido)	Serviços relativos ao comércio (líquido)	Serviços pessoais, culturais e recreação (líquido)	Transportes (líquido)
2008	-16.689,90	-5.177,30	-837,3	92,7	-2.598,30	-2.231,70	-7.808,20	8.147,30	-1.115,70	167,1	13,5	435,2	-782,9	-4.994,20
2009	-19.245,40	-5.593,60	-1.442,20	-41,5	-2.585,80	-2.078,20	-9.392,70	7.297,10	-1.416,20	186,3	10,5	614,7	-877,6	-3.926,00
2010	-30.835,10	-10.718,10	-1.112,70	393,8	-3.295,60	-2.453,00	-13.751,60	8.413,20	-1.388,20	163,8	22,1	246,6	-948	-6.407,30
2011	-37.931,60	-14.709,50	-1.212,50	858,4	-3.799,50	-2.710,30	-16.686,30	10.699,00	-1.390,60	116,3	10,2	295,6	-1.067,60	-8.334,80
2012	-41.041,60	-15.588,00	-994,2	708,9	-3.850,20	-3.155,80	-18.740,50	11.552,00	-1.410,20	69,4	9,8	118,7	-991,1	-8.770,20
2013	-47.101,30	-18.282,90	-1.076,10	1.115,00	-4.468,80	-3.071,30	-19.059,60	10.166,50	-1.360,40	20,9	10,7	317,9	-1.620,40	-9.792,80
2014	-48.928,40	-18.694,70	-795	186	-4.427,20	-3.341,10	-22.651,40	10.951,90	-1.695,30	47,1	266,4	1.581,40	-1.417,60	-8.938,80

(continuação)

Fonte: Banco Central do Brasil. Sistema Gerenciador de Séries Temporais (SGS).

Tabela XXV
Dívida Externa e Reservas Internacionais

Final do período	Dívida Externa Bruta (Em US$ milhões)	Dívida Externa Líquida (Em US$ milhões)	Reservas internacionais – Conceito liquidez (Em US$ milhões)
1994	148.295,20	88.203,50	38.806
1995	159.256,20	92.347,60	51.840
1996	179.934,40	100.562,20	60.110
1997	199.997,30	130.854,50	52.173
1998	241.643,63	182.267,03	44.556
1999	241.468,84	190.318,67	36.342
2000	236.156,61	190.316,99	33.011
2001	209.934,26	162.704,10	35.866
2002	210.711,32	164.999,14	37.823
2003	214.929,64	150.992,59	49.296
2004	201.374,11	135.702,18	52.935
2005	169.450,35	101.082,34	53.799
2006	172.588,91	74.821,37	85.839
2007	193.218,88	−11.947,61	180.334
2008	198.340,23	−27.683,08	193.783
2009	198.191,73	−61.771,21	238.520
2010	256.803,72	−50.627,77	288.575
2011	298.204,05	−72.868,46	352.012
2012	312.898,39	−89.660,53	373.147
2013	308.625,06	−94.435,96	358.808
2014	348.489,45	−50.078,35	363.551

Fonte: Banco Central do Brasil. Sistema Gerenciador de Séries Temporais (SGS).

Tabela XXVI
Taxa de desocupação na semana de referência, das pessoas de 10 anos ou mais de idade

No fim do período	Região Metropolitana						
	Recife	Salvador	Belo Horizonte	Rio de Janeiro	São Paulo	Porto Alegre	Total
1994	4,7	6,0	3,4	2,9	4,0	3,2	3,8
1995	4,9	6,7	3,8	3,5	5,8	4,8	5,0
1996	3,4	5,7	4,6	3,3	4,6	4,6	4,3
1997	5,6	8,4	5,6	4,2	6,0	4,7	5,5
1998	7,9	8,6	6,8	4,4	8,5	6,7	7,1
1999	7,2	10,2	8,1	5,1	7,4	7,1	7,1
2000	7,0	8,7	7,5	3,8	5,2	5,8	5,6
2001	7,0	9,1	7,4	5,0	6,8	4,6	6,4
2002	11,3	14,8	8,3	8,9	11,7	7,5	10,5
2003	12,1	15,7	10,4	8,6	11,8	7,9	10,9
2004	11,1	15,4	8,5	8,5	9,8	6,6	9,6
2005	13,9	14,6	7,0	6,8	7,9	6,7	8,4
2006	10,4	12,4	7,1	6,5	9,0	6,6	8,4
2007	9,9	11,4	5,5	6,1	8,0	5,3	7,5
2008	7,8	10,0	5,5	6,2	7,1	4,7	6,8
2009	8,4	10,7	5,1	5,4	7,5	4,3	6,8
2010	6,9	8,4	4,3	4,9	5,3	3,0	5,3
2011	4,7	7,7	3,8	4,9	4,7	3,1	4,7
2012	5,6	5,7	3,5	4,0	5,2	3,0	4,6
2013	5,9	7,7	3,4	3,7	4,4	2,6	4,3
2014	5,5	8,1	2,9	3,5	4,4	3,6	4,3

(1) De 1994 a 2001, Taxa de Desemprego Aberto – 30 dias.
Fonte: IBGE. Sistema IBGE de Recuperação Automática – SIDRA.

Tabela XXVII
Índice de Volume de Vendas no Varejo
(Total Brasil)

Fim do período	Total Brasil	Combustíveis e lubrificantes	Hiper/supermercado, Prod. alimentícios, bebidas, fumo	Tecido, vestuário e calçado	Móveis e eletrodomésticos	Automóveis, motocicletas, partes e peças	Hipermercados e supermercados	Artigos farmacêuticos, médicos, ortopédicos, perfumaria e cosméticos	Livros, jornais, revistas e papelaria	Equipamentos e materiais para escritório e comunicação	Outros artigos de uso pessoal e doméstico	Material de construção	Comércio ampliado
2000	80,1	90,5	84,7	135,0	55,1	58,7	84,7						
2001	77,9	90,3	82,7	136,4	52,7	47,4	83,2						
2002	73,9	94,8	75,8	134,9	48,3	42,7	76,8						
2003	76,3	94,4	77,2	135,9	58,4	49,0	78,1	59,2	76,9	76,9	68,0	72,5	68,0
2004	85,0	97,3	86,7	142,5	72,3	58,1	86,7	61,5	85,3	23,1	78,3	75,5	75,3
2005	89,2	90,2	88,2	154,1	79,1	58,5	88,2	66,5	83,2	45,9	91,1	71,2	77,8
2006	94,3	86,1	94,2	157,1	83,9	63,3	94,2	67,5	81,8	53,9	105,5	69,6	82,3
2007	103,2	88,9	100,0	172,3	93,7	71,9	100,0	75,8	87,1	74,9	127,1	76,9	91,1
2008	107,1	94,5	103,4	161,1	98,0	68,6	103,4	86,7	99,8	101,6	131,0	74,1	92,2
2009	117,0	99,7	113,6	170,9	111,0	88,0	113,6	96,0	109,3	105,7	140,0	79,5	105,0
2010	129,0	106,1	120,6	187,6	131,4	110,9	120,6	109,6	138,5	134,4	154,3	92,5	120,8
2011	137,6	106,5	126,1	189,0	151,5	110,1	126,1	117,2	135,3	181,1	159,5	97,2	126,0
2012	144,6	112,5	134,7	196,2	164,2	117,6	134,7	122,0	142,5	139,4	173,8	104,1	132,4
2013	150,2	119,1	137,9	202,2	162,8	117,6	137,9	137,1	147,9	149,1	193,2	109,9	136,2
2014	150,6	121,5	136,6	195,4	157,2	107,5	136,6	148,0	134,2	159,9	207,2	111,0	133,2

Fonte: Banco Central do Brasil. Sistema Gerenciador de Séries Temporais (SGS).

Tabela XXVIII
Indicadores Econômicos do Grupo dos 20 (G-20) e do Mundo – 2013

Grupo	País	PIB US$ bilhões	PIB Per-capita (US$)	Taxa de crescimento (%)	População (milhões de habitantes)	Inflação (%)	Taxa de Juros[1] (% a.a.)	Taxa de desemprego (%)	Déficit Público/ PIB[2] (%)	Saldo em Conta Corrente (US$ bilhões)
G-7	Estados Unidos	16.768	53.042	2,22	316,13	1,46	0,25	7,40	101,53	–400,25
	Japão	4.920	38.637	1,61	127,34	0,36	0,00	4,00	230,00	34,07
	Alemanha	3.730	46.248	0,11	80,65	1,50	0,05	5,30	74,70	256,02
	França	2.806	42.554	0,29	65,94	0,86	0,05	10,40	95,00	–40,23
	Reino Unido	2.678	41.774	1,73	64,11	2,55	0,50	7,50	89,40	–114,21
	Itália	2.149	35.678	–1,93	60,23	1,22	0,05	12,20	132,10	20,88
	Canadá	1.827	51.971	2,02	35,15	0,94	0,75	7,10	86,51	–54,67
BRICS	Brasil	2.246	11.210	2,49	200,36	6,20	13,75	5,90	58,91	–81,11
	Rússia	2.097	14.613	1,32	143,50	6,76	12,50	5,60	13,41	34,14
	Índia	1.875	1.497	6,90	1.252,14	10,91	7,25	3,60	67,72	–49,23
	China	9.240	6.807	7,67	1.357,38	2,63	5,10	4,60	22,40	182,81
	África do Sul	366	6.885	2,21	53,16	3,31	5,75	24,90	46,10	–20,51

[1] Taxa de juros em maio de 2015.
[2] Em dezembro de 2014.

Fonte: The World Bank. Indicators (dados consolidados de 2013).
Treding Economics. http://www.tradingeconomics.com/ (Taxa de juros e dívida pública).

(continuação)

Tabela XXVIII
Indicadores Econômicos do Grupo dos 20 (G-20) e do Mundo – 2013

Grupo	País	PIB			População (milhões de habitantes)	Inflação (%)	Taxa de Juros[1] (% a.a.)	Taxa de desemprego (%)	Déficit Público/ PIB[2] (%)	Saldo em Conta Corrente (US$ bilhões)
		US$ bilhões	Per-capita (US$)	Taxa de crescimento (%)						
	Austrália	1.560	67.448	2,51	23,13	2,45	2,00	5,70	28,60	-49,56
	Coréia do Sul	1.305	25.986	2,97	50,22	1,31	1,75	3,10	33,80	79,88
	México	1.261	10.308	1,07	122,33	3,81	3,00	4,90	30,70	-26,48
	Indonésia	868	3.474	5,78	249,87	6,41	7,50	6,30	26,11	-29,10
	Turquia	822	10.970	4,12	74,93	7,49	7,50	10,00	33,00	-65,03
	Arábia Saudita	748	25.946	3,95	28,83	3,51	2,00	5,70	2,68	132,64
	Argentina	610	14.718	2,93	41,45	-	17,85	7,50	45,60	-4,79
	União Européia	17.958	35.417	0,06	507,05	1,39	-	10,92	-	-
	Área do Euro	13.194	39.116	-0,46	337,30	1,37	0,05	12,07	91,90	-
	Mundo	75.622	10.613	2,29	7.125,10	2,63	-	5,97	-	-

[1] Taxa de juros em maio de 2015.
[2] Em dezembro de 2014.
Fonte: The World Bank. Indicators (dados consolidados de 2013).
Treding Economics. http://www.tradingeconomics.com/ (Taxa de juros e dívida pública).

GLOSSÁRIO

Ação – Título que representa uma parte do capital de uma sociedade anônima.

Agentes econômicos – São pessoas de natureza física ou jurídica que, por meio de suas ações, contribuem para o funcionamento do Sistema Econômico. Dividem-se em famílias, firmas e governo.

Alocação de recursos – Maneira como uma economia distribui seus recursos entre as diferentes ocupações em que podem ser utilizados para produzir um determinado conjunto dos bens.

Argumentos normativos – São argumentos que dizem respeito ao que deveria ser. São pontos de vista influenciados por fatores filosóficos, sociais e culturais e envolvem um julgamento sobre o que é certo ou errado. Contêm um juízo de valor sobre alguma medida econômica.

Argumentos positivos – São argumentos que procuram entender e explicar os fenômenos econômicos como eles realmente são.

Ativo – Conjunto de bens, valores, créditos e semelhantes, que formam o patrimônio da empresa.

Ativo financeiro – Ativo que tem por características os direitos decorrentes de obrigações assumidas por agentes econômicos, normalmente negociados no mercado financeiro.

Balança comercial – Item do balanço de pagamentos em que são lançados os valores das exportações e das importações de mercadorias em termos FOB.

Balanço de pagamentos – Documento contábil que registra sistematicamente todas as transações econômicas de um país com o resto do mundo durante um determinado tempo. Essas transações dizem respeito a mercadorias, serviços e capitais (monetários e físicos).

Balanço de serviços – Item do balanço de pagamentos em que se registram as transações com serviços, tais como fretes, seguros, juros, lucros etc.

Balanço de transações correntes – É a parte do balanço de pagamentos que resulta da soma da balança comercial, balanço de serviços e transferências unilaterais.

Banco Central (Bacen) – É o órgão que cumpre e faz cumprir as disposições que lhe são atribuídas pela legislação em vigor e as normas expedidas pelo Conselho Monetário Nacional, especialmente as relativas à execução das políticas monetária, creditícia, cambial, dos mercados financeiro e de capitais e de controle da dívida pública.

Banco Comercial – Instituição de propriedade privada com fins lucrativos que aceita depósitos à vista e de poupança, faz empréstimos e adquire outros ativos rentáveis.

Base monetária – Total de moeda em poder do setor privado. Compõe-se do papel-moeda emitido e das reservas bancárias.

Bem de consumo saciado – É o bem em relação ao qual o desejo do consumidor está totalmente satisfeito após um determinado nível de renda. Assim, dado um aumento na renda, a quantidade demandada desse bem não se altera, *coeteris paribus*.

Bem econômico – É um bem que satisfaz necessidades, é relativamente escasso e supõe a ocorrência de esforço humano na sua obtenção. Apresenta como característica básica o fato de ter um preço positivo.

Bem final – É o bem que se destina ao consumo ou ao investimento final, uma vez que já passou por todos os processos de transformação possíveis, significando que está acabado.

Bem de Giffen – Exceção à Lei Geral da Demanda, uma vez que a quantidade demandada varia diretamente com o preço do bem, *coeteris paribus*. A curva de demanda para esse tipo de bem é positivamente inclinada.

Bem inferior – É o tipo de bem cujo consumo varia inversamente às variações de renda, dentro de uma certa faixa de renda. Isso significa que a quantidade adquirida desse tipo de produto diminui quando a renda aumenta; e aumenta quando a renda diminui.

Bem livre – É o tipo de bem que existe em quantidade ilimitada e pode ser obtido com pouco ou nenhum esforço humano. Sua principal característica é a de que não possui preço (tem preço zero).

Bem normal – É o tipo de bem em que a demanda varia diretamente com a variação da renda, *coeteris paribus*. Assim, se a renda aumenta, a demanda aumenta; se a renda diminui, a demanda diminui.

Bem superior (**ou de luxo**) – É o tipo de bem cuja quantidade demandada aumenta de forma mais que proporcional em relação às variações na renda, *coeteris paribus*.

Bens complementares – São bens que tendem a ser utilizados em conjunto.

Bens de capital (**ou bens de produção**) – São bens que permitem a produção de outros bens. São exemplos de bens de capital as máquinas, os equipamentos, as instalações etc., utilizados no processo produtivo.

Bens de consumo – Bens diretamente utilizados no atendimento das necessidades humanas. Podem ser de uso não durável (alimentos, cigarros, gasolina etc.), ou de uso durável (móveis, eletrodomésticos etc.).

Bens intermediários – Bens que sofrem alguma transformação no processo produtivo de outros bens e que são consumidos na produção.

Bens públicos – Dizem respeito ao conjunto de bens gerais fornecidos pelo setor público, tais como educação, segurança, justiça, transportes etc.

Bens substitutos (**ou concorrentes**) – São aqueles bens cujo consumo de um pode substituir o consumo de outro.

Bens de Veblen – São bens de consumo ostentatório, que dão prestígio social. Certos consumidores acham que a aquisição desse tipo de bem lhes confere prestígio social. Por essa razão, pode acontecer que a quantidade demandada por bens de luxo cresça conforme esses bens fiquem mais caros. Os Bens de Veblen têm curvas de demanda com inclinação positiva, mostrando que, quanto mais elevado o preço do bem, maior deverá ser a sua quantidade demandada.

Break-even point (ponto de equilíbrio) – Ponto que define o volume exato de vendas (produção) em que todos os custos (fixos e variáveis) são cobertos pela receita, ou seja, é o ponto em que o lucro é igual a zero. Acima desse ponto, a empresa começa a apresentar lucros; abaixo desse ponto, passa a apresentar prejuízos. A análise do *break-even point* é utilizada para estimar os lucros ou perdas aproximados que ocorrerão nos vários níveis de produção.

Caixa dos bancos comerciais – Moeda corrente guardada nos próprios bancos para compensar o excesso de pagamentos sobre recebimentos em papel-moeda na "boca do caixa". É também chamado Encaixes do Sistema Bancário.

Capital – 1. Capital real: edifícios, máquinas, equipamentos etc., utilizados no processo de produção de outros bens. 2. Capital Financeiro: fundos disponíveis para compra de capital real ou de ativos financeiros tais como ações.

Capital físico – Máquinas, equipamentos, instalações etc., utilizados na produção de outros bens.

Capitalismo – Sistema de mercados livres, operando sob condições de *concorrência: concorrência* entre vendedores de bens similares, para atrair clientes; *concorrência* entre compradores, para adquirir os bens que desejam; *concorrência* entre trabalhadores, para obter empregos; *concorrência* entre empregadores, para conseguir trabalhadores.

Cartel – Cartel é uma organização formal (ou informal) de produtores dentro de um setor. Essa organização formal determina as políticas para todas as empresas do cartel, objetivando aumentar os lucros totais deste. O cartel fixa os preços e/ou as quantidades a serem produzidas por firma do setor.

Coeteris paribus – Expressão latina que significa "tudo o mais permanecendo constante".

Concorrência monopolista – É uma estrutura de mercado que contém elementos da concorrência perfeita e de monopólio, ficando em uma situação intermediária entre essas duas formas de organização de mercado. Essa estrutura de mercado tem inúmeras empresas, produto diferenciado e livre entrada e saída de firmas no mercado.

Concorrência perfeita – É uma estrutura de mercado em que há um grande número de compradores e vendedores (empresas) e cada um tão pequeno que nenhum deles, agindo individualmente, consegue afetar o preço da mercadoria. Além disso, os produtos de todas as empresas que compõem o mercado devem ser homogêneos, não existindo barreiras para a entrada e saída de empresas do mercado.

Concorrência perfeita pelo lado dos fatores de produção – Estrutura mercadológica que apresenta as seguintes condições de existência: ocorrência de um grande número de compradores e de vendedores do fator de produção, fatores de produção homogêneos (idênticos) tanto do ponto do vista dos vendedores quanto do ponto de vista dos compradores e total transparência do mercado.

Conferência de Bretton Woods – Nome pelo qual ficou conhecida a Conferência Monetária e Financeira das Nações Unidas, realizada em julho de 1944, em Bretton Woods (New Hampshire, Estados Unidos), com representantes de 44 países, para planejar a estabilização da economia internacional e das moedas internacionais prejudicadas pela Segunda Guerra Mundial. Os acordos assinados em Bretton Woods resultaram na criação do Fundo Monetário Internacional (FMI) e do Banco Internacional de Reconstrução e Desenvolvimento (Bird).

Contabilidade nacional – É a contabilização das atividades econômicas internas e externas de um país, em um determinado período de tempo, normalmente um ano. Trata-se de uma técnica que se preocupa com a definição e quantificação dos principais agregados macroeconômicos tais como produto nacional, consumo global, gastos governamentais, investimentos, importações, exportações etc.

Cota (quota) – É um limite quantitativo para a importação de determinados produtos.

Crescimento econômico – Crescimento da capacidade produtiva de uma economia com o passar do tempo. Geralmente é medido pelo aumento do Produto Nacional Bruto ou do produto *per capita* no decorrer do tempo.

Curto prazo – Período de tempo em que pelo menos um fator de produção é fixo.

Curva de Demanda – É a curva que estabelece graficamente a relação entre as quantidades de um bem que um consumidor está disposto a adquirir a todos os possíveis preços, *coeteris paribus*. Ela tem inclinação negativa, em decorrência da existência de uma relação inversa entre preço e quantidade demandada.

Curva de Oferta – É a curva que estabelece graficamente a relação entre as quantidades de um bem que um produtor está disposto a oferecer a cada possível preço. Ela tem inclinação positiva, em razão da existência de uma relação direta entre preço e quantidade ofertada.

Curva (ou fronteira) de possibilidades de produção **(CPP)** – Partindo-se da hipótese de que a economia produz apenas dois bens, a CPP é a curva que mostra as quantidades máximas entre dois bens que a economia pode produzir – a partir de um determinado conhecimento tecnológico e pressupondo-se a plena utilização dos limitados recursos produtivos existentes.

Curva de Phillips – É a curva que mostra a existência de uma relação inversa entre níveis de emprego e taxas de inflação.

Custo de oportunidade – É a expressão utilizada para expressar os custos em termos do grau de sacrifício que se faz ao optar pela produção de um bem, em termos da produção de outro bem.

Custo Explícito – Consiste nas despesas explícitas realizadas pelas firmas para adquirir ou contratar recursos. Como exemplo podemos citar o das despesas com salários, água etc. Envolvem dispêndio monetário.

Custo fixo médio **(CFme)** – É o custo fixo dividido pela quantidade produzida (*CF/Q*).

Custo fixo **(CF)** – São os gastos associados aos fatores de produção fixos. É a parte dos custos que se mantém fixa quando a produção varia. Como exemplo podemos citar o de aluguel, que é um custo que a empresa terá de arcar, quer ela produza ou não.

Custos implícitos – Correspondem ao custo de oportunidade pela utilização dos recursos de propriedade da própria empresa. Por pertencerem à empresa, nenhum pagamento monetário é feito pela utilização desses recursos. Na verdade, tais custos são estimados a partir do que poderia ser ganho por esses recursos no seu melhor emprego alternativo.

Custo total **(CT)**. É o custo total de produção associado a cada nível de produto. Ele é dado pela soma do custo fixo mais o custo variável (*CT = CF + CV*).

Custo total médio **(Cme)** – É o custo total dividido pela quantidade produzida (*CT/Q*). Também é chamado custo unitário.

Custo variável médio **(CVme)** – É o custo variável dividido pela quantidade produzida (*CV/Q*).

Custo variável **(CV)** – É a parte do custo que varia quando a produção varia. Está associado aos fatores de produção variáveis, tais como matérias-primas, energia elétrica etc.

Custos contábeis – É o custo explícito considerado na contabilidade das empresas.

Custos de longo prazo – O longo prazo é definido como um período de tempo em que todos os fatores de produção são variáveis. *Por essa razão, em longo prazo só existem custos variáveis.* O longo prazo é visto como um horizonte do planejamento, ou seja, é visto como o período para o qual a empresa planeja suas instalações do tamanho mais adequado em relação a um planejado nível de produção.

Custo marginal **(Cmg)** – Variação do custo total decorrente da variação de uma unidade na quantidade produzida ($Cmg = \Delta CT/\Delta Q$).

Déficit Operacional – É dado pela diferença entre os gastos públicos e a arrecadação tributária corrente (do período), somados aos juros da dívida contraída anteriormente. Para se obter o déficit operacional, soma-se ao déficit primário os juros reais da dívida contraída anteriormente. O déficit operacional também é chamado *Necessidades de Financiamento do Setor Público – Conceito Operacional*.

Déficit Primário **(ou Fiscal)** – Constitui-se dos gastos públicos menos o total da arrecadação tributária corrente (do período). Para se obter o déficit primário, exclui-se do déficit total a correção monetária e cambial dos juros da dívida anteriormente contraída.

Déficit Público – Ocorre quando os gastos do governo são superiores a sua arrecadação.

Déficit Total ou Nominal – O déficit total é também chamado *Necessidades de Financiamento do Setor Público Não Financeiro – Conceito Nominal*. Esse conceito indica o fluxo de novos financiamentos obtidos pelo setor público não financeiro nas três esferas de governo (União, estados e municípios), empresas estatais e Previdência Social. Inclui os juros e a correção monetária da dívida pública, interna e externa.

Deflação – Redução do nível geral de preços.

Deflacionar – Retirar o efeito da inflação das séries monetárias (ou nominais). Para tanto, divide-se a série monetária por um índice de preços (chamado deflator).

Demanda agregada – É a quantidade total de bens e serviços demandados em uma economia em um determinado período de tempo. É determinada pelos gastos totais em bens e serviços de consumo, de investimentos, pelas despesas governamentais e pelas exportações líquidas.

Demanda individual – É a quantidade de um determinado bem (ou serviço) que *um consumidor* está disposto e capacitado a comprar, aos vários preços alternativos, em determinado período de tempo, quando tudo o mais que influencia a demanda permanece constante (*coeteris paribus*).

Demanda de mercado – É a quantidade total de uma mercadoria que *os consumidores* estão dispostos e podem comprar, aos vários preços alternativos, em determinado período de tempo, quando tudo o mais que influencia a demanda permanece constante (*coeteris paribus*). A demanda do mercado é dada pela soma das quantidades demandadas individualmente a cada diferente preço.

Demanda de moeda para especulação – Parcela de demanda de moeda retida pelo público com a finalidade de obter ganhos futuros na compra de ativos, tais como títulos. A demanda especulativa de moeda depende do nível das taxas de juros. Quanto menor a taxa de juros, menor será a aplicação em ativos, e maior será a retenção de moeda para especulação.

Demanda de moeda por motivo precaucional – Parcela de moeda que é retida por pessoas e firmas como proteção contra acontecimentos inesperados. Da mesma forma que a demanda transacional, a demanda precaucional dependerá da renda, sendo proporcional a ela.

Demanda de moeda por motivo transacional – É a parcela da demanda da moeda que o público retém com a finalidade de pagar suas transações com bens e serviços. Ela depende do nível de renda.

Demanda total de moeda – É a soma da demanda de moeda para transações, da demanda de moeda por precaução e da demanda de moeda para especulação.

Depreciação – Consumo do estoque de capital físico, em determinado período de tempo.

Depressão – Situação em que a economia apresenta altas taxas de desemprego e níveis de produção que se acham substancialmente abaixo da sua capacidade de produzir.

Deseconomias de escala – Ocorre quando os custos unitários (médios) de longo prazo aumentam conforme aumenta a dimensão e o nível de produção da empresa.

Desemprego – Impossibilidade que os trabalhadores, que desejam trabalhar, têm para obter emprego. Em um sentido mais amplo, significa a subutilização de qualquer recurso produtivo.

Desemprego estrutural – O desemprego estrutural decorre de alterações estruturais na economia. Dois grupos compõem o desemprego estrutural. Um é formado por desempregados aos quais faltam instrução e capacitação profissional; o outro é formado por trabalhadores especializados cujos conhecimentos se tornaram ultrapassados em razão de mudanças tecnológicas.

Desemprego friccional **(taxa natural de desemprego)** – O desemprego estrutural consiste em pessoas desempregadas temporariamente, ou porque estão procurando emprego, ou porque estão no processo de mudança de emprego. É também conhecido por taxa natural de desemprego. Decorre do conhecimento imperfeito do mercado de trabalho, da mobilidade imperfeita da mão de obra e da incapacidade da economia de empregar rapidamente as pessoas desempregadas.

Desemprego involuntário – Também conhecido por desemprego conjuntural ou cíclico, ocorre quando as pessoas que desejam trabalhar ao salário real vigente não encontram emprego. Resulta de recessões e depressões econômicas, quando a demanda agregada está abaixo do nível de pleno emprego.

Desemprego sazonal – Ocorre em função da sazonalidade de determinados tipos de atividade econômica, que acabam causando mudanças na demanda por trabalho em diferentes épocas do ano. É um fenômeno que ocorre particularmente na agricultura.

Desenvolvimento econômico – Refere-se ao processo pelo qual países menos desenvolvidos elevam seu produto *per capita*, melhorando a qualidade de vida da população ao longo do tempo.

Despesa nacional – Total dos gastos dos vários agentes econômicos, em termos agregados. Compõe-se das despesas de consumo, despesas de investimento, despesas de governo e despesas líquidas do setor externo (exportações menos importações).

Despoupança – Poupança negativa.

Desvalorização cambial – Aumento da taxa cambial (reais por dólar, por exemplo). Significa que a moeda nacional passa a valer menos em termos de moeda estrangeira.

Desvalorização real do câmbio – Ocorre quando a desvalorização nominal supera a taxa de inflação interna, e desde que a inflação interna seja superior à inflação externa.

Dívida pública – Montante que o governo deve aos credores como resultado de déficits orçamentários passados.

Duopsônio – No caso de existirem apenas dois compradores para um fator de produção, teremos uma situação de mercado denominada *duopsônio*. Nesse caso, eles têm condições de influenciar os preços dos recursos produtivos. Tais recursos poderão ser homogêneos ou diferenciados, conforme apresentem ou não substitutos perfeitos.

Economia aberta (a quatro setores) – Uma economia completa, com os quatro agentes econômicos: famílias, empresas, governo e setor externo. É uma economia que se acha ligada ao resto do mundo por meio de trocas e relacionamentos financeiros.

Economias de escala – Ocorrem quando os custos unitários (médios) de longo prazo caem à medida que aumentam a dimensão e o nível de produção da empresa.

Economia de mercado – Sistema econômico em que as questões econômicas fundamentais – "o que e quanto, como e para quem produzir" – são resolvidas pelo mercado. Tem como característica básica a propriedade privada dos recursos produtivos.

Economia fechada com governo (a três setores) – Uma economia fechada, com três agentes econômicos: famílias, empresas e governo. É uma economia que não tem trocas e relacionamentos financeiros e se encontra totalmente isolada do resto do mundo.

Economia internacional – Ramo da Teoria Econômica que estuda as relações econômicas entre os países. Tais relações envolvem transações com mercadorias, com serviços e transações financeiras.

Economia mista – Sistema econômico em que parte dos recursos produtivos pertence ao Estado (empresas públicas) e parte dos meios de produção pertence ao setor privado (empresas privadas). Nesse tipo de sistema, as questões econômicas fundamentais – "o que e quanto, como e para quem produzir" são resolvidas parte pelo Estado, parte pelos mercados, cabendo ao Estado a orientação e controle de muitos aspectos da economia.

Economia planificada centralmente – Sistema econômico em que as questões econômicas fundamentais – "o que e quanto, como e para quem produzir" – são resolvidas de maneira centralizada por um órgão central de planejamento, e não pelo mercado; nesse tipo de organização econômica prevalece a propriedade estatal dos recursos produtivos.

Economia – Pode ser definida como "a ciência social que estuda como as pessoas e a sociedade decidem empregar recursos escassos, que poderiam ter utilização alternativa na produção de bens e serviços de modo a distribuí-los entre as várias pessoas e grupos da sociedade, a fim de satisfazer as necessidades humanas".

Economia simples sem governo (a dois setores) – É uma economia simplificada, composta por famílias e empresas. As famílias oferecem mão de obra para as empresas em troca dos salários. Com esses salários, as famílias compram os bens e serviços produzidos pelas empresas. As empresas, por sua vez, utilizam a mão de obra para produzir bens e serviços remunerando-a sob a forma de salários.

Economistas Clássicos – Predominaram entre o final do século XVIII e início do século XIX. Consolidaram a Economia como corpo científico próprio. Lançaram as bases do liberalismo econômico, em que prevalecem as forças de mercado, sem intervenção governamental.

Efeito renda – Supondo que a renda nominal e os preços dos outros bens permaneçam constantes, e dada uma variação no preço de um bem, o efeito renda é o efeito sobre a quantidade demandada desse bem, derivado de uma mudança na renda real (ou poder aquisitivo) do consumidor. Exemplificando: na medida em que o preço de um bem X cai, a quantidade demandada desse bem aumenta, porque o poder aquisitivo do consumidor aumentou, *coeteris paribus*.

Efeito substituição – Supondo-se que a renda nominal do consumidor e o preço dos demais bens permaneçam constantes, e dada uma variação no preço de um bem, o efeito substituição é o efeito sobre a quantidade demandada desse bem, derivado de uma mudança nos preços relativos dos bens. Por exemplo, se o preço do bem X aumenta, a quantidade demandada de X cai, porque o bem X fica relativamente mais caro que os outros bens, *coeteris paribus*. O consumidor procurará, então, substituir o consumo do bem X, passando a consumir um bem similar.

Eficiência Técnica – Conceito que se aplica aos processos de produção. Um método de produção será considerado tecnologicamente mais eficiente entre os métodos alternativos quando permitir a obtenção da mesma quantidade do produto que outros processos com a utilização de menor quantidade de todos os fatores de produção, ou menor quantidade de pelo menos um fator de produção.

Eficiência Econômica – Conceito que se aplica aos processos de produção. Um método de produção será considerado economicamente mais eficiente entre os métodos alternativos quando permitir a obtenção da mesma quantidade de produto que outros processos ao menor custo possível.

Elasticidade – Em termos econômicos, a elasticidade expressa uma relação entre duas variáveis inter-relacionadas funcionalmente. Ela é variação porcentual em uma variável, decorrente de uma variação porcentual em outra, *coeteris paribus*.

Elasticidade-preço cruzada da demanda – Variação porcentual na quantidade demandada de um bem decorrente da variação porcentual no preço de outro bem, *coeteris paribus*. Quando é negativa, os bens são complementares; quando é positiva, os bens são substitutos; quando é zero, os bens são independentes.

Elasticidade-preço da demanda (E_d) – Variação porcentual na quantidade demandada de um bem decorrente da variação porcentual no preço desse bem, *coeteris paribus*. Diz-se que a demanda é elástica, unitária e inelástica quando $E_d > 1$, $E_d = 1$ e $E_d < 1$, respectivamente e quando, por conveniência, se abandona o sinal negativo.

Elasticidade-preço da oferta (E_0) – Variação porcentual na quantidade ofertada de um bem decorrente da variação porcentual no preço desse bem, *coeteris paribus*. Diz-se que a oferta é elástica, unitária e inelástica quando $E_0 > 1$, $E_0 = 1$ e $E_0 < 1$, respectivamente.

Elasticidade-renda da demanda (E_R) – É a variação porcentual na quantidade demandada de um bem decorrente da variação porcentual na renda, *coeteris paribus*.

Empresa (**Firma**) – Unidade técnica que produz bens e serviços.

Empresário – Pessoa que organiza e administra a produção. É ele que decide quando e a maneira pela qual uma ou mais mercadorias serão produzidas. Ele está sujeito a receber lucros ou incorrer em prejuízos, conforme o resultado de sua decisão.

Estagflação – Coexistência de taxas significativas de inflação com recessão econômica.

Ex ante – Refere-se a valores previstos, planejados. O que julgamos que vai ocorrer no início de um período.

Excesso de demanda – Situação em que a quantidade demandada é superior à quantidade ofertada ao preço vigente no mercado.

Excesso de oferta – Situação em que a quantidade ofertada é superior a quantidade demandada ao preço vigente no mercado.

Ex post – Refere-se a valores realizados, ocorridos. São os valores medidos após sua ocorrência no passado.

Exportação – Do ponto de vista do comércio internacional, corresponde à venda de parte da produção de um país para o exterior.

Exportações líquidas – Exportações menos importações.

Equilíbrio – Estado de igualdade entre forças opostas, e para a qual não existe tendência alguma de variação.

Equilíbrio de mercado – Condição de mercado em que a quantidade de uma mercadoria que os consumidores estão dispostos e capacitados a comprar é igual à quantidade que os produtores estão dispostos a oferecer. Geometricamente, o equilíbrio ocorre na intersecção das curvas de demanda e de oferta do mercado.

Fábrica – Estabelecimento físico onde se realiza a produção.

Fator de produção fixo – Um fator produtivo cuja quantidade não varia em curto prazo.

Fator de produção variável – Recurso produtivo cuja quantidade varia em curto prazo.

Fatores de produção – São os recursos de produção da economia, constituídos pela terra, pelo trabalho, pelo capital e pela capacidade empresarial.

Financiamento oficial compensatório (ou **capitais compensatórios**) – Item do balanço de pagamentos que reflete o tratamento dado ao saldo do balanço de pagamentos. Se superavitário, qual o destino dado ao excesso de divisas; se deficitário, a origem dos recursos que neutralizam o excesso de despesas de divisas. É composto das contas Haveres e Obrigações no Exterior, Operações de Regularização com o FMI e Atrasados Comerciais.

Firma (**Empresa**) – Unidade técnica que produz bens e serviços.

Fiscalistas – Corrente que defende a atuação ativa do Estado, e que considera os instrumentos de política fiscal mais eficazes no combate ao desemprego e à inflação. Também são chamados keynesianos.

Flexibilidade de preços e salários – Facilidade com que os preços e os salários aumentam ou diminuem, quando a oferta e a demanda variam.

Flutuação suja (ou **Dirty Floating**) – Nesse tipo de sistema a taxa de câmbio continua sendo determinada pelo mercado (regime de taxa de câmbio flutuante). Entretanto, o Banco Central intervém nele, tentando balizar os movimentos desejados da taxa de câmbio, procurando limitar sua instabilidade.

Fluxo circular da renda – Fluxo de pagamentos das empresas às famílias em troca de trabalho e outros serviços produtivos, e fluxo de pagamentos das famílias às empresas em troca de bens e serviços.

Função consumo – Relacionamento entre o montante que as famílias consomem e os diferentes níveis de renda disponíveis.

Função de produção – É a relação que indica a quantidade máxima que se pode obter de um produto, por unidade de tempo, a partir da utilização de uma determinada quantidade de fatores de produção, e mediante a escolha do processo de produção mais adequado.

Funções da moeda – Meio ou instrumento de troca; medida de valor; reserva de valor; e padrão de pagamentos diferidos.

Função poupança – Relacionamento entre o montante que as famílias poupam e os diferentes níveis de renda disponíveis.

FMI – Ver Fundo Monetário Internacional.

Fundo Monetário Internacional (**FMI**) – Organização financeira internacional criada em 1944 na Conferência Internacional de Bretton Woods (em New Hampshire, Estados Unidos). Agência especializada da Organização das Nações Unidas (ONU), e que faz parte do sistema financeiro internacional, o FMI foi criado com a finalidade de promover a cooperação monetária no mundo capitalista, de coordenar as paridades monetárias e de levantar fundos entre os diversos países-membros, para auxiliar os que se encontram em dificuldades nos pagamentos internacionais.

Hiato deflacionário – Ocorre quando a demanda agregada fica abaixo da oferta agregada de pleno emprego, indicando a ocorrência de desemprego de recursos. É o montante que a demanda agregada deve crescer para alcançar o equilíbrio do pleno emprego.

Hiato inflacionário – Ocorre quando a demanda agregada fica acima da oferta agregada de pleno emprego (excesso de demanda agregada em relação à oferta agregada). É o montante que a demanda agregada deve diminuir para restabelecer o equilíbrio de pleno emprego. Tem-se, no caso, uma inflação de demanda.

Homogeneidade **(produto homogêneo)** – Quando as empresas oferecem produtos semelhantes, que são perfeitos substitutos entre si. Nesse caso, não há diferenciação nem de embalagem, nem de qualidade entre os produtos oferecidos no mercado.

Importação – Do ponto de vista do comércio internacional, é a aquisição, por parte de um país, de produção realizada em outros países.

Imposto **ad-valorem** – É um imposto indireto, com alíquota (porcentual) fixada e com valor (em $) variando de acordo com o preço da mercadoria.

Imposto direto – É um imposto que incide diretamente sobre a renda das pessoas. Como exemplo podemos citar o do imposto de renda.

Imposto específico – É um imposto indireto, com valor (em $) fixado, independentemente do preço da mercadoria.

Imposto indireto – É um tipo de imposto que incide sobre o preço das mercadorias. Como exemplo podemos citar o do ICMS e o do IPI. É também chamado Imposto de Venda, e pode ser específico e *ad-valorem*.

Imposto sobre a renda – A incidência ocorre sobre os fluxos do rendimento.

Índice de preços – É um número que reflete o crescimento dos preços de um conjunto de bens, servindo para medir a taxa de inflação e deflacionar séries monetárias ou nominais.

Inflação – Pode ser definida como um aumento persistente e generalizado no nível geral de preços.

Inflação de custos – Ocorre quando mantida a demanda agregada constante, os custos de produção aumentam, na forma de aumentos reais de salários, aumento nos preços de produtos importados, atuação dos oligopólios e outros fatores.

Inflação de demanda – A inflação de demanda diz respeito ao excesso de demanda agregada em relação à produção disponível de bens e serviços (oferta agregada).

Inflação inercial – Ocorre quando os agentes econômicos adaptam suas expectativas a uma dada taxa de inflação. Uma vez incorporada ao comportamento dos agentes econômicos, ela passa a integrar contratos e acordos informais, e pode persistir durante muito tempo.

Instituições financeiras monetárias – São os agentes capazes de criar moeda ou aqueles cuja fonte de recursos representem meios de pagamento (depósitos à vista). Nesse caso, temos o Banco Central (autoridade monetária), Caixas Econômicas, bancos comerciais e bancos múltiplos com carteira comercial. Tais instituições operam com haveres de utilização imediata, isto é, depósitos à vista, e papel-moeda em poder do público.

Instituições financeiras não monetárias – São as instituições que operam com aplicações somente movimentáveis depois de um prazo preestabelecido, denominado haveres não monetários, como os depósitos a prazo.

Instrumentos de política monetária – Controle direto da quantidade de dinheiro em circulação; operações no mercado aberto; fixação da taxa de reservas; fixação da taxa de redesconto; controles seletivos de crédito.

Investimento **(ou Taxa de acumulação de capital)** – É a despesa em bens que representam aumento na capacidade produtiva da economia. Ele é um fluxo de capital novo na economia (também chamado formação bruta de capital fixo) que é acrescido ao Estoque de Capital (que é a quantidade de capital produtivo existente). O investimento inclui as despesas em novas edificações (novas fábricas, novos tornos, novas máquinas, novos instrumentos etc.). O investimento inclui também a variação nos estoques de bens mantidos pelas empresas.

Investimento bruto – Despesas em novas fábricas ou equipamentos e variação de estoques.

Investimento líquido – Investimento bruto menos a depreciação.

Institucionalistas – Criticam o alto grau de abstração da teoria econômica e o fato de ela não incorporar em sua análise as instituições sociais. Eles privilegiam o papel das instituições e da tecnologia, centrando sua análise no papel que elas desempenham no processo de formação de preços e, portanto, de alocação de recursos. Segundo eles, o mercado é uma das muitas instituições relevantes no processo de formação de preços, sendo necessário analisar a lógica da ação coletiva em outras estruturas organizacionais.

Juros – Preço pago pelo uso do dinheiro.

Keynesianismo – Corpo do pensamento desenvolvido em torno da obra de J. M. Keynes, o qual prega em sua essência que, em razão da rigidez de preços e salários, a economia não tende automaticamente a uma situação de equilíbrio do pleno emprego e que o governo deve estabelecer políticas para ajudar a estabilizar a economia.

Lei de Say – Princípio criado pelo francês Jean Baptiste Say, segundo o qual a oferta cria sua própria procura.

Lei dos rendimentos decrescentes – Ela descreve a taxa de mudança na produção de uma firma quando se varia a quantidade de apenas um fator de produção, e pode ser assim enunciada: aumentando-se a quantidade de um fator variável em iguais incrementos por unidade de tempo, mantendo-se fixa a quantidade dos demais fatores, a produção total aumentará, mas, a partir de certo ponto, os acréscimos resultantes do produto se tornarão cada vez menores. Continuando o aumento na quantidade utilizada do fator variável, a produção alcançará um máximo, podendo, então, decrescer.

Lei geral da oferta – "A quantidade ofertada de um bem ou serviço geralmente varia diretamente com seu preço, presumindo-se que todos os outros fatores que influenciam a oferta permaneçam inalterados (*coeteris paribus*)."

Lei geral da demanda – "A quantidade demandada de um bem ou serviço varia inversamente se seu preço, presumindo-se que tudo o mais que possa afetar a demanda, permanece constante (*coeteris paribus*)."

Livre comércio – Situação na qual não existem restrições, tais como imposições de tarifas, cotas etc., que limitem o comércio entre países.

Longo prazo – O longo prazo é definido como um período de tempo em que todos os fatores de produção são variáveis, ou seja, não existem mais fatores fixos.

Lucro contábil – É igual a receita total menos os custos explícitos totais.

Lucro Econômico – É igual a receita total menos o custo de oportunidade total. Já o custo de oportunidade total é dado pela soma dos custos explícitos com os custos implícitos.

Lucro normal (**Lucro econômico zero**) – Em economia, se uma firma realiza lucro econômico zero, ela tem então um lucro normal. O lucro econômico zero ocorre quando a receita total é igual à soma dos custos explícitos com os custos implícitos. O lucro econômico igual a zero significa que o negócio gerou receita suficiente para cobrir os custos de oportunidades totais, isto é, os custos explícitos e os custos implícitos. O lucro normal é a quantia mínima de lucro necessária para manter os recursos empregados e a firma funcionando.

Lucro extraordinário – Ocorre quando a receita total é maior que o custo explícito mais custo implícito. Nesse caso, a firma estará tendo lucro econômico puro.

M1 = Papel-moeda em poder do público + depósitos à vista nos bancos comerciais, públicos e privados (incluídos aí o Banco do Brasil e a carteira comercial da Caixa Econômica).

M2 = M1 + Depósitos de Poupança + Títulos Privados.

M3 = M2 + Cotas de Fundos de Renda Fixa + Operações Compromissadas com Títulos Federais.

M4 = M3 + Títulos Federais (Selic) + Títulos Estaduais e Municipais.

Macroeconomia – Estudo da determinação e do comportamento dos grandes agregados, como PIB, consumo nacional, poupança agregada, investimento agregado, exportação, importação, nível geral dos preços, nível de emprego etc.

Mão invisível – Termo usado por Adam Smith. É a base do pensamento liberal da escola clássica. Segundo esse pensamento, milhões de consumidores e milhares de firmas, sozinhos, como que guiados por uma mão invisível, encontram a posição de equilíbrio nos vários mercados, sem que haja intervenção do Estado.

Marginalismo – Base do pensamento neoclássico. Os conceitos de margem, como produtividade marginal, receita marginal, custo marginal, são mais relevantes para a tomada de decisões que os conceitos de média (produtividade média, custo médio etc.).

Mark-up – Margem da receita de vendas (faturamento) sobre os custos diretos (variáveis) de produção.

Maximização do lucro total – Corresponde ao volume de produção em que a Receita Marginal é igual ao Custo Marginal ($Rmg = Cmg$).

Meios de pagamento – É o total de moeda disponível em poder do setor não bancário da economia, e que pode ser usado a qualquer momento (ou seja, tem liquidez imediata). É representado pelo papel-moeda em poder do público, também chamado moeda manual (papel-moeda e moedas metálicas) e pelos depósitos à vista nos bancos comerciais públicos e privados (moeda escritural).

Mercado cambial – Mercado em que se realizam as operações de compra e venda de moedas estrangeiras cujas transações determinam as cotações diárias dessas moedas. As operações normalmente são de curto prazo e as instituições que nele atuam são os bancos comerciais e as empresas em geral, com a intermediação das corretoras de câmbio ou de bancos múltiplos com esse tipo de carteira.

Mercado de capitais – Mercado no qual está concentrada toda a rede de bolsa de valores e instituições financeiras que operam com a compra e venda de ações e títulos de dívida em geral.

Mercado de crédito – Classificam-se nesse mercado todas as operações de financiamento e empréstimo de curto e médio prazos para a aquisição de bens de consumo corrente e de bens duráveis, bem como para o capital de giro das firmas. As instituições financeiras que atuam nesse segmento são os bancos comerciais, os bancos de investimento e financeiras, que são instituições especializadas no fornecimento de crédito ao consumidor e no financiamento de bens duráveis.

Mercado monetário – Mercado em que são realizadas as operações financeiras de curto e curtíssimo prazos. Dele fazem parte órgãos financeiros que negociam títulos e valores, concedendo empréstimos a firmas e pessoas físicas a curto e curtíssimo prazos, contra o pagamento de juros. Nele são financiados também os desencaixes momentâneos de caixa dos bancos comerciais e do Tesouro Nacional. Esse mercado serve também como instrumento de política monetária, pois nele são realizadas as operações de mercado aberto, no qual o Banco Central atua para controlar o nível de liquidez da economia.

Mercantilismo – Doutrina que vigorou do século XVI até meados do século XVIII em países como Grã-Bretanha, Espanha, França e Holanda, segundo a qual quanto mais uma nação possuísse ouro, mais rica e poderosa ela seria. A maneira de isso acontecer era exportar mais do que importar, uma vez que a diferença seria paga principalmente em ouro. Por essa razão, procurava-se estimular as exportações e desestimular as importações.

Microeconomia – Também conhecida por Teoria de Preços, preocupa-se em explicar o comportamento econômico das unidades individuais de decisão representadas pelos consumidores, pelas empresas e pelos proprietários de recursos produtivos. Ela estuda a interação entre empresas e consumidores e a maneira pela qual produção e preços são determinados em mercados específicos.

Moeda – Objeto de aceitação geral utilizado na troca de bens e serviços. Sua aceitação é garantida por lei. Isso significa que a moeda tem "curso forçado", ou seja, é aceita pela força da lei.

Moeda escritural – É representada pelos depósitos à vista e a curto prazo nos bancos, que passam a movimentar esses recursos por cheques ou ordens de pagamento. Ela é chamada escritural uma vez que diz respeito aos lançamentos (débito e crédito) realizados nas contas-correntes dos bancos.

Moeda manual – Total de moeda em poder do público (empresas privadas e pessoas físicas).

Monetaristas – Corrente que considera que os instrumentos de política monetária são mais eficazes no combate à inflação e ao desemprego. Os monetaristas argumentam que a economia de mercado é autorreguladora, significando que, se não houver intervenção, ela tende a voltar ao pleno emprego.

Monopólio – O monopólio é uma situação de mercado em que existe um só produtor de um bem (ou serviço) que não tenha substituto próximo. Nesse tipo de estrutura de mercado existem barreiras à entrada de novas empresas. Em decorrência disso, o monopolista exerce grande influência na determinação do preço a ser cobrado pelo seu produto.

Monopólio bilateral – Situação de mercado em que existe um único comprador de um determinado fator de produção, que se defronta com um único vendedor desse recurso produtivo. Essa situação denomina-se monopólio bilateral, quando então teríamos um monopolista face a face com um monopsonista.

Monopólio natural – Surge quando uma empresa já existente apresenta economias de escala, podendo produzir a custos médios mais baixos e vender seu produto a preços inferiores aos de qualquer outra empresa que deseje entrar na indústria. É também chamado monopólio puro. Como exemplo podemos citar o das companhias de energia elétrica, companhias telefônicas, de transporte ferroviário etc. A tecnologia desses serviços é de tal ordem que, uma vez incorridos os altos custos de instalação (como geradores de força, trilhos e terminais ferroviários), a expansão dos serviços vai ser feita a custos médios totais decrescentes em uma faixa de produção bastante grande.

Monopsônio – É o regime ou estrutura de mercado em que um único comprador concentra em suas mãos a totalidade de compra dos fatores de produção, não obstante ele se defronte com um grande número de vendedores ou ofertantes de tais fatores.

Movimento de capitais – Parte do balanço de pagamentos que diz respeito às transações com capitais internacionais, físicos ou monetários. É composto pelos seguintes itens: investimentos; reinvestimentos; financiamentos; amortizações; empréstimos no médio e em longo prazos; capitais em curto prazo e outros capitais.

Mudança na demanda – Uma mudança na demanda significa um deslocamento de toda a curva e ocorre quando qualquer um dos fatores que influenciam a demanda (renda, gasto ou preferência, preço dos bens relacionados, expectativas sobre mudanças futuras na renda, preços e disponibilidades, número de consumidores etc.) varia, fazendo que uma quantidade diferente seja demandada a cada preço.

Mudança na oferta – Uma mudança na oferta significa um deslocamento por inteiro de toda a curva de oferta e ocorre quando qualquer um dos fatores que influenciam a oferta (preços dos fatores de produção, a tecnologia, o preço dos outros bens, as expectativas e as condições climáticas etc.) varia, fazendo com que uma quantidade diferente seja oferecida a cada preço.

Mudança na quantidade demandada – Uma mudança na quantidade demandada de um bem resulta de uma alteração no preço desse bem. Uma mudança na quantidade demandada é um movimento entre dois pontos ao longo de uma curva de demanda estacionária, *coeteris paribus*.

Mudança na quantidade ofertada – Uma mudança na quantidade ofertada de um bem resulta de uma alteração no preço desse bem. Uma mudança na quantidade ofertada é um movimento entre dois pontos ao longo de uma curva de oferta estacionária, *coeteris paribus*.

Multiplicador dos depósitos bancários – Variação dos meios de pagamento, dada uma variação inicial no depósito à vista. A variação dos meios de pagamento é um múltiplo da variação no depósito à vista.

Multiplicador keynesiano dos gastos – Variação na renda nacional, dada uma variação autônoma em componentes da demanda agregada, tais como consumo, investimento, gastos governamentais, tributação, exportações e importações.

Necessidade humana – Pode ser entendida como a sensação da falta de alguma coisa unida ao desejo de satisfazê-la.

Neokeynesianos – Economistas que procuram colocar as ideias fundamentais de Keynes – de que a economia do mercado não é autorreguladora, que os salários e preços não são tão flexíveis a ponto de garantir o pleno emprego e que o governo pode estabelecer políticas para ajudar a estabilizar a economia – em um esquema teórico mais sólido.

Oferta individual – É a quantidade de um determinado bem (ou serviço) que *um produtor* está disposto a vender, a cada preço alternativo, em determinado período de tempo, quando tudo o mais que influencia a oferta permanece constante (*coeteris paribus*).

Oferta de mercado – É a quantidade total de uma mercadoria que *os produtores* estão dispostos a oferecer, aos vários preços alternativos, em determinado período de tempo, quando tudo o mais que influencia a oferta permanece constante (*coeteris paribus*). A oferta de mercado é dada pela soma das quantidades oferecidas pelos produtores individuais a cada preço diferente.

Oligopólio – É uma estrutura de mercado em que um pequeno número de empresas domina o mercado, controlando a oferta de um produto. Esse produto pode ser homogêneo ou diferenciado. Nesse tipo de estrutura de mercado existem barreiras à entrada de novas empresas.

Oligopsônio – Quando poucos compradores concentram em suas mãos a compra de fatores de produção, não obstante eles se defrontem com um grande número de ofertantes de tais fatores. Nesse caso, eles têm condições de influenciar os preços dos recursos produtivos. Tais recursos poderão ser homogêneos ou diferenciados, conforme apresentem ou não substitutos perfeitos.

Open market **(Mercado aberto)** – Mercado de compra e venda de títulos públicos com a finalidade de regular os fluxos de liquidez da economia.

Pleno emprego de recursos – Significa que todos os recursos produtivos da economia estão sendo plenamente utilizados, ou seja, não existe capacidade ociosa nem trabalhadores desempregados.

Política cambial – Baseia-se na administração da taxa (ou de taxas) de câmbio e no controle de operações cambiais. Apesar de estar indiretamente ligada à política monetária, destaca-se desta por atuar mais diretamente sobre todas as variáveis relacionadas às transações econômicas com o exterior.

Política comercial internacional – Refere-se a ações por parte do governo que estimulam ou inibem o comércio exterior. Podem ser de ordem fiscal (como a aplicação de tarifas sobre o preço internacional dos produtos importados), quantitativas (como a fixação de cotas de importação) ou burocráticas (tais como os certificados de origem e vistos consulares).

Política de rendas – Política de interferência do governo na formação de preços, por meio do congelamento de preços e salários, fixação de reajustes salariais etc.

Política fiscal – Refere-se à ação do governo com relação aos seus gastos e receitas (impostos e taxas).

Política monetária – Pode ser definida como o conjunto de medidas adotadas pelo governo com o objetivo de controlar a oferta de moeda, os níveis das taxas de juros e o crédito, de for-ma a assegurar a liquidez do sistema econômico.

População economicamente ativa **(PEA)** – População em idade ativa composta por pessoas empregadas e desempregadas, menos estudantes, inválidos, e indivíduos em tarefas domésticas não remuneradas.

População em idade ativa – População total menos população em idade não ativa.

População em idade não ativa – Indivíduos que são muito jovens ou muito idosos para trabalhar.

População ocupada – Parcela da PEA que está empregada.

Poupança agregada – Parcela da renda nacional que não é gasta em bens de consumo no período em que essa renda foi gerada, isto é, $S = RN - C$, onde S = Poupança, RN = Renda Nacional e C = Consumo.

Poupança externa – É o saldo do balanço de transações correntes, que pode ser negativo, positivo ou zero.

Poupança externa positiva – Se o saldo em transações correntes for deficitário (negativo) significa que o país fez uma poupança externa positiva, ou seja, comprou mais bens e serviços do que vendeu. Em outras palavras, é um montante de renda que não foi consumido no "resto do mundo", isto é, foi poupado e transferido para o país que apresentou o déficit, e que aumenta o endividamento externo, em termos financeiros, desse país. É também chamado Passivo Externo Líquido.

Poupança externa negativa – Se o saldo for superavitário (positivo), significa que o país fez uma poupança externa negativa, ou seja, vendeu mais bens e serviços do que comprou. É também chamado Ativo Externo Líquido.

Preço absoluto – Entende-se por preço absoluto os preços em termos de alguma unidade monetária; são preços tomados isoladamente, sem comparações com outros preços.

Preços relativos – Entende-se por preço relativo o preço de um bem em relação aos preços dos outros bens.

Princípio da demanda efetiva – Princípio criado por Keynes segundo o qual, em curto prazo, as variações do produto e da renda são determinadas pela demanda agregada da economia.

Processo de produção (**ou método de produção**) – Caracteriza-se como diferentes combinações dos fatores de produção a um dado nível de tecnologia.

Procura (**ou demanda**) *individual* – É a quantidade de um determinado bem (ou serviço) que *um consumidor* está disposto e capacitado a comprar, aos vários preços alternativos, em determinado período de tempo, quando tudo o mais que influencia a procura permanece constante (*coeteris paribus*).

Procura (**ou demanda**) *de mercado* – É a quantidade total de uma mercadoria que *os consumidores* estão dispostos e podem comprar, aos vários preços alternativos, em determinado período de tempo, quando tudo o mais que influencia a procura permanece constante (*coeteris paribus*). A procura de mercado é dada pela soma das quantidades demandadas individualmente a cada diferente preço.

Produção – Processo pelo qual uma empresa transforma os fatores de produção adquiridos em produtos ou serviços para a venda no mercado.

Produto (**ou produtividade**) *marginal do fator de produção variável* – Variação do produto total decorrente da variação de uma unidade no fator de produção variável. Exemplificando: a produtividade marginal da mão de obra é dada pela variação na produção total decorrente da variação de uma unidade na quantidade de mão de obra utilizada ($Pmg = \Delta PT/\Delta L$).

Produto (**ou produtividade**) *médio do fator de produção variável* – É obtido a partir da divisão da produção total pela quantidade do fator variável empregada para se atingir esse nível de produção. Por exemplo, a produtividade média do fator de produção trabalho (ou produto por trabalhador) é dada pela relação entre a quantidade produzida e o número de trabalhadores empregados ($Pme = Q/L$).

PNB nominal (**a preços correntes**) – Mede o valor da produção aos preços no período durante o qual o produto é produzido. É também chamado PNB monetário.

PNB per capita – É o PNB dividido pela população (PNB *per capita* = PNB/*População*).

PNB real (a preços constantes) – Mede o produto produzido em qualquer período aos preços de um determinado ano (chamado ano-base). Ele é o PNB deflacionado, do qual se retirou o efeito da inflação. Ele nos dá uma estimativa da variação real ou física na produção entre anos específicos.

Produto interno bruto (PIB) – Refere-se ao valor agregado de todos os bens e serviços finais produzidos dentro do território do país, independentemente da nacionalidade dos proprietários das unidades produtoras desses bens e serviços. É medido a preços de mercado. Em outras palavras, é a renda devida à produção dentro dos limites territoriais do país.

Produto nacional bruto (PNB) – É dado pelo valor de mercado de todos os bens e serviços finais produzidos em uma economia em um dado período de tempo (geralmente um ano).

Produto nacional líquido (PNL) – É dado pelo Produto Nacional Bruto menos a depreciação (PNL = PNB – *Depreciação*).

Produto potencial – Quantidade de bens e serviços que seria produzida caso a economia utilizasse o seu nível máximo de capacidade, isto é, caso todos os recursos produtivos estivessem sendo plenamente utilizados (pleno emprego).

Produto total (PT) – Quantidade total produzida em um determinado período de tempo.

Propensão marginal a consumir (PMgC) – É definida como a variação no consumo resultante da variação na renda (*PMgC = Variação no consumo/Variação na renda*, ou, o que é a mesma coisa, $PMgC = \Delta C/\Delta Y$).

Propensão marginal a poupar (PMgS) – É definida como a variação na poupança resultante da variação na renda (*PMgS = Variação na poupança/Variação na renda*, ou, o que é a mesma coisa, $PMgS = \Delta S/\Delta Y$).

Propensão média a consumir (PMC) – É a razão entre o consumo e a renda. Ela nos dá a proporção de cada nível de renda que a família gastará em bens de consumo ($PMC = C/Y$).

Propensão média a poupar (PMS) – É a razão entre o nível de poupança e o nível de renda. Ela nos dá a proporção de cada nível de renda que a família poupará ($PMS = S/Y$).

Receita marginal – Variação na receita total decorrente da venda de uma unidade na quantidade vendida do bem.

Receita média – É a receita que a empresa receberá por unidade vendida da mercadoria. Ela é o resultado do quociente entre a receita total e a quantidade vendida do produto ($Rme = RT/Q$).

Receita total – A receita total de uma empresa é obtida pela multiplicação do preço cobrado por unidade do produto pela quantidade vendida ($RT = P \times Q$).

Recessão – Período de declínio da atividade econômica, caracterizada por queda na produção, aumento do desemprego, diminuição da taxa de lucros e crescimento dos índices de falências e concordatas. Essa situação pode reverter-se em um período breve ou pode estender-se de forma prolongada, configurando então uma depressão.

Redesconto de liquidez – Empréstimo que os bancos comerciais recebem do Banco Central para cobrir eventuais problemas de liquidez (déficit na conta de compensação de cheques).

Renda enviada ao exterior (RE) – Transferências de renda que estrangeiros obtêm no Brasil e enviam a seus países de origem, sob a forma de remessa de lucros, *royalties*, juros e outras remessas técnicas.

Renda líquida dos fatores externos (RLFE) – É a diferença entre a renda recebida do exterior e a renda enviada ao exterior, na forma de juros, *royalties* e assistência técnica (RLFE = RR – RE) também chamada serviço de fatores.

Renda nacional – Soma dos rendimentos (salários, juros, aluguéis e lucros) pagos aos fatores de produção em um determinado período de tempo.

Renda pessoal – Renda nacional menos os lucros retidos pelas firmas, os impostos diretos pagos pelas firmas, as contribuições à previdência, FGTS etc., mais os pagamentos de transferência do governo (aposentadorias, seguro-desemprego, bolsas de estudo etc.).

Renda pessoal disponível – Toda renda recebida pelas famílias e que fica disponível para gastar ou poupar. É dada pela renda pessoal menos os impostos diretos pagos pelos indivíduos (imposto de renda, ISS etc.).

Renda recebida do exterior **(RR)** – Corresponde à soma de lucros, juros, *royalties* e outras remessas técnicas recebidas em decorrência da produção de firmas brasileiras no exterior.

Retornos constantes de escala – Existe retorno constante de escala quando os fatores de produção crescem em uma dada porcentagem e a produção aumenta na mesma porcentagem. Quando isso acontece os custos médios de longo prazo permanecem constantes.

Reservas obrigatórias **(depósitos compulsórios)** – Proporção dos depósitos à vista que os bancos comerciais são obrigados a manter perante o Banco Central. São utilizadas, entre outras coisas, para garantir uma segurança mínima ao sistema bancário.

Reservas totais dos bancos comerciais – É a soma do caixa dos bancos comerciais, reservas obrigatórias e reservas voluntárias perante o Banco Central.

Reservas voluntárias – São as contas dos bancos comerciais perante o Banco Central para atender ao excesso de pagamentos ante recebimentos na compensação de cheques. Também chamadas depósitos ou encaixes voluntários.

Sistema Econômico – Pode ser definido como a forma na qual a sociedade está organizada em termos políticos, econômicos e sociais para desenvolver as atividades econômicas de produção, troca e consumo de bens e serviços.

Sistema de preços – Mecanismo por meio do qual preços e quantidades de bens, serviços e recursos são determinados pelo livre jogo de oferta e da procura. Trabalhando de maneira automática ou inconsciente, esse mecanismo dá ao sistema econômico uma certa ordenação, de maneira tal que tudo é realizado sem coação ou direção central de qualquer organismo consciente.

Sistema financeiro – É composto pelo conjunto de instituições e instrumentos financeiros destinados a possibilitar a transferência de recursos dos aplicadores (ou poupadores) para os tomadores (que são aqueles que necessitam de recursos), criando condições de liquidez no mercado.

Tarifa de importação – Imposto sobre as importações.

Taxa de emprego – É a relação entre o número de empregados (E) e o total da força de trabalho (PEA), ou seja, $Te = (E/PEA) \times 100$.

Taxa de câmbio – É a medida pela qual a moeda de um país qualquer pode ser convertida em moeda de outro país, ou seja, é o preço de uma moeda em termos de outra.

Taxa de câmbio fixa – Ocorre quando a taxa de câmbio é determinada pelo Banco Central, que se compromete a comprar e a vender divisas a um preço fixado por ele, independentemente da oferta e da demanda de divisas.

Taxa de câmbio flutuante **(ou flexível)** – Taxa de câmbio que é determinada pelo mercado, por meio da oferta e da procura por divisas, sem nenhuma intervenção do Banco Central.

Taxa de desemprego – É a relação entre o número de desocupados (D) e o total da força de trabalho (PEA), ou seja, $Td = (D/PEA) \times 100$.

Tecnologia – É o conjunto de processos de produção conhecidos.

Teoria Quantitativa da Moeda – Baseia-se na equação de trocas dada por $MV = PQ$, em que M é a oferta de moeda em circulação, V é a velocidade da moeda, P é uma média ponderada dos preços do produto final e Q é a quantidade do produto final. Na apresentação rígida da teoria quantitativa, supõe-se que V e Q sejam constantes em curto prazo. Por essa razão, aumentos na oferta de moeda provocam aumentos proporcionais no nível de preços.

Transferências unilaterais – Item do balanço de pagamentos em que são registradas entradas e saídas de divisas sem contrapartida de um país para outro, decorrentes de donativos (que podem ser financeiros ou em mercadorias), manutenções de estudantes no exterior, aposentadorias etc.

Valor adicionado – Valor bruto da produção de uma firma (receita de vendas) menos o valor dos bens intermediários adquiridos de outras empresas.

Velocidade-renda da moeda – É o número médio de vezes em que uma unidade monetária é usada durante o ano para a compra de bens finais e serviços. É dada pela relação entre o PIB nominal e a oferta de moeda em circulação (M1), ou seja, $V = PIB/M$.

REFERÊNCIAS BIBLIOGRÁFICAS

ALBUQUERQUE, Marcos Cintra Cavalcanti de. *Introdução à teoria econômica*. São Paulo: McGraw-Hill, 1976.

_____. *Microeconomia*. São Paulo: McGraw-Hill, 1986.

ARNOLD, Roger A. *Economics*. 5. ed. Mason: Thomson Learning, 2001.

ATTIYEH, Richard et al. *Introdução programada à microeconomia*. Tradução de Maria Imilda da Costa e Silva. São Paulo: Atlas, 1974.

BAILEY, Martin J. *National income and the price level:* a study in macroeconomic theory. 2. ed. Tóquio: McGraw-Hill, 1971.

BARKLEY, Paul W. *Introduction to microeconomics*. Orlando: Harcourt Brace Jovanovich, Inc. 1977.

BILAS, Richard A. *Teoria microeconômica*: uma análise gráfica. Tradução de P. Nenhaus e H. O. P. de Castro. 11. ed. Rio de Janeiro: Forense-Universitária, 1987.

BINGHAM, Robert C. *A economia em linguagem matemática*. Tradução de Eugenio Martins Pereira e Helena Maria Camacho. Rio de Janeiro: Zahar Editores, 1975.

BRANSON, William H. *Macroeconomic theory and policy*. Nova York: Harper & Row, 1972.

BROOMAN, F. S. *Macroeconomia*. Tradução de Waltensir Dutra, Maria José C. Monteiro e Sergio Goes de Paula. 6. ed. Rio de Janeiro: Zahar, 1977.

CROUCH, Robert L. *Macroeconomics*. Orlando: Harcourt Brace Jovanovich, 1972.

DAVISSON, William I.; RANLETT, John G. *Introdução à análise microeconômica*. Tradução de Jorge Martins Rodrigues. São Paulo: Atlas, 1974.

DERNBURG, Thomas F.; MC DOUGALL, Duncan M. *Macroeconomia; medição, análise e controle da atividade econômica*. Tradução de Luiz Fernando Pereira Vieira. São Paulo: Mestre Jou, 1971.

FERGUSON, C. E. *Microeconomia*. Tradução de A. C. Barbosa e A. P. Brandão. 12. ed. Rio de Janeiro: Forense-Universitária, 1989.

FORTUNA, Eduardo. *Mercado financeiro:* produtos e serviços. Rio de Janeiro: Qualitymark, 1992.

GARÓFALO, Gilson de Lima; CARVALHO, Luiz Carlos P. de. *Teoria microeconômica.* 2. ed. São Paulo: Atlas, 1986.

GILL, Richard Thomas. *Introdução à macroeconomia.* Tradução de Flavio de Toledo Piza. São Paulo: Atlas, 1976.

GITMAN, Lawrence Jeffrey. *Princípios de administração financeira.* Tradução de Francisco José dos Santos Braga. São Paulo: Harper & Row do Brasil, 1978.

GOTTHEIL, Fred M. *Principles of economics.* 2. ed. International Thomson Publishing, 1999.

HALL, Robert E.; LIEBERMAN, Marc. *Macroeconomia:* princípios e aplicações. São Paulo: Pioneira Thomson Learning, 2003. p. 131.

HELLER, Heins Robert. *O sistema econômico:* uma introdução à teoria econômica. Tradução de Terezinha Santoro. São Paulo: Atlas, 1976.

HOWELLS, P. G. A.; BAIN, K. *Introdução à economia monetária.* Tradução de Valter Custódio da Silva. São Paulo: McGraw-Hill, 1990.

KEYNES, John Maynard. *Teoria geral do emprego, do juro e do dinheiro.* 2. ed. Rio de Janeiro: Fundo de Cultura, 1970.

LEFTWICH, Richard H. *O sistema de preços e a alocação de recursos.* 6. ed. Tradução de Maria Tereza de Oliveira Audi. São Paulo: Pioneira, 1983.

LEVENSON, Albert M.; SOLON, Babette P. *Princípios gerais da teoria dos preços.* Tradução de Luiz C. P. de Carvalho e Raul Czarney. São Paulo: Pioneira, 1973.

LIPSEY, Richard G. *Introdução à economia positiva.* Tradução da 5. ed. inglesa de Maria Imilda da Costa e Silva e Antonio Zoratto Sanvicente. São Paulo: Martins Fontes, 1986.

LIPSEY, Richard G.; STEINER, Peter O. *Economics.* 3. ed. Nova York: Harper & Row, 1972.

LOPES, João do Carmo; ROSSETTI, José Paschoal. *Economia monetária.* 6. ed. São Paulo: Atlas, 1992.

MASTRIANN, Frank V.; HAILSTONES, Thomas J. *Basic economics.* 12. ed. Mason: Thomson Learning, 2001.

MARINHO, Henrique. *Política monetária no Brasil:* da teoria à prática. 2. ed. Rio de Janeiro: Campus, 1988.

MILLER, Roger Leroy. *Microeconomia:* teoria, questões e aplicações. Tradução de Sara Gedanke. São Paulo: McGraw-Hill, 1981.

MITCHELL, William E.; HAND, John H.; WALTER, Ingo. *Exercises in macroeconomics:* development of concepts. Nova York: McGraw-Hill, 1973.

MORCILLO, Francisco Mochón; TROSTER, Roberto Luis. *Introdução à economia.* São Paulo: Makron Books, 1994.

MONTORO, André Franco Filho. *Contabilidade social:* uma introdução à macroeconomia. São Paulo: Atlas, 1992.

MONTORO, André Franco Filho et al. Coordenação de Diva Benevides Pinho, Marco Antonio Sandoval de Vasconcellos. *Manual de economia* 2. ed. São Paulo: Saraiva, 1992.

MOREIRA, Juarez Barros. *Microeconomia*. Rio de Janeiro: Campus, 1983.

NICOL, Robert. *Microeconomia*. São Paulo: Atlas, 1985.

NOGAMI, Otto. *O crescimento econômico do Brasil (1808-1945):* a contribuição do capital estrangeiro. São Paulo, 2000. Dissertação (Mestrado) – Universidade Mackenzie.

OLIVEIRA, Miguel Delmar de. *Introdução ao mercado de ações*. Belo Horizonte: CNBV, 1983.

PASSOS, Carlos Roberto Martins; NOGAMI, Otto. *Fundamentos de economia*. São Paulo: Terra Editora, 1994.

_____. *Princípios de economia* – Livro de exercícios. São Paulo: Pioneira, 1999.

PINTO, Anibal et al. *Curso de economia:* elementos de teoria econômica. Rio de Janeiro: Unilivros, 1980.

ROSSETTI, José Pascoal. *Introdução à economia*. São Paulo: Atlas, 1988.

SACHS, Jeffrey D.; LARRAIN, Felipe. *Macroeconomia*. São Paulo: Makron Books, 1995.

SALVATORE, Dominicks. *Microeconomia*. Tradução e revisão de Marco Antonio Sandoval de Vasconcellos. São Paulo: McGraw-Hill, 1984.

SALVATORE, Dominicks; DIULIO, Eugene A. *Introdução à economia*. Tradução, revisão e adaptação de Antonio C. Campino e Antonio C. Comune com assistência de Auriphebo Berrance Simões. São Paulo: McGraw-Hill, 1981.

SAMUELSON, Paul A. *Introdução à análise econômica*. 8. ed. Rio de Janeiro: Agir, 1975. 2v.

SANDRONI, Paulo et al. *Novíssimo dicionário de economia*. 6. ed. São Paulo: Best Seller, 2001.

SHAPIRO, Edward. *Análise macroeconômica*. Tradução de Augusto Reis. São Paulo: Atlas, 1985.

SIMONSEN, Mario Henrique. *Macroeconomia*. 5. ed. Rio de Janeiro: APEC, 1976. 2v.

STANLAKE, George Frederich. *Macroeconomia:* uma introdução. Tradução de Mário R. da Cruz. São Paulo: Atlas, 1985.

STANFORD, Jon D. *Moedas, bancos e atividade econômica*. Tradução de Luiz Fernando de Souza Aranha e Maria José Villaça. São Paulo: Atlas, 1981.

STIGUN, Bernt P.; STIGUN, Marcia L. *Economia*. Tradução de Antônio Zoratto Sanvicente e outros. São Paulo: Edgard Blücher, 1973.

STONIER, Alfred W.; HAGUE, Douglas C. *Teoria Econômica*. Tradução de Cassio Fonseca. Rio de Janeiro: Zahar, 1975.

TORRES, Ivo. *Macroeconomia*. São Paulo: Atlas, 1979.

TUCKERR, Irvin B. *Survey of economics*. 2. ed. Internatinal Thomson Publishing, 1998.

UBIRATAN, Jorge Iorio de Souza. *Macroeconomia e a política macroeconômica*. Rio de Janeiro: IBMEC, 1984.

VASCONCELLOS, Marco Antonio Sandoval; TROSTER, Roberto Luis. *Economia básica: resumo de teoria e exercícios*. São Paulo: Atlas, 1993.

VASCONCELLOS, Marco Antonio Sandoval; GARCIA, Manuel E. *Fundamentos de economia*. São Paulo: Saraiva, 1998.

WATSON, Donald Stevenson; HOLMAN, Mary A. *Microeconomia*. Tradução de Auriphebo Berrance Simões. São Paulo: Saraiva, 1985.

WONNACOTT, Paul; WONNACOTT, Ronald. *Introdução à economia*. Tradução, revisão e adaptação de Nuno Renan Lopes de Figueiredo et al. São Paulo: McGraw-Hill, 1985.

Fontes complementares

BOLETIM do Banco Central do Brasil. Brasília. Banco Central do Brasil (vários números).

CONJUNTURA Econômica. Rio de Janeiro. Fundação Getulio Vargas (vários periódicos).

INTERNATIONAL Monetary Fund: Annual report. Washington. International Monetary Fund (vários anos).

RELATÓRIO do Banco Central do Brasil. Brasília. Banco Central do Brasil (vários anos).

WORLD Bank: World Development Report. Nova York. Oxford University Press (vários anos).

Impressão e Acabamento
Bartira
Gráfica
(011) 4393-2911